Johann Dominicus Fiorillo
Kunstgeschichte und die romantische Bewegung um 1800

Johann Dominicus Fiorillo

Kunstgeschichte und die romantische Bewegung um 1800

Herausgegeben von
Antje Middeldorf Kosegarten

Akten des Kolloquiums »Johann Dominicus Fiorillo und die Anfänge der Kunstgeschichte in Göttingen« am Kunstgeschichtlichen Seminar und der Kunstsammlung der Universität Göttingen vom 11.-13. November 1994

WALLSTEIN VERLAG

Johann Dominicus Fiorillo (1748-1821).
Miniatur, 71 × 57 mm, vermutlich von ihm selbst, um 1800.
Kunstsammlung der Universität Göttingen.
(Foto: Rösle E. Tigges, Göttingen).

Inhalt

Antje Middeldorf Kosegarten

Vorrede zum Kolloquium 1994

Verehrte Anwesende, ich freue mich, Sie hier versammelt zu sehen, um Johann Dominicus Fiorillo als einen der Begründer der Kunstgeschichte zu würdigen. Das schien zunächst wenig vielversprechend. Fiorillo hat unter Kunsthistorikern und Kunstinteressierten nie besonderes Ansehen genossen. Goethe zum Beispiel meinte, wenn man in Fiorillos Kunstgeschichte lese, erführe man etwas, aber man schaue nichts an[1] – als wenn es nichts bedeute, etwas erfahren, also etwas lernen zu können. Von der Invektive gar, welche Carl Friedrich von Rumohr im Todesjahr Fiorillos, 1821, in seiner Besprechung von dessen Beitrag: ›Blicke auf den gegenwärtigen Zustand der Mahlerey, besonders bey den Deutschen‹ gegen seinen vormaligen väterlichen Lehrer und Freund richtete, hat dieser sich gleichsam nicht mehr erholt.[2] Hier formulierte Rumohr das Bündel von Urteilen, welches Fiorillos Einschätzung vonseiten der Kunsthistoriker bis heute mitbestimmt: erstens, er sei ein Maler, der es, selbst gemessen an Göttinger Maßstäben, kaum bis an die Grenze des Erträglichen gebracht habe; zweitens, er sei ein bloßer Kompilator, der nur abgeschrieben und kaum Originale angeschaut habe; drittens, er sei nicht ganz aufrichtig; viertens, seine Kunst und seine Kunstgeschichte seien die Hervorbringung einer kleinen deutschen Universitätsstadt mit begrenzten Vergleichsmöglichkeiten in Sachen Kunst, also provinziell; fünftens, sein Kunsturteil sei diffus und ohnehin dem heruntergekommenen Kunstgeschmack des 18. Jahrhunderts verhaftet und daher veraltet: so ungefähr Rumohr 1821, woraus dann resultiert, daß Fiorillo zu unbedeutend sei, um sich mit ihm zu beschäftigen – so das Urteil eines wegen möglicher Mitwirkung an diesem Kolloquium befragten Kollegen.

Gegen diese Verurteilung haben auch die Charakterisierungen Fiorillos durch Julius von Schlosser in seiner ›Kunstliteratur‹ von 1924 wie vorher durch Wilhelm Waetzoldt in seinen ›Deutschen Kunsthistorikern‹ von 1921 wenig bewirken können. Schlosser bewunderte die enorme Erudition und den wahrhaft deutschen Fleiß dieses Malers italienischen Blutes, welche sich einer ihm eige-

1 Goethes Briefwechsel mit Heinrich Meyer, hrsg. von Max Hecker, Bd. I (= Schriften der Goethe- Gesellschaft, Bd. 32), Weimar 1917, S. 330, Nr. 17.

2 J. D. Fiorillo: Geschichte der zeichnenden Künste in Deutschland und den vereinigten Niederlanden, Bd. IV, Hannover 1820, S. 79-116; dazu C. F. Rumohr, in: Kunst-Blatt, redigiert von Dr. Ludwig Schorn, Bd. II, Stuttgart/Tübingen 1821, Nr. 51, S. 201-03; Nr. 52, S. 205-07; Nr. 53, S. 210-12. Zu Rumohr als »Schüler« Fiorillos vgl. unten S. 114.

nen Grazie verbunden hätten. Fiorillo habe eine Gesamtdarstellung der Kunstgeschichte in den europäischen Kulturländern unternehmen können, für die es bis dahin überhaupt kein Gegenbild gegeben habe.

Bei Waetzoldt heißt es: »Mit dem raschen, wegwerfenden Urteil ›Kompilation‹ tut man diese große Leistung nicht nur des Fleißes, sondern auch der Methode nicht ab. Um so weniger sollte man es tun, als aus Fiorillos Anmerkungen und Textnotizen stillschweigend zahllose Nachfolger bibliographisches und anderes kunstgeschichtliches Wissen geschöpft haben«.[3]

Jacob Burckhardt schätzte ihn; der Verfasser des Thieme-Becker-Artikels der Jahre um 1920 attestierte ihm, als Lehrer auf das geistige Leben in Deutschland gewirkt zu haben;[4] kein Geringerer als Erwin Panofsky nannte ihn »the excellent Johann Dominic Fiorillo«.[5] Dabei ist es, mit Ausnahme der verdienstlichen Göttinger Magisterarbeit von Marianne Menze über ›Fiorillos Weg in die Kunstgeschichte‹ von 1987,[6] im wesentlichen geblieben.

Erst während der letzten zwanzig Jahre, mit dem erwachenden Interesse an der Wissenschafts- und Disziplingeschichte fand er neue Beachtung, nämlich als Universitätsprofessor für eine im akademischen Fächerkanon noch gar nicht existierende Disziplin. Heinrich Dilly gebührt das Verdienst, in seinem Buch ›Kunstgeschichte als Institution‹ von 1979 unter diesem Aspekt den Blick erneut auf unseren Protagonisten gelenkt zu haben. Daß die Rednerliste dieses Kolloquiums zum allergrößten Teil aus Vertretern des sogenannten akademischen Mittelbaues und noch Jüngeren sich rekrutiert, stellt diesem noch jungen Zugang zu unserem Fach meines Erachtens das beste Zeugnis aus. Das zu den Kunsthistorikern – aber *vor* ihnen waren die Germanisten. Den Romantikforschern verdanken wir in jüngster Zeit die wesentlichsten Einsichten über die Wirkung Fiorillos auf das geistige Leben in Deutschland. Die Kollegen Silvio Vietta aus Hildesheim und Achim Hölter aus Düsseldorf, die ich hier stellvertretend für alle nenne, stellten sich die elementare Frage, weshalb denn die Kunsthistoriker mittlere Bibliotheken über Winckelmann füllten, es dagegen über Fiorillo kein einziges Buch gebe. Eine Folge war das von Silvio Vietta veranstaltete Hildesheimer Kolloquium von 1993 über die ›Renaissance in der

3 J. von Schlosser: Die Kunstliteratur, Wien 1924, S. 429f.; W. Waetzoldt: Deutsche Kunsthistoriker, Bd. I (Von Sandrardt bis Rumohr), Leipzig 1921, S. 287ff.

4 Zu Burckhardt und Fiorillo vgl. unten S. 462, Anm. 30. – U. Thieme / H. Becker (Hgg.): Allgemeines Lexikon der bildenden Künstler, Bd. XII, Leipzig 1913, siehe unter Fiorillo.

5 E. Panofsky: Epilogue: Three Decades of Art History in the United States, in: Meaning in the Visual Arts, New York 1955, S. 323.

6 M. Menze: J. D. Fiorillos Weg in die Kunstgeschichte, Hausarbeit MA, Göttingen 1987.

Romantik‹, in welchem Fiorillo eine zentrale Rolle spielte;[7] eine andere Folge ist, daß Achim Hölter der derzeit beste Kenner und, ich möchte fast sagen, auch Liebhaber und Biograph Fiorillos ist – damit muß die Kunstgeschichte eben leben.

Ein paar Worte noch zu unseren eigenen Bemühungen in Göttingen. Es fing vor vielen Jahren an mit einem Projekt für ein Kolloquium über Fiorillo, als noch niemand von uns ihn gelesen hatte – und dementsprechend aufgeblasen war das Projekt. In unseren Seminaren, die darnach zum ersten Fiorillo selbst und zum zweiten der Entstehung der Kunstgeschichte im Rahmen des Göttinger Frühhistorismus – so nannten wir das Phänomen – galten, haben wir uns mit dem Mut ahnungsloser, aber wißbegieriger Dilettanten hineingestürzt, und einige von uns sind wie Achim Hölter zu Fiorillo-Liebhabern geworden. Es ist eine Lust, in den neun Bänden seiner ›Geschichte der zeichnenden Künste‹ und in seinen ›Kleinen Schriften artistischen Inhalts‹ zu blättern, der Vielfalt seiner Interessen zu folgen, die Vorworte und Einleitungen zur Kenntnis zu nehmen, in denen er so unmittelbar über sich selbst, sein Denken über die Kunst, seine Methoden und Gewährsleute spricht. Ich möchte aus der Vorrede des 3. Bandes seiner ›Geschichte der zeichnenden Künste in Deutschland und den vereinigten Niederlanden‹ von 1818 zitieren, in der er, schon siebzigjährig, bedauert, daß konstruktive Kritik an den früheren Bänden seines Geschichtswerkes seitens der Fachöffentlichkeit ausgeblieben sei: »Meine Hoffnung ist jedoch so wenig erfüllt worden, daß ich meine Leser bitte, die vorliegende Arbeit als ein großes, aber nur erst angelegtes Mosaik-Gemählde zu betrachten, in welchem hin und wieder noch viele Steinchen fehlen. Vielleicht wird einst ein feinerer Geist, von tiefer Gelehrsamkeit und inniger Liebe zu den vaterländischen Künsten unterstützt, dem Ganzen eine andere Gestalt geben, und rühmlich vollenden, was ich nur anzudeuten versucht habe. Mir mag der Verdienst bleiben, ein großes Unternehmen gewagt zu haben«, und an anderer Stelle: »*Satis est, inchoasse tam grandia*«.[8] Auch, wenn Zyniker in dieser Feststellung Fiorillos einen literarischen Bescheidenheitstopos ohne tiefere Geltung sehen würden, haben wir unserem Autor das von ihm für sich selbst in Anspruch genommene Verdienst gern zuerkannt. Das Wagnis, als erster eine allgemeine Kunstgeschichte Europas zu konzipieren, hat auch unter den Voraussetzungen des enormen gedruck-

7 Vgl. M. Boetzkes/G. Unverfehrt/S. Vietta (Hgg.): Renaissance in der Romantik. Johann Dominicus Fiorillo, italienische Kunst und die Georgia Augusta. Druckgraphik und Handzeichnungen aus der Kunstsammlung der Universität Göttingen, Hildesheim 1993.

8 J. D. Fiorillo: Geschichte der zeichnenden Künste in Deutschland und den vereinigten Niederlanden, Bd. III, Hannover 1818, Vorrede S. X f., und ders.: Geschichte der zeichnenden Künste von ihrer Wiederauflebung bis auf die neuesten Zeiten, Bd. I, Göttingen 1798, Vorrede S. XIX.

ten Quellenbestandes der damaligen Göttinger Universitätsbibliothek – oder gerade unter diesen – eine wahrhaft visionäre Seite, zumal diese Kunstgeschichte ja tatsächlich eine literarische Kompilation ist, um mit Schlosser zu sprechen. Nicht nur Fleiß und Erudition, sondern vorab einem von Vasari inspirierten, lebhaften historischen Vorstellungsvermögen verdankt sich diese am Schreibtisch imaginierte, nicht primär auf Anschauung, sondern weitgehend auf dem Urteil der von Fiorillo herangezogenen Autoritäten beruhende Kunstgeschichte. Er wog deren oft kontroverse Werturteile über Künstler oder Kunstwerke gegeneinander ab, um »mit unpartheylichem Geiste« einen objektiven Mittelwert auszumachen – ein Verfahren allerdings, das heutzutage für fühlende Ästheten schwerlich nachzuvollziehen ist! Er konnte bekanntlich kaum reisen, mußte sich also vorab auf die Erfahrungen seiner Jugendjahre in Italien, auf Autopsie in den Galerien von Braunschweig und Kassel sowie auf seine durch Kupferstiche als Anschauungsmaterial wach gehaltene Vorstellungskraft verlassen. Letztere ermöglichte es ihm, die Massen seines Faktenwissens in eine Form zu bringen, deren Präsentation in einem eleganten und unprätentiösen Deutsch auch den langen Partien Frische bewahrt, die man heute vielleicht ›Staubsauger-Kunstgeschichte‹ nennen würde. Er hatte geradezu ein *faible* dafür, auf Kosten eines einseitigen Geniekults endlose Listen von Malern der dritten bis fünften Kategorie dem Vergessen zu entreißen. Das erschien ihm historisch gerecht. Insofern paßt auf ihn der bissige Aphorismus Friedrich Schlegels: »Der konsequente Empirismus endigt mit Beiträgen zur Ausgleichung der Mißverständnisse oder mit einer Subskription auf die Wahrheit«.[9] Doch er selbst betrachtete sein Geschichtswerk als ein »Mosaik-Gemählde mit noch fehlenden Steinchen«; er verglich also das Entwerfen einer Geschichte der Kunst mit der Konzeption eines *Bildes* ihrer Geschichte. Das heißt, er betrachtete seine Tätigkeit gleichsam als künstlerischen Akt. Insofern ›sah‹ oder erschaute er doch etwas. Nicht nur Erleuchtete wie Winckelmann oder Friedrich Schlegel, auch Positivisten können Phantasten sein. War seine eigene Identifikationsfigur sicher der große Vasari, so ist er in historischer Sicht Prototypus des gescheiterten Künstlers, der Kunsthistoriker wird, wenn auch nicht, einem romantischen Topos entsprechend, aus Zweifeln an sich und an der Zukunft der Kunst angesichts ihrer Vergangenheit. Eher umschließt seine Person das Ende der spätabsolutistischen Kunst, das in eins fällt mit dem Umschlag in bürgerliche Gelehrsamkeit, deren Gegenstand nach Friedrich Schlegel die Wissenschaft der Kunst als ihre

9 F. Schlegel: Die Athenäums-Fragmente, zitiert nach H. Eichner (Hg.): Friedrich Schlegel. Charakteristiken und Kritiken, Bd. I (= Kritische Friedrich-Schlegel-Ausgabe, hrsg. von E. Behler, Bd. II), München 1967, S. 254.

Geschichte ist.[10] Er verkörpert also eine spezifische Situation der Epochenschwelle zur Moderne, welche die Reflexionshaltung der Frühromantiker vorbereitet.

Die Leichtigkeit in der Anordnung und Präsentation der Materialmassen entspricht Fiorillos Stilideal der Grazie und Harmonie, das ihn an das 18. Jahrhundert bindet. Er sah es vorab in der Malerei des Correggio als seinem mit größter Wärme gewürdigten Helden unter den Malergenies der italienischen Renaissance verwirklicht.[11] Seiner Verpflichtung auf Correggio und dessen Nachfolger im Geiste hat ihm wohl Rumohrs Sottise eingebracht, daß er, als Maler, die historischen Gegenstände schlüpfrig behandele, doch ohne sinnliche Energie. Dem Stilideal des Leichten und Eleganten blieb er treu, trotz seiner kruzialen Erfahrung mit der Kunst des Mittelalters, insbesondere der deutschen, mit der er sich für seine ›Geschichte der zeichnenden Künste in Deutschland und in den vereinigten Niederlanden‹ unter der Prämisse historischer und ästhetischer Objektivität auseinandersetzen mußte und damit noch in den Strudel der Debatte um die neudeutsche religiös-patriotische Kunst geriet.

In unseren Seminaren fiel uns ferner auf, daß Fiorillo konsequent »alles an die allgemeine Zeitgeschichte anknüpft«, wie er sagte. Sein historisches Wissen stand seinem kunsthistorischen nicht nach, wobei er die politische Geschichte illusionslos im Hinblick auf die materielle Basis von Kunstproduktion behandelte: Kunst gibt es nur da, wo Geld ist, wo der Handel als Pflege des menschlichen Geistes, der Volksaufklärung und des Nationalglücks blüht, wo reiche Stifter und Förderer für sie bezahlen, seien dies nun mächtige Äbte und Bischöfe oder Städte und Landesfürsten. Insofern gab es immer Kunst. Das Kunstgeschichtsbild Vasaris wird revidiert, dieser selbst nach seinen Quellen befragt. Auch, wenn die Einsicht in den Prozeß kontinuierlicher Produktion von Kunst seit dem Untergang der Antike, ungeachtet ihres jeweiligen Erscheinungsbildes, das man *per forza* zu akzeptieren und einzuordnen hatte, älter ist als Fiorillo, hat er sie doch zur Grundlage seiner allgemeinen Kunstgeschichte gemacht, ihr also allgemeine Geltung zu verleihen gesucht.

Der Zeitpunkt für dieses Kolloquium ist vielleicht nicht schlecht gewählt: vor genau 200 Jahren, zwischen 1792 und 1794, studierten die Freunde Wackenroder und Tieck in Göttingen und legten hier, wesentlich inspiriert durch Fiorillos Lehre, den Grund für ihre ›Wendetexte‹, die ›Herzensergießungen‹ von

10 Ders.: Gespräch über die Poesie. Epochen der Dichtkunst, zitiert nach ebenda, S. 290: »Die Kunst ruht auf dem Wissen, und die Wissenschaft der Kunst ist ihre Geschichte«.

11 J. D. Fiorillo: Geschichte der zeichnenden Künste (wie Anm. 8: 1798), Bd. II, Göttingen 1808, S. 311.

1796 und den ›Sternbald‹ von 1798. In einem Wendebewußtsein leben auch wir heute, sei es in einem aktuell politischen, spezifisch auf Deutschland bezogenen Sinn, sei es in einem säkularen. Aus damaliger wie heutiger Göttinger Perspektive hat Fiorillos 1815-1820 erschienene vierbändige ›Geschichte der zeichnenden Künste in Deutschland und den vereinigten Niederlanden‹, von ihm als eine Geschichte der vaterländischen Kunst konzipiert, einen unbestreitbaren Stellenwert für unser Fach. Sie ist der erste Versuch, die Geschichte der Kunst Deutschlands von Karl dem Großen bis zu Anton Raphael Mengs nachzuzeichnen. Der Essay ›Blicke auf den gegenwärtigen Zustand der Mahlerey, besonders bey den Deutschen‹[12], der Fiorillos wissenschaftlichem Ruf zum deutlichsten Verhängnis wurde, schließt sie ab. Daß die einzige kompetente Kritik seines Werkes und seiner Methoden vonseiten eines Fachkollegen – eine solche hatte er sich ja immer gewünscht – so verletzend ausfiel wie diejenige seines berühmten Schülers, kann vielleicht bezeugen, daß dieser ihn ernst nahm, sonst hätte es der großen Kanone gar nicht bedurft. Fiorillos Kunstgeschichte Deutschlands und der Niederlande stimmt nachdenklich, denn er konzipierte sie zur Zeit der napoleonischen Kriegswirren als nationale Kunstgeschichte. Ich weiß nicht, ob die politischen Zeichen der Zeit ihn mit dazu veranlaßt haben, nach Abschluß seiner ersten Bandfolge im Jahr 1808, die der Kunstgeschichte Italiens, Frankreichs, Spaniens, Englands gegolten hatte, diese zweite noch anzufangen. Trotz wiederkehrender patriotischer Bekenntnisse zu Deutschland und seiner Geschichte ist Fiorillos Kunstgeschichte Deutschlands und der Niederlande frei von Obertönen, welche zulassen könnten, in ihm den Urheber einer romantisch-national orientierten Kunstgeschichtsschreibung im Vorfeld des Nationalismus zu erkennen. Davor schützte ihn die Einbindung dieses Werkes in seine Kunstgeschichte Europas, auch seine Herkunft und seine Prägung durch den Kosmopolitismus des aufgeklärten Jahrhunderts, ferner sein nüchternes Verhältnis zur Geschichte, wie vorab sein ästhetisches Credo. »Ist denn die Mittelstraße so schwer zu halten?« ruft er angesichts der Neudeutschen aus. Seine *aurea mediocritas* – hier zitiere ich Philipp Fehl – mag man auch als Zivilisiertheit bezeichnen.

12 Wie Anm. 2.

Achim Hölter

Johann Dominik Fiorillo – Bemerkungen über den Menschen und die Spuren seines Wirkens

Es dürfte bezeichnend sein für den Gegenstand des Kolloquiums, daß diese Bemerkungen aus der Feder eines Literaturwissenschaftlers stammen, tut man doch der Kunstgeschichte sicher nicht unrecht, wenn man resümiert, daß in seiner eigenen Disziplin Johann Dominik Fiorillo, auf jeden Fall außerhalb Göttingens, wo immerhin ein Straßenname an ihn erinnert, eine weitgehend unbekannte Größe war und meist noch ist.

Fiorillo starb[1] plötzlich und unerwartet am 10. September 1821 in seiner Göttinger Wohnung. Daß außer der professoralen Kollegenschaft niemand von seinem Tod so recht Notiz nahm, jedenfalls nicht die deutsche Kunstöffentlichkeit, kann kaum verwundern. Fiorillo war bei seinem Tod knapp 73 Jahre alt, aber er mochte für manchen Zunftkollegen, und damit sind nicht nur Kunsthistoriker gemeint, sondern auch Maler, Sammler und Museumskustoden, viel älter gewirkt haben, und zwar zunächst durch seine gelehrt-konservative Haltung, vor allem aber – und dieses Phänomen trifft ihn wie seine Generationsgenossen, zum Beispiel Friedrich Bouterwek oder Johann Joachim Eschenburg[2] in der literarischen Ästhetik – bittererweise wegen der rapiden Beschleunigung, die die Kunstwissenschaft zu seiner Zeit und gerade auch dank seiner Mitwirkung erfuhr. Fast alle Initiatoren einer Verwissenschaftlichung – hier: der Entwicklung vom dilettierenden Kennertum zum universitär gebundenen Expertenwesen – wurden selbst von dieser Entwicklung überrollt. So auch Fiorillo.

Geboren wurde er am 13. Oktober 1748 in Hamburg. Als Sohn des neapolitanischen Musikers und Komponisten Ignazio Fiorillo (1715-87) und von dessen Frau Petronilla Cosimi war er Vollitaliener. Über seine Jugend wissen wir buchstäblich nichts. Daß sein jüngerer Bruder Federigo (1755 bis ca. 1824) ein erfolg-

1 Vgl. A. Hölter: Zwischen zwei Welten: Giovan Domenico Fiorillo, Mitbegründer der deutschen Kunstgeschichte, in: M. Boetzkes/G. Unverfehrt/S. Vietta (Hgg.): Renaissance in der Romantik. Johann Dominicus Fiorillo, Italienische Kunst und die Georgia Augusta. Druckgraphik und Handzeichnungen aus der Kunstsammlung der Universität Göttingen, Hildesheim 1993, S. 18-31; ders.: Art. G. D. F. in: Dizionario Biografico degli Italiani (im Druck).

2 Vgl. A. Hölter: Johann Joachim Eschenburg: Germanist und Komparatist vor dem Scheideweg, in: H. Birus (Hg.): Germanistik und Komparatistik, Stuttgart/Weimar 1995, S. 547-68.

reicher Violinvirtuose und -lehrer wurde, läßt die Ambitionen der Eltern zumindest ahnen. Jedenfalls nahm der Vater ein Engagement am Bayreuther Hof 1759 zum Anlaß, seinen Erstgeborenen auf die dortige Friedrichs-Akademie zu schicken, die allerdings als Institut zu kurzlebig war, als daß sie eine fundierte bildkünstlerische Ausbildung hätte gewährleisten können. 1761 zog Fiorillo im Alter von 13 Jahren nach Rom, wo er in die Werkstatt Pompeo Gerolamo Batonis (1708-87) eintrat, aus der er nach einiger Zeit wechselte zu dem Maler Giuseppe Bottani (1717-84). Vier Jahre blieb er dort, bis er sich zu einem Standortwechsel an die renommierte Accademia Clementina in Bologna entschied. Während seine Lebensumstände bis zu dieser Zeit im Dunkel liegen, sind immerhin Zeichnungen erhalten, die der junge Künstler für Wettbewerbe unter den Akademiemitgliedern schuf und die einigen Erfolg erzielten. Allerdings zeigen sich an diesen frühen Arbeiten seine Stärken ebenso wie die Begrenztheit seines Talents zur Ausübung, das sich in seiner gesamten Produktion bis zum Lebensende bestätigen sollte.[3]

Während dieser ganzen Jahre blieb Fiorillo wohl von seiner Familie getrennt, kehrte aber 1769 nach Deutschland zurück. Ist der Mangel an Lebenszeugnissen bei einem jungen Menschen noch nicht ungewöhnlich, so gibt uns das folgende Jahrzehnt doch Rätsel auf, das er, wie es scheint, in der Obhut seines Vaters am Braunschweiger Hof verbrachte, und zwar als Historienmaler, von dem kurioserweise heute kein einziges Historiengemälde mehr bekannt ist. Noch in Braunschweig, wo er unter anderem mit dem Stürmer und Dränger Johann Anton Leisewitz verkehrte und, wie erst jüngst gezeigt wurde,[4] wohl auch für Lessing vorübergehend eine Rolle spielte, heiratete Fiorillo die Deutsche Sophie Piepenbringk und wurde 1778 zum ersten Mal Vater. Dann der mysteriöse Wendepunkt: Fiorillo ließ sich in profitable Lotteriebetrügereien hineinziehen, wurde überführt, angeklagt, im Mai 1781 zu einer zehnjährigen Haftstrafe verurteilt, nach noch nicht sechs Monaten aber gnadenhalber des Landes verwiesen. Zu dieser Zeit, so scheint es, verlegte er sich auf das Schreiben. Noch mit Namenskürzeln chiffriert, erschienen 1781 seine ersten kunsthistorischen Beiträge in einer Zeitschrift. Mehr zwangsläufig wohl wich Fiorillo in das nahegelegene Göttingen aus, an dessen Universität er sich – am 7. Dezember 1781 – als Student der Mathematik immatrikulierte: »144. Joannes Dominicus Fiorillo, Hamburgens., math., ex. ac. Bononiensi«,[5] also als Absolvent der Akademie in Bologna. Kaum konnte er ahnen, daß er den Rest und über-

3 Ein erstes, notgedrungen noch nicht vollständiges Œuvreverzeichnis in der Göttinger Magister-Hausarbeit (1987) von M. Menze: J. D. Fiorillos Weg in die Kunstgeschichte.

4 L. Ritter Santini (Hg.): Eine Reise der Aufklärung. Lessing in Italien 1775, 2 Bde., Berlin 1993, S. 305 u. S. 321.

5 Laufende Nr. 12575 in: G. von Selle (Hg.): Die Matrikel der Georg-August-Universität zu Göttingen 1734-1837, Hildesheim/Leipzig 1937, S. 262.

wiegenden Teil seines Lebens, nämlich die letzten vierzig Jahre, in Göttingen verbringen sollte, als Kunstfachmann der Georgia Augusta, gefördert und behutsam protegiert von dem als Altertumswissenschaftler auch für das Kunstfach zuständigen mächtigen Bibliothekschef Christian Gottlob Heyne (1729-1812). Schon 1771 hatte Fiorillo in Braunschweig beim Ordnen der Handzeichnungen geholfen. Die Einrichtung der Gemäldesammlung der Göttinger Universität aus einem Legat hatte dazu geführt, daß er mit der Betreuung und Aufbewahrung der Bilder beauftragt wurde. Und seit 1800 schuf er den handschriftlichen, insgesamt dreizehn Bände umfassenden Katalog der Handzeichnungen, der Kupferstiche und Radierungen des Kupferstichkabinetts der Göttinger Universitätsbibliothek. 1784 avancierte Fiorillo also zum Aufseher der Kupferstichsammlungen. Zugleich bemühte er sich um den Aufbau eines Unterrichts, wie er ihn selbst in Italien genossen hatte. Schon die wichtige Schrift, mit der Fiorillo 1791 in die Debatte über die Groteske eingriff, enthielt als Anhang ›Einladungsblätter zu Vorlesungen über die Geschichte und Theorie der bildenden Künste‹ mit einer detaillierten Gliederung. Ab 1794 organisierte er diese Kurse an der philosophischen Fakultät. Ein Kupferstich-Selbstporträt aus jenen Jahren (1789)[6] kombiniert die Attribute seiner Funktionen: Hinter ihm eine Staffelei, vor ihm Malutensilien, in der Hand ein Kreidehalter (vgl. Abb. zu S. 476). Zugleich aber stützt der Künstler sich auf ein wuchtiges Vasari-Exemplar und damit emblematisch auf die Tradition der Kunstbiographik. Der Vierzigjährige im Halbprofil mit dem runden, flächigen Gesicht und der eher klobigen Nase hat seinem auf den Betrachter gerichteten Blick einen etwas müden, gleichgültigen, fast leeren Ausdruck gegeben, keinesfalls Zeichen von Stolz, zu dem doch die exponierte Mehrfachbegabung ihn berechtigen müßte. Ein Miniaturselbstbildnis, das er etwa zehn Jahre später (ca. 1800) anfertigte,[7] akzentuiert den Blick der dunklen Augen, leicht von unten herauf, vielleicht etwas skeptisch, beherrscht, ja verschlossen, auch würdevoll, wie es dem über Fünfzigjährigen mit der grauen Perücke[8] ansteht (vgl. Frontispiz). Die Gipsbüste,[9] die Johann Christian Ruhl (1764-1842) um 1800 von ihm schuf, zeigt den Fünfzigjährigen antikisch stilisiert, mit markanterem Gesicht, den gleichen halblangen Haaren,

6 Dresden, Staatliche Kunstsammlungen, Kupferstichkabinett Inv.-Nr. A 1879-185 (= Singer 25087).

7 M. Voit (Hg.): Bildnisse Göttinger Professoren aus zwei Jahrhunderten (1737-1937). Göttingen 1937, Nr. 72.

8 Das jüngst gefundene Bildnis Fiorillos, das Johann Felix Thomann 1782 anfertigte (Rötel und schwarze Kreide, Göttingen, Privatbesitz Appel), zeigt den Porträtierten bereits mit Halbglatze; vgl. unten S. 477. – Zum Medaillon vgl. K. Arndt (Hg.), Katalog der Bildnisse im Besitz der Georg-August-Universität Göttingen, Göttingen 1994, S. 50, Nr. 42.

9 250 Jahre Georg-August-Universität Göttingen. Ausstellung im Auditorium 19. Mai – 12. Juli 1987, Göttingen 1987, S. 59; Arndt, a.a.O., S. 50, Nr. 43.

mit fast lächelndem, jedenfalls selbstsicherem Ausdruck, vielleicht eine Art Idealisierung auf das hin, was der Bildhauer seinem Modell angesichts von dessen Verdiensten wünschte.

Keine Attitüde ist es, wenn Fiorillo im Vorwort zu seiner ›Kunstgeschichte‹ 1798 um Nachsicht bittet: »Es wird mich erfreuen, wenn mein Versuch die Veranlassung wird, daß jemand, der mehr Einsicht und eine ausgebreitetere Gelehrsamkeit besitzt, der endlich mehr Künstler ist als ich, eine vollkommnere Ausführung liefert. Mit Vergnügen werde ich alsdann die Feder niederlegen und den Pinsel wieder ergreifen« (S. XIX). Er blieb zeitlebens ausführender Künstler, schuf Porträts, Gemälde mit mythologischen Sujets, Zeichnungen, Buchillustrationen, Vignetten, Denkmalsentwürfe. Sein Porträt Gottfried August Bürgers ist unter den wenigen erhaltenen beziehungsweise noch lokalisierbaren Bildern wohl das beste. Keine Koketterie also war seine Bescheidenheit. Denn erst nach vielfältigen Bemühungen und Klagen sowie durch die Fürsprache Heynes wurde Fiorillo endlich 1799 zum außerordentlichen Professor ernannt. Bis dahin mußte er sich ab und zu mit einem Gehaltszuschuß begnügen. Das Universitätsarchiv enthält zu Hauf Belege für Rechnungsstreitigkeiten und den täglichen Kampf des Hausvaters Fiorillo am Rande des Existenzminimums. Um solche Quellen charakterologisch aussagefähig zu machen, müßte man freilich die Akten der Kollegen in statistisch verwertbarem Umfang zum Vergleich heranziehen. In seinen vergeblichen Bemühungen, den seinen Spuren als Wissenschaftler folgenden ältesten Sohn und Mitarbeiter, Raphael, besser unterzubringen denn als Sekretär der Universitätsbibliothek, der »in meinem 36ten Jahre und unverheirathet« gar bereit war, nach Petersburg auszuwandern,[10] entspricht Fiorillo in seinem Gestus und mit seiner Selbstverleugnung noch ganz der Rollenauffassung des Lakaien-Künstlers an deutschen Duodezhöfen, auch wenn Göttingen durch seine Fernbindung an den englischen Hof und seine akademische Prägung eine im Prinzip freiere Sozialstruktur bot. Die oft devote Korrespondenz unterstreicht aber Fiorillos Auffassung von seiner beruflichen Situation. Was daran Sachzwang, was Charakter war, ist schwer zu entscheiden. Einige Züge verraten jedenfalls den Druck, unter dem der Italiener sich sah. In Paris wird er 1809 in einer umstrittenen Entscheidung zum korrespondierenden Mitglied der Académie des Beaux-Arts gewählt – und erfährt es erst zwei Jahre später. Eifrig erkundigt er sich 1815 bei dem Freund Rumohr nach der Zuverlässigkeit von Meldungen über seine Ernennung zum Akademiemitglied in München.[11] 1807 ließ er sich durch Vermittlung eines Bekannten und über den Kardinal Caprara mit dem päpstlichen Christuskreuz

10 Vgl. Raphaels Brief an den Hofrat von Hauenschild in Sarskoje Selo, Göttingen, 1. Mai 1816, Germanisches Nationalmuseum Nürnberg ZR ABK 102.

11 Göttingen, 06.01.1816, NStUB Göttingen: Ms. philos. 182:1.

auszeichnen. Das Ordenspatent »Dilecto Filio Joanni Dominico« kam fast postwendend aus Rom,[12] und der so Dekorierte konnte den Titel, wie die Akten zeigen, gegenüber der Universitätsverwaltung mit einigem Erfolg benutzen. Den Kampf um eine ordentliche Professur[13] erleichterten die politischen Wirrnisse der Napoleonischen Zeit nicht gerade. Göttingen wechselte mehrfach die Herrschaft und wurde zwischenzeitlich dem Königreich Westfalen unter Napoleons Bruder Jérôme zugeschlagen. Und doch: In dieser Zeit endlich beförderte man Fiorillo, der nach heutigem Usus schon emeritiert gewesen wäre, zum Ordinarius. Ein kurzlebiges Glück, denn im September 1816 verlieh er in der ›Vorrede‹ zum 2. Band der ›Geschichte der zeichnenden Künste in Deutschland und den vereinigten Niederlanden‹[14] seinem Kummer Ausdruck, »[...] der mich seit einiger Zeit darnieder drückt, indem ich den Gedanken an den schmerzhaften Verlust, den ich durch den Tod meines ältesten Sohnes, Wilhelm Johann Raphael Fiorillo in diesem Jahre erlitten habe, noch immer nicht aus der Erinnerung zu entfernen im Stande bin. Er war Doctor der Philosophie, und früherhin Secretair unserer Königlichen Bibliothek«. Die Bedeutung Raphaels, auch als Mitarbeiter, ist wohl sehr hoch einzuschätzen. Bald darauf starb seine Frau, doch fand sich der alternde Witwer noch einmal in eine Heirat.

Um 1790 war Fiorillo befreundet mit seinem Studenten August Wilhelm Schlegel, mit dem Dichter-Professor Bürger, mit dem Verleger Dieterich; er unterhielt offenbar gute kollegiale Beziehungen. Insgesamt aber macht seine Existenz trotz der Einbindung in die Kreise um den Professor Schlözer den Eindruck einer gewissen Isoliertheit. Göttingen, das stark auf die Universität ausgerichtet und nicht einmal Residenz war, hatte 1763 knapp 6000 Einwohner, deren Zahl sich bis 1830 kaum verdoppelte,[15] blieb also eine echte Kleinstadt. Fiorillo korrespondierte mit Ferdinand Wallraf in Köln, mit Sulpiz Boisserée in Heidelberg, versuchsweise auch mit Goethe, mit Friedrich und August Wilhelm Schlegel, mit Jacob Grimm, vermutlich mit noch vielen anderen, doch sind seine zuweilen melancholisch getönten Briefe heillos über die Bibliotheken verstreut, was freilich nach mehr klingt, als vorhanden ist, zumal private, fachliche und dienstliche Schreiben zu unterscheiden sind, von denen letztere nur institutionsgeschichtliches Interesse haben.

12 5. Juni 1807, NStUB Göttingen: 4° Cod. Ms. hist. 842.

13 W. Vogt: Fiorillos Kampf um die Professur, in: Beiträge zur Göttinger Bibliotheks- und Gelehrtengeschichte, Göttingen 1928, S. 91ff.

14 Hannover 1817, S. IX.

15 M. Özalp / W. Sachse: Die säkularen Trends der Bevölkerungsentwicklung Göttingens im 18. Jahrhundert, in: Göttingen im 18. Jahrhundert. Eine Stadt verändert ihr Gesicht, Göttingen 1987, S. 73-84, hier S. 76.

Aus den Vorlesungen, die er turnusmäßig über Theorie und Geschichte der bildenden Künste, aber auch über Architektur und Archäologie hielt, ging die insgesamt neunbändige ›Geschichte der zeichnenden Künste‹ hervor, die mehr noch von Literatur- als von Kunstwissenschaftlern häufig benutzt wird. Schuld an dieser Schieflage ist die Tatsache, daß Fiorillo neben seiner normalen Klientel, das heißt reichen Bürgerstöchtern und wohlhabenden Kandidaten, die bei ihm ihre Allgemeinbildung komplettieren sollten, auch einige wirklich bedeutende Schüler hatte: Karl Friedrich von Rumohr (1785-1843), zuvor aber die drei Berliner Kommilitonen Wilhelm von Burgsdorff, Ludwig Tieck und Wilhelm Heinrich Wackenroder, die 1794 privatissime bei ihm hörten.[16] Im Vorwort zum 1. Band seiner ‹Geschichte der zeichnenden Künste von ihrer Wiederauflebung‹ – *avant la lettre* gerät hier also eine Idee von ‹Renaissance‹ in den Titel – ›bis auf die neuesten Zeiten‹ stellt Fiorillo fest: »An Materialien zu einer allgemeinen kritischen Geschichte der Mahlerey und der übrigen zeichnenden Künste fehlt es also nicht; wohl aber an ihrer Zusammenfassung und Verarbeitung: und hierin ist bis jetzt noch weniger geschehen, als sich von unserm Zeitalter, das in allen Zweigen der historischen und philosophischen Forschung ein neues Licht anzündet, erwarten ließ«.[17] Genau diesem Ziel widmete sich der Italiener den Rest seines Lebens, wobei er sein Hauptwerk eingliederte in die Konzeption der monumentalen ›Geschichte der Künste und Wissenschaften, seit der Wiederherstellung derselben bis an's Ende des 18. Jahrhunderts‹, die Johann Gottfried Eichhorn (1752-1827) koordinierte. In regelmäßigen Abständen erschienen Bände zu allen bedeutenden europäischen Kunstnationen, inklusive einer Skizze zur russischen Malerei, die kein eigenes Buch füllte. Erst von 1815 an[18] kam die deutsch-niederländische Kunst an die Reihe, und erst ein Jahr vor seinem Tod war das Opus vollendet. Fiorillo schrieb aber nicht nur unermüdlich an der großen Kunstgeschichte, sondern rundete in umfangreichen Aufsätzen, von denen einige erst posthum im ›Schornschen Kunstblatt‹ erschienen und einige weitere nachgewiesen, aber bislang verschollen sind, die, wie zu seiner Zeit der Terminus lautete, »pragmatische« Darstellung ab durch Hunderte von Rezensionen, welche sich einerseits mit den bei ihm eingehenden theoretischen und archäologischen Schriften auseinandersetzten und andererseits die Neuanschaffungen bewerteten. Typisch für Fiorillo ist, daß er sich als

16 A. Hölter: Der Romantiker als Student. Zur Identität von zwei Tieck-Handschriften, in: Deutsche Vierteljahrsschrift für Literaturwissenschaft und Geistesgeschichte, Bd. 61, 1987, S. 125-50, besonders S. 134-50, hier S. 139.

17 J. D. Fiorillo: Geschichte der zeichnenden Künste von ihrer Wiederauflebung bis auf die neuesten Zeiten, 5 Bde., Göttingen 1798-1808; hier Bd. 1, Göttingen 1798, S. VI.

18 J. D. Fiorillo: Geschichte der zeichnenden Künste in Deutschland und den vereinigten Niederlanden, 4 Bde., Hannover 1815-20.

akribischer Biograph und Quellenforscher versteht, als ebenso minutiöser ›Litterator‹, in heutigem Deutsch: ›Bibliograph‹, und daß er versucht, den *relativen* Mangel des protestantischen Deutschland an Kunstschätzen wettzumachen durch die Bücherschätze der Göttinger Bibliothek, durch die großzügige Anschaffung von Kupferstichserien und illustrierten Drucken – teils durch Schenkung an den britischen König gratis erworben –, die er über die Jahre mit viel kritischem Fleiß in den ›Göttingischen Gelehrten Anzeigen‹ rezensiert. Wilhelm Waetzoldt schränkte aber angesichts mancher Unausgewogenheiten im Verfahren zu Recht ein, daß ihm »freilich noch nicht der erst von Rumohr getane Schritt von der Erudition zur Kritik«[19] gelang.

Fiorillo war, dies läßt sich bei aller Vorsicht sagen, ein zwiespältiger Charakter, geprägt einerseits von Melancholie, ja Frustration des mehr oder weniger deutlich gescheiterten Künstlers, andererseits aber auch von sicher nicht unfreiwilligem, in seinem Wesen angelegtem Gelehrtenfleiß, der ein eingeschränktes Glück inmitten von Bildern und Kupfern, Büchern und Schülern gewährte. Für Fiorillos Selbstverständnis, für sein Selbstbewußtsein, aber auch sein Leiden ist eine Bemerkung im Vorwort zum gedruckten Katalog der Göttinger Gemäldesammlung 1805 aufschlußreich: »Wiewohl die Universitäten keine Kunstschulen sind, und man auf ihnen die Idee einer Construction der Werke bildender Kunst nicht suchen darf, so ist es dennoch sehr ersprieslich, dass die Vorträge, welche nur eine gelehrte Kenntnis der Kunstgeschichte zum Zweck haben, durch die Anschauung einiger Mahlereien erläutert werden, welche ausserdem das Auge und den Sinn der Jugend bilden, und sie zur Betrachtung der grossen Gallerien in Dresden, Wien, München, und der ungeheuern Kunstschätze in Frankreich und Italien vorbereiten können« (S. XIII). Bedenkt man die sozusagen notgedrungene Ansiedlung im hannoverschen Göttingen und die aus finanziellen Gründen geringen Reisemöglichkeiten, so wird die Diskrepanz zwischen den Wünschen des Schreibers und der realisierbaren Praxis deutlich. Zum pragmatischen Umgang mit beidem gehörte es, daß Fiorillo ab 1783 Zeichenunterricht erteilen durfte, daß ihm aber eine weitergehende Etablierung solcher Studien in der bürgerlichen Kleinstadt nicht recht gelang.

Indirekte Bedeutung erhielt Fiorillo bekanntlich über Tiecks ›Sternbald‹ und den ›Klosterbruder‹ für die nach Italien ziehenden deutschen Maler, die nicht mehr Winckelmann, sondern Wackenroder im Gepäck hatten. Erst 1814 ging Tieck öffentlich auf die »Belehrung des Hrn. Prof. Fiorillo«[20] ein, bevor er 1817,

19 W. Waetzoldt: Deutsche Kunsthistoriker, Bd. 1 (Von Sandrart bis Rumohr), Berlin ^{3}1986, S. 287-92, hier S. 290. Vgl. U. Kultermann: Geschichte der Kunstgeschichte. Der Weg einer Wissenschaft, Frankfurt/M. / Berlin / Wien 1981, S. 74.

20 H. Wackenroder: Phantasien über die Kunst von einem kunstliebenden Klosterbruder, hrsg. von L. Tieck, neue, veränderte Aufl., Berlin 1814, S. III.

als er in Göttingen Station machte, auch den alten Lehrer getroffen zu haben scheint. Was sie sich zu sagen hatten, dürfte eher wenig gewesen sein, denn erst 1820 erinnerte sich Fiorillo im Schlußband seiner deutschen Kunstgeschichte öffentlich der seinerzeitigen Studenten, und dies nicht ohne Befremden über die von ihm ›ausgelöste‹ Welle. Was hatte er die jungen Berliner denn lehren wollen? »Anfangsgründe der Zeichenkunst und Mahlerey und Geschichte, Theorie und das Mechanische der Mahlerey« hatte er 1793 beziehungsweise 1794 angekündigt. Im selben Jahr erschien übrigens in der ›Berlinischen Monatsschrift‹ ein kurzer Beitrag eines unbekannten Verfassers ›Mangel an Gemälden und Kunstwerken auf deutschen Universitäten‹. Die Georgia Augusta war die glückliche Ausnahme, wie die erwähnte ›Beschreibung der Gemähldesammlung der Universität zu Göttingen‹ vor Augen führt. Die Deskription selbst ist sehr kurz und folgt dem Schema Maler, Maße, Material, Sujet, abgeschlossen von einer knappen Wertung. Für seine Unterrichtspraxis ist aber das schon zitierte Vorwort von Interesse, das Ratschläge zum Betrachten von Kunstwerken erteilt. Alleine die »Fähigkeit, das Erhabene und Schöne in den Werken der bildenden Kunst zu empfinden«, genüge leider nicht. Es sei nämlich »selten der Fall, dass man damit die nothwendigen Kenntnisse verbindet, um ein richtiges Urtheil zu fällen, und sich gegen die speculirenden und gewinnsüchtigen Mäkler [= Makler, A. H.] zu schützen, welche einzig darauf ausgehen, aus der Leidenschaft des Liebhabers ihren Vortheil zu ziehen. Es ist natürlich, dass dergleichen Liebhaber auf ihren Reisen besonders Gallerien und Cabinette besuchen; mag es aber an dem Mangel an Zeit liegen, welche ihnen keinen langen Aufenthalt gestattet, oder mögen andere Umstände nur einen kurzen Besuch in gewissen, abgemessenen Stunden erlauben; genug, die meisten begnügen sich, selbst die grösste Gemähldesammlung flüchtig zu durchlaufen, und haben weiter keinen Gewinn, als dass sie eine dürftige Kenntniss des Locals zurückbringen. Selten oder niemals geschieht es, dass sie ein Bild so untersuchen wie es sich gebürt« (S. Vf.). Und dann erläutert Fiorillo systematisch das rechte Vorgehen. Es gelte nämlich unbedingt, sich auf einige Werke zu beschränken, dann den richtigen Gesichtspunkt zu finden, beim einzelnen Bild die Anordnung des Ganzen und das Sujet zu erkennen, den Stil festzustellen, die technische Ausführung zu analysieren, danach erst sei ein kritisches Urteil möglich. Zur Kritik gehöre das Erkennen des Meisters, und zwar konzentrisch, das heißt von seiner Schule ausgehend, um danach zu dessen Individualität vorzustoßen. Nicht zuletzt aber, und hier berührt sich die ›höhere Kritik‹ der Kunstwissenschaft mit der Literatur- oder Musikgeschichte, gelte es, Originale von Kopien zu unterscheiden. Nicht die treuen, aber sklavischen, nicht die leichten, aber untreuen, wohl aber die leichten *und* treuen Kopien stellten die Kennerschaft auf harte Proben. – Dasselbe Programm muß er schon zehn Jahre zuvor mündlich vorgetragen haben, denn eine Mitschrift Ludwig Tiecks zitiert genau diese Bemerkungen ›Ueber Gemähldekenntniß‹

(56v/57r).[21] Der junge Dichter richtete sich auch nach Fiorillo, als er 1794 die Kupferstichserie rezensierte,[22] die nach der damals berühmten Londoner Boydell Gallery entstand, einem gewaltigen, finanziell letztlich scheiternden Unternehmen, die größten Szenen von Shakespeares Dramen in Gemälden festzuhalten und zu einem stattlichen Preis an das zahlungskräftige Publikum zu bringen. Diese Folio- und Großfolioblätter wurden in Göttingen gesammelt. Sie erhielten 1996 eine eigene Ausstellung.[23] Die von dem Italiener übernommenen Kriterien sind in Tiecks ersten Aufsätzen noch völlig technisch-aufklärerisch, romantisch und auf das schöpferische Genie ausgerichtet allenfalls im Ansatz. Doch noch eins ist maßgeblich an diesem Unterricht: »Von Kupferstichen«, deren Funktion ja der von heutigen Bildbänden und Dias entsprach, »kann man nicht urteilen«, notierte der Student.[24] Am 8. November 1791 berichtet Friedrich Schlegel seinem Bruder, in den Ferien sei Fiorillo bei ihm in Leipzig gewesen, habe mit Bekannten eine Reise nach Dresden gemacht und sei bei Oeser gewesen. Insgesamt scheint es jedoch, als sei Fiorillo nach seiner Jugend wenig gereist, obwohl dies nur indirekt aus dem chronischen Geldmangel und der in den Rezensionen dokumentierten Anwesenheit in Göttingen zu schließen ist. Das Grundproblem ist daher die Autopsie. Fiorillo meinte wohl und sagte es so Tieck und Wackenroder, daß Kupfer nur dem nützen, der auch gewohnt ist, Originale zu sehen, und er ermunterte seine Schüler zu entsprechenden Reisen. Zugleich aber war etwa der Kunstschriftsteller Basilius von Ramdohr für ihn ein rotes Tuch, weil dieser reisende Dilettant es sich leisten konnte, *retro ad fontes* zu fahren und dies in seinen Büchern auch zu betonen, während er, der professionelle Kenner, auf Reproduktionen angewiesen blieb.

Fiorillo war der Archetyp des Menschen zwischen zwei Kulturen. Der Vater war als Abkömmling einer jahrhundertealten neapolitanischen Schauspieler- und Künstlerdynastie über die Alpen gezogen. Warum er nie heimkehrte, ist unklar. Jedenfalls war es seine Zweisprachigkeit, die Giovan Domenico besonders begabte für Terminologiefragen, für die Nuancen zwischen Deutsch, Italienisch, auch Französisch, das er sehr gut beherrscht haben muß. Bei seinem Freund August Wilhelm Schlegel bedankt er sich öffentlich, weil dieser das Manuskript der zwei Bände italienischer Kunstgeschichte sprachlich durch-

21 A. Hölter: Ludwig Tieck – Literaturgeschichte als Poesie, Heidelberg 1989, S. 26-33, besonders S. 31f.

22 L. Tieck: Schriften 1789-94, hrsg. von A. Hölter, Frankfurt/M. 1991 (= Schriften in 12 Bänden, Bd. 1), S. 653-80 u. S. 1171-1210.

23 Vgl. W. Pape/F. Burwick (Hgg.): The Boydell Shakespeare Gallery, Bottrop 1996.

24 Österreichische Nationalbibliothek Wien, Cod. Vind. 12.821, 28v.

gesehen habe.[25] Gehässigerweise tadelte sein Feind, der allseits unbeliebte Ramdohr, das mangelhafte Deutsch des Buches. Dabei ist die Hälfte von Fiorillos Privatbriefen in deutscher, die andere in italienischer Sprache abgefaßt, und ein Unterschied in der Gewandtheit schwerlich festzustellen. Andererseits bemerkte der Pädagogikprofessor Karl von Raumer, der sein Studium 1801-03 in Göttingen wie manch anderer auch zu einem Abstecher in die Gefilde der Kunst genutzt hatte, in einer bisher wohl unbeachteten Erinnerung: »Sehr lehrreich war eine Vorlesung Fiorillos über Geschichte der Kunst, wiewohl der Mann nicht richtig deutsch sprach. So erzählte er: in diesem Jahrhundert kam die Wuth der ›Thürmer‹ auf; er meinte: die Leidenschaft Thürme zu bauen«.[26] Raumer fährt aber fort mit einer Beschreibung von Fiorillos Unterricht, und die ist mindestens so interessant, wenn auch nicht überraschend: »Die Geschichte der Malerei war Hauptgegenstand. Er charakterisierte die verschiedenen Malerschulen und die bedeutendsten Künstler jeder Schule, bemerkte dann, wo sich die wichtigsten Gemälde jedes Meisters befänden und zeigte uns die meisten angeführten in Kupferstichen«. (ebenda) Und noch eins: »An Fiorillos Vorlesungen schloßen sich Ausflüge nach dem nur fünf Meilen entfernten Kassel an. Tischbein, der Director der dortigen trefflichen Gemäldesammlung, gestattete sehr freundlich den Besuch derselben« (ebenda, S. 74f.). Die Beziehung Fiorillos zum ›Kasseler Tischbein‹ wäre noch zu untersuchen. Um aber noch einmal auf das Sprachproblem zurückzukommen, so muß man wohl davon ausgehen, daß Fiorillo zu Hause mit zunehmendem Alter seiner Kinder immer mehr zur deutschen Sprache überging, selbst aber gewisse Reste weniger der italienischen Sprache als des romanischen Stils beibehielt. Und das führt zu der generellen Frage: Der katholische, für die Rahmenbedingungen der Entstehung von Kunst, für die Rolle der Kirche und der Religiosität aufmerksame Italiener[27] im protestantischen Norddeutschland, der höfische Künstler aus Familientradition im bürgerlichen Milieu der Universitätsstadt, wie konnte das gehen? »Rumohr schildert«, so resümiert Cornelius Gurlitt,[28] »Fiorillo als behaglichen und feinen Halbitaliener, der noch im Geist seiner Lehrer dachte und im Alter noch von den Erinnerungen seiner Jugend zehrte«. In einer Rezension, die Fiorillo 1807 schreibt, klingt tatsächlich ausnahmsweise Heimweh an: »Unter allen Städten des schönen Italiens hat vorzüglich Florenz eine glückliche

25 J. D. Fiorillo: Geschichte der zeichnenden Künste (wie Anm. 17), Bd. I, S. XX.

26 K. von Raumer: Geschichte der Pädagogik vom Wiederaufblühen klassischer Studien bis auf unsere Zeit, 4. Teil., Stuttgart ^{2}1854, S. 74.

27 Vgl. S. Vietta: Art. J. D. F., in: Walther Killy (Hg.): Literaturlexikon, Bd. 3, Gütersloh / München 1989, S. 384.

28 C. Gurlitt: Die deutsche Kunst des neunzehnten Jahrhunderts. Ihre Ziele und Thaten, Berlin ^{2}1900, S. 157.

Lage, gleichsam in der Mitte eines reitzenden Gartens, unter einem sanften, gemäßigten Himmel. Hat der Wanderer die Apenninen verlassen, wo ihm die Natur in romantischer Wildheit erscheint, so entfaltet sich vor seinen Augen Florenz, der ehemahlige Sitz der Mediceer, des Handels und des Verkehrs, der Freyheit, der Wissenschaften und Künste, und verbirgt mit seinen zahllosen öffentlichen Denkmählern, Kirchen und Marmorpallästen die blauen Gebirge des Hintergrundes«.[29]

Symptomatisch für seine zwiespältige Situation ist Fiorillos trotz persönlicher Bekanntschaft letztendlich scheiternder Versuch, sich die Gunst Goethes zu sichern,[30] was sich an dessen Zustimmung zu einem harten Verdikt Boisserées über »diesen Fiorillo« ausdrückte, wie Goethe selbst am 24. April 1817 schrieb. Während Fiorillo persönlich dem Weimarer Klassizismus nicht huldigen mochte, wurde er umgekehrt der Rolle erst recht nicht froh, die ihm seine romantischen Schüler und deren Jünger zuweisen wollten. Die Impulswirkung, die seine klassifizierende, in der Kritik noch aufklärerisch orientierte Vorlesung auf die Verfasser des ›Klosterbruders‹ ausgeübt hatte, stellte er mit einiger Verwunderung und Verspätung fest. Dazu ein aufschlußreiches Zeugnis, das nur als Entwurf erhaltene Schreiben des Brentano-Freundes Johann Friedrich Böhmer (1795-1863)[31] an Fiorillo vom 13. September 1820:[32] »Ich darf wohl nicht hoffen, daß Sie sich meiner noch erinnern werden, denn obgleich ich Ihr sehr eifriger Zuhörer gewesen bin, so ist die Menge derselben doch zu groß und ich hatte nicht den Vorzug Ihnen persönlich genauer bekannt zu werden« beginnt Böhmer, der seit Ende 1814 an der Georgia Augusta gewesen war, bevor er von seinem einjährigen Italienaufenthalt berichtet: »Ich habe dort in der Umgebung all des Schönen und Herrlichen, worauf Sie zuerst mich aufmerksam machten, sehr genußreiche und glückliche Tage verlebt. Von allem aber, was Italien mir darbot, zog mich am meisten das neue Bestreben meiner dort der Kunst sich widmenden Landsleute an«. Böhmer legte Johann David Passavants (1787-1861) Verteidigung der Nazarener unter dem Titel ›Ansichten über die bildenden Künste und Darstellung des Ganzen derselben in Toskana zur Bestimmung des Gesichtspunktes, aus welchem die nordische Malerschule zu betrachten ist, von einem deutschen Künstler in Rom‹ (Heidelberg 1820) bei. Er endet seinen Brief mit der Bitte: »Möchte ich Ihnen doch, verehrtester Herr

29 Zu: A. Famin / A. Grandjean: Architecture Toscane [...], Cahier I-IX, Paris, in: GGA 190, 28. November 1807, S. 1889-92, hier S. 1889.

30 A. Hölter: Goethe, Meyer und der Kunsthistoriker Johann Dominik Fiorillo. Mit einem ungedruckten Brief, in: Goethe-Jahrbuch, Bd. 109 (1992), S. 115-30.

31 Vgl. E. Kleinstück: Johann Friedrich Böhmer, Frankfurt/M. 1959, besonders S. 85 u. S. 93.

32 Stadt- und Universitätsbibliothek Frankfurt/M.: Ms. Ff. J. F. Böhmer 1 K 5 F Nr. 56.

Professor, den deutlichen Begriff von dieser wichtigsten Erscheinung in der Kunstgeschichte seit 3 Jahrhunderten geben können, wie er aus den vollbrachten Werken sich abnehmen läßt; denn die Worte reichen auf keine Weise aus. Doch vielleicht haben Sie auch schon manches gesehen. Indessen können Sachen der Gebrüder Riepenhausen nicht dazu dienen, weil diese nicht mehr zur neudeutschen Schule können gerechnet werden.« Und er bittet Fiorillo, die beikommende Schrift vielleicht einer Anzeige zu würdigen, ein Kuriosum, wenn man weiß, welch skeptisches Urteil sich Fiorillo selbst über den Lukasbund gebildet hatte. Daß die Weimaraner Goethe und Johann Heinrich Meyer sich gegen die ›Neudeutsche religios-patriotische Kunst‹ wandten, hatte mit der gleichzeitigen Ablehnung der Richtung durch Rumohr, der seinerseits zuletzt von Fiorillo in einer Weise abrückte, die ihm zu seinem Bedauern schon bald viel zu schroff erschien,[33] und durch Fiorillo selbst[34] nicht allzuviel gemein. Freilich bemühte sich der Italiener, 1820 den Meyerschen Aufsatz aus ›Über Kunst und Alterthum‹ (1817) Goethe zuzuschreiben und ihm beizupflichten. Dies ist dann, bevor er der einzelnen Maler gedenkt, für ihn Anlaß, auf die Schriften der Frühromantiker einzugehen.[35]

Fiorillos Unzeitgemäßheit hat eben nicht nur eine methodologische, wissenschaftshistorische Facette, sondern berührt auch das Auftreten der Nazarener. Weil die Entwicklung in seinen letzten Jahren hinging zur katholischen Romantik und dann zur Düsseldorfer Malerschule, soll seine Stellungnahme hier erscheinen. Es lasse sich, schreibt er, »in der That nicht einsehen, wie Protestanten (und ein großer Theil dieser Künstler sind Protestanten), die, vermöge ihrer Glaubenslehren, eine Menge dieser Dinge verwerfen, ja, sie für Aberglauben und beynahe für Idolatrie ansehen müssen; – die von den sieben Sacramenten des katholischen Glaubens nur zwey anerkennen; – die die Beichte und letzte Oehlung wohl gar lächerlich finden; die die Gebote der katholischen Kirche nicht achten; aus dem Papst einen Antichrist gemacht haben und machen; – wie diese Protestanten tiefere Einsichten gehabt haben, und wie diese tieferen Einsichten nur der deutschen Nation eigenthümlich angehören sollen?«[36] Dieses »offenherzige[n] Bekenntniß« – und es ist, gemessen an seinem gewohnten Stil, wirklich offenherzig – rechtfertigt er durch einen Hinweis, der seine historisch und national prekäre Situation reflektiert: Er habe »nach meinen Kräften zum Vortheil der vaterländischen Kunst« – damit meint Fiorillo die deutsche –

33 Vgl. dazu den Beitrag von Jürgen Schönwälder in diesem Band.

34 Vgl. Kleinstück, S. 124 (siehe aber ebenda, S. 110f.).

35 ›Blicke auf den gegenwärtigen Zustand der Mahlerei, besonders bei den Deutschen‹, in: J. D. Fiorillo: Geschichte der zeichnenden Künste in Deutschland und den vereinigten Niederlanden, Bd. IV, Hannover 1820, besonders S. 101-06.

36 Ebenda, S. 101f.

»beygetragen, und bewiesen, daß Deutschland im Mittelalter in allen Gattungen Künstler besaß, welche den Künstlern anderer Nationen nicht nachstanden, und den Franzosen und Italiänern dadurch den thörigen Glauben benommen, als ob Deutschland damals nur ein Wohnplatz wilder Thiere gewesen sey«. Am wichtigsten ist aber der Schluß: »Ich habe gleichfalls bewiesen, daß die Religion und die Ausbreitung des Christenthums am meisten dazu beygetragen habe, die Künste empor zu bringen, und daß ihnen die Reformation offenbar nachtheilig gewesen ist. Aber einstimmen in die neue Lehre, und in die neuen Grundsätze, das kann ich nicht! Ich werde in meinem hohen Alter die Wendung, die dieses neue Streben nehmen wird, schwerlich erleben; aber ich bin fest überzeugt, daß es aus den angeführten Ursachen unmöglich so bleiben wird, und bleiben kann«.[37]

Besser als viele Analysen erklärt diese schroffe Haltung eines unendlich fleißigen Gelehrten und großen Anregers, dessen eigener schöpferischer Geschmack dem italienischen Settecento verhaftet blieb, einerseits seine zeitweilige Vergessenheit, andererseits im Zuge der Romantikforschung auch seine »Wiederauflebung«, die vielleicht so eingeordnet werden kann:

Als Lehrer einiger später so genannter Romantiker war Fiorillo Kronzeuge für den sich anbahnenden Umbruch des Denkens in den 1790er Jahren, und der manifestierte sich eben in poetischen Texten. Ein erster Grund, sich für ihn zu interessieren, sind also Quellenfragen, philologische Aspekte, die auf einen Kommentar zu Dritten hinauslaufen, zu August Wilhelm Schlegel, Ludwig Tieck oder Wilhelm Heinrich Wackenroder. Überdies konnte an anderer Stelle schon gezeigt werden, wieviel die Romantiker Fiorillo auch insofern verdankten, als sie bei ihm erfahrene Methoden nur transferieren mußten auf ihre philologischen Wissensgebiete, auf Shakespeare oder Dante zum Beispiel. Warum aber sonst sich mit Fiorillo befassen? Ein zweites Motiv wäre und war vor allem im Jubiläumsjahr der Universität 1987 die Wissenschaftsgeschichte, die man von der Warte der Kunsthistoriographie angehen kann, aber auch aus übergeordneten Fragen der Wissensorganisation im späten 18. Jahrhundert. Diese Selbstaufklärung, für die inzwischen die Geschichte der sich fast zeitgleich zu Fiorillos Disziplin ausdifferenzierenden Germanistik ein Modell liefert,[38]

37 Alle Zitate S. 105f.

38 Vgl. unter anderem J. Fohrmann: Das Projekt der deutschen Literaturgeschichte. Entstehung und Scheitern einer nationalen Poesiegeschichtsschreibung zwischen Humanismus und Deutschem Kaiserreich. Stuttgart 1989; J. Fohrmann / W. Voßkamp (Hgg.): Wissenschaft und Nation. Studien zur Entstehungsgeschichte der deutschen Literaturwissenschaft, München 1991; dies. (Hgg.): Wissenschaftsgeschichte der Germanistik im 19. Jahrhundert, Stuttgart / Weimar 1994; B. Rompeltien: Germanistik als Wissenschaft. Zur Ausdifferenzierung und Integration einer Fachdisziplin, Opladen 1994.

läßt sich als universelle Methodengeschichte praktizieren, die also den Weg von der Litterär- zur disziplinären Literatur- oder eben Kunstgeschichte beschreibt, oder der Blick zentriert sich noch stärker auf Göttingen, das heißt auf Eichhorns Projekt einer fachübergreifenden Geschichte der Disziplinen, genauer: ihrer Verfahren und Inhalte, das seinerseits erst Mitanstoß wurde zu ihrer institutionellen Verankerung. Ein dritter Grund, Fiorillo zu lesen, ist die unüberschaubare Fülle von Einzelheiten in seinen Schriften, die zu kennen bei der Erforschung kunsthistorischer Probleme nötig werden kann. Sein Œuvre[39] ist eine Faktenschatzkammer, freilich auch ein Hort von Irrtümern. Daher wird die Benutzung seiner Schriften oft wieder eher auf einen historisch gewordenen Wissensstand zurücklenken. Wenn es aber hieß ›Fiorillo lesen‹, so muß man wohl klar bekennen, daß die Lektüre seiner Texte, auch der zusammenhängenden und übergreifenden Darstellungen, erschwert wird durch seine Liebe zum Detail. Fiorillo war eben ein ›Litterator‹, aber nicht eigentlich ein Literat. Man liest ihn wohl nur selten; eher schlägt man bei ihm nach. Das bedeutet nun nicht, daß er nur trocken wäre, wie er auch alles andere als unbelesen war. Vielmehr bedeutet Historiographie einer Kunst, Urteile zu fällen, und das tut Fiorillo, sei es direkt, wovor er hauptsächlich bei Zeitgenossen nicht zurückscheut, sei es indirekt, nämlich indem er Wertvorstellungen seiner Gewährsleute zitiert und quasi unterschreibt. Man findet bei ihm biographisch begründbare Vorsicht, gepaart mit dem Willen zur Meinung. Schließlich aber war es – wenn auch nur für die relativ kurze Zeitspanne von zwanzig Jahren, innerhalb deren die neunbändige Kunstgeschichte erschien und öffentlich aufgenommen wurde – dazu gekommen, daß Fiorillo Autorität besaß. Die Spannweite seines Fachwissens war dokumentierbar so enorm, daß man an ihm in Sachfragen nicht vorbeikam. Und diese Rolle als ›graue Eminenz‹ hätte ihn befähigt, die sich konstituierende Kunstwissenschaft nicht *nur* zu beflügeln, sondern auch zu blockieren, hätte ihn nicht seine persönliche Situation stärker auf Göttingen fixiert, als für die Ausübung akademischer Macht günstig war.

Wie aber dachte Fiorillo? Das zeigt sich zum Beispiel in den nicht wirklich vermittelten Elementen seines Renaissance-Bildes.[40] War die Renaissance für ihn eine unübertroffene Epoche, so wie es die Klassizisten von der Antike behaupteten? Oder mochte er nur seinen Zeitgenossen nicht zutrauen, in der

39 Erstmals ist beim Olms-Verlag, Hildesheim, ein insgesamt 15bändiger fotomechanischer Neudruck sämtlicher Schriften projektiert (hrsg. von A. Hölter), der nicht nur die ›Geschichte der zeichenden Künste‹, sondern auch die kleinen Schriften sowie die Zeitschriftenbeiträge und die zahlreichen Rezensionen enthalten soll.

40 Vgl. A. Hölter: Johann Dominik Fiorillos ›Geschichte der zeichnenden Künste‹ und ihr Bild der Renaissance, in: S. Vietta (Hg.): Romantik und Renaissance. Die Rezeption der italienischen Renaissance in der deutschen Romantik. Stuttgart / Weimar 1994, S. 95-115.

ewigen Querelle der Neuen gegen die Tradition wenigstens vorübergehend die Oberhand zu gewinnen? Es wird nicht recht deutlich. Und genau dem mag die Bemühung um Fiorillo gelten, gleich, ob aus allgemein wissenschaftsgeschichtlichem oder eher partikulärem Interesse: Fiorillos rastloses Wirken in seinen immateriellen Spuren zu würdigen und aus seinen überlieferten Leistungen, den Kunstwerken und vor allem den Schriften, in seiner nicht immer vorab garantierten Konsequenz zu verstehen.

Otto Gerhard Oexle

Aufklärung und Historismus: Zur Geschichtswissenschaft in Göttingen um 1800

I.

Für das Fiorillo-Kolloquium wurde mir die Aufgabe zuteil, über die Geschichtswissenschaft in Göttingen in der Aufklärung, also über die Göttinger Historiker um 1800 zu sprechen. Es sind dies zunächst Johann Christoph Gatterer (1727-99), der 1759 nach Göttingen berufen wurde, und August Ludwig Schlözer (1735-1809), der seit 1769 in Göttingen lehrte. Dazu kommen die einer jüngeren Generation angehörenden Historiker Ludwig Timotheus Spittler (1752-1810), seit 1779 in Göttingen, der 1797 in den württembergischen Staatsdienst trat, und Arnold Herrmann Ludwig Heeren (geb. 1760), seit 1787 Professor in Göttingen sowie seit 1801 und bis zu seinem Tod 1842 Nachfolger Gatterers auf dem Ordinariat für Geschichte.[1]

Gatterer hielt Vorlesungen über so gut wie alle Gebiete der Geschichte, über Universalhistorie und über die Methodologie der Historischen Hilfswissen-

1 Die Angaben nach: R. vom Bruch/R. A. Müller (Hgg.): Historikerlexikon, München 1991; und H. W. Blanke/D. Fleischer (Hgg.): Theoretiker der deutschen Aufklärungshistorie, Bd. 2 (Elemente der Aufklärungshistorik), Stuttgart/Bad Cannstatt 1990, S. 779ff., S. 783ff. u. S. 798ff. – Zur Aufklärung und Aufklärungshistorie: R. Vierhaus (Hg.): Wissenschaften im Zeitalter der Aufklärung, Göttingen 1985; ders.: Deutschland im 18. Jahrhundert, Göttingen 1987 (Aufsatzsammlung); ders.: Was war Aufklärung?, Wolfenbüttel/Göttingen 1995; R. Koselleck: Das achtzehnte Jahrhundert als Beginn der Neuzeit, in: R. Herzog/R. Koselleck (Hgg.): Epochenschwelle und Epochenbewußtsein, München 1987, S. 269-89; H. E. Bödeker/G. G. Iggers/J. B. Knudsen/P. H. Reill (Hgg.): Aufklärung und Geschichte, Göttingen 1986; H. E. Bödeker/U. Herrmann (Hgg.): Über den Prozeß der Aufklärung in Deutschland im 18. Jahrhundert, Göttingen 1987; U. Muhlack: Geschichtswissenschaft im Humanismus und in der Aufklärung. Die Vorgeschichte des Historismus, München 1991; H. W. Blanke: Historiographiegeschichte als Historik, Stuttgart/Bad Cannstatt 1991. – Über die vier Göttinger Aufklärungshistoriker: P. H. Reill: Johann Christoph Gatterer, in: H.-U. Wehler (Hg.): Deutsche Historiker, Bd. 6, Göttingen 1980, S. 7-23; U. A. J. Becher: August Ludwig v. Schlözer, in: ebenda, Bd. 7, Göttingen 1980, S. 7-23; P. H. Reill: Ludwig Timotheus Spittler, in: ebenda, Bd. 9, Göttingen 1982, S. 42-60; H. Seier: Arnold Herrmann Ludwig Heeren, in: ebenda, S. 61-80.

schaften. Auf dieses Gebiet beziehen sich auch die meisten seiner Veröffentlichungen. Sein Ziel war es, die Erforschung der Geschichte zu einer eigenständigen Wissenschaft zu machen und nach Gegenstand und Methode umfassend zu bestimmen. Seine Beiträge dazu waren freilich überwiegend programmatisch gehalten, die Verwirklichung ist ihm nur in Ansätzen gelungen. Bemerkenswert ist in diesem Zusammenhang auch die 1764 erfolgte Gründung eines Historischen Instituts (das heißt: einer Historischen Gesellschaft) und die Einrichtung eines Studiengangs für Geschichte, wofür Gatterer Vorlesungen über ›Historische Enzyklopädie‹ hielt und für den er ein anspruchsvolles Programm entwickelte, das unter anderem die Edition der deutschen Historiker des Mittelalters sowie deutsche Übersetzungen der griechischen und römischen Historiker umfaßte und wofür er die Einrichtung von Kabinetten zu den einzelnen Hilfswissenschaften forderte und auch die Gründung einer Zeitschrift bewirkte, der ›Allgemeinen Historischen Bibliothek‹, dem späteren ›Historischen Journal‹.[2] Auch von diesem Programm konnte nur einiges verwirklicht werden. Auch Schlözer war mehr Geschichtstheoretiker und Forscher. Seine Göttinger Vorlesungen behandelten die Universalgeschichte, die Geschichte der europäischen Staaten, aber auch russische Geschichte sowie ›Statistik‹, wobei es um Vorlesungen ›politikwissenschaftlichen‹ Inhalts ging. Daneben entfaltete Schlözer eine breite aufklärerische Publizistik, auch als Herausgeber historisch-politischer Zeitschriften. Spittler, der »erste deutsche Historiker von staatsmännischem Rang« (H. Günther), ursprünglich Theologe, trat mit kirchengeschichtlichen Veröffentlichungen (›Grundriß der Geschichte der christlichen Kirche‹, 1782), aber auch mit einer ›Geschichte Württembergs‹ (1783), einer ›Geschichte des Fürstentums Hannover‹ (1786), einem ›Entwurf der Geschichte der europäischen Staaten‹ (2 Bde., 1793/94) hervor. Arnold Heeren schließlich las über Universalgeschichte und machte sich vor allem mit seinem Werk ›Ideen über die Politik, den Verkehr und den Handel der vornehmsten Völker der alten Welt‹ (2 Bde., 1793/96) und mit seiner ›Geschichte des europäischen Staatensystems‹ (1809) einen Namen. Er war zu seiner Zeit, vor allem im ersten Drittel des 19. Jahrhunderts, der »wohl bekannteste deutsche Historiker« überhaupt und zugleich »der erste deutsche Historiker von Weltruf«.[3]

Es ist in dem hier vorgegebenen Rahmen nicht möglich, im einzelnen und umfassend über die Vorlesungen und Werke dieser Historiker und über ihre breit gestreute publizistische Tätigkeit zu berichten. Stattdessen seien einige Aspekte herausgegriffen und in den Zusammenhang des Phänomens der Aufklärung sowie in den Kontext der Funktion, die von den Aufklärungshistori-

2 Reill: Gatterer (wie Anm. 1), S. 19.

3 Blanke/Fleischer (wie Anm. 1), S. 784. Die Kennzeichnung Spittlers von H. Günther findet sich in dem unten Anm. 96 zitierten Band ›Europäische Geschichte‹, S. 41.

kern der Geschichte zugewiesen wurde, gestellt (Abschnitt II). Darüber hinaus gilt besondere Aufmerksamkeit der ›Historik‹, also der Theorie der historischen Erkenntnis, wie sie von den Göttinger Aufklärungshistorikern erarbeitet und propagiert wurde (Abschnitt III).

Dazu kommt ein zweites Problem. Es ist nämlich nicht möglich, einfach über die Geschichtswissenschaft der Aufklärung zu berichten, weil die Wahrnehmung dieser Gegebenheiten bei deutschen Historikern seit geraumer Zeit gesteuert wird von einem Gegensatz historischer Kategorien – und der heißt: ›Aufklärung‹ und ›Historismus‹. Es verhält sich damit so, daß die Urteile heutiger Historiker über die Göttinger Aufklärungshistorie und ihre historische Bedeutung verschieden ausfallen, je nachdem, wie sie in diesem (übrigens historisch bedingten) Deutungsschema des Gegensatzes von Aufklärung und Historismus jeweils positioniert sind.

Nun kann man mit einem solchen Gegensatz so umgehen, daß man sich auf der einen oder aber auf der anderen Seite einreiht, oder aber, daß man sogenannte Mittelwege beschreitet und die unbequeme Situation mit einem entschiedenen Sowohl-als-Auch zu bewältigen versucht. Als fruchtbarer dürfte es sich freilich erweisen, wenn man die Dominanz eines solchen Deutungsschemas im Ganzen in Frage stellt. Schon die Benennung eines solchen Gegensatzes von Kategorien als ein Deutungsschema von Geschichte, wie ich es getan habe, impliziert eine solche Relativierung. Die effektivste Relativierung erfolgt freilich immer über eine Historisierung, also über den Aufweis jener historischen Bedingungen, unter denen ein solches Deutungsschema der Wissenschaft einst konzipiert wurde. Davon soll am Ende dieses Beitrags (Abschnitt IV) die Rede sein.

II.

Auf die Inhalte des Begriffs der ›Aufklärung‹ als Epochen- wie als Strukturbegriff kann hier im einzelnen nicht eingegangen werden.[4] Ich verstehe, mit Ernst Troeltsch und Horst Stuke, Aufklärung als historischen Begriff für eine in der zweiten Hälfte des 17. Jahrhunderts einsetzende »Gesamtumwälzung der Kultur auf allen Lebensgebieten«, durch die »in einem alle menschlichen Lebensbereiche von Grund auf verändernden Säkularisationsprozeß die ›moderne Welt‹ heraufgeführt und eine umfassende ›Entzauberung der Welt‹ (Max Weber) eingeleitet wird«,[5] dabei ist das Ziel dieser ›Entzauberung‹, im Sinne von Kants berühmter Definition von 1784 (Aufklärung als »Ausgang des Men-

4 H. Stuke: Aufklärung, in: O. Brunner/W. Conze/R. Koselleck (Hgg.): Geschichtliche Grundbegriffe, Bd. 1, Stuttgart 1972, S. 243-342.

5 E. Troeltsch: Die Aufklärung (1897), in: ders.: Aufsätze zur Geistesgeschichte und Religionssoziologie, Bd. 4, 1925, Neudruck Aalen 1981, S. 339; Stuke (wie Anm. 3), S. 245.

schen aus seiner selbstverschuldeten Unmündigkeit«, nämlich aus dem »Unvermögen, sich seines Verstandes ohne Leitung eines anderen zu bedienen«), »im Prinzip die Emanzipation des Menschen aus der Welt des geschichtlichen Herkommens, das heißt seine Befreiung von allen Autoritäten, Lehren, Ordnungen, Bindungen, Institutionen und Konventionen, die der kritischen Prüfung durch die autonome menschliche Vernunft nicht standzuhalten vermögen, sich der Einordnung in ihr gesetzmäßiges System entziehen und sich infolgedessen als Aberglaube, Vorurteil, Irrtum usw. erweisen«.[6] Ähnlich sah auch Ernst Cassirer in seinem berühmten und grundlegenden Buch über ›Die Philosophie der Aufklärung‹ von 1932 Aufklärung als eine »unablässig-fluktuierende Bewegung« des Denkens, deren »eigentlich-produktive Bedeutung« nicht so sehr in einem bestimmten »Gedankeninhalt« beruht, als vielmehr »in dem Gebrauch, den (sie) vom philosophischen Gedanken macht, in der Stelle, die sie ihm einräumt und in der Aufgabe, die sie ihm zuweist«.[7] Aufklärung ist also, mit den Worten von Rudolf Vierhaus, »eine bestimmte Weise des Denkens, des Argumentierens und Urteilens [...], die sich, an Prinzipien der Vernunft orientiert, eine allgemeine kritische Funktion zusprach, als handlungsleitende Philosophie in praktischer Absicht verstand und dafür das weit über den Bereich der Philosophie hinaus aufgenommene Leit- und Signalwort ›Aufklärung‹ fand«.[8] Dabei ging es wesentlich um eine Erziehung der Menschen: im Zuge der ›Entzauberung‹ strebte die Aufklärung die Erziehung des Menschen zu einem »selbstbewußten Vernunftwesen und zu einer selbständigen sittlichen Lebensweise an«.[9] Aufklärung will nicht das Leben »im Spiegel der Reflexion« auffangen, vielmehr weist sie dem Denken »die Kraft und die Aufgabe der Lebensgestaltung zu« (E. Cassirer).[10] Es soll der Gedanke »die Ordnung, die er als notwendig begreift, selbst heraufführen und verwirklichen, um, in eben diesem Akt der Verwirklichung, seine eigene Wirklichkeit und Wahrheit zu erweisen«.[11] Es geht also um eine Erziehung, welche nicht durch eine geoffenbarte Religion, sondern durch die von der Vernunft erkannte Wahrheit bestimmt ist. Deshalb hat die Aufklärung, noch einmal mit den Worten von Rudolf Vierhaus, »das Problem der Erziehung expliziter als jede andere intellektuelle Bewegung vor ihr formuliert und zur öffentlichen Sache gemacht«.[12]

6 Stuke, S. 245.

7 E. Cassirer: Die Philosophie der Aufklärung, Nachdruck Tübingen 1973, S. IX u. S. XI.

8 Vierhaus: Was war Aufklärung? (wie Anm. 1), S. 6.

9 Stuke (wie Anm. 3), S. 245.

10 Cassirer (wie Anm. 7), S. X.

11 Ebenda.

12 R. Vierhaus: Aufklärung als Lernprozeß, in: ders.: Deutschland im 18. Jahrhundert (wie Anm. 1), S. 84-95 u. S. 94.

Die von der Aufklärung propagierte Autonomie des Denkens realisiert sich in der Wissenschaft. Und: in der Wissenschaft hat sie zugleich ihr »wichtigstes Organon, durch das sich der ›moderne‹ Mensch auch praktisch zum Zentrum seiner Welt macht und die Natur als Objekt seiner rational geleiteten Arbeit beherrscht«.[13] Die zentrale Aufgabe der Geschichtswissenschaft wiederum, so wie die Aufklärung sie versteht, besteht deshalb darin, die Geschichte als den »universalen Prozeß der Selbstbefreiung des Menschen« zu interpretieren und dabei zugleich das »aktuelle politische Handeln an der Leitidee (zu orientieren), diesen in Gang gesetzten Emanzipationsprozeß zielstrebig weiterzuführen«.[14] Mit den Worten von Christoph Martin Wieland (›Über die Rechte und Pflichten der Schriftsteller‹, 1785): »Um herauszubringen, was dem Menschen *möglich* ist, muß man wissen, was er *wirklich* ist und *wirklich* geleistet hat. [...] Im Grunde ist also alle ächte Menschenkenntniß *historisch*«.[15] Oder mit einer Bemerkung von Friedrich Nicolai von 1806: »Die Geschichte trägt der Aufklärung die Fackel vor«.[16] Es ist das Lernen aus der Geschichte, das die Menschheitsgeschichte weiterführt und in die richtige Richtung lenkt. Dies meint vor allem: das Eintreten für die Emanzipation des Bürgertums. Bürgertum und Menschheit werden gewissermaßen gleichgesetzt. Es ist ein Charakteristikum der Aufklärung in Deutschland, daß sie sich insbesondere in bürgerlichen Bildungsschichten verbreitete und deshalb vor allem an den Universitäten zur Geltung kam.[17]

Im Sinne dieses pragmatischen Moments, das die wissenschaftliche Programmatik antreibt, die Weiterführung also des aufklärerischen Emanzipationsprozesses mit Hilfe einer Historie, welche für die Öffentlichkeit geschaffen und in der Öffentlichkeit vermittelt werden soll, sei zunächst einmal auf zwei Momente der Geschichte und der Erkenntnis von Geschichte hingewiesen. Erstens: Geschichte wird erfaßt als universale Geschichte, als Geschichte der Menschheit; die Einzelheiten der empirischen, der materialbezogenen Erkenntnis werden integriert in eine Gesamtdeutung von Geschichte, die zugleich eine Philosophie der Geschichte darstellt. Und zweitens: Geschichte wird ›universal‹ verstanden auch im Sinne einer Beseitigung aller Hierarchien der Gegenstandsbereiche. Der Vorrang von ›politischer‹ Geschichte, also von Herrschergeschichte oder der dynastischen Geschichte regierender Häuser, wird beseitigt zugunsten einer alle Bereiche des Handelns der Menschen in der Geschichte

13 Stuke (wie Anm. 4), S. 245.

14 Blanke: Historiographiegeschichte (wie Anm. 1), S. 55.

15 Zitiert nach Blanke: Historiographiegeschichte (wie Anm. 1), S. 120.

16 Ebenda, S. 122.

17 Vierhaus: Aufklärung als Lernprozeß (wie Anm. 12), S. 91; Becher: Schlözer (wie Anm. 1), S. 7ff.

berücksichtigende Darstellung, in der Wirtschaft, Recht, Alltagsleben, Technik und so weiter in gleicher Weise thematisiert werden.

Allein Johann Christoph Gatterer hat vier verschiedene Entwürfe für Handbücher zur Universalgeschichte vorgelegt, der erste stammt von 1761, der letzte von 1792.[18] Es sind Versuche der Synthese und zugleich Reflexionen über Prinzipien, Funktion und Form von Universalgeschichte. In seiner Abhandlung ›Vom historischen Plan, und der darauf sich gründenden Zusammenfügung der Erzählungen‹ von 1767 äußert sich Gatterer prinzipiell über die Schwierigkeit, über ›Universalhistorie‹ zu schreiben: hierbei handele es sich um »eine der schwersten Arbeiten des Geschichtschreibers« und überhaupt um eine wahrhaft »herculische Arbeit«.[19] Diese sei einerseits viel schwerer als die Arbeit eines Herodot oder eines Polybios, weil »die Anzahl der Nationen, deren Geschichte und Verfassung erzählet zu werden verdient, ungleich größer« geworden sei als zur Zeit der »Alten«. Und außerdem sei sie, andererseits, viel schwerer als die Aufgabe einer an der Geschichte als Heilsgeschichte orientierten christlichen Universalhistorie, die immer auf der Annahme eines Sinns des Ganzen beruhte und damit eine Anleitung für die Anordnung und Reihenfolge der Teile zur Verfügung hatte.[20] Was aber sollte jetzt der »Plan« sein, »nach welchem alle große und kleine Stücke, woraus das Gebäude aufgeführet werden soll, am schicklichsten in Ordnung gebracht werden können«? Wie kann es jetzt noch gelingen, »aus dem Chaos das Merkwürdige«, wie Gatterer sagt, »auszulesen«?[21] Die Reihenfolge der Arbeitsschritte liegt fest: zuerst geht es um die »Sammlung und Ausmusterung des Stoffes«, dann um die »Zusammenfügung der Erzählungen«.[22] Aber nach welchem Prinzip soll sich beides vollziehen? Gatterer empfiehlt eine Systematik, das heißt: die »systemweise« getroffene Zusammenstellung der Gegebenheiten, die bei jedem System die Wirkungen auf die Ursachen folgen läßt.[23] Lernen könne man das beim systematischen Nachdenken über die »Begebenheiten seines eigenen Lebens, seiner Familie, seiner Freunde«; und mit diesen »Erfahrungen im Kleinen« ausgerüstet, wage sich der Historiker dann »in die große Welt«, wobei der »höchste Grad« einer solchen Historie »die Vorstellung des allgemeinen Zusammenhangs der Dinge in der Welt«, der »nexus rerum universalis« wäre. Denn keine Begebenheit in der Welt sei »insularisch«. Vielmehr hänge alles aneinander, »veranlaßt einander, zeugt einander, wird veranlaßt, wird gezeugt, und veranlaßt und zeugt wieder. Die Begebenhei-

18 Blanke/Fleischer (wie Anm. 1), S. 781.

19 Der Text bei Blanke/Fleischer (wie Anm. 1), S. 621f., das Zitat S. 622.

20 Ebenda, S. 622f.

21 Ebenda, S. 625.

22 Ebenda.

23 Ebenda, S. 657.

ten der Vornehmen und der Geringen, der einzelnen Menschen und aller zusammen, des Privatlebens und der großen Welt, ja selbst der unvernünftigen und leblosen Geschöpfe und der Menschen, alle sind ineinander verschlungen und verbunden«.[24] Freilich ist sich Gatterer darüber im klaren, daß »kein Vernünftiger« erwarten könne, daß jemals »ein Mensch diesen höchsten Grad des Pragmatischen in der Historie« erreichen werde.[25]

Sehr viel präziser hat wenige Jahre danach Schlözer in seiner Abhandlung ›Vorstellung seiner Universal-Historie‹ von 1772, einer »geschichtstheoretischen Programmschrift«,[26] das »Ideal einer Weltgeschichte« erläutert, die den Aufbau des »Ganzen« aus den »Teilen« vorsieht und zeigen will, wie »*Individual*-Geschichten« (zum Beispiel von Städten und Ländern) und »*Special*-Geschichten« (von Völkern, also zum Beispiel deutsche Geschichte) zu einer »alle Weltteile und Zeitalter« umfassenden Universal-Historie verbunden werden.[27] Dabei entstehe, so erläutert Schlözer, zunächst ein »Aggregat«, das dann – durch den »allgemeinen Blick« des Historikers – »zum System« »umzuschaffen« sei und sich damit »von den Teilen zum Ganzen« erhebe.[28] Dabei ist »aus dem ganzen Haufen des Aggregats« auszuwählen, etwa die Geschichte derjenigen Völker, »die in der großen Gesellschaft so zu sagen den Ton gegeben« haben: die »erobernden« Völker, die den Erdkreis verwüstet haben (die Mongolen zum Beispiel), die »wichtigen« Völker, die ihn »verschönert« haben (zum Beispiel die Griechen), und die »Haupt-Völker«, die »beides zugleich getan haben«, wie die Römer, die Franken, die Araber, die Spanier, die Briten, die Russen und so fort.[29] Die Form der Darstellung soll nach Schlözer dabei eine doppelte sein: nach dem »Realzusammenhang« (nämlich der Aufeinanderfolge von Ursache und Wirkung) und dem »Zeitzusammenhang« (nämlich in Berücksichtigung der Gleichzeitigkeit), um sich so die »Lage der Welt« in jedem gegebenen Zeitalter vorstellen zu können.[30] Schlözer war überzeugt, daß eine solche Universalhistorie im Vergleich mit dem bisher Gebotenen zugleich »ärmer, reicher und brauchbarer« sei. Sie werde ärmer, weil sie keine Kritik, keine Raisonnements, Schilderungen und »homiletischen Betrachtungen« und keine »Kleinigkeiten« biete, sondern »nur Facta«: »sie sammlet, ordnet, und erzählet nur«; sie werde reicher, weil sie als Weltgeschichte alle Völker und Staaten der Welt, alle Zeiten

24 Ebenda, S. 658f.

25 Ebenda, S. 659.

26 Der Text bei Blanke/Fleischer (wie Anm. 1), S. 663-88; das Zitat ebenda, S. 663 Anm. *.

27 Blanke/Fleischer (wie Anm. 1), S. 664.

28 Ebenda, S. 670.

29 Ebenda, S. 671.

30 Ebenda, S. 678ff.

und »alle Merkwürdigkeiten« umfasse; und sie werde als Geschichte der Menschheit brauchbarer: eine »neue Art von Geschichte«, nicht von Philosophen bearbeitet, sondern ein »Eigentum der Historiker«, nicht an einzelnen Nationen oder Klassen orientiert, »sondern für den Weltbürger, den Menschen überhaupt, wichtig«, eine Wissenschaft »von ausgebreitetem Nutzen und sichtbarem Einfluß in die Psychologie, Politik, Naturkunde und andere Wissenschaften«.[31]

Man kann die »theoretischen Zugriffe« eines solchen wissenschaftlichen Programms wegen ihrer »Originalität« und »Unverstelltheit« rühmen,[32] muß allerdings zugleich feststellen, daß sie einem modernen Historiker fremd erscheinen. Gewiß wird man Schlözer nur gerecht, wenn man die pragmatischen Motive würdigt, die diesem Programm zugrunde lagen: das Eintreten für die bürgerliche Emanzipation war »ein bestimmender Faktor« in seinem Selbstverständnis, das Wirken in der Öffentlichkeit sein »politisches Credo«, die enge Verbindung von Historie und Politik seine »grundlegende theoretische Überzeugung«.[33] Deshalb war die Gewinnung eines in erster Linie für die Gegenwart nützlichen Wissens sein zentrales Movens: »Wir wollen die Revolutionen des Erdbodens, den wir bewohnen, und des menschlichen Geschlechtes, dem wir angehören, im Ganzen übersehen, um den heutigen Zustand von beiden aus Gründen zu erkennen«, wie er in seiner Schrift von 1772 erklärt.[34] Aber in diesem primär praktischen Zweck seiner Universalgeschichte lagen unbestreitbar auch Schlözers bedeutendste Wirkungen in seiner Zeit. Von den damals insgesamt etwa 700 bis 900 Göttinger Studenten haben etwa 400 seine Vorlesungen gehört, unter ihnen später höchst einflußreiche Politiker wie Stein, Hardenberg und Gentz.[35]

Gleichwohl liegt den Überlegungen Schlözers wie übrigens auch denen Gatterers über Universalgeschichte die Reflexion über ein Grundproblem von historischer Erkenntnis zugrunde, das die moderne Geschichtswissenschaft konstituiert und das hier zum ersten Mal formuliert wurde: die Frage nach dem Teil und dem Ganzen. Davon wird noch die Rede sein.[36]

Das Moment des öffentlichen Wirkens für eine Emanzipation durch Historie gilt auch für den zweiten Aspekt, der hier akzentuiert wird: die im Rahmen der neuen Universalgeschichte vorgesehene Gleichrangigkeit der Gegenstände und Gegenstandsbereiche.

31 Ebenda, S. 672ff.

32 Becher: Schlözer (wie Anm. 1), S. 7.

33 Ebenda, S. 9.

34 Blanke/Fleischer (wie Anm. 1), S. 664.

35 Becher: Schlözer (wie Anm. 1), S. 10.

36 Siehe unten Abschnitt III.

In der ›Vorstellung seiner Universal-Historie‹ bemerkt Schlözer dazu: »[...] es gibt unzählige Könige, die theils aus Ohnmacht, theils aus Phlegma, für die Welt nichts, weder Gutes noch Böses gethan haben, und folglich nur chronologische, keine universalhistorischen Menschen sind«.[37] Deshalb fordert Schlözer zwar die Beschränkung der Universalhistorie auf die »wirklich großen Handlungen« eines Volkes, plädiert aber für deren Berücksichtigung auf allen Gebieten des Lebens: »mehr wirklich große Handlungen, nebst den Triebfedern derselben, die theils in der Beschaffenheit seines Landes, und der Menge seiner Bürger, theils in der Statsverfassung, in seiner Gesetzgebung nach allen Zweigen der Politik, in seiner Cultur in Sitten, Religion, und Wissenschaften und in seiner Industrie im Landbau, Handel, und Manufacturen liegen«.[38] Ebenso äußerte sich Gatterer in seiner Schrift ›Vom historischen Plan‹ gegen eine »Staatsgeschichte«, die nichts sei als ein »chronologisches Verzeichnis der Regenten«, das allenfalls noch durchwirkt ist mit »unerheblichen« oder nur noch in die Herrscherbiographie gehörenden Lebensumständen und »artigen Staatsceremonien« wie Einzüge, Geburts-, Krönungs-, Vermählungs- und Begräbnisfeierlichkeiten, mit »Hof- und Liebesränken« und mit Beschreibungen von Kriegen und Schlachten, – wobei man dann nichts von »Religionssachen«, nichts von der »Lage, der natürlichen Beschaffenheit und den Producten der Länder, und der daraus zu beurtheilenden Emsigkeit, Handlung und Macht der Nationen, nichts endlich von den Künsten und Wissenschaften« zu hören bekomme.[39] Eine solche Staatsgeschichte, die der »Religions-, Litterär-, Natur- und Kunstgeschichte entgegen gesetzt« werde, sei wertlos, ein »blosses Hirngespinst der neuern Zeiten«. An ihre Stelle müsse also eine »allgemeine Völkergeschichte« treten, die »entweder alle bekannten Nationen, oder einige derselben, oder auch nur eine einzige betreffen« könne: Die allgemeine Völkergeschichte, »die sich auf alle Arten von Merkwürdigkeiten aller bekannten Nationen ausbreitet, und von der Erschaffung der Welt bis auf unsere Zeiten geht, ist die wahre und eigentliche *Universalhistorie*; ein Werk, das noch nicht geschrieben ist [...]«.[40]

Es geht also um eine Aufhebung politisch und sozial vorgegebener Rangordnungen in der Geschichte, es geht um Völkergeschichte statt Fürstengeschichte, und zugleich geht es um die Wahrnehmung aller Bereiche menschlichen Lebens und menschlicher Tätigkeiten und der Interdependenz aller dieser Bereiche. Dies führt also wieder zur »Vorstellung des allgemeinen

37 Blanke/Fleischer (wie Anm. 1), S. 673.

38 Ebenda, S. 671.

39 Ebenda, S. 626.

40 Ebenda, S. 627.

Zusammenhangs der Dinge in der Welt«, zum Gedanken eines »nexus rerum universalis« zurück, wie ihn Gatterer 1767 formuliert hat.[41]

Im Sinne dieser Aufhebung von Differenzen des Ranges in den Gegenstandsbereichen der Historie arbeitet Schlözer zum Beispiel über die Geschichte der Erfindungen, des Postwesens, der Banken. Geschichtschreibung wird zur »Geschichte der kulturellen und ökonomischen Unternehmungen der Menschheit«; damit wird zugleich der »Bereich der bürgerlichen Alltagserfahrung« zum Gegenstand historischer Betrachtung.[42] Schon in jungen Jahren hat Schlözer einen ›Versuch einer allgemeinen Geschichte der Handlung und Seefahrt in den ältesten Zeiten‹ (1760) veröffentlicht und in der ›Vorstellung seiner Universal-Historie‹ von 1772 die systematische Betrachtung der Arbeit des wirtschaftenden Menschen, die Wirtschaftsgeschichte und Technikgeschichte als Forschungsgegenstand gefordert.[43] Leitende Gesichtspunkte historischer Forschung entwickelt Schlözer zum Beispiel in einem Zeitschriftenaufsatz über die ›Erfindungs-Geschichte des Brannteweins‹.[44] Einen Aufsatz über ›Erste Bekanntwerdung des Tobaks in Europa, besonders in Deutschland‹ leitet Schlözer ein mit den Worten: »›Geschichte des Tobaks‹ – wäre immer für die *Welthistorie* ein wenigstens eben so interessantes Sujet, als ›Geschichte des großen Tamerlans‹, oder als ›Geschichte des alten assyrischen Kaisertums‹. Vorausgesetzt nämlich, daß der Zusammenhang, den ein historischer Gegenstand mit großen Weltveränderungen, als Ursache mit Wirkungen, hat, der einzige Maßstab ist, der dessen universalhistorische Würde bestimmt«.[45] Ähnlich integrierende Betrachtungsweisen entwickelten die Göttinger Historiker auch in der sogenannten ›Statistik‹, das heißt ›Staatskunde‹ oder ›Staatenkunde‹ oder Politikwissenschaft, einer Gesamtbetrachtung von politischer und ›ökonomischer‹ Verfassung, Regierungsform, Gesetzgebung, Verwaltung, kirchlichen Institutionen im Bereich der Landesgeschichte, wofür als Beispiele noch einmal an Spittlers ›Geschichte Württembergs‹ (1783) und ›Geschichte des Fürstentums Hannover‹ (1786) erinnert sei.

Dazu kommt eine weitere Nivellierung von Vorrang in den Gegenstandsbereichen: die bloße Beschäftigung mit der Geschichte des Okzidents, also des westlichen Europa, wird aufgesprengt durch die Befassung mit ›anderen‹ Völkern und Kulturen, die in der Aufklärungshistorie eine zunehmende Bedeutung erhält. Die Geschichte bekommt gerade dadurch im Ganzen einen

41 Siehe oben bei Anm. 25.

42 Blanke: Historiographiegeschichte (wie Anm. 1), S. 122.

43 Blanke / Fleischer (wie Anm. 1), S. 668. Dazu Blanke: Historiographiegeschichte (wie Anm. 1), S. 122f.

44 Blanke / Fleischer (wie Anm. 1), S. 797.

45 Blanke: Historiographiegeschichte (wie Anm. 1), S. 123.

›anthropologischen‹ Aspekt. Ethnographische und ethnologische Fragestellungen werden in die historischen Ansätze hereingeholt, ja, die ›anderen‹ Kulturen bilden geradezu »die Folie, auf die die brennenden Fragen der eigenen Gegenwart projiziert« werden.[46]

So erforschte Schlözer russische Geschichte; er edierte die russische sogenannte Nestor-Chronik, was einen »Markstein« in der Wissenschaftsgeschichte darstellt.[47] Die Voraussetzungen dafür hatte Schlözer als ordentlicher Professor der Russischen Geschichte in St. Petersburg 1765/69 erworben; für seine Verdienste um die Erforschung der russischen Geschichte hat ihn Zar Alexander I. 1803 in den erblichen Adelsstand erhoben; und auch in Göttingen hielt Schlözer Vorlesungen über russische Geschichte. Arnold Heeren wiederum trieb Studien zur altpersischen und indischen Geschichte; sein Hauptwerk ›Ideen über die Politik, den Verkehr und den Handel der vornehmsten Völker der alten Welt‹ wurde bereits erwähnt. Eine Vorlesung über allgemeine Geographie und Ethnographie, die er anhand von Reisebeschreibungen erarbeitete, hat er in Göttingen zwischen 1802 und 1835 insgesamt 24 Mal gehalten.[48]

III.

Dazu kommt ein weiteres Moment, das für die historische Bedeutung der Aufklärungshistorie von Relevanz ist: Die Aufklärungshistorie will wissenschaftliche Geschichte sein. Eben deshalb reflektiert sie auch über die Art der Erkenntnis, die historische Erkenntnis ist. Sie befaßt sich mit der Theorie der historischen Erkenntnis, mit ›Historik‹. Darin liegen bedeutende und zukunftsweisende Wirkungen begründet.

Horst Walter Blanke hat jüngst die im Rahmen der Aufklärungshistorie begründete Historik (als »Differenzierung und Systematisierung der Grundlagen des historischen Denkens«) als den wichtigsten Indikator für den »Verwissenschaftlichungsprozeß der Historie« im 18. Jahrhundert bezeichnet[49] und diese Reflexion der Wissenschaftlichkeit zugleich als Indikator des Emanzipationsprozesses gewürdigt.[50] Und daß der Veranstaltungstyp der ›Historik‹, daß also die geschichtstheoretische Reflexion in Göttingen seit 1756 und zwar über alle personellen Veränderungen hinweg institutionell vorhanden war, eben dies habe, so Blanke, die aufklärerische Reformuniversität Göttingen zur »modernsten Universität Deutschlands« gemacht.[51] Blanke beschrieb diese Verwissen-

46 Ebenda, S. 121.

47 Blanke/Fleischer (wie Anm. 1), S. 797.

48 Ebenda, S. 784. Über Heerens Auffassung und Praxis der ›Statistik‹ Seier: Heeren (wie Anm. 1), S. 75ff.

49 Blanke: Historiographiegeschichte (wie Anm. 1), S. 143.

50 Ebenda, S. 132.

schaftlichung der Historie als Nachdenken über Erkenntnisinteressen und deren Explikation; als Theoretisierung der leitenden Hinsichten auf die Vergangenheit; als Methodisierung der Regeln der Forschung; als Reflexion über die Formen der Darstellung sowie über die Funktionen des historischen Wissens, womit sich die Historie von fachfremden Ansprüchen, z. B. von seiten der Theologie, emanzipiert habe: in der Säkularisierung findet die Historie zu ihrer Identität.[52] Dies habe sich konkretisiert z. B. in dem Bemühen um Quellensicherung und Quellenkritik. Die Sammeltätigkeit im Blick auf das historische Material wurde intensiviert, die Frage nach der Echtheit der Quellen und der Richtigkeit des Berichteten systematisiert. Heeren z. B. hat von 1800 bis 1822 Studien veröffentlicht, in denen er die Quellen antiker Schriftsteller wie Plutarch oder Pompeius Trogus untersuchte.[53] Dazu kommt die Beschäftigung mit einzelnen Historischen Hilfswissenschaften und der Versuch ihrer Synthese, was einen Schwerpunkt der Arbeit Gatterers darstellte, wie wir bereits wissen: in seinen Vorlesungen wie in den von ihm veröffentlichten Handbüchern über Chronologie (1777), Geographie (1775; 1788), Diplomatik (also Urkundenlehre, 1765 u. ö.), Genealogie (1788), Heraldik (1773; 1791) und Numismatik (1772) wird dieses Bemühen umfassend sichtbar.[54]

Zugleich wurde das historische Denken methodisiert, insofern das Sammeln von Quellen, »die Sammlung und Auswahl der Materialien« (Gatterer) unterschieden wird von der Frage nach der Gestaltung des Stoffes, die zugleich die Frage nach der »Tiefenstruktur« des dargestellten historischen Geschehens selbst ist.[55] Eben dies ist es, was Gatterer unter dem Stichwort des »Plans« erörtert, der den Historiker hinführt zur »Zusammenfügung der Erzählungen«, und was Schlözer in der Frage behandelt, wie das »Aggregat« durch den »allgemeinen Blick« zum »System« umgeschaffen werden kann.[56] Es ist also auch hier nicht so sehr das Ergebnis der Reflexion, was das Neue und Epochemachende der Aufklärungshistorie darstellt, es ist vielmehr die Art der Fragestellung.

Einen Durchbruch zu neuen Erkenntnissen in der Historik bedeutet auch die Reflexion über den sogenannten »Sehepunkt«. Hier geht es um die Frage der Perspektivität wissenschaftlicher und historischer Erkenntnis.

Am Beginn steht hier die Theorie des »Sehepunktes« des in Leipzig und Erlangen lehrenden Theologieprofessors Johann Martin Chladenius (1710-59), entwickelt in der Absetzung vom naiven Realismus der humanistischen Ge-

51 Ebenda, S. 129.
52 Ebenda, S. 143f.
53 Ebenda, S. 161f.
54 Blanke / Fleischer (wie Anm. 1), S. 781.
55 Blanke: Historiographiegeschichte (wie Anm. 1), S. 155f.
56 Siehe oben Abschnitt II.

schichtsschreibung und zugleich gedacht als Widerlegung des historischen Skeptizismus (Pyrrhonismus) (›Einleitung zur richtigen Auslegung vernünfftiger Reden und Schrifften‹, 1742).[57] Beiden Richtungen gegenüber betont Chladenius einerseits, daß historische Erkenntnis nicht unmittelbar erfolge, nicht einfach eine Nacherzählung oder Spiegelung von Geschichte, sondern vielmehr immer notwendig perspektivisch gebrochen sei, weil nämlich die räumlichen Gegebenheiten, der soziale Kontext, die individuellen Eigenarten eines Autors als eines Zeugen historischer Ereignisse seinen jeweiligen »Sehepunkt« bestimmen. Es seien deshalb von ein und demselben Vorgang durchaus verschiedene, gleichwohl jedoch jeweils in sich wahre Berichte möglich. Damit hatte die Aufklärungshistorie eine fundamentale methodische Sicherheit gewonnen, in der Erkenntnis nämlich, daß die Standortbindung historischer Quellenaussagen kein Einwand gegen die Wissenschaftlichkeit der Historie sei, sondern – im Gegenteil – geradezu deren »einzig mögliche Voraussetzung«: »Alle historischen Darstellungen hängen seitdem von der bewußten Auswahl ab, die der Autor trifft und die er treffen muß, weil er sich immer in vorgegebenen sozialen, religiösen oder politischen Schranken bewegt«.[58] Für den Historiker ergab sich dadurch zunächst freilich das Problem, wie er aus einer Vielzahl von Berichten einen tatsächlichen Ereignisverlauf erfassen kann. Für Chladenius stellte sich dieses Problem allerdings noch nicht in seinem vollen Umfang: er sah die Frage als gelöst an, wenn nur genügend viele Berichte mit verschiedenen »Sehepunkten« vorlägen.[59]

An diesem Punkt geht nun Gatterer weiter, indem er die Frage nach dem »Sehepunkt« auch auf den wissenschaftlichen Historiker ausdehnt und damit gewissermaßen die Debatte über Objektivität und Subjektivität nicht nur der Quellen, sondern auch des Historikers selbst eröffnet. In seiner ›Abhandlung vom Standort und Gesichtspunct des Geschichtschreibers oder der teutsche Livius‹ von 1768 wird die Lehre vom Sehepunkt generalisiert, zunächst auf Livius, den antiken Geschichtsschreiber, und schließlich auf den modernen Livius angewandt.[60]

Standort und Gesichtspunkt eines Historikers bestimmten die von ihm getroffene »Auswahl« des Relevanten, des »Merkwürdigen«. Die »nämliche Geschichte« werde deshalb von Einheimischen anders geschrieben als von Ausländern, von Staatsmännern oder Soldaten anders als von Mönchen oder Gelehrten: ein Grieche (wie Dionysios von Halikarnassos) schreibe römische

57 Über Chladenius: Koselleck: Das achtzehnte Jahrhundert (wie Anm. 1); Blanke: Historiographiegeschichte (wie Anm. 1), S. 148ff.

58 Koselleck: Das achtzehnte Jahrhundert (wie Anm. 1), S. 279.

59 Blanke: Historiographiegeschichte (wie Anm. 1), S. 148.

60 Wieder abgedruckt in: Blanke/Fleischer (wie Anm. 1), S. 452-66.

Geschichte anders als Livius, als ein Mönch des Mittelalters, als ein »Teutscher in unsern Tagen«; dabei setzte Gatterer voraus (»ob ich wol weiß, daß man auch dieses nicht allemal voraussetzen darf«), daß die »Wahrheit der Geschichte« doch »im wesentlichen dieselbe« bleibe.[61] Der »Standort und Gesichtspunct« des Livius ist nun wieder vielfältig zu differenzieren: als »der Standort und Gesichtspunct des Einheimischen, des fremden, des Heiden, des monarchischen Unterthans, des Zeitgenossen Augusti und der schönsten Geister von Rom, des Staatsmannes, des verbesserten sanguinischen Temperamentes«.[62] Im Gegensatz dazu die Perspektive eines »teutschen«, eines »modernisierten Livius«, also Gatterers selbst: als ein »Teutscher des 18ten Jahrhunderts«, als protestantischer Christ, als Gelehrter und Professor und so fort.[63]

Damit ist aber die Frage aufgeworfen, ob der »teutsche Livius« dem römischen überlegen sein könne, und wodurch? Die Antwort Gatterers: dies wird bewirkt durch die aus dem Zeitabstand sich ergebende Veränderung von Standort und Gesichtspunkt. Sie ermöglicht zum einen, den »Standort des Gleichgültigen« einzunehmen, der »mit kaltem Blute«, »frey von aller verblendenden Begeisterung« und, »unbekümmert ob man es zu Rom gerne höre oder nicht, blos den Verlauf der Sache erzählen« könne. Zum anderen erlaubt der ganz andere »Standort«, die Geschichte »in einem ganz anderen Lichte«, von einer »anderen Seite« her zu erzählen: umfassender, vergleichend; denn das »Bild unsers Zeitalters« eröffnet andere Perspektiven.[64] Es geht also um die Erkenntnis konstituierende Bedeutung der Erfahrung der Gegenwart, woran sich für spätere Aufklärungshistoriker dann die Erkenntnis anschließt, daß künftige, neue Gegenwartserfahrungen auch der Geschichtswissenschaft neue Fragestellungen eröffnen.[65]

Die Reflexion über den Auswahl-Charakter, über Auswahl als unabdingbares Moment wissenschaftlicher, historischer Erkenntnis – nämlich als Bedingung und als Begrenzung dieser Erkenntnis – ist seitdem ein fundamentales Element der Theorie historischer Erkenntnis geblieben, bei Max Weber ebenso wie bei Marc Bloch.[66] Dasselbe gilt auch für ein anderes Moment einer modernen Reflexion über historische Erkenntnis: das Problem von ›Teil‹ und ›Ganzem‹.[67]

61 Ebenda, S. 454.

62 Ebenda, S. 455ff.

63 Ebenda, S. 457ff.

64 Ebenda, S. 459ff.

65 Darüber Blanke: Historiographiegeschichte (wie Anm. 1), S. 151f.

66 Dazu O. G. Oexle: Marc Bloch et la critique de la raison historique, in: H. Atsma / A. Burguière (Hgg.): Marc Bloch aujourd'hui, Paris 1990, S. 419-33.

67 Dazu O. G. Oexle: ›Der Teil und das Ganze‹ als Problem geschichtswissenschaftlicher Erkenntnis. Ein historisch-typologischer Versuch, in: K. Acham / W. Schulze (Hgg.): Teil und Ganzes. Zum Verhältnis von Einzel- und Gesamtanalyse in Geschichts- und Sozialwissenschaften, München 1990, S. 348-84.

Es handelt sich hier um ein Grundproblem aller Wissenschaft, nicht nur der historischen. Man kann im Sinne einer Typologie drei Formen der Erörterung dieses Problems definieren. In einem »metaphysischen Weltbild« (Karl Jaspers) ist das Ganze der Ausgangspunkt. Einzelnes ist erkennbar und war erkennbar, insofern es Teil in einem Ganzen ist und dadurch seinen Platz zugewiesen bekommt. So war vor der Trennung von Wissenschaft und Metaphysik, zum Beispiel bei den Griechen, der Begriff des Seins »mit dem religiösen Blick auf das Ganze« verbunden, gingen Wissenschaft und Philosophie davon aus, »nicht bloß Teile der Wirklichkeit, sondern das Ganze denken zu wollen«.[68] Ist in einem durch Metaphysik konstituierten Denken der Teil nur als Teil des Ganzen erkennbar, so kann in einem säkularisierten Denken nur der Teil der Ausgangspunkt wissenschaftlicher Erkenntnis sein. Allein von der Erkenntnis der Teile her kann und soll das Ganze schließlich einmal als das Ganze bestimmt werden. In der Geschichte der Physik begegnet dieser zweite Typus des Denkens über Teil und Ganzes zum Beispiel in Newtons Versuch einer empiristischen Begründung der Physik, ebenso wie in allen Erscheinungsformen des wissenschaftlichen Positivismus im 19. Jahrhundert.[69] Den dritten Typus naturwissenschaftlicher Reflexion über Teil und Ganzes repräsentiert die quantentheoretische Revolution der wissenschaftlichen Denkart, mit der sich zugleich eine erkenntnistheoretische Revolution der Denkart vollzogen hat: im Mikrobereich der Hochenergiephysik können Systeme nicht mehr als aus einfacheren Teilen zusammengesetzte Systeme aufgefaßt werden. Die Vorstellung, ein Ganzes als Summe von Teilen zu betrachten, versagt, weil der Begriff des Teils oder Teilchens jeden Sinn verliert; die Objekte verändern nämlich ihren Charakter, weil der Akt der Beobachtung das Beobachtete verändert oder besser: erst hervorbringt.[70] Denn, mit den berühmten Worten Werner Heisenbergs: »Durch die Art der Beobachtung erst wird entschieden, welche Züge der Natur bestimmt werden und welche wir durch unsere Beobachtung verwischen«.[71]

Auch im Bereich von Geschichtsschreibung, Geschichtsforschung, Kulturwissenschaft lassen sich diese drei Typen nachweisen.

Mittelalterliches Denken über Geschichte und mittelalterliche Geschichtsschreibung erkennt Geschichte im Zeichen eines »Gesetzes des Ganzen«, einer *lex totius* (Otto von Freising),[72] das sie in der Lehre von den vier Weltreichen, den sechs Weltaltern, den drei Zeiten (*status*) oder in der Denkform des ›figuralen‹ oder ›typologischen‹ Denkens zu erfassen vermochte. Diese Formen der

68 C. F. von Weizsäcker: Aufbau der Physik, München/Wien 1985, S. 554f.

69 Vgl. Oexle: Der Teil und das Ganze (wie Anm. 67), S. 348ff.

70 Ebenda.

71 Zitiert ebenda, S. 350.

72 Ebenda, S. 352ff.

Erkenntnis von Geschichte als Erkenntnis eines Ganzen verlieren im Laufe des 16. Jahrhunderts ihre Bedeutung.[73] Bossuet hat in seinem ›Discours sur l'histoire universelle‹ von 1681 die Geschichte noch einmal im Sinne eines Wissens vom Ganzen dargestellt, das auch dem »Verlauf der menschlichen Dinge«, also den »Teilen«, einen Sinn zuweist.[74] In der Aufklärung, welche solche Sichtweisen von Geschichte widerlegen will, stellt sich das Problem der Teile und des Ganzen deshalb in ganz neuer Weise.[75] Die Frage, wie von partikularen Erkenntnissen, von Teil-Erkenntnissen her, die auf Einzelnes bezogen sind, das ›Ganze‹ erkannt werden kann, ist deshalb die Hauptfrage der Aufklärungshistorie. Wie sie von Gatterer und Schlözer erörtert wird, haben wir bereits gesehen.[76] In seiner berühmten Antrittsvorlesung ›Was heißt und zu welchem Ende studiert man Universalgeschichte?‹ von 1789 hat auch Friedrich Schiller diese Frage erörtert und – übrigens mit den Begriffen Schlözers – dargelegt, wie man »das Aggregat zum System, zu einem vernunftmäßig zusammenhängenden Ganzen« erheben könne. Die Voraussetzung dafür sah Schiller in der »Gleichförmigkeit und unveränderlichen Einheit der Naturgesetze und des menschlichen Gemüts«, wodurch sichergestellt sei, daß »von den neuesten Erscheinungen, die im Kreis unserer Beobachtung liegen, auf diejenigen, welche sich in geschichtlosen Zeiten verlieren, rückwärts ein Schluß gezogen und einiges Licht verbreitet werden kann«, auch wenn nur »der unendliche Verstand« die Geschichte der Menschheit »ganz und vollzählig überschauen« könne.[77]

In seiner ›Untersuchung über den menschlichen Verstand‹ (›An enquiry concerning human understanding‹) von 1758 hat auch David Hume den Aufbau des Ganzen aus den Teilen als Programm der Geschichtswissenschaft formuliert. Auch für ihn ist es – wie für Schlözer – die »Beziehung von Ursache und Wirkung«, welche die Voraussetzung dafür schafft, daß in der Geschichte »die einzelnen Ereignisse« zu »einem Ganzen« (»into one body«) zusammengefügt werden können.[78] In Frankreich formulierte Diderot in seiner ›Lettre sur les aveugles à l'usage de ceux qui voient‹ von 1749 den Gedanken, daß die Welt nur ein »Stückwerk« sei. das »Umwälzungen« unterliege (»un composé sujet à des révolutions«), die »alle eine stete Neigung zur Zerstörung« anzeigen. Die Welt sei eine »rasche Abfolge von Wesen, die aufeinanderfolgen, sich drängen und

73 Darüber A. Seifert: Der Rückzug der biblischen Prophetie von der neueren Geschichte, Köln/Wien 1990.

74 Oexle: Der Teil und das Ganze (wie Anm. 67), S. 354.

75 Dazu auch A. Grafton: Die tragischen Ursprünge der deutschen Fußnote, Berlin 1995.

76 Siehe oben Abschnitt II und III.

77 Der Text in: F. Schiller: Historische Schriften. Dritter Teil (= dtv-Gesamtausgabe, Bd. 15), München 1966, S. 7-24, hier S. 18 u. S. 20.

78 Oexle: Der Teil und das Ganze (wie Anm. 67), S. 357f.

wieder verschwinden«, eine »vergängliche Symmetrie«, eine »Ordnung für den Augenblick« (»un ordre momentané«), und so seien »Zeit, Materie und Raum vielleicht nur ein Punkt«.[79] Und in seiner Schrift ›Le rêve de d'Alembert‹ (1769) entwirft Diderot das Bild einer Welt des unaufhörlichen Wandels, des steten Werdens und Vergehens: »Tout change, tout passe, il n'y a que le tout qui reste. Le monde commence et finit sans cesse; il est à chaque instant à son commencement et à sa fin; [...] *Rerum novus nascitur ordo*, voilà son inscription éternelle [...]«,[80] womit Diderot eine ganze neue Auffassung vom ›Ganzen‹, nämlich der Bestimmung des ›Ganzen‹ bloß durch die unaufhörliche Dynamik der Veränderungen konzipiert. Im Blick auf die Göttinger Aufklärung ist in diesem Zusammenhang an Georg Christoph Lichtenberg, den Experimentalphysiker, zu erinnern. Albrecht Schöne hat in Lichtenbergs Schriften die »Dialektik des Konjunktivs« gezeigt, seine produktive wie zerstörerische Kraft, die die Fundamente des Baus eigentlich schon zerstört, »bevor der Bau noch errichtet war«: die »kritischen und skeptischen, hypothetischen und experimentellen Konjunktive«, in denen sich ein Denken ausdrückt, das Fragezeichen setzt, Abweichungen sucht, Möglichkeiten denkt, von einem »Verlangen nach dem Zurücknehmen, Bessersagen und Andersmachen« bewegt ist und »alle weitgespannten Pläne zum Scheitern und auch die tragfähigen Konzeptionen ins Wanken« bringt.[81]

Auch für Montesquieu, den bedeutendsten Historiker des 18. Jahrhunderts, ergibt sich historische Erkenntnis nur als eine fragmentarische, das heißt auf das »Detail« bezogene Erkenntnis. Die Frage, die er sich am Anfang seines großen Geschichtswerks ›De l'esprit des lois‹ von 1748 stellt, ist die, wie die unendliche Zahl von Einzelheiten und Details, die der Historiker in der historisch-politisch-sozialen Welt vorfindet, wie dieser »nombre infini des choses«, wie diese »infinie diversité de lois et de moeurs« in einer Einheit zusammengebracht werden könne. Mit der Antwort auf diese Frage und der Lösung, die er findet, ist Montesquieu seiner Zeit weit voraus.[82] Er erkennt, daß der Zusammenhang der unzähligen »Details«, daß die Einheit in der unendlichen Vielheit der Details nur in einer gedachten, in einer erkannten Einheit gefunden werden kann, daß also das in neuer Weise konzipierte ›Ganze‹ nur ein gedachtes, ein erkanntes ›Ganzes‹ sein kann. Die Ordnung der unendlichen Verschiedenheit zu einem Ganzen kann nur eine Hervorbringung der ›ganzheitlich‹ denkenden Erkenntnis sein. Das ist Weg und Ziel des ›Esprit des lois‹:

79 Diderot: Œuvres philosophiques, hrsg. von P. Vernière, Paris 1956, S. 81-146, hier S. 123f.

80 Ebenda, S. 285-371, hier S. 299f.

81 A. Schöne: Aufklärung aus dem Geist der Experimentalphysik. Lichtenbergsche Konjunktive, München 1982; die Zitate ebenda, S. 121f.

82 Dazu Oexle: Der Teil und das Ganze (wie Anm. 67), S. 375ff.

»Substituer un ordre pensé à une diversité incohérente« (Raymond Aron).[83] Das Verfahren, wie diese auf das Ganze bezogene neue Art von Erkenntnis gewonnen wird, hat Montesquieu selbst im Vorwort seines Buches ausführlich beschrieben. Es ist das Verfahren des Hin- und Herschreitens des erkennenden Geistes zwischen seinen Entwürfen und dem historischen Material der Quellen in der Überprüfung dieser Entwürfe am historischen Material.[84]

Bald danach hat Kant im Rahmen seiner transzendentalphilosophischen Definition wissenschaftlicher Erkenntnis diese empirisch gestützte Hypothesenerkenntnis im Sinne der ›Zweihändigkeit‹ der Vernunft definiert, die ihre »Prinzipien« selbst hervorbringt und mit diesen »in einer Hand« und mit dem »Experiment, das sie nach jenen ausdachte, in der anderen« arbeitet, was eine fundamentale »Umänderung der Denkart« darstellt (Vorrede zur zweiten Auflage der ›Kritik der reinen Vernunft‹ von 1787).[85] Daß Kant dabei nicht nur den Naturwissenschaftler vor Augen hatte, zeigt seine in diesem Zusammenhang verwendete Metapher vom Wissenschaftler als einem Untersuchungsrichter (nicht: Strafrichter!), »der die Zeugen nötigt, auf die Fragen zu antworten«, die er ihnen vorlegt.[86] Auch mit dieser Metapher vom Untersuchungsrichter und seinem Zeugenverhör hat die Aufklärung ein epistemologisches Grundmotiv bezeichnet, das in der Kulturwissenschaft des 20. Jahrhunderts an bedeutsamer Stelle wiederkehrt.[87]

Kant hat bekanntlich die Gegenstände der Erkenntnis als »Phänomene«, als »Erscheinungen« definiert, die im Licht von Fragen zum Vorschein kommen, die »niemals an sich selbst, sondern nur in der Erfahrung gegeben« sind und »außerhalb derselben gar nicht existieren«. Das bedeutet auch, daß wissenschaftliches Fragen sich in einem unbestimmten Feld und in eine »unbestimmbare Weite« bewegt, deshalb nämlich, weil keine Erfahrung »*absolut* begrenzt« ist, weil also »niemals ein empirischer Grund angetroffen« wird, »die Reihe irgendwo für begrenzt zu halten«; denn: »so weit wir auch in der Reihe der empirischen Bedingungen gekommen sein mögen«, es gibt »nirgend eine absolute Grenze«, sondern wir müssen »jede Erscheinung, als bedingt, einer anderen, als ihrer Bedingung, unterordnen, zu dieser also ferner fortschreiten«.[88]

Auch wenn die Historiker des 19. Jahrhunderts diesen epistemologischen Begründungen von Wissenschaft nicht folgten – sowohl Rankes »Geschichts-

83 R. Aron: Les étapes de la pensée sociologique, Paris 1967, S. 29f.
84 Oexle: S. 376f.
85 Ebenda, S. 382ff.
86 Kritik der reinen Vernunft, B XIII.
87 Darüber U. Raulff: Ein Historiker im 20. Jahrhundert: Marc Bloch, Frankfurt/M. 1995, S. 184ff.
88 Kritik der reinen Vernunft B 521, B 540, B 547 u. B 548.

theologie«[89] wie auch die Begründungen des historischen Positivismus[90] folgten anderen Orientierungen[91] – so bleibt doch der Rückgriff auf die Positionen der Aufklärung höchst bemerkenswert, der sich in der Konstituierung einer Historischen Kulturwissenschaft um 1900 feststellen läßt: er zeigt sich in dem Rückgriff auf Kants Wissenschaftslehre bei Georg Simmel und Max Weber ebenso[92] wie in Emile Durkheims Rückgriff auf Theorie und Praxis der wissenschaftlichen und historischen Erkenntnis bei Montesquieu.[93] Diese Wiederkehr steht in einer bemerkenswerten Gleichzeitigkeit mit der »Revolution der Denkart«, die in einer ›neuen‹ Physik mit Beginn des 20. Jahrhunderts zum Durchbruch kommt.[94]

Die Göttinger Historiker der zweiten Hälfte des 18. und des beginnenden 19. Jahrhunderts – um zu ihnen noch einmal zurückzukehren – sind in ihren Bemühungen um eine angemessene Reflexion des Problems von Teil und Ganzem nicht zu den prinzipiellen und neuartigen Lösungen Montesquieus vorgedrungen, obwohl sich die Denkmuster dieser Orientierungen auch in den »hypothetischen und experimentierenden Konjunktiven« des Göttinger Physikers Lichtenberg finden lassen.[95] Gleichwohl hat auch die Göttinger Aufklärungshistorie zu einem in seiner Angemessenheit bemerkenswerten Ausdruck für die grundsätzliche Problematik der Fragmentarität historischer Erkenntnis gefunden. Das zeigt sich, worauf unlängst Horst Günther hinwies,[96] bei einem Blick auf Spittlers ›Entwurf der Geschichte der Europäischen Staaten‹ (1793/94) und Heerens ›Handbuch der Geschichte des Europäischen Staatensystems‹ (1809).

Heeren zum Beispiel verzichtet in seinem ›Handbuch‹ auf eine kohärente narrative Darstellung des Themas. Stattdessen gibt er, Kapitel für Kapitel, Hin-

89 Siehe unten Abschnitt IV.

90 Oexle: Der Teil und das Ganze (wie Anm. 67), S. 358ff.

91 Eine Ausnahme bildet die ›Historik‹ Johann Gustav Droysens, die aber erst 1937 im Druck erschien und deshalb weitgehend ohne Wirkung blieb, vgl. Oexle: Der Teil und das Ganze, S. 365f.

92 Oexle: Der Teil und das Ganze, S. 366ff.

93 Ebenda, S. 374f.

94 Siehe oben S. 42; O. G. Oexle: Die Geschichtswissenschaft im Zeichen des Historismus. Bemerkungen zum Standort der Geschichtsforschung, in: Historische Zeitschrift, Bd. 238, 1984, S. 17-55, hier S. 46ff.

95 Schöne: Aufklärung (wie Anm. 81). Das Zitat ebenda, S. 132.

96 Europäische Geschichte. Ein Lesebuch. Hrsg. und mit einer Einleitung versehen von H. Günther, Frankfurt/M./Leipzig 1993, S. 40ff. u. S. 350ff. Über Heerens Auffassung von Geschichte als einer »bloß empirischen Wissenschaft« Seier: Heeren (wie Anm. 1), S. 67ff.

weise zur Quellenkunde (»Litteratur der Quellen«) und zu Quellensammlungen, jeweils geordnet nach Gattungen (Staatsschriften, Memoiren und so weiter), sowie zu historischen Darstellungen. Darauf folgen, als eigentlicher Text, fortlaufend numerierte, knappe Skizzierungen des Gegenstands- und Problemfeldes, um das es jeweils geht, welche durch in Petit-Druck gegebene zusätzliche Hinweise erläutert und ergänzt werden. Diese, der Fragmentarität der historischen Welt und der Fragmentarität des Denkens vollkommen entsprechende Art der historischen Darstellung, die dem heutigen Leser außerordentlich modern erscheint, ist durch die ganz anders geartete Geschichtsschreibung Rankes völlig verdrängt worden und hat die ihr angemessene Aufmerksamkeit und Beachtung nicht gefunden.

IV.

Mit Rankes Geschichtsschreibung eröffnet sich, in der ersten Hälfte des 19. Jahrhunderts, eine andere Welt historischen Denkens. Bei Ranke wird die Geschichte erneut vom Ganzen her gedacht, sind die Teile ins Ganze gefügt, was seine Begründung darin hat, daß Ranke Geschichtserkenntnis erneut metaphysisch begründet. In dieser Weise hat Ranke in den dreißiger Jahren des 19. Jahrhunderts seine ›Idee der Universalhistorie‹ erläutert.[97] Dabei bezog er sich auf Wilhelm von Humboldts Schrift ›Über die Aufgabe des Geschichtschreibers‹ von 1821.[98] Humboldt vertrat die Auffassung, daß »alle Geschichte nur Verwirklichung einer Idee« ist, und daß die Aufgabe des Geschichtschreibers in ihrer »letzten, aber einfachsten Auflösung« deshalb die »Darstellung des Strebens einer Idee (sei), Dasein in der Wirklichkeit zu gewinnen«, daß der Historiker durch sein »Ahndungsvermögen« in der Lage sei, die »Plane der Weltregierung [...] [zu, O. G. O.] erahnden«, somit nicht nur die Teile zu erkennen, sondern auch den »Zusammenhang des Ganzen« zu fassen, »das Einzelne in sein wahres Licht« zu stellen, und daß er damit »dem Ganzen Gestalt« geben könne.[99] Die »Ideen« sind also metaphysische Größen. Ebenso sah Ranke die Bedingung der Möglichkeit universalgeschichtlicher Erkenntnis darin, daß »die Historie in jeder Existenz ein Unendliches« anerkenne, »in jedem Zustand, in jedem Wesen ein Ewiges, aus Gott Kommendes«, in jedem Einzelnen und Partikularen also das »Inwohnen des Ewigen«; dies sei »der religiöse Grund, auf

97 L. von Ranke: Idee der Universalhistorie, hrsg. von E. Kessel, Rankes Idee der Universalgeschichte, in: Historische Zeitschrift, Bd. 178, 1954, S. 269-308, hier S. 290ff.

98 Gedruckt in: W. von Humboldt: Werke in fünf Bänden, hrsg. von A. Flitner/K. Giel, Bd. 1, ^{3}1980, S. 585-606.

99 Ebenda, S. 585ff. u. S. 604f.

welchem unser Bemühen beruht«.[100] Auf dieser religiösen Grundlage hat Ranke sein historisches Programm entwickelt. Die Ideen sind *in* der Welt und zugleich *über* der Welt, »*in* aller Erscheinung« und »*über* aller Erscheinung«, wie Ranke in seiner ›Deutschen Geschichte im Zeitalter der Reformation‹ erklärt: »[...] die Ideen, durch welche menschliche Zustände begründet werden, enthalten das Göttliche und Ewige, aus dem sie quellen, doch niemals vollständig in sich. Eine Zeit lang sind sie wohltätig Leben gebend; neue Schöpfungen gehen unter ihrem Odem hervor. Allein auf Erden kommt nichts zu einem reinen und vollkommenen Dasein; darum ist auch nichts unsterblich. Wenn die Zeit erfüllt ist, erheben sich aus dem Verfallenden Bestrebungen von weitreichendem geistigen Inhalt, die es vollends zersprengen. Das sind die Geschicke Gottes in der Welt«.[101] Man kann hier von einer »Geschichtsreligion« sprechen.[102]

Über den Gegensatz zwischen der Aufklärungshistorie und der von Ranke begründeten Art von Geschichtserkenntnis und Geschichtschreibung hat sich nun seit geraumer Zeit in der deutschen Geschichtswissenschaft ein Streit entwickelt, dahingehend, ob die Aufklärungshistorie der Beginn der modernen Geschichtswissenschaft ist, weil sie den Beginn der Verwissenschaftlichung der Historie im modernen Sinn darstellt,[103] oder aber, ob die Begründung einer modernen Geschichtswissenschaft in Deutschland durch das Œuvre Rankes erfolgt sei, also durch den sogenannten ›Historismus‹.[104] Der Streit dieser beiden Positionen entscheidet über die Wahrnehmung und Beurteilung der historischen Leistung der Aufklärungshistorie. Aber worum geht es eigentlich bei diesem Streit? Und vor allem: was ist unter ›Historismus‹ zu verstehen?[105]

Der Begriff des ›Historismus‹ in dem hier zugrundegelegten Sinne wurde von dem Historiker Friedrich Meinecke (1862-1954) seit 1918 und im Lauf der zwanziger Jahre geprägt und zuletzt in seinem Buch ›Die Entstehung des Historismus‹ von 1936 definiert. ›Historismus‹ ist für Meinecke eine geisteswissenschaftliche »Revolution«, die sich, wesentlich in Deutschland, um 1800 vollzog und die wesentlich in der Überwindung der Aufklärung bestand. Worin wurde

100 Ranke: Universalhistorie (wie Anm. 97), S. 295 u. S. 301.

101 Dazu, mit den Zitaten: W. Hardtwig: Geschichtsreligion – Wissenschaft als Arbeit – Objektivität. Der Historismus in neuer Sicht, in: Historische Zeitschrift, Bd. 252, 1991, S. 1-32, hier S. 3ff.

102 Hardtwig (wie Anm. 101).

103 So zum Beispiel Blanke: Historiographiegeschichte (wie Anm. 1).

104 So zum Beispiel Muhlack: Geschichtswissenschaft (wie Anm. 1).

105 Zum folgenden zuletzt die Beiträge in: O. G. Oexle/J. Rüsen (Hgg.): Historismus in den Kulturwissenschaften, Köln/Wien 1996. Die im folgenden vorgetragenen Auffassungen sind in diesem Band ausführlich begründet: O. G. Oexle: Meineckes Historismus. Über Kontext und Folgen einer Definition, hier S. 139-199.

die Aufklärung vom ›Historismus‹ überwunden? »Der Kern des Historismus«, so erklärte Meinecke, bestehe »in der Ersetzung einer generalisierenden Betrachtung geschichtlich-menschlicher Kräfte durch eine individualisierende Betrachtung«.[106] Statt der Suche nach »Gesetzmäßigkeiten und Typen«, wie sie die Aufklärungshistorie betrieben habe, habe sich seit der Wende zum 19. Jahrhundert die Frage nach dem Individuellen und zugleich nach der Kategorie der Entwicklung gestellt. Denn, so Meinecke: »Entwickelnde und individualisierende Denkweise gehören unmittelbar zusammen«.[107] Diese Genese der individualisierenden und entwickelnden Auffassung von Geschichte hat Meinecke in der geistes- und ideengeschichtlichen Linie entdeckt, die von Möser und Herder zu Goethe und weiter zu Ranke geführt habe; Ranke war für Meinecke der Höhepunkt des ›Historismus‹. Ranke war für ihn deshalb auch das unüberbietbare, die Gegenwart noch immer verpflichtende Exempel historischer Analyse und Geschichtsschreibung. Hier handle es sich im Ganzen – trotz einiger »Vorstufen« und »Vorbereiter« in der englischen und französischen Aufklärung (wie Shaftesbury, Voltaire, Montesquieu) – um die Hervorbringung einer »großen deutschen Bewegung«. Der »deutsche Geist«, so Meinecke, habe also im Historismus »die zweite seiner Großtaten nächst der Reformation vollbracht«.[108] Historismus ist wesentlich eine deutsche Leistung, er ist, wie Meinecke schließlich 1934 in einer nicht nur sprachlich höchst eigenartigen Wendung zum Ausdruck brachte, sogar die »deutscheste Leistung des deutschen Geistes«.

Meineckes These hat sich, vor allem dann nach 1945, durchgesetzt und blieb zunächst unbestritten, – bis etwa 1970, also bis zu dem Zeitpunkt, zu dem in der deutschen Geschichtswissenschaft ein Modernisierungsschub im Sinne einer starken Berücksichtigung auch sozialgeschichtlicher Ansätze, hin zu einer ›Gesellschaftsgeschichte‹ oder ›Historischen Sozialwissenschaft‹ erfolgte. Es waren vor allem die Vertreter einer solchen sozial- oder gesellschaftsgeschichtlichen Wende selbst (wie z. B. Jürgen Kocka, Wolfgang J. Mommsen und Hans-Ulrich Wehler), die sich gegen den ›Historismus‹ und seine exemplarische Geltung wandten und eine »Geschichte jenseits des Historismus« (Wolfgang J. Mommsen) forderten. Dabei wurde aber Meineckes These vom ›Historismus‹ als dem wahren Durchbruch zur modernen Geschichtswissenschaft durch die Entstehung der Kategorien von ›Individualität‹ und ›Entwicklung‹ keineswegs in Frage gestellt: weder material, also durch neue Forschungen, zum Beispiel über die Aufklärungshistorie, noch mental, also durch Infragestellung

106 F. Meinecke: Die Entstehung des Historismus (= Friedrich Meinecke: Werke, Bd. 3), München 1965, S. 2.

107 Ebenda, S. 5.

108 Ebenda, S. 2.

des Gegensatzes von ›Aufklärung‹ und ›Historismus‹ als einem bloßen Deutungsschema von Geschichte. Vielmehr wurde lediglich die positive Beurteilung dieses ›Historismus‹ bei Meinecke durch eine negative ersetzt. Das heißt:[109] ›Historismus‹ galt jetzt als eine, immer noch auf Ranke bezogene und wesentlich von Ranke repräsentierte, nunmehr aber als obsolet empfundene Art von Geschichtswissenschaft, die sich einem individualisierenden Denken verpflichtet sieht; die sich dem ›Verstehen‹ als der eigentlichen historischen Erkenntnisleistung im Gegensatz zum ›Erklären‹ hingibt; die sich mit Ideen und Ideengeschichte beschäftigt und die überlieferten Quellen als »Sinnsprache eines ihnen manifesten Geistes« zu verstehen versucht; und die sich schließlich vor allem auf ›Staat‹ und ›Nation‹ als die wichtigsten »Bezugsgrößen historischer Forschungsarbeit« verpflichtet habe.

Damit war eine Grundfrage aufgeworfen, um die es seitdem, vor allem seit Beginn der 1980er Jahre, in heftigen Auseinandersetzungen immer wieder ging; nämlich: ob der ›Historismus‹ im Sinne Meineckes das unüberbietbare Paradigma der moderne Geschichtswissenschaft bis heute darstelle, oder aber, ob dieser ›Historismus‹ (Ranke und die Folgen) gerade ein Hinderungsgrund der Modernisierung sei, der im Denken der Historie von heute gewissermaßen eliminiert werden müsse, weil eine moderne Historie nur »jenseits des Historismus« zu finden sei. Dabei kommt dann seit Anfang der 1980er Jahre auch wieder die Aufklärung ins Spiel. So etwa in der These einer 1981 von Hans Erich Bödeker, Georg G. Iggers, Jonathan B. Knudsen und Peter H. Reill im Max-Planck-Institut für Geschichte in Göttingen veranstalteten Tagung über ›Aufklärung und Geschichte‹ (veröffentlicht 1986),[110] wonach die entscheidenden Durchbrüche moderner Geschichtswissenschaft der Aufklärung und besonders der Göttinger Aufklärungshistorie zu verdanken sind: der Beginn der Autonomisierung der Historie zur Wissenschaft, das neue Methodenbewußtsein – und sogar die Entdeckung der Schlüsselkategorien des ›Historismus‹, nämlich ›Individualität‹ und ›Entwicklung‹; nicht erst durch den ›Historismus‹, sondern schon in der Aufklärung hätten sie ihre grundlegende Bedeutung erhalten. Demgegenüber standen und stehen auf der anderen Seite des Meinungsspektrums Historiker wie Thomas Nipperdey (›Deutsche Geschichte 1800-1866‹, 1983) oder Ulrich Muhlack,[111] die Meineckes These erneut vertreten, zur Geltung bringen und zusätzlich begründen.

109 So das Resümee dieser Auffassung bei Blanke: Historiographiegeschichte (wie Anm. 1), S. 61ff.; die Zitate hier S. 61f.

110 Siehe oben Anm. 1.

111 Mit dem in Anm. 1 genannten Buch ›Geschichtswissenschaft im Humanismus und in der Aufklärung‹ von 1991.

Wird auf der einen Seite für die Aufhebung der Entgegensetzung von Aufklärungshistorie und ›Historismus‹ plädiert (da die Unterschiede eigentlich nur »Akzentverlagerungen« seien), so wird auf der anderen Seite die Differenz immer wieder aufs neue affirmiert: der ›Historismus‹ sei der »revolutionäre« Durchbruch zu Neuem (U. Muhlack), die neue Weltsicht, mit der zugleich die Erhebung der Geschichte in den Rang einer autonomen und systematischen Wissenschaft verbunden gewesen sei.

Bei Betrachtung dieses Streits ergeben sich allerdings einige Fragen und noch mehr Zweifel. Sie beziehen sich nicht nur auf die Lösbarkeit dieses Streits, sondern vor allem auf dessen Ergiebigkeit. Das liegt daran, daß die beiden konträren Positionen sich in einer Weise aufeinander beziehen, die man mit Gaston Bachelard als ein ›epistemologisches Paar‹ bezeichnen kann. Das heißt: der Konflikt beruht nicht so sehr auf konträren Befunden, als vielmehr auf konträren Beurteilungen ein und derselben Sache. Mit anderen Worten: auch wenn man Meineckes Historismus negativ beurteilt, bleibt es doch dabei, daß die Frage, was Historismus sei und wie er zu beurteilen sei, an Meineckes Historismus und allein daran entschieden werden soll. Die beiden Positionen verstehen sich also wechselseitig kontradiktorisch und wollen sich wechselseitig ausschließen – bleiben dabei jedoch immer auf etwas Gemeinsames bezogen, das sie im Streit ständig neu affirmieren: Meineckes Historismus nämlich. Man könnte also bei diesem Gegensatz von ›Aufklärung‹ und ›Historismus‹ von einem Deutungsschema von Geschichte sprechen, einem wenig ergiebigen freilich. Es repräsentiert eine Sackgasse, aus der man streit-immanent offenbar nicht mehr herausfindet. Diese Auffassung wird auch dadurch gestützt, daß von Philosophen, Theologen, Literaturwissenschaftlern und Kunsthistorikern seit einiger Zeit umfangreiche Erörterungen und Diskussionen über Historismus geführt werden, hier jedoch der Begriff des ›Historismus‹ in einem ganz anderen Sinn verwendet wird, als dies bei den Historikern seit langem und noch immer der Fall ist.[112]

Aus der Sackgasse, in der sich die Historiker mit ihren Debatten über ›Historismus‹ im Gegensatz zu ›Aufklärung‹ seit geraumer Zeit befinden, führt nur ein Weg heraus, und das ist die Infragestellung der beiden Positionen zugrundeliegenden Grundentscheidung: daß nämlich die Frage des Historismus anhand von Meineckes Historismus erörtert werden müsse. Es erscheint unabdingbar, diese Grundannahme zu relativieren. Eine solche Relativierung wird erreicht durch eine Historisierung von Meineckes Historismus. Diese Historisierung vollzieht sich im Nachweis einerseits der intellektuellen und fachlichen, andererseits der politisch-sozialen Kontexte und Bedingungen, unter denen Meinecke seine Auffassung von Historismus in den zwanziger und dreißiger Jahren dieses Jahrhunderts konzipiert hat.

112 Über diesen Sachverhalt Oexle: Meineckes Historismus (wie Anm. 105), Abschnitt II.

Erstens:[113] Meineckes Überlegungen über Historismus seit 1918 und seine abschließenden Darlegungen und Thesen von 1936 nehmen Bezug auf eine damals in allen Kulturwissenschaften geführte Diskussion über Historismus als einem fundamentalen Element der Kultur der Moderne, wobei in dieser Diskussion, die in den 1880er Jahren einsetzte und mit der Machtergreifung des Nationalsozialismus abrupt endete, unter Historismus freilich etwas ganz anderes verstanden wurde.[114] Diese Diskussion versuchte Meinecke mit seinen Arbeiten über Historismus zu beenden, indem er diesem Begriff einen ganz anderen Sinn gab, als das zuvor der Fall war.

Die Diskussion über Historismus hatte im 19. Jahrhundert zunächst in der Kunsttheorie, dann vor allem mit Nietzsches Schrift über ›Nutzen und Nachteil der Historie für das Leben‹ von 1874 begonnen. In dieser Debatte verstand man unter Historismus ein Grundmoment der Welt der Moderne, das die Kultur der Moderne von allen anderen bekannten Kulturen unterscheide, nämlich: die Erkenntnis der durchgängigen historischen Gewordenheit alles dessen, was ist; die Auffassung, daß alles, was ist, wesentlich historisch geworden ist und nur als Bestandteil geschichtlicher Entwicklungen verständlich erscheint und verstanden werden kann. Historismus ist demnach »die grundsätzliche Historisierung unseres Wissens und Denken«, die »grundsätzliche Historisierung alles unseres Denkens über den Menschen, seine Kultur und seine Werte«, wie der Historiker, Soziologe und Theologe Ernst Troeltsch formulierte.[115] Daraus ergeben sich für die moderne Kultur, in Wissenschaft und Lebenswelt, gravierende Folgeprobleme, nämlich der wissenschaftliche Objektivismus oder Positivismus und der lebensweltliche Relativismus. Und darüber gab es, im Anschluß an Nietzsches Analyse des Historismus-Problems von 1874 und vor allem seit den 1880er Jahren, grundlegende Erörterungen in allen Kulturwissenschaften. Prominente Vertreter der kulturwissenschaftlichen Forschung mehrerer Fächer haben sich daran beteiligt: zunächst, in den 1880er und 1890er Jahren, Nationalökonomen

113 Dazu ausführlich: Oexle: Meineckes Historismus (wie Anm. 105), Abschnitte III und IV.

114 Dazu O. G. Oexle: ›Historismus‹. Überlegungen zur Geschichte des Phänomens und des Begriffs, in: Braunschweigische Wissenschaftliche Gesellschaft. Jahrbuch 1986, S. 119-55; ders.: Von Nietzsche zu Max Weber: Wertproblem und Objektivitätsforderung der Wissenschaft im Zeichen des Historismus, in: C. Petersohn (Hg.): Rechtsgeschichte und Theoretische Dimension. Forschungsbeiträge eines rechtshistorischen Seminars in Stockholm im November 1986 (= Rättshistoriska Studier, Bd. 15, Lund 1990), S. 96-121; A. Wittkau: Historismus. Zur Geschichte des Begriffs und des Problems, Göttingen 1992 und ^{2}1994.

115 E. Troeltsch: Der Historismus und seine Probleme (1922), Neudruck Aalen 1977, S. 9 u. S. 102.

(Carl Menger, Gustav Schmoller), Juristen (Rudolf Stammler, Ernst Immanuel Bekker) und Theologen,[116] später, um 1900, führende Vertreter der Kulturwissenschaften wie Max Weber und Ernst Troeltsch. Vor allem nach der Katastrophe von 1918 rückte dieses Problem des Historismus und seiner Folgelasten und rückten die Auseinandersetzungen darüber erst recht in den Mittelpunkt kontroverser Diskussionen: in der Theologie (Karl Barth, Rudolf Bultmann), in der Philosophie (Martin Heidegger, Karl Jaspers), in der Soziologie (Max Scheler, Karl Mannheim), in der Nationalökonomie (unter anderem Walther Eucken) und in der Kunstgeschichte (etwa bei Wilhelm Pinder). In der Entscheidung zahlreicher und prominenter Kulturwissenschaftler für den Nationalsozialismus 1933 hat das Historismus-Problem und das Leiden am Historismus und seiner Folgelast des Relativismus eine große Rolle gespielt.[117] Diese Erörterungen enden abrupt mit dem Jahr 1933 und dabei blieb es in der Geschichtswissenschaft auch nach 1945, obwohl der Historismus (im Sinne der universalen Historisierung) als Grundproblem der Moderne selbstverständlich nach wie vor besteht und obwohl die Konsequenzen dieses Historismus in den anderen Kulturwissenschaften historisch wie systematisch nach wie vor einen Gegenstand der Erörterung bilden, im jüngst vergangenen Jahrzehnt noch mehr als je zuvor und bei Philosophen, Theologen, Literaturwissenschaftlern und Kunsthistorikern gleichermaßen, wie bereits erwähnt wurde. Die Historiker freilich nehmen an diesen Erörterungen nicht teil. Das ist eine Folge der Tatsache, daß die Historiker – im Pro wie im Contra – sich Meineckes Historismus zu eigen gemacht haben.

Denn Friedrich Meinecke hat nach dem Zusammenbruch von 1918 in die Historismus-Diskussionen der Zeit eingegriffen, und zwar in der erklärten Absicht, das Problem des Historismus als der universalen Historisierung und ihrer Folgelasten zu beseitigen. Er tat dies, indem er als Historismus eine Geschichtsauffassung und eine Art der historischen Erkenntnis bezeichnete, Rankes Historie nämlich, die doch mit dem Problem dieses modernen Historismus gar nicht befaßt war, weil sie – wie Rankes Historie im ganzen, wie wir schon wissen[118] – einerseits ihrer Genese nach der Genese des Historismus-Problems und den Debatten darüber chronologisch voranging, und weil sie andererseits auf transzendenten und religiösen Überzeugungen beruhte, die in allem das Gegenteil von Historismus (im Sinne der universalen Historisierung) implizie-

116 Darüber Wittkau: Historismus (wie Anm. 114), S. 61ff., S. 80ff. u. S. 102ff.

117 Darüber O. G. Oexle: Das Mittelalter und das Unbehagen an der Moderne. Mittelalterbeschwörungen in der Weimarer Republik und danach, in: S. Burghartz u. a. (Hg.): Spannungen und Widersprüche. Gedenkschrift für Frantisek Graus, Sigmaringen 1992, S. 125-53, besonders S. 145ff.

118 Siehe oben S. 47f.

ren. Rankes »Geschichtsreligion« (W. Hardtwig)[119] hat mit diesem Historismus nichts zu tun. Meinecke hat also dem Begriff des ›Historismus‹ einen ganz anderen Inhalt gegeben. Damit hat er die Teilnahme der Historiker, die ihm darin – im Pro wie im Contra – gefolgt sind, an den kulturwissenschaftlichen Debatten über Historismus bis heute sistiert.

Dazu kommt ein zweites Moment. Meinecke hat 1934 seinen Historismus als die »deutscheste Leistung des deutschen Geistes« bezeichnet. Sehr spitz aber überaus treffend bemerkte der Historiker Otto Hintze bereits in den zwanziger Jahren zu Meineckes Bemühungen um ›Historismus‹, daß hier doch wohl die Nachwirkungen der Weltkriegspropaganda sichtbar würden. Und in der Tat: man kann bis in die Details hinein zeigen,[120] wie Meineckes Historismus in den Kreis jener gedanklichen Hervorbringungen gehört, mit denen von seiten deutscher Philosophen und Historiker nach der Katastrophe von 1918 »deutscher Geist« gegen »westliches Denken« gestellt wurde. Denn eben dies ist der ›Sinn‹ des von Meinecke herausgearbeiteten Gegensatzes zwischen ›Historismus‹ und ›Aufklärung‹, der ›Sinn‹ von Meineckes These einer Überwindung der ›Aufklärung‹ durch den ›Historismus‹ als einer »Großtat des deutschen Geistes«: daß der deutsche Historismus die ›westliche‹, die englische und vor allem die französische Aufklärung überwunden habe. In dieser politisch motivierten These wurzeln seitdem die Debatten der Historiker über ›Historismus‹ und ›Aufklärung‹.

Andere Auffassungen von der Aufklärung und auch von ihren historiographischen Leistungen, wie sie damals zum Beispiel der Philosoph und Kulturwissenschaftler Ernst Cassirer (›Die Philosophie der Aufklärung‹, 1932)[121] vertreten und begründet hat, wurden von Meinecke ausgegrenzt.[122] Es ist eigentümlich, daß auch nach 1945 diese Eliminierung von Cassirers Aufklärung durch Meineckes Historismus in den Diskussionen deutscher Historiker nicht erkannt und nicht revidiert wurde.

Was könnte sich, so wäre abschließend zu fragen, aus der Historisierung von Meineckes Historismus für Historiker ergeben? Was könnten Historiker gewinnen, wenn sie den von Meinecke gewiesenen und noch immer beschrittenen Sonderweg, der auch im Contra immer wieder neu affirmiert wird, aufgeben? Und was könnte sich dabei für unsere Frage nach der Beurteilung der Aufklärungshistorie ergeben?

Es könnte sein, daß die Historiker ihre Kompetenz in die aktuellen Diskussionen und Forschungen über Historismus in der Kultur der Moderne, im

119 Siehe oben Anm. 101.

120 Oexle: Meineckes Historismus (wie Anm. 105), Abschnitt V.

121 Siehe oben Anm. 7.

122 Dazu Oexle: Meineckes Historismus (wie Anm. 105), Abschnitt V.

19. und 20. Jahrhundert wieder einbringen, die derzeit von Philosophen, Literaturwissenschaftlern und Kunsthistorikern geführt werden, an denen die Historiker jedoch nicht teilnehmen. Denn das Historismus-Problem als konstitutives Problem der modernen Welt bleibt.[123]

Es könnte sein, daß dann auch die Frage nach der Entstehung dieser okzidentalen Moderne als einer vom Historismus geprägten Kultur mit neuen Kategorien erörtert werden kann, so wie das Kunsthistoriker seit geraumer Zeit in auch für Historiker höchst relevanten Forschungen und Veröffentlichungen tun.[124]

Es könnte schließlich auch sein, daß die Frage nach der spezifischen Leistung der Aufklärungshistorie nicht am Maßstab von Meineckes Historismus, sondern im Licht der Frage nach der Durchsetzung der universalen Historisierung in neuen Ansätzen sichtbar wird, weil universale Historisierung und moderne Historie in ihrem wechselseitigen Zusammenhang seit dem 18. Jahrhundert neu erörtert werden können. Dabei wird die Zusammenarbeit der Historie mit der Kunsthistorie unabdingbar sein, war es doch, soweit ich sehe, überhaupt zuerst die Kunsttheorie, welche in der ersten Hälfte des 19. Jahrhunderts die Reflexion über den modernen Historismus als einem kulturellen Phänomen aufgenommen hat,[125] und ist es doch, neben der Literatur,[126] immer

123 Vgl. Oexle: Meineckes Historismus, Abschnitt VII. Von philosophischer Seite zum Beispiel: H. Schnädelbach: Philosophie in Deutschland 1831-1933, Frankfurt/M. 1983, S. 51ff.; H. Lübbe: Die Aufdringlichkeit der Geschichte. Herausforderungen der Moderne vom Historismus bis zum Nationalsozialismus, Graz/Wien/Köln 1989; G. Scholtz: Zwischen Wissenschaftsanspruch und Orientierungsbedürfnis. Zu Grundlage und Wandel der Geisteswissenschaften, Frankfurt/M. 1991; V. Steenblock: Transformationen des Historismus, München 1991; ders.: Zur Wiederkehr des Historismus in der Gegenwartsphilosophie, in: Zeitschrift für Philosophische Forschung, Bd. 45, 1991, S. 209-33.

124 Vgl. W. Hofmann: Das Irdische Paradies. Motive und Ideen des 19. Jahrhunderts, 1960 und München ²1974; ders.: Spielkartenästhetik. Das Kombinatorische in der modernen Kunst, in: ders.: Tag- und Nachtträumer. Von der Kunst, die wir noch nicht haben, München/Wien 1994, S. 95-106; ders.: Das entzweite Jahrhundert. Kunst zwischen 1750 und 1830, München 1995; W. Busch: Das sentimentalische Bild. Die Krise der Kunst im 18. Jahrhundert und die Geburt der Moderne, München 1993.

125 Bei Friedrich Theodor Vischer, vgl. Oexle: Die Geschichtswissenschaft im Zeichen des Historismus (wie Anm. 94), S. 26 mit Anm. 37.

126 Vgl. F. Aspetsberger: Der Historismus und die Folgen. Studien zur Literatur in unserem Jahrhundert, Frankfurt/M. 1987; H. Bachmaier (Hg.): Paradigmen der Moderne, Amsterdam/Philadelphia 1990; und vor allem die Arbeiten von C. E. Schorske: Fin-de-siècle Vienna. Politics and Culture, New York 1980; G. Wunberg: Unverständlichkeit:

wieder die Kunst, in der sich die Auseinandersetzung mit dem Historismus abzeichnet.[127]

In jedem Fall aber darf die Entdeckung der Probleme historischer Perspektivität und die Entdeckung des Problems der Fragmentarität, des Problems von ›Teil‹ und ›Ganzem‹ in der historischen Erkenntnis, als eine für die Moderne konstitutive Leistung der Aufklärungshistorie gelten. Darin sind zugleich zwei fundamentale Gegebenheiten bezeichnet worden, die dem Historismus als der grundsätzlichen Historisierung alles unseres Denkens über den Menschen, seine Kultur und seine Werte zugrundeliegen.

Historismus und literarische Moderne, in: Hofmannsthal-Jahrbuch für europäische Moderne, Bd. 1, 1993, S. 309-50; D. Niefanger: Produktiver Historismus. Raum und Landschaft in der Wiener Moderne, Tübingen 1993.

127 Vgl. die oben Anm. 124 genannten Titel; weitere Angaben bei Oexle: Meineckes Historismus (wie Anm. 105), Abschnitt II.

Ingo Herklotz

Mittelalterliche Kunst zwischen absolutistischer Geschichtsschreibung, kirchlichem Reformbemühen und kunsthistoriographischem Schulenstreit

Paradigmen der Mediävistik im 17. Jahrhundert

Für Reiner Haussherr zum 60. Geburtstag

Ein Buch über die Wiederentdeckung mittelalterlicher Kunst bleibt bei allem Interesse an Mittelalterrezeption, das die Forschung der letzten Jahre gezeigt hat, noch immer zu schreiben. Eine solche Darstellung würde nicht erst mit der Romantik einsetzen, sondern müßte bis ins 16. Jahrhundert zurückreichen und dabei eine Vielfalt von Quellen zur Kenntnis nehmen: neben kunsthistoriographischen und kunstkritischen Abhandlungen wären dies vor allem die mannigfachen Beiträge zu Profan- und Kirchengeschichte, zu Regional- und Ordensgeschichte; hagiographische Untersuchungen kämen ebenso hinzu wie topographische Literatur und die eher erbaulichen Werke zur Porträtikonographie. Wie nicht anders zu erwarten, wechselten Interessenslagen und Methode dieser frühen Mediävisten mit ihrem jeweiligen intellektuellen Umfeld entscheidend, ihre Arbeiten geben sich so vielschichtig wie ihr Publikum, ihre Förderer und der auszuwertende Denkmälerbestand. Die folgende Skizze will nur drei – allerdings bedeutsame – Ansätze aus der Mittelalterrezeption des 17. Jahrhunderts schlaglichtartig beleuchten: dabei geht es zunächst um die Erforschung französischer Königsdenkmäler, dann um das auf eine Reform der Sakralikonographie abzielende Bemühen im Umkreis des Papsttums und schließlich um die erste Aufwertung mittelalterlicher Denkmäler seitens der italienischen Kunsthistoriographie.

I

Die patriotische Gesinnung des französischen Humanismus lenkte den Blick von Anbeginn auf die eigene Vergangenheit. Bereits zur Zeit Heinrichs II. formierte sich eine erste Generation französischer Mediävisten, die eine Auswertung nationaler Geschichts- und Rechtsquellen zu ihrem Programm erheben sollte. Etienne Pasquier, Pierre und François Pithou, Antoine Loisel, Jean du Tillet und andere zählten zu ihr, Christophe und Jacques Auguste de Thou sowie Pierre und Jacques Dupuy traten bei Beginn des 17. Jahrhunderts in deren

Nachfolge.[1] Charakteristisch für diese Gruppe waren ihre enge Bindung an Parlament und Krone sowie die Tätigkeit im königlichen Archiv und in der Bibliothèque du Roy. Die Bereitstellung historischer Exempla und der Nachweis geschichtlich begründeter Rechtsansprüche gehörten denn auch zu den entscheidenden Aufgaben, die dieser durchaus von aktuellen Interessen vereinnahmten Mediävistik ihre Daseinsberechtigung verliehen. Drei Themenkreise waren es vor allem, welche die Mittelalterforschung zu bedienen hatte: erstens die Untermauerung der außenpolitischen Stellung Frankreichs – zumal in der Rivalität mit den Habsburgern, ferner die Durchsetzung von Ansprüchen der Krongewalt gegenüber dem Feudaladel und schließlich die Abgrenzung der gallikanischen Kirche angesichts des römischen Zentralismus. Rechtmäßigkeit und Sinn der monarchischen Institution und ihrer Kontinuität über die drei Dynastien hinweg bis in die Gegenwart hinein standen für die französische Historiographie nie zur Diskussion. Die für den Humanismus so bezeichnende Mittelalterpolemik kam in Frankreich folgerichtig nicht von der Geschichtsschreibung, sondern aus der Literatur- und Kunstkritik. Es scheint daher gleichermaßen konsequent, wenn etwas wie eine Wiederentdeckung mittelalterlicher Kunstdenkmäler allein im Gefolge der Geschichtsforschung möglich wurde.

Fragen wir nach einer systematischen Einbeziehung materieller und bildlicher Zeugnisse in die französische Mittelalterhistoriographie, so dürfte ein Name vor allem den Beginn eines solchen methodischen Fortschritts markieren: Nicolas Claude Fabri de Peiresc (1580-1637), der vielleicht letzte große Enzyklopädiker des 17. Jahrhunderts.[2] Als Mitglied und späterer Präsident des

1 Man vgl. zu diesen Gelehrtenkreisen etwa D. R. Kelley: Jean du Tillet, archivist and antiquary, in: The Journal of Modern History, Bd. 38, 1966, S. 337-54; K. Garber: Paris, die Hauptstadt des europäischen Späthumanismus, Jacques de Thou und das Cabinet Dupuy, in: Res Publica Litteraria. Die Institutionen der Gelehrsamkeit in der frühen Neuzeit, hrsg. von S. Neumeister/C. Wiedemann, Wiesbaden 1987, Bd. I, S. 71-92. Grundsätzliches zur Mittelalterrezeption in Frankreich auch bei N. Edelman: Attitudes of Seventeenth-Century France toward the Middle Ages, New York 1946; Ph. Ariès: Le temps de l'histoire, Paris 1986 ([1]1954), S. 132-201; J. Voss: Das Mittelalter im historischen Denken Frankreichs. Untersuchungen zur Geschichte des Mittelalterbegriffs und der Mittelalterbewertung von der zweiten Hälfte des 16. bis zur Mitte des 19. Jahrhunderts, München 1972; Medievalism in France 1500-1750, ed. by H. Arden, (= Studies in Medievalism, Bd. III/1), Cambridge 1987.

2 Grundlegend für Peirescs wissenschaftsgeschichtliche Bedeutung ist noch immer die Lebensbeschreibung von P. Gassendi: Viri illustris Nicolai Claudii Fabricii de Peiresc Senatoris Aquisextiensis Vita; im folgenden zitiert nach der Ausg. in Gassendi: Opera omnia, Lyon 1658, Bd. V, S. 236-350. Zur Bedeutung dieser Vita auch L. S. Joy: Gassendi the Atomist. Advocate of History in an Age of Science, Cambridge 1987, S. 41-65. Eine Orientierung über Peirescs schriftlichen Nachlaß vermittelt F. W. Gravit: The Peiresc

Senats von Aix-en-Provence kam Peiresc im Gefolge des Großsiegelbewahrers Du Vair nach Paris, wo er in den Kreisen der De Thou und Dupuy verkehrte (1616-23). Das politische Engagement seiner historischen Forschungen wurde spätestens 1618 offenbar, als er den königlichen Beratern bei ihrer Suche nach historischen Argumenten gegen die habsburgischen Nachfolgeansprüche auf den französischen Thron zur Seite stand. Damals dachte Peiresc angeblich auch daran, »aus Liebe zur königlichen Majestät und zum Ruhme der französischen Nation«, wie sein Biograph Gassendi es formuliert, die alten französischen Geschichtsquellen zu edieren.[3]

In Peirescs historischen Untersuchungen kommt der mittelalterlichen Herrscherikonographie ein besonderer Stellenwert zu. Schon bei seiner Italienreise (1601) hatte der damals Einundzwanzigjährige die angiovinischen Königsgräber in Neapel zeichnen, ihre Epitaphien kopieren lassen.[4] In Ravenna begab er sich auf die Spuren Galla Placidias und der Gotenherrscher.[5] Hartnäckig machte sich der Gelehrte schon damals an den Aufbau seiner Münzsammlung, die neben den antiken bald auch merowingische, arabische und sizilianische Stücke umfaßte.[6] Wie ungewöhnlich ein derart breitgefächerter Sammelschwerpunkt zu seiner Zeit noch war, hat Peiresc anläßlich seiner England- und Flandern-

Papers, Michigan 1950. Die wichtigste neuere Sekundärliteratur ist verzeichnet bei J. Bernhardt: Les activités scientifiques de Nicolas-Claude Fabri de Peiresc (1580-1637), in: Nouvelles de la République des Lettres, 1981, Bd. II, S. 165-84, hier S. 182-84; vgl. danach noch S. H. Aufrère: La momie et la tempête. Nicolas-Claude Fabri de Peiresc et la ›Curiosité Egyptienne‹ en Provence au debut du XVIIe siècle, Avignon 1990; sowie N.-C. Fabri de Peiresc: Lettres à Claude Saumaise et son entourage (1620-37), éd. par A. Bresson, Florenz 1992. Zu Peirescs Mittelalterstudien des weiteren die unten Anm. 6 und 13 zitierte Literatur.

3 Gassendi (wie Anm. 2), 284B-285B. Zu Peirescs historischen Forschungen vgl. man auch die – keinesfalls erschöpfende – Darstellung von M. Feuillas: Peiresc historien, in: Les fioretti du quadricentenaire de Fabri de Peiresc, comp. et offerts sous la dir. de J. Ferrier, Avignon 1981, S. 217-32.

4 Gassendi (wie Anm. 2), 252A.

5 Ebenda, 252B.

6 Ebenda, 262A-B. Zu Peirescs Münzsammlung besonders A. Schnapper: Le géant, la licorne et la tulipe. Collections et collectionneurs dans la France du XVIIe siècle, Bd. I, Histoire et histoire naturelle, Paris 1988, S. 162. Für Peirescs Münzforschungen außerhalb des klassischen Bereichs auch H. J. de Dompierre de Chaufepié: Un manuscrit de Peiresc du Museum Meermanno Westrhenianum à la Haye, in: Revue belge de numismatique, Bd. 52, 1896, S. 107-20; G. Huard: Peiresc et les monnaies gauloises, in: Bulletin archéologique du Comité des trauvaux historiques et scientifiques, 1943-45, S. 491-502; Ph. Thiollier: Le numismate, in: Les fioretti (wie Anm. 3), S. 203-16 (weitgehend nach

reise (1606) selbst erfahren können: Für den Münzsammler Peiresc geriet diese Reise zum Triumph, denn 40 merowingische und etwa 50 karolingische Münzen, so sein begeisterter Bericht, konnte er damals mit nach Hause bringen, und ihre Vorbesitzer waren sich des Wertes dieser nicht-antiken Stücke so wenig bewußt, daß sie ihm diese – oft genug als Geschenk – geradezu aufdrängen sollten.[7]

Es entspricht Peirescs intellektuellem Profil, wenn er seinen Münzschatz zu einem brauchbaren Arbeitsinstrument – und das heißt: zu lückenlosen Herrscherserien – vervollständigen wollte. Wo dies mit Hilfe der Werke selbst nicht erreichbar schien, konnten Abgüsse und Zeichnungen, gegebenenfalls auch Beschreibungen an deren Stelle treten. Neben den eigenen Reisenotizen trug somit ein internationales Netz gelehrter Korrespondenten zur Erweiterung des Dokumentationsmaterials bei. Sein in Den Haag, Rijksmuseum Meermanno-Westrhenianum, unter der Signatur 10.C.31 bewahrtes Manuskript bietet noch heute das eindrucksvollste Zeugnis von Peirescs numismatischem Eifer.[8] Das dort zusammengetragene Material läßt sieben historische Klassen erkennen: Auf die gallischen Münzen folgen die der drei mittelalterlichen Dynastien Frankreichs sowie sizilianische, angelsächsische und arabische Stücke. Inhalt und Umfang des Bandes gehen folglich weit über das hinaus, was in den gedruckten Münzwerken der Zeit zugänglich war und noch auf Jahrzehnte hin zugänglich sein sollte. Der Numismatik, bis dato Domäne der Altertumswissenschaft mit gelegentlichen ›Verlängerungen‹ in den byzantinischen Bereich hinein, werden hier gänzlich neue Gebiete erschlossen.

Die Leistung Peirescs besteht indes nicht nur im Sammeln und Ordnen. Aus seinen Korrespondenzen wird deutlich, daß er eine Methode anzuwenden wußte, die sich als vergleichende Münzikonographie beschreiben ließe und als solche noch heute betrieben wird. So fiel ihm auf, daß die in Lucca geschlagenen Münzen Karls des Großen innerhalb der karolingischen Münzikonographie eine Sonderstellung einnehmen, da sie ganz an die Prägungen der letzten Lan-

Gassendi); D. Sturdy: N. C. Fabri de Peiresc and Five Early Anglo-Saxon Pennies in the Cotton Collection, Drawn c. 1608, in: The Numismatic Chronicle, Bd. 143, 1983, S. 224-27.

7 So in seinem unpublizierten Brief an Lelio Pasqualini (2. November 1608); Montpellier, Bibliothèque Interuniversitaire, Section Médecine, Ms. H. 271/I, 4r/v. Diesem Brief folgt offenbar auch Gassendi (wie Anm. 2), 265A-B. Für Peirescs Zusammenarbeit mit Pasqualini jetzt auch D. Jaffé: Aspects of gem collecting in the early seventeenth century, Nicolas-Claude Peiresc and Lelio Pasqualini, in: The Burlington Magazine, Bd. 135, 1993, S. 103-20.

8 De Dompierre de Chaufepié (wie Anm. 6) gibt eine summarische Beschreibung des Manuskripts.

gobardenherrscher anschließen.[9] Als ›langobardischer Typ‹ gelten die Luccheser Münzen auch in der modernen Numismatik.[10]

Ein unpublizierter Brief Peirescs an Lelio Pasqualini (1609) setzt sich mit den Silberdenaren des Papstes Hadrian (772-95) auseinander. Daß deren Vorbilder unter den Kaisermünzen in Konstantinopel zu suchen sind, glaubt Peiresc der frontalisierten Papstbüste entnehmen zu können, denn solche Bildnisse gab es auf den französischen Münzen der beiden älteren Königsfamilien nicht. »Es scheint vielmehr, als hätten die letzten Kaiser von Konstantinopel (vor Hadrian) dieses Motiv aufgegriffen, deshalb sollte es nicht verwundern, wenn auch der Papst ein solches Vorrecht in seinen Münzen zum Ausdruck bringt«.[11] Für Peiresc war es also ein politisches Motiv, das die ikonographische *imitatio* erklärt. Die neuere Forschung hat dem Franzosen recht gegeben: Mit der Lossagung von Byzanz übernahm die päpstliche ›Staatssymbolik‹ während der zweiten Hälfte des 8. Jahrhunderts mannigfache Repräsentationsformen des byzantinischen Kaisertums. Gerade Hadrian spielte in diesem Adaptionsprozeß eine entscheidende Rolle.[12]

Wie sehr Peiresc andererseits den gewohnten Horizont der Kabinettkultur mit ihrer Akzentuierung der kleinen Gattungen, der Münzen, Gemmen und Siegel, durchbrach, wird aus seinem Bemühen um die Zeugnisse der Monumentalkunst ersichtlich. Von Caen bis Avignon bereiste er die historischen Stätten Frankreichs, um seine Sammlung zur Herrscherikonographie über die Münzen hinaus an Hand von Grabstatuen und Stifterbildnissen, Wandmalereien und Miniaturen zu vervollständigen.[13] Kopien der Bildnisse Karls des Großen ließ er aus Rom und Aachen beschaffen.[14] Einzelne Notizen zu diesen

9 Peiresc an Pasqualini (20. Dez. 1609), in Montpellier (wie Anm. 7), Ms. H. 271/I, 15r.

10 P. E. Schramm: Die deutschen Kaiser und Könige in Bildern ihrer Zeit 751-1190, Neuaufl., hrsg. von F. Mütherich, München 1983, S. 150 u. S. 276, Abb. 4.

11 Peiresc an Pasqualini (20. Dez. 1609), in Montpellier (wie Anm. 7), Ms. H. 271/I, 15r/v.

12 J. Deér: Die Vorrechte des Kaisers in Rom (772-800), in: Schweizer Beiträge zur allgemeinen Geschichte, Bd. 15, 1957, S. 5-63, wieder in: G. Wolf (Hg.): Zum Kaisertum Karls des Grossen. Beiträge und Aufsätze, Darmstadt 1972, S. 30-115, hier S. 43-46.

13 Wichtiges Quellenmaterial hierzu bei A. Longnon: Documents parisiens sur l'iconographie de S. Louis d'après un manuscrit de Peiresc, Paris 1882; und J. Schopfer: Documents relatifs à l'art du moyen âge contenus dans les manuscrits de N.-C. Fabri de Peiresc à la Bibliothèque de la Ville de Carpentras, in: Bulletin archéologique du Comité des travaux historiques et scientifiques, 1899, S. 330-95, der den historischen Stellenwert von Peirescs Projekt bereits erkannte: vgl. besonders S. 339-41. Ferner Gassendi (wie Anm. 2), 263A, 267B, 285B.

14 Gassendi (wie Anm. 2), 270B; Schopfer (wie Anm. 13), S. 384-89. Von der Absicht, einen Traktat über den Herrscher zu publizieren, spricht Peiresc noch i. J. 1627; vgl. Lettres de Peiresc aux frères Dupuy, publ. par Ph. Tamizey de Larroque, Bd. I, Paris 1888, S. 349.

graphischen Dokumenten geben schlaglichtartig Einblick in Peirescs historische Methode: Die Untersuchung gilt vor allem den Insignien und Gewändern, den mittelalterlichen Herrschaftszeichen folglich, sowie den dargestellten Ereignissen und Zeremonien. Auch den Physiognomien sind mitunter genaue Beschreibungen gewidmet.

Neben den ikonographischen Fragen sollten die stilistischen Probleme Peirescs Aufmerksamkeit gleichermaßen beanspruchen. Für die Wiedergabe des Grabdenkmals jenes legendären Ogier, angeblich einer der Paladine Karls des Großen, in Saint-Faron zu Meaux haben sich Peirescs Hinweise an seinen Zeichner erhalten.[15] Die angestrebte Präzision scheint außerordentlich: Strähne für Strähne mußte dieser das Haar, Locke für Locke die Struktur des Bartes wiedergeben, so daß die Anzahl der Erhebungen ganz der des Originals entsprach. Genaueste Treue erwartete der strenge Gelehrte ebenso von der Wiedergabe des Faltenwurfs – auch und gerade dort, wo dieser archaisch und ungeschlacht wirkte. Solch fortschrittlicher Bemühungen zum Trotz bleibt nicht zu verkennen, daß die mittelalterliche Stilgeschichte selbst für Peiresc noch weitgehend im Dunkeln lag. Seine wenigen Datierungsversuche vermitteln ein zwiespältiges Bild: Die gotische Kathedrale von Lisieux glaubte er im 11. Jahrhundert entstanden, und heißt es von einer Rittergrabfigur am selben Ort, sie sei zumindest so alt wie die Kirche selbst, so wird man dies ebenso als Fehldatierung einzustufen haben wie die Beurteilung einer verlorenen Bischofsstatue, »qui ressent le siècle de la seconde race ou plutôt celui de la fin de la première race«.[16] Andere Versuche der zeitlichen Einordnung überraschen demgegenüber, weil sie zutreffen. Ein zweites, in Teilen erhaltenes Bischofsgrab zu Lisieux, von der heutigen Stilkritik um 1230 angesetzt, hielt Peiresc für 400, allenfalls 450 Jahre alt.[17] Bezeichnenderweise war es jedoch nicht der Stil des Monuments, der ihm diese Einsicht vermittelte, vielmehr deutete die Form der Mitra auf den umschriebenen Zeitraum hin. Die ikonographisch orientierte Realienforschung konnte somit auch zur Datierung der Denkmäler beitragen. Erstaunlicher noch wirkt Peirescs Beurteilung der Königsgräber von Saint Denis. Wie Gassendi berichtet, hatte der Vergleich mit den königlichen Siegeln ihn zu der Auffassung geführt, daß keines der dortigen Grabmäler vor der Zeit Ludwigs des Heiligen entstanden sei, daß zudem all diese Werke etwa gleichzeitig ausgeführt seien.[18]

15 Publiziert bei Schopfer (wie Anm. 13), S. 373f. Für das Grabmal selbst siehe W. Sauerländer: Gotische Skulptur in Frankreich 1140-1270, München 1970, S. 79f.

16 Schopfer (wie Anm. 13), S. 367f. Für die Kathedrale und ihre Denkmäler vgl. man noch immer V. Hardy, La cathédrale St.-Pierre de Lisieux, Paris 1917, hier bes. S. 56-63.

17 Schopfer (wie Anm. 13), S. 368. Zur Datierung des inzwischen verlorenen Werks: K. Bauch: Das mittelalterliche Grabbild, Berlin / New York 1976, S. 317, Anm. 139.

18 Gassendi (wie Anm. 2), 263A.

Tatsächlich geht eine umfassende Erneuerung der älteren in Saint Denis bewahrten Monumente auf Ludwig IX. zurück. [19]

Für den Buchmarkt blieben Peirescs unveröffentlichte Forschungen vorerst ohne Wirkung. 1634 brachte der aus Flandern stammende Stecher Jacques de Bie in Paris binnen weniger Monate drei aufwendige Tafelwerke an die Öffentlichkeit, zwei davon mit Widmung an Ludwig XIII.: Dies waren ›Les vrais portraits des rois‹, eine angeblich auf Grabstatuen und anderen Bildnissen beruhende Serie von Königsporträts, ferner ›La France metallique‹, de Bies Zusammenstellung von Königsmünzen, denen weniger die Physiognomien als die glorreichen Taten der Monarchen entnommen werden sollten, sowie die ›Familles de la France‹, eine bildliche Dokumentation zu den französischen Päpsten, Kardinälen und sonstigen Großen, die in enger Beziehung zur Krone standen.[20] Allen gegenteiligen Beteuerungen zum Trotz enthalten de Bies Werke, obwohl sie die Denkmäler der Monarchie von ihren Anfängen an dokumentieren wollen, so gut wie kein authentisches Material für die Zeit vor dem 15. Jahrhundert. Gerade im Bereich der Numismatik gibt sich das, was mit erstaunlicher Dreistigkeit als mittelalterliches Münzmaterial präsentiert wird, für den modernen Betrachter unschwer als Erfindungen in antikisierendem Stil, ja als Sammlung ikonographischer Anachronismen zu erkennen. Elegante Flußgötter und allegorische Personifikationen begegnen auf den vermeintlich merowingischen und karolingischen Prägungen ebenso wie historische Ereignisbilder, Tropaia und die von einzelnen Herrschern gestifteten Kirchenbauten. Karl der Große und der byzantinische Kaiser Nikephoros erscheinen als Synthronoi, durch die *dextrarum iunctio* einander zusätzlich verbunden![21] Manch eine dieser Bilderfindungen hätte wohl auch ein Naserümpfen seitens der königstreuen

19 A. Erlande-Brandenburg: Le roi est mort. Etude sur les funérailles les sépultures et les tombeaux des rois de France jusqu'à la fin du XIIIe siècle, Paris 1975, S. 81-83, und passim; A. Teuscher: Saint-Denis als königliche Grablege. Die Neugestaltung in der Zeit König Ludwigs IX., in: Studien zur Geschichte der europäischen Skulptur im 12./13. Jahrhundert, hrsg. von H. Beck/K. Hengevoss-Dürkop, Frankfurt/M. 1994, S. 617-31.

20 J. De Bie: Les vrais portraits des rois de France [...], Paris 1634; ders.: La France metallique contenant les actions célèbres tant publiques que privées des rois et reynes, Paris 1634; ders.: Les familles de la France illustrées, Paris 1634. Zu de Bies Methode besonders M. Jones: ›Proof Stones of History‹: The Status of Medals as Historical Evidence in Seventeenth Century France, in: Medals and Coins from Budé to Mommsen, ed. by M. H. Crawford/C. R. Ligota/J. B. Trapp, London 1990, S. 53-73, besonders S. 57-61, und – in der wissenschaftlichen Einschätzung des Verfassers allerdings noch zu optimistisch – F. Haskell: History and its Images. Art and the Interpretation of the Past, New Haven/London 1993, S. 34-36 u. S. 72.

21 De Bie: France metallique (wie Anm. 20), T. 8. XV.

Historiographie hervorrufen müssen, denn all jene Szenen, die auf die Kaiserkrönung anspielen, zeigen den Vertreter der weltlichen Herrschaft in höchst demütiger Pose vor dem Papst – eine Auffassung vom Zusammenspiel der beiden höchsten Gewalten, die gewiß nicht dem Consensus omnium entsprach.[22]

Peiresc hatte de Bies Recherchen unterstützt, seine Enttäuschung beim Erscheinen der Bücher war dementsprechend tief.[23] Vor einer allzu lauten Kritik waren diese Werke allerdings durch die Widmung an den König geschützt. Was den wenigen Eingeweihten als Absurdität aufgestoßen sein dürfte, scheint dem breiteren Publikum indes kaum bewußt geworden zu sein: Binnen zweier Jahre erschienen de Bies Tafelbände in einer Neuauflage, und auch Eudes de Mézeray hat die angeblichen Königsporträts für seine ›Histoire de France‹ (1643-51) noch einmal nachstechen lassen.[24]

Eine verläßliche Publikation mittelalterlicher Königsmünzen ließ vorerst auf sich warten. Der große Charles Patin (1633-93) gibt an, während seiner Jugend einem solchen Projekt nachgegangen zu sein, bevor ihn dann die Begeisterung für das Altertum unwiderruflich zur antiken Numismatik führte.[25] Erst 1666 folgte die erste seriöse Veröffentlichung zur Münzkunst des Mittelalters, Claude Bouteroués ›Recherches curieuses des monoyes de France‹.[26] Bouteroués aufwendiger Folioband ist Ludwig XIV. gewidmet und zeigt sich bemüht, den König von der Aktualität der vorliegenden Untersuchung zu überzeugen. Einmal geht es um die historischen Exempla, die er dem Monarchen vor Augen halten möchte: Chlodwig, Chlothar, Theodebert, Dagobert und andere glorreiche Könige, die angeblich erst unser Autor aus dem Schatten der Vergessenheit befreien konnte. Darüber hinaus hegt Bouteroué die Hoffnung, daß die vielen auf den Münzen genannten Ortsnamen in Ludwig das Verlangen wachrufen möchten, sein geschrumpftes Reich gemäß der vormaligen Grenzen wiederherzustellen.

Bouteroué war sich bewußt, ein unangenehmes und wohl deshalb von den Historiographen vernachlässigtes Thema aufzugreifen: Für die Bearbeitung des

22 De Bie: France metallique (wie Anm. 20), T. 8. XIII, 9. XVI und andere.

23 Lettres de Peiresc (wie Anm. 14), II, S. 321; III, S. 111; dazu auch Jones (wie Anm. 20), S. 61.

24 F. Eudes de Mézeray: Histoire de France depuis Faramond jusqu'à maintenant, Paris 1643-51 (und spätere Auflagen); vgl. auch Jones (wie Anm. 20), S. 61f.

25 Ch. Patin: Histoire des medailles ou introduction à la connoissance de cette science, Paris 1695 ([1]1665), S. 124. Für den Verfasser und seine Schriften vgl. man C. E. Dekesel: Charles Patin. A man without a country, Ghent 1990. Den besten Überblick zur französichen Numismatik des 17. Jahrhundert gibt Schnapper (wie Anm. 6), S. 133-64.

26 C. Bouteroué: Recherches curieuses des monoyes de France depuis le commencement de la Monarchie, Paris 1666. Zu Bouteroué auch Schnapper (wie Anm. 6), S. 141f.

schwierigen, ästhetisch kaum befriedigenden Materials sah er – de Bie wird schweigend übergangen – keine Vorbilder, an die er sich hätte anlehnen können. Bouterouës Ergebnissen liegen ernsthafte Forschungen im Cour des Monnoyes zugrunde, auch die Manuskripte Peirescs hatte er eingesehen. Das Buch bietet neben einer allgemeinen Einführung in die Numismatik zunächst eine Abhandlung zu den jüdischen, gallischen und römischen Münzen, um dann erst die merowingischen Prägungen zu erörtern. Die einzelnen Katalogbeiträge vermerken das Material der Stücke, erklären Legenden und Bildmotive, gehen dabei – gerade in den Symboldeutungen – allerdings noch recht assoziativ und anekdotisch vor. Manche Zuschreibungen wirken gewagt, wiewohl der umsichtige Verfasser eine große Sektion nicht identifizierbarer Münzen aufstellt und etlichen Herrschern keine Prägungen zuordnet. Viel Gewicht legt der Autor auf die Bestimmung der Münzstätten, und auch um paläographische Erläuterungen zeigt er sich stets bemüht. Kurzum: Obgleich die Ergebnisse nicht immer stimmig scheinen, zumindest Bouterouës Fragestellungen kommen der modernen Numismatik nahe.

Bouterouës Opus war auf vier Bände angelegt. Die zweite und dritte Dynastie sollten ebenso behandelt werden wie alle außerhalb der königlichen Münzstätten herausgegebenen Prägungen. Wenn es zu der beabsichtigten Vervollständigung nicht kam, so scheinen finanzielle Gründe ausschlaggebend, denn schon mit seinem Merowinger-Band hatte Bouterouë sich übernommen. Einem jüngeren Gelehrten, François Le Blanc, blieb es daher vorbehalten, 1690 die erste umfassende Publikation der Münzen aller drei Königsfamilien vorzulegen.

Le Blanc gab sich bescheidener als sein Vorgänger: sein ›Traité historique des monnoies de France‹ strebte Handbuchcharakter an und sollte gerade nicht zum voluminösen Corpus geraten.[27] Der Autor war zuvor mit der Ordnung des königlichen Münzkabinetts betraut gewesen. An seiner offensiv-royalistischen Gesinnung gab es keinen Zweifel. In einer vorangehenden Publikation hatte er – auch hier von der Münzikonographie ausgehend – erhebliche fränkische Prärogativen über das mittelalterliche Rom beansprucht und war dabei eine scharfe Attacke gegen die noch während des 17. Jahrhunderts im Umkreis des Papsttums propagierte Abhängigkeit des karolingischen Kaisertums von der römischen Kirche und die kuriale Theorie der *translatio imperii*

27 F. Le Blanc: Traité historique des monnoies de France, avec leurs figures, depuis le commencement de la Monarchie jusques a present, Paris 1690. Daten zur Biographie des Verfassers bei Schnapper (wie Anm. 6), S. 142f.; zur Wirkung Le Blancs auch H. J. Meier: Die Buchillustration des 18. Jahrhunderts in Deutschland und die Auflösung des überlieferten Historienbildes, München 1994, S. 35f.

gefahren.[28] Angeblich erfolgte die Abfassung des ›Traité‹ auf Wunsch Ludwigs XIV., offenbar jedoch, ohne daß der königliche Auftrag sich für den Verfasser in einer materiellen Entschädigung ausgezahlt hätte. Auch Le Blanc wußte sich den Forschungen Peirescs verpflichtet. Ganz wie der ältere Gelehrte zielte er auf eine Integration der Münzgeschichte in die allgemeine Geldgeschichte ab. Die – von Bouteroüë ebenfalls geplante – Auswertung der Ordonnanzen macht eine der Stärken des Buches aus. So scheute Le Blanc nicht die Mühe, zahllose der ihm im Original zugänglichen Geldstücke zu wiegen, um sie somit auf die Angaben der königlichen Erlasse hin zu überprüfen, eine Arbeit, die ihren Niederschlag am Ende des Bandes fand, wo eine lange Tabellenreihe die Gewichte und Werte aller Gold- und Silbermünzen von 1133 bis 1684 verzeichnet.

In seinen ikonographischen Analysen folgt Le Blanc der Methode Bouteroüës, dessen Zuschreibungen er mehrfach korrigieren kann. Bei seinen Deutungen von Bildern und Legenden arbeitet Le Blanc schärfer entlang der historischen Quellen, als sein Vorgänger es getan hatte. Auch die vergleichende Methode zeitigt in seinen Händen interessante Ergebnisse: So kann er den fränkischen Herrschern mehrfach die Rezeption spätantiker und byzantinischer Münzmotive nachweisen.

Richtet man den Blick über die Numismatik hinaus, dann scheint deutlich, daß die in Peirescs Nachfolge ausgeführten Forschungen die Breite von dessen Ansatz nicht einzuhalten vermochten, geriet die Monumentalkunst zumindest in den publizierten Werken doch arg ins Hintertreffen. Tatsächlich bedurfte es einer weiteren Generation, um auch diesem Defizit Abhilfe zu verschaffen. Mit den fünf Foliobänden seiner ›Monumens de la Monarchie Françoise‹ legte erst der Benediktiner Bernard de Montfaucon 1729-33 die eigentliche Verwirklichung des Peiresc'schen Projekts vor.[29] Der schiere Umfang des zusammen-

28 F. Le Blanc: Dissertation historique sur quelques monnoyes de Charlemagne, de Louis le Debonnaire, de Lothaire, et de leurs successeurs frapées dans Rome, Paris 1689, besonders S. 35-43. Zur Vorgeschichte dieser Polemik: I. Herklotz: Francesco Barberini, Nicolò Alemanni and the Lateran Triclinium of Leo III: an Episode in Restoration and Seicento Medieval Studies, in: Memoirs of the American Academy in Rome, 40, 1995, 175-196.

29 B. de Montfaucon: Les Monumens de la Monarchie Françoise, qui comprennent l'histoire de France, avec les figures de chaque Regne que l'injure des temps a epargnées, Paris 1729-33. Für Montfaucon noch immer grundlegend ist die Biographie von E. de Broglie: Bernard de Montfaucon et les Bernardins 1715-50, Paris 1891. Für die ›Monumens‹ im besonderen auch A. Rostand: La documentation iconographique des Monumens de la Monarchie Françoise de Bernard de Montfaucon, in: Bulletin de la Société de l'Histoire de l'Art Français, 1932, S. 104-49; J. Vanuxem: The Theories of Mabillon and Montfaucon on French Sculpture of the Twelfth Century, in: Journal of the Warburg and

getragenen Materials muß auch den heutigen Leser noch verblüffen: Von den Werken der Goldschmiedekunst bis hin zum Teppich von Bayeux hat Montfaucon ein Repertoire von Denkmälern vereint, das zwölfhundert Jahre nationaler Geschichte vor Augen führen soll. Die zahlreichen, im allgemeinen sehr zuverlässigen Tafeln begleiten eine annalistisch erzählende *histoire événementielle* der einzelnen Herrscher. Nicht der ästhetische Wert dieser Denkmäler, sondern das, was sie über die Vergangenheit lehren, macht ihre Betrachtung somit lohnend. Die Frage nach der Selbstdarstellung des Königtums steht dabei an erster Stelle.

Montfaucons Stärken liegen in der Insignienforschung und im ikonographischen Bereich. Seine weitreichenden Erfahrungen als Altertumswissenschaftler lassen ihn die antiken Ursprünge einzelner Kronen-, Thron- und Zeptertypen mühelos erkennen. Eine vertiefte Kenntnis der Amtsgewänder ermöglicht es ihm, gerade die höfisch-hierarchischen Konstellationen der karolingischen Herrscherminiaturen treffend zu beschreiben. Seiner Deutung des Kaiserbildes in der Bibel von S. Paolo f.l.m. ist wenig hinzuzufügen: an Mabillon anknüpfend entscheidet sich Montfaucon für die richtige Identifizierung des Thronenden mit Karl dem Kahlen.[30] Die kaiserlichen Schwert- und Schildträger, die Gemahlin des Herrschers und auch die vier Kardinaltugenden sind richtig benannt. Selbst das komplexe Bildgefüge auf dem Dedikationsblatt der Viviansbibel bereitet ihm keine größeren Schwierigkeiten, und wenn seine Diskussion der Miniatur vor allem danach fragt, welche der dargestellten Personen als Graf Vivian und damit als Stifter des Werks anzusehen ist, so handelt es sich dabei um ein Problem, das auch im 20. Jahrhundert noch die Gemüter erhitzen sollte.[31]

Was Montfaucons Insignienforschung auf der anderen Seite fehlt, ist die Kontrollfunktion der Stilgeschichte, eben deshalb konnten seine von der Sachkultur ausgehenden Überlegungen mitunter zu fatalen Trugschlüssen führen. In dem Irrglauben, daß die merowingischen Machthaber aus der antiken Herrschaftsikonographie den Nimbus übernommen hätten, bemüht er sich, alle mit Nimbus und Krone versehenen Statuen, sofern diese nur einer halbwegs archa-

Courtauld Institutes, Bd. 20, 1957, S. 45-58; A. Erlande-Brandenburg: L'érudition livresque. Bernard de Montfaucon (1655-1741), in: Revue de l'art, Bd. 49, 1980, S. 34f; Haskell (wie Anm. 20), S. 133-43, S. 160-62.

30 Montfaucon (wie Anm. 29), Bd. I, 304, mit T. XXVII. Für Mabillons Behandlung der Miniatur siehe J. Mabillon / M. Germain: Museum italicum seu collectio veterum scriptorum [...], Paris 1687-89, Bd. I, S. 70-72; aus heutiger Sicht besonders Schramm (wie Anm. 10), S. 55f. u. S. 170-72.

31 Montfaucon (wie Anm. 29), Bd. I, S. 303, mit T. XXVI; und dazu Schramm (wie Anm. 10), S. 51 u. S. 166f.

isch wirkenden Stilstufe zuzuordnen waren, als Angehörige des ersten Herrscherhauses zu identifizieren. Daß alttestamentliche Könige und Königinnen dabei zu solchen aus der Nationalgeschichte umgetauft werden, mag angesichts der modernen Kontroversen um die Königsgalerien der französischen Kathedralen noch verzeihlich scheinen. Schwerer wiegt es, wenn Werke wie das Portal von Saint Germain des Prés, die Figuren im Kreuzgang von Saint Denis, das rechte Westportal der Pariser Kathedrale, die Fassadenfiguren von Chartres und auch die Grabplatte Fredegundes (Saint Germain des Prés) von Montfaucon mit Nachdruck in merowingische Zeit datiert werden.[32] Den fälschlich beanspruchten Zusammenhang mit der merowingischen Dynastie suggerierten zumeist die Stiftungsdaten der entsprechenden Vorgängerbauten. Darüber hinaus dürfte die Solidarität mit den Thesen des benediktinischen *confrère* Mabillon das ihre zu dieser Fehldatierung beigetragen haben.[33] Trotzdem: ein Blick für Stilphänomene ist dem Verfasser nicht abzusprechen, bilden die zitierten Skulpturen doch tatsächlich eine einheitliche Gruppe, nur entstand diese nicht in merowingischer Zeit, sondern um die Mitte des 12. Jahrhunderts. Die ehemaligen Fassadenfiguren von Saint Denis nimmt Montfaucon dagegen aus dem frühgotischen Zusammenhang heraus und möchte an ihnen merkwürdigerweise einen gänzlich andersartigen Stil erkennen.[34] Wie es scheint, wurde sein Auge in diesem Fall jedoch ein Opfer der eigenen Vorurteile: Da diese gekrönten Häupter nämlich keine Nimben tragen, hatte Montfaucon schon vor der Stilanalyse beschlossen, daß sie wahrscheinlich erst aus der Zeit Pippins oder Karls des Großen datieren.

Wiewohl Montfaucons ›Monumens‹ dem Leser als wahrhaft kolossale Leistung entgegentreten, der damals vierundsiebzigjährige Verfasser sah in ihnen lediglich den Auftakt zu einem fünfteiligen Opus, das die gesamte mittelalter-

32 Montfaucon (wie Anm. 29), Bd. I, XXIII-XXVI, S. 50-57 u. S. 161. Aus neuerer Sicht: Sauerländer (wie Anm. 15), S. 65-70, S. 76 u. S. 87-89; und Erlande-Brandenburg (wie Anm. 19), S. 140 (zur Grabplatte der Fredegunde). Zu Montfaucons Fehldatierung auch Vanuxem (wie Anm. 29), der die Leistung des Gelehrten indes verkennt, denn schon der hier erstmals vorgenommenen Zusammenstellung einer stilistisch homogenen Denkmälergruppe gebührt Anerkennung.

33 Vanuxem (wie Anm. 29). Die neueste Monographie über Mabillon stammt von B. Barret-Kriegel: Jean Mabillon, Paris 1988, mit weiterer Bibliographie, ebenda, S. 270-76; man vgl. auch den Literaturbericht von D.-O. Hurel: Histoire de l'érudition mauriste et histoire de la congrégation de Saint-Maur: à propos de quelques ouvrages récents, in: Revue Mabillon, n. s., Bd. 5 (66), 1994, S. 265-70.

34 Montfaucon (wie Anm. 29), Bd. I, XXV, S. 192-94; und dazu Sauerländer (wie Anm. 15), S. 63-65, der diese Skulpturen bald nach 1130 und somit noch vor Montfaucons »merowingische« Gruppe datiert.

liche Zivilisation weit über die Königsdenkmäler hinaus erschöpfend behandeln sollte. Für die folgenden, freilich nicht mehr ausgeführten Teile waren die Themenkreise Kirche und Liturgie (T. II), Privatleben und Geldgeschichte (T. III), Krieg (T. IV) und ›Funérailles‹ (T. V) vorgesehen.[35] Das Werk hätte damit eine genaue Analogie zu Montfaucons Behandlung antiker Zivilisation in der ›Antiquité expliquée‹ von 1719-24 geboten.[36] Stand die ›Antiquité expliquée‹ in einer literarischen Tradition, die man seit ihrer neuzeitlichen Begründung durch Flavio Biondo gern als *corpus antiquitatum* zu bezeichnen pflegte, so hätte die Gesamtschau des Mittelalters ein Novum dargestellt. Teilaspekte des hier anvisierten Fragenkatalogs waren freilich schon früher behandelt worden, mehr als in der französischen Mediävistik ist man ihnen in Italien nachgegangen.

II

Auch in Italien – und die folgenden Bemerkungen zielen vorwiegend auf die Gelehrten im Umkreis der römischen Kurie – steht das Sammeln von Bildnissen am Anfang einer neuen Mittelalterforschung. Nicht die Vertreter der Monarchie, sondern Heilige und Päpste waren es, denen die Ikonographen der Gegenreformation ihre Studien widmeten.[37] Die ersten Sammlungen dieser Art gingen auf den großen Antiquar und Kirchenhistoriker Onofrio Panvinio zurück. 1562 sandte er dem Augsburger Geschäftsmann Johann Jakob Fugger neben verschiedenen Werken zur Kirchengeschichte eine von Christus und

35 Montfaucon (wie Anm. 29), Bd. I, V.

36 B. de Montfaucon: L'antiquité expliquée et représentée en figures [...], Paris 1719-24. Hierfür zuletzt M. Raskolnikoff: Histoire romaine et critique historique dans l'Europe des lumières, Paris/Rom 1992, S. 38-48; zur literarischen Gattung des Opus besonders I. Herklotz: Das Museo Cartaceo des Cassiano Dal Pozzo und seine Stellung in der antiquarischen Wissenschaft des 17. Jahrhunderts, in: Documentary Culture. Florence and Rome from Grand-Duke Ferdinand I to Pope Alexander VII, ed. by E. Cropper/G. Perini/F. Solinas, Bologna 1992, S. 81-125, hier S. 96-101 u. S. 106.

37 Die folgenden Ausführungen verstehen sich als eine um Einzelaspekte erweiterte Zusammenfassung älterer Darlegungen des Verfassers; vgl. Historia sacra und mittelalterliche Kunst während der zweiten Hälfte des 16. Jahrhunderts in Rom, in: Baronio e l'arte. Atti del convegno internazionale di studi (Sora 10-13 ottobre 1984), a cura di R. De Maio, Sora 1985, S. 21-74, besonders S. 32-39 u. S. 53-59. Zum gleichen Problemkreis jetzt auch P. M. Jones: Federico Borromeo and the Ambrosiana. Art Patronage and Reform in Seventeenth-Century Milan, Cambridge/New York 1993, besonders S. 176-99 u. S. 283-336.

dem Apostel Petrus bis hin zu Pius IV. reichende Serie von Papstporträts.[38] Zusammen mit den Wiedergaben der päpstlichen Rotae, Bleibullen und Wappen erscheinen sie als Anhang zu einer kurzen Vita des jeweiligen Papstes. Von den mittelalterlichen Denkmälern machten diese Miniaturen nur teilweise Gebrauch, allerdings bemühte Panvinio sich auch in der Folgezeit noch, die erfundenen Bildnisse seiner Zusammenstellung durch authentische zu ersetzen.

Kritik an Panvinios Methode kam vorerst nur vereinzelt auf. Silvio Antoniano, als einer der kirchenhistorisch gebildetsten Kurialen nach Panvinios Tod (1568) mit der Durchsicht seiner Manuskripte betraut, bemängelte, daß Panvinio nicht angebe, woher er die einzelnen Physiognomien entlehnt habe. Zumindest während der Verfolgungen, so Antoniano, habe man keine päpstlichen Porträts ausführen können, und es sei sogar zu bezweifeln, ob die großen (mittelalterlichen) Bilderserien in den römischen Basiliken die Bischöfe tatsächlich *del vivo* wiedergäben.[39]

Solcher Stimmen ungeachtet fanden Panvinios Forschungen eine weitreichende Nachfolge: Der Stecher Giov. Batt. De'Cavalieri, ein so erfolgreicher Kirchenhistoriker wie Alfonso Chacon und selbst Kardinal Federico Borromeo – sie alle bemühten sich gegen Ende des 16. Jahrhunderts um Kopien der alten Papstbildnisse. Zumindest bei den zeitgenössischen Aufnahmen schien deren dokumentarischer Wert über jeden Zweifel erhaben: Dort, wo derselbe Papst in mehreren Werken dargestellt war, bemerkte Chacon wiederholt, wie sehr diese einander ähnelten, so daß sich für ihn die Gewißheit ergab, eine *vera imago* des jeweiligen Würdenträgers vor sich zu haben.[40]

Der kirchenpolitische Impetus dieser gegenreformatorischen Sammlungen entsprach letztlich ganz den mittelalterlichen Papstbilderreihen der römischen Basiliken. Wie Cavalieri es formuliert, sollte hier wie dort die *legitima successio* der römischen Bischöfe von Christus bis in die Gegenwart hinein zur Anschauung gebracht werden, und zwar in Bildern, da diese für die *idiotas* gerade das verkörpern, was für die Gebildeten die Schriften bedeuten.[41] Das große Thema

38 P. Hartig: Des Onuphrius Panvinius Sammlung von Papstbildnissen in der Bibliothek des Johann Jakob Fugger (Codd. lat. monac. 155-60), in: Historisches Jahrbuch, Bd. 38, 1917, S. 284-314; G. B. Ladner: Die Papstbildnisse des Altertums und des Mittelalters, Città del Vaticano 1941-1984, Bd. III, S. 186-93; Herklotz (wie Anm. 37), S. 32-37. Für Panvinio noch immer grundlegend bleibt D. A. Perini: Onofrio Panvinio e le sue opere, Rom 1899; zu seinen Mittelalterforschungen besonders Herklotz, S. 25-39, mit weiterer Literatur.

39 Zitiert bei Perini (wie Anm. 39), S. 239. Für Antoniano siehe Dizionario biografico degli Italiani, Bd. 3, Rom 1961, S. 511-15.

40 So im Codex der Bibliot. Apostol. Vatic., Vat. lat. 5407, S. 110, S. 114 u. S. 122.

41 G. B. de Cavalieri: Pontificum romanorum effigies, Rom 1580, Vorwort (›Christiano lectori‹).

der katholischen Geschichtsschreibung, der Nachweis einer ungebrochenen Kontinuität der römischen Kirche, erhält durch die Porträtikonographie somit ein kunsthistoriographisches Gegenstück.

Die Sammlungen von Chacon und Federico Borromeo umfassen neben den Papstbildnissen auch solche von Heiligen. Den römischen Apsismosaiken entnommen, treten sie dem Betrachter der Kopien zumeist als Einzelgestalten entgegen. Wo immer unterschiedliche Darstellungen denselben Heiligen mit gleichen Zügen vor Augen führen, sieht Chacon sich einmal mehr berechtigt, von *verae effigies* zu sprechen. In seinem Traktat zur ›Pictura sacra‹ (1624) greift auch Federico Borromeo das Thema der Heiligenbilder auf, und er betont, welch unermeßlicher Schatz es wäre, hätte man die *imagines* der Heiligen, *expressae ad vivum*, vollzählig bewahren können. Am weitestgehenden sei dies noch den Griechen gelungen, wohingegen den Lateinern nur eine geringe Zahl authentischer Porträts zur Verfügung stünde. Dann aber gibt der Kardinal zu erkennen, daß seine hagiographische Sammlung nicht nur eine konservierende, sondern ebenso eine didaktische Aufgabe besaß, denn nachdrücklich empfiehlt er den modernen Künstlern, die wenigen gesicherten Physiognomien in ihren Werken aufs sorgfältigste nachzuahmen.[42] Damit machte Federico sich zum Echo eines alten Postulats der gegenreformatorischen Kunstkritik, wie es vor ihm schon Johannes Molanus, Carlo Borromeo und auch Gabriele Paleotti geäußert hatten.[43] Keiner von diesen hatte indes versucht, durch eigene archäologische Recherchen den jungen Künstlern die Einhaltung einer solchen Forderung zu erleichtern.

Die Diskussion um die *verae effigies* besaß offenbar zwei Wurzeln: Auf der einen Seite wirkten noch immer jene uralten Legenden – Stichwort: Abgar-Bild, Veronica und so weiter – von angeblich lebensechten Bildnissen Christi und der Heiligen.[44] Darüber hinaus stand das Bemühen um die christlichen Antlitze unter dem Eindruck jener Porträtikonographie, wie die Antiquare des

42 F. Borromeo: De pictura sacra libri duo (1624), a cura di C. Castiglioni e G. Nicodemi, Sora 1932, S. 40. Zu Borromeos Bemühen um die *verae effigies* jetzt auch Jones (wie Anm. 37), S. 176-99 u. S. 283-336.

43 I. Molanus: De picturis et imaginibus sacris [...], Löwen 1570, 93v; C. Borromeo: Instructiones fabricae et supellectilis ecclesiasticae, ed. Trattati d'arte del Cinquecento, a cura di P. Barocchi, Bari 1960-62, Bd. III, S. 42f.; G. Paleotti: Discorso intorno alle imagini sacre e profane, ed. Trattati, Bd. II, S. 352. Zur kunsttheoretischen Bedeutung dieser Autoren siehe etwa A. Blunt: Artistic Theory in Italy, 5th impr., London 1980, S. 103-36; G. Scavizzi: The Controversy on Images. From Calvin to Baronius, New York 1992, passim.

44 E. von Dobschütz: Christusbilder. Untersuchungen zur christlichen Legende, Leipzig 1899; H. Belting, Bild und Kult. Eine Geschichte des Bildes vor dem Zeitalter der Kunst, 2. Aufl., München 1991, S. 233-252.

16. Jahrhunderts sie an den antiken Denkmälern entwickelt hatten.[45] Nicht zufällig verweist Federico Borromeo auf die bei Plinius beschriebene Porträtsammlung Varros, denn eine analoge Dokumentation für die Hagiographie schwebte ihm als – freilich unerreichbares – Ziel vor.[46] Eben hier liegt aber die entscheidende Schwäche nicht nur der *verae effigies*-Forschung, sondern der frühen Mediävistik insgesamt: Daß dem mittelalterlichen Künstler ein anderes Verhältnis zur Lebenswirklichkeit eignete als dem antiken Künstler, machten sich die Gelehrten des 16. und 17. Jahrhunderts kaum bewußt. Der Dokumentwert mittelalterlicher Kunst wurde schlichtweg überschätzt.

Mit dem Ende des Seicento begann die Vorstellung von den *verae imagines* an Wert zu verlieren. Die Sebastiansikone von S. Pietro in Vincoli, ein römisches Werk aus dem 7. Jahrhundert, war von den katholischen Ikonographen mehrfach mit erhobenem Zeigefinger zitiert worden, denn die modernen Künstler führten den Pestheiligen nur zu gern als jugendlichen Schönling in heroischer Nacktheit vor Augen. Das Mosaikbild indes, die wohl älteste Darstellung, welche man von dem Heiligen besaß, vermochte zu belegen, daß dieser sein Martyrium in fortgeschrittenem Alter erlitten hatte.[47] Erst Giov. Ciampini erklärte derartige Überlegungen 1690 nonchalant für ungültig: Wenn der Heilige hier mit Bart und langem Haar erscheint, so nur deshalb, weil man diese auch zur Zeit der Langobarden trug.[48] Ciampini vollzog damit den längst überfälligen Schritt, das Kunstwerk nicht als Authentisierung des Bildgegenstands, sondern als Dokument der eigenen Entstehungszeit zu lesen.

Das katholische Streben nach einer ikonographisch korrekten Kunst sah sich über die allzu willkürlich gewählten Physiognomien hinaus mit weiteren Mißständen konfrontiert. Als 1627 in der römischen Peterskirche mehrere neue Altarbilder installiert wurden, griff der ehemalige vatikanische Archivist Michele Lonigo unmittelbar zur Feder, um zwei von ihnen, Domenico Passignanos ›Tempelgang Mariens‹ und Andreas Sacchis ›Wunder des heiligen Gregor‹,

45 Haskell, 1993 (wie Anm. 20), S. 13-41; M. Eichberg: Zur Identifizierung römischer Kaiserporträts in der Renaissance, in: Mitteilungen des Deutschen Archaeologischen Instituts, Roem. Abt., Bd. 101, 1994, S. 203-15.

46 Borromeo (wie Anm. 42), S. 40.

47 So etwa C. Baronio: Martyrologium Romanum [...], Rom 1586, S. 39; und A. Chacon in Bibliot. Apostol. Vatic., Vat. lat. 5407, S. 39, sowie Vat. lat. 5408, 24r. Weitere Quellen bei Herklotz (wie Anm. 37), S. 70. Für die Ikone selbst G. Matthiae: Mosaici medioevali delle chiese di Roma, Rom 1967, S. 199 mit T. XXV.

48 G. Ciampini: Vetera monimenta, in quibus praecipuè musiva opera sacrarum, profanarumque aedium structura, ac nonnulli antiqui ritus, dissertationibus, iconibusque illustrantur, Bd. II, Rom 1699, S. 117.

einer scharfen Kritik zu unterziehen.[49] Passignanos Bild ist verloren, an Sacchis Gemälde lassen sich Lonigos Beanstandungen noch heute überprüfen.

Auch Lonigos Polemik beginnt mit dem Gesicht des Papstes, das in diesem Falle zu greisenhaft erscheint: »non è naturale«. Hier hätte der Maler sowohl die Beschreibung Gregors bei seinem Biographen Johannes Diaconus als auch ein vermutlich zeitgenössisches Bildnis im Kloster San Gregorio Magno zu Rate ziehen sollen, um sich zu überzeugen, daß der Heilige zu seinen Lebzeiten schöner und jugendlicher gewirkt haben mußte. Als Spezialist für Liturgiegeschichte setzt Lonigo sich dann vor allem mit den liturgischen Gewändern auseinander: Schon die Kasel scheint ihm mißlungen, sieht sie doch aus wie jene, die die Priester des 17. Jahrhunderts tragen, und nicht wie sie tausend Jahre zuvor üblich waren. Und bereits hier formuliert Lonigo sein historistisches Programm: »Bisogna vestir gl'huomini, che si dipingono, conforme al modo che si usava mentre essi viveano, e non come si veste all'hora che si dipingono.« An dieser Richtschnur werden die ikonographischen Details des Gemäldes im folgenden gemessen.

Der gröbste Irrtum des Bildes: es fehlt das Pallium, die wichtigste liturgische Insignie des Papstes. Zumindest das Pallium sollte nach Lonigos Dafürhalten ergänzt werden, und zwar in eben jener altertümlichen Tragweise, wie das schon zitierte Gregor-Bildnis sie dokumentiert und die Vita des Papstes sie beschreibt. Einen weiteren Anachronismus glaubt der Verfasser bei der päpstlichen Tiara feststellen zu können, deren Gebrauch seines Erachtens erst 150 Jahre nach Gregor üblich wurde. Falls der Maler dies nicht wußte, hätte er die Tiara zumindest nicht in ihrer modernen Gestalt mit drei Kronen wiedergeben dürfen, vielmehr hätte er jenen Typus darstellen müssen, der vor Bonifaz VIII. üblich und zahllosen Papstbildnissen in Rom zu entnehmen war. Völlig widersinnig dann, daß die Tiara auf dem Altar erscheint, denn zur liturgischen Gewandung des Papstes gehörte sie nicht. Der Subdiakon an Gregors Seite hätte schließlich die Tunicella und nicht die Alba tragen sollen, wohingegen die Kerzen vor, nicht auf den Altar gehörten. Nur so hätte es der Zeit Gregors des Großen entsprochen, wobei Lonigo allerdings einräumt, daß die beiden letztgenannten Mängel nicht mehr ganz so offensichtlich sind wie die zuvor angekreideten Mißgriffe.

Macht man sich Lonigos Standpunkt zu eigen und setzt voraus, daß ein Maler die historische Szenerie des darzustellenden Geschehens genauestens zu rekonstruieren hatte, so wirkt seine Kritik berechtigt, wiewohl vermutlich kein Künstler des 17. Jahrhunderts die hier geforderte Treue ohne einen kirchen-

49 Zum folgenden: I. Herklotz: Michele Lonigo als Kunstkritiker. Zu einer historistischen Rezeption der Altarbilder von Sacchi und Passignano in St. Peter, in: Ars naturam adiuvans. Festschrift für Matthias Winner zum 65. Geburtstag, hrsg. von V. von Flemming und S. Schütze, Mainz 1996, S. 413-429; dort auch eine kommentierte Edition von Lonigos Text.

geschichtlich versierten Berater zuwege gebracht hätte. Auch Lonigo knüpft an Grundpostulate der gegenreformatorischen Traktatliteratur an, die ihrerseits in der Lehre vom *decorum* wurzelten, wie die Theoretiker der Renaissance sie entwickelt hatten.[50] Schon Dolce, Paleotti und andere forderten eine historische Angemessenheit von Schauplatz und Kostümen und verwehrten sich dagegen, daß gewisse Maler die Muttergottes nach deutscher Art gekleidet zeigten, das biblische Jerusalem hingegen mit Hippodromen, Thermen, Pantheon und Colosseum ausstatteten.[51] Was die antiken Schauplätze betraf, so hatten die Maler der Renaissance, Mantegna, Raffael und Giulio Romano, bereits ein hohes Maß an historischer Rekonstruktion erreicht. Die Kenntnis der mittelalterlichen Lebenswelt blieb dahinter zurück – schon deshalb, weil die Künstler dem Mittelalter nie mit jenem bewundernden Nachahmungseifer begegnet waren, der die Antikenstudien beseelte. Eben diesem Kenntnisdefizit galt es aus Sicht der kirchlichen Reformer Abhilfe zu schaffen.

Lonigo hatte seinen Text an Urban VIII. gerichtet. Von einer möglichen Wirkung seiner Schrift ist nichts bekannt, auffällig scheint jedoch eine zeitlich Übereinstimmung: 1629 begann Francesco Barberini, der Kardinalnepote Urbans VIII. und als dessen rechte Hand auch für die Kulturpolitik der Barberini zuständig, mit der umfassendsten Initiative zur Dokumentation mittelalterlicher Kunstwerke, die das italienische Seicento bezeugen sollte.[52] In Dutzenden von stadtrömischen Kirchen ließ der Kardinal von zahllosen Zeichnern frühchristliche und mittelalterliche Mosaiken und Wandmalereien aufnehmen. Barberinis bis 1640 sich hinziehende Kampagne wurde mit erheblichem Aufwand betrieben: Die Genauigkeit der Aquarellkopien nach den kleinformatigen Zyklen von S. Maria Maggiore und S. Paolo f.l.m. läßt erkennen, daß die entsprechenden Vorzeichnungen von Gerüsten aus angefertigt wurden.

50 R. W. Lee: Ut pictura poesis. The Humanistic Theory of Painting, New York 1967, besonders S. 34-41, S. 74f.; R. Haussherr: Convenevolezza. Historische Angemessenheit in der Darstellung von Kostüm und Schauplatz seit der Spätantike bis ins 16. Jahrhundert, Wiesbaden 1984, S. 39-42.

51 L. Dolce: Dialogo della pittura intitolato l'Aretino, in: Trattati (wie Anm. 43), Bd. I, S. 165 u. S. 182; Paleotti (wie Anm. 43), S. 367.

52 Die Zeichnungen werden heute in der Biblioteca Vaticana und der Wiener Nationalbibliothek bewahrt: vgl. S. Waetzoldt: Die Kopien des 17. Jahrhunderts nach Mosaiken und Wandmalereien in Rom, Wien / München 1964, passim; sowie J. Zahlten: Barocke Freskenkopien aus SS. Quattro Coronati in Rom, in: Römisches Jahrbuch der Bibliotheca Hertziana, Bd. 29, 1994, S. 19-43. Zur wissenschaftlichen Bedeutung des Unternehmens jetzt I. Herklotz: Cassiano and the Christian Tradition, in: Cassiano dal Pozzo's Paper Museum, Mailand 1992, Bd. I, S. 31-48, besonders S. 38-48.

Über den Sinn dieser Kopienserien sind wir nur aus zweiter Hand unterrichtet: »ravivar nella memoria de'fedeli gli habiti, e riti della primitiva chiesa«, so charakterisiert Giov. Baglione in seinem Führer von 1639 die Absicht des Kardinals.[53] Daß Baglione damit den Kern der Sache traf, verrät der Codex Barb. lat. 4404. Nach einer vollständigen Ansicht des Fassadenmosaiks von S. Maria in Trastevere bringt der Zeichner noch einmal die dort dargestellten weisen Jungfrauen, diesmal zu Einzelfiguren aus dem narrativen Kontext herausgelöst und in größerem Format. Die Beischrift teilt mit: »Seguono l'istesse Vergini [...] per mostrare minutamente gl'abiti in forma maggiore«.[54]

Daß es eine gelehrte Rezeption sowohl des von Barberini bereitgestellten Materials wie auch der von ihm angestrebten ikonographischen Methode gegeben hat, steht außer Frage.[55] Welche Bedeutung die Barberini-Kopien dagegen für die Künstler besaßen, läßt sich nicht recht erkennen. Historistische Versuche, die altchristliche Lebenswirklichkeit und den Ritus der frühen Kirche zuverlässig vor Augen zu führen, lassen sich zweifellos nachweisen: Poussins ›Sieben Sakramente‹ verdienen, in diesem Zusammenhang an erster Stelle genannt zu werden. Doch handelte es sich bei ihnen gerade nicht um einen kirchlichen Auftrag, beide Serien der ›Sakramente‹ entstanden vielmehr für Privatleute als reine Galeriebilder.[56]

Der Traum von einer großen didaktischen Sammlung, der die Riten und Gewänder aller christlichen Epochen zu entnehmen waren, geisterte offenbar noch lange durch die Köpfe. In die Diskussion um das neu zu begründende Museo Sacro, das Benedikt XIV. 1757 im Vatikanpalast eröffnete, brachte der Oratorianer Giuseppe Bianchini einen denkwürdigen Vorschlag ein: Zu diesem Museum sollte auch eine gemalte Kirchengeschichte gehören, »una Istoria Ecclesiastica al naturale«, von höchstem Nutzen für alle Maler, Bildhauer, Architekten und Antiquare, die hier die bedeutsamsten Ereignisse der einzelnen Jahrhunderte naturgetreu wiedergegeben fänden. »Wer einen Heiligen malen will, wird ihn dort eben so erblicken können, wie die ältesten Gemälde ihn zeigen. Wer ein Konzil darzustellen hat, kann dort die Sitzordnung der Bischöfe erfahren.« All dies sollte auf den älteren Kunstwerken beruhen, hinzugekommen wäre eine Darstellung der einzelnen epigraphischen Entwicklungsstufen. »Eine solche Bildergalerie könnte die lernbegierige Jugend dann (nach Herzens-

53 G. Baglione: Le nove chiese di Roma, a cura di L. Barroero, note al testo di M. Maggiorani / C. Pujia, Rom 1990, S. 75 u. S. 189.

54 Bibliot. Apostol. Vatic., Barb. lat. 4403, 3r; vgl. Waetzoldt (wie Anm. 52), S. 52, Nr. 508.

55 Herklotz (wie Anm. 52), S. 46f.

56 Zuletzt P. Rosenberg / L.-A. Prat: Nicolas Poussin 1594-1665. Galeries nationales du Grand Palais, 27 septembre 1994 - 2 janvier 1995, Paris 1994, S. 240-52 u. S. 312-39, mit umfassender Bibliographie.

lust) kopieren«.[57] – Fraglos reichten die geistigen Wurzeln des Bianchini-Projekts bis in die Gegenreformation zurück.

III

Sollte sich nach den bisherigen Ausführungen der Verdacht ergeben, es seien in erster Linie ›von außen‹ an die mittelalterlichen Werke herangetragene Fragestellungen gewesen, die ihnen eine gewisse Aufmerksamkeit sicherten, so deckt dieser Eindruck nicht das gesamte Spektrum der Rezeptionsmöglichkeiten ab, denn auch die eigentliche Kunsthistoriographie setzte sich verstärkt mit der großen Epoche zwischen Antike und Renaissance auseinander. Einen wesentlichen Anstoß erhielt diese Rückschau aus der zunehmend sich verbreitenden Kritik an Vasari. Daß Vasaris Kunstgeschichte eine höchst einseitig Florenz und die Toskana in den Mittelpunkt rückende Entwicklung bot, war vielen seiner Zeitgenossen vermutlich in höherem Maße bewußt als dem unvorbereiteten Leser heute. Als Apologet der Lombardei tadelte schon Gio. Paolo Lomazzo in seinem Malereitraktat (1584) den Aretiner, die Werke des Gaudenzio Ferrari, Lomazzos Lehrer, übergangen zu haben. »Dies verrät«, so ereifert sich Lomazzo, »daß es nur die Toscaner waren, die Vasari verewigen wollte«.[58]

Für unseren Zusammenhang scheint die Kritik an Vasaris Lokalpatriotismus vor allem dort von Bedeutung, wo sie zugleich sein Renaissancekonzept und die in dem Tandem Cimabue und Giotto verkörperte Epochenschwelle betrifft. Eine der frühesten Stimmen in diesem Chor erreicht uns bemerkenswerterweise aus dem Norden. Bernhard Jobin, ein Vertreter des oberrheinischen Späthumanismus, beklagt sich 1573 in einer Edition von Papstbildnissen aufs bitterste, daß Vasari »heimtückisch verschweigt und verkleinert«, was die Deutschen geleistet hätten, denn schon zur Zeit Friedrich Barbarossas habe es unter ihnen gute Maler gegeben, die dann im Gefolge des Kaisers nach Italien gezogen seien, um dort vorbildliche und einflußreiche Werke auszuführen. Und er zeichnet eine von Italien unabhängige, ja den Italienern in vieler Hinsicht überlegene Tradition, die von dem »Niederdeutschen« Jan van Eyck über Schongauer und Dürer bis zu seinen Zeitgenossen reicht, unter denen er besonders Holbein und Tobias Stimmer hervorhebt, »die sich der fremden welschen Art zu malen enthalten, die heut zumeist nachgeäfft wird«.[59]

57 C. Bartoli: Mosaici Antichi as a Source for an Eighteenth Century Museum. The Notes of Giuseppe Bianchini for the Museo Sacro of Benedict XIV (im Druck).

58 Vgl. T. S. R. Boase: Giorgio Vasari. The Man and the Book, Princeton 1979, S. 229.

59 So in seiner Einleitung zur dt. Ausg. von O. Panvinio: Accuratae effigies pontificum. Eygenwissenliche unnd wolgedenckwürdige Contrafeytungen [...] der Römischen Bäpst [...], Straßburg 1573. Dazu auch F. Thöne: Johann Fischart als Verteidiger deutscher

Ernster zu nehmen als ein solcher Chauvinismus sind Vasaris frühe Kontrahenten in Italien. Giulio Mancini spielt unter ihnen die gewichtigste Rolle. Seine um 1620 verfaßten, allerdings erst 1956 vollständig publizierten ›Considerationi appartenenti alla pittura‹ bieten einen in jeder Hinsicht bemerkenswerten Überblick der in Rom erhaltenen Malereien von der Antike bis zu seiner Gegenwart, welcher auch die Werke des Mittelalters beschreibt und mit Hilfe stilkritischer Erwägungen und archivalischer Forschungen, doch dabei frei von allen hagiographischen Hintergedanken einzuordnen sucht.[60] Verfehlte Zuschreibungen Vasaris, wie die des Apsismosaiks der Lateranbasilika an den Florentiner Gaddo Gaddi statt an den Römer Jacopo Torriti, werden dabei aufs schärfste zurückgewiesen. Ein gesonderter Teil von 40 Seiten setzt sich dann eigens mit Vasaris Irrtümern und Versäumnissen und seiner Konstruktion der Schulenfolge auseinander.[61] Mancini erkennt zurecht, daß Vasaris Überbewertung Cimabues ihren Ursprung in der Dante-Exegese hat, kunsthistorisch aber nicht zu rechtfertigen ist, denn bessere Meister als Cimabue gab es in Konstantinopel, in Siena, der Heimatstadt des Verfassers, in Rom und in Venedig. Venezianische Mosaizisten kamen sogar nach Florenz, um der Kunst dort auf die Beine zu helfen! Angesichts eines solchen Denkmälerbestands sieht Mancini sich berechtigt, Vasaris Renaissancevorstellung für ungültig zu erklären. Anders als Vasari erkennt der Verfasser eine »continuation della pittura [...] che non morisse mai a fatto«.[62]

Mit der vielfältigen Blüte lokaler Kunstgeschichtsschreibung im Laufe des 17. Jahrhunderts konnte Mancinis Absage an den Toscanismus nicht ohne Wirkung bleiben. 1648 beanspruchte Carlo Ridolfi den entscheidenden Impuls zur Erneuerung der Künste für die Stadt Venedig, wo eine beständige Tradition der

Kunst, in: Zeitschrift des deutschen Vereins für Kunstwissenschaft, Bd. 1, 1934, S. 125-33; und G. L. Pinette: Über deutsche Kunst und Künstler (Fischarts Kritik an Vasari), in : Jahrbuch des Vorarlberger Landesmuseumsvereins, 1966, S. 9-21; beide mit der unbewiesenen Behauptung, das von Jobin signierte Vorwort stamme in Wirklichkeit von dessen Schwager Johann Fischart.

60 G. Mancini: Considerazioni sulla pittura, pubbl. per la prima volta da A. Marucchi con il com. di L. Salerno, Rom 1956/57, Bd. I, S. 44-72. Zu Mancini besonders die Einführung Salernos zu der zitierten Edition; danach noch Th. B. Butler: Giulio Mancini's ›Considerations on Painting‹, (= Diss., Case Western Reserve University, 1972), Ann Arbor (University Microfilms International) 1973. Für das gesamte Spektrum der Vasari-Kritik seitens der Anwälte anderer Lokalschulen bleibt grundlegend G. Previtali: La fortuna dei primitivi. Dal Vasari ai neoclassici, nuova ed. riv. e ampl., Turin 1989, besonders S. 39-65.

61 Mancini (wie Anm. 60), Bd. I, S. 164-205.

62 Mancini (wie Anm. 60), Bd. I, S. 167.

Mosaikkunst schon mit dem 11. Jahrhundert einsetzte, und Carlo Cesare Malvasia betonte 1678, daß auch die Bolognesen den Florentinern vorangegangen seien.[63] Seit 1682 bemühte sich dann Filippo Baldinucci, solche Angriffe zurückzuweisen und die Florentiner Vorrangstellung mit Nachdruck zu untermauern.[64] Für eine Zusammenfassung dieser Argumentation ist hier nicht der Ort. Erinnert man sich jedoch daran, welche Diskussionen die jüngere Forschung um die künstlerische Herkunft Giottos, zumal um sein Verhältnis zu den Römern Cavallini und Torriti führen sollte, so wird deutlich, daß die im Seicento entfachte Kontroverse noch immer nicht ausgestanden ist.

63 C. Ridolfi: Le meraviglie dell'arte, overo le vite de gl'illustri pittori veneti e dello Stato, Venedig 1648, Bd. I, S. 12f.; C. C. Malvasia: Felsina Pittrice. Vite de'pittori bolognesi con aggiunte, correzioni e note inedite dell'autore di G. Zanotti, Bologna 1841, Bd. I, S. 17-24; dazu auch Previtali (wie Anm. 60), S. 48f. u. S. 51-57. Zur Vasari-Rezeption in Venedig ferner L. Puppi: La fortuna delle Vite nel Veneto dal Ridolfi al Temenza, in: Il Vasari storiografo e artista. Atti del congresso internazionale nel IV centenario della morte (Arezzo-Firenze 2-8 sett. 1974), Florenz 1976, S. 405-37.

64 E. L. Goldberg: After Vasari. History, Art and Patronage in Late Medici Florence, Princeton 1988.

Gabriele Bickendorf

Fiorillo und der »[…] Blick eines geübten Diplomatikers«

I.

»Wiewohl ein gesundes Urtheil und ein treues Auge auch hierin eine bedeutende Einsicht verschaffen können, so reicht dieß doch nicht hin, um mit völliger Sicherheit zu reden. Es wird dazu praktische Fertigkeit im Zeichnen, und ein durch mannigfaltige Vergleichung geschärfter Blick erfodert, der, wie der eines geübten Diplomatikers über das Alter und die Echtheit einer Urkunde entscheidet, einem Gemählde die Zeit der Entstehung, die Schule und endlich den bestimmten Urheber ansieht«.[1]

Mit diesen Worten kennzeichnete Fiorillo im 1801 erschienenen zweiten Band der ›Geschichte der zeichnenden Künste‹ die Voraussetzungen kunstgeschichtlicher Forschung. Aus heutiger Perspektive befremdet die Formulierung, sind wir doch gewohnt, dem kunsthistorischen Blick eine Qualität sui generis zuzuschreiben. An der Stelle, an der wir aus dem modernen Selbstverständnis der Disziplin heraus einen Hinweis auf eine wenn nicht kunstgeschichtliche, dann zumindest ästhetische Sichtweise erwarten würden, konfrontiert Fiorillo seine Leser mit dem Vorbild der allgemeinen Urkundenlehre. Diese Tatsache ist nicht nur erstaunlich und macht den historischen Bruch deutlich. Ich wage zu behaupten, daß sie darüber hinaus auch einen wunden Punkt trifft und ich wage ebenfalls zu behaupten, daß dieser wunde Punkt etwas damit zu tun hat, daß Johann Domenico Fiorillo zu den vergessenen Ahnen der Kunstgeschichte gehört.

Fiorillo ist ein Stiefkind der Wissenschaftsgeschichte, dessen Name im Schatten seiner Nachfolger fast verschwunden ist. Bekannt sind unter den Zeitgenossen die Vertreter der romantischen Kunsttheorie und der herzergießenden Kunstliteratur: August Wilhelm, Friedrich und Caroline Schlegel sowie Wilhelm Heinrich Wackenroder und Ludwig Tieck. Bekannt sind ebenfalls Carl Friedrich von Rumohr und Gustav Friedrich Waagen als Wissenschaftler einer nachfolgenden Generation. Es stellt sich die Frage, warum Fiorillo neben ihnen bis in die jüngste Zeit nur marginaler Erwähnung wert schien, zumal ein erster Blick auf seine ›Geschichte der zeichnenden Künste‹ in ihrem Umfang und

1 J. D. Fiorillo: Geschichte der zeichnenden Künste von ihrer Wiederauflebung bis auf die neuesten Zeiten, Bd. II, Göttingen 1801, Vorrede S. XIII.

breiten europäischen Spektrum nicht den Anschein einer Marginalie erweckt. Und es stellt sich die Frage, ob die Begründung dafür nicht nur auf der wissenschaftshistorischen Ebene, sondern gleichermaßen auf der der Wissenschaftshistoriographie zu suchen ist. Mit anderen Worten: ob nicht die Brille, mit der wir die Geschichte unserer Disziplin betrachten, eine Blindstelle hat, in der Fiorillo zusammen mit einem methodengeschichtlichen Traditionsstrang verschwindet.

Die Leitlinien für die disziplingeschichtliche Bewertung von Fiorillo setzte Wilhelm Waetzoldt. In seiner zweibändigen Arbeit über die ›Deutsche[n] Kunsthistoriker‹ widmete er Fiorillo fünf Seiten. Waetzoldts Aufmerksamkeit galt Fiorillos Rolle als Lehrer. Die Einrichtung seiner kunstgeschichtlichen Vorlesung bedeutete den ersten Schritt auf dem langen Weg des Faches zur Institutionalisierung und zur Professionialisierung. Vor allem betonte Waetzoldt die Tatsache, daß Fiorillo der Lehrer von Wackenroder, Tieck und Rumohr gewesen war. Seine Bedeutung in dieser Funktion faßte er in folgenden Sätzen zusammen:

»[...] C. Fr. von Rumohr schließlich wurde Fiorillos eigentlicher Schüler, Fortsetzer und Überwinder«.

»Was bei Fiorillo Versprechen ist, wird bei Rumohr Erfüllung«.[2]

Und als Begründung dieses Urteils führt Waetzoldt an:

»Der Geist der Polyhistorie des 18. Jahrhunderts war in diesem Malergelehrten noch lebendig [...]«.

»Ihm gelingt freilich noch nicht der Schritt von der Erudition zur Kritik«.[3]

Damit waren die Motive der Fiorillo-Rezeption festgelegt: »Polyhistorie«, »Erudition« und das Rüchlein des forschenden Dilettantismus eines Künstlers. Auf dieser Linie blieb im Prinzip auch Heinrich Dilly, der in seinen Studien zur ›Kunstgeschichte als Institution‹ 1979 die Einbindung von Fiorillos akademischer Lehre in seine Aufgaben als Zeichenmeister unterstrich sowie die Tatsache, daß sich seine Vorlesungen explizit an die Kunstliebhaber gerichtet hätten. Obwohl Waetzoldt geistesgeschichtlich und Dilly institutionengeschichtlich argumentierte, versetzten beide Autoren Fiorillo in das Vorfeld der von ihnen unterschiedlich bewerteten Anfänge der Kunstgeschichte als moderner Wissenschaft. Ein derartiger Gleichklang über eine Distanz von mehr als einem halben Jahrhundert hinweg verwundert, zumal die Zielrichtung der wissenschaftsgeschichtlichen Rekonstruktionen gegenläufig war. Waetzoldt ging es um die Ahnenreihe einer positiv bewerteten wissenschaftlichen Gegenwart, während Dilly eine Kritik an der aktuellen Praxis mit der Kritik am historistischen Wissenschaftsmodell des 19. Jahrhunderts verband. Damit erscheint nicht nur

2 W. Waetzoldt: Deutsche Kunsthistoriker, Bd. I, Leipzig 1921, S. 288 und S. 292.

3 Waetzoldt: Kunsthistoriker (wie Anm. 2), S. 289f.

Fiorillos Standort in der Historiographie des ausgehenden 18. und des frühen 19. Jahrhunderts einer erneuten Betrachtung wert, sondern auch seine wissenschaftsgeschichtliche Rezeption. Die Vermutung liegt nahe, daß der gleichbleibende Grundtenor in Fiorillos Beurteilung auf ein zentrales Motiv im kunsthistorischen Selbstverständnis verweist, das bislang methodische Brüche und intentionale Wendungen in der Disziplingeschichte überdauert hat. Es stellt sich die Frage, ob nicht das im Eingangszitat von Fiorillo thematisierte Verhältnis von kunsthistorischer und allgemeinhistorischer Forschung den Schlüssel zu beidem birgt: zu einem Verständnis Fiorillos, das die Diagnose defizitärer Wissenschaftlichkeit und damit defizitärer Modernität differenziert, und zur Deutung bemerkenswerter Kontinuitäten in der Disziplingeschichte.[4]

II.

In der Beurteilung Fiorillos ist die Disziplingeschichte des 20. Jahrhunderts wesentlich stärker dem Wissenschaftsverständnis des 19. Jahrhunderts verpflichtet, als das kritische Selbstverständnis dies auf den ersten Blick vermuten läßt. Sie wiederholt mit moderateren Formulierungen, aber mit den im Kern gleichen Argumenten die harsche Kritik, die die Schüler – allen voran Rumohr – an Fiorillos Arbeit geübt hatten. Von der Generation von Rumohr und Waagen stammt der Vorwurf der vorwissenschaftlichen Behandlung. Rumohr und Waagen sahen sich selbst nicht nur als Innovatoren der Kunstbetrachtung, sondern als diejenigen, die ihr erstmals in der Geschichte den Charakter einer Wissenschaft verliehen hätten. In den 20er Jahren des 19. Jahrhunderts suchten sie in zu Teilen stark polemischen Kontroversen ihre Position durchzusetzen. Ein Beispiel dafür war die Auseinandersetzung zwischen Waagen und Aloys Hirt in der Artistischen Commission, die die Eröffnung des Alten Museums in Berlin vorbereitete. Ein anderes Beispiel bildete Rumohrs Polemik gegen Fiorillo und gegen die Tradition, auf der er aufbaute. Der Effekt der Kontroverse Waagen-Hirt bestand im Umbau der Artistischen Commission, aus der Hirt ausschied und in die Waagen als festes Mitglied aufgenommen wurde. Die inhaltliche Umorientierung, die Waagen für die Museumskonzeption daraufhin durchsetzen konnte, war in der Tat weitreichend. Gegen Hirts Plan, ein Museum der Meisterwerke zu errichten, bei dem die Lücken durch Kopien ausgefüllt werden sollten, erreichte Waagen, daß ausschließlich Originale zur Ausstellung kamen. Ein Ordnungssystem nach Chronologie und Schulen sollte – zur Not auch anhand ästhetisch weniger hervorragender Stücke – die kunstgeschichtliche Entwicklung dokumentieren. Waagen leitete damit einen Historisierungsschub in

4 H. Dilly: Kunstgeschichte als Institution. Studien zur Geschichte einer Disziplin, Frankfurt/M. 1979, S. 174-83.

der musealen Präsentation ein, der Einbußen auf der ästhetischen Seite billigend in Kauf nahm. Dieses Resultat erscheint auf den ersten Blick gegenläufig zu den Auswirkungen von Rumohrs Polemik.[5]

Unter dem Verdikt der Vorwissenschaftlichkeit kappte Rumohr denjenigen Strang der italienischen Kunstbetrachtung, der sowohl theoretisch-methodisch als auch personell auf das engste mit der allgemeinhistorischen Forschung verwoben war. Den Wissenschaftscharakter seiner eigenen ›Italienischen Forschungen‹ suchte er dagegen durch einen Rekurs auf die deutsche Kunsttheorie von Winckelmann bis Herder zu begründen. Damit erscheint sein Vorgehen als ein Schritt der Enthistorisierung und Ästhetisierung der Kunstgeschichte des frühen 19. Jahrhunderts, verbunden mit einer Germanisierung. Seit Rumohr gilt die wissenschaftliche Kunstgeschichte als ein Produkt des deutschen Geistes. Tatsächlich jedoch kann der ausgreifende philosophische Vorspann kaum als theoretisch-methodische Begründung der ›Italienischen Forschungen‹ verstanden werden. Vielmehr stehen beide Teile seltsam unverbunden nebeneinander, was bereits Dilly 1979 bemerkte. Rumohrs Untersuchungstechniken, sein kritischer Maßstab und seine historiographische Konzeption sind nicht allein aus den Vorgaben von Herder, Goethe oder auch Winckelmann abzuleiten, nicht alleine aus Philosophie und Kunsttheorie.[6]

Die methodischen Wurzeln der historisch-kritischen Kunstgeschichte des 19. Jahrhunderts reichen weiter in das 18. Jahrhundert hinunter und sie überschreiten die Grenzen einer deutschen Fachdisziplin. Der nationale und der disziplinäre Rahmen sind selbst Konstrukte des 19. Jahrhunderts. Die Voraussetzungen der modernen Kunstgeschichte als einer historischen Erfahrungswissenschaft wurden mit dem Rationalisierungsschub der historischen Aufklärung geschaffen und im fächerübergreifenden Austausch der internationalen Gelehrtenrepublik verbreitet. Diese Voraussetzungen liegen auf den Ebenen der Historisierung der Kunstbetrachtung: ihrer forschungspraktischen Einbindung in den Kanon der allgemeinhistorischen Verfahrensweisen und in der Ausbildung analoger gegenstandsspezifischer Methoden. Die italienische Kunstliteratur

5 C. F. von Rumohr: Behandlung italienischer Kunstgeschichte, Kunstblatt 1820; ders.: Ueber die Entwicklung der ältesten italienischen Malerey, in: Kunstblatt 1821; ders.: Italienische Forschungen, Bd. I, Berlin / Stettin 1827, S. 248-51, S. 282-87 u. S. 316f.; anonym (A. Hirt): Des Herrn Directors Dr. Waagen Bilder-Taufe und Aufstellung der Gemälde im Königlichen Museum zu Berlin, Leipzig 1832; G. F. Waagen: Der Herr Hofrath Hirt als Forscher über die Geschichte der neueren Malerei, Berlin / Stettin 1832.

6 Rumohr: Italienische Forschungen, Bd. I, (wie Anm. 5), S. 1-133. Zur historisch-kritischen Methode bei Rumohr und Waagen vgl.: G. Bickendorf: Die Anfänge der historisch-kritischen Kunstgeschichtsschreibung, in: Kunst und Kunsttheorie 1400-1900, hrsg. von P. Ganz / M. Gosebruch / N. Meier / M. Warnke (= Wolfenbüttler Forschungen, Bd. 48) 1991, S. 359-74. Dilly: Kunstgeschichte (wie Anm. 4), S. 116-118.

spielte dabei eine hervorragende Rolle. In ihr wurden im Verlauf des 18. Jahrhunderts unter der Ägide des Maurinismus die Synthese einer Kunstbetrachtung im Sinne einer historischen Überrestforschung und einer historisierten Kennerschaft hergestellt, aus der die Konzeption einer vereinheitlichten »Storia dell' Arte« hervorging. Fiorillo kam die Funktion eines Vermittlers zu. Er faßte am Ende des Jahrhunderts den Stand der italienischen Forschung zusammen und reichte ihre Ergebnisse, vor allem aber ihr System und ihre Methoden an die deutsche Kunstgeschichte weiter. Ausdrücklich bezog er sich in der Einleitung zur ›Geschichte der zeichnenden Künste‹ auf Antonio Maria Zanetti und Luigi Lanzi:

»Lanzi, an dessen Plan und Methode ich mich näher gehalten habe [...]«.[7]

Mit beiden Namen beschrieb Fiorillo den Bogen von der erstmaligen Anwendung des Kollektivsingulars der ›Storia dell'Arte‹ in Zanettis lokalhistorischer Studie ›Della Pittura veneziana‹ und seiner Entfaltung im System der Schulen und Epochen in Lanzis ›Storia pittorica della Italia‹. In seinem Rekurs auf den »geübten Diplomatiker« verwies er darüber hinaus auf die methodische Basis im italienischen Maurinismus.

III.

Die erste Systematik der allgemeinen Urkundenlehre mit dem Titel ›De re diplomatica‹ entstand 1681 im Kloster von St. Maur bei Paris, dem benediktinischen Zentrum historischer Forschungen. Mit dem Werk wurde ein neuer Standard der Forschung begründet, der erkenntnislogisch auf dem juristischen Modell der Wahrheitsfindung beruhte. Der Autor, Jean Mabillon, entfaltete das »Discrimen veri ac falsi«, die Unterscheidung von »wahr« und »falsch«, in einem methodischen Regelwerk der Quellenkritik und der Paläographie. Die maurinische Forschung begann als Quellenforschung zur Kirchengeschichte, wurde aber polyhistorisch in Richtung auf eine allgemeine Kulturgeschichte hin ausgeweitet, in deren Rahmen die nichtschriftlichen Überreste zunehmend an Bedeutung gewannen. Dazu gehörten auch die Werke der bildenden Kunst aller Gattungen (Abb. 1). Sie wurden ebenso wie die schriftlichen Quellen gesammelt, wenn möglich zeichnerisch kopiert, mit Hilfe der historischen Forschungstechniken datiert und zusammen mit den Schriftquellen ediert. Mabillon behandelte sie als Quellen der historischen Erkenntnis. Sein Nachfolger Bernard de Montfaucon entwickelte darauf aufbauend sein Konzept einer Rekonstruktion der Geschichte aus der visuellen Überlieferung, einer ›Histoire

7 Fiorillo: Zeichnende Künste, Bd. I, 1798 (wie Anm. 1), S. XIV; G. Bickendorf: Des mauristes à l'école de Berlin: vers une conception scientifique de l'histoire de l'art, in: Edouard Pommier (Hg.): Histoire de l'histoire de l'art, Tome II: XVIIIe et XIXe siècles (Conférences et colloques du Louvre), Paris 1997, S. 141-175.

par les Monumens‹. Die ›Antiquité expliquée par les Monumens‹ und die ›Monumens de la Monarchie françoise‹ führten das Modell für die vorklassische und die klassische Antike und für das Mittelalter fort (Abb. 2).[8]

Die Folgen der maurinischen Revision der Geschichtsforschung waren nachdrücklich. In ganz Europa entstanden maurinische Schulen, unter denen die italienische, die »Scuola Mabillona« wie sie in bezug auf Jean Mabillon dort genannt wurde, eine hervorragende Stellung einnahm. In Italien bildete die Rezeption und Weiterentwicklung der maurinischen Methoden die forschungspraktische Basis für die Wende in die historische Aufklärung. Die Kunstbetrachtung nahm als integraler Bestandteil der historischen Forschung an diesem Prozeß teil und spielte darin eine gewichtige Rolle. Die Ursache dafür lag sowohl in einer theoretisch-methodischen Konzentration auf die profane Kulturgeschichte als auch in der Tatsache, daß die Formgeschichte zum Indikator für einen gesamtkulturellen Standard erhoben wurde. Letzteres betraf gleichermaßen die Ergebnisse der Paläographie, Epigraphik, Numismatik und der Kunstbetrachtung.[9]

Als herausragende Leistung der historischen Aufklärung in Italien gilt die sogenannte Entdeckung des Mittelalters, als ihre Schattenseite die Etruskologie. Entdeckt wurde in bisher unbekanntem Umfang die materielle Überlieferung: angefangen bei den archäologischen Objekten, die bei den ersten kontrollierten und systematischen Grabungen an den etruskischen Stätten geborgen wurden, über die Quellenschriften zum Mittelalter bis hin zu den Inschriften, Münzen, Skulpturen und Werken der Malerei, Miniaturmalerei und des Kunsthandwerks. Die Techniken zur Gegenstandssicherung, der Echtheitsprüfung, Datierung und Lokalisierung spielten eine zentrale Rolle. Das Erbe der Mauriner wurde dabei kritisch ergänzt und erweitert. In einem weiterreichenden Sinne bedeutete die Entdeckung des Mittelalters die Entdeckung seiner Folgen für die Neuzeit. In einer grundlegenden Revision des gesamten Geschichtsbilds mit seiner Gewichtung der Epochen begann die »Scuola Mabillona« die Abspaltung des Mittelalters aus dem Selbstverständnis aufzulösen. Erstmals wurde formuliert, daß die Wurzeln gegenwärtiger Verhältnisse und Einrichtungen zu einem großen Teil im Mittelalter zu suchen seien. Damit wurde die distanzlose Verknüpfung von Gegenwart und klassischer Antike in Frage gestellt, die es ermöglicht hatte, die Geschichten aus dem klassischen Altertum als Reservoir von

8 J. Mabillon: De re diplomatica, Paris 1681; ders.: Iter Italicum, Paris 1687; B. de Montfaucon: L'Antiquité expliquée et représentée en figures, Paris 1719; ders.: Les Monumens de la Monarchie françoise, Paris 1729.

9 A. Momigliano: Mabillon's Italian Disciples, in: ders.: Essays in Ancient and Modern Histography, Oxford 1977, S. 277-93; Ludovico Antonio Muratori e la cultura contemporanea, Atti del convegno internazionale die studi Muratoriani, Modena 1972.

Mustern für die aktuelle Praxis zu nutzen. Der Kernpunkt bei der Verschiebung der Nähe-Distanz-Relationen, die das Mittelalter der Neuzeit annäherte und die Antike in Distanz dazu brachte – sie im modernen Sinne archäologisierte – war die radikale Kritik an der Barbarenthese. Die humanistische Deutung vom Ende der Antike als gewaltsamer Zerstörung des römischen Reiches und seiner Kultur durch die unzivilisierten Barbaren, Goten und Langobarden voran, wurde auf allen Ebenen der historischen Forschung in Frage gestellt. Es war die Formgeschichte, in der die Barbarenthese zum ersten Mal schlüssig widerlegt wurde. Scipione Maffei legte in seiner Revision der älteren Paläographie und Epigraphik dar, daß sich die klassische Schrift in einem langsamen und schrittweisen Transformationsprozeß verändert habe, der bereits zu römischer Zeit begonnen hatte und erst um die Jahrtausendwende zum Abschluß gekommen war. Das Verschwinden der klassischen Schrift war Maffei zufolge nicht auf äussere Katastrophen zurückzuführen und das Auftauchen mittelalterlicher Formen nicht auf einen Import durch unzivilisierte Völker. Ludovico Antonio Muratori generalisierte Maffeis These zu einer allgemeinen Theorie, derzufolge sich die antike Gesellschaft und Kultur in einem internen Erosionsprozeß aufgelöst hatte und nach der die mittelalterlichen Formen aus den antiken Restbeständen hervorgegangen waren. Kunst und Kunsthandwerk aller Gattungen wurden von beiden Autoren in diesen Zusammenhang gestellt, wodurch auch für die Kunst die Konnotation der Goten mit der Gotik aufgehoben und für die frühmittelalterliche Kunst der Begriff des »modo romano« geprägt wurde. In einer Engführung von Kunstbetrachtung und Paläographie und Epigraphik dehnte Maffei die Methoden seiner Kritik der Schriftform auf die bildende Kunst aus. Sinnfällig wurde diese Verknüpfung in Maffeis Museen in Turin und Verona, in denen er Inschriftentafeln und Plastiken in bezug aufeinander präsentierte (Abb. 3). Beide Museen sollten der epigraphischen Schulung und Forschung dienen. Sie waren Ausbildungsstätten für den »Blick des Diplomatikers« im Spezialgebiet der Epigraphik, und dieser Blick wurde zugleich auf die Werke der bildenden Kunst gerichtet.[10]

Montfaucons Werke zur ›Historie par les Monumens‹ waren der erste große Beitrag der historischen Forschung zur aufgeklärten Visualisierung des Wissens und der Wissenschaften gewesen, die Diderot und d'Alembert als Panorama aller Gebiete in der Enzyklopädie präsentierten. Das Projekt des Mauriners traf in Italien auf besonders fruchtbaren Boden. Für die wiederauflebende Etrusko-

10 S. Maffei: Istoria diplomatica, Mantua 1727; ders.: Verona illustrata, Verona 1732, ders.: Museum Veronese, Verona 1749; Nuovi studi Maffeiani. Atti del convegno. Scipione Maffei e il Museo Maffeiano, Verona 1985; L. A. Muratori: Antiquitates Italicae Medii Aevi, Modena 1738-42; die italienische Ausgabe erschien unter dem Titel: Dissertazioni sopra le Antiquità Italiane, Milano 1751-55.

logie waren die Monumente die einzigen authentischen Quellen, da die Schrift der Etrusker noch nicht entziffert werden konnte. In der Mittelalterforschung und der frühchristlichen Archäologie schloß das maurinische Konzept an die Tradition der Baronius-Schule mit ihren Sammlungen von zeichnerischen Kopien und den Publikationen von Reproduktionen an. Den Abbildungen in den Veröffentlichungen der »Scuola Mabillona« und ihrer Nachfolger kamen mehrere Funktionen zu. Sie dienten als »Beweise« von Thesen analog zu den Schriftquellen. Sie waren allgemein und leicht zugängliches Arbeitsmaterial für weitere Studien und ermöglichten die Umsetzung des Postulats serieller Vergleiche, das Maffei für die Paläographie und die Kunstbetrachtung aufgestellt hatte. Schließlich ließ ihre Zusammensetzung Bilder von Zusammenhängen entstehen. So entwarf Filippo Buonarroti im Abbildungsteil seiner Ausgabe von Dempsters ›De Etruria regali‹, der der Systematik des Antiquitas-Modells folgte, ein zusammenhängendes Bild der etruskischen Kultur (Abb. 4). Ebenfalls auf Buonarroti geht der Versuch zurück, die Geschichte vom Ursprung des Tafelbilds anhand der reproduzierten Monumente vom spätantiken und mittelalterlichen Diptychon über die Polyptychen bis zu den spätmittelalterlichen Anconen zu rekonstruieren (Abb. 5). Auf der Ebene der Geschichtskonstruktion in der Materialsystematisierung hatten die Publikationen von Reproduktionen Anteil am Vereinheitlichungsprozeß der Vielzahl von Einzelgeschichten zum Kollektivsingular »Geschichte«.[11]

Das Konzept der »Storia dell'Arte« entstand aus der Verbindung von historischer Überrestforschung und der historisierten Kennerschaft. Der Entstehungsort war – auf den ersten Blick paradoxerweise – die Lokalforschung. Die Lokalhistoriker standen vor dem Problem, den Zusammenhang ihrer örtlichen Überlieferung historiographisch überzeugend darzustellen und zugleich die Einheit der Methode zu wahren. Angesichts der Tatsache, daß die kunstgeschichtliche Mediävistik und die neuere Kunstbetrachtung mit inkompatiblen methodischen und historiographischen Modellen operierten, waren erhebliche Modifikationen eines der beiden Muster erforderlich. Das ältere der beiden Konzepte, Vasaris späthumanistisches Viten-Modell, wurde suspendiert und durch das Charakter-Modell der Kennerschaft ersetzt. Der Charakterbegriff bildete das Gelenk, mit dem im kennerschaftlichen Urteil, das heißt bei der Attribution, Datierung und Lokalisierung, die künstlerisch-technische Diagno-

11 I. Herklotz: ›Historia sacra‹ und mittelalterliche Kunst während der zweiten Hälfte des 16. Jahrhunderts in Rom, in: Baronio e l'arte. Atti del convegno internazionale, Sora 1985, S. 23-74; F. Buonarroti: Thomae Dempsteri De Etruria regali, Firenze 1723-26; ders.: Osservazioni sopra tre dittici antichi d'avorio, in: ders.: Osservazioni sopra alcuni frammenti di vasi antichi di vetro ornati di figure [...], Firenze 1716, S. 231ff.; M. Cristofani: Der ›etruskische Mythos‹ zwischen dem 16. und 18. Jahrhundert, in: Die Etrusker und Europa, Ausst.kat. Paris/Berlin 1992, 1993, S. 276-291.

se mit der Zuordnung zu einem bestimmten Autor, einer Zeit oder einer Region verbunden war. In dieser Funktion war der Charakterbegriff bereits im 17. Jahrhundert von der Paläographie in die frühen kennerschaftlichen Theorien von Mancini und Boschini übernommen worden. Bei den Kennern des 18. Jahrhunderts erfuhr das Verfahren eine erkenntnis- und kunsttheoretische Präzisierung sowie eine technische und historische Konkretisierung. Jonathan Richardson entwarf seine kennerschaftlichen Regeln nach den erkenntnistheoretischen Leitlinien von John Lockes Empirismus. Er entwickelte ein Stufenmodell der kunstkritischen Einordnung und verlangte eine Integration der Malereigeschichte in das kennerschaftliche Verfahren. Dazu fertigte er eine exemplarische Skizze der Lehrer-Schüler-Verhältnisse an, in die die wichtigsten europäischen Künstler eingeschrieben waren. Pierre Jean Mariette visualisierte im ›Recueil d'estampes‹ Malereigeschichte nach Schulen, bei der die Kenner den individuellen Charakter der einzelnen Meister wie auch den Schulcharakter aus der vergleichenden Betrachtung erschließen sollten. Zanetti schließlich erweiterte die allgemein-kunsttheoretischen Fassungen der Charakterbeschreibung um die präzise Angabe der jeweiligen technischen Merkmale.[12]

Das Schulmodell wurde im ausgehenden 18. Jahrhundert von der Lokalgeschichte übernommen. Gleichzeitig tauchte in ihr der Kollektivsingular der ›Storia dell'Arte‹ auf. Zanetti führte ihn 1771, das heißt sieben Jahre nach Winckelmanns ›Geschichte der Kunst des Alterthums‹, in seiner venezianischen Malereigeschichte ein. Aus der Addition der Lokalschulen konstruierte Lanzi an der Jahrhundertwende die nationale Einheit der italienischen Kunstgeschichte, die ›Storia pittorica della Italia‹. Nation, Schule, Epoche und Biographie bestimmten die historiographische Konzeption von Kunstgeschichte bei Lanzi und weit über Lanzi hinaus. Methodisch wurde die Kennerschaft in den Entwurf einer historischen Forschung eingepaßt. Das allgemeinverbindliche Wahrheitsideal war für Lanzi nach wie vor das »Discrimen veri ac falsi«. Ihm hatte die Kennerschaft als gegenstandsspezifisches Untersuchungsverfahren ebenso zu entsprechen wie die historischen Forschungstechniken. Lanzi betrachtete die kennerschaftlich gewonnenen Urteile als »intrinsische«, die mit Hilfe von Quellenkritik, Paläographie und Epigraphik eruierten Ergebnisse als »extrinsische Beweise« einer kunstgeschichtlichen Aussage.[13]

12 J. Richardson: An Essay on the Whole Art of Criticism (1718), in: ders.: Works (1773), Nachdruck Hildesheim 1969, S. 203-300; P. J. Mariette: Recueil d'estampes, Paris 1729-42; A. M. Zanetti: Della pittura veneziana, Venezia 1771.

13 Zanetti: Pittura (wie Anm. 12), S. VIII. L. Lanzi: Storia pittorica della Italia o sia delle scuole fiorentina, senese, romana, napoletana, Bassano 1792, erweitert zur nationalen Malereigeschichte: ders.: Storia pittorica della Italia dal risorgimento delle belle arti fin presso al fine del XVIII secolo, Bassano 1795-96. Die dritte überarbeitete Fassung erschien posthum 1809.

Fiorillos Formulierung vom »Blick eines geübten Diplomatikers« paraphrasierte eine Aussage Lanzis zur Methode des »Buon istorico«. Um das kennerschaftliche Zuweisungsverfahren an einen Autor, einen Zeitabschnitt oder eine Schule zu verdeutlichen, benutzte Lanzi den Vergleich: »[...] siccome fan gli antiquari«.[14]

IV.

Die Fachwissenschaft der Kunstgeschichte, zu deren Gründern sich Rumohr rechnete, baute in großem Umfang auf den Errungenschaften des 18. Jahrhunderts auf. Die Kunstgeschichte des 19. Jahrhunderts konstituierte sich als eine eigenständige, gleichwohl aber historische Disziplin auf der Grundlage eines umfassenden Historisierungsprozesses, den die Kunstbetrachtung unter dem Dach der historischen Forschung seit der Frühaufklärung erfahren hatte. Dieser Prozeß fand zuerst unter weitgehender Ausklammerung der ästhetischen Dimensionen der Kunstwerke statt. So paradox es klingt: Es war die radikale Entästhetisierung der Kunstbetrachtung, die Reduktion der Kunstwerke auf ihren kirchen- oder kulturgeschichtlichen Quellencharakter, die gerade wegen der Umgehung von Geschmacksfragen den Blick auf weite Materialgebiete des späteren Fachs eröffnete. Die Entdeckung des Mittelalters, die zu Recht stets in den Zusammenhang mit der Entstehung der modernen Kunstgeschichte gerückt wird, war nicht das Ergebnis eines Wandels im Geschmack und eines veränderten ästhetischen Empfindens. Die ästhetische Umorientierung mit ihrer Suspendierung der klassischen Norm und des wie immer gedeuteten Antikenideals fand erst statt, nachdem unter Zurückstellung der Fragen nach der Schönheit zuerst eine historische Bedeutungsebene eröffnet worden war: die glaubens- und kirchenhistorische sowie die profan-kulturgeschichtliche.[15]

In einem von Geschmacksfragen weitgehend freien Raum wurden im 18. Jahrhundert nicht nur weite, zuvor nicht oder kaum beachtete Materialbereiche der Forschung eröffnet. In ihm fand auch die Ausbildung von Methoden und historiographischen Mustern statt, auf denen die Kunstwissenschaft des 19. Jahrhunderts wie selbstverständlich aufbaute. Selbst der Prozeß der personellen und institutionellen Ablösung der Kunstgeschichte von der allgemeinhistorischen Forschung wurde bereits im 18. Jahrhundert auf der historiogra-

14 Lanzi: Storia pittorica, 1792 (wie Anm. 13), S. 17.

15 Beispielhaft für den Primat des Ästhetischen in der wissenschaftshistorischen Einschätzung sind die jüngsten Arbeiten von Francis Haskell: History and its Images. Art and the Interpretation of the Past, New Haven / London 1993; ders.: Die schwere Geburt des Kunstbuchs, Berlin 1993.

phischen Ebene vorbereitet. Erste Tendenzen dazu zeigten sich in den gattungsgeschichtlichen Materialsystematisierungen in der Nachfolge Montfaucons und Maffeis. Es folgte zeitgleich mit der Ausbildung des Begriffs der »Storia dell'Arte« in der Lokalhistorie eine darstellungstechnische Konzentration auf die Gattungsgeschichte: die Malereigeschichte bei Zanetti und Lanzi, die Geschichte der Plastik bei Leopoldo Cicognara. Zu dem Zeitpunkt, als die Vielzahl von Kunstwerken der Vergangenheit unter der Vorstellung einer sie verbindenden und einenden Geschichte darstellungstechnisch organisiert wurde, als die Autoren dieser kunstgeschichtlichen Werke sich als »Buon'Istorici« verstanden und als die Forschung einen Methodenapparat nach Maßgabe des historischen Wahrheitsideals entwickelt hatte, begann die Kunstgeschichte aus dem historiographischen Kontext der allgemeinen Kulturgeschichte auszuscheiden. Die interpretatorischen Defizite, die bei dieser Ablösung und der Konzentration auf eine nach Epochen, Schulen und Künstlern systematisierten Gattungsgeschichte entstanden, wurden im 19. Jahrhundert durch die Engführung vom künstlerischen Charakter mit einer ebenfalls den Charakterbegriff benutzenden Individual- und Sozialpsychologie der Epochen und Nationen kompensiert. Hierin schloß die Kunstgeschichte wieder an die allgemeine Geschichte an, indem sie die Interpretationsformen mit der Kritischen Historik teilte.[16]

Die Konstituierung als eigenständige Disziplin vollzog die Kunstgeschichte in Form einer »Specialgeschichte«, wie der Göttinger Historiker Johann Christoph Gatterer ihren Standort in seinen Entwürfen zur Universalhistorie beschrieb. Mit der allgemeinen Geschichte teilte auch die Kunstgeschichte des 19. Jahrhunderts die allgemeinen theoretisch-methodischen Grundlagen, auf denen aufbauend die gegenstandsspezifischen Untersuchungsmethoden weiterentwickelt wurden. In die Phase der Institutionalisierung und Professionalisierung fiel die einseitige Betonung der Gegenstandsspezifik und eine Verschiebung in der Begründung des kunsthistorischen Verfahrens von der Methodologie zur Kunsttheorie. Dabei wurde, wie Rumohrs Einleitung zu den ›Italienischen Forschungen‹ auf exemplarische Weise deutlich macht, nicht nur die Explikation des eigenen forschungspraktischen Vorgehens vernachlässigt, sondern auch die Verbindung mit der allgemeinen Geschichte auf dem Weg der Abspaltung großer Teile der eigenen Wissenschaftsgeschichte aus dem Selbstverständnis des Faches gerückt. Eine Wissenschaftshistoriographie, die Rumohrs Muster folgt, indem sie entweder die Ästhetik gegen die Historik ausspielt oder die kontinuierliche Verbindung von Kunstgeschichte und allgemeiner Geschichte einschließlich der theoretisch-methodischen Wandlungsprozesse ne-

16 Eine umfassende Untersuchung zum Thema: ›Historisierung der italienischen Kunstbetrachtung im 17. und 18. Jahrhundert‹ der Verfasserin befindet sich zur Zeit im Druck.

giert und die Defizite der eigenen Disziplin zu den verschiedenen Zeitpunkten mit der Verbindung zur Geschichtswissenschaft zu erklären versucht, entwikkelt Blindstellen.[17]

17 J. C. Gatterer: Vom historischen Plan und der sich darauf gründenden Zusammenfügung der Erzählungen (1767), in: H. W. Blanke / D. Fleischer (Hgg.): Theoretiker der deutschen Aufklärungshistorie, Bd. 1 (Die theoretische Begründung der Geschichte als Fachwissenschaft), Stuttgart / Bad Cannstadt 1990, S. 645.

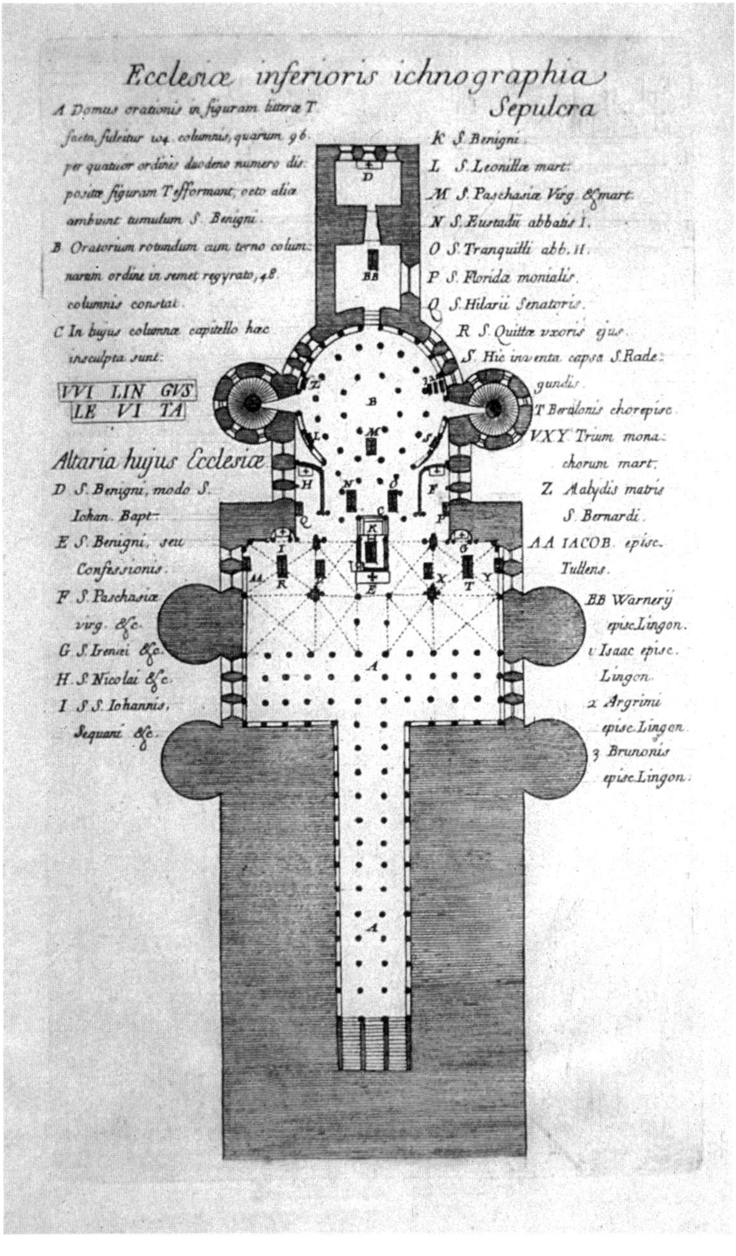

Abb. 1: St. Bénigne, Dijon,
aus: Annales Ordinis S. Benedicti, Bd. IV, 1707, Taf. nach S. 152.

Abb. 2: Prachthandschriften Karls des Kahlen und Lothars I.,
aus: Bernard de Montfaucon: Monumens de la Monarchie françoise,
Bd. I, 1729, Taf. XXVI.

Abb. 3: Anlage des Lapidariums in Verona,
aus: Scipione Maffei: Museum Veronese, 1749, Frontispiz.

Abb. 4: Etruskische Chimäre,
aus: Filippo Buonarroti: Thomae Dempsteri De Etruria regali, 1723.

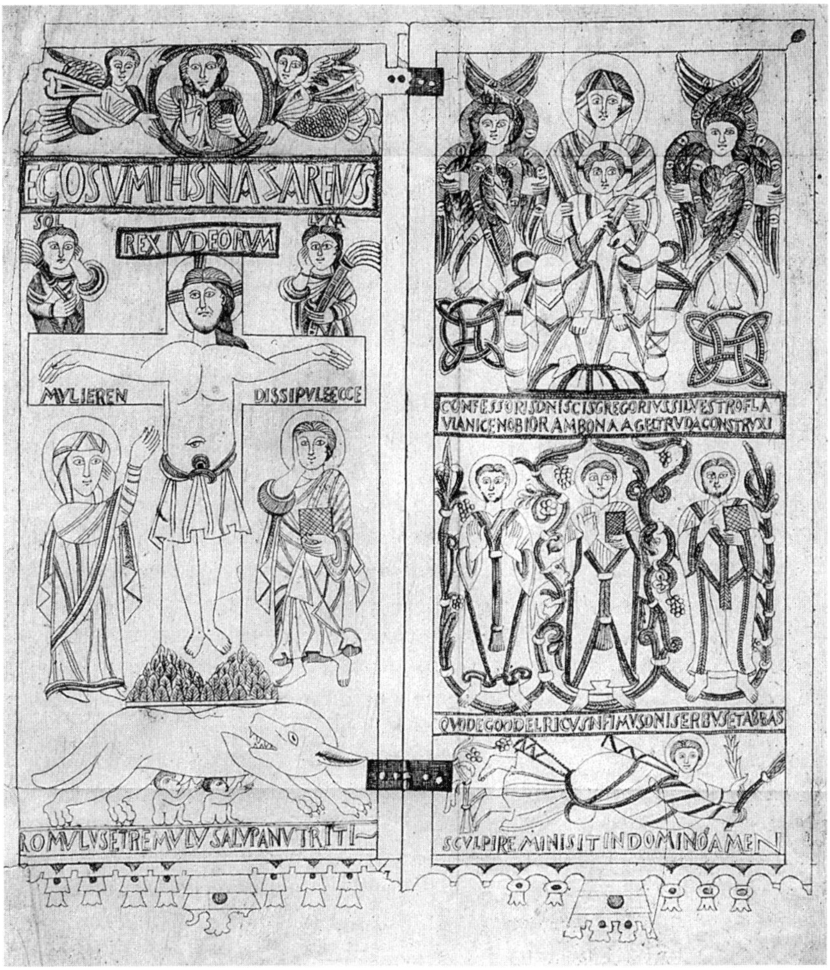

Abb. 5: Mittelalterliches Elfenbeindiptychon,
aus: Filippo Buonarroti: Tre dittici antichi d'avorio, 1716.

Barbara Steindl

Zwischen Kennerschaft und Kunsthistoriographie
Zu den Werkbeschreibungen bei Winckelmann und Cicognara

Die Kunsthistoriographie erhielt etwa seit der Mitte des 18. Jahrhunderts entscheidende methodische Anstöße aus der kennerschaftlichen Theorie und Praxis. Eine Lokalisierung sowie eine Analyse der Funktionsweisen dieser Übernahmen soll hier am Beispiel von Winckelmanns ›Geschichte der Kunst des Alterthums‹ und an Francesco Leopoldo Cicognaras ›Storia della scultura‹ vorgestellt werden. Ausgangspunkt der Untersuchung ist die Kritik – Cicognara tadelt explizit Johann Dominicus Fiorillo – einer mangelnden oder mangelhaften Werkanamnese, mit denen beide Autoren ihre Vorgänger überziehen.

Im ›Discorso preliminare‹ seiner ›Storia della scultura‹, die in der ersten Ausgabe 1813-18 in Venedig, in der zweiten Ausgabe 1823-24 in Prato erschien, schreibt Francesco Leopoldo Cicognara über Fiorillo und dessen ›Geschichte der zeichnenden Künste‹:

»Anche la Germania ha ultimamente dato un'opera di molta mole relativa alle arti del disegno, che forma una sezione della storia delle scienze e delle arti dal loro rinascimento sino ai tempi presenti: autore di questo lavoro è il signor Fiorillo, originario italiano, che ha però scritta la sua opera in tedesco, e senza alcun corredo di stampe. Il suo principale studio è fatto sugli antichi scrittori dai quali ha fedelmente tratte le sue notizie, riportandosi a quelli della maggior rinomanza, sino al punto di defraudarci delle sue stesse opinioni, e di omettere quei paralleli dai quali soltanto potevano emergere le storiche verità sui progressi e sulle vicende delle arti. [...] Se dalla lettura dell'opera del signor Fiorillo dovesse dedursi una conseguenza sulla maturità colla quale egli ha esaminato i monumenti dell'arte, di cui ha impreso a parlare, potrebbe da taluno muoversi dubbio che di cose avesse trattato da lui non vedute, sopra di che noi non oseremo farci garanti, nascendo forse questo dubbio (anzi che dall'esaminar l'esatezza delle sue relazioni ed il valore de'suoi giudizj) dal senso profondo che hanno fatto sull'animo nostro tante produzioni dell'arte non pari a quello che sembraci avere destato nell'animo suo«.[1]

1 F. L. Cicognara: Storia della scultura dal risorgimento delle belle arti in Italia fino al secolo di Canova per servire di continuazione alle opere di Winckelmann e di d'Agincourt (Venezia 1813-16), 2. ed., Prato 1823, Bd. I, S. 28-30. »Auch in Deutschland erschien kürzlich ein sehr umfangreiches Werk zu den Zeichenkünsten; eine Geschichte der Wissenschaften und Künste seit ihrer Wiedergeburt bis in die heutigen Zeiten: der Autor ist

Ganz ähnlich hatte schon Winckelmann, mit einer allgemeineren Formulierung in seiner ›Vorrede‹ zur ›Geschichte der Kunst des Alterthums‹ (1764), seine Vorgänger abgekanzelt. Er schreibt:

»Es sind einige Schriften unter dem Namen einer Geschichte der Kunst an das Licht getreten; aber die Kunst hat einen geringen Antheil an denselben: denn ihre Verfasser haben sich mit derselben nicht genug bekannt gemachet, und konnten also nichts geben, als was sie aus Büchern, oder von sagen hören, hatten. In das Wesen und zu dem Innern der Kunst führet fast kein Scribent, und diejenigen, welche von Alterthümern handeln, berühren entweder nur dasjenige, wo Gelehrsamkeit anzubringen war, oder wenn sie von der Kunst reden, geschieht es theils mit allgemeinen Lobsprüchen, oder ihr Urtheil ist auf fremde und falsche Gründe gebauet«.[2]

In der Folge führt Winckelmann eben jene Scribenten auf, die seiner Meinung nach sich dieser Vergehen schuldig gemacht haben, und nur ein Autor in der Reihe ist eines halben Lobes würdig:

»Richardson hat die Palläste und Villen in Rom, und die Statuen in denselben, beschrieben, wie einer, dem sie nur im Traume erschienen sind: viele Palläste hat er wegen seines kurzen Aufenthaltes in Rom gar nicht gesehen, und einige, nach seinem eigenen Geständnisse, nur ein einzigesmal; und dennoch ist sein Buch bey vielen Mängeln und Fehlern das beste, was wir haben. Man muß es so genau nicht nehmen, wenn er eine neue Malerey, in Fresco und von Guido gemacht, für alt angesehen«.[3]

Herr Fiorillo, ein italienischer Landsmann, der sein Werk jedoch in deutscher Sprache und ohne jegliche Illustrationen verfaßt hat. Herr Fiorillo hat im wesentlichen die alten Autoren studiert, von denen er sehr getreu alle seine Kenntnisse bezieht, wobei er sich stets auf die wichtigsten unter ihnen beruft. Hier geht er gar so weit, daß er uns seine eigenen Ansichten vorenthält und jene Vergleiche unterläßt, die allein die historische Wahrheit über die Fortschritte und die Entwicklungen der Künste offenbaren. [...] Sollte es dem Leser von Fiorillos Werk in den Sinn kommen, darüber nachzudenken, wie gründlich wohl der Autor die Kunstdenkmäler, über die er spricht, studiert haben mag, so könnten in ihm Zweifel darüber aufkommen, daß er möglicherweise über Dinge schreibt, die er selbst gar nicht gesehen hat. Wir sind in dieser Angelegenheit vielleicht kein gerechter Richter, da unser Zweifel, weniger auf einer genauen Analyse seiner Aussagen und Urteile beruht, sondern vielmehr daher rührt, daß wir in dem Urteil über zahlreiche Kunstwerke nicht mit dem Autor übereinstimmen«.

2 J. J. Winckelmann: Geschichte der Kunst des Alterthums, Dresden 1764, Erster Theil, S. X.

3 Ebd., S. XIV. Nachweise zu Winckelmanns Benutzung des Romführers der Richardsons siehe G. Baumecker: Winckelmann in seinen Dresdner Schriften, Berlin 1933, S. 28-30 u. S. 132f.; E. Schröter: Winckelmanns Projekt einer Beschreibung der Altertümer in den Villen und Palästen Roms. Die Bedeutung seiner Aufzeichnungen im Pariser Nachlaß

Auch Cicognara äußerte sich positiv über diesen Autor beziehungsweise diese Autoren: In seinem 1821 in Pisa herausgegebenen ›Catalogo ragionato‹, in dem er seine Kunstbibliothek erfaßt hat, fügt er unter dem Eintrag 199 – der französischen, 1728 edierten Übersetzung der überarbeiteten Schriften der beiden Richardson, welche im übrigen auch Winckelmann zitiert – folgende Erläuterung hinzu:

»Di quest'Opera, originariamente scritta in Inglese furono Autori i due Richardson, padre e figlio. [...] Quest'Opera è fatta con molta critica, e qualunque siano i molti giudizj che in essa si danno, fu delle prime che enunciassero Opere degli Artisti, non colle sole aride notizie biografiche«.[4]

Die hohe Einschätzung der Werke der beiden Richardson von seiten zuerst Winckelmanns und dann Cicognaras und gleichzeitig die Absage an andere Traditionsstränge der Kunstliteratur – im Falle Cicognaras etwa der Vitenliteratur –, die in den Zitaten zum Ausdruck kommt, ist ein direkter Verweis in die Richtung, aus der die Kunsthistoriographie Ende des 18. und Anfang des 19. Jahrhunderts entscheidende neue Anstösse erhielt: die Tradition der Connoisseurship.

Die Schriften von Jonathan Richardson senior und junior zählen in der Tat zu den herausragenden Texten, in denen systematisch die Konnotationen und Aufgaben eines Kunstkenners beschrieben werden; vor allem in den ›Two Discourses‹ aus dem Jahr 1719 stellt Jonathan Richardson senior Kunstkennerschaft als erlernbare Qualität dar, die jedem Gentleman zugänglich ist. In den Schriften anderer Theoretiker, die sich mit Kunstkennerschaft befassen – von Abraham Bosse's ›Sentimens sur la distinction des diverses manieres de peinture, dessein – graveure – des originaux d'avec leurs copies‹ aus dem Jahr 1649 zu Roger de Piles' ›L'ideé du peintre parfait‹ von 1699 zu Dezallier D'Argenvilles

(Bibliothèque Nationale, Ms. Fonds Allemand 68) für die Rekonstruktion des Antikenbestandes in den römischen Sammlungen um 1756, in: Johann Joachim Winckelmann 1717-1768, hrsg. von Th. W. Gaehtgens, Hamburg, 1986, S. 55-119, vor allem S. 55, S. 99 u. S. 104 und Anm. 38; E. Schröter: Antiken der Villa Medici in der Betrachtung von Johann Joachim Winckelmann, Anton Raphael Mengs und Johannes Wiedewelt. Neue Quellen, in: Mitteilungen des Kunsthistorischen Institutes in Florenz, Bd. XXXIV/3, 1990, S. 377-412, vor allem S. 388.

4 F. L. Cicognara: Catalogo ragionato dei libri d'Arte e d'Antichità posseduti dal Conte Cicognara, 2 Bde. Pisa 1821, Bd. I, S. 32, Nr. 199. »Die Autoren dieses ursprünglich in englischer Sprache verfaßten Werkes sind die beiden Richardson, Vater und Sohn. [...] Das Werk ist mit viel Verständnis geschrieben, und ungeachtet der zahlreichen Urteile (Bewertungen), die darin gegeben werden, gehört es zu den ersten Arbeiten, die sich mit den Werken der Künstler selbst auseinandersetzen und nicht nur mit schalen biographischen Nachrichten«.

›Discours préliminaire (sur la connoissance des desseins et des tableaux)‹ zu seinem ›Abrégé de la vie des plus fameux peintres‹ [...] von 1762 – divergieren die Merkmale des Connoisseurs in einigen Details, wie etwa hinsichtlich der Frage der Erlernbarkeit von Kennerschaft für einen einfachen Amateur; alle Theoretiker stimmen hingegen darin überein, daß einzig die vertiefte Kenntnis einer möglichst großen Anzahl von Werken dem Kenner ein Urteil in den Kardinalfragen nach Qualität, Autorschaft oder Original oder Kopie ermöglicht.[5] Richardson schreibt hierzu:

»The Truth is, few People see the Beauties of things; the Objects are seen, as the Sounds of Musick are Heard but 'tis necessary to have an Eye for One, as well as an Ear for the Other, and both Improv'd by Study, and Application, at least to carry a Man any considerably Length«.[6]

Im 18. Jahrhundert verlegte sich das Hauptaktionsfeld des Connoisseurs zunehmend auf den Kunstmarkt, auf dem sich als wahre Kenner vor allem professionelle Kunsthändler und Maler behaupteten. Das Wissen und die Methode dieser Kenner kondensierte sich vielfach in den Katalogen der Kunstverkäufe und Sammlungen. Krzystof Pomian hat die Mutationen dargestellt, die die Präsentation der Kunstwerke in den (Pariser) Verkaufskatalogen seit den 1730er Jahren bis in die 80er und 90er Jahre des Jahrhunderts durchmachten und die sich auch in den oben erwähnten theoretischen Schriften widerspiegeln. Verkürzt lassen sie sich als eine Entwicklung von der Beurteilung der ästhetischen Qualität eines Kunstwerks zum Urteil über die Authentizität zusammenfassen.[7]

Analogien und Interdependenzen dieses Schrifttums – der Kataloge der Kunstverkäufe und Kunstsammlungen und der theoretischen Schriften zur Kunstkennerschaft und der etwa gleichzeitigen Kunsthistoriographie – sind sowohl in Winckelmanns ›Geschichte‹ als auch in Leopoldo Cicognaras ›Storia della scultura‹ deutlich auszumachen. In diesem Zusammenhang ist auch interessant, daß Cicognara einen großen Fundus von Versteigerungs-, Verkaufs- und

5 Ein umfassender Überblick über die ›Traktatliteratur‹ zur Connoisseurship wurde von C. Gibson-Wood: Studies in the Theory of Connoisseurship from Vasari to Morelli, New York / London 1988 zusammengestellt.

6 J. Richardson: An Account of some of the Statues, Basreliefs, Drawings and Pictures in Italy [...] with Remarks by Mr. Richardson Sen. and Jun., London 1722, S. 95. »Es ist leider wahr, daß nur wenige Menschen die Schönheit von Dingen sehen; Gegenstände werden wahrgenommen, wie Musik wahrgenommen wird; dabei ist es unabdingbar für das eine ein Auge zu entwickeln, wie für das andere ein Ohr, und wenn sie durch ständige Übung geschärft werden, bringen sie einen recht weit«.

7 K. Pomian: Collectionneurs, amateurs et curieux. Paris-Venise XVIe-XVIIe siècle, Paris 1987. Ich habe die italienische Übersetzung konsultiert: Collezionisti amatori e curiosi. Parigi-Venezia XVI-XVIII secolo, Milano 1989.

Sammlungskatalogen, auf den er ausgesprochen stolz war – selbstverständlich neben sämtlichen theoretischen Schriften zur Kunstkennerschaft – in seiner Bibliothek versammelt hatte.

Schon in den methodischen Grundsätzen der beiden Historiker, aus einer genauen Analyse der Kunstwerke selbst die historischen Abläufe zu extrapolieren, klingt eine der Hauptforderungen kennerschaftlicher Arbeitsweise an. Dieser Ansatz erlaubt es den beiden auch, ihre Kollegen derart zu kritisieren, wie die eingangs zitierten Textauszüge gezeigt haben. Bei Winckelmann lautet der entsprechende, viel zitierte, programmatische Satz:

»Die Geschichte der Kunst soll den Ursprung, das Wachstum, die Veränderung und den Fall derselben, nebst dem verschiedenen Stile der Völker, Zeiten und Künstler, lehren, und dieses aus den übrig gebliebenen Werken des Alterthums, so viel wie möglich ist, beweisen«.[8]

Und Leopoldo Cicognara schreibt:

»In cinque epoche si è creduto che convenga dividere il lavoro, giacchè è sembrato che le vicende di quest'arte presentino cinque aspetti, cinque caratteri marcati e diversi, e che ogni altra divisione potesse essere meno propria, poichè essendo qui principalmente dell'arte tenuto ragionamento, non giova lo adottare le divisioni che potessero essere indicate o dalla politica, o dalla letteratura, ma quelle che dipendono dai caratteri del soggetto principale a cui tutto dee subordinarsi«.[9]

An dieser Stelle ergibt sich allerdings die Frage, wie die beiden Autoren dem Leser ihre direkte Anschauung der Kunstwerke zu vermitteln gedenken. Winckelmanns Antwort lautet:

»Die Beschreibung einer Statue soll die Ursache der Schönheit derselben beweisen, und das besondere in dem Stile der Kunst angeben: es müssen also die Theile der Kunst berühret werden, ehe man zu einem Urtheile von Werken

8 J. J. Winckelmann (wie Anm. 2), S. XI.

9 F. L. Cicognara (wie Anm. 1), Bd. I, S. 42. »Wir hielten es für richtig, die Arbeit in fünf Epochen zu gliedern, denn die Entwicklung der Kunst weist fünf Aspekte auf, fünf deutlich von einander unterschiedene Charaktere. Jede andere Gliederung« – und hier kritisiert er in die Richtung Fiorillos, der seine Epochengliederung in Analogie der politischen Entwicklung vorgenommen haben möchte – »erscheint uns als weniger angemessen. Da hier wesentlich von der Kunst die Rede sein soll, können nicht die Epochen der politischen oder der literarischen Geschichte übernommen werden, [...]«. Cicognara greift hier auf den aus den kennerschaftlichen Theorien und der kennerschaftlichen Praxis übernommenen Charakter-Begriff zurück, der mit Winckelmanns Begriff des Stils weitgehend gleichgesetzt werden kann, und der in Verbindung mit dem von Cicognara verwendeten Epochenbegriff eine Historisierung erfährt.

derselben gelangen kann. […]«.[10] Und weiter: »Ich habe alles, was ich zum Beweis angeführet habe, selbst und vielmal gesehen, und betrachten können, so wohl Gemälde und Statuen, als geschnittene Steine und Münzen; um aber der Vorstellung des Lesers zu Hülfe zu kommen, habe ich sowohl Steine, als Münzen, welche erträglich in Kupfer gestochen sind, aus Büchern zugleich mit angeführet«.[11]

Stellt man neben diese programmatischen Erklärungen Winckelmanns Jonathan Richardsons Anleitung zur Beschreibung von Kunstwerken, so ergibt sich der Eindruck, als habe sich Winckelmann die Empfehlungen dieses hochgeschätzten Autors weitgehend zu eigen gemacht:

»As every Picture, Statue, or *Basrelief*, besides what it was intended to exhibit, leaves upon the Mind of him that sees it an Idea of its self, distinguish'd from every Other of its kind he that would describe them should endeavour to communicate such Distinct Ideas. 'Tis true there are some things that words alone cannot describe; but words can go farther a great deal than Any I have yet met withal. They can tell not only that there Is such a Picture, and what Situation, and in what Condition; what are the Thoughts, and how those Thoughts are Express'd; in short, what are its Beauties, and Defects throughout: And though the Colouring, Style of Drawing, Airs, and some Attitudes cannot be exactly described, Something may be said of these too; and even to one that is Not a Connoisseur; but to such a one the bare saying 'tis of such a Master gives an Idea of the most undescribable of them; and especially if it be added the thing was done in Such a Time, in such of his Manners, and is in Such a Degree of Goodness of Him. If it can be Compar'd with some Work that one can have recourse to; or it there be Prints, Copies, or Drawings of the Thing, These should by all means be referr'd to may put a Reader Almost upon a Level with him that sees the Thing […]«.[12]

10 J. J. Winckelmann (wie Anm. 2), S. X. Fährt man im Text fort, liest man: »In Absicht der Vorzüglichkeit einer Statue ist es nicht genug, so wie Bernini vielleicht aus unbedachtsamer Frechheit gethan, den Pasquin für die schönste aller alten Statuen zu halten; man soll auch seine Gründe bringen: auf eben diese Art hätte er die Meta Sudante vor dem Coliseo als ein Muster der alten Baukunst anführen können«: ebenda, S. XII-XIII.

11 Ebenda, S. XXI.

12 J. Richardson sen.: The ›Preface‹ zu: An Account of some of the Statues, Basreliefs, Drawings and Pictures in Italy […], London 1722, nicht pag. »Wie jedes Gemälde, jede Statue oder jedes Basrelief über das hinaus, was es darstellen soll, im Geiste des Betrachters eine Idee/Vorstellung seiner selbst hinterläßt, die sich von allem anderen seiner Art unterscheidet, so sollte derjenige, der das Werk beschreibt, sich darum bemühen, diese Idee/Vorstellung mitzuteilen. Es ist zwar richtig, daß manche Dinge nicht mit Worten

Cicognara äußert sich nirgends explizit über seine Technik der Werkbeschreibung, aber er bekennt, im wesentlichen über Werke zu schreiben, die er aus eigener Anschauung kennt,

»allorchè si tratta di dovere dar conto al lettore delle impressioni più genuine che destano le produzioni originali«[13] und er gibt seinem Leser Illustrationen in Form von Umrißstichen an die Hand »trattandosi frequentemente di cose non pubblicate anteriormente, ovvero alterate e sfigurate in tal modo, che più per tradizione o reminiscenza sembrano fatte di quello che per istudio sopra quegli originali che pur potevano agevolmente consultarsi«.[14]

Seine Verweise auf Illustrationen in Werken anderer Autoren sind folgerichtig häufig negativ: Warnungen vor ungenauen und entstellenden Wiedergaben. Wie sehr Cicognara die getreue Wiedergabe der besprochenen Werke am Herzen lag, zeigt ein Brief an Cancellieri, in dem er reklamiert, der mit der Zeichnung des Grabmals Bonifaz' VIII. in den Grotten von Sankt Peter beauftragte Francesco Hayez habe nicht nach dem Original, sondern nach einem Stich gezeichnet.[15]

Ohne im weiteren auf Winckelmanns Statuenbeschreibungen in der ›Geschichte der Kunst‹ näher einzugehen – das sehr komplexe und lange Zeit nicht in seinem vollen Umfang erkannte Problem der Werkbeschreibung bei Win-

alleine beschrieben werden können; aber Worte können wesentlich weiter gehen als alles was ich darüberhinaus kenne. Sie können nicht nur angeben, daß dieses Bild existiert, was es darstellt, und in welchem Zustand es sich befindet; was der gedankliche Anteil daran ist, und wie dieser ausgedrückt ist; kurz, was die Schönheiten und die Mängel des Bildes ausmachen: Und obwohl das Kolorit, der Zeichenstil, die Atmosphäre, und einige Haltungen (attitudes) nicht exakt mit Worten zu beschreiben sind, kann man doch auch einiges darüber sagen, und sich damit auch einem Nicht-Connoisseur verständlich machen. Zu einem Kenner braucht man hingegen nur zu sagen, das Werk ist von diesem oder jenem Meister, um ihm eine Vorstellung davon zu geben; [...]. Wenn das Werk mit anderen vergleichbar ist, so kann man auf diese hinweisen; wenn es davon Stiche, Kopien oder Zeichnungen gibt, sollte man auf jeden Fall darauf verweisen, um den Leser in etwa in die Lage desjenigen zu versetzen, der das Werk vor Augen hat«.

13 F. L. Cicognara (wie Anm. 1), S. 49, »[...] um dem Leser einen möglichst authentischen Eindruck zu vermitteln«.

14 Ebenda, S. 24f., »[...] da es sich in den meisten Fällen um Arbeiten handelt, die zuvor nie publiziert worden waren, oder wenn, dann derartig entstellend, daß sie vom Höhrensagen oder aus der Erinnerung gezeichnet scheinen, anstatt aus eigener Anschauung der Originale, obwohl die doch meist bequem zugänglich waren«.

15 Dazu auch V. Malamani: Memorie del conte Leopoldo Cicognara tratte dai documenti originali, Venezia 1888, parte seconda, S. 38.

ckelmann war erst jüngst Gegenstand einer Untersuchung H. Pfotenhauers[16] – sei hier lediglich darauf hingewiesen, daß die programmatischen Forderungen hinsichtlich der Beschreibung von Kunstwerken, wie sie der Autor in der ›Vorrede‹ der ›Geschichte‹ vorträgt, und bei denen wir Analogien zu der von J. Richardson formulierten Anleitung zur Beschreibung von Kunstwerken feststellten, in dem historischen Verlauf der ›Geschichte‹ recht wortgetreu zur Anwendung gelangen. Im folgenden werde ich am Beispiel einiger Werkbeschreibungen aus Cicognaras ›Storia della scultura‹ einige Varianten der für die Darstellung einer historischen Entwicklung oder eines historischen Verlaufs funktionalisierten kennerschaftlichen Technik der Werkanamnese vorstellen.

Cicognaras Beschreibungen von Bildwerken sind häufig sehr detailliert und können mehrere Seiten füllen. Sie lassen sich in drei Teile gliedern, deren einer technische Daten, wie Aufbewahrungs- oder Aufstellungsort, Erhaltungszustand, sowie das Sujet aufführt; der zweite betrifft die Autorschaft eines Bildwerkes, während der dritte dessen Qualität analysiert. – Diese Dreigliederung erinnert ohne weiteres an die Einträge der oben erwähnten Verkaufs- und Sammlungskataloge; einige Beispiele zitiert Krzysztof Pomian in seiner bereits erwähnten Studie.

Mit den Fragen nach Autorschaft und Qualität spricht Cicognara zwei der Grundfragen an, mit denen sich, laut der einhelligen Forderung der Theoretiker, ein Connoisseur zu befassen hat. Die dritte große Frage, die den Connoisseur beschäftigt – nämlich ob er bei einem Kunstwerk ein Original oder eine Kopie vor sich hat – ist für die ›Storia‹ aus naheliegenden Gründen weniger relevant, doch gibt es bei Cicognara auch dafür Beispiele, in denen die Kriterien, die die Connoisseurship zur Unterscheidung von Original und Kopie bereitstellt, gewissermaßen spiegelbildlich eingesetzt werden: So lautet eines seiner Argumente, mit denen er das Grabmal Papst Bonifaz' VIII. in den Grotten von Sankt Peter Arnolfo di Cambio abschreibt (Abb. 1):

16 H. Pfotenhauer: Winckelmann und Heinse. Die Typen der Beschreibungskunst im 18. Jahrhundert oder die Geburt der neueren Kunstgeschichte, in: Beschreibungskunst – Kunstbeschreibung. Ekphrasis von der Antike bis zur Gegenwart, hrsg. von G. Boehm / H. Pfotenhauer, München 1995, S. 313-31; in diesem Zusammenhang sei insbesondere auf die idealerweise komplementären Beschreibungen nach dem »Ideal« und nach der »Kunst« hingewiesen, die in der ›Geschichte der Kunst‹ teilweise integriert wurden – die erste eine ästhetisierende Beschreibung, die *ut pictura poesis* das »Hochfahrende des Kunstwerks, seine göttliche Künstlichkeit [...] und seine Würde« (S. 326) vergegenwärtigen soll, die andere auf Machart oder Technik, historische Lokalisierung, Kritik späterer Ergänzungen und stilgeschichtliche Einordnung hin ausgerichtet. Siehe dazu auch: Il manoscritto fiorentino di J. J. Winckelmann. Das Florentiner Winckelmann-Manuskript, hrsg. von M. Kunze, Firenze 1994; vor allem S. 229-31.

»Tornando ora ad Arnolfo ed esaminando con diligenza il letto e la drapperia su cui è steso Bonifazio VIII e la memoria a lui vivente eretta nelle grotte vaticane l'anno MCCCI (che vedesi alla tavola XXII) a piena evidenza si trova ripetuto il letto del Cosmate in s. Maria maggiore su cui è steso il Consalvi (tavola XX) [Abb. 2] e minutamente ogni piega, ogni frangia e sino gli ornamenti del tappeto; dal che rilevasi che uno scolaro di Niccola non sarebbe stato così servile imitatore, e quindi ci è duopo rifiutare l'opinione del Vasari e del Baldinucci relativa a questo monumento di Bonifazio VIII, stando scritto nelle aggiunte alla vita di Arnolfo fatte dal primo, che egli costruì la cappella e il sepolcro di papa Bonifazio VIII in san Pietro di Roma. [...]«.[17]

Hier klingen Argumente an, wie sie vor allem D'Argenville bezüglich der Möglichkeit, Kopien von Originalen zu unterscheiden, formuliert: eine Arbeit, die sich nicht mit dem Œuvre eines Meisters vereinbaren lasse, sei als ein Original dieses Meisters auszuschließen, gleichzeitig habe man in einer geistlosen, bemühten und fehlerhaften Arbeit sicherlich eine Kopie vor sich.[18]

Die Zuschreibungspraxis der ›Storia‹ läßt sich am Beispiel der ›Madonna dei Mascoli‹ in San Marco in Venedig exemplifizieren. Diese Skulptur, die heute von Wolfgang Wolters einem Florentiner Bildhauer aus dem engen Umkreis des Lorenzo Ghiberti zugeschrieben wird,[19] hatte Francesco Sansovino, wohl auf Grund einer Inschrift im Mosaik der Cappella dei Mascoli, dem Maler Michele Giambono gegeben und ins Jahr 1484 datiert. Diese Zuschreibung wurde erstmals von Cicognara angezweifelt, der in der Skulptur ein Werk Nicola Pisanos sehen wollte. Cicognara nahm, Vasari folgend, einen Aufenthalt Nicola Pisanos im Veneto und in Venedig an und versuchte nun den Einfluß des Künstlers in dieser Stadt nachzuweisen. Er schreibt:

»[...]; e se Niccola edificatore di superbi templi non vi scolpì archi o pergami come altrove, vi dovette però modellare, insegnare e dirigere molti artisti che si

17 F. L. Cicognara: (wie Anm. 1), Bd. III, 1823, S. 262. »Kehren wir also zu Arnolfo zurück und betrachten aufmerksam das Bett und die Draperie auf der Bonifaz VIII. ruht und das Grabmal, das man zu seinen Lebzeiten im Jahr 1301 in den Vatikanischen Grotten errichtet hat. (Man sieht es auf Tafel XXII). Es wiederholt offensichtlich die Aufbahrung des Cosmaten in S. Maria Maggiore auf dem der Kardinal Consalvi ruht (siehe Tafel XX) bis hinein in die Falten, Fransen und gar ins Ornament des Überwurfes; daraus schließen wir: ein so beflissener Nachahmer kann niemals ein Schüler des Niccola gewesen sein, und weisen folglich die Meinung Vasaris und Baldinuccis zu diesem Denkmal zurück, [...]«. Es handelt sich um das Grabmal des Kardinals Gonzalez Gudiel († 1299): vgl. J. Gardner, The Tomb and the Tiara, Oxford 1992, S. 51ff., Abb. 62; zum Grabmal Bonifaz' VIII. ebenda, S. 57, Abb. 108.

18 C. Gibson-Wood: (wie Anm. 5), S. 78.

19 W. Wolters: La scultura veneziana gotica (1300-1460), Venezia 1976, 2 Bde., Bd. I, S. 277 (Cat. 235).

saranno avvicinati a lui come sommo maestro. Ma ciò poi diverrà argomento invincibile, ove si abbia prova non dubbia di sue invenzioni e fors' anche di sue sculture in diversi luoghi«.[20]

Nun regt Cicognara einen Vergleich verschiedener in Venedig aufgenommener Madonnen (Abb. 3, oben) mit einigen Madonnen Nicola Pisanos an (Abb. 3, unten, 2. v.l.; Abb. 4, r.):

»Chi non ravviserà in queste parimente la medesima derivazione, lo stesso stile, l'invenzione egualissima [...]«[21] schreibt er und vergleicht diese Madonnen anschließend mit vollkommen andersartigen, originär venezianischen Madonnen, wie etwa über der Porta della Carità (Abb. 5), einem der Eingänge der von Cicognara geleiteten Kunstakademie. Der Schluß, den Cicognara aus seinen Vergleichen zieht, lautet:

»Sia poi che abili scultori ne imitassero lo stile, sia che Niccola medesimo le scolpisse, non volgiamo ciò asserire in mancanza di documenti, ma queste si possono esaminare e confrontare, e non vedesi dubbio alcuno che non si possano anche ritenere per oppere sue [...]«.[22]

Während Cicognara seine Zuschreibung der ›Madonna dei Mascoli‹ an Nicola Pisano als überzeugende Hypothese formuliert, ist er sich bei seiner Zuschreibung der Kapitellskulpturen des Dogenpalastes vollkommen sicher (Abb. 6): mit einer hieb- und stichfesten Dokumentation machte er Filippo Calendario für diese Skulpturen verantwortlich; eine Zuschreibung, die heute Wolters mit ihm teilt.[23] Allerdings bemerkte Cicognara nicht, daß die Kapitelle auf der Westseite des Palastes aus dem 15. Jahrhundert stammen.[24] Cicognara kennt also zwei Möglichkeiten der Attribution: eine historische, allein auf Dokumenten basierende und eine zweite, bei der es der Fähigkeiten und des Auges des Connoisseurs bedarf: Hier stützt er sich, genau wie es Richardson

20 F. L. Cicognara (wie Anm. 1), Bd. III, S. 367, »[...] mag Nicola, der hier großartige Kirchen erbaut hat, auch keine Heiligengräber und Kanzeln wie andernorts hinterlassen haben, so hat er doch viele Künstler, die auf ihn als den großen Meister zukamen, geprägt, gelehrt und angeleitet. Eine solche Annahme wird zu einem unwiderlegbaren Beweis, wo man Beispiele seiner Erfindungen und vielleicht gar seiner Werke an verschiedenen Orten nachweisen kann«.

21 Ebenda, S. 367f. »Wer mag hier die gleiche Wurzel, denselben Stil, die identische Erfindung leugnen«.

22 Ebenda, S. 369. »Es wäre denkbar, daß kunstfertige Bildhauer den Stil Nicolas nachgeahmt haben, oder aber, daß Nicola die Statuen selbst geschaffen hat; wir möchten hier, da jede dokumentarische Grundlage fehlt, kein endgültiges Urteil fällen, doch die genaue Betrachtung und die Vergleiche werden jeden Zweifel ausräumen: diese Statuen kann man mit Fug und Recht für Werke Nicolas halten«.

23 W. Wolters (wie Anm. 19), Bd. I, S. 40-48 u. S. 172-79 (Cat. 48/49).

24 Ebenda, S. 249f. (Cat. 181) und S. 250f. (Cat. 182).

empfahl, einerseits auf historische Fakten – den durch Historiker bezeugten Aufenthalt Nicola Pisanos im Veneto – und andererseits auf eine genaue Kenntnis des persönlichen Stiles des Künstlers; um seine Vorstellungen schließlich für den Leser anschaulich und nachvollziehbar zu machen, bedient sich Cicognara der Illustrationen – welche ihm allerdings in vielen Fällen (so auch erstaunlicherweise bei venezianischen Monumenten, zu denen er ja ohne weiteres Zugang hatte) als Grundlage für seine Beschreibungen dienten. Die Zuschreibung, zu der Cicognara auf diesem zweiten Wege gelangt, formuliert er nicht als Faktum, sondern als persönliche Überzeugung. Hier sei noch einmal auf seine Kritik an Fiorillos Methode erinnert, der uns »[...] le sue stesse opinioni« vorenthält und »quei paralleli dai quali soltanto potevano emergere le storiche verità sui progressi e sulle vicende delle arti« unterläßt. Cicognaras ästhetische Kritik, bei der er, den Empfehlungen der Theoretiker und der Praxis der Kunst-Kataloge folgend, systematisch die Teile der Kunst, Invention, Ausdruck, Komposition, Zeichnung und so weiter abfragt, läßt sich gut am Beispiel von Ghibertis Heiligem Matthäus (Abb. 7) vorstellen. Ghiberti, so schreibt Cicognara, der hier auf keinerlei Traditionen zurückgreifen konnte, stelle den Evangelisten in sich ruhend, wie einen antiken Philosophen, Redner oder Dichter mit Tunika und Pallium gewandet dar. Obwohl er keine Anhaltspunkte für eine Charakterisierung dieses Heiligen gehabt habe, sei es ihm doch gelungen, seiner Statue einen ausgeprägten Charakter[25] zu verleihen. Nach dieser etwas vagen Darlegung von Ghibertis Erfindung und dem allgemeinen Ausdruck der Statue geht Cicognara dazu über, die Komposition, das Verhältnis der einzelnen Teile der Figur zu einander zu analysieren. Dem Faltenwurf des Gewandes widmet er dabei einen sehr ausführlichen Abschnitt, verliert aber kein Wort über die technische Ausführung der Figur. Das Gesamturteil nach dieser Analyse lautet: Sublim. Denn »L'età che produsse il san Giorgio e il san Matteo non solo può andar fastosa per questi monumenti, ma al nostro credere non fu mai sorpassata nei tempi d'uno splendore maggiore dell'arte«.[26]

In anderen Zeiten habe nämlich die zurückhaltende Nachahmung der Natur dem Ehrgeiz der Künstler weichen müssen. Cicognaras Gesamtbeurteilung des Werkes wird umgehend relativiert und als herausragende Leistung einer Epoche historisiert. Doch es scheint, als empfinde Cicognara die Historisierung als Mangel und Einschränkung. Er versucht dies durch seine persönliche Meinung, sein uneingeschränktes Lob des Heiligen Matthäus wieder gut zu machen.

25 Dem Charakter-Begriff, wie er hier zur Anwendung gelangt und wie er sich im kunsttheoretischen Schrifttum des Historismus im späten 19. Jahrhundert häufiger findet, entspricht dem rhetorischen Begriff der *convenienza.*

26 F. L. Cicognara (wie Anm. 1), Bd. IV, S. 199. »[...] die Zeit, die den Heiligen Georg und den Heiligen Matthäus hervorgebracht hat, kann sich wegen dieser Werke rühmen; wir sind gar der Ansicht, daß die Kunst nie zu größerem Glanz gelangt ist.«

Das enge Zusammenspiel zwischen Kunsthistoriographie und Connoisseurship, das heißt die Funktionalisierung, welche die von der Kunstkennerschaft im 18. Jahrhundert ausgebildeten Grundsätze und Techniken in den Werken Winckelmanns und Cicognaras erfuhren, klingt in dem vernichtenden Urteil an, mit dem Niccolò Tommaseo Cicognara und sein Geschichtswerk überschüttete, das sich ihm, zu einem Zeitpunkt als sich die Kunstgeschichte als Disziplin schon weitgehend etabliert hatte, lediglich als historisierte Kennerschaft darstellte:

»Cependant dans l'histoire de la sculpture, comme dans les mémoires sur les nielle, il y a des recherches utiles, des monumens intéressans qui n'étaient pas publiés avant lui, quelques erreurs de ses devanciers y sont corrigées; le ouvrage consciencieux, où l'erudition soit de bon aloi, où l'on vole percer un étincelle de cette lumière divine de liberté, de beauté, de gloire, qu'il suit à travers les siècles, c'est ce que je ne pourrais pas. Quant au sentiment du beau qui l'inspire, j'aurai tout dit quand je dirai que c'est au connaisseur. Un connaisseur est autre chose qu'un amateur, autre chose qu'un critique: il a un peu de la légèreté de l'un de la froideur de l'autre. Le connoisseur est un demi-artiste, un demi-historien, un demi-auteur; il ne fait ni de la théorie, ni de la pratique, ni de l'histoire pure, ni de l'estétique pure; un connaisseur fait tantot de l'enthousiasme à froid; tantot de la discussion à la température de l'eau bouillante: un connaisseur n'a pas le temps d'admirer, ni de censurer, ni de recervoir l'impression véritable des choses; il va d'objet en objet, il court là où il fallait s'arreter, il s'arrete là où il fallait courir, il dissèque la vie, il galvaniese la mort«.[27]

27 N. Tommaseo: Cicognara ou le connaisseur, in: Bellezza e civiltà, Firenze 1857, S. 328-35. »In seiner Geschichte der Skulptur wie in seiner Arbeit über die Nielli sind nützliche Nachrichten enthalten, es gibt darin interessante Werke, die zuvor nie publiziert worden waren, einige Fehler seiner Vorgänger konnte er korrigieren. Am Ende aber läuft alles auf ein patriotisches Bekenntnis hinaus. Aber als ein gewissenhaftes, stichhaltig gelehrtes Werk, in dem der Funke jenes göttlichen Lichtes der Freiheit, der Schönheit und des Ruhmes, den er durch die Jahrhunderte verfolgt, leuchtet, kann ich Cicognaras Geschichte beileibe nicht bezeichnen. Und was den Sinn für das Schöne anbelangt, der ihn beflügelt, sage ich alles, wenn ich sage: er war ein Connoisseur. Ein Connoisseur ist etwas anderes als ein Kunstliebhaber und etwas anderes als ein Kunstkritiker: er besitzt ein wenig von der Leichtigkeit des einen und von der Kälte des anderen. Ein Connoisseur ist ein Halbkünstler, ein Halbhistoriker, ein Halbschriftsteller; er betreibt nicht Theorie, noch Praxis, weder reine Geschichte, noch reine Ästhetik. Der Enthusiasmus des Connoisseurs ist eiskalt und seine Argumentation hat die Temperatur kochenden Wassers: ein Connoisseur hat keine Zeit zu bewundern oder zu kritisieren, oder gar die Dinge wirklich auf sich wirken zu lassen. Er eilt von Objekt zu Objekt, er läuft dort, wo er innehalten sollte, und hält dort inne, wo er laufen sollte, er verdorrt das Leben und galvanisiert den Tod.

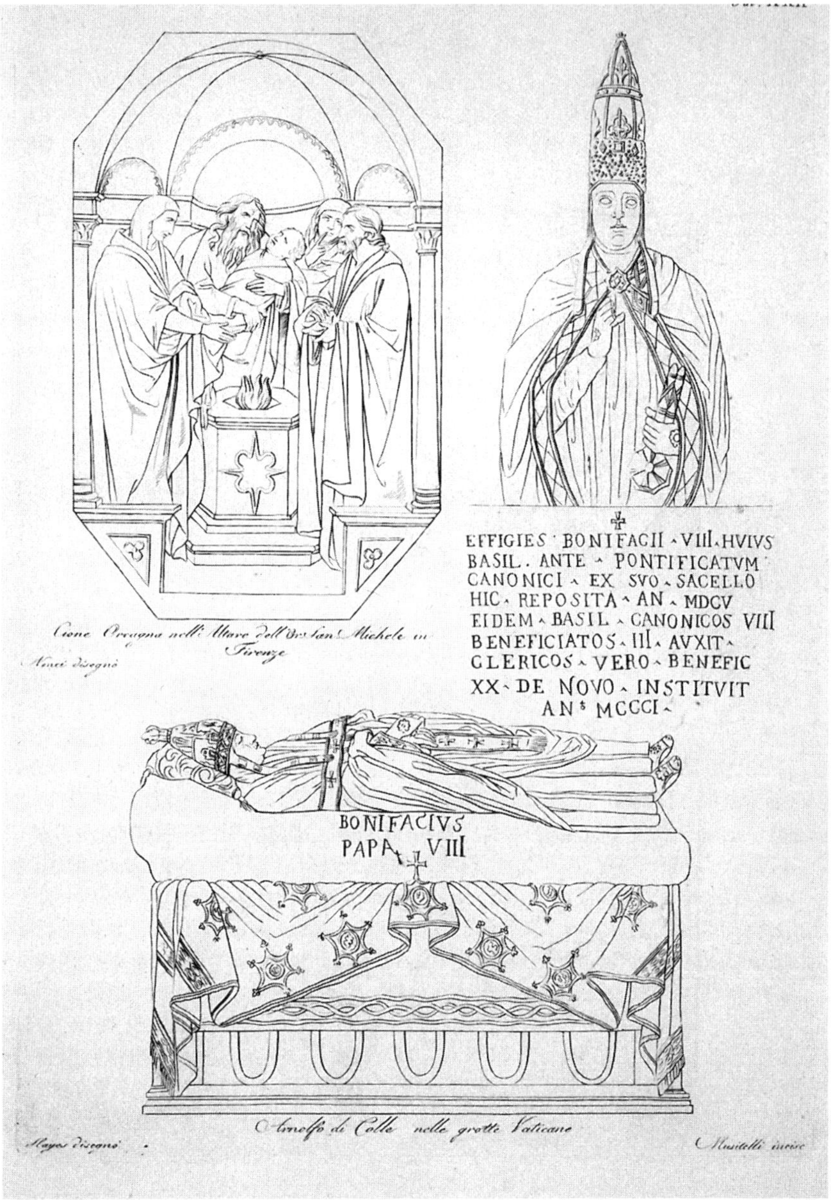

Abb. 1: Rom, St. Peter, Vatikanische Grotten,
Grabmal Papst Bonifaz' VIII., aus F. L. Cicognara: Storia, tavole, 2a ed.,
Prato 1823, prima parte, Tav. XX, unten.

Abb. 2: Rom, S. Maria Maggiore, Grabmal des Kardinals Consalvi (resp. Gonzalez Gudiel), aus F. L. Cicognara: Storia della scultura dal risorgimento delle belle arti in Italia fino al secolo di Canova, tavole, 2a ed., Prato 1823, prima parte, Tav. XII.

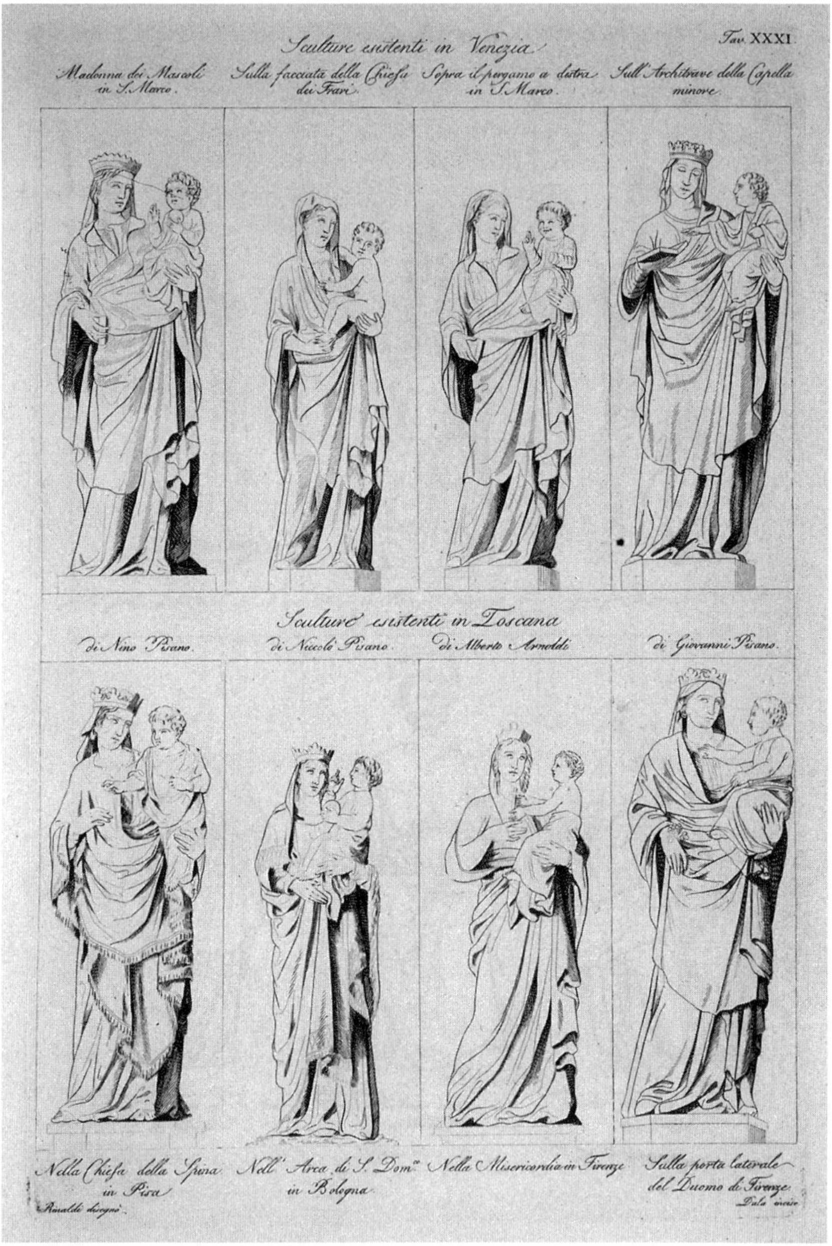

Abb. 3: Venedig und Toskana, Madonnen, aus F. L. Cicognara: Storia, tavole, 2a ed., Prato 1823, prima parte, Tav. XXXI.

Abb. 4, rechts: Nicola Pisano: Madonna, aus F. L. Cicognara: Storia, tavole, 2a ed., Prato 1823, prima parte, Tav. XXXI.

Abb. 5: Venedig, Accademia di Belle Arti, Porta della Carità, aus F. L. Cicognara: Storia, tavole, 2a ed., Prato 1823, prima parte, Tav. XXIX.

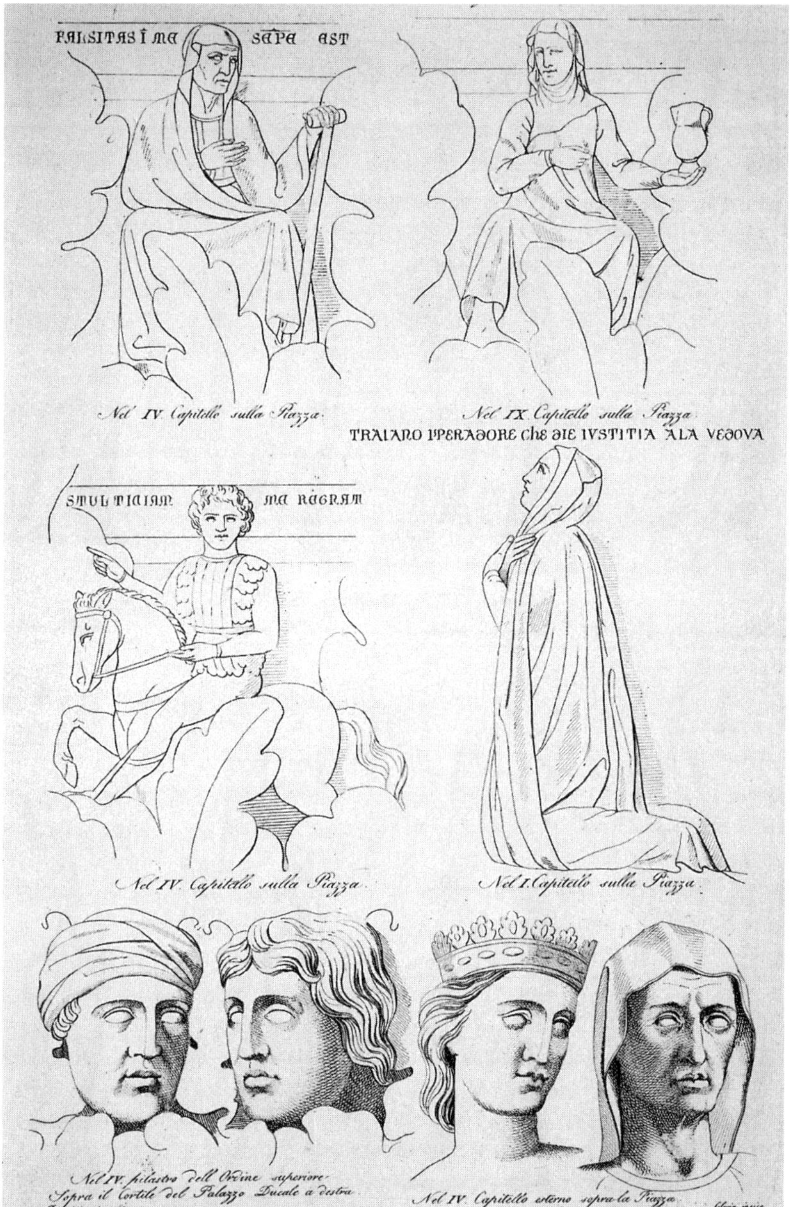

Abb. 6: Venedig, Dogenpalast, Kapitellskulptur von Filippo Calendario, aus F. L. Cicognara: Storia, tavole, 2a ed., Prato 1823, prima parte, Tav. XXXII.

Abb. 7: Lorenzo Ghiberti: Heiliger Matthäus, aus F. L. Cicognara: Storia, tavole, 2a ed., Prato 1823, seconda parte, Tav. XXI.

Marianne Menze

Das künstlerische Schaffen Johann Dominicus Fiorillos vor dem Hintergrund seiner Ausbildung zum Zeichner und Maler in Rom und Bologna

»Bey dem Professor zu Göttingen, Domenico Fiorillo, dessen vornehmlich im Literarischen sehr brauchbare Compilation einer Kunstgeschichte weltbekannt ist, hielt ich mir jenerzeit [also 1802-04; M. M.] eine Zeichnenstunde, welche der behagliche und feine Mann durch Erzählen von italienischen Dingen erfreulich auszufüllen wußte [...]. Fiorillo's langer Aufenthalt zu Bologna und zu Rom fällt in die Zeit des Battoni. Mit Hingebung hatte er den Ansichten damaliger Künstler sich angeschlossen, daher nur solche Gegenstände mit Aufmerksamkeit angesehn, welche um die Mitte des 18. Jahrhunderts in bestem Geruche standen. In seiner ganz abgesonderten Lage [gemeint ist Göttingen; M. M.] war er auf dem Puncte stehen geblieben, welchen in seiner Jugendzeit die Italiener gerade besetzt hielten. Mit diesen hatte er für Battoni gegen Mengs Parthey genommen; es war zugleich rührend und lächerlich, die Lebhaftigkeit zu sehen, mit welcher Fiorillo, nach fünfzig Jahren, jenen selbst in Italien längst vergessenen Ehrenkampf darstellte, und die Feinheit, mit welcher der Halbitaliener für seinen Landsmann noch immer alle Stimmen zu gewinnen versuchte. – Noch zarter drückte er sich aus, wo auf irgend eine Weise Winckelmann's gedacht werden mußte; doch errieth man, daß er auch auf diesen einen Theil seiner unschuldigen Animosität übertrug.«

So erinnert sich Carl Friedrich von Rumohr (1785-1843) in den 1832 erschienen ›Drey Reisen nach Italien‹ an seinen Göttinger Lehrer.[1] Inwieweit sich das hier gefällte Urteil in den kunsthistorischen Abhandlungen Fiorillos spiegelt, mögen diese Kolloquiumsakten an anderer Stelle beleuchten. Die Beurteilung von Rumohrs und die Tatsache, daß Fiorillo in seiner vierjährigen Ausbildung in Bologna in großem Maße geprägt worden sein muß, sollen uns gleichsam als Folie dienen, vor der im folgenden an das – leider nur spärlich erhaltene – Œuvre Fiorillos herangeführt werden soll.

Unsere Kenntnis von Fiorillos Ausbildung und deren Auswirkung auf sein späteres Schaffen fußt auf nur wenigen Quellen und Zeugnissen: Fiorillos Erinnerungen an seine Lehrer, wie er sie in seinen Schriften fixiert hat, sind oft

1 C. F. von Rumohr: Drey Reisen nach Italien, Erinnerungen von C. F. von Rumohr, Leipzig 1832, S. 11ff.

nichts weiter als ein allgemeines, pauschales Lob.[2] Spärliche Anmerkungen in den Archivalien der Accademia Clementina in Bologna und wenige frühe Studienblätter bilden die – dürftige – Grundlage für die Einordnung und Beurteilung seiner Arbeiten aus Braunschweiger und Göttinger Zeit.

Die Ausbildung zum Zeichner und Maler

Die Kunstakademie in Bayreuth 1759-61

Während seines Engagements als Musiker am Bayreuther Hof schickte Ignaz Fiorillo (1715-87) seinen gerade erst elf Jahre alten Sohn Johann Dominicus 1759 zu regelmäßigem Unterricht an die markgräfliche Akademie in Bayreuth.[3] Ob eine früh entdeckte künstlerische Begabung gefördert werden sollte oder der Besuch der Zeichenstunden als Teil einer gründlichen Allgemeinbildung gedacht war, läßt sich heute nicht ausmachen. Entsprechend seinem Alter wird Johann Dominicus vor allem am Unterricht im Zeichnen teilgenommen haben.

Aus der Erinnerung berichtet Fiorillo über seinen Bayreuther Akademiebesuch: »Die Akademie ward damals von einer Menge junger Leute besucht, und hatte mehrere eigene Lehrer, verschiedener im Dienst des Markgrafen stehender Künstler nicht einmal zu gedenken. Zu diesen gehörten zwei Bildhauer, der venetianische Kupferstecher Bartholomäus Follin, [...], der sich längere Zeit in Bayreuth aufgehalten hat. Auch ein Künstler für Mosaik-Arbeiten, ein gewisser Leli, oder Lelis, [...] hat dort gelebt.«[4]

Über die Einweisung in Grundlagen des Zeichnens erfahren wir aus diesen kurzen Anmerkungen ebenso wenig Konkretes wie über Quantität und Qualität des Unterrichts. Es muß wohl kaum angemerkt werden, daß in Anbetracht des jugendlichen Alters von Johann Dominicus Zeugnisse dieser Ausbildungsphase – das wären dann Kinderzeichnungen – nicht erhalten sind.

2 J. D. Fiorillo: Geschichte der zeichnenden Künste von ihrer Wiederauflebung bis in die neuesten Zeiten, 5 Bde., Göttingen 1798-1808, passim; siehe unten zum Beispiel Anm. 17-19.

3 Zur Geschichte der 1756 von Markgraf Friedrich von Brandenburg (1711-63) eröffneten und schon 1763 geschlossenen Akademie der freien Künste in Bayreuth vgl. J. D. Fiorillo: Geschichte der zeichnenden Künste in Deutschland und den vereinigten Niederlanden, 4 Bde., Hannover 1815-20, Bd. IV, S. 196f.; F. H. Hofmann: Die Kunst am Hof des Markgrafen von Brandenburg, 1901, S. 223f; N. Pevsner: Academies of Art. Past and Present, New York ²1973, S. 141 u. S. 164f.

4 J. D. Fiorillo (wie Anm. 3), Bd. IV, S. 197. Der in Venedig ausgebildete B. Follin (1730 bis nach 1808) kam 1760 von Dresden nach Bayreuth in den Hofdienst des Markgrafen Friedrich; dieser ernannte den Künstler 1761 zum Lehrer an der Akademie. Vgl. dazu Thieme / Becker: Künstlerlexikon, Leipzig 1907ff., Bd. XII, S. 154.

Der Romaufenthalt 1761-64

Über die Motive Ignaz Fiorillos, seinen erst 13jährigen Sohn nach zweijährigem Besuch der Akademie in Bayreuth zur Fortsetzung seiner Ausbildung nach Rom zu schicken, kann nur spekuliert werden: Neben der allgemeinen Anziehungskraft dieses italienischen Kunstzentrums auf Interessierte aus ganz Europa mögen undefinitiv das förderungswürdig erscheinende Talent des Heranwachsenden oder ein entsprechender Ehrgeiz des Vaters maßgeblich gewesen sein.

In Rom standen dem jugendlichen Schüler vielfältige Möglichkeiten zur Ausbildung offen: Neben der päpstlichen Akademie, der Accademia del Nudo, die für jedermann frei zugänglich war, boten mehrere Künstler in ihren Ateliers oder angemieteten Häusern Unterricht an.[5] Die auf das 15. Jahrhundert zurückgehende vatikanische Akademie war erst 1754 neu eröffnet worden. Papst Benedikt XIV. hatte einen großen und zweckmäßigen Saal im Gebäude der Capitolinischen Galerie zur Verfügung gestellt und damit die Einrichtung eines funktionstüchtigen Aktsaales ermöglicht. Die Aufsicht führten die Akademiker von San Luca, aus deren Reihen jährlich zehn bis zwölf Maler ausgewählt wurden, die sich monatlich im Unterricht ablösten.[6]

Die Studienbedingungen an dieser Einrichtung, wie sie Fiorillo vorgefunden haben muß, veranschaulicht beispielhaft ein Brief des englischen Malers William Peters aus dem Jahre 1762: »An der päpstlichen Akademie, die ich besuche, ist jeden Tag die Woche Akt, außer an den Feiertagen, und freier Zugang für Jedermann zum Zeichnen, im Sommer um fünf Uhr morgens, im Winter nach Einbruch der Nacht, und jedesmal zwei Stunden; nahe dabei sind viele Galerien mit Gemälden und Statuen, wo man jederzeit studieren kann. Ein Nachteil ist, daß man weder Bilder herunternehmen noch Gerüste errichten darf. Immerhin ist das Licht gut und geeignet für erfolgreiche Studien. [...] Ich arbeite unter Pompeo Batoni, von dem ich mir einige Fortschritte erhoffe.«[7]

Die erwähnten Mißstände, dazu schlechte Modelle und zu viele Schüler in den Zeichenstunden erweckten bei vielen Studenten das Bedürfnis nach Besserem, vor allem nach größerer Bewegungsfreiheit und nach größerer Vielfalt des Studienmaterials. So fanden die Privatakademien, die sich in den Ateliers angesehener Künstler auftaten, immer mehr Zulauf. Dort wurde Raum zur

5 Wegen des beliebigen Zugangs zur Accademia del Nudo einerseits und des privaten Charakters der von den Künstlern unterhaltenen Akademien andererseits sind Verzeichnisse über Schüler nicht erhalten. Fiorillo lebte zudem in einem Alter in Rom, in dem ein Mensch noch wenig Spuren hinterläßt, die es wert erscheinen, archiviert zu werden; N. Pevsner, a.a.O., S. 79f. u. S. 114.

6 J. D. Fiorillo (wie Anm. 2), Bd. I, S. 234ff.; E. Emmerling: Pompeo Batoni. Sein Leben und Werk, Darmstadt 1932, S. 27.

7 Zitiert nach Emmerling, a.a.O., S. 28.

Verfügung gestellt, die erfahrenen Maler wählten das Modell aus und beurteilten und kritisierten die Arbeiten der Jüngeren. Die anfallenden Kosten wurden von den Teilnehmern gemeinsam getragen. Sofern die Initiatoren dieser Einrichtungen Ausländer – wie beispielsweise Anton Raphael Mengs (1729-79) – waren, zogen diese vor allem Landsleute an, die hier neben dem Aktstudium freundschaftlichen Umgang finden wollten.[8]

Pompeo Batoni (1708-87), den der junge Engländer als seinen Lehrer nennt, war seit dem Ablauf seines Studiums in Rom an der päpstlichen Akademie als Zeichenlehrer tätig. Daneben unterhielt er seit 1761 ein privates Atelier.[9] Nach seinen eigenen Angaben lernte Fiorillo in Rom zunächst bei Batoni,[10] und zwar wegen seines jugendlichen Alters wohl hauptsächlich an der öffentlichen Akademie. Vielleicht aber hat der junge Schüler auch in dessen Privatakademie erfahreneren Studenten beim Zeichnen über die Schulter gesehen, wie es J. H. W. Tischbein (1751-1829) von seinem ersten Romaufenthalt 1779/80 berichtet: »Sehr unterrichtend ist das Zeichnen in den Privat-Akademien, wo ausgesuchte Künstler unter sich nach lebenden Modellen zeichnen und bossieren. Da eine solche Gesellschaft nicht groß ist, so wird häufig dabei Conversation gehalten über diesen oder jenen Zweig der Kunst, oft über den Act selbst.«[11]

Die Begegnung mit Batoni, diesem gefeierten Maler im Rom des 18. Jahrhunderts,[12] muß für Fiorillo von großer Bedeutung gewesen sein. Die eingangs zitierten Bemerkungen von Rumohrs belegen das nachdrücklich.

Doch schon bald wechselte Fiorillo zu einem anderen Lehrer. Die Schule Batonis hatte vor Fiorillo Giuseppe Bottani (1717-84) besucht. Als sich dieser einige Bekanntheit erworben hatte, richtete er um 1760 eine eigene Akademie ein. Fiorillo schildert den Wechsel zu einem anderen Lehrer lakonisch knapp: »Nachdem ich einige Zeit hindurch die Schule Batonis besucht hatte, wurde ich durch den Kardinal Alessandro Albani und den Abate Ciofani, Agenten des Landgrafen von Hessen, dem Bottani empfohlen.«[13] Ein Motiv für diesen

8 F. Noack: Modell und Akt in Rom, in: Der Cicerone, Bd. XIV, 1922, S. 141 u. S. 195ff.

9 H. H. Füßli: Allgemeines Künstlerlexikon, Zürich 1806, 2. Teil, S. 45; Emmerling, a.a.O., S. 29f.

10 J. D. Fiorillo (wie Anm. 3), Bd. I, S. 220ff.

11 J. H. W. Tischbein: Aus meinem Leben, hrsg. von C. G. W. Schiller, Braunschweig 1861, Bd. I, S. 183.

12 Maßgeblich für die Beurteilung der Kunst Batonis ist dessen Stellung zwischen dem ausgehenden Barock und dem sich ankündigenden Klassizismus mit einer kurzen, wenig ausgeprägten Rokokoperiode. Seine Werke weisen zwar manche Zeichen beginnender Neuorientierung auf, doch blieb die barocke Tradition in seinem Werk unverkennbar. Vgl. H. Voß: Malerei des Barock in Rom, Berlin 1925, S. 645f.; A. M. Clark: Studies in Roman Eighteenth-Century Painting, Washington 1981, S. 103ff.

13 J. D. Fiorillo (wie Anm. 2), Bd. II, S. 691f.

Wechsel wird nicht angegeben, und es scheint fraglich, ob Fiorillo gerade durch Bottani an andere Kunstanschauungen herangeführt worden ist.[14] Vielleicht erhoffte der noch junge Schüler eine bessere Überschaubarkeit und einen engeren Kontakt zu einem Lehrer in der kleinen Einrichtung.

Aus dem insgesamt fast vierjährigen Studienaufenthalt in Rom sind, wie angesichts des jugendlichen Alters des Schülers kaum anders zu erwarten, keine Zeugnisse erhalten, die uns eine Vorstellung von seinen handwerklichen oder künstlerischen Fähigkeiten und seiner Entwicklung in den verschiedenen Disziplinen vermitteln könnten.

Die Studienzeit in Bologna 1765-69

Nach vierjährigem Aufenthalt in Rom entschloß sich Fiorillo, seinen Studienort zu wechseln und nach Bologna zu ziehen. Die Existenz der lange bestehenden, renommierten Akademie[15] in diesem Zentrum emilianischer Kunst muß wohl als entscheidendes Kriterium für seine Wahl betrachtet werden.

Als Fiorillo 1765 in Bologna seine Ausbildung zum Zeichner und Maler aufnahm, unterrichteten an der Akademie bekannte Künstler, derer er sich im Rahmen seiner Abhandlung über die Malerei in der Lombardei erinnert; nach

14 H. H. Füßli (wie Anm. 9), S. 105; Thieme/Becker, a.a.O., Bd. IV, S. 412.

15 In Bologna hatte sich seit 1708 Graf Luigi Fernando Marsili bemüht, eine Akademie zu installieren; diese sollte sich auf die Malergilde gründen, die sich 1598 auf Betreiben des Kardinals Montalto, eines Gesandten des Papstes, von der Gilde der Schildermacher getrennt hatte. Vgl. N. Pevsner, a.a.O., ²1973, S. 67ff. – Mit Unterstützung des Senates der Stadt und dem Wohlwollen Papst Clemens XI. konnte der Graf Anfang des Jahres 1701 in seinem Palast die Accademia Clementina eröffnen. Ihr erster Direktor, Carlo Cignani, stand 40 Mitgliedern des Lehrkörpers vor, die, so Fiorillo, »aus der Aussonderung der besten Künstler aus dem großen Haufen« hervorgegangen waren. Vgl. J. D. Fiorillo, (wie Anm. 2), Bd. II, S. 709ff. – Nachdem Graf Marsili seine ansehnliche Sammlung von naturhistorischen Gegenständen, Mineralien, Büchern und in Griechenland und der Türkei zusammengekauften Altertümern dem Senat Bolognas gestiftet hatte, kaufte dieser 1712 den Palazzo Poggi, um in ihm als Institutsgebäude alle Hilfsmittel der Akademie unterbringen zu können. Dort fanden sich für die verschiedenen Studienzwecke genügend Unterrichtsräume und außerdem zahlreiche Säle, die die umfangreiche Sammlung von Gipsabgüssen, die Benedikt XIV. der Akademie geschenkt hatte, aufnehmen konnten. – Nach dem Hauptinitiator der Akademie, dem Grafen Marsili, und zwei bedeutenden Kunstförderern in Bologna, Aldrovandi und Fiori, wurden Preise benannt, die jährlich an der Akademie für die besten Beiträge zu Zeichen- und Malwettbewerben vergeben wurden. – Zur Geschichte der Accademia Clementina vgl. G. P. Zanotti: Storia dell'Accademia Clementina, Bologna 1739; S. Zamboni: L'Accademia Clementina, in: L'Arte Del Settecento Emiliano. La Pittura. L'Accademia Clementina, (Katalog zur Ausstellung) Bologna 1979, S. 211ff.

der Schilderung des Anteils, den die Akademie an der Belebung von Kunstinteresse und Kunstschaffen in der Stadt hatte, berichtet er: »Aufgemuntert durch den Eifer womit jener Pabst [gemeint ist Benedikt XIV.; M. M.] für die Künste sorgte, fingen mehrere Künstler an, den richtigen Weg wieder zu betreten und die gründlichen Studien, unter andern die Anatomie mit Ernst zu betreiben. Ercole Lelli und Mansolini erhielten den Auftrag, ein vortreffliches und in seiner Art gewiß einziges Anatomisches Lehrzimmer anzuordnen, wodurch viele kunsttreibende Jünglinge herbeygezogen wurden, die den wohlwollenden Unterricht des Lelli genossen. – Ich schätze mich glücklich ebenfalls den Unterricht des Lelli an der Akademie empfangen zu haben«.[16]

Die Würdigung des anatomischen Lehrzimmers läßt darauf schließen, daß Fiorillo trotz seines ›Grundstudiums‹ in Rom erst hier mit der Bedeutung einer solchen Einrichtung für fast aller Zweige künstlerischer Betätigung konfrontiert worden ist.

Nach seinen eigenen Aufzeichnungen war Fiorillo offensichtlich darüberhinaus vornehmlich daran interessiert, sich in der Malerei weiterzubilden. In diesem Zusammenhang erwähnt er den »vortrefflich mir ertheilten Unterricht« durch Domenico Pedrini (1728-1800),[17] eines Schülers Vittorio Maria Bigaris (1692-1776), und kann »des Lobes des ehrwürdigen Greises [gemeint ist eben jener Bigari; M. M.] kaum satt werden«.[18] Dieser durch seine umfangreiche Tätigkeit als Freskant in Rimini, Faenza und Mailand, vor allem aber in Bologna bekannt gewordene Maler hatte sich Fiorillos als väterlicher Freund und Lehrer angenommen.

Hier in Bologna suchte Fiorillo, das Spektrum seiner Studien durch die Teilnahme an Veranstaltungen privater Schulen und Akademien zu erweitern. Er erinnert sich später besonders an Carlo Bianconi (1732-1802), einen vielseitigen Bologneser Kunstdilettanten, der sich als Maler, Bildhauer, Architekt und Stecher versuchte:[19] »Endlich darf ich meinen würdigen Freund den Herrn

16 J. D. Fiorillo (wie Anm. 2), Bd. II, S. 680. – Ercole Lelli (1702-66) war 1754 zum Direktor der Bologneser Akademie berufen worden, nachdem er durch die Einrichtung eines anatomischen Lehrzimmers auf sich aufmerksam gemacht hatte. Vgl. Thieme / Becker, a.a.O., Bd. XXII, S. 9.

17 Ebenda, S. 683: »Ein Mann, der sich in unsern Tagen durch die höchste Anmut der Farbengebung auszeichnet, ist Domenico Pedrini, dem ich ebenfalls wegen seines vortrefflich mir ertheilten Unterrichts und den vielen Beweisen seiner gütigen Vorsorge meinen größten Dank hier abstatten muß«.

18 Ebenda, S. 680ff.; Füßli, a.a.O., S. 76; D. C. Miller: Vittorio Bigari and Francesco Monti, two decorative Painters of the Bolognese Settecento, in: The Art Quarterly, Bd. 31, 1968, S. 421ff.; R. Roli: Pittura Bolognese 1650-1800. Dal Cignani ai Gandolfi, Bologna 1977, S. 60ff.; L'Arte Del Settecento Emiliano, a.a.O., S.83f.

19 Thieme / Becker, a.a.O., Bd. III, S. 592.

Carlo Bianconi nicht mit Stillschweigen übergehen. Sein mit einer vortrefflichen Bibliothek, mit Gemählden, Gypsfiguren, Modellen und vielen andern zur Mahlerey gehörigen Dingen ausgefülltes Studierzimmer, sein gegen jeden theilnehmender Umgang, bewirkte, daß bei ihm der Sammelplatz der lehrbegierigen Jugend war, die aus seiner Gelehrsamkeit und Freundschaft den größten Nutzen ziehen konnte«.[20]

Kurz bevor Fiorillo 1769 Bologna verließ, das heißt im Alter von 21 Jahren, wurde er zum Mitglied der Clementinischen Akademie und der Gesellschaft der Wissenschaft und Künste ernannt.[21] Damit war er in den Kreis der Vierzig aufgenommen, die an der Akademie in den verschiedenen Klassen unterrichten durften.

Die Teilnahme an Wettbewerben – Dokumente seiner Lehrzeit in Bologna

Schon im ersten Jahr seines Aufenthaltes in Bologna 1765 nahm Fiorillo an den beiden Wettbewerben teil, die für die Schüler der Accademia Clementina ausgeschrieben wurden. Sein Beitrag zum Fiori-Preis wurde mit keiner Auszeichnung bedacht.[22] Im Marsili-Aldrovandi-Preis aber wurde seine Zeichnung, die er in der zweiten Klasse des Figurenzeichnens am 5. Juni d. J. eingereicht hatte, eines Preises für würdig empfunden. Die Jury begründete ihr Urteil damit, daß Fiorillos Beitrag größeren Fleiß als der seines einzigen (!) Konkurrenten Vincenzo Pedretti und darüberhinaus große Fähigkeit in der Interpretation des Themas aufweise.[23] Fiorillos Verbildlichung des von der Jury gestellten Themas ›Samson, der die Tore der Stadt Gaza auf seinen Schultern bis auf die Spitze eines Berges trägt‹ (Abb. 1)[24] weist sich denn auch durch eine ausgewogene Komposition aus: Der mit einer römischen Uniform bekleidete Held ist frontal wiedergegeben und ganz ins Zentrum gerückt. Auf Vordergrund und rechte Bildseite ist ein felsiger, von knorrigen Laubbäumen bestandener Landschaftsausschnitt beschränkt; im Mittelgrund rechts ist die Stadt mit wenigen Linien angedeutet. Samson, dessen flüchtig an den Schultern befestigter Mantel um Rücken und Hüfte in reiche Falten gelegt ist, trägt die mit einem dicken Seil

20 J. D. Fiorillo (wie Anm. 2), S. 683.

21 J. S. Pütter: Versuch einer akademischen Gelehrtengeschichte von der Georg-August-Universität zu Göttingen, Bd. 2, Göttingen 1788, S. 198.

22 Accademia di Belle Arti Bologna, Manoscritti dell'Accademia Clementina, Atti ms. (1710-1803), Vol. II. c.13 (05.04.1765).

23 Ebenda, c. 20 (07.06.1765); M. Menze: J. D. Fiorillos Weg in die Kunstgeschichte. Hausarbeit zur Erlangung des Magistergrades, Georg-August-Universität Göttingen 1987 (MS), Kat. 10.

24 Accademia di Belle Arti Bologna, Manoscritti dell'Accademia Clementina, Atti ms. (1710-1803), Vol. II, c.12 (April 1765).

zusammengebundenen mächtigen Torflügel; seine erhobene linke Hand umfaßt den Griff des Türriegels, um die rechte, zur Faust geschlossene Hand hat er sich ein Ende des Taus geschlungen. Kopf und Oberkörper sind unter der Last nach vorne gebeugt, der Blick fällt auf die Erde. Mit weit ausholendem Schritt bewältigt Samson den – allerdings nur knapp angedeuteten – Anstieg des Berges. Die gesamte Muskulatur, besonders an Oberkörper und Armen, und die Massigkeit des Körpers insgesamt, die durch den relativ kleinen Kopf noch betont wird, verdeutlichen die Anstrengung, der sich Samson unterzieht.

Fiorillo griff in seiner Zeichnung die geläufige Interpretation des Themas auf,[25] wie wir sie in großer Zahl aus dem frühen 18. Jahrhundert kennen,[26] und wie sie beispielsweise in einem Gemälde Aurelio Milanis (1665-1749), das um 1711 datiert wird, zu finden ist.[27]

Ein Jahr später, im März 1766, wird ein Beitrag Fiorillos zum Wettbewerb in der Figurenklasse des Fiori-Preises unter den ausgewählten erwähnt;[28] diese Arbeit ist nicht erhalten.

Erst für den im Jahr 1768 ausgeschriebenen Marsili-Aldrovandi-Preis ist uns wieder Fiorillos Teilnahme überliefert. Mit seiner Interpretation des von der Jury vorgegebenen Sujets ›Due soldati a cavallo in battaglia‹ gewann Fiorillo nach den Eintragungen in den Akten der Accademia di Belle Arti in Bologna den ersten Preis.[29]

25 Seit dem 16. Jahrhundert finden sich, im Zuge der Gegenreformation, Darstellungen der letzten Taten Samsons (Richter 16:3) häufig in der bildenden Kunst; das Thema galt als Veranschaulichung einer der sieben christlichen Tugenden. Vgl. J. B. Knipping: Iconography of the Counter Reformation in the Netherlands, Nieuwekoop 1974, S. 22; A. Pigler: Barockthemen. Eine Auswahl von Verzeichnissen zu Ikonographie des 17. und 18. Jahrhunderts, Budapest ²1974, Bd. I, S. 123ff. – Da die Taten Samsons seit dem 17. Jahrhundert mit denen des Herakles gleichgesetzt sein konnten, näherte sich die Darstellung der alttestamentlichen Figur besonders in der Körperlichkeit der des antiken Helden an. Vgl. J. B. Knipping, a.a.O., S. 26; W. Tissot: Simson und Herkules in den Gestalten des Barock, Diss. Greifswald 1930, passim.

26 N. Pevsner: Barockmalerei in den romanischen Ländern, T. 1: Die italienische Malerei vom Ende der Renaissance bis zum ausgehenden Barock, Wildpark-Potsdam 1928, S. 193ff.

27 L'Arte Del Settecento Emiliano (wie Anm. 15), S. 48ff., Kat. 72, Abb. 59; R. Roli (wie Anm. 18), S. 115, Kat. 207b. Zwar sind hier der gesamte kompositorische Aufbau und das Schrittmotiv Samsons anders formuliert, doch sowohl im Gewand des biblischen Helden als auch in der Gestaltung von Körperlichkeit und Muskelkraft sind deutliche Ähnlichkeiten zu beobachten.

28 Accademia di Belle Arti Bologna, Manoscritti dell'Accademia Clementina, Atti ms. (1710-1803), Vol. II, c.38 (31.03.1766).

29 Ebenda, c. 84-86 (04.06.1768); M. Menze (wie Anm. 23), Kat. 14.

Dort wird eine zweite Zeichnung Fiorillos (Abb. 2) aufbewahrt; es ist allerdings fraglich, ob sie mit diesem Wettbewerb in Verbindung gebracht werden muß.

Aus einer schroffen Felskulisse im linken und mittleren Hintergrund schiebt sich über einen schmalen Pfad ein militärischer Troß in den rechten Vordergrund. Nach dem steilen Abstieg in ein hügeliges Tal wird er eine befestigte Stadt erreichen, die in der Ferne, rechts im Hintergrund, sichtbar wird. Etwas abseits vom Troß besprechen sich zwei Soldaten zu Fuß. Der linke der beiden wendet dem Betrachter seinen Rücken zu, der rechte, der mit seiner rechten Hand den Schaft einer Lanze umfaßt, zeigt mit seinem linken, ausgestreckten Arm in die Richtung des Zuges. Beide werden von einem Behelmten beobachtet; dieser bewegt sich in einer Gruppe von Reitern, die eine Frau auf einem Pferd mit sich führen. Rechts seitlich und hinter diesen deutet eine Vielzahl von Waffen und Standarten eine größere Gruppe von Soldaten an. Vor dieser zieht ein alter Mann ein Ochsengespann den Weg entlang. Davor läuft ein Hund auf den Abhang zu. Schon am Steilhang reitet ein Behelmter, der einem Soldaten Anweisungen erteilt. Fünf Fußsoldaten haben bereits den Abstieg angetreten und werden bald einen Torbogen erreichen.

Die vielfigurige, mit reichen Details ausgeschmückte Komposition verrät das Bemühen des Zeichners, in der Vielzahl verschiedener Gesichtszüge und Körperwendungen das ganze Repertoire seiner Fähigkeiten und Möglichkeiten unter Beweis zu stellen. Gleichwohl sind in dieser Zeichnung anatomische und perspektivische Unstimmigkeiten nicht zu übersehen. Einzelne Motive wirken ungeschickt oder gar unsinnig.

Das Kompositionskonzept und die Gestaltung der Figuren hat Fiorillo vielfigurigen Historienbildern des ausgehenden Barock in Italien entlehnt. Das Gemälde ›Il viaggio di Giacobbe‹ aus Bologneser Privatbesitz, das Antonio Gionima (1697-1732) gestaltet hat,[30] zeigt – als ein Beispiel von vielen – einen vergleichbaren, aber spiegelverkehrten Bildaufbau, ähnliche Kulisse und Figuren.

Studienblätter aus dieser Zeit

Außer diesen Zeichnungen aus Anlaß der Akademiewettbewerbe haben sich einige Studienblätter aus Fiorillos Lehrzeit in Bologna erhalten: eine Aktstudie im Herzog-Anton-Ulrich-Museum in Braunschweig[31] ist signiert, sechs Studienblätter im Städtischen Museum Göttingen galten bisher als von der Hand Fiorillos.

30 R. Roli (wie Anm. 18), S. 108f., Kat. 241c.

31 Braunschweig, Herzog-Anton-Ulrich-Museum, Inv. Nr. Z. 602; M. Menze, a.a.O., Kat. 19.

Die Kreidezeichnung in Braunschweig (Abb. 3) zeigt einen unbekleideten Mann, der nach links mit auf den Betrachter zugewandten Blick auf einem Felsblock sitzt. Die Anatomie des muskulösen Modells ist feinteilig, plastisch durchaus überzeugend wiedergegeben; allerdings werden die in Kopf und Oberkörper einmal angenommenen Proportionen im Bereich der unteren Extremitäten geradezu gesprengt; die Beine sind derart lang, daß der rechte Fuß auf dem Blatt keinen Platz findet. Zudem ist der linke Oberschenkel in extremer Weise aufgebläht. Auffallend sind die wirren Haare und vor allem die tiefliegenden Augen.

Dieses Blatt gelangte (um) 1772 in den Besitz des Herzogs von Braunschweig, zusammen mit 40 weiteren Zeichnungen aus der Bologneser Schule.

An dieser Stelle sei nun ein Vorgriff auf Fiorillos Zeit am Braunschweiger Hof 1770-81 erlaubt, um die anderen sechs erhaltenen Studienblätter kritisch betrachten und um gleichzeitig das künstlerische Umfeld in Bologna vor Augen führen zu können.

Die genannten 40 Zeichnungen sind zusammen mit 58 weiteren Blättern in Band 5 der Handzeichnungen des Braunschweiger Museums unter der Bezeichnung ›Akademische Zeichnungen von italienischen Meistern‹ foliiert.[32]

Nach dem Bericht des Canonicus Hoefer vom 10. März 1772 hatte Johann Dominicus Fiorillo diese 40 Blätter mit ›accademischen Acten von berühmten italiänischen Meistern‹ für die herzogliche Zeichnungssammlung angeboten. Der Herzog billigte den Kauf und bezahlte sogleich.

Nach der eindeutig zu identifizierenden Handschrift hat Fiorillo selbst die Aktzeichnungen Blätter 1-19 und 43-53 dieses Bandes mit den Künstlernamen unten rechts oder oben links beschriftet. Diese Zuweisung an einzelne Hände gewinnt gewisse Authentizität dadurch, daß alle Blätter von Lehrern Fiorillos an der Akademie – wie Carlo Bianconi (1732-1802) oder Giuseppe Pedretti († 1778) – oder Studiengenossen – wie Ubaldo Gandolfi (1728-81), Ubaldo Bonvicini (um 1765 ein Schüler Pedrettis) oder Domenico Pedrini (1728-1800) – aus Bologna gestaltet sind. Letztlich kann man allerdings nicht ausschließen, daß Fiorillo bei der Zuweisung etwas ›geschönt‹ hat.

Ein Teil der Zeichnungen ist alt rechts oben mit Tusche numeriert. Auf dieselbe Weise sind drei der sechs Studienblätter in Göttingen gekennzeichnet; eine Überschneidung der Nummern gibt es nicht.

Zwei der Blätter tragen auf der Rückseite eine Eignersignatur Fiorillos, das heißt auf der Rückseite von Blatt 17 – mit einer Zeichnung von Bonvicini – ist

32 Vgl. die in Kürze erscheinende Publikation zur Sammlungsgeschichte des Herzog-Anton-Ulrich-Museums von Christian von Heusinger, dem ich die entscheidenden Hinweise zu diesem Blatt verdanke.

über eine unvollendete Aktstudie und den großflächigen Namenszug »Bighari« der Name »Gio. Fiorillo« mit Pinselstrich gelegt; auf der Rückseite von Blatt 49 – mit einer Studie von Tiepoletto – ist derselbe Schriftzug »Gio. Fiorillo« mit dem Zusatz »Posiedo«oder »Possedo« – also: aus dem Besitz Fiorillos – zu erkennen.[33]

Vor diesem Hintergrund gewinnt die schon früher getroffene Beobachtung, daß die Göttinger Aktstudien stilistisch keine Einheit bilden,[34] neues Gewicht: Von den sechs Aktstudien ist eine vorne 1765 datiert, zwei auf der Rückseite 1767. Beide sind ebendort mit »Gio. Fiorillo« bezeichnet.

Da diese Zeichnungen für eine Ausstellung aufgeklebt worden sind, konnte ich nur eine dieser Rückseitenbezeichnungen sehen, und die ist genauso gestaltet wie die Besitzerangaben auf den Rückseiten der Braunschweiger Blätter. So stellt sich die Frage, ob und wenn ja, welche dieser Zeichnungen in Göttingen überhaupt von Fiorillo oder doch, ähnlich wie die anderen, von verschiedenen Bologneser Künstlern gezeichnet worden sind.

Bei den Zeichnungen in Göttingen kann man relativ deutlich drei ›Handschriften‹ unterscheiden:

Der Akt ›Göttingen Fiorillo Nr. 6‹ (Abb. 4)[35] ist ebenso wie zwei andere weiß gehöht mit stark betonten Umrißlinien und groben Markierungen der Körperstrukturen. Auffallend sind das zerzauste Haar und die tiefliegenden Augen. Mit einigem Wohlwollen erkennt man durchaus stilistische Ähnlichkeiten mit der gesicherten Fiorillo-Zeichnung in Braunschweig. Doch sind diese auch im Vergleich mit einer Studie Bonvicinis[36] aus dem Braunschweiger Band zu erkennen. Zumindest zeigt diese Gegenüberstellung die Nähe dieser ›Fiorillo-Zeichnungen‹ zum im Bologna des 18. Jahrhunderts gepflegten Stil. Bei den beiden anderen, stilistisch verwandten Zeichnungen in Göttingen, die sitzende Akte von vorne zeigen,[37] – einer als Studie nach dem ›Barberinischen Faun‹ – ist die Kreide mit noch energischeren Strichen aufgetragen; einzelne Körperpartien sind recht oberflächlich oder anatomisch nicht korrekt wiedergegeben.

Gänzlich von diesen unterscheidet sich die Rötelzeichnung eines Rückenaktes (Abb. 5),[38] die nur wenig weiß gehöht ist und deren Schatten subtil aber mit kräftigen kurzen Strichen gestaltet sind. Stilistisch ist diese Zeichnung in die Nähe der Arbeiten von Fiorillos Lehrer Carlo Bianconi einzuordnen, dessen

33 Thomas Döring vom Herzog-Anton-Ulrich-Museum machte mich auf diese Bezeichnungen aufmerksam.

34 M. Menze (wie Anm. 23), S. 25f.

35 Ebenda, Kat. 13.

36 Akademische Zeichnungen von italienischen Meistern, Herzog-Anton-Ulrich-Museum, Braunschweig, Blatt 17.

37 M. Menze (wie Anm. 23), Kat. 15f.

38 Ebenda, Kat. 11.

Rückenakt die Reihe der Braunschweiger Zeichnungen eröffnet.[39]

Wieder ganz anderer stilistischer Mittel bediente sich der Zeichner der letzten beiden Göttinger Blätter,[40] bei denen die Konturen der Akte nur angedeutet sind, die Schatten weich und wie gewischt wirken. Ohne zwanghaft eine Parallele aufstellen zu wollen, sei auf eine Aktstudie aus dem Band in Braunschweig hingewiesen, die Fiorillo Ubaldo Gandolfi zugeschrieben hat.[41]

Als ich noch davon ausging, daß alle Göttinger Zeichnungen von Fiorillo stammen, hatte ich angemerkt, daß diese zum Teil deutlich vom Werk jenes Bologneser Künstlers inspiriert seien. Ein Fiorillo zugeschriebener männlicher Akt, der als Herakles gedeutet werden kann,[42] – er ist allerdings nur im Photo belegt und gilt als verschollen – war seinerzeit von mir nach der Modellierung der Körperstrukturen und dem weich beschriebenen Inkarnat mit Zeichnungen Gandolfis in Zusammenhang gebracht worden.[43] Auch diese Zeichnung ist im übrigen oben rechts mit Feder »19« numeriert.

Nach den hier zusammengefaßten Beobachtungen scheint mir nahezu ausgeschlossen, daß alle sechs Göttinger Aktstudien von Fiorillo gezeichnet sind. Deutlich ist zu erkennen, daß man sie in das Umfeld der Bologneser Akademie einordnen muß; bemerkenswert erscheint mir die Nähe zu Arbeiten Ubaldo Gandolfis. Doch wird es nur schwer möglich sein, diese Zeichnungen konkret einzelnen Händen zuzuschreiben, zumal die Geschichte der Bologneser Akademie im 18. Jahrhundert noch – immer – nicht publiziert ist.

Fiorillo als ›Hofmaler‹ in Braunschweig 1770-81

Vermutlich durch die Vermittlung seines Vaters, der einige Zeit als Kapellmeister am Braunschweiger Hof engagiert war, kam Fiorillo 1770 in diese Stadt.[44] In den folgenden elf Jahren war er wahrscheinlich als Historienmaler am oder im Umkreis des Braunschweiger Hofes tätig.[45] Allerdings fehlen Archivalien und vor allem ein künstlerisches Œuvre, die eine solche Beschäftigung als Hofmaler beweisen könnten.

39 Akademische Zeichnungen (wie Anm. 36), Blatt 1.

40 M. Menze (wie Anm. 23), Kat. 12 u. Kat. 17.

41 Akademische Zeichnungen, a.a.O., Blatt 15.

42 M. Menze, a.a.O., Kat. 22.

43 Ebenda, Kat. 29.

44 K. Steinacker: Abklang der Aufklärung und Widerhall der Romantik in Braunschweig. Werkstücke aus Museum, Archiv und Bibliothek der Stadt Braunschweig, Bd. 10, Braunschweig 1937, S. 9ff.

45 Vgl. dazu auch die Akten zum Prozeß um Fiorillos Beteiligung an Lotteriebetrügereien, Niedersächsisches Staatsarchiv Wolfenbüttel 2 Alt 14420-23; M. Menze, a.a.O., S. 15.

Wie Berichte aus der damaligen Braunschweiger Gesellschaft nahelegen, fand der beredte junge Künstler in der neuen Umgebung schnell Zugang zu den Zirkeln, die im Umkreis Lessings »angenehme und nützliche Unterhaltung, wissenschaftliche Belehrung und geselliges Vergnügen suchten«.[46] Doch schon hier, so schreibt sein Bekannter von Leisewitz, »mochten seine Gemälde nicht gefallen«; diese seien von nur geringer Qualität und ließen sich schlecht verkaufen.[47] Leider ist aus dieser Zeit kein einziges Gemälde erhalten oder in der Literatur überliefert, an dem sich dieses Urteil überprüfen ließe. Selbst Fiorillos Beziehung zum Braunschweiger Hof wird nur durch Weniges belegt. Außer den schon besprochenen Zeichnungen hat Fiorillo ein – in seiner Echtheit von Christian von Heusinger allerdings angezweifeltes – Exemplar der Künstleranatomie des Carlo Cesio (1626-87) an den Hof verkauft.[48]

Neben der bereits vorgestellten Aktstudie werden als einzige weitere bildnerische Zeugnisse in Braunschweig zwei Bleistiftzeichnungen aufbewahrt. Beide Blätter, ein ›Ecce Homo‹ nach Zacharias Hegewald (1596-1639)[49] sowie die ›Predigt Johannes des Täufers‹ nach Georg Schweigger (1613/16-90)(Abb. 6),[50] zeigen Reliefs aus dem heutigen Herzog-Anton-Ulrich-Museum. Bei allem Bemühen um eine getreue Wiedergabe sind die Unbeholfenheit in der Darstellung von Anatomie und Inkarnat und Abweichungen in Details nicht zu übersehen.

Nach Aktennotizen über Zahlungen an den Künstler handelt es sich bei diesen Zeichnungen um Auftragsarbeiten für ein Stichwerk, mit dem die herzogliche Sammlung der Öffentlichkeit vorgestellt werden sollte, das aber nie erschienen ist.[51]

Fiorillo in Göttingen 1781-1821

Auch aus der Zeit, die Fiorillo in Göttingen verlebt hat und die von seinem 33. Lebensjahr an 40 Jahre umfaßte, sind, abgesehen von umfangreichen Illustrationsfolgen, nur wenige Zeugnisse eines künstlerischen Schaffens überliefert. Es existiert kein geschlossener Nachlaß.

46 K. Steinacker (wie Anm. 44), S. 9; J. A. Leisewitz: Tagebücher. Nach den Handschriften hrsg. von H. Mack / J. Lochner, Bd. 1, Weimar 1916, S. 47f. u. S. 118; Gotthold Ephraim Lessing, (Katalog der Ausstellung im Lessinghaus) Wolfenbüttel 1981, S. 85ff. u. S. 164ff.

47 J. A. Leisewitz, a.a.O., S. 125.

48 C. Cesio: Cognizione de' Muscoli del Corpo umano per uso del disegnio, Rom 1697.

49 Herzog-Anton-Ulrich-Museum Braunschweig, Inv. Nr. Hol 75. Vgl. M. Menze (wie Anm. 23), S. 29f.

50 Herzog-Anton-Ulrich-Museum Braunschweig, Inv. Nr. Ste 179. Vgl. M. Menze, ebenda, S. 30f.

51 Siehe Anm. 32.

Gemälde

Von den insgesamt fünf Gemälden, die man für Fiorillos Göttinger Zeit in der Literatur nachweisen kann, sind zwei Porträtmedaillons[52] und ein Andachtsbild sowie ein Genrebild erhalten.

1820, ein Jahr vor seinem Tod, malte Fiorillo das einzige für ihn nachzuweisende Andachtsbild.[53] Seine Erben verkauften diese ›Heilige Familie‹ (Abb. 7) 1822 an die Kunstsammlung der Universität.[54]

In dieser Halbfigurenkomposition sitzt rechts Maria vor grauem Grund und blickt nach links herab zum Jesuskind, das seinen rechten Arm behutsam auf die linke Hand seiner Mutter gelegt hat und mit ernstem Gesicht zu ihr aufblickt. Links, etwas zurück und weniger vom Licht erhellt, beobachtet Josef die beiden.

Sowohl für den Bildaufbau als auch für einzelne Details sind Darstellungen der ›Heiligen Familie‹ aus dem 16./17. Jahrhundert in Italien als Vorbilder anzunehmen. So ist zum Beispiel der Typus der Maria häufig in Gemälden der ›Mutter Gottes‹ von Annibale Carracci (1560-1609) anzutreffen.[55]

In der Farbgebung hat sich Fiorillo allerdings nicht an Vorbildern aus dieser Zeit orientiert. Es fällt vielmehr eine starke Lokalfarbigkeit, besonders in der Kleidung Mariens, ins Auge. Fiorillos Palette ist hier, freilich in einem negativen Sinne, ›zeitgemäß‹.

1783 konnte Fiorillo ein großformatiges Ölgemälde verkaufen, das ein zentrales Thema des trojanischen Sagenkreises, die Trennung der Briseis von Achill (Homer, Ilias, Bd. 1, S. 345f.) zum Inhalt hat (Abb. 8). Das früher in Bremer Privatbesitz befindliche Bild galt lange als verschollen. Erst 1990 wurde es bei Inventararbeiten in der Bremer Kunsthalle wiedergefunden.[56] Chr. G. Heyne

52 Außer dem S. 129 beschriebenen Bürger-Portät ist ein Bildnis des Johannes Friedrich Schwarz aus dem Jahre 1782 aus der Literatur bekannt. Vgl. Bau- und Kunstdenkmäler im Herzogtum Braunschweig, Wolfenbüttel 1906, Bd. II/2, S. 192f.

53 Kunstsammlung der Universität Göttingen. Vgl. M. Menze, a.a.O., Kat. 9.

54 Universitätsarchiv Göttingen, Kurat.-Akte 4Vd 11/3; E. Waldmann: Provisorischer Führer durch die Gemälde-Sammlung der Universität Göttingen, Göttingen 1905, Kat. 156; W. Stechow: Katalog der Gemäldesammlung der Universität Göttingen, Göttingen 1926, Kat. 55.

55 Vgl. zum Beispiel A. W. A. Boschloo: Annibale Carracci in Bologna, Den Haag 1974, T. 104.

56 1783, bald nach seiner Fertigstellung, war das Gemälde nach Lübeck an unbekannte Adresse verkauft worden; es gelangte auf unbekannten Wegen in den Besitz des Kunsthistorikers G. Pauli (1866-1938) und ist zuletzt im Katalog: Jahrhundertausstellung deut-

hat das Gemälde im Jahr seiner Entstehung ausführlich beschrieben und begutachtet.[57]

Am Meeresufer sitzt rechts vor hohen Zelten der griechische Held, gekleidet in ein giftgrünes Untergewand und üppig drapierten hellroten Mantel. Sein entschlossener Blick und sein ausgestreckter rechter Arm weisen zur wehmütig schauenden Briseis hin. Diese trägt ein helles, tief dekolletiertes Kleid mit einem beigefarbenen Umhang. Links neben der jungen Frau warten die beiden Herolde, die sie fortführen werden, der eine in ehrergiebiger Haltung nach vorne gebeugt. Hinter Achill steht der behelmte Patroklos, der den Freund zu beschwichtigen scheint. Zwischen diesem und Briseis beobachtet ein Bärtiger, der in einen langen, über den Kopf gezogenen Mantel gehüllt ist, die Szene. Ganz rechts, vor den Zelten, bereden sich zwei Krieger; über ihren Köpfen erkennt man auf einer Fahne die Inschrift »ΤΩΝ ΜΥΡΜΙΔΟΝΟΝ«.

In diesem Gemälde hat Fiorillo die Figuren wie auf einer Bühne aufgereiht. Er hat sie vermutlich verschiedenen Vorlagen entlehnt. Manche Körperwendungen und Sitz- oder Standmotive wirken nicht nur ungelenk, sondern teilweise unsinnig. Diese Komposition verdeutlicht somit nachhaltig Fiorillos mangelhafte Fähigkeit in der korrekten Wiedergabe von Anatomie und Perspektive.

Seine Palette ist ähnlich wie bei der ›Heiligen Familie‹ von starken Lokalfarben beherrscht.

Die Gestaltung der Figuren läßt vage Anklänge an Gemälde V. Bigaris erkennen.[58] Darüberhinaus sind durchaus Ähnlichkeiten zum Werk Angelica Kauffmanns (1741-1807) festzustellen, so vor allem im Süßen der Gesichtszüge von Briseis und Achill.[59]

Diese beiden Gemälde können sicherlich nicht als repräsentativ für Fiorillos Tätigkeit als Maler gelten. Sie vermitteln nur einen sehr eingeschränkten Eindruck von seinem ›Malstil‹. Daher sind sie wenig geeignet als Beweismittel für die eingangs zitierte Meinung von Rumohrs, daß sich Fiorillo zeitlebens nicht von den Vorbildern aus der Mitte des 18. Jahrhunderts in Italien gelöst habe. Gleichwohl zeigen sie eine gewisse Nähe zum Bologneser Stil der 2. Hälfte des 18. Jahrhunderts.

scher Kunst Darmstadt 1914, S. 63, Kat. 128, erwähnt worden. – Wie aus einem Inventar über Legate an die Bremer Kunsthalle hervorgeht, schenkte die Familie G. Paulis dieses Bild dem Bremer Museum: Kunsthalle Bremen, Inv. Nr. 1310-1991/7. – Der Kunstverein in Bremen, Jahresbericht 1990, S. 34.

57 Chr. G. Heyne, in: Göttingische Gelehrte Anzeigen 1783, S. 1094ff.

58 Vgl. ›Angelika Kauffmann und ihre Zeitgenossen‹, Ausst.kat. Bregenz/Wien 1968/69, Kat. 116, Abb. 54.

59 Ebenda, Kat. 50, Abb. 29, Kat. 62. Abb. 30.

Fiorillos Porträtauffassung belegt exemplarisch das Bildnis von Gottfried August Bürger (1747-94) (Abb. 9), das um 1789 entstanden ist.[60] Der Göttinger Dichter ist im Brustausschnitt nach links im Dreiviertelprofil dargestellt: Vor rötlich-braunem Hintergrund heben sich die aschblonden Haare mit weißen Strähnen in den kurzen Stirnfransen deutlich ab; sie umschreiben die Kalotte in einer glatten Kappe und rollen sich seitlich auf Ohrhöhe ein. Im ovalen Gesicht liegen die wasserblauen Augen unter buschigen Brauen. Der Teint ist gelblich, die Wangenpartien sind leicht gerötet; von der ausgeprägten langen, geraden Nase führen tiefe, grau skizzierte Nasolabialfalten zu den schmalen, wenig geöffneten und bläßlich erscheinenden Lippen. Flache, fast eingefallene Wangen und ein spitz zulaufendes Kinn lassen das Gesicht schmal wirken. Bürger trägt zur blaugrauen, doppelreihig geknöpften Jacke mit hohem Kragen ein beigefarbenes Hemd mit Rüschen und Plissee an Knopfleiste und Manschetten.

Das Porträt zeigt das Bemühen des Künstlers um Porträtrealismus; die Physiognomie ist getreu wiedergegeben, auch Altersmerkmale werden angedeutet.

Zeichnungen

Angesichts der Tatsache, daß Fiorillo neben einigen Porträts von Zeitgenossen allein für die fünf von ihm gestalteten Illustrationsfolgen über 300 Einzelblätter entworfen hat, ist die Zahl der heute bekannten Zeichnungen verschwindend gering. Zwei Blätter mit Motiven aus der griechischen Mythologie, eine Porträtzeichnung und 28 Vorzeichnungen zu Vignetten können nur einen bruchstückhaften Eindruck von den zeichnerischen Fähigkeiten Fiorillos vermitteln.

Die in der Göttinger Universitätskunstsammlung aufbewahrte, wohl um 1800 entstandene Zeichnung ›Herakles und Telephos‹[61] nach einer gleichnamigen antiken Skulptur[62] ist ein singuläres Beispiel dafür, daß sich Fiorillo auch im ›Umrißlinienstil‹ versucht hat.

60 Städtisches Museum Göttingen; K. Arndt: Denkmäler in Göttingen: Dichter und Gelehrte, in: Göttinger Jahrbuch 1975, S. 107ff.; M. Menze (wie Anm. 23), Kat. 8.

61 Ebenda, Kat. 23.

62 H. G. Döhl: Antike Plastik – Zwischen Dokumentation und Verarbeitung, in: Begegnungen mit der Antike, Kunstsammlungen der Georg-August-Universität Göttingen, Heft 1, Göttingen 1979, S. 4ff.

Druckgraphiken nach Fiorillo

Außer einigen Porträtstichen[63] sind vier Einzelblätter mit unterschiedlichen Sujets erhalten.[64] Ein fünftes Blatt zeigt den Entwurf für das Denkmal für Herzog Maximilian Leopold von Braunschweig aus dem Jahre 1787.[65]

Zwei der Einzelblätter seien hier vorgestellt:

Im Medaillon ist das Kniestück der Amazonenkönigin Antiope gefaßt, das Heinrich Schwenterley 1791 gestochen hat.[66] Sie ist in der für sie typischen Kleidung und Bewaffnung mit entblößter linker Brust dargestellt. Gegenüber dem zierlichen, geradezu kleinen Kopf fällt zunächst der massige, breitschultrige Körper auf, der wenig plastisch wirkt. Der als filigran angedeutete Stoff des den Körper kaum verhüllenden Gewandes ist kaum überzeugend formuliert. Besonders plump wirken die Arme der Antiope, die über die teilweise anatomische und perspektivische Fehlgestaltung hinaus völlig ungelenk und leblos, fast skurril, erscheinen. Fiorillos Befangenheit in der Darstellung des menschlichen Körpers, die schon vielfach erwähnt worden ist, fällt in diesem Blatt in extremer Weise ins Auge. (Allerdings wird daran der Stecher seinen Anteil gehabt haben.)

Für den ›Göttinger Musenalmanach auf das Jahr 1796‹ gestaltete Fiorillo das Titelblatt ›Friedensgöttin, [...] welche die Muse des Gesanges ermuntert‹ (Abb. 10).[67] Vor der Kulisse einer von Bäumen und Büschen bestandenen Landschaft sitzt links die eine Leier haltende Muse; vor ihr steht rechts die Friedensgöttin.

Ohne nachweisbares konkretes Vorbild steht dieses Blatt in der Tradition der damals zahlreichen, antiken Vorbildern nachempfundenen Musendarstellungen. Die zeichnerischen Struktur ist der der Vignetten zu den Vergil-Folgen ähnlich.

Buchillustrationen

Bald nachdem Fiorillo seine Tätigkeit als Zeichenlehrer in Göttingen aufgenommen hatte, unterstützte der Altphilologe und Erste Bibliothekar der Universitätsbibliothek Chr. G. Heyne (1729-1812) den neuen Freund nicht nur in dem Bemühen, im Lehrbetrieb der Universität festen Fuß zu fassen,[68] sondern

63 M. Menze (wie Anm. 23), Kat. 53/54 u. Kat. 57.

64 Ebenda, Kat. 58/59.

65 Ebenda, Kat. 60.

66 Städtisches Museum Göttingen, Fiorillo Nr. 9; M. Menze, a.a.O., Kat. 55.

67 U. a. Städtisches Museum Göttingen, Fiorillo Nr. 11; GGA, 1795, S. 1626; M. Menze, a.a.O., Kat. 56.

68 Ebenda, S. 54 ff. u. S. 68ff.

er bot ihm erstmals Mitte der 1780er Jahre an, für ihn als Illustrator tätig zu werden.[69]

Näheres zur Beziehung dieser beiden Männer wird der Beitrag von Hartmut Döhl darlegen. Deswegen möchte ich mich hier auf wenige Aspekte beschränken.

Für insgesamt vier Publikationen Heynes schuf Fiorillo die Illustrationen: Ab 1787 erschien die kommentierte Gesamtausgabe der Schriften Vergils mit 75 Vignetten;[70] 1794 gestaltete Fiorillo fünf Kupfertafeln für »eine antiquarische Kleinigkeit«, einen Aufsatz über einen griechischen Sarkophag mit Reliefdarstellungen aus der Achill-Mythologie.[71] Ab 1797 erschien die zweite illustrierte Vergil-Ausgabe, die Fiorillo mit 204 Kupferstichen ausstattete.[72] Schließlich stellte er 1802 die Vorlagen zu 28 Vignetten in Heynes Publikation der Ilias Homers her.[73] Die Bekanntschaft mit dem Göttinger Dichter G. A. Bürger trug Fiorillo den Auftrag zu 16 Stichvorlagen ein, die die Gesamtausgabe von dessen Schriften durch Carl Reinhard aus den Jahren 1796 bis 1802 schmücken.[74] Zwei Sammlungen eigener kurzer Aufsätze, die 1803 und 1806 herauskamen, fügte Fiorillo vier erläuternde Abbildungen nach eigenen Entwürfen bei.[75]

Für die Illustrationen der Bürger-Ausgabe ist eine Vorzeichnung nachzuweisen. Sie veranschaulicht, wie der griechische Götterbote Hermes dem Phrygier Paris, der in einer felsigen Landschaft seine Herde bewacht, einen goldenen Apfel übergibt (Abb. 11).[76] Während Fiorillo die Felsen im Hintergrund durch differenzierte Kontraste und detaillierte Schraffuren abwechslungsreich zu gestalten versuchte, lassen Inkarnat und Gewandstrukturen Detailfreude und Plastizität vermissen. Die Gesichter sind summarisch gezeichnet, Mimik ist kaum zu erkennen.

Der Stecher hat sich bemüht, seiner Umsetzung der Vorlage mehr Plastizität zu verleihen. In seiner Übersicht über die ›Deutsche Buchillustration im 18. Jahrhundert‹ merkt denn auch A. Rümann an, daß der Stecher Chr. G. Geyser (1742-1805) Garant für die einprägsame Ausdruckskraft der Vignetten nicht nur dieser Folge nach Fiorillo sei.[77] Daß dieses Urteil allerdings etwas

69 A. H. L. Heeren: Chr. G. Heyne, Göttingen 1813, S. 411, M. Menze, a.a.O., Anm. IV, 50.

70 U. a. Niedersächsische Staats- und Universitätsbibliothek Göttingen (NStUB), 8 Auct. Lat. II, 7399; M. Menze, a.a.O., Kat. A mit Literatur.

71 U. a. NStUB, 8 Archaeol. II, 2282; M. Menze (wie Anm. 23), Kat. B mit Literatur.

72 U. a. NStUB, 8 Auct. Lat. II, 7401; M. Menze, ebenda, Kat. D mit Literatur.

73 U. a. NStUB, 8 Auct Gr. II, 275; M. Menze, ebenda, Kat. E mit Literatur.

74 U. a. NStUB, 8 Scr. arg. vac. VIII, 1901; M. Menze, ebenda, Kat. C mit Literatur.

75 U. a. NStUB, 8 Art. plast. II, 6580; M. Menze, ebenda, Kat. F mit Literatur.

76 Staatliche Kunstsammlungen Kassel, Inv. Nr. GS 1114; M. Menze, ebenda, Kat. 25.

77 A. Rümann: Das deutsche illustrierte Buch des 18. Jahrhunderts. Studien zur deutschen Kunstgeschichte, Heft 282, Straßburg 1931, S. 56.

pauschal gehalten ist, zeigt die Gegenüberstellung der Vorzeichnungen[78] und der gestochenen Vignetten zu der Homer-Ausgabe: Auch in der Gestaltung durch denselben Stecher, also Geyser, haben die Illustrationen nicht an Qualität gewonnen. Die abgebildeten Personen wirken hölzern, wenig plastisch; nur grob sind ihre Gesichtszüge angedeutet, nur summarisch sind Gewänder und Inkarnat ausgeführt.

Mit wenigen Ausnahmen liegen den Sujets der Vignetten Monumente des antiken griechischen und römischen Kunstkreises als Vorbilder zugrunde. Dabei wurden, je nach der Absicht und dem Anspruch des Herausgebers, mehr oder weniger schon damals bekannte Objekte aus allen Kunstgattungen – Architektur, Rund- und Reliefplastik, Numismatik, Glyptik und Malerei – und aus allen Epochen ausgewählt; der Quantität nach stehen Gemmen vor Münzen und Reliefs.

Fiorillo war seit Beginn seiner Ausbildung zum Zeichner und Maler mit antiken Bildwerken vertraut.[79] In Göttingen standen ihm die reichen Bestände der Universitätsbibliothek an Stichwerken zur Verfügung;[80] darüberhinaus war ihm die Gipsabgußsammlung der Universität mit den bekanntesten griechischen und römischen Skulpturen jederzeit zugänglich.[81]

Die Interpretation und Ausgestaltung dieser antiken Vorbilder verdeutlicht beispielhaft die Vignette ›Amor und Psyche‹ aus der Bürger-Ausgabe: Als Vorlage diente Fiorillo offensichtlich ein Blatt aus G. G. Bottaris 1750 erschienenen ›Museum Capitolinum‹. Das eng umschlungene, sich küssende Paar hat Fiorillo gleichsam vom Sockel gehoben und in eine nur angedeutete Landschaft mit Wolkenkulisse gestellt. ›Erklärend‹ hat er ihnen Flügel beigegeben und verschiedene Attribute auf dem Grund verteilt. Selbst in der Wiedergabe der antiken Skulptur hat sich Fiorillo vom Vorbild entfernt. Inkarnat und Proportionen sind verschieden; die Figuren sind deutlich länger.

78 Die Vorzeichnungen, die zur Zeit nur als Fotografien vorliegen, werden nach einer Auskunft von A. Hölter wahrscheinlich im Kupferstichkabinett SMPK, Berlin aufbewahrt; M. Menze, ebenda, Kat. 26-52.

79 Ebenda, Anm. IV, S. 63.

80 Chr. G. Heyne hat als Erster Bibliothekar dieser Einrichtung die großen Tafelpublikationen des 17. und 18. Jahrhunderts in seltener Vollständigkeit gesammelt. Vgl. H. Vogt: Heyne als Bibliothekar, in: Chr. G. Heyne (1729-1812). Ausstellung anläßlich seines 250. Geburtstages. Kleine Ausstellungsführer der NStUB, Bd. 8, Göttingen 1979, S. 15f.

81 A. H. L. Heeren, a.a.O., S. 235ff. u. S. 247ff.; R. Horn: Zweihundert Jahre Göttinger Archäologische Sammlungen, in: Georgia Augusta 1968, Göttingen 1968, S. 86ff.; Chr. Boehringer: Lehrsammlungen von Gipsabgüssen im 18. Jahrhundert am Beispiel der Göttinger Universitätssammlung, in: H. Beck (Hg.): Antikensammlungen im 18. Jahrhundert. Frankfurter Studien zur Kunst, Bd. 9, Berlin 1981, S. 100ff.

In den beiden Vergil-Folgen benutzte Fiorillo außer solchen und ähnlichen Landschaftskulissen zahlreiche Varianten schmückender Rahmungen für die ausgewählten Vorlagen. Auch gestaltete er dekorative Kompositionen aus mehreren antiken Objekten. Nur einige Reliefs, Architekturen und Gefäße sind ohne Beiwerk aus den Tafelwerken übernommen. Nur wenige Sujets hat Fiorillo frei erfunden. Und so bestand die künstlerische Eigenleistung mehr oder weniger darin, den Antiken ein schmückendes Ambiente zu verschaffen, Szenen und Arrangements zu gestalten. Dementsprechend spiegeln die Vignetten sicher nur vermittelt Fiorillos Entwicklung als Zeichner. Die Formensprache in den Illustrationen ist bestimmt vom Stil des jeweiligen antiken Vorbildes nach der Tafelpublikation. In der schmückenden Ausgestaltung kommen im wesentlichen Stilmittel frühklassizistischer Vignettenkunst zur Geltung. Wenn auch gelegentlich Rückgriffe auf spätbarocke Elemente, vor allem im Duftigen mancher Landschaft anklingen, so überwiegen doch gestalterische Mittel, wie wir sie aus den späten Bildfolgen Salomon Gessners (1730-83)[82] oder A. F. Oesers (1717-99)[83] kennen.

Schlußbemerkungen

Dieser Überblick über das bildnerische Œuvre Fiorillos hinterläßt eine gewisse Ratlosigkeit. Denn die Ausgangsfrage nach der Prägung durch die italienische Schule, dem Einfluß von Lehrern und Mitschülern in Rom und Bologna kann schwerlich beantwortet werden.

Soviel immerhin scheint mir deutlich geworden zu sein:

Nur vage und diffus klingt in einigen Zeichnungen und Gemälden die Bologneser Schule an.

Auch in den wenigen überlieferten Werken ist eine deutliche Minderbegabung, von der schon seine Zeitgenossen berichten, nicht zu übersehen.

Gerade künstlerische Grundfertigkeiten wie die Wiedergabe von Anatomie und Perspektive sind wenig ausgeprägt.

Vermutlich hat das spezifische Umfeld in der kleinen, abgelegenen Universitätsstadt Göttingen dazu beigetragen, daß Fiorillo nur wenig auf dem Erlernten aufbauen und sich künstlerisch weiter entwickeln und entfalten konnte.

82 Vgl. unter anderem W. Hausenstein: Rokoko. Französische und deutsche Illustrationen des 18. Jahrhunderts, München ²1958, S. 94ff.

83 A. Rümann (wie Anm. 77), S. 43ff.

Abb. 1: Samson, der die Tore der Stadt Gaza auf seinen Schultern bis auf die Spitze eines Berges trägt, 1765. Bologna, Accademia di Belle Arti. Bleistift. 600 × 470 mm. Photo: Foto-Ottica, Bologna.

Abb. 2: Episodia di storia romana, 1768. Bologna, Accademia di Belle Arti. Bleistift. 480 × 600 mm. Photo: Foto-Ottica, Bologna.

Abb. 3: Sitzender männlicher Akt, vor 1770. Braunschweig, Herzog-Anton-Ulrich-Museum, Inv. Nr. Z 602. Kreide in Schwarz, weiß gehöht. 426 × 302 mm. Photo: Museumsfoto, B. P. Keiser.

Abb. 4: Sitzender männlicher Akt, 1767. Göttingen, Städtisches Museum, Fiorillo Nr. 6. Kreide, weiß gehöht. 410 × 295 mm. Photo: Foto R. E. Tigges.

Abb. 5: Rückenakt, 1765. Göttingen, Städtisches Museum, Fiorillo Nr. 5. Rötel. 410 × 300 mm. Photo: Foto R. E. Tigges.

Abb. 6: Die Predigt Johannes des Täufers, um 1775. Braunschweig, Herzog-Anton-Ulrich-Museum, Inv. Nr. Z 792. Bleistift mit Bleistift- und Tuscheeinfassung. 231 × 176 mm. Photo: Museumsfoto, B. P. Keiser.

Abb. 7: Heilige Familie, 1820. Göttingen, Kunstsammlungen der Universität. Öl auf Leinwand. 740 × 625 mm. Photo: Kunstsammlungen der Universität.

Abb. 8: Achill entläßt die Briseis, 1783. Bremen, Kunsthalle, Inv. Nr. 1310-1991 / 7. Öl auf Leinwand. 1433 × 1134 mm. Photo: Kunsthalle Bremen, Nr. 10311.

Abb. 9: Porträt Gottfried August Bürger, um 1789. Göttingen, Städtisches Museum. Deckfarben auf Papier. 230 × 195 mm. Photo: Kreisbildstelle Göttingen, AN 2436 Nr. 1165.

Abb. 10: Titelkupfer für den Göttinger Musenalmanach 1796, 1795.
Göttingen, Städtisches Museum, Fiorillo Nr. 11.
Kupferstich (Stecher unbekannt; vermutlich Ebert). 82 × 50 mm.
Photo: Göttingen, Kunstsammlungen der Universität.

Abb. 11: Hermes übergibt Paris den goldenen Apfel, um 1797. Kassel, Staatliche Kunstsammlungen, Inv. Nr. GS 1114. Bleistift, laviert. 153 × 92 mm. Photo: Kassel, Staatliche Kunstsammlungen.

Hartmut G. Döhl

Johann Dominicus Fiorillo und Christian Gottlob Heyne
Interdisziplinäre Zusammenarbeit im 18. Jahrhundert[1]

Vom Œuvre des *Künstlers* Fiorillo hat sich bislang nur sehr wenig Eigenhändiges nachweisen lassen, ganz im Unterschied zum Œuvre des *Kunsthistorikers* Fiorillo. Fast alle derzeit bekannten originalen Werke stammen zudem aus Fiorillos Vor-Göttinger Zeit. Aus seiner Göttinger Zeit kennen wir vornehmlich Buchillustrationen, die aber oft in stilistischer Hinsicht uneinheitlich und disparat wirken. Es sind vor allem seine umfangreichen Illustrationen der Heyne'schen Vergil-Ausgaben, die hier in erster Linie zu beachten sind.

Sollte Fiorillo, der sich selbst einmal als »Peintre d'Histoire« bezeichnet hatte, ausgerechnet in Göttingen seine künstlerischen Grenzen erkannt haben und sich daher ganz vornehmlich auf das Gebiet der Kunsttheorie geworfen haben? Und wie ist sein so uneinheitlich wirkendes druckgraphisches Werk zu bewerten?

Um der Antwort auf diese Fragen näher zu kommen, ist ein Blick auf das Verhältnis von Fiorillo zu Christian Gottlob Heyne (1729-1812) hilfreich.

Fiorillo und Heyne

1799 hatte J. H. W. Tischbein den berühmten Göttinger Philologen und Altertumskundler Christian Gottlob Heyne im Alter von 70 Jahren gemalt. Dieses Bild war seinerzeit sehr geschätzt und ist in verschiedenen Stichen und Nachstichen verbreitet.[2] Keine Beachtung fand dagegen ein etwa gleichzeitig entstandenes Pastell, das sich heute im Städtischen Museum zu Göttingen befindet und den großen Gelehrten in gleichem Alter und in gleicher Tracht zeigt (Abb. 1).[3] Von der Geschichte dieses Bildnisses ist nichts bekannt, auch über

1 Der Beitrag ist Teil einer geplanten größeren Arbeit über das Verhältnis Bild-Text anhand der neueren Vergil-Editionen.

2 Vgl. H. G. Döhl: Die Bildnisse Christian Gottlob Heynes: Porträt und Zeitzeugnis, in: Georgia Augusta Nov. 1989, S. 37ff., besonders S. 41ff.

3 Städtisches Museum Göttingen, Inv. Nr. 1902/730. Der Abzug, dem die Abbildung zu Grunde liegt, ist nach einem alten Glasnegativ der frühen zwanziger Jahre angefertigt (Archäol. Institut Göttingen, GöNeg. 120). Der Fleck auf der Stirn und die anderen technischen Mängel resultieren aus dem heutigen Zustand der Platte. – Von Arbeitern im Museum wurde der Dargestellte in den achtziger Jahren in mangelnder Kenntnis seines richtigen Namens salopp, aber nicht unzutreffend als »Schielemichel« bezeichnet. Heyne

den Namen des Malers breitete sich ein (gütiger?) Mantel des Vergessens. Zeit, Ort und äußere Umstände lassen es nun durchaus für möglich erscheinen, daß es sich bei dem »unbekannten« Maler um Fiorillo handelt, der seinen langjährigen Gönner vielleicht für eigenen Bedarf im Bilde festhalten wollte.

Heyne war über Jahrzehnte hin der einflußreichste Professor an der Göttinger Universität.[4] Wohl durch seine Vermittlung wurde Fiorillo nach Göttingen berufen, wo ihm ab 1784 die Leitung des *apparatus iconographici in nostra bibliotheca* (Heyne 1787) anvertraut wurde.

In zeitgenössischen deutschsprachigen Nachrichten wird Fiorillo als »Aufseher bey der Kupferstichsammlung hiesiger Universitätsbibliothek« bezeichnet.[5] Die ›Kupferstichsammlung‹ oder der *apparatus* war demnach ein organisatorischer Bestandteil der damaligen Universitätsbibliothek, deren Leitung wiederum in den Händen Heynes lag. Unklar ist, was genau man im Jahre 1787 unter dem *apparatus iconographicus* (erste Nennung durch Heyne) verstanden hat, was also Fiorillo eigentlich zu betreuen hatte. Sicher gehörte zu den Aufgaben dieses »Aufsehers« auch die Betreuung der Kupferstiche und Kupferstichwerke, die im akademischen Unterricht zur Veranschaulichung herangezogen wurden.

Uns liegen zahlreiche Beschreibungen und Mitschriften von Archäologie-Vorlesungen Heynes vor. Nach dem Zeugnis der Mitschriften hat Heyne in seinen Vorlesungen systematisch und reichlich Gebrauch von den großen Kupferstichwerken gemacht; sie ersetzten ihm die heute üblichen Dias. Zu den benutzten Werken gehörten unter anderem die Folianten Piranesis, die Altertümer von Herkulaneum, die großen Museumskataloge vom Kapitol und vom Vatikan, die großen Gemmenpublikationen und die vielen anderen – oft opulenten – Bilddokumentationen der damaligen Zeit. Dem »Aufseher« des *apparatus iconographicus*, Fiorillo, müssen daher diese archäologischen Arbeiten gut vertraut gewesen sein, zumal sie auch den Künstler in ihm gereizt haben werden.

hatte in der Tat einen Augenfehler, der auch auf dem qualitätvollen Bildnis Tischbeins erkennbar ist. Das sicher von Fiorillo stammende Porträt G. A. Bürgers ist im Charakter dem Heynebildnis nicht unähnlich. Vielleicht wollte Fiorillo mit dem gleichzeitigen ›offiziellen‹ Bildnis Tischbeins in Wettstreit treten.

4 Vgl. hierzu vor allem: Der Vormann der Georgia Augusta. Christian Gottlob Heyne zum 250. Geburtstag, in: Göttinger Universitätsreden, Bd. 67, Göttingen 1980; Christian Gottlob Heyne 1729-1812. Ausstellung anläßlich seines 250. Geburtstages. Kleine Ausstellungsführer NStUB Göttingen 1979.

5 GGA 1789, S. 537 (Heyne?). 1784 war Fiorillo mit der Leitung der Sammlungen beauftragt worden.

Heyne bezeichnete Fiorillo als »vir ingeniosus idemque picturae cum linearis tum pigmentis illustratae historiaeque artium doctus magister«.[6] Einen solchen »vir ingeniosus« und »doctus magister« wollte Heyne nach Göttingen ziehen. Über Heynes glückliche Wahl beim »doctus magister historiae artium« besteht heute kein Zweifel; es sind Fiorillos theoretische Ansätze, denen er seinen festen Platz in der Kunstgeschichtsschreibung verdankt.[7]

Heyne hatte aber nicht nur den »doctus magister« im Auge, den gelehrten Theoretiker; der malende Gelehrte, der »vir ingeniosus picturae illustratae«, der »peintre d'histoire«[8] war ihm ebenso wichtig. Dem ausübenden Künstler Fiorillo verschaffte er lukrative Aufträge – allerdings fast ausschließlich für seine, Heynes eigene Buchillustrationen.[9]

In Heyne hatte Fiorillo einen einflußreichen Gönner gefunden. Mit seinen durchaus nicht ungeschickten Illustrationen für Heynes Bücher muß er sich auch als Künstler einen guten Ruf verschafft haben. Umso mehr erstaunt es, daß er bislang fast gar nicht als Illustrator anderer Autoren nachweisbar ist[10] und ebenso, daß sein Name in dem gewinnträchtigen Geschäft der Göttinger Stammbuch-Verleger oder der Almanach-Produzenten fehlt.

Insgesamt hat Fiorillo in Göttingen in den Jahren zwischen 1785 und 1800, soweit bislang nachweisbar, weit über 300 Vorlagen für Druckillustrationen angefertigt. Rund 85 Prozent dieser Buchvorlagen waren für die beiden Heyne'schen Vergil-Ausgaben bestimmt (279 Vorlagen). Diese Zahlen machen deutlich, daß der Künstler Fiorillo in Göttingen durchaus nicht faul war. Sie lassen aber ebenso auch erkennen, daß der ehemalige Braunschweigische Hof-

6 Recensus A, S. 235.

7 Auf den »doctus magister« beziehen sich ja auch die meisten der in diesem Band versammelten Aufsätze.

8 Bezeichnung auf einem Selbstbildnis Fiorillos, das in einem Stich von Heinrich Schwenterley, Göttingen 1789, überliefert ist. Abgebildet in: Renaissance in der Romantik (1993) Frontispiz (ohne die Unterschrift; nach dem Exemplar im Besitz der NStUB Göttingen).

9 Erste illustr. Vergil-Ausgabe (hier Vergil A; 75 Abb., 1787-89); Grabmal Homers (5 Abb., 1794); zweite illustr. Vergil-Ausgabe (hier Vergil B; 204 Abb., 1797-1800); Homer-Ausgabe 28 Abb., 1802-22). Es war wohl auch Heyne, der dafür Sorge getragen hatte, daß Fiorillo Werke G. A. Bürgers illustrieren konnte (1796ff., 16 Abb.). 1812 verstarb Heyne; er hat die Vollendung der großen Homer-Ausgabe nicht mehr erlebt. Parallel zu Heynes Homer-Ausgabe erfolgte die Zusammenarbeit Heynes mit Tischbein bei dessen Homer-Projekt. Hier freilich hatte der Künstler einen Philologen als Interpreten gesucht und nicht umgekehrt, vgl. B. Grubert: Johann Heinrich Wilhelm Tischbein, ›Homer nach Antiken gezeichnet‹, Diss. Bochum 1975, S. 12ff.

10 Auf eine von Fiorillo illustrierte Horaz-Ausgabe von Christoph Wilhelm Mitscherlich (1760-1854) wies mich G. Unverfehrt mündlich hin: Q. Horatii Flacci opera illustravit Lipsiae 1800, voll. I, II.

künstler nun zum Hofkünstler eines Göttinger Professors und Hofrats geworden war. Und umgekehrt war dieser Hofrat über lange Jahre hin der Mäzen und Förderer *seines* Künstlers.

Will man Fiorillos zeichnerische Aktivitäten in Göttingen richtig einschätzen, so muß man berücksichtigen, daß zu der Zahl der abgelieferten fertigen Druckvorlagen sicher viele Vorentwürfe kamen, daß wir darüberhinaus in diesem Zusammenhang aber auch noch mit einer nicht abschätzbaren Zahl von nicht berücksichtigten Zeichnungen nach anderen antiken Objekten und Motiven rechnen müssen. Von all dem ist so gut wie nichts nachgewiesen.

So können wir Fiorillos Hand nur nach der *Druckfassung* seiner Zeichnungen bewerten. Damit kommt ein weiterer Künstler mit ins Spiel: Christian Gottlieb Geyser in Leipzig. Geyser war einer der führenden – wenn nicht überhaupt der führende – Kupferstecher in Deutschland. Immer wieder wird in zeitgenössischen Äußerungen der ihm »eigene sanfte und saubere Grabstichel« lobend betont.[11] Man würde gerne die Handschrift dieses hochsensiblen Stechers mit der Handschrift des Zeichners Fiorillo vergleichen, doch ist dies wegen der fehlenden Originalzeichnungen leider nicht möglich. Wenn wir schon die Handschrift nicht fassen können, so doch wenigstens den künstlerischen Entwurf.

Fiorillo als ›Illustrator‹ Heynes

Beteiligt waren an den illustrierten Prachtausgaben – sieht man von den antiken Autoren einmal ab – vier Personen: Heyne als Autor, der Leipziger Caspar Fritsch als Verleger, Fiorillo als Illustrator und Geyser als Stecher.[12] Den Verleger Fritsch können wir, was den künstlerischen Anteil anbetrifft, hier wohl hintanstellen. Von Interesse sind der Autor und sein Illustrator, merkantil gesprochen: der Förderer und der von ihm Geförderte. Es ist klar, daß bei einem solchen Verhältnis in strittigen Fällen die letzte Entscheidung bei Heyne lag; nach unserer Kenntnis von der Person Heynes können wir sagen, daß keine Zeichnung von Göttingen aus ihren Weg zum Verleger gefunden haben dürfte, die Heyne nicht noch in ihrem allerletzten Stadium gesehen hat. In diesem Ent-

11 GGA 1789, S. 537.

12 Christian Gottlieb Geyser (1742-1803) war Schüler von Oeser und seit 1764 an der Leipziger Akademie tätig. Von Geyser stammt ein sehr schönes gestochenes Bildnis Heynes, erschienen als Titelkupfer in: ›Neue Bibliothek der schönen Wissenschaften‹; vgl. Döhl (wie Anm. 2), S. 38, Abb. 2. Die ›wortgetreue‹ Umsetzung des vorgegebenen Originals (Porträt Tischbeins, siehe H. G. Döhl, a.a.O., S. 38, Abb. 1) mit einer freien, vom Vorbild unabhängigen barocken Rahmung nimmt manches von dem vorweg, was sich später bei Fiorillos Zeichnungen für Heyne findet.

stehungsprozeß mag ein wichtiger Grund liegen für die erkennbare große stilistische Uneinheitlichkeit der Fiorillo'schen Textillustrationen. In ähnlichem Sinn, – doch eher etwas resignierend –, hat Marianne Menze darauf hingewiesen, daß diese Illustrationsfolgen »ein uneinheitliches Bild von spätbarocker bis klassizistischer Manier« erkennen ließen.[13] Cuius culpa? Ist es die Schuld des ›Künstlers‹ Fiorillo, der hier unsicher zwischen den künstlerischen Stilen der Vergangenheit hin-und hertaumelt? Oder könnte es vielleicht eher an den Vorgaben des eigentlichen Auftraggebers Heyne liegen? Wie steht es in diesem Fall um »die Freiheit eines Künstlermenschen«? Was konnte Fiorillo machen, was durfte er, wie weit war er in der Bildgestaltung frei? Um Fiorillos künstlerischen Möglichkeiten und Leistungen näher zu kommen, ist es also unumgänglich, zunächst danach zu fragen, was sich sein ›Auftraggeber‹ gedacht hat, wie stark dessen Interesse an der Textbebilderung war, was seine Vorgaben und Intentionen gewesen sein mögen.

Es ist der ›Recensus‹ der Vergil-Ausgabe,[14] in dem Heyne ›seinen‹ Zeichner Fiorillo als »vir ingeniosus« und »doctus magister« apostrophierte, als einen begabten illustrierenden Künstler und beschlagenen Kenner künstlerischer Arbeiten. Beides war für den Altertumskundler und Philologen Heyne bei der Anfertigung der Illustrationen für die Vergil-Ausgaben wichtig und daraus resultierte eine intensive *Zusammenarbeit*:

»Quae in fronte totius operis praefixa est tabula, ad fragmenti speciem ex diversis antiquitatis monumentis, marmoribusque anaglyphis, ad consilium nostrum est composita, Piranesii maxime exemplo«.[15]

»[...] ad consilium nostrum est composita, [...]« – das gilt wohl nicht nur für das Titelbild der Ausgabe. Heyne hat also ganz offensichtlich als Philologe und Archäologe gezielt Einfluß auf die Bildauswahl und die Bildgestaltung genommen, woraus sich zum Teil wohl auch die Uneinheitlichkeit in der Bildgestaltung erklärt: Bilder ›nach Art des Piranesi‹ stehen neben freigestellten Veduten mit gelegentlich fast rokokohaften Zügen, neben Bildern in Art von Winckelmanns ›Monumenti inediti‹ sowie Bildern im Stile zeitgenössischer Vasen- und Gemmenpublikationen. Die Bilder greifen nicht in den Text ein, sie stehen am Beginn oder am Ende einzelner Abschnitte, sind einleitendes Motto oder abschließendes Resumée. Soweit den Bildern Text vorausgeht, sind sie durch einheitliche Schmuckleisten vom Text abgesetzt.

Was die Uneinheitlichkeit der Bildgestaltungen betrifft, so sei hier zum besseren Verständnis noch angemerkt, daß die gleiche Uneinheitlichkeit der Bildausführung in dieser Zeit auch in den epochemachenden wissenschaftlichen

13 In den Zusammenfassungen der Vorträge (Nr. 4) des Göttinger Kolloquiums.

14 Recensus A, S. 235.

15 Recensus A, S. 235.

Werken zu beobachten ist. Winckelmanns ›Monumenti inediti‹[16] sind ein Musterbeispiel dafür. Allerdings werden die dargestellten Objekte bei Winckelmann weder freigestellt noch durch Blattwerk umrahmt, aber die Formen der künstlerischen Darstellung variieren in starkem Maße, neben rein graphischen Umrißbildern stehen Silhouetten und Halbtonbilder unterschiedlichster Art.

Wie weit ging nun dieses »consilium nostrum«, was durfte der Künstler aus den klaren Vorgaben Heynes machen? Eine Antwort darauf geben uns die beiden erhaltenen Zeugnisarten, zum einen die ausgeführten Bilder, zum anderen Heynes Erläuterungen zu diesen Bildern. Lassen wir sie im Folgenden für sich selbst sprechen und versuchen wir so, dem Zwiegespräch zwischen dem Philologen Heyne und dem Künstler Fiorillo zu lauschen.[17]

Heyne hat zwei große illustrierte Vergil-Ausgaben herausgegeben. Für beide war Fiorillo als Illustrator tätig.[18] Zwischen dem Erscheinungsdatum der beiden illustrierten Ausgaben liegen nicht einmal zehn Jahre. Die Frontispizien zum ersten Band der beiden Ausgaben machen das Ausmaß der möglichen Umgestaltung deutlich. Das erste (Vergil A: Abb. 2 a) zeigt ›nach Art des Piranesi‹ die Dea Roma und eine Inschrift: *Tityrus et segetes Aeneiaqu(e) arma legentur, Roma triumphati dum capu(t) orbis erit* (Zitation der Hauptwerke Vergils bei Ovid, Amores I 15, 25f.). Es bestand keine Notwendigkeit, das Frontispiz bei der zweiten Ausgabe zu wechseln. Auch dieses neue Frontispiz (Vergil B: Abb. 2 b) ist ›nach der Art des Piranesi‹, es ist aber anders zusammengesetzt und mußte daher neu gestochen werden.[19] Gegenüber dem älteren Entwurf ist es malerisch geschlossener, bildhafter und nicht mehr solch eine Trümmerschüttung. Konsequenterweise entfallen auch die antiken Schriftzitate. In der Auswahl der Monumente entfällt der militärische Aspekt der ersten Ausgabe: Es gibt keine Beutewaffen mehr, den Platz der gerüsteten Dea Roma nimmt jetzt der sitzende Genius Roms ein, der einer Statue Apollos mit Lyra eine Victoria entgegenhält. Im Hintergrund ist die Ruine des von Augustus geweihten Tempels des Jupiter Tonans wiedergegeben. – Die Dea Roma verschwindet aber nicht ganz; sie findet sich auf der folgenden Titelvignette, neu verbunden mit einer Muse und einer Säulenbasis mit Säulenrest. Auf diese Basis ist jetzt die Tityrus-Aufschrift des älteren Frontispiz übertragen (Vergil B: Abb. 3 b; vgl. Vergil A: Abb. 2 a).[20]

16 J. J. Winckelmann: Monumenti antichi inediti spiegati ed illustrati, Rom 1767.

17 Bei der Abfassung des Manuskriptes war mir die jetzt auferlegte Beschränkung auf nur wenige Bilder immer wieder schmerzhaft. Vieles, was beim gezeigten Bilde unmittelbar sprach, mußte für die Druckfassung erst in dürre Worte umgesetzt, zugesetzt oder auch ausgesetzt werden.

18 Vergil A mit 75 Abb., Vergil B mit 204 Abb.

19 Ein Grund für die Abwandlung dieses Bildes (und weiterer) mag ganz profan sein: der entwerfende Zeichner konnte auf diese Weise ein neues Entwurfs-Honorar beanspruchen.

20 »Der Tityrus (= Vergils Eclogen) und die Segetes (= Vergils Georgica) und die Aeneischen

Eine Vielzahl von Illustrationen in beiden Ausgaben nimmt auf das gleiche literarische Stichwort Bezug. Man würde erwarten, daß dann in der zweiten Ausgabe sich auch das Bild der ersten wiederfindet; das ist erstaunlicherweise nicht der Fall! In der gesamten 2. Auflage wird auf keine Druckplatte der 1. Auflage zurückgegriffen![21] Archäologische Monumente freilich werden in der 2. Auflage wiederholt (zum Beispiel Eros als Löwenreiter / Statue des Ganymed / Gemälde ›La Poetessa‹, vgl. Abb. 4 a, b).

Die Identifizierung des Herausgebers mit dem Bild

Von altphilologischer Seite sind die illustrierten Ausgaben des Vergil (und des Homer) bis in jüngste Zeit immer wieder als peinlicher faux pas des Gelehrten empfunden worden:

»Das Ausmaß der Entfremdung auch der Gebildeteren gerade von den wertvollsten und daher auch anspruchsvollsten Texten durch das heutige Überangebot von Bildmaterial (und durch den trügerischen Augenschein an klassischer Stätte) konnte Heyne nicht ahnen, aber etwas von dieser *Gefahr* für die Philologie hat er immerhin geahnt«.[22]

Auf den Nutzen oder Schaden, den die Abbildung archäologischer Objekte für die Philologie ausübt, kann an dieser Stelle nicht eingegangen werden, auch nicht auf die Konstatierung eines heutigen Überangebots an Bildmaterial,[23] auch nicht auf den Wert der topographischen Autopsie. Eingehen will ich aber auf die Rolle Heynes in diesem Spiel. In dem Aufsatz, dem das obige Zitat entnommen ist, heißt es dazu konkret:

»Schon in den Illustrationen, den Vignetten, mit denen der Verleger Vorzugsausgaben des Vergil und Homer schmücken ließ, wittert Heyne die Gefahr einer unziemlichen Ablenkung vom Wort des Dichters«.[24]

Waffentaten werden so lange gelesen werden, wie Rom das Haupt der bezwungenen Welt sein wird.« Vergil A, Recensus 235: »Versus sunt Ovidii *inter Testimonia de Virgilio* excitati *To. I p. CCXI*«.

21 Es ist möglich, daß sich die Druckplatten der ersten Ausgabe nicht mehr beim Verleger in Leipzig befanden. Die Londoner Verleger Payne und White hatten die Ausgabe mit Kupfern und Vignetten von Fritsch erstanden und für ihre 1793 erschienene Ausgabe verwendet; vgl. A. H. L. Heeren: Christian Gottlob Heyne biographisch dargestellt, 1813, S. 399. Ein Verlust der Druckplatten würde aber die künstlerische Umgestaltung der einzelnen Sujets nicht erklären.

22 W.-H. Friedrich, in: Der Vormann der Georgia Augusta. Christian Gottlob Heyne zum 250.Geburtstag , in: Göttinger Universitätsreden, Bd. 67, Göttingen 1980, S. 17.

23 Wir Archäologen beklagen eher das Gegenteil!

24 W.-H. Friedrich, a.a.O. Freilich lagen kostbar illustrierte Publikationen im Trend der Zeit, wie auch umgekehrt scharfe Polemik dagegen. Auf den Punkt gebracht hat dies

Hier wird die Wahrheit schlicht auf den Kopf gestellt: Der Verleger sei es, der die Illustrierungen habe ausführen lassen, aber der Philologe Heyne habe dabei Gefahr gewittert. Nach diesen Ausführungen scheint es doch so, als habe sich Heyne von seinem Verleger ganz gegen seinen freien Willen über den Tisch ziehen lassen und nur zähneknirschend die Illustrierung seiner Bücher akzeptiert. Davon kann schlechterdings nicht die Rede sein![25] Und es ist auch nicht der Verleger allein, der »Vorzugsausgaben des Vergil und Homer schmücken ließ«,[26] sondern es ist Heyne, der hier ganz massiv in die Bildgestaltung und die Organisation von Bild und Text eingriff. Man muß sich vor Augen halten, daß der Begriff eines ›opus illustratum‹ zu Heynes Zeiten nur wenig mit unserem heutigen Begriff einer ›illustrierten‹ Ausgabe zu tun hat. Die Mehrzahl der kritischen Texteditionen Heynes sind ohne Bilder gleichwohl »perpetua adnotatione *illustratae*«. Wenn das erklärende Wort aber nicht unziemlich vom Text ablenkt, wieso dann das erklärende Bild?

Es ist richtig, daß Heyne in dem archäologischen Material keine unmittelbare Hilfe *zum philologischen Sprachverständnis der Texte* sah; er sah aber eine Ergänzung zum inhaltlichen Verständnis der Texte und zum kulturellen Umfeld. Bei einem Blick auf die Bildauswahl, die Bildstellung im Text und die

vielleicht am präzisesten Wieland in einer Besprechung von L. Barbier's Kupfern zu der Pracht-Ausgabe von Geßner's Werken (Teutscher Merkur 1780, III, S. 55-60), wo er vermerkt, daß »die besten Dichter gerade die [seien, H. G. D.] [...], die der Kupfer am Wenigsten nöthig haben«, aber, so fügt Wieland hinzu, »Wer will jemanden wehren, seinen Hering mit Salz zu essen, wenn er Lust dazu hat?« und »warum sollte den Leuten, die zu viel Geld haben, nicht auch dieser Weg, ihren Überfluß dem industriösen Theil der Nation zufließen zu lassen, offen erhalten werden?« So polemisiert der *Dichter* Wieland auch nicht gegen das Bild schlechthin, er verlangt lediglich: »daß ein Künstler, der über einen guten Dichter arbeiten will, nicht darstellen wollen sollte, was der Dichter *gemalt* hat, sondern gerade das, was er *nicht* gemalt hat und mit seinen Farben, *seinem* [i. e. des Dichters, H. G. D.] Pinsel *nicht malen konnte.*« (Die Kursiva im Text gesperrt). Das Bild ist bei Heyne/Fiorillo denn auch nicht ›Interpretation‹ des Textes, sondern vielmehr belehrendes addendum!

25 Heyne selbst konstatiert wie Wieland den Zeitwunsch nach Luxus, betont auch »parum utilitatis ad ipsas litteras et litteratores proficisci video«, aber eben doch »ad ipsas litteras«. Gleichwohl sei er der Aufforderung des Verlegers gerne, »diligenter« gefolgt und habe solche antike Monumente ausgewählt, »quae cum versu aliquo Virgiliano forte convenirent«. Es folgt eine Bewertung anderer illustrierter Vergil-Ausgaben, die ihm natürlich gut vertraut waren. In seinen ›Vorreden‹ betont Heyne, daß er den bebilderten Luxusausgaben unbebilderte habe folgen lassen, da diese preiswerter, und damit für einen größeren Publikumskreis erschwinglich seien. Praefatio A.

26 Richtig ist nur, daß die Illustrierung auf einen Wunsch des Verlegers zurückgeht. Praefatio A.

Heyne'schen Erläuterungen wird sehr deutlich, wie Heyne die Verbindung von Text und Bild gewertet haben will. Das Verschließen der Augen vor der Tatsache der Verwendung von Illustrationen, die Negierung seiner Erklärungen ad rem schaffen dieses Faktum nicht aus der Welt. Wir müssen also den Intentionen Heynes bei seiner Bebilderung nachgehen, um hier gerecht urteilen zu können.

Es geht ihm nicht gegen die Bilder an sich, im Gegenteil, man gewinnt aus der Kommentierung der Bilder den Eindruck, daß er hier mit ganzem Herzen bei der Sache ist und mit Überlegung, Liebe und Witz mit dem Leser, einmal auch mit dem Autor selbst plaudert.[27]

›Recensus‹ und ›Commentatio‹ – die Bilderklärungen des Herausgebers

In seinem ›Recensus‹ der ›ornamenta‹[28] nennt Heyne gewissenhaft die Vorlagen für die einzelnen Abbildungen und befaßt sich archäologisch und philologisch kritisch mit den im Bild wiedergegebenen Monumenten und den Gründen für ihre Auswahl. Heynes Vergil-Ausgabe dürfte damit zu den ersten philologischen Textausgaben zählen, bei denen die Bildbeigaben nicht vorrangig um ihrer dekorativen Wirkung willen im Text stehen!

Mit dem Titelblatt (Vergil A: Abb. 3 a) hebt das eigentliche Werk des Dichters an. Die Titel-Vignette zeigt die sitzende Clio, die Muse der Geschichtsschreibung und des Epos. An einem Säulenstumpf hängt ein Clipeus mit einem Distichon des Dichters Properz: *Cedite Romani scriptores, cedite Grai: Nescio-quid maius nascitur Iliade.*[29] Es ist einleuchtend, daß dieses Titelblatt in seiner programmatischen Aussage später verändert werden mußte: Vergils Aeneis größer als Homers Ilias, – das konnte im Vorfeld zweier größerer Homer-Publikationen so nicht stehen bleiben![30] Das neue Titelblatt (Vergil B: Abb. 3 b), das ja schon Elemente des alten Frontispizes aufgenommen hat, übernimmt von dort auch die auf Aeneas bezogenen Ovid-Verse.[31] Die ›korrigierte‹ Fassung zeigt jetzt links die sitzende Göttin Roma; anstelle der sitzenden Muse mit der Schriftrolle findet sich nun eine stehende Muse mit der Kithara in der

27 Die Praefatio bei Vergil B schließt mit den Worten: »Tu autem, divine Maro – extremum hoc munus habeto!« (S. XIV).

28 Recensus A, S. 235ff.; Recensus B, S. 735ff.

29 »in pagina quae titulum operis exhibet«. – Properz, Eleg. II 34, v. 65f.: »Tretet zurück ihr römischen Dichter, tretet zurück ihr Griechen, etwas Größeres entsteht (hier) als die Ilias«.

30 Homeri carmina […], 9 Bde., Leipzig/London 1802-22 (mit 28 Illustrationen von Fiorillo); Homer nach Antiken gezeichnet von Heinrich Wilhelm Tischbein. Mit Erläuterungen von Christian Gottlob Heyne, Heft 1-6, Göttingen 1801-05 (insges. 8 Bde., von denen Heyne 6 kommentiert hat).

31 Vgl. S. 150, Anm. 20; Abb. 2a und Abb. 3b. Der Schriftträger ist frei verändert.

Hand. Historie und Dichtkunst sind einander gegenübergestellt. Der Schriftvers »Tityrus [...]« ist jetzt direkt auf die Aeneis und die historische Bedeutung Roms bezogen.

Das Dedikationskupfer von Vergil A ist wie das Frontispiz ganz ›in der Art des Piranesi‹ gehalten.[32] Für die im Bild verwendeten Versatzstücke sind im ›Recensus‹ alle Vorbilder und Quellen mit Tafelverweis genannt. Im Clipeus steht die Widmung an die britischen Prinzen in ›offizieller‹ Form, am Fuße des Blattes eine indirekte Widmung und Mahnung an die Adresse der Prinzen, ein Vers aus der Aeneis: »Incenditque animum famae venientis amore«, »und er entflammt ihm die Seele mit Lust auf den kommenden Ruhm«. Heynes Kommentar: »In quem sensum ipsum carmen dedicatorium comparatum est, ut ostendatur Principibus magnae Britanniae Serenissimis gloria seu ex belli seu ex pacis artibus et virtutibus ventura«.

Wir haben damit die prunkvolle Einleitung in das Werk (Frontispiz, Dedicatio, beide in der Art Piranesis) und die »commune« Einleitung (Titelblatt) verlassen und kommen zu dem eigenständig schaltenden Altertumskenner Heyne.

Im Vergil der Besprechung der verschiedenen Codices steht ein Bild des Prometheus, der den Menschen erschafft, nebst Minerva, die ihm den Odem einhaucht:

»Si vita sine litteris mors est, adeoque vera vita a litteris et Sapientia proficiscitur: Ingeniose Minerva corpus a Prometheo e luto [Lehm, H. G. D.] factum animasse dici potuit. Vides Minervam [...]«.[33]

Im Vergil B findet sich das Bild Prometheus/Minerva am Beginn der Lebensbeschreibung des Dichters durch Tib. Claudius Donatus. Der angesprochene Aspekt der Beseelung des Menschen durch die Dichtung ist an der jetzt von Heyne gewählten Stelle sicher noch besser am Platz als vor den Codices (wie bei der älteren Ausgabe). Das Bild selbst ist in beiden Fällen ein *compositum* nach verschiedenen im Text genannten Quellen, mit einer leicht veränderten inhaltlichen Aussage. Ohne Athena ist Prometheus, ohne den Geist ist das Wort nichts.

Wie die geistige Schöpferin und ihre Schöpfung den Anfang des Dichterlebens markiert, so das Grab sein Ende (abgebildet ist das vorgebliche Grab Vergils bei Posilippo).[34]

32 Vergil A, vol. I, S. XXXIV; Vergil B, vol. V, S. 318. Carmini dedicatoria praefixa [...].

33 Ex numism. ex aere Antonini Pii: Mus. Alban, Vol. I, T. 25,2. Es folgt ein längerer Exkurs mit Hinweisen darauf, wo das Thema ähnlich dargestellt ist, mit Literatur und Abbildungsbelegen. (zum Beispiel: »[...] Occurrit similis effigies in anaglypho notissimo, ad Pythagoream-Platonicam doctrinam comparato, sarcophagi in hortis Pamphilis [...]« folgt das Abb. Zitat).

34 Vergil A, vol. I, S. CLII, S. CLXXXI. Sub finem Vitae Virgilii. Crypta ad Pausilypum, ad quam Virgilii sepulcrum factum traditur.

Der Kommentar des Herausgebers zu den Codices war mühsame Schreibarbeit; illustriert wird dies durch das Gemälde der sogenannten ›Poetessa‹ aus Herculaneum (Vergil A: Abb. 4a) mit einem Ovid-Zitat im erläuternden Text: »Dextra tenet ferrum, vacuam tenet altera ceram«, (»die rechte Hand hält den Stift, die linke das unbeschriftete Wachstäfelchen«).[35] Auch hier ist die Bildstellung bei Vergil B gegenüber Vergil A pointierter, denn die Schreiberin mit dem – noch leeren – Schrifttäfelchen befindet sich jetzt (Vergil B: Abb. 4b) vor dem ›Codicum elenchus‹ und nicht mehr ›ad finem notationis codicum‹; darüberhinaus sind unter ihrem Bildnis auf einem kleinen Bort ihre Arbeitsutensilien, die ›instrumenta scriptoria veterum‹ aufgestellt.[36] Auch diese sind motivisch aus der älteren Ausgabe herübergezogen, wo sie als isoliertes Bild programmatisch ›ad fin. commentationis de editionibus‹ wiedergegeben waren. Sie sind jetzt aber neu und ›geschmackvoll‹ angeordnet. Die Regieanweisungen für die Zusammensetzung dieses Bildes in ›maniera antica‹ hat zweifellos Heyne gegeben.

Diese Abbildung macht vielleicht am eindringlichsten deutlich, was Heyne von der archäologischen Bilddokumentation einerseits und was er von seinem Künstler andererseits erwartete: In Herculaneum hatten sich mehrere kleine schmale gemalte Bildstreifen gefunden, auf denen antike Schreibgerätschaften dargestellt sind. Sie waren in den ›Pitture d'Ercolano‹ im Kupferstich abgebildet. Der Kupferstichcharakter dieser Vorlagen wird bei Fiorillo getreu wiederholt, aber das Bild wird frei aus verschiedenen Bildern zusammengestellt.[37]

›Variatio‹

Wir haben uns bislang den Bild-Text-Bezügen zugewandt. Deutlich geworden ist, daß hier gegenüber dem antiken Monument eine bedingte Freiheit in der künstlerischen Gestaltung herrscht. Das wird noch klarer erkennbar, wenn man sich den Bildern zuwendet, die direkt auf den Text des Dichters Bezug nehmen. Hier war der Spielraum zwischen antiquarischer ›accuratesse‹ und künstlerischer Gestaltungsfreiheit wesentlich größer. Ich stelle ohne ausführliche Kommentierung nun einige Beispiele vor:

Bei dem berühmten Orpheusrelief sind die archäologischen Fakten korrekt wiedergegeben, aber die Dreifiguren-Gruppe ist aus ihrem antiken Relief-

35 Vergil A, vol. I, S. LXVIII, ›ad fin. notationis codicum ex Pitture d'Ercolano‹, To. III, T. XLVI, S. 237. Ovid. Met., Vol. IX, S. 521.

36 Vergil B, vol. V, S. 395. Kopfbild zum ›codicum elenchus; femina tabulas ceratas tenens [...], ut in illis Ouidii‹ (folgt das Ovid-Zitat).

37 Abb. bei S. Reinach: Répertoire de Peintures Grecques et Romaines. 1922, S. 262, 12. Die Schriftbox aus Bild 2 Mitte; das Schrifttäfelchen aus Bild 6 rechts (seitenvertauscht); der Stilus = andere Vorlagen; das doppelte Tintenfaß aus Bild 1 Mitte (aber verändert).

zusammenhang herausgelöst und in die freie Natur gestellt.[38] Eine derart freie Veränderung hätte ohne einen Dialog zwischen Künstler und philologischem Herausgeber nicht erfolgen können. Man glaubt gewissermaßen, die vorausgegangenen Gespräche zu hören: »Ich meine, man könnte [...]«, »[...] ob man nicht vielleicht [...]«. Faktum ist, daß der originale antiquarische Bestandteil korrekt erhalten blieb, aber die Umwelt des antiquarischen Bestandteils wurde der freien künstlerischen Interpretation anheimgestellt.

Ähnliche Freiheit im Umgang mit den antiken Monumenten herrscht auch sonst vor (Kaunos und Byblis). Wie Relieffiguren oder Statuen, so konnten auch Münzen oder Gemmen in ein rokokohaftes Ambiente eingebunden werden (Didrachmon Pallas/Eule). Aus größerem Reliefzusammenhang wurden Einzelszenen herausgelöst und freigestellt, weil nur diese Szenen einen speziellen Bezug zum Text des Dichters hatten (Tabula Iliaca: Flucht des Aeneas).[39]

In erster Linie graphisch bedingt scheint die Veränderung des Titelemblems zum zweiten Band, mit dem die Textwiedergabe der Aeneis beginnt[40] (Vergil A: Titel Bd. II; Abb. 5a; Vergil B: Titel Bd. II; Abb. 5b). Hier sind einander gegenübergestellt die Bildnisse der beiden Dichterfürsten Homer und Vergil. Ausgabe A zeigt unterschiedlich geformte, aber intakte Büsten, Homer im strengen Profil, Vergil in Dreiviertelansicht. In Ausgabe B ist ein anderer Homerkopf als Vorbild genommen (sog. Blindentypus); beide Köpfe sind jetzt einheitlich im Dreiviertelprofil wiedergegeben, beide Köpfe zeigen Büsten mit unregelmäßigem Rand, offenbar eine Anspielung darauf, daß sie einst zu ganzen Statuen gehörten.

Nachdem die den Text begleitende Illustrierung rein sachlich begründet war, spricht der Herausgeber zum Abschluß seiner Arbeiten dann wieder – wie am Anfang – ganz persönlich den Leser an.

38 Vergil B, vol. I, Bucolica Ecl. Buch II, S. 68.

39 Vergil B, vol. I, S. 195: Kaunos und Byblis, eine seinerzeit sehr berühmte Gruppe. Im Kern antik, die Köpfe modern. In vielen Abgüssen und Nachschöpfungen verbreitet. – Vergil A, vol. I, S. 376: Pallas/Eule. – Vergil B, vol. II, S. LXXXIX: Flucht des Aeneas.

40 Vergil A: Vergil »e Museo Capitol. Tom. I. tab 2«; »Homerus expressum ad marmoris Farnesii exemplum«. Ausgabe B, Recensus B, S. 750 zum Vergil: »hoc quidem vulgo, etsi sine fide idonea, pro Virgilio habitum«, »ex Museo Capitol. To. I, tab 2.«; »Homerus autem ad marmor Capitolinum To. I tab. 55. expressus est, quod est unum ex iis, quae ad marmor Farnesium tanquam archetypum, ab antiquis artificibus sunt iterata. Reddere voluit hoc Farnesium Bellorius in Illustr. Viror. Imagg. Quantum tamen ille a vera arte abfuerit, docebit aliud exemplum delineatum et aere expressum a Tischbeinio. Diversa est imago, quam nunc appositam vides ab ea, quam in fronte Vol. II. habebat Editio altera«. Tischbein-Heyne: Homer nach Antiken, 1801, Bd. 1, S. 13, Anm. 1. »Alle diese Köpfe sind nach einem großen Meisterwerke verfertigt, nur mit mehr oder weniger Geist, wenn sie gleich alle die äußerliche Form darstellen«.

Dem Ende seiner Textedition folgt in guter philologischer Tradition ein Abschnitt über die *supplenda et emendanda*, also die Zufügungen und die editorischen Korrekturen. Diese Arbeiten sind für jeden Herausgeber besonders mühevoll und schmerzhaft. Es zeugt von Humor, wenn Heyne seine geleistete Arbeit mit dem Bilde des geschundenen Marsyas kommentiert (hängender Marsyas).[41]

Und in ähnlicher Weise spricht er durch die Antike zu uns, wenn er als Schlußvignette an das Ende des ›Index in notas et varias lectiones‹, damit zugleich ›ad finem totius operis‹ eine Minerva bei der Stimmabgabe stellt (Ausgabe A, siehe Minerva mit Stimmstein).[42] So wie Pallas Athena, so möge nun auch der geneigte Leser sein Urteil über die geleistete Arbeit abgeben. Noch deutlicher wird er in dem letzten Bild der Ausgabe B, in fine totius operis, wo eine Muse dargestellt ist, die einer Sirene Federn ausreißt. »Possum putare«, seufzt Heyne, »Musas iam id facere, quod solent Critici [...]«.[43]

Auch die vorletzte Abbildung des letzten Bandes (Vergil A) ist ein persönliches Bekenntnis des Herausgebers, wenn er hier die Ara tranquilitatis zur Abbildung bringt:[44] »Apposita est Ara Tranquillitatis, ad quam et mihi labore exhausto confugere [...] liceat«; »es ist der Altar der Ruhe, an dem mir – von der Arbeit erschöpft – es [nun, H. G. D.] gestattet sein möge, meine Zuflucht zu finden« (Abb. 6a/b).

Fiorillo als Illustrator – oder von der Freiheit des Künstlers

Ich hoffe, daß die hier genannte Auswahl von Illustrationen deutlich werden ließ, in wie starkem Maße Heyne Einfluß auf die Bildgestaltung genommen haben muß. Darüberhinaus zeigt sie, in wie starkem Maße Heyne an der Bebilderung interessiert gewesen sein muß, ja die Bilder teilweise sogar als sein Sprachrohr an den Leser zu nutzen verstand.

Veränderungen der antiken Vorgaben finden nur in so weit statt, als Ausschnitte anstelle ganzer Ensembles gegeben werden. Solche Ausschnitte können dann freilich in einen neuen eigenen Rahmen gestellt werden (Scheinreliefs

41 Vergil B, vol. VI, S. 791, vorletztes Bild vor »Supplenda et emendanda«, literarisches Motto S. 789 unter der Kapitelüberschrift: »Extremum hunc, Arethusa, mihi concede laborem«.

42 Vergil A, vol. III, letztes Bild, S. 705. »Index in notas et varias lectiones«.

43 Vergil B, vol. VI, S. 798. Das Bild steht nach den »Supplenda et emendanda«.

44 Vergil A, vol. IV, vorletztes Bild, S. 256, nach dem ›Recensus‹ und vor dem Index, »ad finem Recensus Parergorum et ornamentorum caelo expressorum«; Vergil B, vol. VI, S. 788, als drittletztes Bild »in fine Recensus Parergorum«. Wieder ist die spätere Bildfassung bereichert und zeigt idyllische Züge.

oder Landschaften). Am archäologischen Kern der dargestellten Antiken selbst ist nichts verändert. Hier hat Heyne puristisch auf Wahrheit geachtet.

Die wichtigste Vorgabe, die Fiorillo bei seiner Bildgestaltung hatte, war demnach in allererster Linie die antiquarische Treue in der Wiedergabe der Objekte oder der Exzerpte; darüberhinaus müssen vielfach klare Wünsche des Herausgebers hinsichtlich einer Pointierung der gewünschten Bildaussage bestanden haben. In allem Übrigen scheint der Künstler freie Hand gehabt zu haben; am deutlichsten erkennbar ist dies vielleicht in den Neufassungen bestimmter Bildformungen – wie dem Doppelporträt Homer-Vergil und der ›Poetessa‹ – und einer ausgekosteten Vorliebe für bukolische Stimmungen.

Verwendete Abkürzungen

Vergil A = 1. illustr. Vergil-Ausgabe 1787-89: 75 Abb. P. Virgilii Maronis opera varietate lectionis et perpetua adnotatione illustrata a Chr. Gottl. Heyne. Accedit index uberrimus. Editio altera emendiator et auctior. Tom. I-IV. Leipzig 1787-1789 (sog. Prachtausgabe)

Vergil B = 2. illustr. Vergil-Ausgabe 1797-1800. 204 Abb. P. Virgilius Maro varietate lectionis et perpetua adnotatione illustrata a Chr. Gottl. Heyne. Accedunt indices. Editio nova novis curis emendata et aucta. Vol. I-VI. Leipzig 1797-1800.

Recensus A = Vergil A Bd. IV 235-256
Recensus B = Vergil B Bd. VI 735-788
Praefatio A = Vergil A Bd. I
Praefatio B = Vergil B Bd. I
GGA = Göttingische Anzeigen von Gelehrten Sachen

Abbildungsnachweis: Abb. 1 Archäolog. Inst. Göttingen (vgl. Anm. 3)
Abb. 2-6 nach den im Text besprochenen Vergil-Ausgaben

Abb 1: J. D. Fiorillo (?), Bildnis Christian Gottlob Heynes, Göttingen, Städt. Museum.

Abb. 2 a: Frontispiz Vergil A.
Dea Roma und Inschrift »Tityrus …« nach Ovid.

Abb. 2 b: Frontispiz Vergil B. Genius Roms und Apollo vor den Ruinen des Tempels des Jupiter Tonans.

P. VIRGILII MARONIS
O P E R A
VARIETATE LECTIONIS
ET
PERPETVA ADNOTATIONE
ILLVSTRATA
A
CHR. GOTTL. HEYNE
GEORGIAE AVGVSTAE PROF. ET BIBLIOTHECARIO
M. BRITANN. REGI A CONSIL. AVL
ACCEDIT
INDEX VBERRIMVS
EDITIO ALTERA EMENDATIOR ET AVCTIOR

TOMVS PRIMVS
BVCOLICA ET GEORGICA

LIPSIAE
SVMTIBVS CASPARI FRITSCH
MDCCLXXXVIII

Abb. 3 a: Titelbild Bd. I Vergil A.
Clio und Inschrift »Cedite ...« nach Properz.

P. VIRGILIVS
MARO
VARIETATE LECTIONIS
ET
PERPETVA ADNOTATIONE
ILLVSTRATVS
A
CHR. GOTTL. HEYNE
ACCEDVNT INDICES
EDITIO
NOVIS CVRIS EMENDATA ET AVCTA

VOLVMEN PRIMVM
BVCOLICA ET GEORGICA

LIPSIAE
SVMTIBVS CASPARI FRITSCH
MDCCC (1799)

Abb. 3 b: Titelbild Bd. I Vergil B.
Dea Roma und Muse; Inschrift »Tityrus …« nach Ovid.

Abb. 4 a: ›La Poetessa‹; Vergil A.

Abb. 4 b: ›La Poetessa‹; Vergil B.

Abb. 5 a: Homer und Vergil; Titelbild Bd. II Vergil A.

Abb. 5 b: Homer und Vergil; Titelbild Bd. II Vergil B.

Abb. 6 a: »ARA TRANQUILITATIS«; Schlußband Vergil A.

Abb. 6 b: »ARA TRANQUILITATIS«; Schlußband Vergil B.

Heinrich Dilly

Hat Fiorillo den Merkur gelesen?
Kunstgeschichten des Jahres 1794

»Erhabenes Wunder der Welt! Mein Geist erhebt sich in heiliger Trunkenheit, wenn ich Deine unermeßliche Pracht anstaune! Du erweckest mit Deiner stummen Unendlichkeit Gedanken auf Gedanken, und lässest das bewundernde Gemüt nimmer in Ruhe kommen.

Ein ganzes Jahrhundert hat gesammelt an Deiner steinernen Größe, und auf zahllosen Menschenleben bist Du emporgestiegen zu dieser Höhe! –

In nackten Steinbrüchen ist euer Vaterland, ihr mächtigen Mauern und Säulen! Manche grobe Hand hat dort für kümmerlichen Lohn der trotzigen rohen Natur ihre Marmorfelsen abgezwungen, unbekümmert, was jemals aus dem unförmlichen Klumpen würde; nur sein Eisen, sein Werkzeug war täglich des Arbeiters einziger Gedanke, bis er es einst zu letztenmale in die Hand nahm und starb.

Wie mancher, den nichts anders auf der Welt kümmerte, als diese Steine, einen fest auf den andern zu schichten für einen geringen Lohn, ist darüber von der Erde gegangen! Wie mancher, dessen Geschäft es war, diese Säulen und Gebälke mit allen kleinen Zierden in freien, reinen Linien auszuhauen, und der innerlich recht stolz sein mochte auf einen schönen Säulenknauf, der sich jetzt in dem unendlichen Ganzen verliert, hat sein Auge geschlossen, und kein Auge der Welt vielleicht hat den Säulenknauf wieder achtsam betrachtet, nach dem letztenmale da er ihn mit Freuden ansah.

Eine ganze Reihe von Meistern der Baukunst sind an der Schöpfung dieses Kolosses vorübergegangen: sie waren es, die durch Zeichnungen und Modelle von kleinem Umfange alle die hundert groben Hände regierten, und alle die unförmlichen Kinder der Felsen zu schönen Gestalten zusammenzauberten, und der eine größeste der Meister war es, der durch ein dürres Zahlengewebe um krumme Linien auf geringem Papier der ungeheuren Kuppel das Gesetz vorschrieb, die Last der Mauern kühn zu besteigen, und sich hoch in Lüften hängend zu erhalten«.[1]

1 Wilhelm Heinrich Wackenroder: Phantasien über die Kunst von einem kunstliebenden Klosterbruder, hrsg. von Ludwig Tieck, Berlin 1814, hier zitiert nach: Romantische Kunstlehre. Poesie und Poetik des Blicks in der deutschen Romantik, hrsg. von Friedmar Apel, Frankfurt/M. 1992, S. 100f. (= Bibliothek deutscher Klassiker, Bd. 79, Bibliothek der Kunstliteratur, hrsg. von Gottfried Böhm/Norbert Miller, Bd. 4).

Liebend gern würde ich das gewiß allzu lange Motto zu Ende zitieren! Und sollte es tun! Denn Wilhelm Heinrich Wackenroders vierzehnte ›Phantasie über die Kunst‹, die die namenlosen Bauarbeiter der Fabbrica di San Pietro in Rom rühmt, wäre wohl ein angemessener Ausklang dieses an Informationen, Gedanken, Ideen, Erkenntnissen und Einsichten so reichen Tages, der mit einem heiteren musikalischen Auftakt und der gewichtigen Wissenschaftsmetapher »Auf den Schultern von Riesen [...]« begann. Ein anderes Wissenschaftsbild – den Kollektivismus und Pluralismus – ruft Wackenroders Text in Erinnerung. Denn wenn auch nicht gleich mit dem Petersdom, so hat man die Disziplin Kunstgeschichte bisweilen doch mit einer Baustelle, einem Vierflügelbau oder einem unterkellerten dreistöckigen Haus verglichen.[2]

Doch erwarten Sie, verehrte Damen und Herren, zur späten Stunde noch einige Sätze über ›Fiorillo in wissenschaftsgeschichtlicher Perspektive‹, wie in den Einladungsbriefen zu diesem Kongreß meiner Saumseligkeit wegen wiederholt zu lesen war. Als wäre diese Tagung keine wissenschaftsgeschichtliche Tagung und als gelte es dem ausgefeilten Programm die wissenschaftsgeschichtlichen Koordinaten erst noch zu verpassen.

Eine der Koordinaten ist längst gegeben. Denn die erste Idee zu dieser Tagung kam, wie man vernahm, bereits vor Jahren anläßlich des Jubiläums der Georgia Augusta. Damals schon wollte auch das Kunstgeschichtliche Seminar mitfeiern. Doch sagte das freundliche Abwinken angesprochener Sponsoren nicht nur etwas über deren leere Kassen, sondern auch über den Stellenwert disziplingeschichtlicher Tagungen aus. Sie gaben zu verstehen: Ihr Kunsthistoriker habt noch keinen Anspruch darauf, Euch auf ganze 250 Jahre Göttinger Tradition zu berufen. Ihr seid noch zu grün! Seid ihr doch sehr viel jünger! Bei der Gründung der hiesigen Reform-Universität jedenfalls wart ihr noch nicht dabei! Und wenn ihr schon keinen runden Geburts-, Todes- oder anderen Gedenktag in unser abstrakt-arithmetisch-historisches Bewußtsein einzubringen habt, dann wartet die zweite Gelegenheit ab, bei der man sich im allgemeinen auf die Geschichte des Faches besinnt. Diese ergibt sich bekanntlich in Zeiten der Krise, – also in den Zeiten, in denen man historische Entscheidungshilfen dringend benötigt. Zum Beispiel beim Abschied von einem langjährigen, ebenso vertrauten wie verdienten Institutsleiter und bei der schwer abwägbaren Neubesetzung eines Lehrstuhls. Die Gelegenheit bietet sich auch während studentischer Streiks. Denn in Zeiten intensivierter Kritik wächst das Interesse

2 So etwa Alois Riegl, der die vier großen Forschungsbereiche Architektur, Malerei, Bildhauerei und Kunstgewerbe mit den vier Flügeln eines Renaissancepalastes verglich und sich um 1900 erfreut darüber äußerte, daß nun endlich alle vier Flügel gleichberechtigt anerkannt seien. Mit einem vom Kunstgewerbe unterkellerten dreigeschossigen Gebäude verglich wenig später Aby M. Warburg das Fach Kunstgeschichte.

an der eigenen Geschichte. Da könnt Ihr mit hoher Aufmerksamkeit rechnen. Wissenschaftsgeschichte ist entweder Festtagsgeschichte oder Krisengeschichte!

Daneben gibt es allerdings noch eine alltägliche, selten beachtete Disziplingeschichte: Ich meine die unzähligen Einleitungen und Rezensionen zu unseren Abhandlungen, in denen das historische Wachstum, aber auch die Wucherungen des Wissens über den jeweiligen Gegenstand rekapituliert werden, bevor man es wieder einmal seziert und korrigiert. Aus dieser, allen Fachleuten vertrauten Vorwort-Geschichte, die unterschiedlichsten Modi gehorcht, sind nun in den letzten drei Jahrzehnten auf wenige großartige Vorläufer zahlreiche Aufsätze und einige Monographien gefolgt, die ebenso ehrlich wie ratlos als Beiträge zu einer Wissenschaftsgeschichte der Disziplin ausgegeben werden müssen, weil es keinen Plan und kein Modell auf und für diese Baustelle Kunstgeschichte gibt. Es konkurrieren weiterhin die Gelehrten-, die Institutionen-, die Methoden- und die Geschichte der mit der Zeit veränderten Interpretationen einzelner Kunstwerke, des Werks einzelner Künstler oder bestimmter Epochen.

Dieses Beitrags- und Wettbewerbswesen, das verschiedenen Organisationen, meist aber doch der abstrakten Arithmetik von Gedenktagen und -jahren verpflichtet ist, bildet gewiß das Koordinatennetz, auf die auch diese Tagung über den Mann bezogen werden kann, der vor zweihundert Jahren an der Georg August-Universität »Zeichenmeister« sowie »Inspektor der Kupferstichsammlung bey der Bibliothek« war und dessen sonstige »Beschäftigung« im »Privatunterrichte in der Mahlerey, im Zeichnen und in der Kunstgeschichte« bestand. Auch hatte Johann Dominikus Fiorillo, wie der erste Historiker und Chronist dieser Universität, Johann Stephan Pütter, eigens hinzufügte, »eine Academie nach dem Nackten zu zeichnen errichtet«.[3] Allein aber in Fiorillos kunstgeschichtlicher Praxis und Theorie liegt der Brennpunkt, den das Tagungsprogramm vorschlägt. Es geht um das singuläre, kunsthistorische Spezialwissen eines Mannes, der vor zweihundert Jahren *unter* anderem also auch Kunstgeschichte lehrte und Autoren, wie etwa Wackenroder und Ludwig Tieck, zu Texten herausforderte, die sehr viel produktiver als seine eigenen waren. Ich meine: Er muß ein guter Lehrer gewesen sein, der nicht zum Nachmachen, sondern zur selbständigen, ihn überragenden Leistung animierte. Es geht also doch um einen Riesen, von dessen Schultern aus romantische Zwerge wie August Wilhelm und Friedrich Schlegel, nicht unbedingt schärfer, so doch weiter sahen.

Doch wo ist der Sehstrahl und wo – vor allem – ist der Distanzpunkt, der Standort der Betrachter, vielleicht auch der Sitzplatz der Analytiker? Ja, was

3 Johann Stephan Pütter: Versuch einer academischen Gelehrten-Geschichte von der Georg-August-Universität zu Göttingen, 4 Bde., Göttingen / Hannover 1765-1838, Bd. II, S. 198.

zeichnet man auf der Tagung überhaupt auf? Eine Frosch-, Kavaliers- oder Vogelperspektive oder die perspektivische Linearprojektion, die man bei allgemein angenommener menschlicher Augenhöhe von einem Meter und sechzig gewinnt? Ist an eine Zentralperspektive gedacht? Darf es eine Projektion mit zwei und mehreren Fluchtpunkten sein? Aber, kann es überhaupt eine perspektivische Konstruktion noch sein? Gibt es tatsächlich eine wissenschaftsgeschichtliche Perspektive? Hat man es in diesem Jahr des 150.Geburtstages von Friedrich Nietzsche nicht oft genug gehört und mehr oder minder feierlich bestätigt: Der Horizont ist weggewischt! Und: Wir, die Menschen, auch wir, die Kunsthistorikerinnen und Kunsthistoriker, haben ihn selbst weggewischt!

Der Fülle der Unbekannten zum Trotz scheint immerhin eines klar zu sein: Es gibt auch hier unterschiedliche Standpunkte und offenbar unterschiedliche Grundrisse, das heißt unterschiedliche Gegenstände, die nicht in perspektivische Ansichten gebracht werden können. Zentralperspektivisch können allenfalls die Beiträge genannt werden, in denen Johann Dominikus Fiorillo in den Mittelpunkt des Interesses gerückt wird. Diese Vorträge bleiben aus guten didaktischen Gründen der ältesten, verständlichsten und den Gelehrten selbst selbstverständlichsten Formen der Wissenschaftsgeschichte treu, der Gelehrtengeschichte. Sie standen daher auch am Anfang der Tagung. Doch wie auch die Kunstgeschichtsschreibung längst nicht mehr nur Künstlergeschichten erzählt, sind die meisten Tagungsbeiträge so verfaßt, daß sie zwar zwei oder mehr Größen ins Blickfeld rücken, aber nicht mehr räumlich, sondern nur noch zeitlich projiziert werden können. Sie entsprechen einem wissenssoziologischem und -historischem Interesse, das seit den zwanziger Jahren dieses mörderischen Säkulums gepflegt wird und für unser Fach in Wilhelm Waetzoldts ›Deutsche[n] Kunsthistoriker[n]‹ seinen Ausdruck gefunden hat.[4] Indem nämlich die damalige Wissenssoziologie die Beziehungen zwischen verschiedenen Gelehrten nach den Modellen von Vater-und Sohn-, Meister-und Jünger-, Lehrer-und Schüler-, auch Freund-und Feind-Verhältnissen untersuchte, gewann die Wissenschaftsforschung die soziale Reichweite, die ihr auch heute noch eigen ist. Allerdings mit zwei Unterschieden: Man denkt nunmehr an Systeme, Subsysteme oder relativ autonome Kraftfelder. Dabei braucht man sich nicht nur auf Niklas Luhmann oder Pierre Bourdieu zu beziehen. Man kann sich auch auf Johann Gottlieb Fichte berufen, der vor genau zweihundert Jahren, just im Jahr 1794, in seiner ›Wissenschaftslehre‹ von der Wissenschaft als einem System sprach.[5] Lange vor Bourdieu führte Fichte ein »Sich-sich-selbst-gegenständlich-

4 Wilhelm Waetzoldt: Deutsche Kunsthistoriker, 2 Bde., Leipzig 1921-24.

5 Johann Gottlieb Fichte: Die Wissenschaftslehre in ihrem allgemeinen System dargestellt, Berlin 1810.

machen« ins wissenschaftsgeschichtliche Denken ein,[6] das die Disziplinforscher vielen Kollegen so suspekt macht. Denn Fichte fragte damals, ob die Philosophie – diese, für uns doch so ehrwürdige Leitwissenschaft, deren beste Sentenzen aus der Antike und dem fernen Osten zu stammen scheinen – überhaupt als Wissenschaft anerkannt werden könne, so lange sie sich nicht selbst reflektiere. Fichtes »Sich-sich-selbst-gegenständlich-machen« oder – anders ausgedrückt – die Versuche, die »Objektivierung« der Wissenschaft »ihrerseits zu objektivieren«,[7] regieren die derzeitige Wissenschaftstheorie, -soziologie und -geschichte. Der zweite, sofort ins Auge springende Unterschied ist der, daß die Wissenschaftshistorie bis vor wenige Jahre noch als eine männliche Geschichte gedacht und geschrieben wurde. Inzwischen haben die Frauen auch in der Kunstgeschichte dieses »Sich-sich-selbst-gegenständlich-machen« aufgenommen und damit besagtes Beitrags- und Wettbewerbswesen noch weiter differenziert.

Die Strukturen dieses Systems oder – doch besser – dieses Kraftfelds Wissenschaft – weil der Bourdieu'sche Begriff die Fichte'sche Dynamik aufnimmt – untersuchen Wissenschaftsforscherinnen und -forscher nach den unterschiedlichsten Webarten und Strickmustern, Regeln und Normen, Gesetzmäßigkeiten und Gesetzen, Voraussetzungen und Materialien, nach intern oder extern gestellten Bedingungen, Forschungsprogrammen, nach den unvermeidlichen, allerdings meist nur vermeintlichen Paradigmata, weil Thomas S. Kuhn den Begriff Paradigma anders, als er nun landläufig eingebürgert ist, gebraucht hat.[8] Die Metaphorik der alteuropäischen Perspektivlehren hat den Bildern von Räumen, von Welten, von Ethnien, Familien, Stämmen, Genealogien, Milieus, Szenen und Märkten des Wissens, aber auch von Beständen, Archiven, von Repertoires, von Dateien und Datenbäumen des Spezial- und des technischen Wissens Platz gemacht, die – wie wir alle wissen – unterschiedlichst aufgebaut sein können. Es geht also nicht mehr nur um die Kumulation und die Differenz singularisierten, auch kunstgeschichtlichen Wissens, sondern um die Ökonomie und die Ökologie kollektiven Wissens, wobei die verschiedensten Möglich- und Wirklichkeiten einer immer rascher fortschreitenden Segmentierung bedacht werden. Das wissenschaftliche Wissen wächst schneller als das allgemein existenzielle! Und achtzig Prozent des wissenschaftlichen Wissens stammt aus

6 Ernst Bloch: Neuzeitliche Philosophie, Bd. II. Deutscher Idealismus. Die Philosophie des 19. Jahrhunderts. Leipziger Vorlesungen zur Geschichte der Philosophie 1950-56, Bd. IV, bearb. von Eberhard Braun / Hanna Gekle, Frankfurt/M. 1985, S. 165.

7 Pierre Bourdieu: Homo academicus. Übersetzt von Bernd Schwibs, Frankfurt/M. 1988, S. 40.

8 Thomas S. Kuhn: Neue Überlegungen zum Begriff des Paradigma, in: ders.: Die Entstehung des Neuen. Studien zur Struktur der Wissenschaftsgeschichte, hrsg. von Lorenz Krüger, Frankfurt/M. 1978, S. 389-420.

der allerjüngsten Vergangenheit. Wozu aber soll man dann noch Wissenschaftsgeschichte treiben?

Vielleicht kann man behaupten, daß sich in der Wissenschaftsforschung trotz aller Einsprüche, die auch im Todesjahr von Sir Karl Popper gegen dessen ›Logik der Forschung‹ erhoben worden sind,[9] einer seiner Grundgedanken am stärksten durchgesetzt hat. Nämlich der, daß auch in den Geschichtswissenschaften aufgrund der immer begrenzten Quellenbestände auch immer nur ganz bestimmte Versuchsfelder angelegt oder Labors errichtet werden können. Mit der sehr viel komplexeren, erst recht historischen Wirklichkeit sind sie mit nur sehr dünnen Fäden verknüpft. Die historische Decke ist sehr dünn, hat Martin Buber gesagt, – vielleicht, um nicht ›fadenscheinig‹ sagen zu müssen.

Über solch ein Labor, ein winzig kleines Versuchs- und Kraftfeld möchte auch ich abschließend noch kurz berichten. In ihm kommt der Held dieses Tages nicht einmal als Autor vor.[10] Doch kann man sich ihn als sich wundernden Leser vorstellen, als Angesprochenen denken, und fragen – bloß fragen –, mit welchen ästhetischen und historischen Positionen sich Fiorillo auseinanderzusetzen hatte, wenn er etwa vor genau zweihundert Jahren als Mitarbeiter in der Göttinger Universitätsbibliothek den ›Teutsche[n] Merkur‹ las, den man neben der ›Allgemeinen Literatur-Zeitung‹,[11] der ›Berlinischen Monatsschrift‹[12] und dem ›Journal des Luxus und der Moden‹[13] gemeinhin allen empfiehlt, die viel über die Menschen dieser Zeit zu erfahren wünschen. Weil aber auch dieses Feld, um als anschauliches Beispiel zu dienen, immer noch zu reich ist, begnüge ich mich vorerst mit dem Geburtstagstisch allein eines einzigen Jahrgangs. – Meine Ökonomie! – Es könnte ja sein, daß sich Fiorillo in eine der von Christoph Martin Wieland animierten Lesegesellschaften und deren Gespräche über die Problemlagen des Jahres 1794 verirrt hat.[14]

9 Karl Raimund Popper: Logik der Forschung. Zur Erkenntnistheorie der modernen Naturwissenschaften, Wien 1935.

10 Fiorillo zählte anders als die Künstler und Kunstschriftsteller Fernow, Schadow, Seckendorff, Böttiger nicht zu den Autoren des ›Teutschen‹ und des ›Neuen Teutschen Merkur‹. Vgl. Carl August Hugo Burkhardt: Repertorium zu Wieland's deutschem Merkur. Als Manuskript gedruckt, Weimar 1872.

11 Allgemeine Literatur-Zeitung, hrsg. von Christian Gottfried Schütz / Gottfried Hufeland u. a., 1785-1849.

12 Berlinische Monatsschrift, hrsg. von Friedrich Gedicke und Johann Erich Biester, 1783-96.

13 Journal des Luxus und der Moden, hrsg. von Friedrich Justin Bertuch / Georg Melchior Kraus u. a., 1786-1827.

14 Dies liegt sehr nahe, weil erstens der Herausgeber der Göttinger ›Geschichte der Künste und Wissenschaften‹ in deren Folge auch Fiorillos ›Geschichte der zeichnenden Künste‹ erschien, einer der Schwiegersöhne Wielands war, der oft im ›Teutschen Merkur‹ schrieb,

1794 waren die zwölf Monatshefte des ›Neuen Teutschen Merkur‹[15] beziehungsweise ›Stücke‹, wie sie Wieland apostrophierte, auf weit mehr als tausend Seiten mit Artikeln über alle ›bisher möglichen Systeme der Metaphysik‹, über ›Die Revoluzionsdamen in Paris und im alten Rom‹, über ›Empfindungen bei [Justus] Mösers Tode‹ – einem langen Gedicht –, über ›Gesellschaftliches Vegnügen‹, über die ›Gemälde im fürstlichen Schloß‹ und ›Kabinet zu Rudolstadt‹, über ›Barbara Torelli, eine Dichterin des XV. Jahrhunderts‹, über die ›Holzsparkunst der alten Römer‹, über Beobachtungen ›auf einer Reise durch Westfalen‹, über ›Perlen der Morgenländischen Dichtkunst des Mittelalters‹, ›Über den Vorschlag unsere bisherigen Demoisellen künftig Fräulein zu beiteln‹ und mit einigen weiteren nicht minder vielversprechenden Artikeln gefüllt, wie etwa dem über den eigenartigen Schritt der Götter, der in den altgriechischen und römischen Epen in solche Topoi wie dem, sie wandelten wie das Nachtgraun, gebracht worden ist. Dazu kam eine Reihe von Probeübersetzungen, eine Reihe der im 18. Jahrhundert so beliebten Fabeln, mehrere eingestreute Gedichte und schließlich zwei, drei Kriegslieder für die Deutschen am Rhein.

So Vielfältiges die Überschriften auch versprechen, so wird schon bei der ersten Durchsicht klar: Von den Gedichten abgesehen, sind alle Artikel, auch die über die anscheinend nichtigsten Themen, sehr lang. Meist ziehen sie sich über zehn bis zwanzig dicht bedruckte Seiten und noch mehr hinweg, und einige werden über die einzelnen Stücke sogar fortgesetzt. Man hatte offenbar – ganz anders als heute – unendlich viel Zeit zu lesen, zu reden, zu erwägen, bedenken, erwidern und so weiter. Dennoch gab es ein Thema des Jahres 1794, das damals

und weil der Altertumsforscher Heinse, ein Freund Fiorillos, im ›Merkur‹ mehrfach zitiert und kritisiert worden ist. Fiorillo zählte jedoch nicht zu den Autoren des ›Merkur‹. Er veröffentlichte seine Aufsätze in Heerens ›Bibliothek der alten Literatur und Kunst‹, wo er mit vollem Namen zeichnete, unter Pseudonym in Meusels ›Miscellen artistischen Inhalts‹ und gab sich damit als Vertreter kunstgeschichtlichen Spezialwissens zu erkennen.

15 Zur Geschichte des ›Teutschen Merkur‹ vgl. Hans Wahl: Geschichte des Teutschen Merkur. Ein Beitrag zur Geschichte des Journalismus im 18. Jahrhundert, Berlin 1914; Volker Schulze: Der Teutsche Merkur 1773-1810, in: Deutsche Zeitschriften des 17. bis 20. Jahrhunderts, hrsg. von Heinz Dietrich Fischer, Pullach bei München 1973, S. 87-102; Paul Hocks / Peter Schmidt: Literarische und politische Zeitschriften 1789-1805. Von der politischen Revolution zur Literaturrevolution, Stuttgart 1975 (= Sammlung Metzler, Bd. 121), S. 12-16. Demnach wurden 1773 2.500 Exemplare gedruckt. Alsbald war eine zweite Auflage nötig. Und zudem erschien noch ein nicht autorisierter Nachdruck in Frankfurt/M. Allerdings sank die Auflage im Laufe der langen Zeit des Erscheinens. Im Jahr 1798 hatte der ›Merkur‹ jedoch immerhin noch 800 Abonnenten.

die Gemüter erhitzte und über das wir heute noch gar nicht gesprochen haben: die Französischen Revolutionen, – ein Plural, auf den man sich offenbar nach dem Beginn der Gewaltherrschaft Robespierres verständigt hat, – und ein Thema, eine Diskussion, in die der Herausgeber Wieland wiederholt eingriff. So etwa auch im März 1794, als er noch einmal mit langen Konditionalsätzen alle Gründe aufzählte, die ein Volk zu solchem Handeln bewegen müßten, wie es in Frankreich seit fünf Jahren zu beobachten war. »Wenn in einer großen und mächtigen, aber durch die Folgen einer Reihe heilloser Regierungen zu Grunde gerichteten Monarchie,« so schrieb er – »das Volk, von dem *Regenten selbst* gewissermaßen dazu *aufgefodert*, wie Ein einzelner Mann aufsteht, um sich selbst zu helfen; wenn es nun, bei Ueberzählung aller Gebrechen des Staates, aller Mißbräuche der Verfassung, aller Bedrückungen, unter deren Last es zu erliegen anfängt, – an der Möglichkeit einer Ausbesserung des alten morschen und überall unhaltbaren Staatsgebäudes auf einmahl verzweifelnd – das ganze Gothische Ungeheuer mit seinen modernen Anhängseln und Verzierungen niederreißt, Alles alte abschafft, Alles von Grund aus neu und besser haben will, und nach verschiedenen mißlungenen Versuchen, endlich – in der sanguinischen Hoffnung, durch allgemeine Gleichheit und Freyheit glücklicher zu werden, – die alte Despotisch-Aristokratische Monarchie, das Werk von vierzehn Jahrhunderten, binnen Jahr und Tag in eine Demokratische Republik umschaffen will, [...]«, nein Wieland führte seine Rede in weiteren Bedingungssätzen noch seitenlang fort, bis er endlich entschied, so sei dies gewiß zu billigen, jedoch nur so lange dies in vertraglichen Bahnen und ohne den Pöpel geschehe. Diesen sah er in Frankreich an der Macht und am blutigen Werk. Deshalb drängte er darauf, alles zu unternehmen, daß in Deutschland sich solches nicht wiederhole. Hier nämlich, unter den ohnehin chaotischen Voraussetzungen geradezu zahlloser Duodezfürstentümer müsse alles nur noch sehr viel blutiger werden.[16]

Wenn sich auch diese Rede und weitere Kommentare zur Revolution wie ein roter Faden auch durch andere Artikel, selbst den über die Gangart der alten Götter oder den über den Luxus in Teutschland, zog, so gab es doch einige Ausnahmen, die dieser Art der beschwörenden Rede und besorgten Dialoge nicht gehorchten. Es sind die Artikel über – wie wir heute sagen würden – die Kunst, die aber so nicht genannt wird. Unser heute ebenso inflationär wie elitär gebrauchtes Wort Kunst kommt im ›Teutschen Merkur‹ kaum vor! Vielmehr ist schlicht von Gemälden die Rede, von Malern, bisweilen von Künstlern, meist aber werden gerade mal die Namen genannt.

16 Wieland: Etwas zur Beruhigung der Patriotischen Bürger in ***, in: Neuer Teutscher Merkur, 1794, 3. Stück, S. 274.

Autor der meisten Artikel ist ein Mann, der in eben diesem Jahre 1794 wenn auch nicht an einer Universität, so doch an einem Gymnasium zum Zeichenmeister ernannt worden ist. Ernst Kämmerer nämlich, der u. a. auch über die bereits erwähnten ›Gemälde auf dem fürstlichen Schloß zu Rudolstadt‹ schrieb,[17] war in eben diesem Jahr in seiner beruflichen Laufbahn ein Stüfchen höher geklommen. Der Maler und Kupferstecher berichtete über die Gemälde auf der fast wieder fertiggestellten Residenz auf der Heidecksburg über der Saale[18] und beschrieb zuerst die allegorischen Deckengemälde und Supraporten eines Lorenz Deisinger,[19] eines Christian Wilhelm Dietrich,[20] dann die Kabinettsstücke, Portraits, Bataillen, Gesellschafts-, Architektur- und Geflügelstücke, Stilleben und Zigeunerbilder anderer Maler in einer Art, die an Wackenroders Kritik in der Einleitung zu seiner 12. ›Phantasie‹ über ›die Malerchronik‹ erinnert. Anders jedoch als der ›kunstliebende Klosterbruder‹, der von einem jungen, fremden Gelehrten über das hingebungsvolle Leben verstreuter einzelner Künstler abstrakt unterrichtet wird, kommt Ludwig Ernst Kämmerer wiederholt auf die konkreten Vorbilder zurück, nach denen er die meisten Gemälde beurteilte: Anton Raphael Mengs, der größte Maler des eben endenden Jahrhunderts, und Raffaelo Santi, in dessen Madonnen wenige Jahre später auch Wackenroder das höchste erkennen sollte, das für ihn die Kunst – und eben nicht ein Maler – hervorgebracht hat. Kämmerer dagegen, der diesen abstrakten Kunstbegriff in solchen Fällen mied, erinnerte in seinen Berichten über die zugestandenermaßen dürftigen Schätze in Rudolstadt an eine wichtige künstlerische und heute auch wissenschaftliche Einsicht: An zweitrangigen

17 Ernst Johann E. Ludwig Kämmerer, der von 1757 bis 1807 in Rudolstadt lebte, war als Schüler von J. C. Reinthaler dort als Maler, Kupferstecher und Kunstschriftsteller tätig. Ab 1794 war er Zeichenlehrer am dortigen Gymnasium. Abgesehen von seinen Texten ist über ihn wenig verbreitet: »Er malte Porträts und kopierte nach Oeser« und verfertigte einige Radierungen, stellt der Thieme / Becker lapidar fest.

18 Das 1573 anstelle der Burg errichtete Renaissanceschloß über der Saale war 1735 zerstört und danach als Rokokoschloß wieder errichtet worden.

19 J. Lorenz Deisinger, dessen Lebensdaten offenbar unbekannt sind, war in der ersten Hälfte des 18. Jahrhunderts in Süddeutschland tätig. 1734 ist er in Bamberg nachweisbar, später in Wien und im Stift St. Florian, zuletzt auf Schloß Heidecksburg in Rudolstadt, dessen Festsaal er mit allegorischen Malereien schmückte.

20 Christian Wilhelm Dietrich, 1712 zu Weimar geboren und 1774 in Dresden verstorben, galt als künstlerisches Wunderkind. Er wurde 1730 August dem Starken vorgeführt, bestand die Probeaufgaben, die dieser von ihm verlangte, glänzend und wurde danach an den sächsischen Hof verpflichtet. 1735 hielt er sich in Holland, 1737 in Braunschweig und Salzdahlum, 1743 in Rom auf. 1748 wurde er zum Direktor der Dresdner Gemäldegalerie und 1764 zum Professor an der Dresdner Kunstakademie ernannt.

Werken kann man sehr viel mehr lernen als an den allseits gepriesenen, den einzigen, den einmaligen, den alles überragenden Werken. Dennoch nahm Kämmerer im gleichen Jahr noch die Gelegenheit wahr, seinem Hunger nach der Epoche entsprechenden Bildern in einer dreiteiligen Folge unter dem Titel ›Betrachtungen der schönen Natur in Rücksicht auf die Werke der Kunst zur Bildung des Geschmacks für Künstler und Liebhaber des Schönen‹ Ausdruck zu verleihen. Unter der Voraussetzung, daß es außer der Kunst noch anderes gebe, und daß »die Natur die Quelle der Schönheit und das einzige Muster für die Kunst selbst« sei, und daß »selbst die Regeln der Kunst [...] aus ihr genommen« seien, schilderte er einige seiner Beobachtungen im Saaletal und schlug vor, solche Motive wie den spätsommerlichen Fischfang, die Ernte, die Mondnächte des Herbstes und schließlich die Nebelschwaden des frühen Winters in einer Zeit zu malen, in der der reißende Strom des Lesens und Schreibens alle geistigen Dämme zu brechen drohe.[21]

Kämmerers Sehnsucht nach Landschaften unterstrich im gleichen Jahr noch ein anderer, wie so häufig anonymer Autor in einem Bericht über eine Reise von Münster in Westfalen nach Bremen. Dieser Mann, der wohl zahlreiche höchst anschauliche, literarische Schilderungen der teils öden, teils fetten Gegenden gab, bemängelte dann aber doch, daß er in diesem Teil deutscher Lande weder Denkmäler noch Bilder ausmachen konnte. Den Ratssaal in Münster und einige Gemälde bei »Herrn Syndikus von Post« in Bremen, der angeblich einige Werke von Rembrandt und Rubens besaß, nahm er ausdrücklich von seiner Kritik aus.[22] Angesichts unserer heutigen Denkmälerinventare ist man vielleicht behend dabei, den Unbekannten als eben blind abzutun. Doch, meine ich: Sollte man nicht auch fragen, ob es nicht auch so etwas wie eine ästhetische Topographie gibt, die im Laufe der Zeit auch von den Kunsthistorikern mit unterschwelligem oder offenem Vorwurf, dies oder jenes hätten die Vorläufer sträflich vernachlässigt, immer dichter angefüllt wird, so daß man heute schon gar nicht mehr aus dem Haus treten kann, ohne über ein sogenanntes Kunstwerk zu stolpern? Das entsprechende Stichwort ist die moderne Ästhetisierung der gegenwärtigen, aber – rückwärtsgewandt – auch der vergangenen Welt.

Daß aber Fiorillos Zeitgenossen ästhetisch nicht blind waren, sondern ästhetische Entscheidungen getroffen und auch begründet haben, belegt ein zweiter Reisender, der 1794 im Neuen Teutschen Merkur ausführlich zu Wort kam. Wieland verbreitete nämlich in seiner Zeitschrift als erster die Abschnitte einer

21 Ernst Kämmerer: Betrachtung der schönen Natur in Rücksicht auf die Werke der Kunst zur Bildung des Geschmacks für Künstler und Liebhaber des Schönen, in: Teutscher Merkur, 1794, 6. Stück, S. 146ff. und 7. Stück, S. 259ff.

22 Bemerkungen auf einer Reise durch Westfalen nach Bremen im Sommer 1798, in: Neuer Teutscher Merkur, 1794, 8. Stück, S. 329ff.

Beschreibung der Deutschlandreise des dänischen Literaten Jens Baggesen. Er wählte dafür zunächst dessen Bericht über Mannheim und dann den über dessen Besuch im und auf dem Straßburger Münster. Aus dem Rasterplan der badischen Residenz konnte Baggesen nur fliehen, weil – wie er schrieb – sein »Gehirn nun einmal nicht à la Mannheim angelegt« und seine »Gedanken [...] leider keine stehenden Truppen« seien. Seine »Meinungen gehen nicht nach dem Reim«,[23] so bekannte er, erzählte dann aber doch, daß er singend über die Brücke von Kehl nach Straßburg getanzt sei und sich dann aber angesichts der Masse, der Höhe des Münsters gefragt habe, ob »die Erde diesen künstlichen Felsen überhaupt tragen« könne. »Versinkt sie nicht unter dem Fuße dieses fürchterlichen Kolosses? Man zittert« – so fuhr er fort – »man erliegt beym ersten Blick; das Auge fährt erschrocken zurück, als wenn der Himmel auf einmal plötzlich verfinstert wird«. Baggesen umkreist seinen Felsen, bewundert den Fleiß der mittalterlichen Steinmetzen, den er an jedem Stein einzeln abzulesen versteht. Doch ist es nicht das Wörtchen schön, das ihm dabei über die Lippen kommt. Nein, er fegt all seine Vorstellungen von Schönheit weg und stellt fest: »Es ist nichts eigentlich schönes, kein leicht faßliches Verhältniß, kein einziger Zug von lebender Bewegung in diesem Wunderwerk! Der Geschmack wird bei dem ersten Anschaun in die Flucht gejagt – und man steht da allein – mit seinem Gefühl, zurückgewirbelt in die Todesfinsternis des Mittelalters. Ein Grieche« – so fährt er fort – »aus dem Zeitalter des Perikles, der nie außer Athen gewesen wäre, würde an meiner Stelle fortlaufen; aber – mein Auge ist nicht von des Südens Idealen verzogen; es ist im Anschaun der Karrikaturen des Nordens abgehärtet; ich habe nicht bloß Homer und Vergil gelesen, sondern auch Klopstock, Milton und Sterne; ich habe ein Paar kleine Stücke von Rafael gesehen; aber viel mehr große von Rubens – ich bleibe stehen!«. Er blieb aber dann doch nicht stehen, sondern wagte sich anders als Goethe in die Kathedrale hinein, zählte die Glasfenster, das Gitterwerk, den Hochaltar – diese »Denkmahle der alten Gothischen Bildhauerkunst« – drei Kapellen, sechs Sakristeien, zwölf Altäre und einige »prächtige Tapeten« auf, unterbrach aber seine Geschichten über die inzwischen entfernten obszönen Skulpturen an der Kanzel auch mit kurzen Reflexionen über die »Barbarey des Mittelalters«. Schließlich bestieg auch er den Turm, kraxelte bis in die Spitze und hielt sich dort, wie er später bekennt, mehrere Stunden auf. Seine Erfahrungen da oben faßte er so zusammen: »Ich vergaß zuletzt auf dieser himmlischen Spitze die ganze Erde. Meine Fantasie schwärmte so leicht, so frey, so unbefangen, trotz meines unbequemen und gefährlichen Standpunktes, als wenn ich die Flügel des Adlers gehabt, oder

23 Noch ein Fragment aus J. Baggesens Reisen. Aus dem Dänischen, in: Neuer Teutscher Merkur, 1794, 4. Stück, S. 230ff.

in Selinens Armen geschlummert hätte. [...] Ich war bloß ein geistiges Gefühl, Andacht und Anbetung. Meine Seele schien sich um ihren Mittelpunkt in ewiger Unendlichkeit – in dem Wirbel der Allmacht – in Gott zu drehen«.[24]

Gern würde ich den dänischen Besucher des Straßburger Münsters noch weiter zitieren und ebenso gern würde ich noch über einige kleinere »Kunstsachen« berichten – etwa über die lebenden Bilder der Lady Hamilton in Neapel, über ein gescheitertes Projekt, mit Hilfe der ›Camera Obscura‹ große Bilder zu erstellen oder über die absolut versteckte Erwähnung von Jacques Louis David in einem fiktiven Dialog über die französischen Revolutionen. Doch darf ich hier meiner antiquarischen Lust und Laune nicht weiter nachgeben und muß endlich sagen, was mein kurzer Bericht über ein doch recht ansehnliches Labor, den ›Teutschen Merkur‹, den Fiorillo gewiß gelesen hat, sollte.

Wenn man davon ausgeht, daß Chronologie und Topographie immer noch die Eltern der Geschichte und auch der Kunstgeschichte sind, dann hat die Wissenschaftsgeschichte der Disziplin eine ausgesprochen fachliche Aufgabe und Perspektive: Sie ist keineswegs eine metadisziplinäre, dritte Kunstwissenschaft. Vielmehr bietet sie den Standort und die Distanzpunkte, mit deren Hilfe man nicht einen modernen, zudem erweiterten Kunstbegriff in die Geschichte zurückprojizieren muß. Weil die Disziplinhistoriographie von der kleinen *community* der Gelehrten ausgeht und neben diesen andere Zirkel einer ›Aesthetic Community‹ erkennt, die über ganz bestimmte Dinge gesprochen, geschrieben, diskutiert, nachgedacht, sich gestritten hat und so weiter, kann sie sehr konkret aufzeigen, was zu welchem Zeitpunkt und vor allem an welchem Ort auf dieser Welt zum Corpus der bildenden Kunst gehörte, sie repräsentierte. Wenn sie dann auch noch die bloß Interessierten – etwa die Lesegemeinschaften um 1794 – aufnimmt, dann zeigt ein radikaler Positivismus, den ich gern mit Antje Middeldorf einen phantastischen Positivismus nenne, wohl die geschichtlichen Veränderungen der unterschiedlichen ästhetischen Szenen, aber auch die ständigen Veränderungen auf, die nicht nur an den Grundrissen der Kunstgeschichte, sondern auch an den Aufrissen dessen vorgenommen worden sind, was erst im Laufe der letzten Jahrhunderte unter dem Kollektivsingular Kunst begriffen wurde. Künstler des Jahres 1794 war, um nur ein Beispiel zu nennen, eben nicht Jacques Louis David oder waren etwa die Zeichner und Stecher der Ereignisse der französischen Revolutionen! Zu ihnen zählten wenigstens in Wielands ›Teutschem Merkur‹ und dessen Lesegesellschaften immer noch oder wieder Raffaelo Santi, Peter Paul Rubens, Rembrandt Harmensz. van Rijn, Anton Raphael Mengs und – an wie gesagt sehr versteckter

24 Drittes Fragment aus J. Baggesens Reise-Tagebuch, in: Neuer Teutscher Merkur, 1794, 5. Stück, S. 3ff.

Stelle – ein Monsieur David, über den 1794 berichtet wurde, daß er der Guillotine gerade mal entkommen sei. Und das Bauwerk dieser Jahre war eben nicht nur das Brandenburger Tor sondern auch das Straßburger Münster. Erst durch Goethes Hymnus war es für einen kleinen Zirkel von Intellektuellen zum Kunstwerk geworden. Durch Baggesens Bericht wurde es eine Zeit lang zum Inbegriff eines neuen, vom Autor zwar nicht ausgesprochen, aber nahegelegten Werts, – des Erhabenen, des Sublimen. Mußte das dem Historiker Fiorillo nicht zu denken geben: Als Bauwerk war dieses Münster wohl alt, als Kunstwerk jedoch ziemlich jung und höchst aktuell!

Doch will ich mit einer Frage aus Wackenroders ›Phantasien‹ enden, die nicht ganz so lang wie mein Motto ist:

»Hätte die aussäende Hand des Himmels den Keim deiner Seele auf die afrikanischen Sandwüsten fallen lassen, so würdest du aller Welt das glänzende Schwarz der Haut, das dicke, stumpfe Gesicht, und die kurzen krausen Haare, als wesentliche Teile der höchsten Schönheit angepredigt und den ersten weißen Menschen verlacht oder gehaßt haben. Wäre deine Seele einige hundert Meilen weiter nach Osten, auf den Boden von Indien aufgegangen, so würdest du in den kleinen, seltsamgestalteten, vielarmigen Götzen den geheimen Geist fühlen, der, unsern Sinnen verborgen, darinnen weht, und würdest, wenn du die Bildsäule der medicäischen Venus erblickest, nicht wissen was du davon halten solltest. Und hätte es Demjenigen, in dessen Macht du standest und stehst, gefallen, dich unter die Scharen südlicher Insulaner zu werfen, so würdest Du in jedem wilden Trommelschlag, und den rohen gellenden Schlägen der Melodie, einen tiefen Sinn finden, von dem du jetzt keine Silbe fassest«. [25]

25 Wilhelm Heinrich Wackenroder: Phantasien über die Kunst von einem kunstliebenden Klosterbruder, hrsg. von Ludwig Tieck, Berlin 1814, hier zitiert nach: Romantische Kunstlehre. Poesie und Poetik des Blicks in der deutschen Romantik, hrsg. von Friedmar Apel, Frankfurt/M. 1992, S. 49 (= Bibliothek deutscher Klassiker, Bd. 79, Bibliothek der Kunstliteratur, hrsg. von Gottfried Böhm/Norbert Miller, Bd. 4.).

Silvio Vietta

Fiorillo und Wackenroder – Gemeinsamkeiten und Differenzen in der Kunstanschauung

I.

Wenn ich diesen Beitrag über Fiorillo und Wackenroder mit einer persönlichen Reminiszenz beginnen darf: Ich erinnere mich noch an mein Staunen, als ich Anfang der 80er Jahre in Aufnahme der Arbeit an der Edition einer historisch kritischen Ausgabe sämtlicher Werke und Briefe Wilhelm Heinrich Wackenroders erstmals die neun Bände der neuen Kunstgeschichte Fiorillos vor mir auf dem Schreibtisch stehen hatte. Welch eine imposante Darstellung der Künste der europäischen Neuzeit, eben »von ihrer Wiederauflebung bis auf die neuesten Zeiten«! und dann auch mein Staunen darüber, daß es außer einem im Grunde marginalen Aufsatz zur Biographie Fiorillos in den 30er Jahren keine großen kunsthistorischen Arbeiten zu diesem Gründungsvater der deutschen Kunsthistorie gegeben hat! und – trotz Tiecks gezieltem Hinweis auf diesen Göttinger Lehrer der Romantiker in seiner ›Vorrede‹ zur Wackenroder-Ausgabe von 1814 – auch keine germanistische Arbeit zum Einfluß Fiorillos auf die Romantik! Tiecks Hinweis hatte gelautet:

»Im folgenden Jahr befand er [Wackenroder, S. V.] sich in Göttingen und erfreute sich vorzüglich des Umgangs und der Belehrung des Hrn. Prof. *Fiorillo* [...]«.[1]

Kein Germanist und kein Kunsthistoriker hat diesen Hinweis aufgenommen. So war die Quellenforschung zu den kunsthistorischen Studien des Romantikers Wackenroder in Göttingen über weite Strecken damit befaßt, diesem von der bisherigen Forschung verschmähten Hinweis nachzugehen und Zug um Zug die kunsthistorischen Quellen offenzulegen, die der frühen Romantik über Fiorillos Vermittlung zur Fundierung ihrer eigenen Kunst-Theorie gedient hatten, allen voran natürlich Vasari, aber auch Malvasia, Bellori, Ludovico Dolce, Sandrart, Heinecken, Böhm und andere.[2] Nicht zuletzt über die Ausleihbücher der Göttinger Bibliothek konnte ich belegen, wie sich hier im Göttingen Fiorillos die kunsthistorischen Studien Wackenroders intensivierten.[3]

1 Wilhelm Heinrich Wackenroder: Sämtliche Werke und Briefe. Historisch-kritische Ausgabe, hrsg. von Silvio Vietta / Richard Littlejohns (im folgenden zitiert als: HKA Wackenroder), Bd. 1 (Werke), hrsg. von Silvio Vietta, Heidelberg 1991, S. 402f.

2 Zu den kunstgeschichtlichen Einflüssen siehe HKA Wackenroder, Bd. 1, S. 294ff.

3 HKA Wackenroder, Bd. 1, S. 309f.

Dieses Quellenstudium zerstörte allerdings zwei Legenden, die sich bis dahin hartnäckig in der Romantik-Forschung gehalten hatten: die eine ist die der Mittelalterfixiertheit der Romantik. Sie datiert schon zurück auf Heines ›Romantische Schule‹ und ihre vergröbernde und verfälschende Formulierung, die Romantik insgesamt lasse sich weitgehend reduzieren auf die »Wiedererwekkung der Poesie des Mittelalters« und die Verbreitung der »kristkatholischen Weltansicht«.[4] Beide Formulierungen sind für die Frühromantik ganz unangemessen, denn zumindest Tieck-Wackenroders-Kunsttheorien in den ›Herzensergießungen‹ von 1796 und den ›Phantasien über die Kunst‹ von 1799 orientieren sich nicht am Mittelalter, sondern an der Kunst der frühen Neuzeit, der Renaissance, und diese Orientierung erfolgt gerade nicht von einem »kristkatholischen« Standort, sondern von einem weltbürgerlich toleranten. Wackenroders »Worte über Allgemeinheit, Toleranz und Menschenliebe in der Kunst« aus den ›Herzensergießungen‹ ist somit der aufgeklärten Position Fiorillos, der die Bedeutung der katholischen Kirche als kulturschaffender Kraft immer hervorgehoben hatte, aber nie im Sinne der Redogmatisierung, viel näher als eben jener neukatholischen und auch neudeutschen Verengung der Kunstansichten Anfang des 19. Jahrhunderts. Seit der Konversionen der aus Göttingen stammenden Brüder Riepenhausen 1804 und der folgenden Konversionswelle entbrannte ein heftiger Streit um diese Rekatholisierung der Künste, in den auch die Rezeption des Frühromantikers Wackenroder hineingezogen wurde. Aber das gehört bereits zur Wirkungsgeschichte der Romantik mit ihren eigenen, früh einsetzenden Ideologiebildungen.[5]

Ich will aber noch kurz auf die andere Legende eingehen, die einer differenzierten Einflußforschung der Romantik im Wege stand, das ist die Legende vom ›fränkischen Sommer‹. Auf ihrer Kunstreise durch das mittelalterliche Franken im Sommer 1793, so lautet verkürzt und vergröbert die Legende, hät-

4 Heinrich Heine: Sämtliche Werke. Düsseldorfer Ausgabe, Bd. 8/1. Hamburg 1979, S. 126f.

5 Ähnlich wie bei Novalis hat auch bei Wackenroder der Freund Ludwig Tieck das Bild vom kunstfrommen, reinen Dichterjüngling geprägt: »Sein Gemüth war fromm und rein, und von einer ächten durchaus kindlichen Religiosität geläutert [...]«. (HKA Wakkenroder, Bd. 1, S. 402.) Zur Kritik dieser Künstler-Legende siehe Richard Littlejohns: Wackenroder-Studien. Gesammelte Aufsätze zur Biographie und Rezeption des Romantikers, Frankfurt/M. u. a. 1987; sowie Silvio Vietta: Zur Differenz zwischen Tiecks und Wackenroders Kunsttheorie. Tieck-Kolloquium Dresden im Herbst 1994, hrsg. von Walter Schmitz, Tübingen 1997, S. 87ff. sowie Silvio Vietta: Vom Renaissance-Ideal zur deutschen Ideologie: Wilhelm Heinrich Wackenroder und seine Rezeptionsgeschichte, in: Romantik und Renaissance. Die Rezeption der italienischen Renaissance in der deutschen Romantik, hrsg. von Silvio Vietta, Stuttgart/Weimar 1994, S. 140ff.

ten die Romantiker Tieck und Wackenroder jene Welt der Kunst (des Mittelalters) entdeckt, die sie dann in den ›Herzensergießungen‹ und ›Phantasien‹ zur Sprache gebracht hätten.[6] Abgesehen vom undifferenzierten Mittelalterbild dieser Legende war eben auch die These zu korrigieren, daß das eigentliche Kunstwissen der Frühromantiker von dieser Frankenreise ihren Ausgang nahm. Vor Göttingen fielen die bildenden Künste in dem schönen Briefwechsel zwischen Tieck und Wackenroder eher einer marginale Bedeutung zu und nehmen in den informativen ausführlichen Reiseberichten Wackenroders aus Franken an die Eltern in Berlin auch keineswegs die zentrale Position ein, die er der These vom ›fränkischen Sommer‹ beimessen wollte.[7] So sind die Äußerungen Wackenroders zur bildenden Kunst der Renaissance in diesem Briefwechsel in ihrem Grad an Kunstkundigkeit deutlich von den Äußerungen *nach* Göttingen zur bildenden Kunst der selben Epoche zu unterscheiden. Zunehmend wurde nun Göttingen, wurden das Studium bei Fiorillo und die von ihm gehüteten Schätze des Kupferstichkabinetts sowie die Schätze der Göttinger Bibliothek als die eigentliche Quelle der romantischen Kunsttheorie erkannt. Aber was lernten die Romantiker bei Fiorillo, worin auch unterscheidet sich auch ihre Kunsttheorie von der des Lehrers und Meisters?

II.
Die Lehre bei Fiorillo

Rekapitulieren wir kurz: Bereits 1792 hatte sich Tieck zum Studium in Göttingen inskribiert, im Sommersemester 1793 ging er mit Wackenroder nach Erlangen. Im Herbst des Jahres 1793 immatrikulieren sich die beiden Freunde in Göttingen, wo Wackenroder ca. ein Jahr, nämlich bis zum Oktober 1794 blieb, Tieck noch einige Zeit länger.[8] Über das ›Privatissimum‹, das Fiorillo

6 Siehe insbesondere die älteren Arbeiten von Richard Benz: Einführung in: W. H. Wakkenroder. Die Botschaft der Kunst, Jena 1938; Heinz Otto Burger: Eine Idee, die noch in keines Menschen Sinn gekommen ist. Ästhetische Religion in deutscher Klassik und Romantik, in: Stoffe, Formen, Strukturen, Festschrift für H. H. Borcherdt, hrsg. von A. Fuchs / H. Motekat, München 1962, S. 1ff.; Gerhard Fricke: Bemerkungen zu W. H. Wackenroders Religion der Kunst, in: Festschrift für Paul Kluckhohn und Hermann Schneider, Tübingen 1948, S. 345ff. u. a.

7 Siehe die Studie von Rose Kahnt: Die Bedeutung der Bildenden Kunst und der Musik bei W. H. Wackenroder, Diss. Marburg 1968, Marburg 1969.

8 Siehe HKA Wackenroder (wie Anm. 1), Bd. 2 (Briefwechsel, Reiseberichte, Philologische Arbeiten), Das Kloster Netley, Lebenszeugnisse, hrsg. von Richard Littlejohns, Heidelberg 1991, S. 648ff. (Lebenschronik).

Tieck, Wackenroder und Burgsdorff in Göttingen gewährte, gab Fiorillo selbst bekanntlich im vierten Band seiner ›Geschichte der zeichnenden Künste in Deutschland und den vereinigten Niederlanden‹ Auskunft, nämlich mit den Sätzen,

> »[...] ich hatte das mir unvergeßliche Vergnügen, diesen drey jungen Männern ein Privatissimum über Kunstgeschichte, Theorie der Mahlerey u.s.w. vorzutragen. Tieck hatte einen scharfen, durchdringenden Blick, der auf der Stelle alles faßte; er zeichnete sich nur wenig auf. Wackenröder hingegen konnte nicht genug zu Papier bringen, und kam auch außer den Stunden in mein Haus, um die Kupferstiche, Bücher und andere kostbare Werke zu besehen und sich noch manches zu notiren«.[9]

Zumindest diese Notizen Wackenroders müssen als verloren gelten. Immerhin haben wir aber Aufschriften Tiecks von Fiorillos Vorlesungen, über die Achim Hölter einen Aufsatz vorgelegt hat. Die Frage nach der Bedeutung Fiorillos für die junge Romantik und ihre Kunstauffassung führt auf zwei Problemfelder:

1. welche Art von Kunstwissen müssen wir uns unter dem von Fiorillo gebrauchten Begriff der ›Kunstgeschichte‹ vorstellen?

2. welche kategorialen und operativen Begriffe, die er unter dem Begriff der »Theorie der Mahlerey« faßt, hat Fiorillo den Romantikern und seinen sonstigen Schülern vermittelt?

Begeben wir uns ein Stück weit auf diese beiden Fragefelder, um Zusammenhänge mit, aber auch Differenzen zur romantischen Kunstanschauung präzise beschreiben zu können.

In seiner kleinen Schrift ›Ueber die Groteske‹, die ja zugleich ›Einladungsblätter‹ sind zu seinen ›Vorlesungen über die Geschichte und Theorie der bildenden Künste‹ von 1791, wendet sich Fiorillo an »solche Liebhaber der schönen Künste«, die auf »Uebung des Schönheitssinnes und Ausbildung des Geistes überhaupt« aus sind.[10] Fiorillo skizziert auch kurz sein Programm: die Theorie der Malerei soll die »Philosophie der Kunst« liefern und zugleich in »die Lehre vom Praktischen einweisen«, indem sie eine »genaue Erklärung von dem Verfahren des Künstlers bey seiner Arbeit« zu geben versucht, »um den Liebhaber in den Stand zu setzen, Werke der Kunst auch in dieser Hinsicht zu beurtheilen«.[11] Dabei will Fiorillo »den theoretischen Teil mit dem historischen« verweben, also letztlich Theorie *qua* Philosophie der Kunst mit ihrer

9 Geschichte der zeichnenden Künste in Deutschland und den vereinigten Niederlanden, Bd. IV. Hannover 1820, S. 83.

10 Johann Dominicus Fiorillo: Ueber die Groteske. Einladungsblätter zu Vorlesungen über die Geschichte und Theorie der Bildenden Künste. Göttingen 1791, S. 25.

11 Ebenda, S. 26. Dort auch das folgende Zitat.

Historie verbinden und dies mit dem Ziel der praktischen Einweisung in die kunstsinnige und kennerhafte Kunstkritik. Man kann sagen, daß in Fiorillos Durchführung dieses Programm letztlich das *historische* und das *praktische* Moment dominiert, der *theoretische* und *philosophische* Anspruch aber nicht erfüllt werden. In Fiorillos Kunstgeschichte bleiben die theoretischen und philosophischen Aspekte unterbelichtet. Sein Werk ist eine positivistisch-akribische Sammlung und Sicherung des Wissens seiner Zeit zur Kunstgeschichte, und dies auf hohem Niveau und mit stupendem Überblick, aber doch: ohne philosophischen Tiefsinn.

Dabei verfügt Fiorillo durchaus über ein differenziertes methodisches Wissen. Er grenzt seine Kunst, sein kunstgeschichtliches Unternehmen explizit ab von vorliegenden Kunstgeschichten, die ihm, wie Félibiens ›Entretiens sur les vies et sur les ouvrages des plus excellens peintres‹ von 1666-88 in ihrer dialogischen Form einen Mangel an Gründlichkeit und auch an kritischem Geist aufweisen. Moniers ›Histoire des Arts‹ von 1698 ist ihm weniger als ein Kompendium. Auch Rollin, Noblot, Carlencas, Méhégan scheinen Fiorillo wenig brauchbar. An Bromleys ›Philosophical and Critical History of Fine Arts, Painting, Sculpture and Architecture‹ von 1795 vermißt er den umfassenden Überblick, die Einteilung in Leitfiguren, Hauptthelden, auch die Ursachenanalyse des Verfalls, die politische Geschichte. Auch Büschings ›Entwurf einer Geschichte der zeichnenden schönen Künste‹ von 1781 wird kritisiert. Dagegen erscheinen ihm zwei Kunstgeschichten wegweisend für die eigene Arbeit: Zanettis ›Della Pittura Veneziana‹ von 1771 und vor allem: Lanzis ›Storia pittorica della Italia …‹ von 1795-1808.[12] An letztere lehnt sich Fiorillo in Plan und Methode an: Mäßigung der übertriebenen Wertbegriffe – ein Mißbrauch, den Fiorillo auch noch an Winckelmann und Mengs rügt –, keine parteiergreifende Einseitigkeit, also das Programm einer möglichst vorurteilsfreien aufklärerischen Hermeneutik. Lanzis Einteilung in Schulen und Epochen folgt Fiorillo nicht, da das politische Leben anderen Gesetzmäßigkeiten folge als das künstlerische. Der Tod eines Künstlers ziehe nicht zwangsläufig den Untergang einer Epoche nach sich. Fiorillo will – das ist sein Programm – Kunstgeschichte eng mit der politischen Geschichte und der Religionsgeschichte koppeln.[13] Er gliedert die Kunstgeschichte nach Schulen und Regionen und befolgt dabei mög-

12 Zur methodenkritischen Auseinandersetzung Fiorillos mit den zeitgenössischen und früheren Kunstgeschichten siehe seine ›Vorrede‹ zum Band 1 der ›Geschichte der zeichnenden Künste von ihrer Wiederauflebung bis auf die neuesten Zeiten‹, Göttingen 1798, S. VIff.

13 Siehe ›Einleitung‹ zu Band 1 der ›Geschichte‹ (wie Anm. 12): »Außer den mancherley physischen Ursachen, die auf sie [die zeichnenden Künste und die Wissenschaften, S. V.] einwirken können, hing ihr Wachsthum und ihr Verfall immer von zwey mächtigen Triebrädern aller Bewegung in der moralischen Welt, der Religion und der Staatsverfas-

lichst eine chronologische Reihenfolge unter Einbeziehung der Einwirkung der Schulen aufeinander. Namentlich bedankt er sich bei seinem »achtungswürdigen Freund A. W. Schlegel« für konkrete Formulierungshilfe in der Darstellung, »da ich des Italiänischen Ausdrucks mächtiger bin als des Deutschen«.[14]

Inhaltlich hat Fiorillo in jenem Privatissimum aller Wahrscheinlichkeit nach jene Epochen der italienischen Kunstgeschichte vorgetragen, die er dann im Band I seiner fünfbändigen Reihe 1798 publiziert vorlegte, die Epoche der italienischen Hochrenaissance. Dabei ist erstaunlich, daß er in Abweichung von Vasari, der ja seine Hauptquelle ist, und den er auch quellenkritisch untersucht,[15] die Übergänge von der Kunst des Mittelalters über die Frührenaissance zur Hochrenaissance in einer umfänglichen Einleitung zusammenrafft, um dann sogleich mit der Hochrenaissance einzusetzen. Der ›römischen Schule‹ widmet Fiorillo sein erstes Hauptkapitel, und der erste große Name, der in einem eigenen Kapitel abgehandelt wird, ist Raffael, also im Grunde der Raffael unter dem Aspekt seiner römischen Wirkzeit, zwischen 1508 bis zu seinem Tode 1520. Ich komme auf die Differenzen des Raffael-Bildes von Fiorillo und Wakkenroder noch eingehend zurück, aber versuche hier schon einmal kursorisch und verknappt festzuhalten, was denn Fiorillo an der Kunstgeschichte vor allem festhält und welche Kategorien der praktischen Kunstkritik er seinen Schülern an die Hand gab.

Wie für Vasari ist auch für Fiorillo die *Künstlerbiographie* ein entscheidendes, darstellungsorientierendes Kriterium. So berichtet Fiorillo zum Beispiel in seinem Raffael-Kapitel über dessen ersten Kunstunterricht beim Vater, über die Einweisung in die Lehre Peruginos, über die Vermittlungsversuche Bramantes, auch über die Stileinflüsse durch Anschauung der Bilder Michelangelos und Leonardos. Das gehört sozusagen zur Bildungsgeschichte des Malers. Er berichtet über Entstehung und auch das Schicksal von Bildern, Tapeten, Teppichen, Kartons, über Gestalt und Talent Raffaels, über seine Charaktereigenschaften,

sung, ab. Bald entschied jene, bald diese mehr über das Schicksal der Künste; aber im Ganzen ist der Einfluß beyder Ursachen seit dem Ursprunge derselben bis auf unsre Zeiten so ununterbrochen fortgegangen, daß die Geschichte der Künste sich von der Geschichte der religiösen Meynungen und der politischen Revolutionen nicht wohl trennen läßt.« (S. 1).

14 ›Geschichte‹ (wie Anm. 12), S. XX, ›Vorrede‹: »Namentlich muß ich hier den Antheil anerkennen, den mein achtungswürdiger Freund A. W. Schlegel an diesem Werke hat, indem er, da ich des Italiänischen Ausdrucks mächtiger bin als des Deutschen, meine Handschrift vor dem Drucke durchgesehen und ihr diejenige Form des Vortrags ertheilt hat, worin sie hier erscheint.«

15 Johann Dominicus Fiorillo: Kleine Schriften artistischen Inhalts. Bd. I, Göttingen 1803, S. 83: ›Ueber die Quellen, welche Vasari zu seinen Lebensbeschreibungen der Mahler, Bildhauer und Architekten benutzt hat‹.

über Mißgünstlinge und Freunde, trennt dabei möglichst kritisch Quellen und Gerüchte, also eine Darstellung vom Typ *l'homme et l'œuvre*. Wie bereits gesagt: zu einer tiefer greifenden Interpretation des Raffaelschen Malprogrammes, wie es beispielsweise in der Stanza della Segnatura vorliegt, dringt er dabei ebenso wenig vor, wie zum Geheimnis der künstlerischen Begabung und Kreativität, das immerhin noch Vasari als das geheime Zentrum aller Kunstpraxis immer wieder beschworen hatte. Fiorillo bleibt sozusagen bei den greifbaren Sachen und nennt dabei auch seine Quellen: in diesem Falle wiederum vor allem Vasari, aber auch Bellori, Baldinucci, Sandrart, Piacenza, Malvasia und andere mit dem Hinweis darauf, daß deren Biographien eigentlich gegenüber der ersten Quelle wenig Neues böten.

In bezug auf die eigentliche Kunstbetrachtung der *Werke* aber stellt Fiorillo unaufdringlich doch eine Vielzahl von Kategorien bereit, über die dann auch seine Göttinger Studenten wie selbstverständlich verfügen können, während ein anderer Romantiker, Novalis, der diese Schule nicht hatte, einen geplanten Aufsatz über die Dresdner Galerie unfertig lassen muß, eben weil er über den kategorialen Unterbau zu einem solchen Beitrag nicht verfügte.[16] Zentrale Kategorien Fiorillos zur Werkanalyse sind: Erfindung, Komposition, Ausdruck, Zeichnung, Kolorit, Proportion, Anatomie, Perspektive, Gruppierung. Die Unterscheidung von Werken nach Sujets und der Künste untereinander (Malerei, Architektur, Skulptur und andere) und eben und immer wieder: die Biographie des Künstlers als Bezugsrahmen der Kunstbetrachtung, Werk- und Wirkungsgeschichte ebenso wie die der religionssoziologischen und politischen Rahmenbedingungen der Kunstproduktion. Das war und ist und ist immer noch – bei allen Mängeln – ein durchaus imponierendes Programm der Kunstbetrachtung!

III.
Kunstanschauung der Frühromantik

Ich mache an dieser Stelle einen Schnitt, durchaus verbunden mit dem Hinweis auf die Defizite in der Fiorillo-Forschung. Bei der folgenden Analyse konzentriere ich mich vor allem auf Wilhelm Heinrich Wackenroder, den zweifellos

16 Novalis hat die Dresdener Gemäldegalerie und Antikensammlung Ende August 1798 besucht. Die Eindrücke dieses Dresdener Besuchs ziehen sich seitdem durch verschiedene Fragmentsammlungen und bilden offensichtlich den Keim zu einem größeren Projekt. Siehe die ›Studien zur bildenden Kunst‹ in Novalis: Schriften. Bd. 2 (Das philosophische Werk I), hrsg. von Richard Samuel in Zusammenarbeit mit Hans-Joachim Mähl / Gerhard Schulz, Darmstadt 1965, S. 648ff. und die Einleitung dazu S. 520ff. sowie Schriften. Bd. 3 (Das philosophische Werk , Bd. II), hrsg. von Richard Samuel in Zusammenarbeit mit Hans-Joachim Mähl / Gerhard Schulz. Darmstadt 1968, S. 248.

originellsten Kopf in der frühromantischen Kunstanschauung. Wackenroders Kunstanschauung grenze ich von Fiorillo vor allem in drei Punkten ab:

1. Adressatenbezogenheit
2. Epochenbewußtsein
3. Interessenschwerpunkte der Kunsttheorie.

Zunächst zum *Adressatenkreis* der Kunsttheorie: Fiorillo, so hörten wir, richtet seine Vorlesung an einen Kreis von »Liebhabern«, die er instandsetzen will, »Werke der Kunst« sachgemäß zu beurteilen. Fiorillo zielt hier in erster Linie auf den Kreis der kunstinteressierten Studenten der Göttinger Universität, der sich aus dem oberen Bürgertum und dem Adel rekrutierte. Der Graf von Münster, der später in Derneburg bauen sollte, und der Freiherr von Brabeck vom Schloß Söder bei Hildesheim gehörten zu den Hörern Fiorillos. Letzterer empfahl Fiorillos Vorlesung als Schule der Kunst und der Menschenbildung auch seinem Sohn an. Die unter den Titeln ›Herzensergießungen eines kunstliebenden Klosterbruders‹ und ›Phantasien über die Kunst‹ veröffentlichten Werke Wackenroders und Tiecks wendeten sich dagegen primär an einen anderen Adressatenkreis. In Tiecks Vorrede »An den Leser dieser Blätter« wird dieser direkt benannt:

»Diese Blätter, die ich anfangs gar nicht für den Druck bestimmt, widme ich überhaupt nur jungen angehenden Künstlern, oder Knaben, die sich der Kunst zu widmen gedenken, und noch die heilige Ehrfurcht vor der verflossenen Zeit in einem stillen, unaufgeblähten Herzen tragen«.[17]

Also eine Kunstmeditation nicht nur oder nicht einmal in erster Linie für den gebildeten Leser und Kunstinteressierten, sondern für junge angehende Künstler, die sich die jungen Romantiker immer noch als vornehmlich männlichen Geschlechts vorstellten. Das Vorbild in diesem Punkt ist gar nicht Fiorillo, sondern der Musiker, Komponist und Freund der jungen Romantikergeneration, Johann Friedrich Reichardt. Dieser edierte die Zeitschrift ›Deutschland‹, ein radikal-republikanisches Blatt, in dem Wackenroder über Tiecks Vermittlung auch als Vorabdruck der ›Herzensergießungen‹ bereits im Sommer 1796 seinen Aufsatz über Dürer plazierte.[18] Dieses Blatt und insbesondere Reichardts musik-ästhetische Schriften richteten sich aber gezielt an junge Künstler, wie denn der preußische Hofmusiker Reichardt, am preußischen Hof selbst kaltgestellt, einen solchen Kreis junger Künstler auch auf seinem Schloß Giebichenstein bei Halle um sich sammelte.[19]

17 HKA Wackenroder (wie Anm. 1), Bd. 1, S. 53.

18 Zur Entstehung und Publikationsorgan siehe ebenda, S. 270ff.

19 Zur Biographie Reichardts siehe Walter Salmen: Johann Friedrich Reichardt. Komponist, Schriftsteller, Kapellmeister und Verwaltungsbeamter der Goethe Zeit, Freiburg / Zürich 1963; zum Einfluß Reichardts auf die Musikästhetik Tiecks und Wackenroders: HKA Wackenroder, Bd. 1, S. 374ff.

Mit diesem Adressatenkreis verbunden ist eine *kritische Abgrenzung* der Kunsttheorie Wackenroders sowohl als auch eine Option für eine bestimmte *Sprachform*: die jungen Romantiker wenden sich ab vom anmaßenden, beckmesserischen Kunstrichterstil eines Basilius von Ramdohr, von dessen »kalten, kritisierenden Blick«, und von dessen überheblicher Kunstattitüde sie sich bewußt abgrenzen.[20] Die Frühromantiker suchen und finden bereits eine bewußt einfühlsame, empfindsame Sprachform, die dem geheimnisvollen Wesen der Kunst und einem einfühlsamen Kunstverständnis angemessen ist. Den Weg dazu hatte den Frühromantikern ein anderer akademischer Lehrer gewiesen: Karl Philipp Moritz.[21]

Ich möchte an dieser Stelle noch erwähnen, daß die enorme Wirkung dieser frühromantischen Kunstschriften im Kreis der bildenden Künstler – so der Lukas Brüder und Nazarener – sich aus dieser gezielten Adresse ihrer Kunstschriften an junge Künstler mit ableitet. Die »jungen angehenden Künstler«, denen diese Kunstschriften gewidmet waren, antworten in der Tat auf sie und verinnerlichen jene um die Kunst wie ein Heiligtum konzentrierte klosterbrüderliche Geselligkeit, die die ›Herzensergießungen‹ als adäquate Kunsthaltung nahelegen. In den Wiener und später römischen Kunstkreisen allerdings findet, wie bereits erwähnt, auch eine Verkürzung und Uminterpretation des weltbürgerlichen und toleranten frühromantischen Kunstideals statt zugunsten jener neukatholischen und auch neudeutschen Kunstausrichtung, die Goethe, Meyer und auch Fiorillo kritisieren sollten.[22]

2. *Epochenbewußtsein*: Wie auch das Hildesheimer Kolloquium zur Rezeption der Renaissance in der deutschen Romantik deutlich machte, versteht sich das Göttinger Wissenschafts-Programm, in deren Rahmen Fiorillo seine Kunstgeschichte veröffentlichte, als Programm einer Rekonstruktion der Künste und

20 HKA Wackenroder (wie Anm. 1), Bd. 1, S. 53f.

21 Siehe insbesondere Karl Philipp Moritz: Vorlesung über den Styl oder praktische Anweisung zu einer guten Schreibart. 1. Theil, Berlin 1793, 2. Theil, Berlin 1794. Dort die Theorie zu einer »Sprache der Empfindung«, die sich von der »Sprache des Verstandes« vor allem dadurch unterscheide, »daß sie nicht aus einander setzt, sondern *zusammenfaßt,* und also *auf einmal viel* auszudrücken, und mehr im ganzen *anzudeuten* als im Einzelnen ausführlich zu bezeichnen« suche. (1. Theil, S. 99). Zum Einfluß von Karl Philipp Moritz auf Wackenroder siehe auch Dirk Kemper: Die Sprache der Dichtung. Wilhelm Heinrich Wackenroder im Kontext der Spätaufklärung, Stuttgart 1993, besonders S. 51ff. und Silvio Vietta: Wackenroder und Moritz, in: Athenäum. Jahrbuch für Romantik, 6. Jg., 1996, S. 91ff.

22 Siehe den erwähnten Beitrag: Vom Renaissance-Ideal zur deutschen Ideologie: Wilhelm Heinrich Wackenroder und seine Rezeptionsgeschichte (wie Anm. 5).

der Wissenschaften seit der Renaissance.[23] Diese Epochenzuordnung der Kunstgeschichte Fiorillos ist ja schon aus dem Untertitel ablesbar:

›[...] von ihrer Wiederauflebung bis auf die neusten Zeiten‹.

Fiorillo versteht sich und seine Arbeit – wie auch immer gebrochen – aus einem Kontinuitätsbewußtsein heraus, das, wie Vasari, nach den Finsternissen des Mittelalters mit der Renaissance das Wiederaufleben einer Kunstepoche ansetzt, in die letztlich auch seine eigene ›Geschichte der zeichnenden Künste‹ als Rekonstruktion immer noch gehört, wenn auch nicht mehr in so linearem Aufstieg, wie Vasari die Geschichte der Renaissancekunst selbst noch verstand. Fiorillo ist sich dessen bewußt, daß er von einem säkularisiert-aufgeklärten Standort aus schreibt und spricht. Wie Vasari sieht Fiorillo in Cimabue den »Vater«, beziehungsweise »Vorläufer der ganzen neuern Mahlerey«, deren Wirkungsgeschichte er in »drey Hauptperioden« über Raffael, die Carracci bis zu Anton Raphael Mengs am Werk sieht.[24] Es ist das Bild einer über alle Brüche und Distanzen hinweg kontinuierlichen Entwicklung der Künste der Neuzeit, das so entsteht, in mancher Hinsicht durchaus vergleichbar jenem Konzept der »romantischen Poesie«, das die Brüder Schlegel von Petrarca und Boccaccio bis hin zu Goethe verfolgen.[25]

Wackenroder dagegen setzt mit einem neuen, viel *gebrochenenen* Zeitbewußtsein ein.[26] Die große Zeit der Kunst scheint ihm vergangen. Die Gegenwart ist eine Epoche, in der Kälte, Arroganz und »Afterwissenschaft« den eigentlichen Zugang zur Kunst verschüttet haben und in der deshalb eine bewußte Rückwendung in jenes »*Heldenalter* der Kunst«[27] erfolgen muß, wenn überhaupt von Kunst in ihrer entwickelten Form die Rede sein soll. Denn gegenüber der Renaissance als dem goldenen Zeitalter der Kunst erscheint den jungen Romantikern – ich schließe auch hier Tieck, Novalis und die Schlegels ein – die eigene Gegenwart als kunstarm. Auch hat in ihr bereits eine Vermarktung von Kunst begonnen, die Wackenroder zum Beispiel in Nürnberg außerordentlich kritisch beobachtet.[28] Und natürlich den Kunstvandalismus, der in der Folge

23 Hier insbesondere den Beitrag von Achim Hölter: Johann Dominic Fiorillos ›Geschichte der zeichnenden Künste‹ und ihr Bild der Renaissance, in: Romantik und Renaissance (wie Anm. 5), S. 95ff.

24 Siehe ›Einleitung‹ zu Bd. I der ›Geschichte (wie Anm. 12), S. 69.

25 Siehe den Beitrag von Ernst Behler: Die italienische Renaissance in der Literaturtheorie der Brüder Schlegel, in: Romantik und Renaissance (wie Anm. 5), S. 176ff.

26 Siehe den Beitrag von Dirk Kemper: Litterärhistorie – romantische Utopie – kunstgeschichtliche Poesie: drei Modelle der Renaissancerezeption, dargestellt anhand gedruckter und ungedruckter Vasari-Übersetzungen 1778-1832, in: Romantik und Renaissance (wie Anm. 5), S. 166ff., besonders S. 128.

27 HKA Wackenroder (wie Anm. 1), Bd. 1, S. 61.

28 Den Verfall der Stadt Nürnberg und den Ausverkauf viele ihrer Kunstschätze hatte

der Französischen Revolution entstand. Über ihn war man in Deutschland durch Aufsätze in Wielands ›Teutschem Merkur‹ wohl informiert.[29] Viel stärker als bei Fiorillo wird so die Kunstgeschichte der Renaissance für Wackenroder zu einer herausgehobenen, idealen Epoche der Kunst, während die Gegenwart als eine im Grunde von der Kunst abgefallene, kunstferne Epoche erscheint. Insbesondere in seiner Künstlerbiographie des Joseph Berglinger, die erste, eben in ihrem gebrochenen Zeitgefühl typisch *moderne* Künstlerbiographie der Romantik, wird das Leiden des Künstlers an seiner eigenen kunstfremden Gegenwart eindringlich gestaltet.

Damit kommen wir drittens und abschließend zum *Kunstbegriff* selbst und zu den differenten Interessenschwerpunkten bei Fiorillo und Wackenroder. Nehmen wir die Raffael-Darstellungen hier wie dort zum Beispiel. Wir hatten bereits erwähnt, daß Fiorillo seine Kunstgeschichte der Renaissance mit der »römischen Periode« beginnt und daß er Raffael seine erste umfängliche Personendarstellung widmet. Dadurch wird dieser Künstler gegenüber der Darstellung Vasaris deutlich aufgewertet. Hauptquelle aber ist nach wie vor Vasaris Biographie auch für Fiorillo. In der Raffael-Darstellung Fiorillos nun finden sich allgemeine Bemerkungen, so der Hinweis auf die neue Rolle der Beobachtung der Natur und deren Verbindung mit den antiken Studien in der Renaissance. Raffael wird von Michelangelo abgegrenzt, die Schülerkreise werden genannt. Die Darstellung skizziert Temperament und Gestalt der Künstler. Wie Vasari berichtet er streckenweise episodisch über die Entstehung und das Rezeptionsschicksal der Werke Raffaels. Fiorillo bemüht sich dabei, das gesamte Werk zu umspannen und in seine Darstellung einzubeziehen. Aber auf eine seltsame Weise bleibt Fiorillos positivistische, aufzählende Darstellung des Werks Raffaels und seiner Kunst äußerlich. Dabei wertet er auch die These, die Hochrenaissance sei ein »goldenes Zeitalter für die schönen Künste« gewesen, explizit ab. Zwar hätten die Päpste Julius II. und Leo X. durch »freygebige Belohnung« den Wettstreit der Künste gefördert, aber in bezug auf die Sitten gäben sie »nicht das vortheilhafteste Bild« ab.[30] Fiorillo weicht hier ins Mora-

Wackenroder vor allem auf der Reise vom 22. bis 24. Juni 1793 beobachtet. Siehe HKA Wackenroder, Bd. 2, S. 186.

29 Silvio Vietta: Wilhem Heinrich Wackenroder und die Französische Revolution, in: Die deutsche Romantik und die Französische Revolution. Internationales Kolloquium, hrsg. von Gonthier-Louis Fink, Straßburg 1989, S. 103ff. Im Band III seiner ›Geschichte der zeichnenden Künste‹ (wie Anm. 12), Göttingen 1805, S. 438, berichtet auch Fiorillo über diesen Kunstvandalismus und die Rettungsaktionen des radikal-republikanischen Abtes Grégoire zum Schutz und zur Bewahrung der nationalen Kunstgüter. Auch Fiorillo bezieht sich dabei auf die Berichterstattung im ›Teutschen Merkur‹.

30 ›Geschichte‹ (wie Anm. 12), Bd. I, S. 96f.

lische aus. In der Gesamtcharakteristik Raffaels kommt er am Ende seiner Darstellung noch einmal auf diesen Künstler abwägend zu sprechen. Erfindung, Komposition und vor allem seine Ausdruckskraft sind nach Fiorillo jene malerischen Qualitäten, die er an Raffael hervorhebt. Über Raffaels Ausdruck heißt es:

»Der seinige ist ganz Natur, ohne Verdrehung, ohne Zwang, ohne Ziererey und ohne anatomischen Prunk«.[31]

Wackenroder übernimmt diese Wertung. Insbesondere das Argument der verkürzten, überzogenen, falschen Proportion wird für ihn zu einem kritischen Maßstab in der bildenden Kunst, so gegenüber Francesco Francia, Piero di Cosimo, den Carracci, Spinello. Aber letztlich interessiert ihn an der Kunst doch etwas ganz anderes, bei Fiorillo nur am Rande Thematisiertes: der *kreative Akt der Erfindung*, der Kunstentstehung und – damit verbunden – die Wirkung der Kunst auf den Künstler selbst und die Kunstbegeisterten ist der Schwerpunkt des Kunstinteresses Wackenroders. Die Thematik, die er damit ins Spiel bringt, war bereits im antiken Topos des Kunstenthusiasmus aufgehoben, empfängt aber bei Wackenroder eine ganz neue Interpretation, indem er dieses Thema mit Hilfe der Begrifflichkeit der Aufklärung durchdringt. Er schildert ja im Eröffnungskapitel der ›Herzensergießungen‹, ›Raphaels Erscheinung‹ überschrieben, den Imaginationsakt des Künstlers als ein Einfallsgeschehen, bei dem – ausgehend von der dunklen Primärintuition über eine visionäre Erhellung im Traum – das Bild selbst im Künstler sich abklärt und dabei zu einer höheren Stufe der Vorstellungsklarheit gelangt. Die »dunkle Ahnung« des Madonnenmotivs, das Raffael in sich getragen hat, so die fiktive Darstellung, habe sich »nie in ein klares Bild auflösen wollen«.[32] Dann aber fährt ›Raphaels Erscheinung‹ fort:

»In der finsteren Nacht sey sein Auge von einem hellen Schein an der Wand, seinem Lager gegenüber, angezogen worden, und da er recht zugesehen, so sey er gewahr geworden, daß sein Bild der Madonna, das, noch unvollendet, an der Wand gehangen, von dem mildesten Lichtstrahle, und ein ganz vollkommenes und wirklich lebendiges Bild geworden sey.«[33]

Das Imaginationsgeschehen und die damit sich vollziehende Klärung der Bildvorstellung – Wackenroder benutzt hier die aufklärerische Typologie der Vorstellungen nach Graden der Dunkelheit und der Klarheit – führt nun für ihn geradewegs ins Zentrum seiner Kunsttheorie, insofern diese Episode in einer halbverhüllten Form das Geheimnis der Kunst selbst offenbart: das Geheimnis der Übermacht der Kunst über den Künstler selbst und alle Betrachter, die sich auf dieses Geheimnis einlassen.

31 Ebenda, S. 118.

32 HKA Wackenroder (wie Anm. 1), Bd. 1, S. 57.

33 Ebenda, S. 57.

Die Kunst ist, so Wackenroder »*über* dem Menschen«,[34] und zwar in dem Maße, wie sie selbst Medium eines Einfallsgeschehens ist, für das sich der Künstler bereithalten kann, aber das er nicht selbst handhaben, bestimmen, eigenwillig beherrschen kann:

»Die Menschen sind nur die Pforten, durch welche seit der Erschaffung der Welt die göttlichen Kräfte zur Erde gelangen, und in der Religion und dauernden Kunst uns sichtbar erscheinen.«[35]

Die Metapher der »Pforte« unterstreicht diesen medialen Charakter des Künstlers und der Kunst selbst als eine Art zweiter Offenbarungsquelle des Göttlichen *im* Menschen. Ich betone diese *Immanenz* des Transzendenten, weil sie für die Frühromantik so wichtig war wie die übersubjektive Bestimmung der Kunst. Die Kunst redet nach Wackenroder eine göttliche Sprache, aber sie spricht sie »durch Bilder der Menschen«,[36] offenbart also das Jenseitige in einer verdiesseitigten Hieroglyphenschrift. Sie zeige uns das »Unsichtbare [...] in menschlicher Gestalt«.[37]

In der Vielfalt der Kunstbeispiele, die Wackenroder zum Teil aus authentischen Quellen und oft wohl über Vermittlung Fiorillos übernimmt, geht es mit Variationen immer wieder um dieses Thema der Kunstkreativität als einer göttlichen Offenbarung im Diesseits und um die daraus resultierende übermächtige Wirkung der großen Kunst auf den Künstler sowohl wie auf den Kunstinteressenten. Und immer wieder geht es in der Frühromantik um die Kritik an einer verkürzten Anthropologie, welche den Künstler bloß als Macher definiert. Handwerk, Wissen, Könnerschaft – all das ist auch nach Meinung Wackenroders zur großen Kunst nötig, aber ihr letztes Geheimnis resultiert aus einer Art Gnadenakt, die sich dem willkürlichen Zugriff des Künstlers selbst entzieht. Er hat diese Inspiration – wie Raffael – oder er hat sie nicht, wie Francesco Francia, der, als er Raffaels Bild der Heiligen Cäcilia sieht, an seiner eigenen Kunst resigniert wie später der Komponist Salieri vor der Musik Mozarts – jedenfalls in Peter Shaffers Drama und Film über das Genie Mozart aus der Perspektive des zweitrangigen Künstlers Salieri. Das Geheimnis der großen Kunst liegt nach Meinung Wackenroders in ihrer Unverfügbarkeit, die sich im Bewußtsein ausgewählter Künstler ereignen kann, aber nicht muß. Wenn sich dieses Unverfügbare im Künstler ereignet, das macht Wackenroder an der Biographie Michelangelos deutlich, beginnt eine neue Epoche der Kunst.

»Also erscheint mir der vielbeurtheilte Buonarotti [...]. Wer mahlte vor ihm wie *er*? Woher nahm er die ganz neue Größe, von welcher vorher kein Auge jemals wußte? Und wer hat ihn auf die vorher unbekannten Wege gebracht? [...]

34 Ebenda, S. 108.
35 Ebenda, S. 178.
36 Ebenda, S. 98.
37 Ebenda, S. 99.

das ganze Wesen der Kunst mit einem ganz neuen Auge zu durchblicken, es gleichsam mit einer ganz neuen Handhabe zu erfassen, – ist *göttlich.*«[38]

Es ist klar, daß mit diesem Kunstverständnis ein ganz anderes Verständnis des Verstehens von Kunst verbunden ist, eine andere Kunsthermeneutik als die, über die Fiorillo verfügte. Die romantische Kunstästhetik fordert eine Rezeptionshaltung, die in die Kunstwerke ›hineingeht‹ mit, wie es heißt, »entgegenkommendem Herzen«, und die dann im Ich weiterwirken, wie eine brennende Ölflamme. Denn, so Wackenroder, »bey vortrefflichen Kunstwerken [währt, S. V.] der Genuß immer, ohne Aufhören, fort.«[39] Entscheidend ist dabei die Wirkung auf den ganzen Menschen:

»Die Lehren der Weisen setzen nur unser Gehirn, nur die eine Hälfte unseres Selbst, in Bewegung; aber die zwey wunderbaren Sprachen, deren Kraft ich hier verkündige, rühren unsere Sinne sowohl als unsern Geist.«[40]

Wenn Wackenroder in und durch Fiorillo, der eine solche Theorie nicht entwickelt hat, vielleicht aber nach ihr lebte, eine solche Attitüde beobachten konnte, dann hat er seinem Lehrer mit seiner romantischen Kunsttheorie ein »Ehrengedächtnis« gesetzt, das den Lehrer in dem Maße ehrte, wie es dessen Begrifflichkeit überbot.

38 HKA Wackenroder (wie Anm. 1), Bd. 1, S. 111f.

39 Ebenda, S. 107.

40 Ebenda, S. 99.

Renate Moering

Fiorillo in Achim von Arnims Werk

Der Berliner Achim von Arnim begann sein Studium 1798 an der preußischen Universität Halle. Er sollte sich mit juristischen und kameralistischen Studien auf ein Leben als Landedelmann vorbereiten, wandte sich jedoch der experimentellen Naturwissenschaft zu und trat auf diesem Gebiet mit zahlreichen Publikationen hervor. Weder Dichtung noch Malerei scheinen ihn zunächst interessiert zu haben, doch lernte er in Giebichenstein den Komponisten und Literaten Johann Friedrich Reichardt näher kennen, der ihn über seine Vertonungen an die Lyrik heranführte,[1] Reichardt war mit Ludwig Tieck verschwägert, den Arnim 1799 in Giebichenstein das erste Mal traf. Ebenfalls 1799, zu Pfingsten, machte Arnim mit Kommilitonen eine Fußreise nach Dresden, um die dortige Galerie zu besuchen.[2] 1801 vertiefte er die Eindrücke, als er – zu Beginn seiner Kavalierstour durch Europa – in Dresden »täglich mit Tieck zusammen« war und, wie er sagt: »den Staub von meinen Flügeln abschüttle und frei und fröhlich und beherzt mein Innres sammle«.[3] Es ist zu vermuten, daß der von Fiorillo geschulte Tieck[4] auch vorher Arnim schon zur Beschäftigung mit bildender Kunst anregte.

1 Arnims Vater war 1776 bis 1778 Directeur des Spectacles (Intendant) am Hof Friedrichs II. von Preußen, Reichardt damals königlicher Kapellmeister. Von daher bestand eine alte Bekanntschaft zwischen den Familien. Reichardt wurde aber für Arnims Entwicklung wichtiger als sein Vater, da dieser, nachdem seine Frau bei Achim von Arnims Geburt gestorben war, die Erziehungsrechte seiner beiden Söhne an seine Schwiegermutter verkauft hatte. Diese und ihr Sohn, Arnims Onkel Hans Graf von Schlitz, kümmerten sich um Schul- und Universitätsbesuch. Vgl. Achim von Arnim. 1781-1831. Ausstellung im Freien Deutschen Hochstift, hrsg. von Detlev Lüders, Katalog von Renate Moering / Hartwig Schultz, Frankfurt/M. 1981, S. 10-12 u. S. 22; Renate Moering: Arnims künstlerische Zusammenarbeit mit Johann Friedrich Reichardt und Louise Reichardt. Mit unbekannten Vertonungen und Briefen, in: Neue Tendenzen der Arnimforschung, hrsg. von Roswitha Burwick und Bernd Fischer, Bern u. a. 1990 (= Germanic Studies in America, Bd. 60), S. 198-288.

2 Helene M. Kastinger Riley: Ludwig Achim von Arnims Jugend- und Reisejahre, Bonn 1978 (= Abhandlungen zur Kunst-, Musik- und Literaturwissenschaft, Bd. 266), S. 37f.

3 Brief an seine Tante, Gräfin Schlitz, in: Achim von Arnim und die ihm nahe standen, hrsg. von Reinhold Steig / Herman Grimm, Bd. 1 (Achim von Arnim und Clemens Brentano), Stuttgart 1894, S. 25 (zitiert Steig, Bd. 1).

4 Vgl. Achim Hölter: Der Romantiker als Student. Zur Identität von zwei Tieck-Handschriften, in: Deutsche Vierteljahrsschrift, Jg. 61, Bd. LXI, 1987, S. 125-50.

Im Mai 1800 ging Arnim von Halle zum weiteren Studium nach Göttingen, in der zweiten Hälfte des 18. Jahrhunderts die führende deutsche Aufklärungsuniversität; auch dort studierte Arnim besonders Naturwissenschaften. Ob er damals Fiorillo kennenlernte oder gar bei ihm hörte, ist nicht überliefert. In den derzeit bekannten Briefen aus seiner Studienzeit taucht der Name des Kunsthistorikers nicht auf. Es ist aber eher unwahrscheinlich, daß er ihm nicht begegnet wäre, denn Fiorillo war mit Göttinger Persönlichkeiten befreundet, wie mit dem Verleger Heinrich Dieterich und dem Professor Johann Friedrich Blumenbach, bei denen auch Arnim verkehrte.[5]

Zumindest dürfte Arnim indirekt von Fiorillos Wirken erfahren haben: Außer Tieck kannte er August Wilhelm Schlegel flüchtig. Friedrich Schlegel, der 1803 in Paris in seiner Zeitschrift ›Europa‹ Kunstbeiträge schrieb, nahm darin auch einen Aufsatz Arnims auf. Arnim weilte von Januar bis Juni 1803 in Paris und lebte im selben Haus wie dieser. Er äußert sich eher kritisch über die Stadt und die dortige Kunst, zum Beispiel schreibt er Brentano am 17. Februar: »Ich kenne hier manchen talentvollen Maler, aber ihre Kunst ist hier wie gelähmt«.[6] Wahrscheinlich schrieb er damals einen bislang unpublizierten Text mit dem Titel ›Dresden's Tod‹, der das künstlerische Verkümmern und den frühen Tod eines jungen talentierten Malers namens Dresden behandelt. Dennoch erhielt Arnim damals bleibende Eindrücke, als er das Musée Napoléon besuchte, denn in seiner Künstlererzählung ›Raphael und seine Nachbarinnen‹ bezieht er sich auf Bilder, die er dort gesehen hatte, unter anderem Raffaels letztes Werk, die ›Transfiguration‹. Paris war damals *die* Kunstmetropole überhaupt. Napoleon hatte nach dem siegreichen Abschluß seiner Feldzüge die bedeutendsten Kunstschätze eroberter Länder nach Paris in den Louvre schaffen lassen, der in der Französischen Revolution seine Funktion als Königspalast verlor und zum Museum der Nation wurde, seit 1803 Musée Napoléon genannt.[7] 1803 waren

5 Dieterich verlegte Arnims erste Werke: ›Hollin's Liebeleben‹ und ›Ariel's Offenbarungen‹. Blumenbach war auch Beiträger zu ›Des Knaben Wunderhorn‹ (vgl. Clemens Brentano: Sämtliche Werke und Briefe, hrsg. von Jürgen Behrens u. a., Stuttgart u. a., Bd. 9/3; Des Knaben Wunderhorn, hrsg. von Heinz Rölleke, Teil III, Lesarten und Erläuterungen, Anhang, S. 799f.). Beide traf Arnim wieder, als er von Mitte August bis Mitte Oktober 1806 noch einmal in Göttingen war (vgl. seinen Brief an Brentano vom 16. August, in: Steig 1, S. 189f.). Seine letzte Erzählung ›Die Ehenschmiede‹ enthält manche Reminiszenzen an Göttingen; vgl. Achim von Arnim: Werke, Bd. IV (Erzählungen 1818-1830), hrsg. von Renate Moering, Frankfurt/M. 1992.

6 Steig (wie Anm. 3), Bd. 1, S. 67.

7 Vgl. Paul Wescher: Kunstraub unter Napoleon, Berlin 1976, wo die entführten Kunstwerke nach Künstlern geordnet aufgeführt sind.

schon die bedeutendsten Bilder der Niederlande und Italiens in Paris zu sehen. Eine Reise nach Paris gab nun eine genauere Anschauung als die Betrachtung der von Fiorillo geordneten und betreuten Graphik in Göttingen. Fiorillo konnte für die jüngere Generation der Romantiker, die im Musée Napoléon die größten Kunstwerke versammelt sehen konnte, nicht mehr *der* Anreger sein, der die Studenten Tieck und Wackenroder[8] in die Malerei einführte.

Auch später dürfte Arnim gelegentlich von Fiorillo gehört haben; so war er etwa mit dem Kunsthistoriker Carl Friedrich von Rumohr bekannt, der bei Fiorillo studiert hatte, seinen Lehrer aber in der Quellenkritik überholte. (Rumohr regte Arnim vermutlich zur Figur des kunstsinnigen Marchese in der Sammlung ›Landhausleben‹ von 1826 an).[9]

Rumohr verfaßte 1821 gleichzeitig mit Arnim eine Rezension von Fiorillos letztem Band der ›Geschichte der zeichnenden Künste in Deutschland und den vereinigten Niederlanden‹, die vom 25. Juni bis 2. Juli 1821 im ›Kunst-Blatt‹ zum ›Cottaschen Morgenblatt‹ erschien.[10] (Eine zweite lobende Kritik von unbekannter Hand wurde dort wenig später abgedruckt).[11] Arnims Besprechung, die er dem Herausgeber des ›Literatur-Blatts‹ zum ›Morgenblatt‹, Adolf Müllner, am 2. März 1821 eingesandt hatte, blieb dadurch unpubliziert. Arnim schrieb ihm im Begleitbrief: »Ich sende Ihnen eine Anzeige von *Fiorillo.* Mein Lob des Kunstblattes ist keine captatio benevolentiae, sondern Ueberzeugung. Ich lege selten ein Blatt davon aus der Hand, ohne in irgend einer Art von guter Seite angeregt oder belehrt zu seyn«.[12] Arnim fand wohl, daß die Besprechung besser in das ›Kunst-Blatt‹ passe, denn er fragte: »Wer ist Herausgeber des dem Morgenblat beygefügten Kunstblats?«[13] Dennoch wäre bei dem Schwerpunkt,

8 Vgl. Wilhelm Heinrich Wackenroder: Sämtliche Werke und Briefe. Hist.-krit. Ausgabe, Bd. I (Werke), hrsg. von Silvio Vietta, Heidelberg 1991, passim; Silvio Vietta: Die Entstehung der Romantik aus dem Geist der Göttinger Universität, in: Renaissance in der Romantik. Johann Dominicus Fiorillo. Italienische Kunst und die Georgia Augusta [...], hrsg. von Manfred Boetzkes / Gerd Unverfehrt / Silvio Vietta, Hildesheim 1993, S. 12-17.

9 Vgl. Arnim: Werke (wie Anm. 5), Bd. IV, S. 1204.

10 Kunst-Blatt, Nr. 51, 25. Juni 1821, S. 201-03; Nr. 52, 28. Juni 1821, S. 205-07; Nr. 53, 2. Juli 1821, S. 210-12.

11 Kunst-Blatt, Nr. 57, 16. Juni, S. 228, unterzeichnet mit dem Kürzel »-her.«

12 Ludwig Geiger: Achim von Arnims Beiträge zum ›Litteraturblatt‹ nebst ungedruckten Briefen Müllners und Arnims, in: Zeitschrift für vergleichende Litteraturgeschichte, N.F., Bd. XII, 1898, S. 220f. Arnim schrieb am Ende der Rezension: »Der Himmel scheint heller über uns und wenn wir das Kunstblat mit der Leipziger Bibliothek der schönen Künste [hrsg. von Nicolai und Weisse, R. M.] zusammenstellen, die damals galt, so hat freilich die Welt wenigstens von einer Seite einen Fortschrit gemacht«.

13 Vgl. Roswitha Burwick, in: Arnim: Werke (wie Anm. 5), Bd. VI (Schriften), Frankfurt / M. 1992, S. 1340.

den er auf die Abweisung einer oberflächlichen Kunstkritik legt, und dem Engagement für Wackenroder auch ein Abdruck im ›Literatur-Blatt‹ gerechtfertigt gewesen. Der Text wurde 1990 nach der Handschrift erstmals von Christof Wingertszahn veröffentlicht,[14] dann von Roswitha Burwick 1992 in den Band ›Schriften‹ der Arnim-Ausgabe des Klassiker-Verlags aufgenommen,[15] nachdem sie 1989 schon in ihrer Studie ›Dichtung und Malerei bei Achim von Arnim‹ daraus zitiert hatte.[16]

Der Beginn der Besprechung zeigt, daß Arnim nicht nur mit dem Werk, sondern auch mit der Kritik daran wohl vertraut war. Die Tendenz dieser vorherigen Rezensionen ging dahin, daß der Italiener zu wenige Kunstwerke aus eigener Anschauung kannte und sich zu stark auf Beschreibungen stützte.[17] Dieser Mangel trat noch stärker hervor, als er sich von der ihm weitgehend vertrauten italienischen Malerei derjenigen Deutschlands und der Niederlande zuwandte. Arnim schreibt:

»Unter den verdienstlichen Werken Fiorillos über Kunstgeschichte hat gewiß keins in den letzteren Jahren so vielen gute Dienste geleistet und ist doch wegen Mängel und Lücken so oft getadelt worden wie dies über deutsche Kunstgeschichte, dessen vierter Band hier auch wiederum mit gelehrten Sammlungen Mängeln und Lücken reichlich ausgestattet hervortritt. Die Schwierigkeiten lagen in der Sache, es war eine zum Theil ganz vernachlässigte Kunstregion, das Verdienstliche in dem gelehrten Kunstveteranen, unsre Achtung sey hier unbedingt für den Verfasser ausgesprochen, wenn wir gleich unsern Tadel nicht verhelen können in dem ganzen Bande eigentlich nur einen Aufsatz zu finden, der ganz hieher gehört nämlich eine Uebersicht der Kunstinstitute in Deutschland, der wenn gleich unvollständig doch als ein erster Versuch als Grundlage einer künftigen Ausgabe durch Beyträge zu etwas Gutem werden könnte.«[18]

Arnim kommt in der Folge auf Fiorillos Kapitel ›Blicke über den gegenwärtigen Zustand der Malerei‹ zu sprechen. Daß dieses Kapitel von Johann Heinrich Meyers Aufsatz ›Neu-deutsche religios-patriotische Kunst‹ aus Goethes

14 Christof Wingertszahn: Ambiguität und Ambivalenz im erzählerischen Werk Achim von Arnims. Mit einem Anhang unbekannter Texte aus Arnims Nachlaß, St. Ingbert 1990 (= Saarbrücker Beiträge zur Literaturwissenschaft, Bd. 23), S. 650-55.

15 Arnim: Werke (wie Anm. 5), Bd. VI, S. 704-06.

16 Roswitha Burwick: Dichtung und Malerei bei Achim von Arnim, Berlin / New York 1989, S. 167-70.

17 Vgl. Achim Hölter: Goethe, Meyer und der Kunsthistoriker Johann Dominik Fiorillo. Mit einem ungedruckten Brief, in: Goethe-Jahrbuch, Bd. 109, 1992 (1993), S. 115-30.

18 Zitiert nach dem Abdruck bei Wingertszahn (wie Anm. 14); verglichen mit der Handschrift im Freien Deutschen Hochstift.

Zeitschrift ›Ueber Kunst und Altherthum‹[19] beeinflußt ist, wobei Fiorillo den Aufsatz Goethe selbst zuschrieb, erwähnt Arnim mit keinem Wort. Er bekennt, daß »wir [es, R. M.] nicht ohne Kränkung gelesen haben, weil wir das Schwierige und Gefährliche dieses Versuchs aus so vielen verunglückten Bemühungen der Art erkannt haben, mit den Zeitgenossen über das was wird und künftig erst Frucht trägt ins Reine zu kommen«. Arnim hielt nichts von einer normativen Kunstkritik, sondern verlangte, daß der Betrachter sich einer neuen Kunst gegenüber zunächst einmal öffne. So sind auch seine eigenen Besprechungen von Kunstausstellungen eher betrachtend, allerdings auch sozusagen ohne Biß. Er fährt fort:

»Zwar gesteht uns der Verfasser offenherzig, daß er eigentlich so gut wie gar nichts von den Arbeiten lebender Künstler gesehen habe, wir loben diese Aufrichtigkeit, denn die wenigsten Kunstrichter haben den Muth diese ihre allgemeine Sünde des Nichtsehens einzugestehen, aber er rühmt sich doch eines Freundes, der einmal so etwas auf einer Durchreise in Rom gesehen und einige kurze Notizen mit echten Kunstrichtersprüchen gewürzt, ihm darüber mitgeteilt hat und diese werden hier nun so rücksichtlos, als ob es die Worte eines Todtenrichters wären, der Welt vorgelegt (S. 88-95). Wir halten dies für eben so grausam, als unkritisch. In einem Tagblatte, das mit dem Tage vergessen wäre, hätte auch diese Notiz unbekümmert stehen können [...]. Aber das Werk von Fiorillo bleibt wegen seiner *übrigen* Verdienstlichkeiten ein *dauernder* Stempel des Hasses mit dem unsre Zeit alles in ihr Entstehende zu vernichten trachtet, wenigstens jedem in irgend einer Art das aufmunternde Gefühl erkannt zu werden raubt, jedem den Fluch des Erdenlebens durch ein Genickbrechen des Genies, wenn es sich eben in edlem Flammentode opfert, deutlich zu machen sucht [...]. Dies ist die grausame Seite der Kunstrichterei, sie entreisst so manches Talent seiner eignen freien Bestimmung. Die *unkritische* Ausübung liegt aber darin, daß sie den Standpunkt nicht darlegen kann, der sie über die Bemühungen ihrer Zeit, der sie doch auch angehört, erhebt, daß sie ihre prophetische Gabe nicht beweisen kann, weil sie sonst über das Werdende nicht so absprechen könnte.«

Nach diesen prinzipiellen Einwendungen nimmt Arnim insbesondere Wakkenroder gegen seinen Lehrer in Schutz. Die Kritik des älteren Gelehrten an dem jungen Romantiker muß ihm wie eine Wiederholung seiner Fehde mit Voß um das ›Wunderhorn‹ erschienen sein. Auch er hatte sich in Heidelberg

19 ›Ueber Kunst und Alterthum in den Rhein- und Mayngegenden‹, Stuttgart 1817, Bd. I, Heft 2; s. J. D. Fiorillo, Geschichte der zeichnenden Künste in Deutschland und den vereinigten Niederlanden, Bd. IV, Hannover 1820, S. 83; vgl. Hölter (wie Anm. 17), S. 128. Fiorillo meinte, darin einen Aufsatz Goethes vor sich zu haben; unterzeichnet ist er ›W. K. F.‹ (=Weimarer Kunstfreunde).

diesem Gelehrten erst vertrauensvoll zugewandt und erfuhr dann seine Ablehnung. Gerade 1820 hatte Voß ihn noch einmal des Kryptokatholizismus verdächtigt,[20] eine Vermutung, die auch Fiorillo gegenüber den Nazarenern äußert.[21] Fiorillos Verurteilung von Wackenroders dichterischem Werk lehnt sich eng an das Urteil in ›Kunst und Alterthum‹ an, sogar in der unrichtigen Namensform ›Wackenröder‹. Meyer hatte geschrieben:

»Die fernern Ereignisse nunmehr betrachtend, halten wir uns für hinlänglich überzeugt, daß ein litterarisches Produkt, welches wenig später, nämlich 1797 erschienen, den Hang, die Vorliebe für alte Meister und ihre Werke, wo nicht vollständig entwickelt, doch der Entwickelung um vieles näher entgegen geführt habe. Wir zielen hiermit auf Wackenröders von Ludwig Tieck herausgegebene ›Herzensergießungen eines kunstliebenden Klosterbruders‹. Diese Schrift [...] wurde in Deutschland wohl aufgenommen, viel gelesen und kam bald nach Rom, wo sie ohne Zweifel den größten Eindruck gemacht hat. [...] Kritik wird als eine Gottlosigkeit angesehen, und die Regeln als leere Tändeley; Kunst meint er, lerne sich nicht, und werde nicht gelehrt, er hält die Wirkung derselben auf die Religion, der Religion auf sie, für völlig entschieden, und verlangt daher vom Künstler andächtige Begeisterung und religiöse Gefühle [...].«[22]

20 Johann Heinrich Voß: Bestätigung der Stolbergischen Umtriebe, Stuttgart 1820, S. 116; vgl. Arnim: Werke, Bd. IV, S. 1213.

21 Fiorillo: Geschichte (wie Anm. 19), S. 103: »Oder sind alle diese Künstler heimliche, innerliche Proselyten; sind sie zum catholischen Glauben übergegangen [...]?«.

22 Ueber Kunst und Alterthum (wie Anm. 19), S. 23f. Arnim hatte dazu an Goethe am 15. Juni 1817 im Zusammenhang mit Kunstnachrichten aus Berlin geschrieben: »Die Garnisonkirche in Potsdam wird von mehreren hiesigen Künstlern mit Gemälden geschmückt, die Stellung der Bilder an schmalen Räumen [...] quält gar sehr, auch ist gewissermassen vorgeschrieben, welchen älteren Bildern sie nacharbeiten sollen. Die Aufgabe mag seltsam seyn, aber es ist doch wenigstens eine äussere Veranlassung zum Malen. Aus diesem Mangel äusserer Veranlassung können Sie Sich leichter als aus Wackenroder (nicht Wackenröder) die Bildung mancher neueren Maler erklären, so wie denn auch Wackenroder wohl nie jene aus einzelnen Äusserungen ihm schuldgegebene Ansicht hatte. Er achtete gar sehr das Studium, aber aus nichts wird nichts, eine unzeitige Kritik versteckte damals der Jugend Ansicht und Einsicht; junge Maler dieser Art und ich habe deren genug gekannt, kamen zu *nichts*. Der Schoppe, so heist der Berliner Künstler der das Bild nach Dante malte, dessen der II B. der Rheinreise erwähnt, soll von Wackenroder wie ich höre, gar nichts gewust haben, er malte nach Dante, weil er Italiänisch lernte und niemand ihm etwas Besseres zum Malen aufgab, Michael Angelo zeichnete einen Band voll Randzeichnungen zum Dante und hegte wohl so wenig wie Schoppe eine kränkliche Religiosität. [...] Übrigens kenne ich weder den Mann, noch sein Bild, es

Fiorillo meint nach einem Lob »dieser herrlichen Schrift«[23]:

»Bey Betrachtung der ferneren Ereignisse stimme ich dem Herrn *von Göthe* völlig bey, daß der Hang und die Vorliebe für alte Meister durch ein litterärisches Product, welches im Jahre 1797, also bald darauf, erschienen war, wo nicht vollständig entwickelt, doch der Entwickelung näher entgegen geführt worden sey.

Ich erlaube mir hier eines Umstandes zu gedenken, der kurz vorher eintrat. Der Herr Baron von B., ein liebenswürdiger und geistvoller junger Mann, bezog mit seinen Freunden Ludwig Tieck, und Wackenröder aus Berlin, die hiesige Universität, und ich hatte das mir unvergeßliche Vergnügen, diesen drey jungen Männern ein Privatissimum über Kunstgeschichte, Theorie der Mahlerey u.s.w. vorzutragen. Tieck hatte einen scharfen, durchdringenden Blick, der auf der Stelle alles faßte; er zeichnete sich nur wenig auf. Wackenröder hingegen konnte nicht genug zu Papier bringen, und kam auch außer den Stunden in mein Haus, um die Kupferstiche, Bücher und andere kostbare Werke zu besehen, und sich noch manches zu notiren. [...] Wackenröder verließ die Universität etwas früher als seine Freunde. Nicht lange nach seinem Abgange erschien die Schrift von ihm, von welcher eben die Rede gewesen ist, nämlich die ›Herzensergießungen eines kunstliebenden Klosterbruders‹. [...] Diese Schrift machte sowohl in Deutschland, als auch in Rom, wohin sie sehr bald gelangte, eine große Sensation unter den deutschen Künstlern. Man war der stolzen Sprache gewohnt, mit schneidenden Urtheilen gewisser Dilettanten, die sich in Deutschland gratis das Recht dazu angemaßt hatten, im Fache der Kunst über alles zu urtheilen, was das Fach der Kunst betraf. Hier erschien nun ein Mann, wie er wirklich war, nämlich voll Gefühl und Wahrheit, und die Güte selbst!«[24]

Fiorillos Urteil ist merkwürdig unbestimmt: Einerseits erinnert er sich gern an seinen sympathischen Schüler, ist wohl auch stolz darauf, ihn und Tieck unterrichtet zu haben, andererseits stimmt er dem verständnislosen Urteil der Weimarer Kunstfreunde doch voll zu. Ebenso unentschieden, ja ängstlich vor etwas Unverstandenem, ist der Schluß dieses Kapitels:

»Ich habe gleichfalls bewiesen, daß die Religion und die Ausbreitung des Christenthums am meisten dazu beygetragen habe, die Künste empor zu bringen, und daß ihnen die Reformation offenbar nachtheilig gewesen ist. Aber ein-

schien mir aber Pflicht gegen das ohnehin so kärgliche und zufällige Geschick des jungen Mannes, [...] Ew. Excellenz einiges Mißtrauen gegen den hiesigen Correspondenten einzuflössen, der Ihnen die Notiz zu der Rheinreise mittheilte«. Zitiert nach: Goethe und die Romantik. Briefe mit Erläuterungen. 2. T., hrsg. von Carl Schüddekopf / Oskar Walzel, Weimar 1899 (= Schriften der Goethe-Gesellschaft, Bd. 14), S. 153f.

23 Fiorillo: Geschichte (wie Anm. 19), S. 83f.

24 Ebenda, S. 83f.

stimmen in die neue Lehre, und in die neuen Grundsätze, das kann ich nicht!«[25]

Arnim wendet gegen Fiorillos Ausführungen ein:

»Wohin soll das führen, aus einem Bildchen ein ganzes Künstlerleben abzuschätzen,[26] ja sogar die ganze Zeit aus irgend einem einzelnen Motive, einem Büchlein u.s.w. wie hier wiederum die über all durch ganz Europa kenntliche Bemühung nach den Werken früherer Kunst aus den Kunstphantasieen Wakkenroders und einigen andern Aeusserungen als Verirrung zu erklären? Ist nicht die eine Erinnerung Fiorillo's, wie Wackenroder bey ihm Privatvorlesungen hörte und unermüdlich war im Aufzeichnen der Nachrichten und im Wiederbesehen der Kunstsachen (S. 83) das beste Schutzmittel gegen jeden Vorwurf einer willkührlich falschen Richtung. Er bemühte sich also *selbst zu sehen*, er vernachlässigte nichts was ihn auf den rechten Weg führen konnte, er suchte auch fremde Ansichten sich eigen zu machen. Wer kann ihm da noch verargen, daß er eigene Ansichten nicht aufgegeben hat; daß die Nichtigkeit der damaligen Kunstansichten wenn er sie mit den Kunstwerken guter Zeit zusammenstellte ihm einen Ekel abnöthigte.«

Arnim stimmt in seinem Urteil weitgehend mit Rumohrs Kritik überein. Dessen Rezension beruht allerdings auf grundsätzlichen ästhetischen Ausführungen. Arnim begnügt sich als Dichter damit, einen dem Künstler nötigen Freiraum zu fordern.

Arnim scheint aus diesem Anlaß Wackenroders ›Herzensergießungen eines kunstliebenden Klosterbruders‹ wiedergelesen zu haben, die immer wieder um den »göttlichen Raffael« kreisen – wie Wackenroder sich ausdrückt – und dessen Porträt als Frontispiz das Buch schmückt, denn Arnim beginnt noch im selben Jahr an seiner Erzählung ›Raphael und seine Nachbarinnen‹ zu arbeiten, die 1823 erschien.[27] Einen versteckten Hinweis gibt er vermutlich im Gebrauch des ungewöhnlichen Kompositums ›Herzensergießung‹ – freilich in anderem Zusammenhang.[28] Arnims Raphael ist zwar derselbe Künstler, doch ein völlig anderer Mensch als der von Wackenroder gezeichnete. Dieser berichtet von Raffaels Leben kaum mehr als seine Kindheit.

25 Ebenda, S. 106.

26 Bezug auf die kursorische Übersicht einer Kunstausstellung in Rom, wo Fiorillo zum Beispiel schreibt: »Johann Veith aus Berlin – ohne Genie und Talent – unbedeutend nachahmend«. Fiorillo, Geschichte (wie Anm. 19), S. 93.

27 In: Taschenbuch zum geselligen Vergnügen auf das Jahr 1824, Leipzig bei Joh. Friedrich Gleditsch, S. 137-217.

28 Arnim: Werke (wie Anm. 5), Bd. IV, S. 301. Vgl. dazu auch: Romantik und Renaissance. Die Rezeption der italienischen Renaissance in der deutschen Romantik, hrsg. von Silvio Vietta, Stuttgart / Weimar 1994, S. 159.

Arnim erfindet eine Liebesgeschichte. Er legt die Erzählung dem Malerjungen Raphaels in den Mund, wodurch Motive des Aberglaubens und der Mythologie an Unwahrscheinlichkeit verlieren. Auch konnte er dadurch dem Vorwurf entgehen, die Geschichte zu verfälschen. Der junge Raphael schwärmte im Hause seiner Eltern für eine Nachbarin, Benedetta, die Tochter eines Töpfers. Er stieg nachts über die Mauer und malte im Mondlicht Figuren auf die Teller, um ihr die Arbeit abzunehmen und ihr Freude zu machen. Benedetta findet er später in einem Kloster wieder, wo sie zurückgezogen lebt und nun auch Bilder malt, und zwar im Stil von Raphael. Sie ist die Nichte des Cardinals. Raphaels Liebe zu ihr bleibt rein geistig. Er ist Ghita verfallen, früher seine andere Nachbarin, die Tochter eines Bäckers, – nach der Legende Margherita Luti, unter dem Namen ›La Fornarina‹ (die Bäckerin) bekannt. In Arnims Erzählung erläutert Raphael seinem Maljungen:

»Sie mischt sich nicht in meine Kunst; aber sie weiß mich zur Kunst aufzumuntern; sie verschleiert mir die Sorgen des täglichen Lebens, sie will mich nicht lenken, ich brauche sie nicht zu beherrschen; bald ist sie meine Seele, bald mein Leib; aber nie will sie Beides zugleich sein: und darum sind wir einander notwendig. Sie ist der Boden, der mich trägt; mit Benedetta hätte ich fliegen können; aber wer weiß es nicht, daß er nicht immer fliegen kann.«[29]

Sogar ihre Untreue stört ihn nicht. Der Junge bemerkt dazu: »Mit herunterhängendem Unterkiefer hörte ich dieser Herzensergießung zu [...]«.[30] Ist der Ausdruck ›Herzensergießung‹ ein Hommage an den früheren Romantiker – wie erst aus der Fiorillo-Rezension zu erkennen ist –, so könnte sich Arnim doch kaum weiter von Wackenroders »göttlichem Raffael« entfernen. Eine handschriftliche Skizze läßt diese Differenz in krasser Form erkennen: Im Goethe- und Schiller-Archiv gibt es ein Blatt, auf dem sich Arnim verschiedene Titelentwürfe zu der Erzählung notierte. Darunter schreibt er:

»Vorwurf, daß Künstler aller Art mehr als vil geistlosere Menschen sich dem rohen sie selbstzerstörenden Genusse hingeben, der Eine mit Trunkenheit der andre mit Liebesabentheuern die schöne ihm verliehene Kraft, die er damit höher zu fördern meint, vergeudet. Wir dürfen auch die Künste darum nicht zu übermässig hoch in Beziehung auf das menschliche Geschlecht stellen, sie sind Vermittler von hoher Art, aber sie sind nicht das Ziel, wo sie das werden hören sie auf und ziehen sich beschämt vor der falschen Vergötterung zurück. Aufrichtig gesprochen, viele Künstler und vor allem die Musiker sinken zu wahren Bestien herab.«[31]

29 Arnim: Werke (wie Anm. 5), Bd. IV, S. 300.

30 Ebenda, S. 300f.

31 Ebenda, S. 1122f.

Arnim spielt diesen Gedanken in der Erzählung sozusagen experimentell durch. Nicht nur Raphael liebt zwei Frauen, eine in geistiger und eine in körperlicher Liebe, sondern Ghita betrügt ihn mit einem verkrüppelten Menschen, ihrem heimlichen Ehemann, der wie ein Affe gehalten wird. Er äfft auch Raphaels Malerei nach, aber nur das sinnliche Element in ihr. Als Arnim die Erzählung vor ihrer Publikation dem Schriftsteller Contessa vorlas, »sagte er vielen Tadel voraus und war doch der Meinung, daß es gar nicht anders sein könne«, berichtete Arnim seiner Frau Bettine.[32] Raphael stirbt in Arnims Erzählung, als er sich von Ghita trennen will und beschließt, Benedetta zu heiraten. Ihm ist damit das sinnliche Lebenselement entzogen; die reine Vergeistigung bedeutet den Tod. In der Einleitung zu seinem fragmentarischen Roman ›Die Kronenwächter‹ hatte Arnim geschrieben:

»Nur das Geistige können wir ganz verstehen und wo es sich verkörpert, da verdunkelt es sich auch. Wäre dem Geist die Schule der Erde überflüssig, warum wäre er ihr verkörpert, wäre aber das Geistige je ganz irdisch geworden, wer könnte ohne Verzweifelung von der Erde scheiden.«[33]

In der Erzählung wird Raphaels Leistung als Maler um nichts verringert, wenn auch Arnim privat gegenüber Ludwig Emil Grimm am 3. Dezember 1822 einen Vorbehalt äußerte:

»Ganz gewiß gehörte es nicht zu den Vollkommenheiten Raffaels, daß er so verschiedene Gesichter zu Madonnen erhob, sondern zu der Zerstreuung und Zerstörung, die in seinem Leben waltet; nicht, daß ich wünschte, er hätte eins dieser Gesichter weniger gemalt, sondern nur, weil ich mich wundere, daß er sie alle für Madonnen halten konnte, da in manchen eher etwas von einer Potiphar zu finden.«[34]

Eine derartige Kritik wird im Werk nicht geäußert; zentrales Thema ist vielmehr die für den Künstler lebensnotwendige Spannung zwischen sündigem Leben und überirdischer Kunst.

Wichtigste Quelle für Arnim war nicht Fiorillo, sondern Vasaris ›Le Vite de' più eccellenti pittori scultori e architettori‹ in der italienischen Ausgabe von 1568, die er besaß – das ist dem maschinenschriftlichen Bibliothekskatalog von 1929 zu entnehmen;[35] leider befindet sich das Werk nicht mehr in Arnims Bibliothek in Weimar. Er las hinreichend gut Italienisch, um es verstehen zu können. Ich zitiere hier die Passagen, die ihn besonders anregten, nach der er-

32 17. Mai 1822; vgl. Arnim: Werke (wie Anm. 5), Bd. IV, S. 1109.

33 Arnim: Werke, Bd. II (Die Kronenwächter), hrsg. von Paul Michael Lützeler, Frankfurt/M. 1989, S. 13.

34 Arnim: Werke (wie Anm. 5), Bd. IV, S. 1130.

35 Bearbeitet von Werner Wilk.

sten deutschen Übersetzung von Ludwig Schorn und Ernst Förster aus dem Jahr 1843[36]:

»Albrecht Dürer aus Deutschland, ein bewundernswerther Maler, der vorzügliche Kupferstiche verfertigte, hörte von seiner Trefflichkeit und schickte ihm als Tribut seiner Huldigung einen Kopf, sein eigenes Bildniß, mit Wasserfarbe auf ganz feiner Leinwand ausgeführt [...]. Da Raffael hiebei gesehen hatte wie Albrecht Dürer bei seinen Kupferstichen zu Werke ging, so wünschte er ebenfalls zu zeigen was er in dieser Kunst vermöge, deßhalb ließ er den Marco Antonio aus Bologna vielfache Uebungen in dieser Kunst anstellen, und da sie demselben trefflich gelangen, ließ er ihn seine ersten Sachen drucken. [...] Marc Antonio verfertigte außerdem noch eine Anzahl Kupferstiche für Raffael, und dieser gab sie nachmals dem Baviera seinem Malerjungen, welcher für ein Mädchen Sorge trug, das Raffael bis an sein Lebensende liebte. Von ihr malte er ein Bild von großer Schönheit und Lebendigkeit [...]. Er malte die Beatrice von Ferrara und andre Frauen, vorzüglich seine Geliebte und unendlich viele andre. Sein Gemüth war sehr zur Zärtlichkeit geneigt und den Frauen ergeben, deßhalb war er stets bereit ihnen zu dienen. So genoß er unaufhörlich der Freuden der sinnlichen Liebe, und wurde darin vielleicht mehr als billig von seinen Freunden geschont und begünstigt. [...] Er stand in naher Freundschaft zu Bernardo Divizio, Cardinal von Bibbiena; dieser hatte ihn seit Jahren schon gerne verheirathen wollen, und Raffael trat dem Willen des Cardinals nicht fest entgegen, sondern hielt die Sache hin, indem er sagte, er wolle noch drei oder vier Jahre vorübergehen lassen. Dieser Termin rückte heran für Raffael unerwartet, der Cardinal erinnerte ihn an sein Versprechen, und der wohlgesinnte Künstler der seinem Worte nicht ungetreu werden wollte, sah sich gezwungen, die Hand einer Nichte des Cardinals anzunehmen. Dieß Band war ihm sehr zur Last, er schob stets neue Hindernisse vor, und viele Monate verstrichen ohne daß die Ehe vollzogen wurde. Auch that er dieß nicht ohne ehrenwerthe Absicht, denn nachdem er dem Hofe [das heißt dem Papst, R. M.] viele Jahre gedient hatte und Leo für eine große Summe sein Schuldner war, hatte man ihm angedeutet: wenn er den großen Saal beendet habe, werde der Papst ihm als Anerkennung seiner Bemühungen und Fähigkeiten den Cardinalshut verleihen. [...] Dieser [Raffael, R. M.] ging unterdessen heimlich seinen Liebschaften nach und überließ sich deren Vergnügungen ohne Maß, daher geschah es, daß er eines Tages die Gränzen allzusehr überschritt, und mit einem heftigen Fieber nach Hause kam. Die Aerzte glaubten, er habe sich verkältet, und da er den Grund seines Krankseyns nicht angab, ließen sie ihm unverständiger Weise zur Ader, so daß er sich geschwächt fühlte, während er Stärkung bedurfte. Er machte deßhalb

36 G. Vasari: Leben der ausgezeichnetsten Maler, Bildhauer und Baumeister, von Cimabue bis zum Jahre 1567, Bd. 3, 1. Abt., Stuttgart/Tübingen 1843, S. 220-22, S. 232 u. S. 246-49.

sein Testament, sendete als ein guter Christ seine Geliebte aus dem Haus, und hinterließ ihr so viel, daß sie mit Ehren leben konnte. [...] Nachdem er alle diese Anordnungen getroffen hatte, beichtete er und starb reuevoll an demselben Festtage an dem er geboren war, am Charfreitag in einem Alter von sieben und dreißig Jahren. [...].«

Fiorillo berichtet über Raffael im ersten Band des ersten Teils seiner Kunstgeschichte ›Geschichte der zeichnenden Künste von ihrer Wiederauflebung bis auf die neuesten Zeiten‹,[37] in Arnims Bibliothek findet sich dieser Band zwar nicht, doch hat er ihn dennoch gekannt. Fiorillo bestreitet das Gerücht »über die beschleunigenden Ursachen seines Todes, welche Vasari angiebt«, möchte aber auf dieses Thema nicht näher eingehen, denn er müßte dann »in allerley Untersuchungen über jene vom Raphael geliebte Bäckerin, über das vom Kardinal Dovizio da Bibiena ihm gethane Anerbieten ihm seine Nichte zur Ehe zu geben, und über hundert ähnliche Geschichtchen hineingehen müssen, die auf die Fortschritte der Kunst gar keinen Einfluß gehabt haben«.[38] Sehr heftig wettert der Kunsthistoriker gegen die Legende, Raffael habe in seiner Jugend auf Töpferwaren gemalt.[39] Derartige Fayencen wurden um 1800 in der Dresdner Galerie gezeigt, wo Arnim auch die ›Sixtinische Madonna‹ bewundert hatte. Zwei weitere Passagen in Fiorillos Kapitel gaben Arnim Anregung zur Ausgestaltung dieser Jugendepisode Raffaels. Dieser überlegt, »wie er von der hohen Scheidemauer im Hofe herabkommen könne, wenn er aus seiner Schlafkammer auf die Mauer gestiegen. Da fiel ihm ein großer Herkules ein, der auf andre Marmorstücke kürzlich an die Mauer des Nachbars gestellt worden war, nicht seiner Trefflichkeit wegen oder des Altertums, sondern um ihn gelegentlich zu zerschlagen und in den Töpferofen zu stecken, weil der Töpfer zur Nebenbeschäftigung auch alte römische Marmorreliquien zusammenfahren und zu Kalk verbrennen ließ«.[40] Fiorillo berichtet, Raffael habe auch »die Baukunst in Verbindung mit der ihr so nah verwandten Altersthumkunde studirt«. In einem schriftlichen Befehl Papst Leos an ihn heißt es: »da er vernommen, daß die Steinmetze häufig denkwürdige Inschriften aus dem Alterthum zerstören, indem sie alte Stücken Marmor zu ihrem Nutzen verwenden, so übertrage er dem Raphael die Aufsicht hierüber, und habe an die ganze Gilde der Steinmetze Befehl ergehen lassen, daß niemand sich unterstehen solle, ohne Raphaels vorgängige Genehmigung, einen alten Stein mit Inschriften zu behauen oder zu zerstücken«.[41] Arnim stellt ein Motiv in einen dichterisch völlig anderen

37 Göttingen 1798, S. 86-122.

38 Ebenda, S. 107.

39 Ebenda, S. 100-03.

40 Arnim: Werke (wie Anm. 5), Bd. IV, S. 267.

41 Fiorillo (wie Anm. 37), S. 114.

Zusammenhang. Noch verwickelter ist die Anregung durch eine andere Bemerkung Fiorillos, und nur durch die Kenntnis weiterer Werke Arnims zu erkennen. Fiorillo kommt auf die Frage zu sprechen, ob Raffael für Gewandstudien ein »hölzernes Modell oder die Gliederpuppe (Französisch manuequin)« benutzt habe.[42] Eine solche Gliederpuppe erwähnt Arnim erstmals in der verworfenen Rahmenhandlung zu der Novellensammlung von 1812, der 1811 entstandenen ›Versöhnung in der Sommerfrische‹. Hauptfigur der Erzählung ist ein gebildeter Jude, der als Maler dilettiert. Er heißt Raphael Rabuni. Er erläutert die Funktion der Puppe:

»Es ist eine Gliederpuppe, [...] ein bequemes Hülfsmittel der Maler, teils manches feste unwandelbare Verhältnis zu prüfen, teils Gewänder in ihrer Lage, Faltenwurf und in einzelnen Beschattungen, was sich oft nicht so deutlich denken oder an Lebenden versuchen läßt, darauf zu prüfen.«[43]

Hierauf sollte sich – als Binnenerzählung – die Geschichte von ›Melück Maria Blainville‹ anschließen, in der eine solche Gliederpuppe durch einen mechanischen Mechanismus den Rock des Grafen, den er ihr scherzend angezogen hat, festhält und ihn dadurch an seine Geliebte bindet.[44] In der Raphael-Erzählung steht im Hof eine Venusstatue, der das Mädchen Benedetta übrigens ihr Kleid übergeworfen hat. Diese Statue hält Raphaels Ring fest, ein Motiv, das Arnim auch in dem Drama ›Die Päpstin Johanna‹ verwendet. Er kannte es wahrscheinlich aus Kornmanns ›Mons Veneris‹.[45] Später steht diese Venusstatue mit einem blauen Gewand bekleidet als Madonnenfigur in der Kirche, für die Benedetta im Stil Raphaels ihre eigenen Bilder malt.

Stützt sich die Erzählung in ihrem Grundgerüst nicht auf Fiorillo, sondern auf Vasari, so benutzte Arnim doch dessen Werk für einige Details, und zwar nicht nur den frühesten Band mit der Darstellung des Künstlers, sondern auch den zweiten Band des zweiten Teils, den er besaß.[46] Durch das Register des letzten Bandes, das Arnim zum Abschluß seiner Rezension lobte, konnte er leicht die Stellen finden, die sich auf Raffael beziehen. Er bezeichnete sie, wie es seine

42 Ebenda, S. 109.

43 Arnim: Werke, Bd. III (Erzählungen 1802-1817), hrsg. von Renate Moering, Frankfurt/M. 1990, S. 580.

44 Ebenda, S. 753.

45 Vgl. Arnim: Werke (wie Anm. 5), Bd. IV, S. 1130f. Arnim fand das Werk in der Göttinger Bibliothek, wie er Brentano am 16. August 1806 schrieb (vgl. Steig [wie Anm. 3], Bd. 1, S. 189). Es diente auch als Quelle für das ›Wunderhorn‹ (vgl. Frankfurter Brentano-Ausgabe, Bd. 9/3, S. 743f.).

46 J. D. Fiorillo: Geschichte (wie Anm. 19), Bd. II, Hannover 1817. Arnims Ausgabe in der Herzogin-Anna-Amalia-Bibliothek in Weimar trägt die Signatur B 2682. Die Bände sind auf dem Rücken von seiner Hand beschriftet.

Gewohnheit war, in seinem Exemplar mit Eselsohren. Im Kapitel ›Dürer‹ kommt Fiorillo zweimal auf die gegenseitige Wertschätzung des deutschen Malers und Raffaels zu sprechen, wobei er sich auf Vasari stützt.[47] Der Kupferstecher Marc Antonio Raimondi wird in diesem Band ebenfalls öfters genannt in Zusammenhang mit deutschen Stechern: So heißt es über ›Jakob Bint oder Binck‹:

»Nach der allgemeinen Meinung erlernte er die zeichnenden Künste von Albrecht Dürer, arbeitete eine Zeitlang zu Nürnberg, reiste hierauf nach Italien, wo ihn Marc Antonio beschäftigte, indem er die Raphaelischen Werke, die er herausgab, in Kupfer stechen mußte, und starb endlich zu Rom [...].«[48]

Über ›Penz oder Peins‹ heißt es:

»Auch er soll die Schule des Albrecht Dürers besucht, in Italien die Werke Raphaels studiert und unter der Leitung des Marc Antonio vieles, und zwar so meisterhaft in Kupfer gestochen haben, daß er selbst die größten Kenner durch seine Kopieen getäuscht hat.«[49]

Arnim erwähnt diese beiden deutschen ›Schüler des Marc Anton‹ in der Erzählung des unglücklichen deutschen Malers Bäbe, der von Ghita als Affe gehalten wird.[50]

Die Erzählung ›Raphael und seine Nachbarinnen‹ ist durch die Fiorillo-Rezension und die erneute Wackenroder-Lektüre angeregt, stellt aber keine Auseinandersetzung mit dem Kunsthistoriker dar.

Diese fand in dichterischer Form wenig später in einer bislang kaum beachteten Verserzählung statt: ›Rembrandt's Versteigerung‹.

Das Verständnis für die niederländische Malerei entwickelte sich später als das für italienische Renaissance. Als Arnim 1801 die Dresdner Galerie besuchte, äußerte er sich noch kritisch über diese Stilrichtung:[51]

47 »›Albrecht Dürer‹, sagt er, ›dieser außerordentliche deutsche Mahler und berühmte Kupferstecher hielt es für seine Schuldigkeit, dem Raphael seine Arbeiten zu übersenden und verehrte ihm auch sein mit Wasserfarben auf Baumwolle (Byssus) gemahltes Bildniß. Dieß ergötzte den Raphael so sehr, daß er ihm dafür viele Handzeichnungen zum Geschenk machte, welche den Albrecht ungemein erfreuten.‹ [...] Raphael, dem der Vertrieb der Kupferstiche Dürers sehr gefiel und auch seine Werke so dargestellt zu sehen wünschte, ermunterte den Bologneser Marc Antonio mit dem größten Fleiß die Kupferstecherei zu üben [...]«. Fiorillo, (wie Anm. 46), S. 345.

48 Ebenda, S. 413. – U. Thieme / F. Becker, Allgemeines Lexikon der Bildenden Künstler, Leipzig 1907ff., Bd. IV, S. 36f.

49 Ebenda, S. 414. – Vgl. Thieme / Becker, ebenda.

50 Arnim: Werke (wie Anm. 5), Bd. IV, S. 306.

51 Brief an Friedrich von Raumer, Ende November 1801, Vgl. Hermann F. Weiss: Unveröffentlichte Briefe Achim von Arnims nebst anderen Lebenszeugnissen, in: Literaturwissensch. Jahrbuch, N.F., Bd. 21, 1980, S. 116.

»Die niederländische Schule hat die Wahrheit des Ganzen der Wahrheit im Einzelnen gewöhnlich aufgeopfert, wäre alles so [,] die zerlumpten Röcke, die bedeutungslose Freude der Bauern selbst, die Ausleerungen, die schlechten Speisen [,] ich würde nie dabey verweilen [...] wenn mich etwas reitzte [,] so wäre es der Wechsel[,] die Veränderung dieser Scene, wie alles zusammenstimmt darin zu einer gewissen Freude [,] zu einem gewissen Zwecke. Es wäre daher möglich als Gegenstand der Schauspielkunst [,] aber nicht als Gegenstand der Mahlerkunst [...]«.

Auch die Dresdner Bilder Rembrandts scheinen Arnim damals wenig berührt zu haben, da er sich nicht zu ihnen äußert. 1806 ist er in Kassel von dem Ölbild ›Die heilige Familie mit der Katze‹ beeindruckt; er schreibt Bettine[52]:

»Ein Bild von Rembrandt hat mich vor allem erfreut, ein dunkles Zimmer, etwas Feuer in der Mitte, ein leeres Kinderbett, die Mutter hat das Kind herausgenommen, weil es so geschrien, und das Kind legt sich ans Ohr und kann vor Schluchzen nicht dazu kommen, ihr sachte zu erzählen, was es quälte, doch ist es nun vorbei.«

Und gegenüber Brentano meinte er: »Einige Rembrandts, Potters sind schauerlich wahr, aber im besten Sinne wahr«.[53] Die Änderung seines Geschmacks war wohl durch seine Beschäftigung mit frühneuhochdeutscher und barocker Literatur bewirkt worden. Der von ihm herausgegebenen Übersetzung von Marlowes ›Faust‹ durch Wilhelm Müller gibt Arnim als Abbildung einen Stich nach Rembrandt bei. Sonst deutet nichts auf eine intensivere Beschäftigung hin und darauf, daß er Rembrandts Kunst einmal verteidigen würde.

Anlaß war dann offenbar die Lektüre von Fiorillos Kunstgeschichte. Die Erwähnung in einer handschriftlichen Liste in einem Taschenbuch (im Besitz des Goethe- und Schiller-Archivs) legt eine Entstehung Anfang der 20er Jahre nahe, also in unmittelbarem Zusammenhang mit der Rezension.[54]

Die Erzählung beginnt mit einem Genrebild:[55]

»Frau Rembrandt, barfuß aufgeschürzt,
So manchen Eimer Wasser stürzt
Auf bunte Fliesen in dem Flur,
Und reibt sie ab, wo Menschenspur:
Sie wäscht das Haus, weil heut Sonnabend,
Trepp auf Trepp ab beim Scheuern trabend [...].«

Rembrandt arbeitet derweilen im Malerkittel in seinem Atelier und erfreut sich nebenbei an dem alten Käse, der am Putztag das warme Essen ersetzt. In dieses

52 28. September 1806, vgl. Ausst.kat. Arnim (wie Anm. 1), S. 90.

53 Göttingen, 6. Oktober 1806; vgl. Steig (wie Anm. 3), Bd. 1, S. 195.

54 Vgl. Arnim: Werke (wie Anm. 5), Bd. IV, S. 1197.

55 Ebenda, S. 602.

häusliche Leben tritt ein eleganter Italiener ein, der sich Don Raphael nennt. Nicht der berühmte Künstler ist es, sondern ein gescheiterter Maler, der sich seinen Lebensunterhalt mit Kunsthandel verdient. Er hatte sich mit einem Brief angemeldet und ist verstimmt, nicht entsprechend empfangen zu werden:[56]

»Den Fremden kränkt der Käseduft,
Und auch die Scheidewasser-Luft,
Die von den Platten sich erhebt,
Von einer Seit' zur andern bebt,
Das Essen alles von sich weis't,
Und spricht nur, wie er weit gereis't,
Und was er in Paris gegessen,
Wie viel Antiken er besessen,
Und überall nach ihrem Rat
Das Beste an den Werken tat.«

Den Brief des Kunsthändlers hatte Rembrandt mit Verwunderung gelesen, denn er lobte zwar seine Malerei, doch tadelte er, daß er sich nicht die Antike zum Vorbild nehme. Rembrandt fragt, ob er den Kritiker richtig verstanden habe:[57]

»Ihr rühmtet meiner Werke Leben,
Doch sollt' ich, der Antik' ergeben,
Nur lauter kleine Nasen malen,
Die Menschen drehn zum Idealen [...].«

Er wundert sich, daß der Italiener ein Bild »zu Stand gebracht« habe, wenn ihn »so viele Grillen plagen«.[58] Dieser erklärt nun, wie er bei seiner Malerei vorgegangen war[59]:

»[...] wie er aus Zeichenbüchern
Der Schönheit Messung tät' versichern,
Wie er die Schönheit modelliere,
Und zwar erst nackt und dann drapiere,
Wie er ein Dutzend Gliedermänner
Zu seinem Dienste brauch' als Kenner,
Und viele hundert Händ' und Füße
Sich in Italien formen ließe,
Und alles prüfe nach Ellipsen,
Nach alten Steinen, Bronzen, Gypsen [...].«

56 Ebenda, S. 607.
57 Ebenda.
58 Ebenda, S. 609.
59 Ebenda.

Es stellt sich dann allerdings heraus, daß niemand diese Bilder kaufen wollte. Rembrandt gibt nun zu, daß ihm die Zeichnung fehlt, doch wendet er ein:[60]

»Denkt nur, ich glaubte stets von ihr,
Sie sei vom Malen ganz verschieden.«

Er meint, er besäße auch Antiken, und deutet auf alte Kleider, wie einen »Judenpelz«,[61] den er für eine alttestamentarische Szene brauchte, einen Turban und falsche Steine. Doch geht er mit dem Fremden eine Wette ein: Er meint, daß das Gerücht von seinem Tod die Preise erst in die Höhe treiben wird. Es kommt zu der Versteigerung, und nicht nur alle Bilder werden zum dreifachen Schätzpreis verkauft, sondern auch der gesamte Hausrat. (Dieser Szene liegt übrigens eine Anekdote zugrunde, die darauf beruhte, daß Rembrandt aus Geldnot eine Versteigerung veranstalten mußte. Auch in Tiecks Novelle ›Die Gemälde‹ von 1822 wird sie erwähnt.) In Arnims Geschichte bildet den Höhepunkt der Versteigerung das Angebot eines Selbstbildnisses, das sich dann als der lebende Rembrandt, der im Türrahmen seines Ateliers steht, erweist. Rembrandt gibt dem Kunsthändler den Rat:[62]

»Antikische Nachahmerei,
Die brachte niemand solch Geschrei,
Die brachte nimmer so viel Gold,
Darum seid eignem Wirken hold,
Und wo ihr eignen Trieb gewahrt,
Und sei er auch von fremder Art,
Da kauft [...].«

Fiorillo behandelt Rembrandt im dritten Band des zweiten Teils seiner Kunstgeschichte, der ›Geschichte der zeichnenden Künste in Deutschland und den vereinigten Niederlanden‹ (Hannover 1818). Arnim entnahm der Darstellung seine – sehr dürftige – Kenntnis der Lebensumstände Rembrandts. Fiorillo schreibt:[63]
»Seine Modelle waren seine Frau, eine Bäuerin [...], und die Magd. – Rembrandt hatte ihr Bild so treffend gemahlt, daß, als es am Fenster stand, einige Nachbarinnen mit ihm sprechen wollten. – Er verschönerte die Natur nicht, sondern copirte sie treu mit allen ihren Mängeln.«

60 Ebenda, S. 611.

61 Ebenda, S. 616.

62 Ebenda, S. 627.

63 Fiorillo (wie Anm. 19), Bd. III, S. 118. Weitere mögliche Quellen zu dieser Erzählung nannte der Kunsthistoriker Carl Neumann (Rembrandt-Legende, in: Festschrift für Max J. Friedländer zum 60. Geburtstage, Leipzig 1927, S. 165f.). Arnim besaß die Werke allerdings nicht.

Über Rembrandts Malerei schreibt er:[64]
»Ohne alle Kenntniß der Antike so wie der schönen Gestalten des menschlichen Körpers, ohne Bekanntschaft mit der Geschichte, der Fabel, dem Costüme, ohne alle Studien der Architektur, Perspektive, Anatomie und Geometrie bestand sein ganzer Apparat in einigen alten Rüstungen, in Kleidungen von irgend einem polnischen Juden, in mehreren Turbanen u.s.w. welches alles er in seiner Stube aufgehangen hatte, und seine Antiken zu nennen pflegte. [...] Bekannt ist, daß er einst eines seiner Gemählde dem van Dyck zeigte und dieser es lobte, er eine hohe Miene annahm, und sagte: ›und doch bin ich nicht in Italien gewesen‹; worauf van Dyck etwas aufgebracht antwortete: ›man siehts auch!‹ [...] Seinen Arbeiten fehlt es nicht an Geist, in so fern sich dieser auch unter den gemeinen Leuten findet; aber sie sind ohne alles Edle, weil er es nie vor Augen hatte. [...] Da ihm der Hauptgrund der Kunst, nämlich die Zeichnung fehlte, so war er in seiner Arbeit unsicher, und so ist auch in seinem Verfahren nichts Unbegreifliches, wie ein Schriftsteller glaubt [Burtin, so Fiorillo in der Anmerkung], sondern es ist das natürliche Resultat desjenigen Verfahrens, wo der Künstler immer im Finstern tappt, und wo er immer Farbe auf Farbe setzt, bis er dahin kommt, wohin er kommen wollte«.

Arnim legt also weitgehend Fiorillos Worte dem kritisierenden Italiener in den Mund. War es nur Ironie, daß er ihm ausgerechnet den Namen Raphael gab? Auch hierin könnte ein Hinweis auf Fiorillo stecken, der seinen ersten Sohn Raphael nannte. Dieser lebte von 1778 bis 1816 in Göttingen, war Sekretär an der Bibliothek und Doktor der Philosophie.[65] Arnim könnte diesen Raphael, der wenig älter war als er, aus seiner Studienzeit in Göttingen kennen. Fiorillo teilt seinen Tod 1817 in der ›Vorrede‹ des zweiten Bandes der ›Geschichte der zeichnenden Künste in Deutschland und den vereinigten Niederlanden‹ mit. Fiorillo selbst starb 1821. Er konnte also Arnims Verserzählung nicht mehr lesen, nicht mehr die Verteidigung, die er Rembrandt in den Mund legt:[66]

»Was euch in meinen Werken quält,
Mit meinem Besten ist's vermählt.«

Arnims Rembrandt will jüdische und christliche Motive in einem angemessenen Stil malen. Angemessen ist dafür nicht der Stil der Antike, »wo Jupiter regiert«,[67] sondern eine Malerei, die den niedern Stall und den Judentempel so

64 Fiorillo (wie Anm. 19), Bd. III, S. 118f. u. S. 121.

65 Vgl. Achim Hölter: Zwischen zwei Welten: Giovan Domenico Fiorillo, Mitbegründer der deutschen Kunstgeschichte, in: Renaissance in der Romantik, Hildesheim 1993, S. 19 u. S. 22.

66 Arnim: Werke (wie Anm. 5), Bd. IV, S. 619.

67 Ebenda, S. 612.

weit wie möglich nach der Anschauung darstellt. Er sieht den Klassizismus als »leere Maskenscherze« und meint: »Ich suchte Gold in ed'lerm Erze!«[68]

Arnim wählt zur Darstellung dieser Thematik den Knittelvers, in dem zuerst die frühneuhochdeutschen Volksdichter geschrieben hatten. Prägnante Formulierungen läßt er dabei aus einer ruppigen Sprache herausscheinen wie die Lichter in Rembrandts dunkler Malerei.

Wir sehen in zwei Werken der Romantik Fiorillo porträtiert: Wenn im frühesten Buch der Romantik, in Wackenroders ›Herzensergießungen‹, der Italiener liebevoll als Lehrer gezeichnet wird, der dem Studenten die Welt der Kunst erschließt,[69] so erscheint er in Arnims Erzählung als der unduldsame, besserwisserische Kunstkritiker, von dem sich der weise Künstler mit einer List befreit. Beide Porträts sagen ebensoviel über den Dargestellten wie über den Schriftsteller aus: Wackenroder gibt den Lehren des Italieners die Dimension der Kunstreligion, worin ihm Fiorillo später nicht folgen wollte; Arnim bekämpft seine normative Kunstanschauung – an der Schwelle zum Realismus.

68 Ebenda.

69 Vgl. Gerd Unverfehrt: Ein immerwährendes Denkmal, in: Renaissance in der Romantik, Hildesheim 1993, S. 11.

Elisabeth Schröter

Die Maler Franz und Johannes Riepenhausen
Ihre Beschäftigung mit der Kunstgeschichte zu Zeiten Fiorillos, dargestellt an ihrer ›Geschichte der Mahlerei in Italien‹ (1810)
Mit einem Anhang unveröffentlichter Briefe zwischen 1805 und 1816

Erich Samnée gewidmet

Wenn man an Göttingen denkt – an diese kleine, enge, weltabgeschiedene Universitätsstadt mit der großen geistesgeschichtlichen Vergangenheit –, dann fallen einem nicht gleich Namen bildender Künstler ein, die hier geboren worden sind und von hier aus sogar den Weg zu internationalem Ruhm betraten.[1]

Es geht also um die Maler Franz und Johannes Riepenhausen (Abb. 1), die hier 1786 und 1788 als Söhne des durch seine Nachstiche nach Flaxman und Hogarth weitbekannten Universitätskupferstechers Ernst Ludwig Riepenhausen (1762-1840) geboren wurden,[2] also zu Amtszeiten des in Göttingen als akademischer Zeichenlehrer, als Kustos des Kupferstichkabinetts und der Gemäldesammlung und als Lehrer der Kunstgeschichte wirkenden Johann

1 Eine Charakterisierung Göttingens um 1800 bei Götz von Selle: Die Georg-August-Universität zu Göttingen 1737-1937, Göttingen 1937, S. 166f.: »[...] Auch die Künstler konnten, gleich den Dichtern, in Göttingen keinen festen Fuß fassen. Die Geschichte der bildenden Künstler weiß eigentlich nur von deren Enttäuschungen zu erzählen [...]«. – Über die vielfach, nicht nur von Georg Christoph Lichtenberg (1742-99), eindrücklich beklagte »unbeschreibliche Langeweile« Göttingens handelt zum Beispiel Jens J. Baggesen: Humoristische Reisen durch Dänemark, Deutschland und die Schweiz, Bd. 5, Mainz/Hamburg 1801, S. 26-35; außerdem Moses Rintel: Versuch einer skizzierten Beschreibung von Göttingen und seiner gegenwärtigen Beschaffenheit, Göttingen 1794.

2 P. F. Schmidt: Ernst Ludwig Riepenhausen, in: U. Thieme/F. Becker: Allgemeines Lexikon der Bildenden Künstler, Bd. 28, Leipzig 1934, S. 337; M. Gräfin Lanckorónska/A. Rümann: Geschichte der Deutschen Taschenbücher und Almanache aus der klassisch-romantischen Zeit, München 1954, S. 9, S. 13, S. 15 u. S. 23f.; W. Hofmann (Hg.): John Flaxman. Mythologie und Industrie, Ausst.-Kat. Hamburger Kunsthalle, München 1979, S. 205, Nr. 256. – Die Quellen über die Geburtsdaten der Söhne bei Otto Deneke: Göttinger Künstler, 2. Teil, Ernst Ludwig Riepenhausen, Göttingen 1934 (= Göttingische Nebenstunden, Nr. 10), S. 65-85; ders.: Die Brüder Riepenhausen, Göttingen 1936 (= Göttingische Nebenstunden, hrsg. von O. Deneke, Nr. 15), besonders S. 2-5, der nur die Frühzeit bis 1805 behandelt.

Dominicus Fiorillo (1748-1821).[3] Als Jünglinge im Alter von neunzehn und siebzehn Jahren brachen sie im Frühsommer 1805 zusammen mit drei Freunden von München aus nach Rom auf, nämlich mit dem Dichter und Hauptvertreter der deutschen Romantik, Ludwig Tieck (1773-1853) (Abb. 2), und dessen Bruder, dem Bildhauer Friedrich Tieck, und dem angehenden Kunsthistoriker Carl Friedrich von Rumohr (1785-1843) (Abb. 3), der mit den etwa gleichaltrigen Riepenhausen während seiner Göttinger Studentenzeit von Oktober 1802 bis Ostern 1804 eng befreundet war. Rumohr, der bei Fiorillo den Zeichenunterricht besucht hatte und durch ihn in die Kunstgeschichte eingeführt worden war, sich darüber hinaus in der ansehnlichen Handzeichnungs- und Kupferstichsammlung des Vaters Riepenhausen zum Kenner schulte, war der Initiator dieser Reise gewesen, zumal er nach dem frühen Tod seines Vaters über Vermögen verfügte und die Brüder Riepenhausen als Mäzen unterstützen konnte.[4]

Während Ludwig Tieck und Rumohr im Sommer des Jahres 1806 nach Deutschland zurückkehrten, blieben die Brüder Riepenhausen bis zu ihrem Tod ununterbrochen in der Ewigen Stadt und kehrten auch besuchsweise niemals in die Heimat zurück. Franz starb 1831 im Alter von 45 Jahren in Rom, Johannes überlebte ihn um fast 30 Jahre und starb dort in Vereinsamung und Armut im September 1860.[5]

3 W. Waetzoldt: Deutsche Kunsthistoriker, Bd. 1 (Von Sandrart bis Rumohr), Leipzig 1921, S. 287-92; W. Vogt: Fiorillos Kampf um die Professur, in: Beiträge zur Göttinger Bibliotheks- und Gelehrtengeschichte, Göttingen 1928, S. 91-107; W. van Kempen: Die Pflege der Kunstgeschichte an der Georg-August-Universität zu Göttingen, in: Mitteilungen des Universitäts-Bundes, Bd. 27, 1951, S. 1-23; W. Beyrodt: Kunstgeschichte als Universitätsfach, in: P. Ganz / M. Gosebruch / N. Meier / M. Warnke (Hgg.): Kunst und Kunsttheorie 1400-1900, Wiesbaden 1991 (= Wolfenbütteler Forschungen, Bd. 48), besonders S. 314-16; A. Hölter: Zwischen zwei Welten: J. D. Fiorillo, Mitbegründer der deutschen Kunstgeschichte, in: M. Boetzkes / G. Unverfehrt / S. Vietta (Hgg.): Ausst.-Kat. Renaissance in der Romantik. J. D. Fiorillo, Italienische Kunst und die Georgia Augusta. Druckgraphik und Handzeichnungen aus der Kunstsammlung der Universität Göttingen, bearb. von J. Wagner, Hildesheim 1993, S. 18-31; siehe dort vor allem den durch J. Wagner erarbeiteten Katalog mit einer Auswahl der unter Fiorillo bereits vorhandenen und von diesem 1802 katalogisierten Zeichnungen und Drucke.

4 H. W. Schulz: Karl Friedrich von Rumohr. Sein Leben und seine Schriften. Nebst einem Nachwort über die physische Constitution und Schädelbildung sowie über die letzte Krankheit Rumohr's von C. G. Carus, Leipzig 1844, S. 5-9; Deneke, 1934 (wie Anm. 2), S. 14f., S. 23-25 u. S. 52-56; L. Ch. Pickert: Die Brüder Riepenhausen. Darstellung ihres Lebens bis zum Jahre 1820. Ungedruckte Diss. phil. Masch., Leipzig 1950, S. 12f. u. S. 32f.; außerdem hier S. 227, Anm. 48.

5 A. Andresen: Die Deutschen Maler-Radirer des 19. Jahrhunderts nach ihren Leben und Werken, 3, Reprint der Ed. Leipzig 1872, Hildesheim / New York 1971, S. 86-97, besonders

Eine mit den Namen der Riepenhausen beschriftete Kreidezeichnung Carl Vogel von Vogelsteins im Kupferstichkabinett zu Dresden, die das Datum »Rom 29 Jul[i] 1813« trägt (Abb. 1), zeigt das Doppelporträt der umschlungenen Brüder, die alle ihre Arbeiten stets gemeinsam ausführten und signierten. Der etwas ältere Franz ist rechts dargestellt und umfaßt mit seinem Arm den ihn anblickenden Johannes.[6] Die Zeichnung gibt die beiden in der Blüte ihrer Schaffenszeit wieder, in der auch die hier zur Debatte stehenden Werke entstanden.

Obwohl die Brüder Riepenhausen, die ungemein fleißig waren, allgemein bekannte Künstler des 19. Jahrhunderts sind und in kaum einer Romantiker- und Nazarenerausstellung fehlen,[7] liegt über ihrer Biographie und ihrem Schaffen ein nebulöses Dunkel. Bisher gibt es noch keine Monographie über sie, nur Teilaspekte wurden behandelt, was sich unter anderem aus dem Umstand erklärt, daß sich ein Teil ihrer Gemälde und Zeichnungen noch in Privatbesitz befindet und von dort ständig in den Kunsthandel gelangt, so daß eine systematischere Erfassung ihres Œuvres erschwerten Bedingungen unterliegt. Hinzu kommt, daß die Riepenhausen von ihren Kompositionen selbst Wiederholungen anfertigten; dadurch existieren von einer Bildschöpfung oft mehrere, signierte und aus verschiedenen Schaffensperioden stammende Fassungen.

S. 94f.; Pickert, 1950 (wie Anm. 4), S. I-IX. – Über die Not des alten Johannes Riepenhausen vgl. die Mitteilungen seines ihn unterstützenden Freundes August Kestner, in: M. Jorns: August Kestner und seine Zeit. 1777-1853. Das glückliche Leben des Diplomaten, Kunstsammlers und Mäzens in Hannover und Rom. Aus Briefen und Tagebüchern zusammengestellt, Hannover 1964, S. 350 (1844), S. 422 (1849), S. 436 (1850) u. S. 452 (1851); F. Noack: Das Deutschtum in Rom seit dem Ausgang des Mittelalters, Bd. 1, Berlin / Leipzig 1927, besonders S. 624.

6 Dresden, Kupferstich-Kabinett der Staatlichen Kunstsammlungen, Inv.-Nr. C 3341, Kreide über Bleistift, 264 × 213 mm, nicht signiert. Unter den beiden Porträts befindet sich die Beischrift »Johannes pittore Franciscus Riepenhausen«; rechts darunter: »Rom. 29. Jul. 1813.«; Andresen, Bd. 3, Reprint 1971 (wie Anm. 5), S. 95; (ohne Hg.): Carl Christian Vogel von Vogelstein, Ausst.-Kat. Staatliche Kunstsammlungen Dresden, Dresden 1988, Kat. u. Abb. 93; H. Börsch-Supan, 1994 (wie Anm. 10), S. 221, o. Abb. – In dem Standardwerk von H. Geller: Die Bildnisse der deutschen Künstler in Rom 1800-1830, Berlin 1952, sind die Riepenhausen mit keinem Porträt vertreten.

7 K. Gallwitz (Hg.): Die Nazarener, Ausst.kat. Städelsches Kunstinstitut, Frankfurt / M. 1977, S. 125, Kat. u. Abb. C 30, S. 187, Kat. u. Abb. Ef / Eg, S. 396; K. Gallwitz / G. Piantoni / St. Susinno (Hgg.): I Nazareni a Roma, Roma 1981, S. 237-41, Kat. 106 (Judith Huber); G. Bott / H. Spielmann (Hgg.): Künstlerleben in Rom. Bertel Thorvaldsen (1770-1844). Der dänische Bildhauer und seine deutschen Freunde, Ausst.kat. Germanisches Nationalmuseum, Nürnberg 1991, S. 545-47, Kat. u. Abb. 4.42-4.44, S. 635-36, Kat. u. Abb. 7.10; Chr. Vitali (Hg.): Ernste Spiele. Der Geist der Romantik in der deutschen Kunst 1790-1990, Ausst.kat. München 1995, S. 89, Farbtaf., S. 672, Nr. 393.

Zeitgenossen bemängelten dieses Verhalten bereits als großes Manko ihrer Kunst, ja als etwas ›Fabrikmäßiges‹.[8]

Eine erste Vorarbeit leistete Charlotte Pickert mit ihrer 1950 in Leipzig abgeschlossenen Dissertation. Sie promovierte mit einem ersten Teil, der die Biographie der Riepenhausen bis zum Jahr 1820 behandelt. Der zweite angekündigte Teil kam durch den Tod der Bearbeiterin 1967 nicht mehr zustande.[9] Danach haben sich Eva und Helmut Börsch-Supan teils in allgemeineren, teils in spezielleren Untersuchungen mit den Brüdern näher beschäftigt.[10] Eva Börsch-Supan untersuchte umfassend ein Einzelwerk der Brüder, und zwar ihre seit 1814 in Arbeit befindliche Gemäldekomposition ›Das Mädchen aus der Fremde‹, von der es mehrere, leicht abweichende Fassungen gibt. Das Bildthema geht auf das gleichnamige, zuerst im ›Musen-Almanach für das Jahr 1797‹ veröffentlichte Gedicht Friedrich Schillers zurück und verherrlicht in Gestalt eines plötzlich in rauher Gegend auftretenden, blumenbringenden und dadurch die

8 Vgl. das Urteil des mit Philipp Veit nach Rom gereisten und dort im Overbeck-Kreis verkehrenden Königsberger Arztes Ludwig Hermann Friedländer: Ansichten von Italien während einer Reise in den Jahren 1815 und 1816, Bd. 2, Leipzig 1820, S. 315: »Ihren eignen Weg im Leben wie in der Kunst wandeln die Brüder Riepenhausen. Durch beides bilden sie gewissermaßen die Opposition mit jenem Künstlerkreise [gemeint sind die Nazarener]. Voll Talent und Geschmack befleißigen sie sich leider eines Verfahrens, welches den höheren Forderungen der Kunst nicht genügt. Zufrieden, einige ansprechende Compositionen hervorgebracht zu haben, deren Cyklus jetzt geschlossen scheint, gefallen sie sich nun in beständigen Wiederholungen derselben, wobei denn das Fabrikmäßige der Arbeit schwer zu vermeiden ist. Kopie von Kopie veranstaltend können sie Anschauen und Studium der Natur zwar entrathen, doch nicht von einer gewissen Manier sich freihalten, die nothwendig auf diese Weise sich bildet. Indessen sind wir überzeugt, daß es nur eines geringen Anstoßes bedarf, um ihren Genius zu höheren und stolzeren Flügen zu veranlassen«; Hinweis darauf: Pickert, 1950 (wie Anm. 4), S. 86.

9 Pickert, 1950 (wie Anm. 4); E. Börsch-Supan, 1975 (wie Anm. 11), S. 256, Anm. 33, und H. Börsch-Supan, 1994 (wie Anm. 10), S. 216, Anm. 1 weisen auf zwei unveröffentlichte Manuskripte von Pickert über das Leben und Werk der Brüder Riepenhausen 1820-60 in der Niedersächsischen Landesgalerie Hannover hin, die von ihnen eingesehen wurden.

10 H. Börsch-Supan: Deutsche Romantiker zwischen 1800 und 1850, München/Gütersloh/Wien 1972, S. 131f.; ders.: Die deutsche Malerei von Anton Graff bis Hans von Marées (1760-1870), München 1988, S. 37, S. 275 u. S. 284, ders.: Zwei Raffaele aus Göttingen, Franz und Johannes Riepenhausen, in: Neue Zürcher Zeitung, Freitag, 26.11.1993, Fernausgabe Nr. 275 (Literatur und Kunst); ders.: Zwei Raffaele aus Göttingen: die Brüder Riepenhausen, in: S. Vietta (Hg.): Romantik und Renaissance. Die Rezeption der italienischen Renaissance in der deutschen Romantik, Stuttgart/Weimar 1994, S. 216-40. – Bei diesen Aufsatztiteln Börsch-Supans fragt man sich allerdings, ob diese eine Erfindung des Autors sind oder ob es sich um Zitate von Bezeichnungen der Riepenhausen aus dem 19. Jahrhundert handelt. Kann man Raffael verdoppeln und darüber hinaus aus Göttingen stammen lassen?

Liebe bei Alt und Jung erweckenden Mädchens die Allmacht der Poesie.[11] Eine dieser Gemäldefassungen, die für den Herzog von Cambridge, den Vizekönig von Hannover, entstand und möglicherweise mit dem Exemplar in der Kunsthalle zu Karlsruhe identisch sein könnte (Abb. 4),[12] wurde im Sommer 1818 in Göttingen öffentlich ausgestellt. Nach einem Brief des stolzen Vaters Ernst Ludwig an die Söhne muß damals ganz Göttingen zusammengelaufen sein, um dieses Werk seiner beiden Wunderkinder zu bestaunen.[13] Noch im vorgerückten Alter nahm Johannes diese in seiner Jugendzeit geschaffene Komposition in dem um 1837 entstandenen und aus seinem Nachlass stammenden Gemälde, heute in der Niedersächsischen Landesgalerie zu Hannover, wieder auf,[14] für das 1994 noch im römischen Kunsthandel eine große, signierte, autonome

11 E. Börsch-Supan: Das Mädchen aus der Fremde, in: Jb. der Staatlichen Kunstsammlungen in Baden-Württemberg, Bd. 12, 1975, S. 225-60. Danach (S. 225-28) gehört das zwischen Juni und Juli 1796 entstandene Gedicht Schillers zu seinen ersten, nach den kunstphilosophischen Schriften wieder einsetzenden lyrischen Gedichten, das dann in seinen eigenhändigen Gedichtausgaben als erstes einleitendes an den Anfang gestellt wurde. Bisher sind vier Gemälde-Varianten dieser Komposition der Riepenhausen bekannt: S. 228-39, Abb. 3/4, 9, 16.

12 Karlsruhe, Staatliche Kunsthalle, Inv.-Nr. 2327, Öl auf Holz, 61,5 × 73 cm, 1953 aus dem Kunsthandel erworben. – Hierzu E. Börsch-Supan, 1975 (wie Anm. 11), S. 229, Abb. 4, S. 238, S. 256 mit Anm. 31; J. Lauts / W. Zimmermann: Staatliche Kunsthalle Karlsruhe. Katalog Neuere Meister 19. und 20. Jh., Karlsruhe 1971, S. 198-99, Kat. u. Abb. 2327. – Eine in den Arbeiten der Börsch-Supan (wie Anm. 10/11) nicht erwähnte, mit dem Namen der Riepenhausen alt beschriftete und »Rom 1815« datierte, große, autonome Zeichnung mit dem Thema des ›Mädchens aus der Fremde‹, die bis auf untergeordnete Details weitgehend dem Exemplar in Karlsruhe entspricht, das E. Börsch-Supan vor 1818 datiert, in Kopenhagen, Statens Museum for Kunst, Königliche Kupferstichsammlung, Inv.-Nr. Tu SK. fol. Mag. 6, Bleistift, weißgehöht auf braunem, aus zwei Stücken zusammengeklebtem Papier, ca. 585 × 749 mm, links unten: »F. J. Riepenhausen. Rom / 1815«, Provenienz: aus dem Besitz des mit den Riepenhausen befreundeten dänischen Archäologen P. O. Bröndsted (1780-1842), danach Thorvaldsen. Seit 1887 in der Königlichen Kupferstichsammlung Kopenhagen. Für freundliche Auskünfte danke ich Dr. William Gelius (Brief vom 1. Juni 1985).

13 Der öfter zitierte Brief des Vaters Riepenhausen aus Göttingen an seine Söhne in Rom vom 10. Juni 1818 befindet sich in Göttingen, Niedersächsische Staats- und Universitätsbibliothek, MS. 4° Cod. MS. Philos. 161 $^{\underline{b}}$, Fol.86$^{\underline{r}}$ (dazu hier Anm. 21) und wurde zuerst von dem Göttinger Heimatforscher O. Deneke, 1934 (wie Anm. 2), S. 81f. publiziert; in Auszügen bei O. R. von Lutterotti: Joseph Anton Koch, Berlin 1940, S. 231, Kat. A 8. Das Mädchen aus der Fremde (Nach Schiller); E. Börsch-Supan, 1975 (wie Anm. 11), S. 238 mit Anm. 36.

14 E. Börsch-Supan, 1975 (wie Anm. 11), S. 239, Abb. 16, S. 230 mit Anm. 33; L. Schreiner/ R. Timm: Die Gemälde des 19. und 20. Jhs. in der Niedersächsischen Landesgalerie Hannover, Hannover 1990, S. 298f., Kat. 575, Tafelbd., Abb. 850.

Zeichnung aufgetaucht ist.[15] Die Vorstellung von der die Menschen veredelnden Macht der Poesie und der Musik sowie der Liebe sind zeitlebens Hauptthemen der Riepenhausen gewesen, die mit bedeutenden romantischen Dichtern, mit Ludwig Tieck, Adam Oehlenschläger und Zacharias Werner befreundet waren. Sie illustrierten zwischen 1805 und 1810 Goethes Ballade ›Der Sänger‹,[16] ab 1811 seinen ›Faust‹,[17] ferner Schillers ›Taucher‹, darüber hinaus den antiken Mythos des die Menschen und Tiere durch Gesang und Leierspiel bezaubernden ›Orpheus‹.[18] Aus dieser Beziehung zur Dichtung, ja überhaupt als kenntnisreiche Illustratoren von Texten, erklärt sich im lesefreudigen, der Idee der ›Bildung‹ huldigenden 19. Jahrhundert ein Großteil ihres Ruhmes.[19]

15 Rom, Privatbesitz, 1994 aus dem römischen Kunsthandel erworben; Bleistift auf bräunlichem Papier, weiß gehöht und aquarelliert, 375 × 513 mm, links unten in Feder signiert: »J. Riepenhausen«, guter Erhaltungszustand bis auf kleine Risse an den Rändern des Papiers. – Ich danke Dr. Ursula Verena Fischer Pace für die Kenntnis und für Fotos von diesem Blatt.

16 E. Börsch-Supan, 1975 (wie Anm. 11), S. 140f. mit Anm. 34; H. Börsch-Supan, 1994 (wie Anm. 10), S. 233 mit Anm. 42.

17 Siehe hier Anhang, Nr. 6, Brief vom 17. Mai 1811 an Cotta, wonach die Riepenhausen damals an »12 Zeichnungen in Quarto« zu Goethes ›Faust‹ arbeiteten. – Bisher sind nur wenige signierte und datierte Blätter dieses Projektes bekannt. Eine 1811 datierte und signierte, lavierte Bleistiftzeichnung der Brüder mit der ›Begegnung Fausts mit Gretchen vor der Kirche‹ in: Ausst.kat. Klassizismus und Romantik in Deutschland. Gemälde und Zeichnungen aus der Sammlung Georg Schäfer, Schweinfurt, hrsg. von K. Kaiser, Nürnberg 1966, S. 89f., Nr. 141 V 23, Abb. 141, mit Verweis auf ein weiteres Exemplar in Karlsruher Privatbesitz; dazu M. Bernhard: Deutsche Romantik. Handzeichnungen, Bd. 2, Herrsching o.J. [1974], Abb. 1396. – Eine andere Version dieses Faust-Themas, die Mephisto nicht als Teufel, sondern als Greis mit einem Hund darstellt, zeigt die signierte und 1814 datierte Zeichnung der Riepenhausen in Kopenhagen, Statens Museum for Kunst, Königliche Kupferstichsammlung, Inv.-Nr. Tu SK. fol. Mag. 5, die aus dem Besitz Bröndsteds stammt; dazu hier Anm. 12.

18 Lutterotti, 1940 (wie Anm. 13), S. 182, Nr. 650a; 365, Nr. Z 650a; ders. ²1985 (wie Anm. 13), S. 365, Nr. Z 650 a; E. Börsch-Supan, 1975 (wie Anm. 11), S. 240 mit Anm. 64/65; H. Börsch-Supan, 1994 (wie Anm. 10), S. 233.

19 Vgl. hierzu die Ausführungen über die Riepenhausen zum Beispiel bei Athanasius Graf Raczynski: Geschichte der neueren deutschen Kunst, aus dem Französischen übersetzt von Friedrich Heinrich von der Hagen, Bd. 1, Berlin 1836, S. 51; Bd. 3, Berlin 1841, S. 341f.; Heinrich Stieglitz: Erinnerungen an Rom und den Kirchenstaat im ersten Jahre seiner Verjüngung, Leipzig 1848, S. 33-39; August Kestner: Römische Studien: Berlin 1850, S. 110-12.; Andresen, Bd. 3, Reprint 1971 (wie Anm. 5), S. 86-97; Ernst Förster: Geschichte der deutschen Kunst, IV. Theil, Leipzig 1860, S. 232; Ferdinand Gregorovius: Römische Tagebücher, Stuttgart 1892, S. 392 führt über seinen Besuch 1856 bei Johannes Riepenhausen aus: »Ich fand ihn im Bett, über ihm die Cartons seiner Jugendarbeiten, zu Häupten die Büste Homers«.

Während meiner Beschäftigung mit den Riepenhausen, die von den beiden stilistisch und ikonographisch völlig verschiedenden Raffael-Zyklen (Frankfurt 1816 und Rom 1833) ausging,[20] stieß ich in Göttingen, in der Niedersächsischen Staats- und Universitätsbibliothek[21] und im Städtischen Museum, auf bisher kaum herangezogenes Material. So befindet sich im Städtischen Museum ein Konvolut von Zeichnungen aus fast allen Schaffensperioden der Brüder, dessen Provenienz leider nicht mehr festzustellen ist.[22] Da sich in diesem Konvolut nicht nur zahlreiche Nachzeichnungen nach antiken Skulpturen (Abb. 30) und Hauptwerken der italienischen Malerei befinden – als Beispiel eine qualitätvolle, farbige Kreidezeichnung nach der Kalliope in Raffaels Parnaß (Abb. 5)[23] –,

20 Leben Raphael Sanzio's von Urbino in zwölf Bildern dargestellt von Franz und Johannes Riepenhausen in Rom, in Kupfer gestochen von C.[arl] Barth, Gottf.[ried] Rist und Friedrich Schultze. Herausgegeben von Johann Friedrich Wenner in Frankfurt am Main. Mit beygefügter Erläuterung, o.J. [1816]; Vita di Raffaelle da Urbino disegnata ed incisa da G. Riepenhausen in XII. Tavole, Roma 1833. – Dazu zuletzt: E. Schröter: Raffael-Kult und Raffael-Forschung. Johann David Passavant und seine Raffael-Monographie im Kontext der Kunst und Kunstgeschichte seiner Zeit, in: Römisches Jb. für Kunstgeschichte, Bd. 26, 1990, S. 303-99, besonders S. 320-22 u. S. 383, Abb. 10, Abb. 12 u. Abb. 61, mit neuen Quellen zur Datierung, zur romantischen, christlichen Interpretation des ›sakralisierten‹ Raffael. Eine umfassendere Einzeluntersuchung über die Raffaelzyklen der Riepenhausen bereite ich vor. – H. Börsch-Supan, 1994 (wie Anm. 10), S. 222-30, Abb. 11-14.

21 Göttingen, Niedersächsische Staats- und Universitätsbibliothek (hinfort ›NStUB‹), 4° Cod. MS. philos. 161b (hinfort ›Briefkonvolut‹), 258 Folios. Dieser Band besteht aus 137 chronologisch ungeordneten Briefen, hauptsächlich an die Brüder Riepenhausen und an ihren Vater, aus der Zeit von 1805 bis 1856 und einigen auf sie bezüglichen Schriftstücken. Der Band wurde im Jahr 1899 vom Antiquar Jacques Rosenthal in München angekauft. – Deneke, 1936 (wie Anm. 2), wertete einiges an Quellen aus diesem Konvolut aus, ebenso bezieht sich Pickert, 1950 (wie Anm. 4) gelegentlich darauf (S. 36, S. 42, S. 52, S. 85, S. 111).

22 Alte Eingangs- oder Findbücher existieren nach Mitteilung von Dr. Jens-Uwe Brinkmann, Direktor des Göttinger Städtischen Museums, nicht, dem ich hier für freundliches Entgegenkommen danke. Die Zeichnungen, die teilweise auf den Rückseiten eine alte Numerierung in Bleistift aufweisen, befanden sich bis 1984/85 als ungeordnete Masse in einer großen Mappe. Dr. Brinkmann setzte bei seiner Vergabe der Inventarnummern das Auffindungsjahr 1984 voran und löste durch Passepartoutisierung eines jeden Blattes den alten Mappencharakter auf.

23 Göttingen, Städt. Mus., Inv.-Nr. 1984/148, Kreide über Bleistift, Weiß, Grau und Rosa schattiert, 76,1 × 52,4 cm, auf der Rückseite in Bleistift alte Inv.-Nr. 2. – Die künstlerische Zuordnung ist noch fraglich. Eine einfache Durchzeichnung in Bleistift nach diesem Blatt auf dünnem durchsichtigen Pauspapier nach dem Kopf dieser Muse Raffaels, ebenfalls hier: Inv.-Nr. 1984/146, 40 × 28,5 cm. – C. Pietrangeli (Hg.): Raffaello nell'Appartamento di Giulio II e Leone X, Milano 1993, S. 258, Farbabb. Raffaels Parnaßfresko, Vatikan, Stanza della Segnatura, um 1510.

sondern auch Ölpausen für die Radierungen in bestimmten Frühwerken der Brüder,[24] liegt die Vermutung nahe, daß diese Masse aus dem einstigen Besitz des Vaters Ernst Ludwig stammt, der die frühen Bildwerke seiner Söhne stach. Sie schickten ihm aus Rom ihre Zeichnungen zu, außerdem erwarben sie für ihn Graphik alter und moderner Meister.[25] Es war trotz der räumlichen Entfernung ein echtes Familienunternehmen.

Aus diesem Konvolut stammt auch die großformatige, in Bleistift, schwarzer Kreide und Deckweiß auf bräunlichem Papier ausgeführte Zeichnung mit dem Porträt des etwa zwanzigjährigen Rumohr, wie die Inschrift rechts oben besagt (Abb. 3). Eine weitere alte Beschriftung in Tinte am unteren Blattrand lautet: »Rumohr 1803 del Riepenhausen«.[26] Soweit zu sehen, ist es das früheste bekannte Rumohr-Porträt, und die einzige bekannte Porträtzeichnung der Riepenhausen mit der Darstellung von beiden Armen und Händen, die allerdings nur angelegt und gänzlich verzeichnet sind. Der theatralisch kostümierte Rumohr, der die von Bildnissen der italienischen Hochrenaissance bekannte

24 Siehe hier Anm. 106.

25 Göttingen, NStUB, Briefkonvolut (wie Anm. 21), Fol. 156r/v, undatierter Brief des »Christel« alias Johannes Riepenhausen an seinen Vater in Göttingen, der mit dem am 26. September 1805 datierten Brief der Brüder aus Rom an den Vater, den O. Fiebiger, 1918 (wie Anm. 51), S. 225-27 veröffentlichte und welcher sich in der Landesbibliothek in Dresden befindet, inhaltlich weitgehend übereinstimmt. Bei dem Göttinger Autographen handelt es sich vermutlich um einen Briefentwurf. Es heißt hier zum Beispiel: (Fol. 156r) »[...] Zukünftiges Jahr erhältst Du die Köpfe aus dem Abendmahle [gemeint ist Leonardo da Vincis ›Abendmahl‹ in Mailand] zuverläßig. Alle die Umrisse die Du hast und welche zum Theil nach Raphael sind, bitte ich bey Leibe nicht zu stechen, sie sind einmahl schlecht und auch schon viel gestochen, doch willst Du mit uns Dich einlaßen und uns armen Jungens etwas Geld mit der Zeit schicken wie Du so golden geschrieben hast, so wollen wir Dir 10 Köpfe aus dem Attila und ebenso viel aus der Messe von Bolsena ausgeführt schicken die noch keinmahl gestochen sind und in der That die schönsten Gemählde von Raphael sind [...]. [Fol. 156v] Alte Kupferstiche sind eben so selten und noch seltener hier wie bey uns, für einen Marc. Ant. das Urtheil des Paris welches Du hast, wollte man (ein schlechter Abdruck) 12 Scudi haben. Doch findet man von Ohngefähr sehr oft die schönsten Sachen, wie wir einmahl das Glück hatten. Wir wollten gern Dir ein paar radirte Sachen von Reinhard schicken doch ist es heute zu spät. [...]«.

26 Göttingen, Städt. Museum, Inv.-Nr. 1984/145 (alte Inv.-Nr. 6), Vorzeichnung in Bleistift, Schattierungen in Kreide, Spuren von Lavierungen in Weiß, 52,7 × 42,5 cm; alte Beschriftung rechts oben »Aetat. Suae XX Anno MCCCC« [Jahresangabe unvollständig]; am unteren Blattrand »Rumohr 1803 del Riepenhausen«. Auf der Rückseite »Portr. des Herrn von Rumohr«. – Möglicherweise Vorzeichnung für ein geplantes Porträtgemälde. Es ist das früheste bisher bekannte Rumohr-Porträt; vgl. Geller, Bd. 2, 1952 (wie Anm. 6), Abb. 444-46; Carl von Lorck: Die Bildnisse Carl Friedrich von Rumohrs, in: Kunst in Schleswig-Holstein, o.O. 1954, S. 108-24.

Tracht eines Edelmannes trägt – weiter Mantel mit gepufften Ärmeln über eng anliegendem Wams und fein gekräuseltem Hemd –, sitzt in schräger Dreiviertelansicht und in nachdenklicher Pose träumerisch versonnen da. Er stützt im Gestus der Meditation den Lockenkopf in die Hand und hält in der Rechten ein aufgeschlagenes, ebenfalls nur umrißhaft skizziertes Buch. Mund- und Augenpartien sind dagegen weich und ausdrucksvoll herausgearbeitet und lassen sich darin mit der 1805/06 in Rom entstandenen Zeichnung der Brüder mit dem Bildnis Ludwig Tiecks vergleichen (Abb. 2). Diese bekannte, unten alt beschriftete Zeichnung stammt aus dem Besitz des mit den Riepenhausen befreundeten, ab 1809 in Rom weilenden dänischen Dichters Adam Oehlenschläger und befindet sich in Frederiksborg.[27]

Das Göttinger Rumohr-Porträt könnte während seines und der Brüder Riepenhausen Aufenthaltes in Dresden begonnen worden sein und vermutlich vor ihrem Aufbruch nach Rom im Juni 1805 in Göttingen liegengeblieben sein. Der Typus des Porträts mit dem Gestus des in die Hand gestützten Kopfes läßt sich besonders in Bildnissen von Malern der sogenannten Dresdner Romantik ab 1800 häufiger nachweisen.[28]

Bevor die Riepenhausen mit Rumohr und den beiden Tiecks im Juni 1805 nach Rom aufbrachen, hatten sie sich in Deutschland bereits als brillante Textillustratoren einen Namen gemacht. Natürlich war dies auch ein Erbteil ihres mit Lichtenberg und anderen geistigen Größen bekannten Vaters, der sie zuerst im Zeichnen und Kupferstechen unterwiesen hatte. Als Johann Heinrich Wilhelm Tischbein, der sogenannte Goethe-Tischbein, aus Neapel nach Kassel zurückgekehrt war, weilte er zwischen 1799 und 1801 mehrmals in Göttingen, um sein in der Vollendung begriffenes, sechsbändiges und von den Erläuterungen des Altphilologen Christian Gottlob Heyne begleitetes Stichwerk ›Homer nach Antiken gezeichnet‹ bei dem Göttinger Verleger Heinrich Dieterich herauszubringen, der auch der Verleger des alten Riepenhausen war.[29] Mit Tischbeins

27 Frederiksborg, Nat. hist. Museum, Inv.-Nr. A 4480, schwarze Kreide über Bleistift, 27,5 × 21,5 cm, am unteren Blattrand alte Beschriftung »Ludvig Tieck, tegnet af Riepenhausen, Rom og fororet Adam Oehlenschlaeger« (Ludwig Tieck, von Riepenhausen in Rom gezeichnet und Adam Oehlenschlaeger geschenkt); L. Grote: Die Brüder Olivier und die deutsche Romantik, Berlin 1938 (= Forschungen zur deutschen Romantik, Bd. 31), S. 57, Abb. 32; Bernhard, Bd. 2, 1974 (wie Anm. 17), Abb. 1392/93, Bildnis A. Oehlenschlaeger der Riepenhausen, Kreidezeichnung, 1809 datiert (noch mit falschem Aufbewahrungsort).

28 W. Hofmann (Hg.): Runge und seine Zeit, Ausst.kat. Hamburger Kunsthalle, München 1977, S. 52, Farbtaf. IV, Runge, Selbstbildnis in blauem Rock (1804), S. 244, Kat. u. Abb. 243, S. 253f., S. 274, Kat. u. Abb. 290, C. D. Friedrich, Selbstbildnis mit aufgestütztem Arm (1802).

29 J. H. W. Tischbein, Homer nach Antiken gezeichnet. Mit Erläuterungen von Chr. G. Heyne, 6 Bde., Göttingen bei H. Dieterich 1801-05; vgl. dazu Ausst.kat. J. Flaxman, 1979

Homerwerk erschienen gleichzeitig die Nachstiche des alten Riepenhausen nach John Flaxmans Umrissen zu Homers ›Odyssee‹.[30] Unter Tischbeins und Fiorillos Einfluß[31] und sicher in der Beratung mit Heyne und Rumohr, der bekanntlich die klassischen Sprachen perfekt beherrschte, entstand die erste vielversprechende Arbeit der Brüder Riepenhausen, der Versuch, Polygnots Gemälde in der Lesche der Knidier zu Delphi nach der Beschreibung des Pausanias zu rekonstruieren. Unaufgefordert sandten sie am 3. September 1803 Goethe ihren aus zwölf Bleistiftzeichnungen bestehenden Rekonstruktionsversuch zu, als Beilage zu ihrer Bewerbungsarbeit um den Preis der ›Weimarer Kunstfreunde‹, die als Aufgabe dieses fünften Ausschreibungsjahres ein ganz anderes Thema gestellt hatten. Dafür bekamen sie keinen Preis, erregten aber mit ihrer Rekonstruktion des Polygnotischen Gemäldes sowie durch ihre außerdem beigefügte Kopie nach der damals Leonardo da Vinci zugeschriebenen ›Caritas‹ in der Kasseler Galerie das lebhafteste Interesse Goethes. In ihrem Begleitschreiben weisen sie darauf hin, daß die »Flaxmanische Manier« ihnen als die »passendste« erschiene, weil sie diese Zeichnungen nach einer günstigen

(wie Anm. 2), S. 205, Nr. 256; Ausst.kat. Chr. G. Heyne, 1979 (wie Anm. 31), S. 37, Nr. 29; B. Grubert: J. H. W. Tischbein ›Homer nach Antiken gezeichnet‹, Diss. phil. Bochum, ibid. 1975, S. 15 ff.; H. Mildenberger: J. H. W. Tischbein. Goethes Maler und Freund, Oldenburg 1987, besonders S. 253, wonach Tischbein während seines Aufenthaltes in Göttingen 1799 eine »Zeichenakademie für Damen« gegründet haben soll; A. Sucrow/P. Reindl: Das Homer-Zimmer für den Herzog von Oldenburg. Ein klassizistisches Bildprogramm des ›Goethe-Tischbein‹, Ausst.kat. Oldenburg 1994, S. 29-38 – Zu Dieterich und seinem Verlag: W. Ruprecht: Väter und Söhne. Zwei Jahrhunderte Buchhändler in einer deutschen Universitätsstadt, Göttingen 1935; P. Raabe: Universität und Buchhandel. Göttingen im 18. und frühen 19. Jahrhundert, in: ders.: Bücherlust und Lesefreuden. Beiträge zur Geschichte des Buchwesens im 18. und frühen 19. Jahrhundert, Stuttgart 1984, S. 36-50.

30 E. L. Riepenhausen: Die Odyssee des Homer von John Flaxman Bildhauer, s. l, s. a (= Göttingen 1803). – The Iliad of Homer Engraved by Thomas Piroli from the Compositions of John Flaxmans Sculptor Rome, London 1796.

31 Vgl. nur die qualitätvollen, von den Stichwerken Piranesis inspirierten, von Antiken-Zitaten durchsetzten Illustrationen Fiorillos in der von Heyne bearbeiteten Prachtausgabe der Werke Virgils, die in der deutschen Buchillustration des 18. Jahrhunderts ihresgleichen suchen. P. Virgilii Maronis Opera, varietate lectionis et perpetua adnotatione illustrata a Chr. Gottl. Heyne, 4 Bde., Leipzig 1787-89, 2. Ed., London 1793; vgl. außerdem: Das vermeintliche Grabmal Homers nach einer Skizze des Herrn Lechevalier gezeichnet von Joh. Dominik Fiorillo, Erläuterung von Chr. G. Heyne. Mit fünf Kupfertafeln, Leipzig 1794; dazu vgl. H. Vogt (Hg.): Chr. G. Heyne (1729-1812). Ausstellung anläßlich seines 250. Geburtstages, Göttingen 1979 (= Kleine Ausst.führer Niedersächsische Staats- und Universitätsbibl. Göttingen, Nr. 8), S. 29-45, Abb.

Beurteilung in Kupfer herauszubringen gedächten.[32] Die im Oktober 1803 in Weimar ausgestellten und von Goethe erklärten Polygnot-Zeichnungen sowie seine Rezension des im März 1805 bei Dieterich unter Berücksichtigung seiner Verbesserungsvorschläge herausgebrachten Bilderheftes machten die Brüder in der gelehrten Welt allgemein bekannt (Abb. 7, 8).[33] Einige Bleistiftzeichnungen für dieses Erstlingswerk sowie eine Durchzeichnung der ›Caritas‹ in Kassel (Abb. 6) haben sich im Göttinger Zeichnungskonvolut erhalten.[34] An der Rekonstruktion des Polygnotischen Gemäldes an dem bis dahin noch nicht vorgelegten linken Teil desselben arbeiteten die Riepenhausen später weiter und brachten sie in Rom mit französischen Texterklärungen 1826 und 1829 heraus, wobei sie hierfür der klassische Archäologe Friedrich Gottlieb Welcker (1784-1868) beraten hatte.[35] Bis zum Ende des 19. Jahrhunderts orientierte sich die Klassische Archäologie an dieser Rekonstruktion des Polygnot-Gemäldes der Riepenhausen.

32 Abdruck der Quellen bei Deneke, 1936 (wie Anm. 2), S. 8-24; S. 9: Begleitbrief der Riepenhausen an Goethe; Pickert, 1950 (wie Anm. 4), S. 12-19; W. Scheidig: Goethes Preisaufgaben für bildende Künstler 1799-1805, Weimar 1958, S. 372-77; F. Büttner, in: S. Schulze (Hg.): Goethe und die Kunst, Ausst.kat., Frankfurt/M. 1994, S. 340-42, Kat. 216.

33 F. und J. Riepenhausen: Gemählde des Polygnotos in der Lesche zu Delphi, nach der Beschreibung des Pausanias gezeichnet, Göttingen bei H. Dieterich, s. a., 15 Taf., Querformat (30 × 42 cm); dies.: Erläuterung des polygnotischen Gemähldes auf der rechten Seite der Lesche zu Delphi, Erster Theil, Göttingen bey H. Dieterich 1805, S. 9: Hinweis auf die Einarbeitung der Verbesserungsvorschläge Goethes; Scheidig, 1958 (wie Anm. 32); Pickert, 1950 (wie Anm. 4), S. 28-30.

34 Göttingen, Städt. Mus., Inv.-Nr. 1984/155, 1984/269, 1984/271, 1984/273, ›Caritas‹: Inv.-Nr. 1984/191, Bleistift auf dünnem ölhaltigen Pauspapier, 24,5 × 19,5 cm, alte Beschriftung in Tinte: »Caritas. Cassel. L. da Vinzi«. – Goethe besprach die in Aquarellfarben ausgeführte Kopie der ›Caritas‹ der Riepenhausen, die sich heute nicht mehr nachweisen läßt, in der ›Jenaer Allgemeinen Literatur-Zeitung‹, 1804, und später noch einmal in seinen ›Tag- und Jahresheften‹, 1825; abgedruckt bei Deneke, 1936 (wie Anm. 2), S. 9-12. – Zu der heute Giampietrino zugewiesenen ›Leda‹ J. M. Lehmann: Italienische, französische und spanische Gemälde des 16. bis 18. Jhs., Staatl. Kunstsammlungen Kassel, Kat. I, Fridingen 1980, S. 130-33, Abb. – Den Eindruck der Riepenhausenschen ›Caritas‹ auf Goethe unter Namensnennung der Brüder beschreibt den Quellen entsprechend anschaulich Thomas Mann: Lotte in Weimar, Berlin 1952, S. 392f. (8. Kap., Mittagstafel).

35 F. et J. Riepenhausen: Peintures de Polygnote à Delphes, dessinées et gravées d'après la description de Pausanias, Rome 1826, 19 Taf., Fol.-Max.; Rome 1829, 17 Taf. – Zwei kolorierte Abb. aus der Ed. Rom 1829 bei Büttner, 1994 (wie Anm. 32), S. 341; Andresen, Bd. 3, Reprint 1971 (wie Anm. 5), S. 120f., Nr. 16.

Eine entscheidende Wende im Denken der Brüder trat durch den 1804 in Dresden zur katholischen Kirche übergetretenen Rumohr ein.[36] Auch in diesem Schritt folgten die Brüder seinem Beispiel, die sich von Mai bis etwa Oktober 1804 in der Elbestadt aufhielten und dort bei ihrer Konversion ihre Taufnamen ablegten und neue, programmatisch christliche Vornamen annahmen: aus Friedrich wurde Franz, aus Christian Johannes.[37]

Der kurze, nur fünf Monate dauernde Aufenthalt der Riepenhausen in Dresden – der Hochburg romantischen Konvertitentums – war für ihre weitere künstlerische Ausrichtung weichenstellend. Ihr Bekenntnis zu den Idealen der sogenannten katholischen Romantik drückte sich nicht nur in ihrer Vornamensänderung aus, sondern auch in ihren in Dresden geschaffenen Zeichnungen zu der altdeutschen, von Tieck soeben neubearbeiteten und als Drama 1800 gedruckten ›Genoveva-Legende‹.[38] Nach ihrer Rückkehr nach Göttingen überarbeiteten die Brüder die Blätter und schickten sie im Frühjahr 1805 an den Regierungsrat Christian Gottlob von Voigt, einem Freund Goethes, nach Weimar, damit er diese entweder dem dort noch arbeitenden Bildhauer Friedrich Tieck zur Weiterleitung an seinen Bruder Ludwig übergebe oder dem Verleger Carl Friedrich Frommann in Jena, der der Verleger Ludwig Tiecks war, und bei dem die Genoveva-Illustrationen nach einem bisher noch unveröffentlichten Brief der Riepenhausen ursprünglich erscheinen sollten.[39] Das Buch erschien dann aber bei Varrentrapp und Wenner in Frankfurt am Main im März

36 Schulz, 1844 (wie Anm. 4), S. 7f.

37 Deneke, 1936 (wie Anm. 2), S. 38f.; Pickert, 1950 (wie Anm. 4), S. 22-24.

38 Über Entstehung und Ausführung der Genoveva-Zeichnungen der Riepenhausen während des Dresdner Aufenthaltes 1804 unterrichtet der am 27. Juni 1804 in Dresden datierte Brief des Malers von Klinkowström an Ph. O. Runge, der die Brüder als Personen und Künstler ablehnte; Ph. O. Runge: Hinterlassene Schriften, hrsg. von dessen ältesten Bruder, Reprint der Ed. Hamburg 1840, Göttingen 1965, Bd. 2, S. 271-73; G. Berefelt: Ph. O. Runge zwischen Aufbruch und Opposition 1777-1802, Uppsala 1961, S. 180f. mit Anm. 9; H. J. Neidhardt: Die Malerei der Romantik in Dresden, Leipzig 1976, S. 59f.; R. Paulin: Die Textillustrationen der Riepenhausens zu Tiecks ›Genoveva‹: Wirkungen der bildenden Kunst auf die Rezeption eines Werkes romantischer Literatur, in: Aurora, Bd. 38, 1978, S. 32-53.

39 Siehe hier Anhang S. 249, Nr. 1. – Da in dem Nachsatz dieses Briefes das Datum 19. Juni 1805 angegeben ist, muß dieser in Göttingen zunächst liegengeblieben sein. Regierungsrat Voigt scheint ihn nach dem Eintreffen in Weimar wunschgemäß zurückgeschickt zu haben, und da sich die Brüder ab 28. Juni 1805 auf der Reise nach Rom befunden haben, gelangte er in den Besitz und in die Unterlagen des Vaters. Dieser Brief der Riepenhausen ist ein Beleg dafür, daß Ludwig Tieck Kenntnis von der Entstehung der Genoveva-Illustrationen hatte, was bisher in Frage gestellt wurde. Vgl. Paulin, 1978 (wie Anm. 38), besonders S. 39 mit Anm. 58.

1806.[40] Die vierzehn Radierungen (Abb. 9), für die sich die eigenhändigen Ölpausen der Brüder erhalten haben,[41] hatte der Vater ausgeführt. Der Name Ludwig Tiecks erscheint im Begleittext der ›Genoveva‹ nicht, der Verfasser desselben ist der aus Frankfurt gebürtige und mit Goethe verwandte Christian Friedrich Schlosser (1782-1829), ein Erzromantiker, der zunächst in Jena, dann ab 1804 in Göttingen Medizin und Philosophie studierte und mit den Riepenhausen eng befreundet war; er soll auch die Texte zu ihrem Polygnot-Stichwerk verfaßt haben.[42] Schlosser kannte Varrentrapp und Wenner persönlich und hatte sie mit großer Wahrscheinlichkeit als Verleger der ›Genoveva‹ engagiert.[43] Die ebenfalls in »Flaxmanscher Manier« ausgeführten und von Goethe 1806 wohlwollend besprochenen Genoveva-Illustrationen waren ein durchschlagender Erfolg und wurden von Anhängern des Arnim- und Brentano-Kreises als eine Art ›Erbauungsbuch‹ betrachtet.[44]

Der Dresdner Aufenthalt der Riepenhausen brachte für sie darüber hinaus nicht nur die Begegnung mit Raffaels ›Sixtinischer Madonna‹ und anderen Hauptwerken in der dortigen Galerie, sondern auch mit der altitalienischen Malerei. Ihr dortiger Lehrer Christian Ferdinand Hartmann, ebenfalls ein Freund Ludwig Tiecks und außerdem Preisträger der ›Weimarer Kunstfreunde‹, machte die Göttinger Brüder mit seinen Zeichnungen nach vorraffaelischen

40 Leben und Tod der Hl. Genoveva. In XIV. Platten von den Gebrüdern Riepenhausen. Mit beygefügter Erläuterung, Frankfurt am Main bei Varrentrapp und Wenner 1806. – Andresen, Bd. 3, Reprint 1971 (wie Anm. 5), S. 98-102, Nr. 3; Paulin, 1978 (wie Anm. 38), Abb. 2-4.; St. Seeliger / N. Suhr: Unter Glas und Rahmen. Druckgraphik der Romantik aus den Beständen des Landesmuseums Mainz und aus Privatbesitz, Ausst.kat. Mainz 1993, S. 124f., Kat. u. Abb. 49.

41 Heidelberg, Kurpfälzisches Museum, Inv.-Nr. Z 4207-Z 4220; U. Andersson: Die Brüder Riepenhausen, Genoveva-Zyklus, Studio-Ausst., Kurpfälzisches Museum Heidelberg, Heidelberg 1992 (= Faltblatt, Nr. 6, mit teilweise irrigen Angaben). – Im Vergleich mit den Ölpausen scheinen zwei Kompositionen nicht in die gedruckte Fassung übernommen worden zu sein.

42 Zu Schlosser als dem Verfasser der Polygnot- und Genoveva-Texte vgl. den Brief Achim von Arnims vom 30. August 1806 bei Deneke, 1936 (wie Anm. 2), S. 39f.; Paulin, 1978 (wie Anm. 38), S. 39-42; siehe hier außerdem Anm. 96.

43 Göttingen, NStUB, Briefkonvolut (wie Anm. 21), Fol. 124 r/v: Brief der Verleger Varrentrapp und Wenner vom 02.10.1807 an die Brüder Riepenhausen in Rom; hier Anhang, S. 250, Nr. 2.

44 Nachweise für Goethe bei Deneke, 1936 (wie Anm. 2), S. 37; R. Benz: Goethe und die romantische Kunst, München 1940, S. 120-23, Abb. 9; Paulin, 1978 (wie Anm. 38), S. 41f.; H. F. Weiss: Unbekannte Briefe von und an Achim von Arnim aus der Sammlung Varnhagen und anderen Beständen, Berlin 1986 (= Schriften zur Literaturwiss., Bd. 4), S. 160, Nr. 41.

Werken bekannt, die er während seines Italienaufenthaltes von 1794 bis 1798 sowie 1803 in Rom und Florenz angefertigt hatte. Er entsprach darin einem im letzten Drittel des 18. Jahrhunderts international entflammten Interesse an den altitalienischen Meistern. Diese Nachzeichnungen Hartmanns ließen sich bisher nicht auffinden.[45] Die Riepenhausen waren davon so begeistert, daß sie sie in Durchzeichnungen kopierten, die dann in Göttingen von ihrem, auch bei Fiorillo studierenden Freund, dem Hannoveraner August Kestner (1777-1853), wiederum kopiert wurden. Durch ihn lernte sie dann der sechzehnjährige Friedrich Overbeck, der spätere Kopf der Nazarener, 1805 in Lübeck kennen. Kestner nennt in diesem Zusammenhang »Zeichnungen nach Giotto, Simon Memmi, Masaccio, Ghirlandajo«.[46] Diese Durchzeichnungen der Riepenhausen nach den Nachzeichnungen Hartmanns sind bisher nicht nachgewiesen. Die Brüder waren also durch Hartmann und natürlich durch die von den Dresdner Romantikern als Programmschriften verstandenen Essays August Wilhelm und Friedrich Schlegels über ›Die Gemälde alter Meister‹ auf das Studium der altitalienischen Malerei in Italien bestens vorbereitet.[47]

Die fünfköpfige, wie bereits eingangs gesagt, aus den beiden Tiecks, Rumohr und den Riepenhausen bestehende Reisegesellschaft traf am 4. August 1805 in Rom ein. Der Abreisetag war der 28. Juni in München gewesen. Unterwegs hielten sie sich in Verona, Mantua, Modena, Bologna und eine Woche lang in Florenz auf und besichtigten dort die Hauptwerke von Cimabue, Giotto, Masaccio, sowie von Michelangelo, Tizian und einige Antiken. Von

45 Neidhardt, 1976 (wie Anm. 38), S. 29f.; H. von Einem, Deutsche Malerei des Klassizismus und der Romantik, München 1978, S. 103f. mit Hinweis auf J. H. W. Tischbein und andere Maler, die im späten 18. Jahrhundert altitalienische Maler kopierten. Vgl. hierzu C. von Klenze: The Growth of Interest in the Early Italian Masters from Tischbein to Ruskin, in: Modern Philology, Bd. 4, 1906, S. 207-68; W. Becker: Paris und die deutsche Malerei 1750-1840, München 1971, S. 58-63, S. 67 u. S. 147 mit Anm. 515-17; F. Haskell: Rediscoveries in Art, London 1976, S. 43ff. – Über Hartmann, Lehrer Runges und Illustrator des von Kleist herausgegebenen avantgardistischen ›Phöbus‹, gibt es noch keine systematische Untersuchung. Im Dresdner Kupferstich-Kabinett befinden sich keine Zeichnungen von ihm. Einige Hinweise für Hartmann bei H. Börsch-Supan: Dresden 1803-1809, in: Kleist-Jb., 1990, S. 30-50, besonders S. 44f., 49ff., Abb. 12; E. Osterkamp: Das Geschäft der Vereinigung. Über den Zusammenhang von bildender Kunst und Poesie im ›Phöbus‹, ibid., S. 57, Abb. 1, S. 63, Abb. 2.

46 Kestner, 1850 (wie Anm. 19), S. 110f.; Jorns, 1964 (wie Anm. 5), S. 9ff.; von Einem, 1978 (wie Anm. 45), S. 104.

47 F. Schlegel: Gemälde alter Meister. Mit Kommentar und Nachwort hrsg. von H. Eichner/N. Lelless, Darmstadt 1984; ders.: Ansichten und Ideen von der christlichen Kunst, hrsg. und eingeleitet von H. Eichner, Paderborn / München / Wien 1959 (= Krit. F. Schlegel-Ausgabe, Bd. IV, 1. Abt.); A. W. Schlegel, Die Gemählde. Gespräche, hrsg. von L. Müller, o.O. 1996 (= Fundus-Bücher, Nr. 143).

dort fuhren sie über Siena bis Rom durch.[48] In Rom nahm sich jeder eine Wohnung im Viertel um die Spanische Treppe.[49] Rumohr hatte sich am luxuriösesten und wohl auf Dauer eingerichtet, reiste dann aber schon zum größten Bedauern der Riepenhausen im Spätsommer 1806 nach Deutschland ab, angeblich, weil er von Ferne die politische Misere in der Heimat nicht mehr ertrug.

Die fünf Freunde besichtigten zunächst gemeinsam die Reste des antiken Rom, die Fresken Michelangelos und Raffaels sowie diejenigen Fra Angelicos in der Nikolaus-Kapelle im Vatikan und das Museo Pio-Clementino, dessen Bestände allerdings durch die Napoleonische Deportation erheblich dezimiert worden waren. Der von Rheuma geplagte Ludwig Tieck zog sich davon bald zurück, um an seiner Nibelungen-Dichtung weiterzuarbeiten, die er den Freunden abends mit seinem dafür bekannten Talent vorlas.[50] Außerdem arbeitete er bis zu seiner Abreise im August 1806 intensiv in der Biblioteca Vaticana, wo er die ungehobenen Quellen an altdeutscher Literatur studierte.

In ihrem ersten, sechs Tage nach der Ankunft in Rom verfaßten Brief vom 10. August 1805 an den Vater in Göttingen berichten die Riepenhausen ausführlich über den Reiseverlauf und über die in Rom angetroffene Situation. Sie heben dabei hervor, daß »man viel von uns in Rom spricht, mehr als wir dachten, wir haben diejenigen Künstler besucht, die hier für die ersten gelten«. Diese werden aufgezählt, nämlich: Gottlieb Schick, Vincenzo Camuccini, Thorvaldsen, Joseph Anton Koch, Johann Christian Reinhart, der Landschaftsmaler Johann Martin von Rohden. Dann beteuern die Brüder, daß sie, wenn sie »die

48 Diese Reise ist am ausführlichsten in zwei Briefen der Riepenhausen vom August 1805 an ihren Vater beschrieben worden; hier Anm. 25, Anm. 51; außerdem: C. F. von Rumohr: Drey Reisen nach Italien. Erinnerungen, Leipzig 1832, S. 109-22, der dabei weder die Riepenhausen noch die beiden Tiecks erwähnt; Schulz, 1844 (wie Anm. 4), S. 8f.; E. Hildebrandt: Friedrich Tieck. Ein Beitrag zur deutschen Kunstgeschichte im Zeitalter Goethes und der Romantik, Leipzig 1906, S. 58-60; B. Maaz: Christian Friedrich Tieck 1776-1851. Leben und Werk unter besonderer Berücksichtigung seines Bildnisschaffens, mit einem Werkverzeichnis, Berlin 1995 (= Bildhauer des 19. Jahrhunderts, hrsg. von P. Bloch), S. 30-32.

49 Im Brief vom 10.08.1805, ed. Fiebiger, 1918 (wie Anm. 51), S. 218, geben die Riepenhausen als Adresse »Piazza Espagna Nr. 84« an. – Nachweise ihrer späteren Wohnungen, die sehr häufig wechselten, bei Noack, Bd. 2, 1927 (wie Anm. 5), S. 487, S. 503, S. 597, s.v.

50 Göttingen, NStUB, Briefkonvolut (wie Anm. 21) Fol. 157^{r}: Brief der Riepenhausen vom 28.02.1806 aus Rom an den Vater in Göttingen »[...] auch Tieck liebt ihn [gemeint ist Rumohr] sehr bei welchem wir beinah alle Abende sind, und dieser uns aus den Nibelungen oder sonst großen Dichtungen vorliest [...]«. – Über die Dichterlesungen L. Tiecks vgl. O. Baisch: Johann Christian Reinhart und seine Kreise. Ein Lebens- und Culturbild nach Originalquellen dargestellt, Leipzig 1882, S. 192; I. Feuchtmayr: J. Chr. Reinhart 1761-1847. Monographie und Werkverzeichnis, München 1975, S. 34.

Praktik der Malerey« beherrschen werden, »die ersten Künstler in Rom« sein werden. Ihr »Ruhm« sei in Rom »gewaltig«.[51]

Dreierlei geht aus diesem Brief hervor:

Erstens: Die Riepenhausen waren in Rom bereits bekannt, bevor sie eintrafen, was sich nur aus ihrem frisch erschienenen Polygnot-Werk erklären kann.

Zweitens: Sie beherrschten die Technik der Malerei noch nicht, was sich langfristig gesehen als einer ihrer großen Mängel herausstellen wird; denn in diesem Fach blieben sie mehr oder weniger Autodidakten.

Drittens: Sie trafen in Rom fast nur Klassizisten und Landschaftsmaler an, kaum Maler ihrer romantisch-religiösen Gesinnung, sieht man freilich von Joseph Anton Koch ab, der sich seit den neunziger Jahren mit Dante beschäftigte und außerdem vor 1803 Fresken des Trecento in Florenz und Pisa kopiert hatte.[52] In gewisser Hinsicht können die Riepenhausen als erste Vertreter der jungen neudeutschen, religiösen Kunstrichtung in Rom angesehen werden, da sie dort fast fünf Jahre früher eintrafen als die 1810 aus Wien nach Rom gekommenen ›Lukas-Brüder‹, die dort den Spitznamen ›I Nazareni‹ erhielten.[53] Doch muß dieses Phänomen allgemeiner als Reaktion einer fast gleichaltrigen, sich von den Maximen der Akademien in Dresden, Weimar und Wien gleichzeitig abwendenden Künstlergeneration angesehen werden, von denen sich einige deshalb in Rom aufhielten, weil sie dort eine Chance hatten, an reiche und gebildete Reisende ihre Werke zu verkaufen oder sich als Fremdenführer zu verdingen, wie zum Beispiel die Riepenhausen.

Wie aus einem weiteren Brief der Brüder vom 26. September 1805 an den Vater hervorgeht, hatten sie folgende Arbeitsprojekte vor:

Zunächst ein Stichwerk über die Antiken der Villa Albani, die sie ganz im Winckelmann'schen Sinne als »die schönste der hiesigen Villen« charakterisieren, da sie »die schönsten griechischen Statuen« enthält, »welche bisher noch

51 O. Fiebiger: Zwei römische Briefe des Malers Franz Riepenhausen aus dem Jahre 1805, in: Deutsche Rundschau, Nr. 176 (Juli-September 1918), Berlin 1918, S. 211-27, besonders S. 219f. – Diese beiden Briefe befanden sich damals in der Landesbibliothek Dresden, Mscr. Dresd. App. 69, Nr. 177/78 und wurden durch Ankauf 1915 erworben.

52 Lutterotti, 1940 (wie Anm. 13), S. 35f., S. 47-52, S. 202f., Nr. 14, S. 265f., Nr. 500-506. Die Nachzeichnungen Kochs nach »Fiesole, Masaccio, Pisano, Buffalmacco und Giotto« lernte August Wilhelm Schlegel während seines Rom-Aufenthaltes im Frühling 1805 kennen, worüber er in einem Brief an Goethe berichtet, der im Oktober 1805 in der »Jenaische[n] Allgemeinen[n] Literaturzeitung« veröffentlicht wurde. Auszüge daraus bei Benz, 1940 (wie Anm. 44), S. 118.

53 H.-J. Ziemke: Zum Begriff der Nazarener, in: Ausst.kat. Frankfurt/M., 1977 (wie Anm. 7), S. 17-25; von Einem, 1978 (wie Anm. 45), S. 105-14. – Über die Beziehung der Riepenhausen zu den ›Lukasbrüdern‹, speziell zu Pforr, Overbeck, Vogel von Vogelstein, vgl. ihren Brief an Welcker vom 13.07.1811 bei Pickert, 1950 (wie Anm. 4), S. 69.

nie gestochen worden sind«. Dabei nennen sie ihren Freund Schlosser, der auch dieses Werk kommentieren könnte.[54] Dieses Vorhaben erübrigte sich aber sehr schnell, da mit einer solchen Publikation bereits die römischen Stecher Tommaso Piroli und Francesco Piranesi beschäftigt waren. Dieses Tafelwerk erschien 1808 in Rom mit den Erläuterungen des großen dänischen Archäologen Georg Zoega, den die Riepenhausen persönlich gekannt haben.[55] Die Schriften des 1809 in Rom verstorbenen Zoega gab Welcker heraus, der als Hauslehrer der Kinder Wilhelm und Caroline von Humboldts 1806 nach Rom gekommen war und sofort mit den Riepenhausen eine lebenslang währende Freundschaft schloß.[56] Zu diesem Freundeskreis gehörte Thorvaldsen, dessen Werke die Riepenhausen für die 1811 in Rom erschienene Prachtausgabe nachgezeichnet haben (Abb. 10).[57]

Bereits bei diesem ersten römischen Arbeitsvorhaben der Brüder Riepenhausen, also dem nicht zustande gekommenen Villa Albani-Projekt, deutet sich eine Hauptrichtung ihrer weiteren künstlerischen Tätigkeit an:

Das Abzeichnen von Antiken für wissenschaftliche Zwecke.

1808 wurden sie von dem Archäologen Giuseppe Micali zum Abzeichnen etruskischer Denkmäler engagiert; das Tafelwerk erschien 1810 in Florenz und erhielt sogar einen Preis Napoleons.[58]

54 Riepenhausen, Brief vom 26. September 1805, ed. Fiebiger, 1918 (wie Anm. 51), S. 222f.; Göttingen NStUB, Briefkonvolut (wie Anm. 21), Fol. 156^v: undat. Brief des Johannes (= ›Christel‹) (wie Anm. 25) an den Vater, in welchem von einem bevorstehenden Besuch beim »Cardinal Albani« die Rede ist, um die Erlaubnis für das Abzeichnen der Antiken zu erbitten. – Zu Winckelmanns Urteilen über die Villa Albani vgl. die Nachweise in H. Beck/P. C. Bol (Hgg.): Forschungen zur Villa Albani. Antike Kunst und die Epoche der Aufklärung, Berlin 1982, S. 153-70 (St. Röttgen).

55 Li Bassirilievi antichi di Roma, incisi da T. Piroli colle illustrazioni di G. Zoega [...], 2 Bde., Roma 1808; deutsche Ausgabe von F. G. Welcker 1810; dazu und zu Zoega (1755-1809) vgl. C. B. Stark: Systematik und Geschichte der Archäologie der Kunst, Reprint der Ed. Leipzig 1880, München 1969, S. 245-49.

56 Vgl. die Briefe der Riepenhausen an Welcker bei Pickert, 1950 (wie Anm. 4), S. 55, S. 69; F. G. Welcker: Georg Zoegas's Abhandlungen und mit Zusätzen begleitet, mit 5 Stichen der Riepenhausen nach Antiken, Göttingen, 1814/1817; zu Welcker vgl. Stark, Reprint 1969 (wie Anm. 55), S. 264f. u. S. 293f.

57 Le Statue e li Bassirilievi inventati e scolpiti in Marmo dal Cavaliere Alberto Thorvaldsen scultore danese disegnati ed incisi dal Riepenhausen e da Ferdinando Mori, Roma 1811, 67 Taf., davon 11 Stück von den Riepenhausen gezeichnet; Andresen, Bd. 3, Reprint 1971 (wie Anm. 5), S. 106-08, Nr. 5; Ausst.kat. Thorvaldsen, 1991 (wie Anm. 7), S. 205, Abb. 3, S. 206, Abb. 4.

58 G. Micali: Antichi monumenti per servire all'opera intitolata l'Italia avanti il dominio dei Romani, Firenze 1810, 60 Taf., davon 47 Stiche von den Riepenhausen, Andresen, Bd. 3, Reprint 1971 (wie Anm. 5), S. 109-15, Nr. 13; Pickert, 1950 (wie Anm. 4), S. 59.

Der von 1813 bis 1818 an der Göttinger Universität lehrende Welcker ließ die von ihm begründete ›Zeitschrift für Geschichte und Auslegung der alten Kunst‹, von der allerdings nur ein einziger Band 1819 erschien, mit trefflichen Radierungen der Riepenhausen illustrieren.[59] In den vierziger Jahren zeichnete der fast sechzigjährige Johannes zur Bestreitung seines Lebensunterhalts den gesamten Antikenbestand der Villa Ludovisi ab, etwa 80 Bleistiftzeichnungen, die sich im Deutschen Archäologischen Institut in Rom befinden und als Vorlagen für ein geplantes Stichwerk gedacht waren.[60]

Das zweite, von den Brüdern nach dem Brief vom 26. September 1805 geplante Vorhaben bezieht sich auf die Malerei des Tre- und Quattrocento in Rom und Florenz. Folgende Fresken werden aufgezählt, die unbedingt abgezeichnet werden müssen, da sie »so wenig bekannt sind, daß es zum Verwundern ist«, und darüber hinaus dränge die Zeit, »da in den Kirchen von Florenz beinahe schon alles neu übergeweißt« worden sei. Sie nennen die Fresken Fra Angelicos in der Nikolauskapelle im Vatikan, dann in Florenz die Fresken Masaccios in der Brancacci-Kapelle, die Fresken Giottos in der Baroncelli-Kapelle in Santa Croce, die Fresken Orcagnas in Santa Maria Novella. Dazu heißt es: »In Maria Novella, wo nach Vasari so ungeheuer viel Werke des schönsten Alterthums waren, ist jetzt auch nichts mehr zu seh[e]n, blos die göttliche Maria des Cimabue und die Kapelle des Orgagnio, die in Gedanken lieblich schönen Gestalten Raphaels zu vergleichen ist«.[61] Mit Cimabues »Maria« ist Duccios ›Madonna Rucellai‹ (Abb. 25) gemeint. In diesem Brief vom September 1805 ist also bereits der Plan für die ›Geschichte der Mahlerei in Italien‹ gefaßt. Ihre Vorstellungen sind nach diesem Brief schon so weit gediehen, daß sie bereits an ein Titelblatt mit der Wiedergabe eines für ein Porträt Masaccios ge-

59 Hierzu Stark, Reprint 1969 (wie Anm. 55), S. 293.

60 Kestner, 1850 (wie Anm. 19), S. 112; Andresen, Bd. 3, Reprint 1971 (wie Anm. 5), S. 97, Nr. 10; Th. Schreiber: Die antiken Bildwerke der Villa Ludovisi, Leipzig 1880, S. 21 – Fast vollständige Abbildung der Nachzeichnungen, aber ohne jeglichen Kommentar zum Auftrag und zur Person des lediglich als »un artista tedesco« bezeichneten Joh. Riepenhausen bei B. Palma: I Marmi Ludovisi. Storia della Collezione, Le sculture, Roma 1983 (= Museo Naz. Romano. Le Sculture, a cura di A. Giuliano, Bd. I/4), S. 168, S. 173-303, Abb. 178-255. – Den Auftrag zu dieser Zeichnungskampagne hatte der Sekretär des Deutschen Archäologischen Instituts in Rom, Emil Braun, 1839/40 veranlaßt. Ein vom 20. Juni 1845 datierter Brief des Joh. Riepenhausen an August Kestner in Rom informiert über die damals noch ausstehende Bezahlung der Zeichnungen, über die Arbeitsumstände in der Villa Ludovisi und darüber, daß dieser Auftrag noch längst nicht abgeschlossen war. Göttingen, Stadtarchiv, Autographen.

61 Riepenhausen, Brief vom 26. September 1805, ed. Fiebiger, 1918 (wie Anm. 51), S. 220-22; Göttingen, NStUB, Briefkonvolut (wie Anm. 21), Fol. 156^{r}.

haltenen Kopfes denken.[62] Außerdem gehen sie davon aus, daß der Vater die Ausführung der Stiche übernehmen wird.

›Die Geschichte der Mahlerei in Italien‹ erschien 1810 bei Cotta in Tübingen als ein auf zwei Bilderhefte mit je zwölf Tafeln im Querformat zusammengeschrumpftes Fragment von ursprünglich zwölf geplanten Bilderheften, für die ebenfalls jeweils zwölf Radierungen vorgesehen waren. Nach der im Juni 1809 datierten Vorrede der Riepenhausen zur gedruckten Ausgabe sollten es sogar einst fünfzehn Bilderhefte werden.[63] Dahinter steht ein langer Arbeits- und Verhandlungsprozeß, wie man einerseits aus der Korrespondenz der Brüder mit Cotta in Tübingen erfährt, die am 30. Oktober 1807 einsetzt und am 5. Dezember 1816 endet und welche hier im Anhang abgedruckt ist, andererseits aus vorausgegangenen Briefen zweier kurz zuvor im Sommer 1807 angesprochener Verleger, nämlich Johann Friedrich Frauenholz in Nürnberg[64] und Varrentrapp und Wenner in Frankfurt/M., die sich für dieses Werk der Riepenhausen nicht entschließen konnten.

An Varrentrapp und Wenner, also die Verleger der ›Genoveva‹ 1806, war Christian Friedrich Schlosser, also der Verfasser des Begleittextes jenes Bilder-

62 Riepenhausen, Brief vom 26. September 1805, ed. Fiebiger, 1918 (wie Anm. 51), S. 221. Von diesem Titelblatt ist in dem undatierten Brief im Göttinger Briefkonvolut nicht die Rede (wie Anm. 25).

63 Geschichte der Mahlerei in Italien nach ihrer Entwickelung, Ausbildung und Vollendung. Aus den Werken der besten Künstler anschaulich dargestellt und mit kurzen Erläuterungen und Lebensbeschreibungen begleitet von F. und J. Riepenhausen, im Verlag der J. G. Cotta'schen Buchhandlung in Tübingen 1810, Textbd., Vorrede, S. 3; beide Bilderhefte in einem Tafelbd.; Andresen, Bd. 3, Reprint 1971 (wie Anm. 5), S. 91f.; Pickert, 1950 (wie Anm. 4), S. 54, S. 73 geht auf dieses Werk nicht näher ein.

64 Brief der Brüder Riepenhausen vom 15. Oktober 1807 an J. F. Frauenholz in Nürnberg, in: Nürnberg, Germanisches Nationalmuseum, Archiv, Autographen, K 30. Hinweise hierauf, ohne Angabe der Signatur, bei E. Luther: Joh. Friedrich Frauenholz (1758-1822), Nürnberg 1988 (= Schriftenreihe des Stadtarchivs Nürnberg, Bd. 41), S. 85 mit Anm. 2, S. 192. – Seeliger / Suhr, 1993 (wie Anm. 40), S. 130, Anm. 1. – In diesem Brief der Riepenhausen, in dem sie ihr gleichzeitig mit der ›Geschichte der Mahlerei‹ im Entstehen begriffenes Bilderheft über das »Leben Raphael Sanzio's [...]« (wie Anm. 20) beschreiben und zur Publikation anbieten, heißt es: »[...] Wir haben noch ein anderes Werk unter [den] Händen die Geschichte der Kunst in Italien von Cimabue bis auf Rafael nebst den Biographien der Künstler und ihren Werken. Wenn man eine solche Geschichte zu Stande brächte so würde allen ferneren Kunstschreibern die Mühe abgenommen sein, darüber zu schwatzen. Man würde gleich zu den Bildern die Stufen der Kunst u[nd] die unterschiedlichen Verdienste der Meister vor Augen haben, welche eine richtigere Idee abgeben würden als die schönsten Auseinandersetzungen derselben. Doch darüber werden wir mehr sprechen, wenn Ew. Wohlgeb. uns gemeldet haben werden ob Sie geneigt sind mit uns hierüber in Unterhandlung zu treten oder nicht. [...]«.

buches, im Sommer 1807 während eines Besuches in seiner Heimatstadt herangetreten. In ihrem Antwortschreiben an die Brüder vom 2. Oktober 1807 beziehen sich diese Frankfurter Verleger sowohl auf diesen Besuch Schlossers als auch auf einen Brief der Riepenhausen aus Rom vom 29. August, in dem sie ihr Projekt einer »Geschichte der Kunst in einer ausgewählten Folgenreihe« beschrieben und dabei angegeben hatten, daß »achtzehn Blätter des ersten Heftes« bereits ausgeführt seien.[65] Varrentrapp und Wenner machten ihre Entscheidung von der Zusendung dieser achtzehn fertigen Blätter und von der Darstellung eines »deutlichen Plans des Ganzen, nach seinen Einzelheiten sowohl als seinem Umfang«, und ferner von den Vorstellungen der Brüder über die »Zeit der Vollendung« und ihren Geschäftsbedingungen abhängig. Zugleich weisen sie als kluge Verleger auf die bereits vorliegenden und im Entstehen begriffenen französischen Abbildungswerke der Gemälde in den Galerien von Florenz, im Louvre, im Musée Napoléon, in Düsseldorf und anderswo hin, und betonen, daß »eine Reihe des Vorzüglichen aller Jahrhunderte und damit ein beschreibender Text sowie ein Geschichte der Kunst nach ihren verschiedenen Perioden« bereits gegeben sei. Sie beziehen sich zum Beispiel ohne Namensnennung auf die von Charles Paul Landon zwischen 1799 und 1813 fortlaufend herausgegebenen und mit Umrißstichen reich illustrierten Bände ›Vies et œuvres des Peintres les plus célèbres de toutes les écoles [...]‹, die auch Werke des 15. Jahrhunderts abbilden und international außerordentlich verbreitet waren.[66]

Im August 1807 waren demnach also bereits achtzehn Zeichnungen für das erste Heft ausgeführt. In ihrem ersten Brief an Cotta vom 30. Oktober 1807 beschreiben sie Programm und Aufbau ihres Werkes, das »Entstehen, Wachsthum und die Vollendung der Kunst in Italien« von Cimabue bis Michelangelo und Raffael behandelt und sich aus drei Teilen zusammensetzt, für die jeweils vier Bilderhefte projektiert sind. Der erste Teil bildet Werke Cimabues, Giottos und anderer Meister des 13. und 14. Jahrhunderts ab, der zweite Teil Werke der florentinischen Meister des 15. Jahrhunderts und die dritte und letzte Abteilung

65 Göttingen NStUB, Briefkonvolut (wie Anm. 21), Fol. 124$^{r/v}$. Hier Anhang, S. 250, Nr. 2. – Über den Verbleib des Verlag-Archivs von Varrentrapp und Wenner ist nach freundlicher Auskunft von Dr. Monika Estermann, Archiv für Geschichte des Buchwesens, Frankfurt/M., nichts bekannt (Briefliche Mitteilung vom 23.05.1985).

66 C. P. Landon: Vies et Œuvres des peintres les plus célèbres de toutes les écoles, 25 Bde., Paris 1799-1813; 2. Ed. Paris 1813-120, ferner: Galerie du Louvre, représentée par des gravures à l'eau forte exécutées par Mme Maria Cosway avec une déscription historique et critique par J. Griffiths, Paris 1802. – Auf den Nachweis weiterer Titel, auf die Varrentrapp und Wenner anspielen, verzichte ich hier.

Werke von Masaccio bis Michelangelo und Raffael.[67] Da jedes dieser zwölf Hefte aus zwölf Radierungen bestehen sollte, würde sich nach dieser Planung eine Anzahl von je 144 Vorzeichnungen und Stichen ergeben. Alle Vierteljahre sollte ein Heft geliefert werden, das wären also vier Stück pro Jahr, was wiederum eine Ausführungs- und Lieferzeit von drei Jahren, also bis 1810 ausmachen würde. Als Stecher empfehlen die Riepenhausen ihren Vater, da er nicht nur »getreu«, sondern auch »billig« arbeiten würde. Sie bitten Cotta, das Erscheinen ihres Werkes sofort anzukündigen, und sind bereit, ihm umgehend zwei Hefte zu schicken, die sogleich dem Stecher übergeben werden könnten. Das bedeutet, daß zu diesem Zeitpunkt vierundzwanzig Zeichnungen fertig waren. Bei ihren Honorarvorstellungen weisen sie auf die Kosten der bevorstehenden Reisen nach Orvieto und Siena hin, denn es sei ihre Absicht, viele verborgene, unbekannte Kunstwerke bekannt zu machen. Schließlich erbitten sie sich einen Vertrag.

Die Riepenhausen, die ab 1808 als Illustratoren in das von Cotta herausgebrachte ›Taschenbuch für Damen‹ eingestiegen waren und dort ihre vielbeachteten klassizistischen Kompositionen nach antiken und anderen poetischen Stoffen veröffentlichten, wie zum Beispiel die bekannten Themen der ›Amorinenverkäuferin‹ (1809) und ›Das Mädchen aus der Fremde‹ (1809),[68] müssen sich in ihrer Zeitplanung 1807 für das kunstgeschichtliche Werk überschätzt haben. Denn Cotta bedankt sich am 28. Juni und am 3. September 1808 bei den Brüdern für das »Heft von Giotto«, das sehr schön ausgefallen ist«, und bittet sie, »so schleunig als möglich« die »noch fehlenden Blätter zum ersten Heft

67 Hier Anhang, S. 251-253, Nr. 3 (30.10.1807). – Die Briefe der Riepenhausen in Marbach wurden, soweit zu sehen, bisher noch nicht vollständig veröffentlicht. Hinweis hierauf mit einem knappen Auszug aus dem Brief der Brüder vom 30. Oktober 1807 an Cotta bei Dorothea Kuhn: Auch ich in Arcadien. Kunstreisen nach Italien 1600-1900, Ausst.kat. Schiller-Nat.mus. Marbach, Stuttgart 1966, S. 151, Nr. 209. – Zu Cotta: D. Kuhn: Verleger und Illustrator am Beispiel der J. G. Cotta'schen Verlagsbuchhandlung, in: R. Timm (Hg.): Buchillustration im 19. Jahrhundert, Wiesbaden 1988 (= Wolfenbütteler Schriften zur Geschichte des Buchwesens, Bd. 15), S. 213-40; dies., 1979 u. 1983 (wie Anm. 93); Monika Neugebauer-Wölk: Revolution und Constitution. Die Brüder Cotta, eine biographische Studie zum Zeitalter der Französischen Revolution und des Vormärz, Stuttgart 1989 (= Einzelveröff. der Hist. Kommission zu Berlin, Bd. 69).

68 Taschenbuch für Damen auf das Jahr 1809, Tübingen in der Cotta'schen Buchhandlung 1809, 4 Kupferstiche von J. H. Lips nach Kompositionen der Riepenhausen; vgl. hierzu J. Kruse: Johann Heinrich Lips, 1758-1817. Ein Zürcher Kupferstecher zwischen Lavater und Goethe, Ausst.kat. Kunstsammlungen der Veste Coburg, Coburg 1989, S. 369-72, Kat. u. Abb. 310a-d. – Die Stiche von Lips wurden schon 1809 als der künstlerischen Qualität der Riepenhausen'schen Kompositionen nicht entsprechende Arbeiten kritisiert. Göttingen, Briefkonvolut (wie Anm. 21), Fol. 125^{r}.

nachfolgen zu lassen«.[69] Die Zeichnungen für das erste Heft lagen ihm also bis dahin noch nicht vollständig vor.

In der Aprilausgabe des bei Cotta verlegten ›Morgenblatt[es] für gebildete Stände‹ 1809 wird in der »Übersicht dessen, was in Rom im Jahre 1808 in Beziehung auf Kunst, in Sonderheit auf Bildhauerey und Mahlerey, sich bemerkbarer gemacht hat« die im Entstehen begriffene »Geschichte der Kunst« der Riepenhausen als ihr »hauptsächlichstes Werk« ausführlich besprochen. Es heißt: »Das ganze Werk soll in drei Theile zerfallen. Die ersten vier Hefte enthalten Umrisse nach Cimabue, nach der Sienesischen Schule und nach Giotto; das zweyte Heft Masaccio und seine Schüler, Fiesole, Gozzoli, Ghirlandaio; das dritte P. Perugino, Pinturicchio, Raphael, Leonardo, Michel Angelo, Bellini, Catena u. s. w. Durch dieses Werk, dem die Gebrüder Riepenhausen mittelst kurzgefaßter biographischer Nachrichten von merkwürdigern Künstlern jener uns denkwürdigsten Kunstzeit die nöthige Erläuterung beyfügen werden, wird und muß die Ansicht des Studiums der Kunst eine größere Ausdehnung erhalten. Es wird von dem vielen alten Vortrefflichen, das zerstreut und jetzt entweder dem völligen Untergange nahe, oder sonst unscheinbar ist – entweder weil ihm bestechender Reiz fehlt, oder schon ein sehr geübtes Auge erfordert wird – hier ein Total-Eindruck gegeben, [...]«.[70]

Das gebildete Publikum erwartete sofort gespannt das Erscheinen dieses »Total«-Werkes. Schon am 30. September 1808 hatte sich August Wilhelm Schlegel bei seinem Kollegen Georg Friedrich Creuzer in Heidelberg nach dem Stand der Auslieferung der Riepenhausen'schen ›Geschichte der Mahlerei‹ erkundigt.[71]

Für dieses Projekt hatten sich die Riepenhausen bereits 1806 in Florenz und dann im Sommer sowie im November 1808 in der Toskana und in Umbrien aufgehalten. 1807 lag die signierte und »Rom 1807« datierte Zeichnung für das Titelblatt des zweiten Heftes über Giotto vor (Abb. 11), die der seitenrichtigen, von Carl Barth ausgeführten Radierung des Titelblattes zu diesem Heft 1810 entspricht (Abb. 12).[72] Es stellt die bei Vasari überlieferte, dann auch

69 Göttingen, NStUB, Briefkonvolut (wie Anm. 21), Fol. 14ʳ-15ʳ (unveröffentlicht).

70 Morgenblatt für gebildete Stände, 3/1 (26.04.1809), Tübingen 1809, S. 407.

71 J. Körner: Krisenjahre der Frühromantik. Briefe aus dem Schlegelkreis, Bd. 1, Brünn / Wien / Leipzig 1937, S. 359, Nr. 301; Bd. 2., Bern 1958, S. 201, Nr. 415; Bd. 3, Bern 1958, S. 359 zu 628,10; ders.: Briefe von und an A. W. Schlegel, Bd. 1, Zürich / Leipzig / Wien 1930, S. 265f.; Bd. 2, S. 114f. Zu A. W. Schlegels großem Interesse an der altitalienischen Malerei siehe hier außerdem seinen Brief an Goethe, Nachweis in Anm. 52.

72 Galerie Siegfried Billesberger, Moosinning München, Kat. 20, 1989, S. 76, Kat. u. Abb. 45: Feder in Graubraun und Grauschwarz, auf Bütten montiert, 33,3 × 31,1 cm; rechts unten in brauner Tinte Signatur »Riepenhausen inv. Rom 1807«; auf dem Untersatzbogen:

von Fiorillo nacherzählte Legende von der Entdeckung des schafehütenden Giotto durch Cimabue dar.[73] Inzwischen tauchten weitere Vorzeichnungen für Titelblätter von geplanten, aber nicht gedruckten Bilderheften auf. Die Vorzeichnung für das Titelblatt des dritten Heftes des ersten Teils, das über Duccio handeln sollte, und welche 1990 vom Göttinger Städtischen Museum aus dem Kunsthandel erworben wurde (Abb. 13), zeigt den auf Wolken stehenden Evangelisten Lukas als Patron der Malerei und als den allerersten Maler der Muttergottes.[74] Eine der Quellen dieses bei den Romantikern und Nazarenern so beliebten Themas dürfte außer A. W. Schlegels Sonett ›Legende vom Hl. Lukas‹ (1799), das die Riepenhausen auch in ihrem ersten, 1816 im Druck bei Wenner erschienenen Raffael-Zyklus darstellen, Fiorillos Kunstgeschichte (1798) gewesen sein, wo die legendäre Bedeutung des Hl. Lukas als Madonnenmaler und als Patron der Malerei breit behandelt ist.[75] Wie aus der Korrespondenz der

»N^ro I«; Provenienz aus einer Münchener Privatsammlung, inzwischen an Privat weiterverkauft. – Maße der Radierung in der Ed. 1810 (wie Anm. 63), 2. Bilderheft, Taf. I, 28,5 × 26,4 cm (ohne Plattenrand); außerhalb des Randes rechts unten: »C. Barth sc.«; H. Börsch-Supan, 1994 (wie Anm. 10), S. 221, Abb. 9.

73 Le opere di Giorgio Vasari con nuove annotazioni e commenti di G. Milanesi. Presentazione di P. Barocchi, Bd. 1, Firenze (Sansoni) 1973, S. 370f.; J. D. Fiorillo: Geschichte der zeichnenden Künste von ihrer Wiederbelebung bis auf die neuesten Zeiten, Geschichte der Mahlerey, Bd. I/2 (= Die Geschichte der Römischen und Florentinischen Schule), Göttingen (bey Georg Rosenbusch) 1798, S. 264f. – Zu den Vasari-Ausgaben und -Übersetzungen im späten 18. Jahrhundert vgl. die fundamentalen Studien von E. Dessauer: Wackenroders ›Herzensergießungen eines kunstliebenden Klosterbruders‹ in ihrem Verhältnis zu Vasari, in: Studien zur vergleichenden Literaturgeschichte, hrsg. von M. Koch, Bd. 6, Berlin 1906, S. 245-70; ibid., Bd. 7, Berlin 1907, S. 204-33.

74 Göttingen, Städt. Museum, Inv.-Nr. 1990/529, Feder über Bleistift, auf bläulich laviertes Papier montiert, 31 × 34,8 cm; rechts unterhalb der Wolke Signatur: »Ri. inv.«; Provenienz Münchener Privatsammlung, dann Galerie S. Billesberger, Moosinning München, Kat. Zeichnungen des 19. Jhs., Nr. 16, 1986, Abb. 2; Weltkunst, Nr. 20 (15.10.1986), S. 2917, Abb.

75 Fiorillo, Bd. I/2, 1798 (wie Anm.73), S. 47-53; A. W. Schlegel: Legende vom Hl. Lukas (1799), in: Athenäum. Eine Zeitschrift von A. W. Schlegel und F. Schlegel, Berlin 1799; Reprint mit einem Nachwort von E. Behler, Stuttgart 1960, S. 146-51. – Weitere Nachweise für die Verbreitung des Schlegelschen Sonetts, auf das sich die Riepenhausen in der Bilderklärung zu ihrer Darstellung der auf Raffael angewandten ›Lukaslegende‹ beziehen, bei Schröter, 1990 (wie Anm. 20), S. 314, Abb. 12, S. 320f., S. 348 u. S. 381 (Peter Cornelius). – In dieser Darstellung des Raffael-Zyklus ist der Hl. Lukas ähnlich wie auf dem Titelblatt zum 3. Bilderheft in Göttingen dargestellt. Eine weitere Kreidezeichnung der Riepenhausen mit dem Hl. Lukas als Patron der Malerei, speziell des auf einer Arabeske sitzenden und zeichnenden jungen Raffael, in Göttingen, Städt. Museum, Inv.-Nr. 1984/144, Schwarze Kreide, 58,8 × 44,8 cm.

Riepenhausen mit Cotta hervorgeht, muß das dritte Heft fertiggestellt worden sein, da sie ihn am 19. September 1810 um die Zusendung von 25 Exemplaren bitten und am 17. Mai 1811 um die Übersendung jeweils eines Exemplars an Wilhelm von Blanckenhagen in Riga und an Wilhelm von Burgsdorff, dem Mäzen Ludwig Tiecks, in Frankfurt an der Oder. Allerdings brachte es Cotta erst 1816 heraus, wie der Brief vom 28. August 1816 zeigt.[76] Die tatsächliche Existenz dieses dritten, demnach also im Druck erschienenen Bilderheftes über Duccio konnte allerdings bisher nicht durch ein einziges Exemplar nachgewiesen werden.

Wie die Brüder in dem eben erwähnten Brief an Cotta ausführen, würde es »vortheilhaft sein nach dem 3ten Heft die Werke des Masaccio oder Fiesole erscheinen zu lassen, denn es ist nicht gerade nöthig die Hefte nach der Reihe zu liefern wie wir sie Ihnen zugeschickt haben [...]«.[77] Diese Hefte sind, soweit zu sehen, ebenfalls nicht im Druck erschienen.

Über die fertiggestellten Zeichnungen der Riepenhausen nach Werken Masaccios und »mehreren älteren Meistern« berichteten bereits Friedrich Sickler und Christian Reinhart 1810 in ihrem ›Almanach aus Rom‹.[78] Daß sie »noch viele fertige Blätter liegen haben«, schreiben die Brüder am 9. Juli 1811 an Cotta in ihrem erbitterten Beschwerdebrief über das nicht gezahlte, sondern mit 40 Freiexemplaren des 1810 erschienenen Stichwerks verrechnete Honorar. Sie werfen ihm darin vor, daß er sie »nicht als Künstler sondern als schlechte Tagelöhner« behandele und mit dem Druck »mehrere Jahre lang habe warten lassen«.[79]

Folgende Zeichnungen für niemals gedruckte Titelblätter wurden bisher bekannt: Für das vierte Heft des ursprünglichen ersten Teils, das die »Werke aus der Schule des Giotto« behandeln sollte, eine Federzeichnung (Abb. 14), die Giotto als Lehrer im Kreis von drei Schülern darstellt.[80] Ferner das Titelblatt

76 Siehe hier Anhang, S. 254, Nr. 4; S. 257, Nr. 6; S. 261, Nr. 9.

77 Siehe hier Anhang, S. 261, Nr. 9.

78 F. Sickler/C. Reinhart: Almanach aus Rom für Künstler und Freunde der bildenden Kunst, 1. Jahrgang, Mit Kupfern und Karten, Leipzig 1810, S. 271. – Drei unsignierte Federzeichnungen, die nicht als Vorlagen für die Stiche in den beiden gedruckten Bilderheften der Riepenhausen 1810 verwendet wurden, befinden sich in Weimar, Staatliche Kunstsammlungen, und stellen einzelne, beschriftete Figuren dar: Inv. KK 7296, Schreibender Kirchenvater, alt beschriftet »Cimabue 1240«; Inv. KK 7295, Betender Mönch, alt beschriftet »Pietro Laurati da Sienna. A. 1300«; Inv. KK 7297, Sitzender Engel, alt beschriftet »Lorenzo Ghiberti. 1410«. Diese Zeichnungen stammen aus der Sammlung von Rochlitz und wurden stets als Arbeiten der Riepenhausen angesehen.

79 Siehe hier Anhang, S. 258, Nr. 7.

80 Galerie S. Billesberger, Moosinning München, 1986 verkauft, jetzt: Julius Böhler: Abendländische Kunstwerke aus sechs Jahrhunderten, Ausst.kat., München 1992, unpag., Kat.

für das geplante fünfte Heft, welches sich im Dresdner Kupferstichkabinett befindet (Abb. 15).

Merkwürdigerweise weist dieses im Titel keine Meister- oder Periodeneinteilung wie die anderen auf.[81] Nach der Planung der Brüder von 1807/08 war ein fünftes Heft innerhalb einer der drei großen Abteilungen nicht vorgesehen. Erst im Brief vom 26. Januar 1811 an Cotta ist davon die Rede, und daß sie es ihm zugeschickt haben.[82] Das Blatt zeigt nach den inschriftlichen Angaben die vermeintlichen Bildnisse der Maler Dello Delli, Parri Spinello, Paolo Uccello, Lorenzo di Bicci, Giottino und Spinello Aretino, also Meister des späten Tre- und vorwiegend des frühen Quattrocento, die hier nach den Bildnissen in der 1760 in Florenz erschienenen Vasari-Ausgabe des Francesco Bartolozzi wiedergegeben sind. Die Zeichnung zum Titelblatt eines Heftes über Fra Angelico (Abb. 16), welches die Brüder 1816 als fertig und an Cotta längst abgeschickt erwähnen, weist im Unterschied zu allen bisher bekannt gewordenen Titelblättern keine Numerierung auf.[83] Es stellt den am Altar betenden ›Malermönch‹ dar, auf den Engel vom Himmel herabblicken, was sicher als Anspielung auf die auch von Fiorillo gegebene Erklärung des Beinamens ›Angelico‹ zu verstehen ist. Nach Vasaris Überlieferung, die dann ja vielfach kolportiert worden ist, unter anderem von Wackenroder, Friedrich Schlegel und den Nazarenern, betete Fra Angelico, bevor er zu malen anfing.[84] Die Zeichnung der

u. Abb. 22; H. Börsch-Supan, 1994 (wie Anm. 10), S. 222, ohne Abb.; Feder in Schwarz, 33,3 × 37,4 cm, rechts unten signiert »JR inv.«. Die Initiale des Johannes in der Signatur könnte auf eine viel spätere Entstehung des Blattes nach dem Tod des Franz 1831 hinweisen. Bis dahin signieren die Brüder gemeinsam.

81 Dresden, Staatliche Kunstsammlungen, Kupferstichkabinett, Inv.-Nr. C 1937-1159, Feder in Schwarz, 34,5 × 44,5 cm; Beschriftungen in Feder »Geschichte der Mahlerei in Italien von F. u. J. Riepenhausen V. Heft«. Unter den Köpfen »Dello. Parri Spinelli. P. Ucello. L. Bicci. Giottino. Spinello«, Provenienz Sammlung Dr. Friedrich Lahmann, Dresden, 1937. – Die Bildnisse der hier wiedergegebenen Meister sind nach der Vorlage der mit ihren Namen beschrifteten Bildnisse in der illustrierten Vasari-Ausgabe von Francesco Bartolozzi, 1760 (wie Anm. 102), unnumerierte Taf. ausgeführt.

82 Siehe hier Anhang, S. 255, Nr. 5.

83 Galerie S. Billesberger, Moosinning München; Feder in Schwarz, 33,5 × 38,1 cm, am Altar rechts Signatur »Riep. inv.«; aus Münchener Privatbesitz, inzwischen weiterverkauft. – Zum Brief der Brüder vom 28.08.1816 an Cotta siehe hier Anhang, S. 261, Nr. 9.

84 Vasari, Bd. 2, 1973 (wie Anm. 73), S. 505-26, besonders S. 520; Fiorillo, Bd. II/1, 1798 (wie Anm. 73), S. 275, Abschnitt Fra Giovanni da Fiesole »[...] Hier will ich nur hinzufügen, daß sich der Beyname Angelico, den er sich erworben, vollkommen für ihn paßt. Es scheint eine Frucht der Reinheit seiner Sitten, eine Eingebung seines andächtigen Hanges gewesen zu sein, daß alle seine Bilder, wozu er keine andere als religiöse Gegenstände wählte, eine wunderbare Süßigkeit und ein Ansehen von Heiligkeit haben, welches bezaubert. [...]«; W. H. Wackenroder: Werke und Briefe, hrsg. von L. Schneider, Heidel-

Riepenhausen gehört zu den ersten szenischen Verbildlichungen des in der Romantik als Prototyp eines frommen Malers angesehenen Fra Angelico, der seine Kunst angeblich als Gottesdienst aufgefaßt habe.

Zwischen Januar und Mai 1811 schickten die Riepenhausen an Cotta noch weitere Bilderhefte ab, und zwar außer dem eben erwähnten fünften das sechste, achte und neunte, deren Inhalt sie aber nicht angeben. Vermutlich handelte es sich unter anderem dabei um die 1816 von ihnen erwähnten fertigen Hefte über Masaccio und Fra Angelico.[85] Diese sind, soweit zu sehen, bisher noch nicht aufgetaucht. Nimmt man noch das dritte Heft hinzu, so sind es insgesamt fünf Bilderhefte gewesen, die sie zwischen 1811 und 1816 Cotta zugeschickt hatten; das macht eine Anzahl von 60 Zeichnungen aus, die es zu diesem Werk der Brüder also noch zu entdecken gilt.

Nur fünfzehn von ursprünglich siebzehn, im August 1816 Cotta zugestellten Zeichnungen nach Werken der von ihnen so genannten »schönsten Epoche«, das heißt nach Hauptwerken der florentinischen und venezianischen Malerei des späten 15. und frühen 16. Jahrhunderts (Abb. 17), befinden sich im Cotta-Archiv des Marbacher Schiller-Nationalmuseums. Es sind in Feder über Bleistift ausgeführte, unsignierte, mit den Namen der Meister beschriftete Zeichnungen, und zwar nach Altarbildern und Fresken von Domenico Ghirlandaio, der als einziger mit vier Werken vertreten ist, ferner von Signorelli, Piero di Cosimo, Lorenzo di Credi, Raffaellino del Garbo, Giovanni Bellini, Andrea Mantegna sowie nach Fra Bartolomeo und Leonardo da Vinci und Ridolfo del Ghirlandaio, prominente Werke, die sich bis auf zwei Gemälde alle heute noch in Florenz, zumeist in den Uffizien, befinden. Zwei Nachzeichnungen geben jeweils ein Fresko Ghirlandaios in S. Maria Novella und S. Trinità wieder, außerdem auf einem Einzelblatt das Bildnis Domenico Ghirlandaios aus dem Fresko der ›Vertreibung Joachims aus dem Tempel‹ in S. Maria Novella. Bis auf das ›Bildnis eines Mannes‹ von Giovanni Bellini in den Uffizien wurden nur Werke mit Themen der christlichen Ikonographie ausgewählt, Madonnen, Heilige Familien, Szenen aus der Lebens- und Leidensgeschichte Christi sowie solche aus den Legenden des Hl. Franziskus und des Hl. Zenobius. Eine Vorzeichnung für das Titelblatt befindet sich nicht unter diesen Zeichnungen. Auch aus dem hierauf bezüglichen Brief der Riepenhausen vom 28. August 1816 geht nicht die Definition des Heftes hervor, für das diese Blätter gedacht waren.[86] Daß es ursprünglich siebzehn Cotta zugesandte Zeichnungen waren,

berg 1967, S. 109. – Nachweise für F. Schlegel und die Nazarener (Pforr, Overbeck) bei Schröter, 1990 (wie Anm. 20), S. 322 mit Anm. 73-75, Abb. 16, Abb. 18.

85 Siehe hier Anhang, S. 255, Nr. 5; S. 256, Nr. 6; S. 261, Nr. 9.

86 Siehe hier Anhang, S. 261, Nr. 9; Marbach, Schiller Nationalmuseum, Cotta-Archiv, ohne Inv.-Nr., 15 Zeichnungen, Feder über Bleistift, unterschiedliche Maße, zwischen

lehrt nicht nur dieser Brief, sondern auch ihre eigenhändige Aufstellung über die dem württembergischen Geschäftsträger in Rom, Johann Baptist Keller, Bischof von Rottenburg, zur Weiterleitung an Cotta mitgegebenen Blätter.[87] Diese sind nie im Druck erschienen. Bei zwei Nachzeichnungen stellt sich mit Sicherheit heraus, daß die Riepenhausen diese nicht an Ort und Stelle vor den Originalen angefertigt haben, sondern nach bereits längst vorhandenen Tafelwerken, wie das zum Beispiel der Fall des 1792 aus den Uffizien im Tausch nach Wien abgewanderten Bildes mit der ›Darbringung im Tempel‹ des Fra Bartolomeo (Abb. 18) zeigt.[88] Von Raffael sandten die Brüder in der gleichen Sen-

21,9 × 17,5 cm und 33 × 30 cm divergierend. Für freundliche Auskünfte danke ich Dr. Jochen Meyer, Cotta-Archiv. – Es handelt sich bei den Nachzeichnungen der Riepenhausen um folgende Werke: 1.) Florenz, Uffizien: Giov. Bellini: ›Bildnis eines Mannes‹ (siehe M. Gregori (Hg.): Uffizien und Palazzo Pitti. Die Gemäldesammlungen, München 1994, S. 145, Abb. 176); ders.: ›Beweinung Christi‹, ibid. (Gregori, S. 144, Abb. 173), A. Mantegna: ›Beschneidung Christi‹, Triptychon (Gregori, S. 139, Abb. 165), Piero di Cosimo: ›Unbefleckte Empfängnis Mariens‹ (Gregori, S. 114, Abb. 139); Luca Signorelli. ›Hl. Familie‹ (Gregori, S. 126, Abb. 148); Filippino Lippi: sog. ›Pala degli Otto di Pratica‹, Thronende Muttergottes mit vier Heiligen, 22.02.1485 inschriftlich datiert, von den Riepenhausen als Domenico Ghirlandaio beschriftet (Gregori, S. 108, Abb. 132) (hier Abb. 17); Leonardo da Vinci: ›Anbetung der Hll. Drei Könige‹ (Gregori, S. 88, Abb. 101); Ridolfo del Ghirlandaio: ›Translation des Hl. Zenobius‹ (Gregori, S. 187, Abb. 223). – 2.) Florenz, Accademia: Fra Bartolomeo: ›Hiob‹ (siehe Chris Fischer: Fra Bartolemeo, Rotterdam 1990, S. 322, Abb. 209). – 3.) Florenz, S. Maria Novella, Chor: Ghirlandaio: ›Namengebung des Johannes‹ (siehe J. Lauts: Domenico Ghirlandaio, Wien 1943, Abb. 88); Bildnis Ghirlandaios aus dem Fresko der ›Vertreibung Joachims aus dem Tempel‹ (Lauts, Abb. 61); S. Trinità, Sassetti-Kapelle, ›Exequien des Hl. Franz‹ (Lauts, Abb. 46). – 4.) Andere Nachweise hier in Anm. 88.

87 Göttingen, NStUB, Briefkonvolut, (wie Anm. 21), Fol. 146^{v}, undatierte Aufstellung über die dem im Brief an Cotta vom 16.08.1816 erwähnten Bischof von Keller mitgegebenen siebzehn Zeichnungen unter dem Vermerk »Mit dem Bischoff von Keller überreicht«. Zu Joh. B. Keller, der von Dezember 1815 bis Sommer 1816 in Rom weilte, vgl. Noack, Bd. 2, 1927 (wie Anm. 5), S. 307. – In dieser Liste sind drei, heute nicht mehr im Cotta-Archiv befindliche Zeichnungen aufgeführt: Eine Madonna von Raffael, die ›Heimsuchung‹ von Albertinelli (Florenz, Uffizien; siehe Gregori, 1994, S. 185, Abb. 228), ein Profilbildnis Fra Bartolomeos. Dagegen befindet sich in Marbach die in dieser Liste nicht aufgeführte Zeichnung nach Fra Bartolomeos ›Hiob‹ (siehe hier Anm. 86).

88 V. Oberhammer (Hg.): Wien, Kunsthistorisches Museum, Gemäldegalerie, Katalog, 1. Teil, Wien 1960, S. 7f., Kat. 430, ohne Abb. – Die Nachzeichnung der Riepenhausen in Marbach nach dem 1815 in Florenz für München erworbenen Tondo des Lorenzo di Credi mit der ›Anbetung des Kindes‹ gibt das Original seitenverkehrt wieder, was ebenfalls für eine Benutzung einer Vorlage spricht. E. Steingräber (Hg.): Alte Pinakothek in München, München ^{2}1986, unpag., Kat. u. Abb. 156.

dung 1816 eine Nachzeichnung nach einer seiner Madonnen zu, die heute nicht mehr in Marbach nachweisbar ist; außerdem zwei von ihnen selbst radierte Probedrucke nach Madonnen des Urbinaten, davon befindet sich in Marbach nur noch die Radierung mit Raffaels ›Madonna mit dem Stieglitz‹ (Florenz, Uffizien).[89]

Nach 1830 hat sich der alte Johannes noch einmal mit dem Gedanken getragen, die Bilderhefte in überarbeiteter Fassung zu veröffentlichen. Doch dies scheiterte am Einspruch des Kunstkritikers und Kunsthistorikers Dr. Ludwig Schorn, des Herausgebers des renommierten ›Kunstblattes‹, der Cotta 1835 eindringlich davor warnte, sich auf eine solche Publikation einzulassen.[90]

Die beiden Bilderhefte über die ›Geschichte der Mahlerei in Italien‹ sowie der dazugehörige Textband 1810 erwiesen sich als Mißerfolg, den die Riepenhausen darauf zurückführten, daß der Text entgegen ihren Vereinbarungen mit Cotta nur in Deutsch und nicht zweisprachig, Deutsch und Französisch, erschienen war, denn Deutsch verstand nach ihrer Meinung im Ausland niemand.[91] Nach ihrer eigenhändigen Aufstellung verkauften sie in Rom von den vierzig als Honorar angerechneten Freiexemplaren 32 Stück, darunter an Joseph Anton Koch, Canova, Thorvaldsen, ferner an Freunde, wie zum Beispiel den Dichter Zacharias Werner, den dänischen Archäologen P. O. Bröndsted, sowie an ihre Protektoren, an Botschaftsangehörige und niedersächsische, adelige Kunstfreunde.[92]

Obwohl Goethe, dem Cotta die beiden Hefte zugeschickt hatte, erstaunlich positiv reagiert hatte,[93] und sich Künstler wie Philipp Otto Runge lobend über dieses Stichwerk äußerten,[94] waren die Brüder und ihre Freunde in Rom über

89 Siehe hier Anhang, S. 261, Nr. 9. – Den Nachweis der Radierung nach Raffaels ›Madonna mit dem Stieglitz‹ (Florenz, Uffizien; siehe Gregori, 1994, S. 167, Abb. 207) verdanke ich Dr. J. Meyer, Cotta-Archiv.

90 Marbach, Cotta-Archiv (wie Anm. 86), Autographen, ohne Signatur.

91 Siehe hier Anhang, S. 258, Nr. 7.

92 Göttingen, NStUB, Briefkonvolut (wie Anm. 21), Fol. 146[r]: undatierter Zettel mit der eigenhändigen Überschrift »Kunstgeschichte verkauft«, worauf die 32 Namen folgen.

93 M. Fehling: Briefe an Cotta, Bd. 1, Das Zeitalter Goethes und Napoleons, 1794-1815, Stuttgart / Berlin 1925, S. 109f., Brief Goethes vom 16. November 1810: »[...] Ich will nur der Rieph. Hefte erwähnen. Es bleibt ein dankwertes Unternehmen, das man nicht mit der größten Strenge beurteilen, noch die höchsten Forderungen daran machen muß. Es ist schon bewundernswerth, wenn junge Künstler ohne höhere Unterstützung dergleichen unternehmen. [...]«; D. Kuhn: Goethe und Cotta. Briefwechsel 1797-1832, Bd. 1 (Briefe 1797-1815), Stuttgart 1979, S. 216, Nr. 276; Bd. 3/1 (Textkritische und kommentierte Ausgabe), Stuttgart 1983, S. 287f., Nr. 211, 5; S. 294, Nr. 216, 16 ff.

94 Runge: Hinterlassene Schriften, Bd. 1, Reprint 1965 (wie Anm. 38), S. 200, Brief Runges vom 3. Juli 1810 an Schildener; von Einem, 1978 (wie Anm. 45), S. 104.

Inhalt und Form, besonders über den Begleittext, der Hefte entsetzt.[95] Einem Brief des seit Juni 1808 in Rom lebenden Freundes der Brüder, des durch den Begleittext zur ›Genoveva‹ bereits bekannten Christian Friedrich Schlosser an Goethe vom 2. September 1811 zufolge, muß eine nur als »Kunstzuchtmeister in Deutschland« umschriebene Person durch massive Eingriffe Titel, Vorrede und Begleittext »aufs willkürlichste und fratzenhafteste entstellt, verstümmelt und dem Ganzen eine Maske des allergewöhnlichsten Journalunsinnes« gegeben haben. Schlosser, der nach diesem Brief an der ursprünglichen Konzeption des Riepenhausen'schen Werkes mitgearbeitet hatte, plädiert hier für eine besser organisierte, umfassendere Neuausgabe des Ganzen, zumal »der Reichtum an Zeichnungen so groß sei«. Er wehrt sich dagegen, diese Bilderhefte, wie es in Deutschland jetzt üblich sei, als eine Art ›Kunstgeschichte‹ zu bezeichnen, denn von einer Kunstgeschichte könne noch gar nicht die Rede sein. Es müßten dafür Studien in der Art der ›Kölner Kunstfreunde‹ über die altdeutsche Malerei, also des Boisserée-Kreises, und ferner Studien zur Geschichte betrieben werden. Alle diese Voraussetzungen – das Studium der Originale vor Ort, das vergleichende Sehen, die Erschließung der historischen Quellen – seien noch nicht erfüllt, um überhaupt den Begriff ›Kunstgeschichte‹ verwenden zu können.[96]

Das also nach Schlosser durch einen deutschen »Kunstzuchtmeister« stark verstümmelte und inhaltlich umgemodelte Werk entsprach also nicht den Vorstellungen der sich ernsthafter mit der altitalienischen Malerei befassenden Kunstfreunde, was man langfristig auch daran ersehen kann, daß Rumohr, der seit 1817 die Altitaliener in Florenz und Siena erforschte, das Stichwerk der Riepenhausen niemals zitiert.

Eine der Hauptquellen dieses Werkes ist natürlich der sattsam ausgeschöpfte Vasari, dessen Periodenmodell von Aufschwung, Blüte und Niedergang der Künste bereits im Titel anklingt.[97] Nach dem Periodenmodell Vasaris hat auch Fiorillo seine Einleitung zum ersten Halbband des zweiten, 1798 in Göttingen erschienenen Bandes, der die Geschichte der römischen und florentinischen Schulen behandelt, konzipiert, die zur Grundliteratur der Riepenhausen gehört haben muß, wie zahlreiche gedankliche Entsprechungen zeigen.[98] Ob sie Fiorillos ›Geschichte der Mahlerey‹ in Rom besaßen, läßt sich nicht sagen. In ihren erhaltenen Briefen ist von Fiorillo, soweit zu sehen, nicht die Rede. Nachweis-

95 Siehe hier Anhang, S. 255, Nr. 5; S. 258, Nr. 7.

96 O. Dammann: Goethe und Christian Friedrich Schlosser. Mit einem ungedruckten Briefe Schlossers an Goethe, in: Jb. der Goethe-Gesellschaft, hrsg. von M. Hecker, Bd. 16, Weimar 1930, S. 39-72, besonders S. 49-52.

97 Siehe hier Anm. 63. – Weiterführende Literatur zum Periodenmodell Vasaris bei Schröter, 1990 (wie Anm. 20), S. 346-49 mit Anm. 203.

98 Fiorillo, Bd. II/1, 1798 (wie Anm. 73), S. 1-71.

lich verfügten sie über eine Vasari-Ausgabe, außerdem borgten sie sich während der Entstehungszeit ihres Werkes weitere Vasari-Editionen.[99]

Wie bei Vasari und Fiorillo, so beginnen auch bei den Riepenhausen Wiederbelebung und Aufschwung der Künste in Italien mit Cimabue, wobei jeweils ein kurzer Überblick über die Situation der Künste vom Ende der Spätantike beziehungsweise ab Konstantin dem Großen bis zum 13. Jahrhundert vorausgeschickt wird. Nach Fiorillos Ausführungen ist es unter den bildenden Künsten die Malerei gewesen, die am meisten unter dem Niedergang in der Ära zwischen der Spätantike und dem Auftreten Cimabues gelitten habe.[100]

Das kunstvoll komponierte, vergleichsweise fast noch klassizistisch wirkende Titelblatt zum ersten Bilderheft der Riepenhausen (Abb. 19) stellt die vor der römischen, durch die Ruine des Sibyllentempels in Tivoli gekennzeichneten Landschaft sitzende Personifikation der Malerei dar, zu der ein Engel mit Heiligenschein leichtfüßig herantritt. Die auf antiken Säulen- und Kapitellfragmenten lässig mit überkreuzten Beinen dasitzende und mit einem Kopftuch verschleierte Frau ist nicht, wie in der Forschung irrtümlich behauptet wird, eine Personifikation der Antike oder der Kunst allgemein,[101] sondern der Malerei, wie aus dem ikonographischen Detail des durch ein Tuch verhüllten Kopfes eindeutig hervorgeht. Mit einem solchen ist zum Beispiel die Figur der nachdenklich dasitzenden Malerei am Grabmal Michelangelos in Santa Croce zu Florenz dargestellt, die zu den Vorbildern der Riepenhausen'schen Personifikation zählt. Michelangelos, von seinen Schülern nach 1564 ausgeführtes Grabmal, auf dessen Sockel die drei bildenden Künste als monumentale Einzelfiguren trauern, gehörte stets zu den Sehenswürdigkeiten in Florenz und ist zum Beispiel in der mit Stichen reich illustrierten, 1760 in Rom erschienenen dreibändigen Vasari-Ausgabe von Francesco Bartolozzi abgebildet, die die Riepenhausen gekannt haben müssen.[102] Auch im Raffael-Zyklus 1816 stellen

99 Göttingen, Briefkonvolut (wie Anm. 21), Fol. 164^r: Brief eines Römers names G. Palazzi vom 22.10.1808 an die Riepenhausen, der ihnen seine dreibändige Ausgabe der »Vite de'Pittori del Vasari« zum Vergleich mit derjenigen anbietet, die sie selbst besitzen.

100 Fiorillo, Bd. II/1, 1798 (wie Anm. 73), S. 68-71, Riepenhausen, Textbd., 1810 (wie Anm. 63), S. 2-9.

101 H. Börsch-Supan, 1993 (wie Anm. 10); ders., 1994 (wie Anm. 10), S. 222, Abb. 10. – Zu den formalen Vorbildern der Malerei-Personifikation der Riepenhausen gehört hinsichtlich der Arm- und Beinstellung und des Sitzmotivs die Roma-Personifikation in Fiorillos Titelkupfer zu Heynes Virgil-Ausgabe 1787, ^{2}1793 (wie Anm. 31), Ausst.kat. Heyne, 1979 (wie Anm. 31), S. 32, Abb., die wiederum ein Zitat nach der ›Roma‹ im Staatsrelief des Antoninus Pius im Vatikan ist.

102 Ritratti de'Pittori, Scultori e Architetti insigni cavati dall'opera di Giorgio Vasari, in cui descrive le loro vite intagliati in Rame da Francesco Bartolozzi e Antonio Cappellani, In Roma 1760, 156 unnum. ganzseitige Tafeln mit den vermeintlichen Bildnissen der Mei-

die Brüder die beischriftlich bezeichnete Personifikation der Malerei mit einem Kopftuch dar.[103] Auf dem hier zur Debatte stehenden Titelblatt wird die Malerei durch den sie inspirierenden, gen Himmel weisenden Engel als die über die Antike obsiegende, durch göttliche Eingebung und vom göttlichen Geiste beseelte christliche Kunst vorgestellt. Der Engel weist mit seiner gesenkten Linken sacht in den Hintergrund, wo am Horizont die strahlende Sonne aufgeht, ein Bildmotiv, das die Riepenhausen, wie ebenso andere zeitgenössische deutsche Maler, vielfach verwenden, immer dann, wenn etwas Neues beginnt.

Nach dem Titelblatt folgt auf der ersten Tafel das Bildnis Cimabues (Abb. 20), das sie nach dem Stich in der eben genannten Vasari-Ausgabe von Bartolozzi 1760 seitenverkehrt und vergrößert wiedergeben (Abb. 21).[104] Im Sinne Vasaris und Fiorillos ist im Begleittext der 1240 in Florenz geborene Cimabue als »Vater und Gründer der neuen Kunst« charakterisiert.[105]

Auf den folgenden zehn Tafeln, die wie alle anderen Radierungen dieses Stichwerks von Carl Barth und Gottfried Rist ausgeführt worden sind, obwohl ursprünglich der Vater Riepenhausen diese Arbeit begonnen hatte, wie die Ölpausen seiner Söhne für Stiche des ersten Bilderheftes im Göttinger Zeichnungskonvolut belegen (Abb. 24)[106], erscheinen zunächst zwei Werke aus der

ster von Cimabue bis Giorgio Vasari. Dieser Künstlerbildnisserie ist die Abbildung von Michelangelos Grabmal in S. Croce in Florenz vorangestellt; hierzu: B. Jatta: Francesco Bartolozzi (1721-1819). Incisore delle Grazie, Ausst.kat. Villa Farnesina, Roma 1995; U. Baldini/B. Nardini (Hgg.): S. Croce. Kirche, Kapellen, Kloster, Stuttgart 1985, S. 295, Farbtaf. – Auf die Künstlerbildnisse Bartolozzis gehen auch die Bildnisse im Stichwerk von Kuhbeil, 1812, zurück; siehe Anm. 122.

103 Riepenhausen, Raffael-Zyklus 1816 (wie Anm. 20), Taf. III (Raffaels Geburt). – Die Beschriftung der Personifikationen der Künste befindet sich auf der Vorzeichnung, Hannover, Landesmuseum; Schröter, 1990 (wie Anm. 20), S. 313, Abb. 10/11.

104 Bartolozzi, 1760 (wie Anm. 102), unnum. Taf. – In der Erklärung ihrer Abbildungen weisen die Riepenhausen natürlich nicht auf Bartolozzis Vasariausgabe hin, sondern führen aus: »Das Portrait von Cimabue ist aus dem Fresco-Gemälde des Simone Memmi, die Herrlichkeit der Kirche vorstellend, welches wir im dritten Heft mitteilen, genommen«. 1. Bilderheft, Erläuterung der einzelnen Blätter, 1810 (wie Anm. 63), S. I, Nr. 2.

105 Fiorillo, Bd.II/1, 1798 (wie Anm. 73), S. 68f.: »[...] Cimabue kann allerdings als der Vorläufer der ganzen neuern Mahlerey betrachtet werden. Doch, wie aus allem obigen erhellet, ist dieß nicht so zu verstehen, als ob es vor ihm gar keine Italiänischen Mahler gegeben hätte, ob es gleich viele Schriftsteller so genommen [...]«. Riepenhausen, Textbd., 1810 (wie Anm. 63), S. 7f., S. 11-16.

106 Göttingen, Städt. Museum, Inv.-Nr. 1984/207, Ölpause für das 1. Bilderheft, 1810 (wie Anm. 63), Taf. 4, Ikone des Emmanuel Tzanphournaris, ›Tod des Hl. Ephraim des Syrers‹ (Vatikan, Pinakothek, Inv.-Nr. 40022) 44,4 × 51,5 cm; Inv.-Nr. 1984/208, Ölpause für das 1. Bilderheft, 1810, Taf. 7, Duccio: ›Madonna Rucellai‹, 31 × 19 cm, stark beschädigt (hier Abb. 24). Weitere, nicht für die gedruckten Bilderhefte verwendete Ölpausen: Inv.-Nr. 1984/209; Inv.-Nr. 1984/193.

Zeit vor Cimabue und von Tafel 5 bis 9 dem Meister damals zugeschriebene Arbeiten in Florenz und Assisi, ab Tafel 10 Werke von Buffalmacco im Campo Santo zu Pisa sowie von Guido da Siena die damals wegen der am Thronsockel befindlichen Inschrift mit der Jahreszahl 1221 hochberühmte thronende Muttergottes (heute im Palazzo Pubblico zu Siena) (Abb. 22), die bereits Goethe so »merckwürdig« fand, daß er 1789 Johann Heinrich Lips bat, ihm in Siena von diesem Bild eine kolorierte Umrißzeichnung anzufertigen; auch Fiorillo bespricht sie.[107]

Den Nachstichen der Riepenhausen ist kaum anzusehen, aus welchem Jahrhundert die abgebildeten Stücke stammen. Durch den vereinheitlichenden Umrißstil erscheinen die Werke so, als ob sie alle derselben Zeit angehören würden. Dieser Eindruck wird vor allem noch dadurch verstärkt, daß die originalen, zum Teil ja noch erhaltenen Bilderrahmen nicht wiedergegeben sind und die Werke alle gleichartig in rechteckigem Format erscheinen. Als Beispiel nur die heute Duccio, damals Cimabue zugewiesene Madonna Rucellai (Abb. 23-25), die sich bis 1810, also bis zur Aufhebung der Klöster in Florenz, in der gleichnamigen Kapelle in S. Maria Novella befand und danach in die Uffizien gelangte. Hier ist der originale Rahmen mit der spitzen Giebelbekrönung erhalten.[108] Ein für die historische und konservatorische Dokumentation so entscheidendes Element wie der Rahmen wurde also von den Riepenhausen einfach ignoriert.

Daß eine solche schematische, auf stilistische Unterschiede und auf den Bestandteil der Bilderrahmen verzichtende Wiedergabe damals aber keineswegs die Norm war, zeigen die Abbildungen in den sechs Folio-Bänden der Kunstgeschichte von Séroux d'Agincourt (1730-1814). Diese Bände erschienen zwar posthum 1823 in Paris, doch arbeitete Séroux, der 1814 in Rom starb, seit etwa 1780 an diesem monumentalen, die Spätantike, das Mittelalter und die Renaissance behandelnden Werk, für das er eine große Anzahl französischer Künstler als Nachzeichner engagierte.[109] Séroux verkehrte, wie die Riepenhausen, im

107 Riepenhausen, 1. Bilderheft, 1810 (wie Anm. 63), Taf. 12; Fiorillo, Bd. II/1, 1798 (wie Anm. 73), S. 257; Goethe, Brief vom 1. Juni 1789, bei Kuhn, 1966 (wie Anm. 67), S. 103, Nr. 124; andere Nachweise bei Haskell: Rediscoveries, 1976 (wie Anm. 45), S. 72, Abb. 94; E. Carli: La Pittura Senese del Trecento, o.O. 1981, S. 9, Abb. 5.

108 Riepenhausen, 1. Bilderheft, 1810 (wie Anm. 63), Taf. 7 (Florenz, Uffizien; Gregori, 1994 (wie Anm. 86), S. 27, Farbtaf.); vgl. außerdem die Wiedergabe von Cimabues ›Maestà‹, 1. Bilderheft, 1810, Taf. 6, die ebenfalls ohne den originalen Dreieckgiebel abgebildet ist (Florenz, Uffizien; Gregori, 1994 (wie Anm. 86), S. 24, Farbtaf.).

109 J. B. Louis-George Séroux d'Agincourt: Histoire de l'Art par les Monuments depuis sa décadence au IVème siècle jusque à son renouvellement au XVIème, 6 Bde., Paris 1823; deutsche Ausgabe: Berlin, 6 Bde., 1836-40; Henry Loyrette: Séroux d'Agincourt et les origines de l'histoire de l'art médiéval, in: Revue de l'art, Bd. 48, 1980, S. 40-56.

Kreis Wilhelm von Humboldts. Die Deutschen wußten von diesem gigantischen Werk, vor dem vergleichsweise alle Arbeiten jener Zeit über die Geschichte der Kunst ins Hintertreffen geraten. Über die Arbeiten Séroux' berichtete das ›Morgenblatt für gebildete Stände‹, sodaß jeder einigermaßen an der Kunstgeschichte interessierte deutsche Leser den Namen dieses großen Mannes kennen mußte.[110] Séroux, ein Schüler des Archäologen Caylus, sah sich in der Nachfolge Winckelmanns und beabsichtigte mit seinem Werk für die Kunstgeschichte das zu leisten, was jener für die Archäologie erbracht hatte.

Das zweite Bilderheft der Riepenhausen gilt Giotto. Auf dem Titelblatt (Abb. 11/12) ist, wie schon oben gesagt, die bei Vasari und schließlich dann auch von Fiorillo erzählte Legende vom schafehütenden Knaben Giotto dargestellt, der überall seinem Trieb zur Zeichenkunst folgte. Als Giotto eines Tages auf einer glatten Platte mit einem Stein ein Schaf nach der Natur zeichnete, kam der erstaunte Cimabue vorbei und nahm ihn nach Florenz in die Malerlehre mit. Durch den Wettstreit mit seinem Meister und durch seine natürliche Begabung überwand Giotto die ältere Kunst und wurde zum Begründer der modernen »guten Malkunst«, wie es bei Vasari und daher bei Fiorillo heißt.[111]

Die Riepenhausen haben diese Legende, für die es kaum ikonographische Vorbilder gab, selbständig illustriert. Der junge Giotto sitzt als Hirte inmitten seiner Herde auf einem Stein und zeichnet in Denkerhaltung auf eine Steinplatte. Vor ihm steht mit großer Zeichenmappe der auf ihn einredende Cimabue. Im Hintergrund wieder die strahlend aufgehende Sonne. Auf diese Bildschöpfung der Riepenhausen gehen einige Darstellungen dieser Künstlerlegende im 19. Jahrhundert zurück.[112]

Das auf der nächsten Tafel folgende Bildnis Giottos orientiert sich wieder an dem entsprechenden Stich in Bartolozzis Vasari-Ausgabe von 1760 (Abb. 26/27).[113] Von den nun folgenden Abbildungen Giottos geben die ersten sechs in Auswahl Tafeln von einem ehemaligen Möbel der Sakristei in Santa Croce wieder, welche bis zur Mitte des 19. Jahrhunderts als Arbeiten Giottos angesehen wurden. Erst Crowe und Cavalcaselle wiesen sie Taddeo Gaddi zu. Bis zur Aufhebung der Klöster 1810 befanden sich diese 28 vierpaßförmigen Täfelchen an ihrem ursprünglichen Ort, danach wurde das Möbel zerlegt und die Tafeln kamen bis auf zwei 1814 in die Galleria dell'Accademia in Florenz. Durch Rumohr

110 Morgenblatt für gebildete Stände, Bd. 4 (10.07.1810), Tübingen 1810, S. 653f. ›Dagincourt‹; Stark, Reprint 1969 (wie Anm. 55), S. 256f., S. 275; Becker, 1971 (wie Anm. 45), S. 58-63 zum Einfluß Séroux'.

111 Nachweise wie in Anm. 73, außerdem Fiorillo, Bd. II/1, 1798 (wie Anm. 73), S. 69.

112 Auf Nachweise verzichte ich hier.

113 Riepenhausen, 2. Bilderheft, 1810 (wie Anm. 63), Taf. 2; Bartolozzi, 1760 (wie Anm. 102), unnum. Taf.

gelangten die zwei Täfelchen 1830 in die Königliche Gemäldegalerie in Berlin.[114] Ob diese Bilder ursprünglich zu einem Sakristeischrank oder zu einer Bank gehörten – die Quellen verwenden stets nur den mehrdeutigen Begriff »armarj« –, ist in der Forschung umstritten. Der Kommentar der Riepenhausen sagt hierüber nichts.[115]

Die Riepenhausen haben von diesen Täfelchen sechs mit Szenen aus dem Leben Christi ausgewählt und diese als ikonographischen Zyklus neu zusammengestellt, wobei sie auf die erhaltenen Vierpaßrahmen und bei einer Tafel auf die Lunettenform verzichteten (Abb. 28). Bei Séroux d'Agincourt sind selbstverständlich diese Bilder mit ihren Rahmen wiedergegeben (Abb. 29).[116] Bei den Riepenhausen erscheinen diese Trecento-Täfelchen wie Vorlagen für die religiöse Malerei des 19. Jahrhunderts und nicht so sehr als Dokumentationen, was ja ursprünglich nach ihren Briefen die Absicht ihrer Nachzeichnungskampagnen gewesen war.

Die letzten Tafeln des zweiten Heftes geben Giottos Mosaik der ›Navicella‹ im Portikus von St. Peter und zwei Fresken aus dem Franziskus-Zyklus an der Südwand des Langhauses der Oberkirche S. Francesco in Assisi wieder, nämlich die ›Erscheinung in Arles‹ und der ›Tod des Edlen von Celano‹. Diese Beispiele sind alle auch bei Séroux d'Agincourt abgebildet.[117] Und bereits Fiorillo hatte diese Bilder zu den »vorzüglichsten« gerechnet, »die man von Giotto hat«.[118]

Die ›Geschichte der Mahlerei‹ der Riepenhausen erweist sich also nicht nur hinsichtlich ihrer Entstehungsgeschichte als ein langwieriges und kompliziertes und für die Künstler mit großen Enttäuschungen verbundenes, sondern auch wissenschaftlich gesehen als ein zwiespältiges Unternehmen. Die inhaltlichen

114 Riepenhausen, 2. Bilderheft, 1810 (wie Anm. 63), Taf. 3-8 (›Verkündigung an Maria‹ ›Der zwölfjährige Jesus im Tempel‹, ›Der auferstandene Christus erscheint den drei Marien›, ›Thomaszweifel‹, ›Transfiguration‹, ›Himmelfahrt‹). – Der Forschungsstand zur Zuschreibung, Datierung, Provenienz und Ikonographie bei M. Boskovits: Frühe italienische Malerei, übersetzt und redigiert von E. Schleier, Berlin 1987 (= Katalog Gemäldegalerie Berlin SMPK), S. 40-47, Kat. 21; S. 270-73, Abb. 50-81.

115 Riepenhausen, Textbd., 1810 (wie Anm. 63), S. V; Boskovits, 1987 (wie Anm. 114), besonders S. 43, Abb. 80/81; A. Rave: Christiformitas. Studien zur franziskanischen Ikonographie des Florentiner Trecento am Beispiel des ehemaligen Sakristeischrankzyklus von Taddeo Gaddi in Santa Croce, Worms 1984, S. 4-109, Abb. 1-27.

116 Séroux d'Agincourt, Bd. VI, Paris 1823 (wie Anm. 109), Taf. 114.

117 Riepenhausen, 2. Bilderheft, 1810 (wie Anm. 63), Taf. 9 (›Navicella‹); Taf. 10 (Giotto: ›Erscheinung in Arles‹, Assisi); Taf. 11 (Giotto: ›Der Tod des Edlen von Celano‹, ibid.); Séroux d'Agincourt, Bd. VI, 1823 (wie Anm. 109), Taf. 116 (Giotto, Assisi); Bd. 5, 1823, Taf. 18 (›Navicella‹); J. Poeschke: Die Kirche S. Francesco in Assisi und ihre Wandmalereien, München 1985, Farbtaf. 172 u. Farbtaf. 176.

118 Fiorillo, Bd. II/1, 1798 (wie Anm. 73), S. 267.

Berührungspunkte mit Fiorillos ›Geschichte der Mahlerey‹, die sich in der Periodeneinteilung, in den Themen der bisher bekannten Titelblätter, in der Auswahl einiger Stücke und nicht zuletzt im Titel zeigen, geben zu der Vermutung Anlaß, daß, wenn der ursprüngliche Plan der Brüder ausgeführt worden wäre, ihre ›Geschichte der Mahlerei‹ ein Äquivalent in Bildern zu seinem Werk dargestellt hätte. Auch wenn sie als Kopisten der altitalienischen Meister von sachlicheren, mehr auf die Dokumentation des Originalzustandes bedachten Zeichnern, wie zum Beispiel von dem seit 1816 in Rom lebenden Johann Anton Ramboux, sehr schnell überholt wurden,[119] so gebührt ihnen dennoch das Verdienst, mit ihrem Stichwerk die Frühzeit der italienischen Malerei ins Blickfeld eines breiteren Publikums gerückt zu haben, der Künstler, der »Liebhaber und Gönner der Kunst«, an die sie sich selbst expressis verbis in ihrer ›Vorrede‹ wenden.[120]

Freilich waren die Riepenhausen auch auf diesem Gebiet nicht die »ersten« oder die »Anreger«, für die man sie in der Literatur oft hält.[121] In diesem Zusammenhang muß auf den Berliner Maler Carl Ludwig Kuhbeil hingewiesen werden, der bereits seit 1799 in Florenz an seinen Nachzeichnungen nach der Florentiner Malerei des Tre- und Quattrocento gearbeitet hatte; sein aus 57 Radierungen bestehendes und sich aus vier Bilderheften zusammensetzendes Tafelwerk, das ebenfalls eine Anzahl von Künstlerbildnissen nach den Vorbildern in Bartolozzis Vasari-Ausgabe von 1760 enthält, erschien 1812 und 1822 in Berlin, und wurde noch 1834 als Abbildungswerk von dem bekannten Kunsthistoriker Franz Kugler sowie von Johann Gottfried Schadow als »Arbeit nicht ohne Wert« gewürdigt.[122] Im Vergleich mit diesem gleichzeitig, ja sogar viel

119 Ramboux hatte 1818 das »Abendmahlsfresko« des Taddeo Gaddi im Refektorium von S. Croce in Florenz kopiert. Dieses Blatt begründete seinen Ruhm als Kopist altitalienischer Meister und wurde zum Beispiel von Rumohr ausführlich gewürdigt. – Über seine Zeichnungsalben in Frankfurt/M., Städelsches Kunstinstitut, von denen sich einige nur mit der sienesischen Malerei des Duecento beschäftigen: G. Swarzenski: Die Sammlung Böhmer und ein unbekanntes altitalienisches Bild im Städelschen Kunstinstitut, in: Städel-Jb., Bd. 9, 1935/36, S. 112-52, besonders S. 128, Anm. 47, S. 134, Anm. 56; G. von der Osten (Hg.): Johann Anton Ramboux. Maler und Konservator 1790-1866, Ausst.kat. Köln 1966, S. 91, Kat. 119, Abb. 68; S. 92, Kat. 122, Abb. 70.

120 Riepenhausen, Textbd., 1810 (wie Anm. 63), S. 4, S. 2 mit Anm., dort Hinweis auf ihre geplante Veröffentlichung ihres freilich dann nicht erschienenen Reiseführers ›Fragmente eines Journals auf einer Reise durch Italien‹, »um Künstlern und Liebhabern die Kenntnis und das Aufsuchen der Originale in Italien zu erleichtern«.

121 Lutterotti, 1940 (wie Anm. 13), S. 35 mit Anm. 76; Pickert, 1950 (wie Anm. 4), S. 1ff.; H. Börsch-Supan, 1993 (wie Anm. 10); ders., 1994 (wie Anm. 10), S. 221f.

122 Carl Ludwig Kuhbeil: Studien nach alten florentinischen Malern gezeichnet und geätzt, 57 Radierungen in 4 Heften, Berlin 1812-1822 (1. Heft, 1812, Giotto, 12 Taf.; 2. Heft, ibid.

früher in Arbeit befindlichem Stichwerk Kuhbeils werden die Vorbehalte, die marktstrategischen Einwände und das Desinteresse der Verleger einerseits an der Edition der Riepenhausen'schen ›Geschichte der Mahlerei‹, wie im Fall von Varrentrapp und Wenner 1807, andererseits an der Fortsetzung desselben, wie im Fall Cottas ab 1810, verständlich.

Aber dennoch wird man abschließend sagen dürfen, daß die damals jungen Universitätsfächer der Klassischen Archäologie und der Kunstgeschichte, deren Entstehung mit Göttingen engstens verbunden ist, den Brüdern Riepenhausen als den Illustratoren zweier ihrer Hauptquellen, des Pausanias und des Vasari, sowie als Nachzeichnern antiker Skulptur und altitalienischer Malerei einiges zu verdanken haben. Ihre Produktion macht nahezu exemplarisch klar, daß die in ›Flaxman'scher Umrißmanier‹ ausgeführte Stichpublikation von antiker Kunst und altitalienischer Malerei im frühen 19. Jahrhundert parallel verläuft, und darin einem, nicht zuletzt durch Goethe propagiertem Bedürfnis nach Bekanntmachung und Verbreitung der ›Altertümer‹ durch möglichst einfache Contourzeichnung entsprach.[123]

Abkürzung:

Göttingen NStUB = Niedersächsische Staats- und Universitätsbibliothek

Taddeo Gaddi, 12 Taf.; 3. Heft, ibid. Buffalmacco, Masaccio, Uccello, 12 Taf.; 4. Heft, 1822, Pinturicchio und andere Meister des 15. Jhs., 21 Taf.). – Kuhbeil war seit 1805 Professor der Zeichenkunst an der Berliner Akademie und starb daselbst 1823. – Johann Gottfried Schadow, Kunstwerke und Kunstansichten. Ein Quellenwerk zur Berliner Kunst- und Kulturgschichte zwischen 1780 und 1845, kommentierte Neuausgabe der Veröffentlichung von 1849, hrsg. von Götz Eckardt, Bd. 1, Berlin 1987, S. 149, 27.3; S. 647; Franz Theodor Kugler: Kleine Schriften und Studien zur Kunstgeschichte, Bd. 3, Stuttgart 1854, S. 252-54; Becker, 1971 (wie Anm. 45), S. 60, S. 141 mit Anm. 438; H. Börsch-Supan, 1994 (wie Anm. 10), S. 218 (ohne Nachweise); Künstlerbildnis. Künstlerselbstbildnis. Graphik und Zeichnungen aus vier Jahrhunderten, Galerie und Kunstantiquariat Joseph Fach, Kat. 58, Frankfurt/M. 1993/94, S. 14, Kat. u. Abb. 49, Bildnis des Taddeo Gaddi. – Zu Bartolozzi siehe hier Anm. 102.

123 Nachweise hierfür bei Werner Busch, Die »große, simple Linie« und die »allgemeine Harmonie« der Farben, in: Goethe-Jahrbuch, hrsg. von Karl-Heinz Hahn, Bd. 105, 1988, S. 144-164; ders., Umrißzeichnung und Arabeske als Kunstprinzipien des 19. Jahrhunderts, in: Timm (Hg.), 1988 (wie Anm. 67), s. 117-148.

Quellenanhang

Nr. 1

1805, 19. Januar und 19. Juni

Brief der Brüder Riepenhausen aus Göttingen an den Regierungsrat und Staatsminister Christian Gottlob von Voigt in Weimar, die Übersendung ihrer überarbeiteten Zeichnungen zur ›Genoveva‹ betreffend. Rechtschreibung und Interpunktion der Riepenhausen wurden beibehalten.

Göttingen, Stadtarchiv, Mappe Autographen Ernst L. Riepenhausen, ohne Signatur

19. Januar 1805 an S^{r}. Wohlgebohren den Herrn Regierungsrath Voigt zu Weimar

Hierbey ein Paquet frey Zeichnungen

Wir nehmen uns die Freÿheit, geehrter Herr, Ihnen unsere umgearbeiteten Zeichnungen zu Tiecks Genoveva, zur eigenen Ansicht und Mittheilung an unseren Freund Fr[iedrich] Tieck, zu übersenden.–

Wir hoffen, daß jener Weimar noch nicht verlaßen, zudem wir sehr wünschen, daß er die Zeichnungen sehen möchte, um seinen Bruder von der Veränderung des Ganzen sowohl als der Einzelheiten selbst, benachrichtigen zu können. Auf den Fall er schon abgereißt ist, bitten wir uns die Gefälligkeit aus, sie an Frommann in Jena zu schicken welcher der Verleger dieser Zeichnungen sein wird. Es wäre uns als dann lieb wenn Sie uns mit einigen Worten benachrichtigen wollten ob Sie die Zeichnungen an Hr. [= Herrn] Tieck oder an Frommann gegeben.

Wir erinnern uns noch immer mit vielen Vergnügen an die Tage die wir in Weimar zugebracht haben, worunter wir diejenigen vom angenehmsten halten, in denen wir Ihre Bekanntschaft gemacht und in Ihrer Gesellschaft zugebracht haben.

Wir bitten uns Ihrer werthen Frau Gemahlin bestens zu empfehlen.

Ihre dienstwilligen Riepenhausen

Göttingen d[en] 19ten Juni 1805

Wenn Hr. Tieck abgereißt ist, so bitten wir gehorsamst, da der Brief an ihn ganz unwichtig ist, ihn doch an uns zurückzusenden.

Nr. 2

1807, 2. Oktober

Brief der Frankfurter Verleger Varrentrapp und Wenner an die Brüder Riepenhausen in Rom, die Veröffentlichung ihrer ›Geschichte der Mahlerei‹ betreffend.

Götttingen, Niedersächsische Staats- und Universitätsbibliothek, Ms. 4° Cod. Ms. Philos. 161^{b}, Fol. 124 $^{r/v}$

Frankfurt den 2. Oktober 1807

Varrentrapp und Wenner

Ihr Schreiben vom 29. August haben wir mit vielem Vergnügen erhalten. Der Gegenstand desselben war uns in so weit nicht ganz fremd, als der H. Schlosser, welcher noch nicht lange von Berlin hier angekommen ist, uns unterhaltungsweise einmal von Ihrem Vorhaben, die Geschichte der Kunst in einer ausgewählten Folgenreihe der Productionen darzustellen, gesprochen hatte; daß Sie aber in dessen Ausführung schon so weit vorgerückt seyen, um damit jetzt ins Publikum treten zu können, wußten wir nicht. Es ist uns aus der bloßen Darlegung Ihres Briefes nicht möglich zu entscheiden, in wie fern die Herausgabe zu einer kaufmännischen Unternehmung für uns geeignet ist oder nicht, da wir dazu weder hinlänglich den Plan, noch überhaupt Umfang, Ausführungsart und Kosten desselben kennen. Im persönlichen Vertrauen zu Ihnen sind wir aber nicht abgeneigt darauf einzugehen, wenn auch die nähere Ansicht und Kenntnis der Sache uns nicht triftige Gründe dagegen geben, die wir Ihnen in diesem Fall eben so aufrichtig mittheilen würden.

Es hängt dennoch unsere Entscheidung davon ab, daß Sie uns die fertigen 18 Blätter des 1.ten Heftes und damit zugleich einen deutlichen Plan des Ganzen, nach seinen Einzelheiten sowohl als seinem Umfang, zu kommen laßen, auch die Zeit der Vollendung so wie Ihre Bedingung uns dabei angeben.

Die Sammlungen von Gemählden vieler Meister, welche in Kupferstichen der Galerien von Florenz, des Louvre, des Duc d'Orléans, von Düsseldorf und in vielen anderen Werken längst dem Publikum bekannt sind, so wie vorzüglich die in Absicht auf Kunstgeschichte aus den nach Paris zusammengeschleppten Schätzen seit mehreren Jahren daselbst hervorgetretenen mancherlei Werke sind Ihnen ohne Zweifel alle hinlänglich selbst bekannt, wie z. B. die Galerie antique, ou chefs d'œuvres d'architecture, de sculpture et de peinture antiques. Premiere divises – La Grece –, welche wir nur aus einer Ankündigung kennen, worunter unter anderem gesagt wird, daß man darin eine Reihe des vorzüglichen aller Jahrhunderte geben, und damit einen beschreibenden Text so wie eine Geschichte der Kunst nach ihren verschiedenen Perioden verbinden wolle.

Ferner das Manuel du Muséum français, dessen bereits jetzt erschienene 9 Hefte ungefähr 280 Stiche von Poussin, Domenichino, Rubens, Raphael, Lebrun, v. Ostade, G. Dou, van Dyck, Vernet, Titian, P. Veronese – in Umrissen darstellen.

Da wir die erste Idee, ein Exemplar der Genoveva auf Pergament abgedruckt, in der gleichen Manier gemacht, zu besitzen, gern ausgeführt sähen, so legen wir dem Exemplare welches wir an Sie abschicken ein solches aus Pergament zu diesem Behuf bey, mit der Bitte, sich dieser Besorgung mit väterlicher Treue und Liebe für ihr Kind gefälligst zu unterziehen. Haben Sie die Güte in Ihrer Antwort auf diesen Brief uns die Kosten, woraus das Machen der 14 Tafeln sich belaufen möchte, zu melden.

Wir empfehlen uns bestens und beharren mit aufrichtiger Hochachtung und Ergebenheit

Varrentrapp und Wenner

Anliegend der Brief von Chr. Schlosser

Nr. 3

1807, 30. Oktober

Erster Brief der Brüder Riepenhausen aus Rom an den Verleger Johann Friedrich Cotta in Tübingen über das Projekt der Publikation ihrer ›Geschichte der Mahlerei in Italien‹. Rechtschreibung und Interpunktion der Riepenhausen wurden beibehalten.

Marbach am Neckar, Schiller-Nationalmuseum, Deutsches Literaturarchiv, Cotta-Archiv, ohne Signatur.

Rom den 30ten 8^{ber} [= Oktober] 1807

Aus Ew. Wohlgeb. werthes Schreiben vom 12ten v. M. ersehen wir mit Vergnügen daß Sie unsern Ihnen mitgetheilten Plan, zur Herausgabe verschiedener Kunstwerke in Italien, keinen ungünstigen Blick zugeworfen haben, und daß Sie nun noch eine Entwickelung desselben und Antwort auf einige Fragen verlangen. Unsere Absicht ist, in diesem Werke das Entstehen, den Wachsthum und die Vollendung der Kunst in Italien deutlich zu machen, und die Ausführung desselben wird gewiß jeden Künstler, Kenner und Liebhaber höchst erfreulich sein, da ihnen noch größtentheils die wichtigsten Epochen jener Zeit unbekannt sind. Das Werk wird aus drey Theilen und jeder von diesen aus vier Heften bestehen, nemlich von Cimabue, auf Gozzoli und von ihm bis Masaccio und von diesen bis Rafael. Von jedem Meister werden die besten und wo möglich noch ganz unbekannten geliefert mit der Beschreibung ihres Lebens und wo möglich Voraussetzung ihres Bildnisses. Die ersten 4 Hefte bestehen aus Werken von Cimabue, Giotto, Tafi, Buffalmacco, Orcagna, etc. Die zweiten aus denen des Gozzoli, Ghirlandajo, Fiesole, Ghiberti u. s. w. u[nd] die dritten aus denjenigen des Masaccio, Signorelli, Perugino, L. d. Vinci, Fra Bartholomeo, M[ichel]angelo, Rafael, und den besten seiner Schüler. Ohne Zweifel werden Sie auch mit dieser Anordnung zufrieden sein die uns von allen Freunden der Kunst für die einzig zweckmäßige und vortheilhafteste gepriesen wird. [Am linken Blattrand Vermerk von fremder Hand: »12 Hefte«].

Jedes Heft besteht aus 12 Platten in klein Folio auch zuweilen aus größeren Formaten die aber eingeschlagen [?] werden müssen in Umrissen nur hier und da schattiert.–Wir sind auch bereit [Fol. 1^{v}] alle viertel Jahre ein Heft zu liefern denn da wir schon im Voraus gearbeitet haben so wird es uns möglich für die Einschickung desselben gründlich zu sorgen.–Der Stich der Kupferplatten würde wenn wir ihn selbst übernehmen würden zu Ihrem Nachtheil gereichen, denn da man hier alle Kupferplatten aus Deutschland kommen läßt und dadurch der Preis derselben sehr hoch ist, so [?] die Verschickung derselben auch an Fracht beträchtliche Unkosten machen würde, so scheint es uns am besten die Zeichnungen bey unsern Vater stechen zu laßen, der sie nicht allein sehr getreu sondern auch billig übernehmen würde, so daß Ew. Wohlgeb. völlig damit zufrieden sein könnte.

Die nothwendigsten Umstände hierbey sind diese: das Werk sogleich anzukündigen und zu der Herausgabe desselben die möglichste Eile anzuwenden. Da wir so ziemlich weit von Ihnen entfernt sind, so müßten wir steths auf die promoteste Besorgung der Antworten und übrigen Angelegenheiten in dieser Sache bitten damit wir nicht in der Zeit zu kurz kommen. Wir werden deshalb auch sobald Sie uns Nachricht ertheilt 2 Hefte abschicken, die sogleich dem Stich übergeben werden können.

Das Honorar für jedes Heft ist zwanzig Louis d'or welches Ew. Wohlgeb. so billig als möglich finden werden wenn Sie die Umstände bedenken die bey einem solchen Unternehmen zu überwinden sind. Das Reisen von einem Orte zum anderen um solche Sachen zu sammeln ist wie leicht zu erachten äußerst kostbar, und wäre uns nicht mehr am Verdienste gelegen [Fol. 2^{r}] diese Werke der Nachwelt aufbewahrt [zu haben = durchgestrichen] und aus ihrer Verborgenheit hervorgezogen zu haben, so würden wir es nicht unternommen haben da in anderer Hinsicht es nicht sonderlich zu unsern Vortheil gereicht. Wir bitten deshalb auch E. Wohlgeb. uns mit nächsten Briefe gefälligst 30 oder 40 Louis d'or als Honorar für die ersten zwey Hefte die wir als dann sogleich abschicken werden zu übermachen damit wir sogleich die andern beiden vollenden können, wozu uns noch eine Reise nach Siena und Orvietto nöthig ist. Auch bitten wir uns einen Contract aus, der von Ihrer Seite unterschrieben ist wogegen wir Ihnen einen gleichen überschicken werden, damit uns nichts der Ordnung halber vorgeworfen werden kann.

Verzeihen Sie unser nachlässiges Schreiben, wir sind [gar (?) ganz (?)] im Begriff auf einige Tage Rom zu verlassen, um einige Beiträge zu unserm obigen Kunstwerke zu sammeln; wir hoffen bald Antwort von Ihnen zu erlangen nebst der Erfüllung unserer Wünsche und sind mit der größten Hochachtung

Ew. Wohlgeb.

Ergebenste Geb. Riepenhausen

Nr. 4

1810, 19. September bis 1810, 10. Dezember

Zweiter am 19.09.1810 begonnener, am 19.11.1810 fortgesetzter und am 10.12.1810 vollendeter Brief der Brüder Riepenhausen aus Rom an den Verleger J. F. Cotta.

Marbach wie unter Nr. 3

Rom, den 19ten 7[br] [= September] 1810

Ew.Wohlgeb. erhalten hiermit die noch fehlenden 6 Zeichnungen zum Damen-Almanach, welche wir mit Ihrem Beyfall beehrt wünschen. Für einen guten Kupferstecher bitten wir inständigst zu sorgen, denn die vorigen von uns verfertigten Zeichnungen sind wenig glücklich im Stich ausgefallen, in die Hände der H.[= Herren] d'Argent u.[= und] Bock wünschen wir sie keinesweges gelangt zu sehen.

//Die Darstellung der 4 Jahreszeiten haben wir zum Theile aus griechischen Dichtern geschöpft, jedoch gesucht ihnen eine neue Wendung zu geben, oder einen neuen Moment abzugewinnen.

//So wählten wir zum Frühling Pausias und sein Blumenmädchen, nicht wie er zu ihren Füßen sitzt, und sie zusammen Kränze flechten, sondern wie sie in früher Armuth Kränze gewunden, und sie öffentlich verkauft, wie der Jüngling dabey hereintritt Kränze von ihr begehrt, sie vielleicht zum erstenmale sieht und Neigung für sie empfindet.

//Da für den Sommer kein schicklicher Gegenstand der Dichtung sich anbot, wählten wir wie Amorinen, zum Theile noch von der Hitze lechzend, in den Wellen einer kühlen Grotte plätschern und spielen. Es schien uns nicht unnatürlich die Liebesgötter mit dem schönen Sommer zu vergleichen, dessen wohlthätige Wärme sogar zuweilen Erquickung fordert.

//Für Herbst und Winter schlossen wir uns an einige Lieder Anakreons an.

//Jene nahmen wir aus der Ode, in welcher er einen Becher begehrt auß welchem er sich weder Thaten der Vorzeit noch Wunder der Natur eingegeben wünscht, sondern vom Strauch den Saft der Trauben [ursprünglich »Reben«, durchgestrichen und verbessert in »Trauben«] schäumend, die Trauben getreten von Amor, Bacchus, und seinem [nicht entzifferbar]. Wir ließen Amor und

Bacchus die Trauben treten, und während der Knabe sorglos in seinem Körbchen sie zu trägt, ihn unversehends vom Pfeile des Gottes berührt werden.

//Zum Winter benutzten [ursprünglich: »verwandelten«, durchgestrichen] wir das schöne Lied in welchem der Dichter frostig am Feuer seiner Hütte sitzend, zur Nachtzeit von einem unbekannten Knaben heimgesucht wird, der flehentlich um eine Ruhestätte bittet. Er war erstarrt, seine Flügel hängend, sein Bogen schlapp. Der Alte nahm ihn auf, als er aber am Feuer aufgethaut, und von der Ermüdung erholt war, breiteten sich seine Flügel aus, sein Bogen ward klingend [Fol. 2r] und es verwunderte seinen Wohlthäter, welcher ihn zu spät für Amor erkannte [über der ersten Zeile von Fol. 2 stehen die Einträge »Riepenhausen« und das Datum »19. Nov. 10«]

[Über der dritten Zeile dieses Blattes befindet sich das Datum »10. Decb. 10«].

//Die zwey übrigen Blätter sind Zeichnungen nach Rafael, soviel uns bewußt von den wenig bekannten.

//Das erste ist die Madonna mit dem Stieglitze, deren Original sich in der Tribuna zu Florenz befindet. Dieses Gemählde eines der herrlichsten des Meisters, aus seiner früheren Epoche, ist unter denjenigen in welcher er mit seiner unübertreffbaren Empfindung und Innigkeit die Natur zarter Kinder am gelungensten darstellte.

//Das zweite befand sich in der Gallerie Borghese in Rom, von wo aus es nach England kam. Einige halten es für die Hirtinn [sic!] welche Romulus und Remus säugt, wobey das auf der Seite stehende Haupt die Gottheit der Tiber bezeichnen müßte. Andere glauben es sey eine Charitas, und bedeute wie die Liebe die Kinder vor einem Ungethüme bewahrt.

Sollten Sie von uns ferner Zeichnungen zum Damen Almanach wünschen, so bitten wir es uns eine geraume Zeit voraus zu melden, da wir uns bey solchen Arbeiten nicht übereilen, sondern Mühe geben passende Gegenstände auszufinden.

Das 5.te u[nd] 9.te Heft der Entstehung u[nd] Vollendung der Mahlerey in Italien würden schon längst abgegangen sein, wenn wir nicht noch mit dem Text beschäftigt wären, er wird aber bald so wie in deutscher als italienischer Sprache fertig sein und nebst den Zeichnungen abgeschickt werden. Die Uebersetzung der 3 ersten Hefte ist sehr gut gelungen und wird auch mit folgen. Uebrigens bitten wir uns vom 3.ten Hefte nun 25 Exemplare zu überschicken. Vom 1.ten und 2.ten können wir bis jetzt wenig absetzen, da die Erklärung dem Italiener und Franzosen so wenig verständlich als Hebräisch ist.

Der Mahler Koch frägt an, ob Sie den Tausch eingehen wollten, für Zeichnungen von seiner Hand, ein Exemplar unseres Werkes zu geben.

Unser thätiges Arbeiten und die vielen Ausgaben die wir dabey zu bestreiten haben, dabey der Gedanke, daß dieses für Ihren Verlag geschieht macht uns die Bitte leichter, Sie um eine beliebige Summe zu ersuchen.

Wir vertrauen auf Ihre Güte, wenn wir uns erlauben, zu sagen, daß wir an den Zeichnungen zu unserem Werke nichts gewinnen, besonders da das Leben täglich theurer in Rom und das Reisen schwieriger u[nd] kostbarer wird. Mit viel Achtung

Ihre Freunde Riepenhausen

Nr. 5

1811, 26. Januar

Dritter Brief der Brüder Riepenhausen aus Rom an den Verleger J. F. Cotta. Marbach, wie unter Nr. 3

Rom, den 26. Januar 1811

Seit geraumer Zeit erwarten wir von Ew. Wohlgeb. Antwort auf unsere Briefe und hauptsächlich Nachricht über die 6 Kalenderzeichnungen welche wir im November abschickten.

Auf Ihren letzten Brief müßen wir folgendes antworten. Daß Sie die Bemerkungen welche wir über die früheren Hefte der Kunstgeschichte gemacht, höhnisch gefunden, thut uns herzlich leid, inzwischen bedauern wir aber ebenfalls daß Sie wahr sind. Wir die wir Jahre lang uns ausschließend mit Betrachtungen dieser Gegenstände beschäftigt hatten, denen sie alle durch die Hände gegangen, glaubten ein Recht zu haben nicht verbessert zu werden. Die Aenderungen die wir mit unsern Nahmen nicht wollen stehen laßen, bitten wir als Druckfehler am Ende des Werks vorzurücken. Wir werden sie gelegentlich einsenden.

Wenn unsere Kunstgeschichte keine Aufnahme findet, was übrigens wir dem vielen Freundlichen nach was uns darüber zugekommen ist, nicht zu glauben haben, so wäre die Schuld davon wohl nur dieser herzlosen und keiner uneigennützigen Aufopferung fähigen Zeit zuzuschreiben. Wir wissen am besten daß wir gewiß keinen Gewinn von unseren Arbeiten haben, als den der Sache. Ja wir dürfen wenn wir unsere Zeichnungen betrachten, wohl behaupten, daß sie als Handzeichnungen um den Preis anzuschlagen wären, als wir sie sammt dem Texte zum Stiche hingaben.

Die Einsicht in das 6.te Heft wird Ihnen durch sich zeigen, daß wir um bey der Arbeit leben zu können ihren Preis höher machen müßen als den bisherigen. Dieses Heft nebst den 5.ten [Einschub: »= Text zu beiden«] werden Sie durch H. Wilmers aus Frankfurt, welcher in einigen Tagen von hier abreißt, erhalten.

Die Hefte der Kunstgeschichte welche H. Gustaf Göthe Bildhauer in Stockholm zu haben wünscht, belieben Sie an C. M. Schroeder – Comp. in Hamburg zu senden, welcher Ihnen auch Zahlung dafür leisten wird. H. Göthe hofft [zwei Worte durch Zerstörung des Papiers nicht erhalten] zu bestellen, sobald er das seinige Exemplar erhalten haben [wird].

Wir bitten nochmals um [defekte Stelle] über die 6 Zeichnungen und sind mit

H [defekte Stelle; = Hochachtung]

Ihre dienstwilligen Riepenhausen

Nr. 6

1811, 17. Mai

Vierter Brief der Brüder Riepenhausen an den Verleger J. F. Cotta. Über dem 2. Blatt Vermerk des Verlages »Riepenhausen 17. Mai«, darunter das Datum »2. Juni«.

Marbach, wie unter Nr. 3

Rom, den 17.ten May 1811

Ihr werthes vom 9.ten Aprill [sic!] haben wir erhalten und uns gefreuet nach so langem uns unerklärlichen Stillschweigen etwas von Ihnen zu hören.

Was unsere Abrechnung angeht, haben wir darüber folgendes zu erwähnen: Da wir von den uns zugesandten Exemplaren der Kunstgeschichte, wegen Mangel der Uebersetzung des Textes, nichts abzusetzen hoffen dürfen und deutsche Freunde uns nur soviel abgenommen haben als uns die Transportkosten vom 12 Louis d'or wieder erstattet, welche natürlich nicht auf unsere Rechnung fallen, können wir sie nicht als bares Geld annehmen. Beiliegender Brief wird die Irrung mit dem Wechsel von 70 f. [= florin] 24 t [= thaler] haben. Da wir vor wenigen Wochen zwey neue Hefte nemlich das 5.te und 8.te mit Gelegenheit Ihnen zugesandt, die Sie in kurzem erhalten werden, kommen uns dafür 440 f. zu gut.

Jener Abzug und die Summe für diese Absendung betragen zusammen 944 f. 64 t. Wir sind daher nur noch mit 28 f. 3 t. gegen Sie im Rückstande.

Wiewohl wir dankbar den schönen Eifer anerkennen mit welchen Sie und H. Rapp in so schwierigen Zeiten unser Werk unterstützen, bleibt es uns doch nach genauester Berechnung unmöglich auch in Zukunft 12 Zeichnungen, deren jede Einzelne soviel Zeit kostet als alle sechs Blätter des ersten Heftes, für [Fol. 2] 20 Louis d'or zu geben. Wir wünschen daher von dem 9.ten Heft an den Preis jedes Heftes auf 30 Louis d'or gesetzt zu wissen. Jeder fähige Künstler wird Ihnen die Gerechtigkeit und wir dürfen sagen Bescheidenheit dieser Forderung bestätigen. Haben Sie die Güte uns darüber Bestimmung mitzutheilen ehe wir in unserer Arbeit weiter vorangehen.

Da wir zu Vollendung der späteren Hefte eine neue Reise nach Toskana unternehmen müßen, welche wir auf kommenden August angesetzt haben, ersuchen wir Sie, im Falle Ihnen obiger Preis gefällig, uns die Summe von 40 Louis d'or zu übermachen um die Unkosten damit zu bestreiten.

Für die späteren Hefte deren Darstellung immer bedeutender und deren Stich daher immer schwieriger wird, möchten wir uns wohl entschließen selbst Hand an die Platten zu legen. Haben Sie die Güte uns darüber Vorschläge zu thun.

Wir componiren jetzt 12 Zeichnungen in 4.° [= Quarto] zu Göthe's Faust. Sie sind hinlänglich ausgeführt. Würden Sie geneigt sein sie in Ihren Verlag zu nehmen?

H. Göthe Bildh.[auer] in Stockholm, nach Hamburg an C. M. Schroeder, werden Sie wohl die Exemplare zugeschickt haben. H. Baron Wilhelm von Burgsdorf auf Sandow bey Frankfurt a/O [= an der Oder] sowie H. Baron von Blanckenhagen in Riga welche beyde das ganze Werk nehmen, ersuchen wir das 3.te Heft zuzuschicken. H.[err] Dr. Schlosser schreibt uns vor etwa 6 Wochen daß er die 2 Exempl[are] der Kunstgeschichte noch nicht erhalten hätte. [Dazu links der Vermerk »Frank[furt] M[ain] Varrentrapp abgegangen«]

Mit wahrer Hochachtung

Ihre dienstw[illigen] Riepenhausen

[Nachtrag am Blattrand links unten]
Wir bitten uns gefälligst einige Abdrücke von den bereits gestochenen Volksfesten zu übersenden wenn sich Gelegenheit findet.

Nr. 7

1811, 9. Juli

Fünfter Brief der Brüder Riepenhausen aus Rom an den Verleger J. F. Cotta in Tübingen.

Marbach, wie unter Nr. 3

Rom den 9.ten Jul[i] 1811

H [errn] Cotta in Tübingen

Ew. Wohlgeb. Schreiben vom 13.ten Jun[i] v.[origen] M.[onats] hat uns aufs Äußerste befremdet. Bey dem Bewußtsein, daß wir den redlichsten Fleiß auf die Kunstgeschichte verwandt und Ihnen dieses Werk zu einem Preise überlaßen haben, der so gering ist, daß er unserer dabey verwandten Zeit Aufopferung und Mühe keinesweges entspricht, durften wir mit Sicherheit von Ihrer Seite auf eine wo nicht freundliche doch billige Behandlung rechnen. Wie groß war also unser Erstaunen zu ersehen, daß Sie, mit Beseitigung aller dieser Rücksichten, uns zumuthen: daß wir uns die uns von Ihnen übersandten Exemplare der Kunstgeschichte, als Honorar anrechnen lassen sollen! Dieses uns ansinnen heißt nichts weniger als uns allen ohnehin so kärglichen Gewinn von unserer mühseligen Arbeit entziehen, uns nicht als Künstler, sondern als schlechte Tagelöhner behandeln, mit einem Worte jedes freundliche Verhältnis zwischen Ihnen und uns aufheben wollen. Wir verdienen eine solche Behandlung nicht, und, Gottlob, wir sind nicht in der Lage sie dulden zu dürfen! – Sie wissen, daß wir als wir Ihnen unser Werk in Verlag überlassen hatten, darauf drangen: daß der Text in deutscher und französischer Sprache beygedruckt werden solle. Letzteres war unumgänglich nöthig wenn das Werk im Auslande, nahmentlich in Rom Absatz finden sollte, da hier Niemand deutsch versteht als die reisenden Deutschen und es widersinnig wäre diesen anzumuthen, daß sie ein Werk, daß sie in Deutschland kaufen können, für einen durch das Porto höher gewordenen Preis als in Deutschland in Rom erstehen sollten um es mit beträchtlichen Frachtkosten und Unbequemlichkeiten wieder über die Alpen zurückzuschleppen. Wenn wir Ihnen also, (N.B. nicht um dabey zu gewinnen, sondern um Ihnen selbst den Absatz zu erleichtern, vorschlagen, uns eine Anzahl Exemplare zu übersenden, um solche, gelegentlich und insofern es möglich wäre in Rom abzusetzen, so geschah es in der Voraussetzung, der Text würde deutsch und französisch gedruckt werden und geschah daß vor 5 Jahren, d. h. zu einer Zeit wo die Anzahl der amerikanischen, spanischen, schwedischen, russischen und anderen Fremden zu Rom noch äußerst beträchtlich war, und geschah, weil wir nach Ihrem Eifer das Werk in Verlag zu erhalten, nicht anders vermuthen konnten, als daß Sie es schnell abdrucken und [Fol. 1^{v}] anhero spedieren und uns als den damals noch sehr leicht stattfindenden Absatz möglich machen würden. Anstatt dessen laßen Sie uns auf den Druck des Werkes mehrere Jahre lang warten, und was schicken Sie uns am Ende? Vierzig Exemplare, wofür wir 12 Louis d'or Fracht bezahlen müßen, mit einem deutschen Texte dem die französische (von uns ausdrücklich ausbedungenen Übersetzung) nicht nur nicht beigefügt, sondern der, in Einleitung und Vorrede, durch eine den Sinn an so vielen Stellen verkehrten Umarbeitung so unvortheilhaft verändert ist, daß wir ansehen müßen ihn als unsere Arbeit anzuerkennen! Und dem allen ohngeachtet treiben Sie jetzt noch Ihre Unfreundlichkeit so weit, uns diese 40 Exemplare, von denen wir, bey den erwähnten Umständen, nur wenige abgesetzt haben welche uns kaum die Frachtunkosten ersetzen, als unser sauer verdientes Honorar anrechnen zu wollen. Geht man so mit Künstlern, mit wohlwollenden, arglosen Leuten um?– [Im Original ein langer Gedankenstrich].

Mit einem Worte und als Finalerklärung: Wir laßen uns die 40 übersandten Exemplare von Ihnen nicht als Honorar anrechnen, weil wir uns dazu keineswegs anheischig gemacht, insonderen bloß uns erboten haben eine Anzahl Exemplare natürlicher Weise nach Zeit und Umständen (und mit französischem und deutschen Texte [im Original unterstrichen]) hier abzusetzen und Ihnen zu berechnen, wozu wir auch noch bereit sind.

Uebrigens müßen wir darauf bestehen, daß Sie uns vom 9.ten Hefte an, den Preiß dergestalt erhöhen, daß Sie uns für das 9.te und jedes darauf folgenden Heftes, statt 20 Louis d'or 30 Louis d'or bezahlen. Wir müßen Ihnen hierbey bemerken, daß wir nicht nur hierzu, da wir keinen schriftlichen Kontrakt mit Ihnen aufgerichtet haben, vollkommen befugt, sondern auch dazu genöthigt sind, weil wir diese Arbeit, wegen der damit verknüpften beträchtlichen Reise- und andere Unkosten, ohne unsern offenbaren Schaden ohnmöglich [sic!] zu wohlfeilern Preise liefern können. Nächstdem müßen wir Ihnen ins Gedächtniß zurückrufen, daß Sie Selbst, als wir Ihnen bekannt machten, Herr Wenner in Frankfurt a.M. wolle uns für die Kunstgeschichte einen höhern als den von Ihnen uns zuerkannten Preis geben, Sie uns ausdrücklich [Fol. 2^{r}] versicherten, daß wir bey dem Verlage unsers Werk's von Ihrer Seite keinen Schaden leiden sollten. Wenn Sie schließlich in Ihrem letzten Schreiben äußern, daß Sie den größten Theil Ihrer auf das Werk verwandten Auslagen noch nicht ersetzt erhalten hätten, so müßen wir hierauf antworten, daß ein so schneller Ersatz der Druckkosten höchstens nur von currenten Zeitschriften, keinesweges aber von Werken zu erwarten steht, die wie das unsere einen zu allen Zeiten bleibenden Werth haben, und also einen wo nicht schnellen und [Wort unleserlich] doch dauernden und sicheren Absatz versprechen.

Alle diese Umstände laßen uns hoffen daß Sie der Billigkeit Gehör geben und uns nicht zu Maasregeln nöthigen werden, welche uns bey unsern bisher zu Ihnen gehabten freundlichen Verhältnißen unangenehm seyn würden. In dieser Hoffnung erwarten wir auch die erbetenen 40 Louisdor welche wir zu der vorgesetzten Reise bedürfen. Wir wünschen das ganze Werk, da wir noch viele fertige Blätter liegen haben dieses Jahr vollenden zu können weil wir für das nächste Jahr gezwungen sind andere Arbeiten vorzunehmen.

Wir verbleiben mit Hochachtung

Ew. Wohlgeb.
ergebenste Gebrüder Riepenhausen

Nr. 8

1812, Februar [ohne Angabe des Tages]

Sechster Brief der Brüder Riepenhausen an einen Vertrauten des Verlegers Cotta namens Fischer.

Marbach, wie unter Nr. 3

Sollten Sie, bester Herr Fischer, Herrn Cotta sehen, so bitten wir Ihm gefälligst folgendes zu sagen, welches wir Ihnen schon mündlich anvertrauten aber zu besserer Erinnerung jetzt schriftlich aufsetzen wollen. Nemlich:

1.) Daß sein letzter Brief uns zu unfreundlich geschienen um darauf antworten zu können.

2.) Daß wir ungeachtet seiner Einwendungen stehts [sic!] darauf bestehen werden uns die 40 Exemplare, welche wir aus zu großer Dienstwilligkeit und Zutrauen in Commission übernommen, nicht als baares Geld anrechnen zu laßen. Daß er bedenken möge daß wir 20 Louis d'or für jede Lieferung erhalten haben, also, wenn er uns 40 Exemplare von jedem Hefte schicken würde, er uns damit die Zeichnungen zu jeder Lieferung zu bezahlen beabsichtige. Dieses können wir ihm, als ein Mann von Ehre und Gewißen, nicht zutrauen, da er sowohl wie alle Kunstverständige es einsehen müßen, wie wenig ergiebig schon an sich selbst dieses unser Unternehmen gewesen ist und [Wort unleserlich] wir, durch einen contractmäßigen Abschluß eine solche Menge Exemplare für uns zu bestellen, (von unserm eigenen Werke!) offenbar nie geneigt sein konnten.

3.) Daß wir, da wir (wie Sie auch selbst eingesehen und jedermann für unmöglich hält) die Zeichnungen nicht mehr für 6 ½ Scudi das Blatt geben können, mit seiner Äußerung, vom 9.ten Hefte an nichts mehr mit dem Werke zu thun haben zu wollen, zufrieden sind.

5.) [sic!] Daß es uns herzlich leid thut durch ein Mißverständnis unser freundliches Verhältnis aufgehoben zu sehen, daß uns aber unser Recht am Herzen liegt. Wir hoffen von ganzem Herzen [Fol. 1v] nach dem Verlaufe einiger Zeit durch unsere Bemühungen die vorhandenen 40 Exemplare absetzen zu können, wovon wir Herrn Cotta sogleich Rechnung ablegen werden und nach Wunsche auch von einzelnen abgesetzten Exemplaren. Die beleidigenden Äußerungen die wir in dieser Sache erfahren haben, sollen uns nicht abhalten dieses Geschäft soviel möglich zu erfüllen indem uns die zuvorkommenden Beweise des Wohlwollens von Seiten Herrn Cottas, in früheren Zeiten, stehts [sic!] eingedenk sein werden.

Rom im Febr[uar] 1812

Ihre ergebenen

Franz und Johannes Riepenhausen

Nr. 9

1816, 28. August

Siebenter Brief der Brüder Riepenhausen an den Verleger J. F. Cotta.

Marbach, wie unter Nr. 3

Rom den 28ten August 1816

Wir benutzen die Gelegenheit der Abreise des Herrn Bischof von Keller Ew. Wohlgeb. 17 Zeichnungen aus der schönsten Epoche der Mahlerey in Italien zu übersenden, in der Hoffnung, daß sie Ihnen sowie Herrn Rapp eine angenehme Ueberraschung seyn werden und daß ihre Vortrefflichkeit nicht lange unserem Vaterlande unbekannt bleiben möge. Welche Schwierigkeiten und Mühe angewandt werden mußten, diese Meisterwerke der Kunst zu copieren, überlaßen wir Ihrem Urtheil als Kunstkenner. Die schönste Belohnung die wir für unseren Kunsteifer zu erlangen hoffen ist die, daß man uns danken wird, größtentheils bis jetzt unbekannt gebliebene Werke der vorzüglichsten Meister der Kunst, zum erstenmahle an das Tageslicht befördert zu haben, wovon zugleich viele ihrem Untergange nahe sind.

Mit Vergnügen haben wir erfahren daß Ew. Wohlgeb. das 3.te Heft der Kunstgeschichte herausgegeben haben, welches gewiß seines gehaltvollen Inhalts wegen [Fol. 1^{v}] und weil die darin befindlichen Gegenstände insgesammt seit beinahe einem halben Jahrtausend für das Publikum unbekannt geblieben waren, überall den größten Beyfall erhalten muß. Da die Zeiten sich doch jetzt zu beßern scheinen und folglich auch die Liebe zur Kunst mehr angefacht werden wird, so hoffen wir daß Ew. Wohlgeb. nun auch mit der Herausgabe der übrigen Hefte fortschreiten wird. Es würde vielleicht vortheilhaft seyn nach dem 3ten Hefte die Werke des Masaccio oder Fiesole erscheinen zu lassen, denn es ist gerade nicht nöthig die Hefte nach der Reihe zu liefern wie wir sie Ihnen zugeschickt haben, doch werden Sie es am besten wissen ob es nöthig sey oder nicht, Werke der höheren Vollendung der Kunst minder Vorzüglichen voranfolgen zulaßen um das Interesse des Publikums für das ganze Werk aufmerksam zu machen. Uebrigens könnte ein jeder sich leicht das Werk am Ende des Ganzen selbst ordnen.

Der Besuch der Maria und die Madonna von Rafael haben wir selbst radirt, und die [Fol. 2^{r}] Probedrucke davon beigelegt, wir würden auch die Platten mitgeschickt haben wenn wir sie schon geendigt hätten. Es findet sich aber häufig Gelegenheit hier, womit wir sie Ihnen, wenn Sie es wünschen, zuschikken könnten.

In der Erwartung einer gefälligen Antwort sind wir

Ew. Wohlgeb.

ergebenste Gebr. Riepenhausen

Nachtrag:

Nach Abschluß dieses Manuskripts im März 1996 habe ich einen weiteren Aufsatz über die Riepenhausen verfaßt, und zwar »Die Brüder Franz und Johannes Riepenhausen als Karikaturisten. Dichter- und Gelehrtenkarikaturen der Goethezeit«, in: Rück-Sicht, Festschrift für Hans-Jürgen Imiela zum 05.02.1997, hrsg. von Daniela Christmann, Gabriele Kiesewetter, Otto Martin, Andreas Weber, Mainz 1997 (im Druck).

Fotonachweis
Museumsfotos: Abb. 1/2, 15, 17/18.
Göttingen, Foto Bieling: Abb. 3, 5/6, 13, 30.
Göttingen, R. E. Tigges: Abb. 24.
Göttingen, NStUB: Abb. 7/8, 10, 12, 19-23, 26-29.
Kunsthandel: Abb. 11, 14, 16.
Nach Literaturvorlagen: Abb. 4, 9, 25.

Abb. 1: Carl Vogel von Vogelstein:
Die Brüder Franz und Johannes Riepenhausen, datiert »Rom 29. Juli 1813«.
Kreide über Bleistift, 26,4 × 21,3 cm,
Dresden, Staatliche Kunstsammlungen, Kupferstichkabinett.

Abb. 2: Brüder Riepenhausen: Ludwig Tieck, 1805/06, Kreide über Bleistift, 27,5 × 21,5 cm, Frederiksborg, Nationalhistorisches Museum.

Abb. 3: Brüder Riepenhausen: Carl Friedrich von Rumohr, datiert 1803, weiß gehöhte Kreidezeichnung über Bleistift, 48,3 × 40 cm, Göttingen, Städt. Museum.

Abb. 4: Brüder Riepenhausen: Das Mädchen aus der Fremde, vor 1818, Öl auf Holz, 61,5 × 73 cm, Karlsruhe, Staatliche Kunsthalle.

Abb. 5: Anonym (J. H. W. Tischbein?): Nachzeichnung nach der Kalliope in Raffaels Parnaßfresko, weiß gehöhte Kreidezeichnung, 76,1 × 52,4 cm, Göttingen, Städt. Museum.

Abb. 6: Brüder Riepenhausen: Ölpause nach dem Kopf der damals Leonardo da Vinci zugeschriebenen ›Caritas‹(= Leda) in Kassel, Gemäldegalerie, 1803, Bleistift, 24,5 × 19,5 cm, Göttingen, Städt. Museum.

Abb. 7: Brüder Riepenhausen: Polygnot, Titelblatt (Zeus, Apollon, Athena), Göttingen 1805, Radierung von E. L. Riepenhausen, 25,4 × 34,8 cm.

Abb. 8: Brüder Riepenhausen: Polygnot, Tafel 14 (Die Einnahme Ilions durch die Griechen), 1805, Radierung von E. L. Riepenhausen, 29 × 43 cm.

Abb. 9: Brüder Riepenhausen: Leben und Tod der Hl. Genoveva, Titelblatt, Frankfurt/M. 1806, Radierung von E. L. Riepenhausen.

Abb. 10: Brüder Riepenhausen: nach B. Thorvaldsen, Marmorrelief ›Apollon Kitharodos spielt zum Tanz der Musen und Grazien‹, vor 1811, Radierung von Ferdinando Mori, 19,4 × 36,5 cm, Rom 1811.

Abb. 11: Brüder Riepenhausen: Titelblatt zum 2. Bilderheft über Giotto, signiert und datiert 1807, Federzeichnung in Graubraun, 33,3 × 31,1 cm, Privatbesitz.

Abb. 12: Brüder Riepenhausen: Titelblatt zum 2. Bilderheft der ›Geschichte der Mahlerei in Italien‹, 1810, Radierung von Carl Barth, 28,5 × 26,4 cm.

Abb. 13: Brüder Riepenhausen: Titelblatt zum 3. Bilderheft über Duccio, ca. 1808/10, Federzeichnung in Grauschwarz, 31 × 34,8 cm, Göttingen, Städt. Museum.

Abb. 14: Brüder Riepenhausen: Titelblatt zum 4. Bilderheft über die Schule des Giotto, Datierung unbestimmt, Federzeichnung in Schwarz, 33,3 × 37,4 cm, Kunsthandel.

Abb. 15: Brüder Riepenhausen: Titelblatt zum 5. Bilderheft, Meister des 14. und 15. Jahrhunderts, um 1811, Federzeichnung in Schwarz, 34,5 × 44,5 cm, Dresden, Staatliche Kunstsammlungen, Kupferstichkabinett.

Abb. 16: Brüder Riepenhausen: Titelblatt zum Bilderheft über Fra Angelico, zwischen 1811 und 1816, Federzeichnung in Schwarz, 33,5 × 38,1 cm, Privatbesitz.

Abb. 17: Brüder Riepenhausen: Zeichnung nach Filippino Lippi,
Thronende Muttergottes mit Kind und den Hll. Johannes d. T., Victor,
Bernhard von Siena, Zenobius (Florenz, Uffizien, 1485 datiert), 1816,
Federzeichnung in Schwarz, 46,3 × 31,9 cm,
Marbach, Schiller-Nationalmuseum, Cotta-Archiv.

Abb. 18: Brüder Riepenhausen: Zeichnung nach Fra Bartolomeo, Darbringung im Tempel (bis 1792 in Florenz, Uffizien, danach Wien, Kunsthistorisches Museum, Gemäldegalerie), 1816, Federzeichnung in Schwarz, 26 × 26 cm, Marbach, Schiller-Nationalmuseum, Cotta-Archiv.

Abb. 19: Brüder Riepenhausen: Titelblatt zum 1. Bilderheft der ›Geschichte der Mahlerei in Italien‹, 1810, Radierung von Carl Barth, 31,09 × 33,09 cm.

Abb. 20: Brüder Riepenhausen: Bildnis Cimabue, 1. Bilderheft, 1810, Radierung Carl Barth, 33,03 × 24 cm.

Abb. 21: Francesco Bartolozzi: Bildnis Cimabue;
Vasari-Ausgabe, Rom 1760, Kupferstich, 19,02 × 13,05 cm.

Abb. 22: Brüder Riepenhausen: nach Guido da Siena, Thronende Muttergottes mit Kind, inschriftlich datiert 1221 (Tempera auf Goldgrund, Siena, Palazzo Pubblico, ehemals S. Domenico), 1. Bilderheft, 1810, Radierung von Carl Barth, 36,8 × 26,1 cm.

Abb. 23: Brüder Riepenhausen: nach Duccio,
sog. ›Madonna Rucellai‹ (Florenz, Uffizien), 1. Bilderheft,
1810, Radierung von Carl Barth, 36 × 26,8 cm.

Abb. 24: Brüder Riepenhausen: Pause nach Duccio, sog. ›Madonna Rucellai‹, Feder in Schwarz, 31 × 19 cm (stark beschädigt), Göttingen, Städt. Museum.

Abb. 25: Duccio, sog. ›Madonna Rucellai‹, 1285,
Tempera auf Holz, 4,50 × 2,90 m, Florenz, Uffizien.

Abb. 26: Brüder Riepenhausen: Bildnis Giotto, 2. Bilderheft, 1810,
Radierung von Carl Barth, 30,4 × 23,5 cm.

Abb. 27: Francesco Bartolozzi: Bildnis Giotto, Vasari-Ausgabe, Rom 1760, Kupferstich 19,2 × 13,5 cm.

Abb. 28: Brüder Riepenhausen: nach Taddeo Gaddi, Transfiguration Christi (Florenz, Galleria dell'Accademia, ehemals S. Croce, Sakristei, um 1335/40), 2. Bilderheft, 1810, Radierung von G. Rist, 32,9 × 29,9 cm.

Abb. 29: Séroux d'Agincourt: Stich nach Taddeo Gaddi, Transfiguration Christi, 10 × 9,5 cm.

Abb. 30: Brüder Riepenhausen: Zeichnung nach der Patroklos- und Menelaosgruppe, sog. Pasquino-Gruppe (Florenz, Loggia de'Lanzi), Feder in Schwarz über Bleistift, 38,7 × 49,3 cm, Göttingen, Städt. Museum.

Klaus Niehr

Ästhetische Norm und nationale Identität
Fiorillo und die Kunst des Hochmittelalters in Deutschland

Als 1820, ein Jahr vor dem Tod des Autors, der vierte und letzte Band der ›Geschichte der zeichnenden Künste in Deutschland und den vereinigten Niederlanden‹ von Johann Dominicus Fiorillo erscheint, ist damit ein Gesamtœuvre abgeschlossen, das weniger dazu bestimmt war, selbst Geschichte zu machen und Wirkung auszuüben,[1] als vielmehr, stärker vielleicht als andere wissenschaftliche Vorhaben, von den Zeitläufen während seiner Entstehung nachhaltige Prägung erfuhr und diese unterschiedlichsten Einflüssen und Interessen geschuldete Konditionierung immer wieder deutlich zum Ausdruck bringt. Versetzt man sich an den Ausgangspunkt des Unternehmens und läßt nur einmal die seit 1798 voraufgegangenen Bände zur Kunst wichtiger europäischer Länder rasch vor dem geistigen Auge Revue passieren, so wird allein in der Reihung der Gegenstände bereits eine Programmatik anschaulich, welche hinreichend geeignet scheint, die Position des Verfassers bezüglich der gewählten Thematik ins Relief zu heben. Denn in der Abfolge ihrer Entstehung – Italien, Frankreich, Spanien, England, Deutschland und Niederlande – spiegelt sich eine noch nach klassizistischer Vorstellung geographisch fixierbare und auch durch den geplanten Band zu Rußland nicht gestörte *translatio artium*, die mit jeder Station weiteren Ausgreifens einen Teil einstiger Bedeutung und ursprünglichen Wertes einbüßt. Nach Deutschland haben die Künste wie die Wissenschaften eben erst zuletzt gefunden, und ob sie hier überhaupt nach Maßgabe klassischen Ideals ›schön‹ genannt werden durften, ob sie hier überhaupt verstanden wurden und willkommen waren, galt noch keineswegs als sicher. Trafen sie doch bei den germanischen Völkern auf eine Mentalität freien Denkens und Lebens, die völlig verschieden war von der systematisierten Kultur der antiken Welt. Entsprechend gestalten sich die Schwierigkeiten für den Historiker, wenn er versucht, von seinem Standpunkt aus eine Geschichte von Kunst oder Literatur zu entwerfen, die dieser Problematik Rechnung trägt.

Sind in solcher Umschreibung die Vorstellungen des italienisch erzogenen, südlich der Alpen akademisch gebildeten, »in Homers Sinn und Geist« malen-

1 Ein unvermutetes Nachleben erfahren Fiorillos Aussagen bei Alfred Michiels: Etudes sur l'Allemagne renfermant une histoire de la peinture allemande, Paris 1840. Vgl. dazu die Besprechung von Franz Kugler, in: Kunstblatt 1841, Nr. 37.

den[2] Künstlers Fiorillo vor der Jahrhundertwende angemessen ausgedrückt, so darf man behaupten, daß ähnliche Gedanken mit Sicherheit auch in die Bände zur deutschen Kunst Eingang gefunden hätten, wenn diese gleichfalls früh konzipiert und verfaßt worden wären. Doch mit dem Abstand von etwa fünfzehn Jahren haben sich die Voraussetzungen des Schreibens über historische Kunst grundlegend geändert. Zwar gilt auch nach 1810 die ursprüngliche Planung – was die kulturgeographische Ordnung im Großen betrifft – noch keineswegs als überholt, sie erweist sich nun aber in unvorhergesehener, ja geradezu bestürzend aktueller Weise als ideal, modernen Ansprüchen einer kunstgeschichtlichen Darstellung zu genügen. Denn was vor 1800 trotz verstreuter erster Bemühungen noch kaum jemand vermocht hätte in die Tat umzusetzen, die Definition und beschreibende Analyse dessen, was deutsche Kunst ausmachen könnte oder sei, scheint erst jetzt, durch die politischen Umstände während der Zeit der Befreiungskriege und des Wiener Kongresses nachhaltig stimuliert, anhand eines Materials zu gelingen, das sich für alle sichtbar von Tag zu Tag weiter erschließt und immer stärker in die für das sich ausbildende Nationalgefühl wichtige Rolle eines identitätsstiftenden Faktors hineinwächst: mittelalterliche Architektur, Skulptur und Malerei. Dennoch würde man Fiorillo Unrecht tun, wollte man die Focussierung eines wesentlichen Teils seines Interesses auf Leistungen der Kunst zwischen ca. 800 und 1500, die sich im späten Opus nicht zuletzt auch durch die quantitative Gewichtung des Materials aus alter und neuer Zeit deutlich zu bemerken gibt, als Modeerscheinung abqualifizieren, mit der der Göttinger Gelehrte noch einmal Anschluß an den Geist der Zeit suchte, um seinem Werk einen festen Platz in der patriotischen Bewegung zu sichern. Immerhin war er es gewesen, der in seinen seit 1791 abgehaltenen Vorlesungen das Thema wenigstens am Rande zugelassen hatte[3] und so der Forderung dieser Jahre nach einer »kritischen Geschichte der Kunst unseres Vaterlandes«, die es auch einschließe, daß der Kenner »sich um einige Jahrhunderte zurückdenken und die Bedürfnisse der damaligen Zeiten, welche den gothischen Geschmack auf gewisse Weise notwendig machten, erwägen sollte«,[4] zwar noch nicht nachkam, sie aber immerhin auch nicht überhörte. Und gut ein Dezennium später ist es wiederum Fiorillo, der zum ersten Mal einen ausführlichen Überblick zur Kunst von den Karolingern bis zur Reformation

2 Beschreibung eines neuen Gemäldes des Herrn Fiorillo, in: Miscellaneen artistischen Inhalts, hrsg. von Johann Georg Meusel, Heft 19, 1783, S. 13.

3 Vgl. Achim Hölter: Der Romantiker als Student. Zur Identität von zwei Tieck-Handschriften, in: Deutsche Vierteljahrsschrift für Literaturwissenschaft und Geistesgeschichte, Bd. 61, 1987, S. 125-50, hier S. 143.

4 Engelschall: Begräbnismonument der heiligen Elisabeth, in: Miscellaneen (zit. Anm. 2), Heft 14, 1782, S. 67-80, hier S. 68 u. S. 79.

liefert.[5] Dabei arbeitet er in einem System von Geschichte, das seit Valentin Löscher 1725 vertraut war: die an die Kenntnis herausragender Herrscherpersönlichkeiten gebundene Konstatierung von lichten Stellen im ansonsten finsteren Mittelalter.[6] Löschers ›Graustufenmodell‹, das für karolingische und romanische Zeit sowie für das 14. Jahrhundert Aufhellungen vermerkte, schien sich allerdings für die Kunstgeschichte erst bewähren zu müssen: Denn wenn die entscheidenden Jahre für die Ausbildung der deutschen Nation und ihrer eigenständigen Kultur ziemlich genau in die Zeit zwischen 1153 und 1350, zwischen Friedrich Barbarossa und Karl IV., gesetzt werden (vgl. Deutschland I, S. 402), so liegt diese der politischen Geschichte entnommene Chronologie, die schon Eichhorn seiner Kulturgeschichte zugrunde legte,[7] auch jetzt noch quer zur allgemeinen Vorstellung, derzufolge sich die Erhebung der Künste nach langer Agonie erst im italienischen 13. Jahrhundert ereignete.

Wer diese Hinwendung zum Mittelalter um 1800 vollzog, begab sich also wissentlich in ein Dilemma, das die Kunstgeschichtsschreibung bis zur Jahrhundertmitte beschäftigen und in ihrer Zielsetzung bestimmen wird. Denn der Hiatus zwischen vielleicht erkennbarer, jedenfalls aber nicht zu vernachlässigender nationaler Bedeutung und gemäß den Regeln der Theorie ästhetischer Minderwertigkeit alter Kunst war mit der historischen Aufwertung vorreformatorischer Zeit noch keineswegs obsolet geworden. Zwar konnte die Übernahme von Winckelmanns Geschichtsbild einer milieubestimmten Kunst germanischen und gotischen Denkmälern ein gewisses Niveau garantieren, das zu unterschreiten kaum möglich schien (vgl. Italien I, S. 26f.), die eigentliche Qualität mittelalterlicher Kunst zu entdecken, um nicht zu sagen, zu konstruieren, bedurfte es jedoch einer weitergehenden Strategie. Dazu verhilft unter anderem die seit dem Beginn des 18. Jahrhunderts durchgehend zu beobachtende Tendenz, das Kunstwerk von seinen Wirkungsmöglichkeiten auf das Gefühl des Wahrnehmenden her zu betrachten und eine entsprechend strukturierte Fähigkeit der Produktion zu postulieren. Was letztlich zum Ausspielen erlernbarer Regel gegen intuitives Handeln führt, kann dem formal Ungewohnten und Fremden neue Bedeutung verleihen. »Kaum wurde es Tag in den Köpfen«,

5 J. D. Fiorillo: Fragmente zur Geschichte der Mahlerey und Bildhauerey in Deutschland, von den Zeiten Carls des Großen bis zum Anfang des fünfzehnten Jahrhunderts, in: ders.: Kleine Schriften artistischen Inhalts, Bd. I, Göttingen 1803, S. 1-82.

6 Vgl. Klaus Arnold: Das ›finstere‹ Mittelalter. Zur Genese und Phänomenologie eines Fehlurteils, in: Säculum, Bd. 32, 1981, S. 287-300, hier S. 297 mit Anm. 56.

7 Johann Gottfried Eichhorn: Allgemeine Geschichte der Cultur und Litteratur des neueren Europa, Erster Band (Geschichte der Künste und Wissenschaften seit der Wiederherstellung derselben bis an das Ende des achtzehnten Jahrhunderts, Erste Abtheilung), Göttingen 1796, S. 219-39.

schreibt Friedrich Bouterwek 1791 im Zusammenhang mit der Geschichte der Poesie nördlich der Alpen, »so dorrten die Herzen aus und der Phantasie sanken die Flügel«.[8] Es ist die von Bouterwek beschworene Phantasie, die unabhängig vom Verstand operierende Fähigkeit zu ästhetischem Schaffen auf hohem Niveau, welche der Kunst gutgeschrieben, nun in gleicher Weise für den Umgang mit den Werken prägende Wirkung hat. Entsprechend vollzieht sich auch für Fiorillo zwischen älterer und jüngerer Beschäftigung mit dem Mittelalter mehr als lediglich eine aus erweiterter Materialkenntnis gespeiste größere Sicherheit in Anschauung und Argumentation. Denn der Kunsthistoriker, welcher sich ehemals am liebsten auf ›leidenschaftslose‹ Quellen stützte, um möglichst ausgewogene und unfehlbare Wertungen älteren Kunstschaffens vorlegen zu können (vgl. Italien II, S. XIII), hat nun wenigstens teilweise seine Distanz zum Untersuchungsgegenstand aufgegeben und ist zu einem Anwalt geworden, der den Part des Verteidigers germanischen Mittelalters übernommen hat. Ob hier – je nachdem wann genau die Bände verfaßt wurden – das Bestreben um die Erlangung der ordentlichen Professur oder eher die Dankbarkeit über die 1813/14 erhaltene Stelle die Gedanken beflügelten und die Feder führten, sei dahingestellt. Trotz alledem liebt Fiorillo es aber auch jetzt nicht, seine Position so kraß zu formulieren wie der Kollege Bouterwek anläßlich seiner Darstellung der neueren Literatur westlich des Rheins.[9] Dazu bestand nach 1813 für den Zeichenmeister schon deswegen kein Anlaß, weil die lange ersehnte Beförderung zuerst durch König Jérôme ausgesprochen worden war.[10] Doch wie zurückhaltend auch seine Töne Frankreich gegenüber sein mögen, sie erlauben keinen Zweifel an der patriotischen Gesinnung des Autors. Bereits die gleich zu Beginn des ersten Bandes vehement verteidigte Rechtfertigung der germanischen Erhebung gegen die Römer läßt unausgesprochen die Parallele zum bestandenen Kampf gegen Napoleon ziehen (vgl. Deutschland I, S. 12f.); sie vertraut damit einerseits auf die Überzeugungskraft profaner Typologie, sorgt gleichzeitig andererseits für die historische wie geographische Abgrenzung zu den Nachbarn. Letzteres, wichtig als Akt kultureller Emanzipation, findet sich zugespitzt wieder in der Betonung der Partikularität älterer Kunst, die als freie Äußerung des Volkes ihre Aufgabe erfüllt:

8 Friedrich Bouterwek: Parallelen. Vom griechischen und modernen Genius. Nur Fragmente, Göttingen 1791, S. 12.

9 Vgl. Friedrich Bouterwek: Kleine Schriften philosophischen, ästhetischen und litterarischen Inhalts, Bd. 1, Göttingen 1818, S. 50.

10 Vgl. Marianne Menze: Die Anfänge der Gemäldesammlung der Georg-August-Universität zu Göttingen, in: Ausst.kat. Niederländische Malerei aus der Kunstsammlung der Universität Göttingen, Braunschweig 1983, S. 9-18, hier S. 14.

»Die altdeutsche Kunst war ein Gewächs des Landes, die Wurzel allein entlehnt aus Griechenland und Italien, Stamm und Blüthen aber entkeimten nur dem Vaterlande und für dasselbe; sie war selbständig und blühte frei von fremden Bestimmungen in eigenthümlicher Schönheit.«

Diese Aussage, die in knappest konzentrierter Form Fiorillos kunstpatriotisches Credo enthält, findet sich nicht etwa, wie vielleicht zu erwarten, am Anfang der Erörterungen, um hier den theoretischen Rahmen dessen abzustecken, was im Folgenden mit einer eng an den Denkmälern operierenden Argumentation zu füllen wäre. Sie steht vielmehr am Beginn des zweiten Teils der Betrachtungen, sozusagen als Zusammenfassung und Summe einer Erfahrung des Umgangs mit historischer Kunst, als Resultat unzähliger Einzelprüfungen (vgl. Deutschland II, S. 269). Das damit suggerierte induktive Vorgehen hat allerdings in der Realität des Arbeitsprozesses keine Entsprechung. Denn mit dem prätendierten Ergebnis wird nicht mehr als eine Einsicht formuliert, die die Ästhetik des 18. Jahrhunderts als Antwort auf die unter historischer Nivellierung in Bewegung geratene Geschichte gefunden hatte. Und ähnlich wie Fiorillo hier nur eine mittlerweile handzahme Theorie ausschreibt, die von alter Lehre unter neuen Bedingungen zu retten sucht, was eben noch zu retten ist, so entspricht auch sein gewähltes Bild von der Pflanze mit Wurzeln, Stamm und Blüten als Stationen der Entwicklung vollkommen den bekannten Vorstellungen.[11] Die Anwendung des Bildes macht den in diesem Kontext erscheinenden Gegenstand dem Verständnis der Zeit begreifbar; vor allen Dingen über die Konnotation ›biologische Art – altdeutsche Kunst‹ wird eine Vorstellung vom exklusiven Wesen vaterländischer Kultur transportiert und vermittels insinuierter Anlehnung von Kunstgeschichte an exakte Wissenschaften auch die ästhetische Untersuchungsmethode als genau und unangreifbar dargestellt.

Damit aber gerät notgedrungen die ehemals grundbedingende Kategorie des Kunstwerks, seine Schönheit, zu einem im Wesentlichen von außen her konditionierten Moment, dessen Wert hier engstens an eine ethnische Gruppe gebunden ist und von ihr seine Sinngebung erfährt. Kants Begriff von der Arbitrarität des Schönen und vom interesselosen Wohlgefallen an ihm als die entsprechende Form der Wahrnehmung ist nicht mehr zu gebrauchen. Ein besonderer nationaler oder zeittypischer Charakter setzt sich an die Stelle von Anmut, Angemessenheit und Ausgewogenheit, deren geregelte Norm immerhin zwar den Vorteil einer Vergleichbarkeit der Gegenstände über Epochen

11 Vgl. Gerhard Kaiser: Pietismus und Patriotismus im literarischen Deutschland. Ein Beitrag zum Problem der Säkularisation, 2., erg. Aufl., Frankfurt/M. 1973, S. 163ff.; Wolf Lepenies: Das Ende der Naturgeschichte. Wandel kultureller Selbstverständlichkeiten in den Wissenschaften des 18. und 19. Jahrhunderts, Frankfurt/M. 1978, S. 107f.

und Grenzen hinweg geboten hatte, gleichzeitig aber, da die Anforderungen Ausdruck einer zeitgebundenen Vorstellung waren, dem Denkmal in seiner Besonderheit oftmals nicht gerecht werden konnte. Der neue ästhetische Begriff ›Vaterland‹, mit dem auf die vermeintlich nationale Spezialität des Schönen in einem Werk reagiert wird, darf als Ausdruck säkularisierter Form eines religiösen Umgangs mit den Werken gelten. Nicht mehr die Begutachtung nachprüfbarer Normen steht im Mittelpunkt der Analyse, sondern ein auf intuitiver Basis gezüchtetes Klischee, welches besondere Behandlung erfordert. Denn korrespondierend zum nationalen Charakter des Denkmals muß beim Betrachter eine ähnlich strukturierte »besondere Art, das Schöne zu empfinden« vorhanden sein, die das Gemüt für die Aufnahme vorbereitet.[12] Künstler und Rezipient werden in eine Gemeinschaft eingebunden, die den Zutritt von außen nicht erlaubt. Innerhalb ihrer Grenzen ist die Verständigung über einen Code gesichert, dessen Schlüssel mit der nationalen Zugehörigkeit vergeben wird. Wenn also nach Fiorillo ein »eigenthümlicher und ausgezeichneter Charakter von festem Bestand« der Deutschen auch ihre Bilder zu besonderen Zeugnissen dieses Wesenszuges macht, da ihnen »nicht nur in Gesichtsbildung und im ganzen Aeußern, sondern auch im innern Geiste, dieses ernsthafte, gerade und kräftige Wesen des deutschen Charakters treu und redlich eingeprägt ist« (Deutschland II, S. 274f.),[13] so betrifft die Aussage automatisch auch diejenigen, welche diese Kunst recht anzuschauen und zu verstehen wissen. Dahinter steht die Physiognomik des 18. Jahrhunderts, denn mit ihr schien es leicht möglich, über das Äußere der Denkmäler »eine richtige Ansicht von dem ursprünglichen Begriff und Zwecke, so wie von dem innersten Wesen der deutschen Kunst zu gewinnen« (Deutschland II, S. 268).

Die Abkoppelung des Kunstschönen vom griechischen überzeitlichen Ideal und die dementsprechende besondere Rezipientenhaltung, die im Umkreis Fiorillos Bouterwek erstmals zum Thema machte,[14] gehen einher mit der Übertragung des seit Winckelmann bekannten Topos vom harmonischen Gleichklang aller Kulturleistungen in einem engeren zeitlichen und geographischen Rahmen. Ähnlich stellt sich nun die mittelalterliche Blüteperiode der Städte des Reichs als Balancezustand zwischen dem »Anwachs ihrer Volksmenge«, der »Betriebsamkeit ihrer Bürger«, dem »Spekulationsgeist ihrer Kaufleute« sowie der »Empfindsamkeit ihrer künstlerisch sehr blühenden Umstände« dar (Deutschland I, S. 269). Wenn in diesem für Nürnberg beschriebenen Zusammenhang

12 Karl Philipp Moritz: Über eine Preisfrage: Wie kann der Nationalgeschmack durch die Nachahmung der fremden Werke, aus der alten sowohl als neuern Litteratur, entwickelt werden?, in: Italien und Deutschland 1789, 2. Stück, S. 35-43, Zitat S. 35.

13 Vgl. Bouterwek: Kleine Schriften (wie Anm. 9), S. 194.

14 Bouterwek: Parallelen (wie Anm. 8), S. 8f. u. S. 28.

das Schöne der Kunst als Abbild und Indikator politischer, sozialer und wirtschaftlicher Prosperität figuriert, als quasi produzierbare Norm, so fragt sich, inwieweit damit neben der Charakterisierung historischer Wirklichkeit ein Wunschbild für die eigene Zeit entworfen wird. Mit einer derartigen Vision stünde Fiorillo in diesen Jahren als Kunsthistoriker nicht allein. Rumohr hatte 1808 in einem Brief an Runge die mittelalterliche Verfassung Kölns als »ganz demokratisch« charakterisiert, dies aus der »Pracht ihrer öffentlichen« sowie der »Bescheidenheit ihrer Privatgebäude« abgelesen und somit auch das Ideal eines ersehnten Staatswesens entworfen, in dem Kunst und Kultur, in ihrer Aufgabe genau definiert, zu neuer Blüte gelangen.[15] Würde dies auch für die herangezogene Darstellung Fiorillos gelten, so konzentrierte sich darin eine Wandlung seiner ästhetischen Vorstellungen von akademischem Klassizismus zu einem über patriotische Affektion sich erhebenden Gefühl künstlerischer Wertschätzung des Mittelalters. Wir wissen aber, daß es nicht so ist, daß diese Wandlung, die bei anderen Forschern seines Alters (etwa Christian Ludwig Stieglitz) mit äußerster Geradlinigkeit abläuft, beim Göttinger Gelehrten nicht zu finden ist. Denn Fiorillos Wertungen bleiben immer zunächst abhängig von der Intention der jeweiligen Aussage, zusammen mit dieser differieren sie in erheblicher Weise. Was dem Entwurf und der Ausgestaltung nationaler Kunstgeschichte diente, mußte in den Diskussionen um moderne Kunst noch keineswegs gelten. Konnte Mittelalter als vaterländische Größe durchaus auch ästhetische Qualitäten aufweisen, erscheint es, sobald es unter anderem aus eben diesen Gründen zum Modell für neue Malerei herhalten soll, »flach, von einer Degradation, von einem geschlossenen Lichte ist nicht die geringste Spur zu finden; die Drapperien sind, ungeachtet der brillantesten Farben, nicht das Werk eines Malers, sondern eines Färbers; da erscheint kein Begriff von der Lehre der Farben, kein Unterschied zwischen Coloriren und Colorit! [...] Es sind nur fromme, ausdrucksvolle Gesichter ohne strenge Rücksicht auf Schönheit der Form, mit den schönsten und brillantesten Farben und durch Gold erhöhet« (Deutschland IV, S. 104f.). Der gleiche Fiorillo, der noch 1817 den »tiefen religiösen Sinn« und das »Nachdenken« altdeutscher Künstler hervorhob, die »ihre sprechenden und lehrreichen Figuren mit bunten Farben auf Goldgrund nebeneinander stellten, ohne sie künstlich zu verschränken, daß sie eine Gruppe bildeten«, also eine Simplizität der Gestaltungs- und Kompositionsweisen beschwört, deren »redliche, fromme und [...] unbefangene Einfalt der Physiognomien mächtig anziehen« und nur von denjenigen verstanden werden können, »die von wahren religiösen Gefühlen durchdrungen sind« (Deutsch-

15 Brief vom Ende Oktober 1808, zitiert nach Hannelore Gärtner (Hg.): Philipp Otto Runge. Die Begier nach der Möglichkeit neuer Bilder. Briefwechsel und Schriften zur bildenden Kunst, Leipzig 1978, S. 258f.

land II, S. 274), konterkariert drei Jahre später die eigene Aussage und kann Schlegels in Paris und Köln gewonnene Begeisterung über alte Malerei nur noch irritiert zur Kenntnis nehmen. Die hier anläßlich der Auseinandersetzung um Goethes und Meyers Schrift über »neudeutsch-religios-patriotische Kunst« aufscheinende, alles übertönende Bedeutung eines instabilen argumentativen Standorts aber macht jedes Urteil suspekt, sowohl für diejenigen, die sich angegriffen fühlen mußten, als auch für die, als deren Verteidigung es gedacht war.

Solch spektakuläre, auf das Tagesgeschehen bezogene Äußerungen, die die Grenzen von Fiorillos Kunstverständnis zwischen historischem und kunstpolitischem Engagement mehr als deutlich aufzeigen und auf fast schon tragische Weise bewußt machen, sind allerdings geeignet, das zu verdecken, worin die Bedeutung seines Werkes für das Gebiet des Mittelalters liegt. Es handelt sich um nicht mehr und nicht weniger als um den frühesten, tatsächlich ins Werk gesetzten umfassenden Versuch einer Ordnung der gesamten älteren Kunst auf der Grundlage der Schriftquellen, der vielen Zeitgenossen den Zugang zu diesem Gebiet erstmals eröffnete. Denn auch für sie stellte ja das klassizistische Dogma von der Minderwertigkeit der Nachantike eine nur schwer zu überwindende Barriere dar, welche die Annäherung über den visuellen Eindruck kaum je in Frage kommen ließ. Wenn sich dies noch während des Erscheinens des zweiten Deutschlandbandes ändert – 1817 unternimmt der jüngere Büsching seine Reise durch Norddeutschland, deren Publikation gezielt als Gegenstück zu Fiorillos Werk konzipiert ist[16] – und so die Arbeit in der Mittelalterrezeption um 1820 für die einen Weg in die Vergangenheit suchenden Zeitgenossen rasch veraltet erscheint, bleibt ihr Wert davon doch unberührt. Denn die Konzentration auf weniges Gesehenes ist keineswegs Ersatz für den Überblick aus der Ferne des Studierzimmers. Für diese Perspektive werden allerdings historische und kunsthistorische Aussagen von einem Unterbau ›vorfabrizierten‹ Wissens getragen, das – wie dem Autor schon zu Lebzeiten immer wieder vorgeworfen[17] – zum guten Teil lediglich kompilatorischen Charakter trägt und eine direkte Anschauung der Denkmäler sowie daraus gewachsene Urteile vermissen läßt. Es ist allerdings darauf hinzuweisen, daß damit Forderungen gestellt werden, die für mittelalterliche Kunst bis dahin noch nie in großem Stil eingelöst worden waren, Kompilation also hier einen gänzlich anderen, weitaus berechtigteren Stellenwert beanspruchen durfte als für die vergleichsweise gut erforschte Antike oder Moderne. Universales Wissen ist folglich nicht diskreditiert, vor allem dort nicht, wo sich aus ihm Beobachtun-

16 Johann Gustav Büsching: Reise durch einige Münster und Kirchen des nördlichen Deutschlands im Spätjahr 1817, Leipzig 1819, S. IV.

17 Vgl. Achim Hölter: Goethe, Meyer und der Kunsthistoriker Johann Dominik Fiorillo, in: Goethe-Jahrbuch 109, 1992, S. 115-30, hier S. 117ff.

gen am Detail entwickeln, die trotz des Abstands von den Denkmälern mancherorts klare Einsichten verraten und erhellende Aufschlüsse bieten. Natürlich paßte es nachträglich ins Bestreben patriotischer Geschichtsschreibung, wenn sich zeigte, daß vieles, was die ältere französische Historiographie als ›merowingisch‹ klassifiziert hatte, erheblich jünger sein mußte und keineswegs als kultureller Vorsprung anderen Ländern gegenüber zu lesen war. Aber die in Rede stehenden, in Lenoirs Museum bequem zu studierenden Portal- und Grabskulpturen aufgrund der in ihren Inschriften auftauchenden Buchstabenformen frühestens ins 11. oder 12. Jahrhundert zu datieren, erweist Fiorillo als erfahrenen Kenner der Realien (vgl. Frankreich, S. 8-10). Das gleiche gilt für seine Bestimmung des Meissener Doms als Bau des 13. Jahrhunderts oder die Zweifel an der Entzifferung einer vermeintlichen Inschrift mit Datum auf dem Kölner Dombild (vgl. Deutschland I, S. 459f.; II, S. 299f.). Doch neben solchen durchaus gelungenen Passagen lassen andere an den Fähigkeiten des Autors zweifeln: das Epitaphbild des 14. Jahrhunderts aus dem Braunschweiger Dom, »vielleicht eines der ältesten in seiner Art«, wird über kostümgeschichtliche Argumente überraschend der Zeit Ottos IV. zugewiesen und unverdient aufgewertet, verständlich allein als Ausdruck patriotischer Gesinnung (vgl. Deutschland II, S. 50).

Die Nichtunterscheidung von Gesehenem, Gelesenem oder Gehörtem, welche alle Informationen völlig gleichwertig behandelt, weist zurück auf eine Mentalität des 17. und 18. Jahrhunderts, gesammeltes Wissen als der Herkunft nach nicht strukturierte Einheit weiterzugeben.[18] Fiorillo selbst – und darin löst er sich zaghaft aus dieser Tradition – hat sich allerdings nicht gescheut, wenigstens pauschal auf seine Abhängigkeit von den Quellen hinzuweisen; er läßt aber von Ausnahmen abgesehen im Einzelfall den Leser meist im unklaren, wo, wann und wie er Eigenes und Fremdes in sein Werk integriert. Die Ankündigung im zweiten Italienband bzgl. der Gewichtung der Informationsschichten macht eine Entscheidung darüber unmöglich (S. XIII). Gerade für das Mittelalter erscheint die direkte persönliche Konfrontation mit Kunstwerken aber eher zweifelhaft. Zwar ist für den Autor, wie er 1801 betont, »ein durch mannigfaltige Vergleichungen geschärfter Blick« wichtiges Instrument seiner Arbeit, wie und warum jedoch sollte sich dieser Blick gerade solchen Denkmälern zuwenden, von denen »die wenigsten in Ansehung dessen, worin das höchste der Kunst besteht, die Betrachtung anziehen können« (Ebenda, S. XIII und IX). Fiorillo bleibt – wie auch noch Wackenroder danach – schon aus diesen Gründen in erster Linie an der Person des Malers, Bildhauers oder Architekten interessiert. Kunstgeschichte ist trotz aller Beteuerungen zunächst und vor allem Künstlergeschichte im Sinne Vasaris. Ergibt sich die Möglichkeit, eine histo-

18 Vgl. Michel Foucault: Die Ordnung der Dinge. Eine Archäologie der Humanwissenschaften, Frankfurt/M. ³1980, S. 71f.

rische Persönlichkeit mit dem geschaffenen Werk zu verbinden – wie im Falle Bischof Bernwards von Hildesheim (vgl. Deutschland I, S. 78-82) –, so dient das Denkmal der Illustration einer Biographie.

Welche Rechtfertigung aber gibt es für ein solches Verhalten am Beginn kunsthistorischer Mediävistik? Nicht erst seit Georg Forsters und Friedrich Schlegels bekannten Galeriebesuchen stand die Unmittelbarkeit spontaner Auseinandersetzung mit dem Artefakt hoch im Kurs. Immerhin war bereits seit Mitte des 18. Jahrhunderts der Schritt hin zu Autopsie und Werkanalyse als wissenschaftlicher Methode getan worden. Winckelmanns Kritik an Caylus' eingeschränkter Objektkenntnis sowie die von ihm artikulierte generelle Verachtung für das reine Bücherstudium älterer Verfasser hatten seine Arbeiten als qualitativ neue Stufe antiquarischer Forschung herausgehoben und markierten die Wende zu einem Primat des Sehens.[19] Das alles ist Fiorillo durchaus bewußt, wie seine Verweisung auf diesen Fall zeigt (vgl. Italien I, S. VIII). Dennoch, wenn selbst patriotisches Hochgefühl es nicht vermocht hat, ihn zur Auseinandersetzung mit den Originalen anzuspornen, so liegen die Gründe tiefer: Sicherlich mitverantwortlich sind die nach wie vor existierenden Vorbehalte gegenüber unklassischer Kunst. Das besondere Problem resultierte aber schon aus dem Vorhaben, eine Idee vom Ganzen des Mittelalters zu erhalten, das sich nicht wie in neuerer Zeit aus einer Addition bekannter Namen ergeben konnte. Die Gesamtheit war – wie es die klassizistische Theorie beim Kunstwerk forderte – mit einem Blick zu fassen, um daraus ein einheitliches Bild zu gewinnen. Reisen und Besichtigungen hätten dem Forscher unzusammenhängende Teile geliefert, zu deren Verbindung und Strukturierung eine Vorstellung von der Geschichte der Formen notwendige Voraussetzung gewesen wäre. Fiorillo, der sein Werk selbst »fragmentarisch« nennt, da es Einzelheiten aus ursprünglich organischem Kontext präsentiere (vgl. Deutschland II, S. 268), ist aber nicht nur nicht in der Lage eine solche Geschichte der älteren Kunst zu bieten, er weiß auch noch nicht zu unterscheiden zwischen einem notgedrungen Fragmentarischen aufgrund fehlender Information und der bewußten Beschränkung und Fragmentierung des Wissens als Konzentration auf das Wesentliche, das Humboldt in diesen Tagen als wichtige Aufgabe einer Konstruktion von historischer Wirklichkeit bezeichnet.[20] Geographische Schranken, personelle

19 Vgl. Markus Käfer: Winckelmanns hermeneutische Prinzipien (= Heidelberger Forschungen, Bd. 27), Heidelberg 1986, S. 23ff. und Wolf Lepenies: Johann Joachim Winckelmann. Kunst- und Naturgeschichte im achtzehnten Jahrhundert, in: Thomas W. Gaehtgens (Hg.): Johann Joachim Winckelmann (= Studien zum achtzehnten Jahrhundert, Bd. 7), Hamburg 1986, S. 221-37, hier S. 222.

20 Wilhelm von Humboldt: Ueber die Aufgabe des Geschichtsschreibers, in: Wilhelm von Humboldts Werke, hrsg. von Albert Leitzmann (= Gesammelte Schriften, Bd. 4), Berlin 1905, S. 35-56.

Auffächerungen wie chronologische Zäsuren sind für ihn zunächst die stets notwendigen Stützen, an denen die kurzatmige, historisch immer wieder neu ansetzende Darstellung einer Entwicklung sich anlehnen kann. Wo eine chronologisch übergreifende Systematik aber nicht gelingt, müssen zwangsläufig andere Ordnungskriterien an ihre Stelle treten. Fiorillos Entwurf landschaftsbezogener Kunstsystematik – vielleicht von Lanzi angeregt, inzwischen aber schon mehrfach auch von anderen erprobt – fungiert deshalb auch als Abbild historischer Wirklichkeit. Der staatliche Organismus vornapoleonischer Zeit, der in seiner zersplitterten Struktur selbst Denkmalcharakter hat und in dieser Hinsicht rekonstruktionswürdig erscheint (vgl. Deutschland I, S. VIII), bietet die physiognomische Folie eines künstlerischen Schaffens, das schon allein in seiner Vielfalt nationale Züge trägt und daher nie als einheitliche Schule zu sehen ist (vgl. Deutschland II, S. 279ff.).

Wir können und wollen nach alledem nicht behaupten, daß der Autor aus solchen Gründen bewußt auf das für ihn sicherlich nicht immer ungetrübte Vergnügen eigener Anschauung weitgehend verzichtet hätte; seine relative Abstinenz in dieser Hinsicht erleichterte aber – so paradox das klingt – den Entwurf eines wenigstens in Ansätzen homogenen Bildes von mittelalterlicher Kunst. Denn die bei anderen immer wieder zu beobachtende, oftmals produktive Spannung zwischen der kollektiven Erfahrung einer tradierten, auf den Einzelnen prägend wirkenden Meinung und spontanem, subjektiven Erlebnis bleibt Fiorillo damit erspart. Und das vor allem schon deshalb, weil er die Notwendigkeit zu eigener Betrachtung gar nicht als Desideratum empfindet. Selbst dort, wo eine Besichtigung vorbereitet und geplant wurde, etwa für den Besuch der Sammlung Boisserée in Heidelberg,[21] spricht schließlich im Text nichts dafür, daß eine solche Reise überhaupt zustande kam. Dies ist – wiederum auf das Mittelalter bezogen – keineswegs verwunderlich, da es hier selten um die Ästhetik des einzelnen Stücks geht. Dessen Bedeutung und Beitrag zur nationalen Kultur zu erkennen war schließlich Sache eines Wissens oder Glaubens und bedurfte kaum der prüfenden Analyse durch das kunstrichterlich geschulte Auge.

Haben wir Fiorillo damit vor der Kritik wie vor sich selbst gerettet? Ist durch die hier in die Diskussion gebrachte Korrespondenz zwischen selbst gestellter Aufgabe und Methode sein Werk exkulpiert und zum Ideal des Nachdenkens und Forschens über Kunst um 1800 geworden? Wohl kaum. Denn die Vorgehensweise des Autors bleibt trotz solch nachträglich versuchter Hilfestellung immer noch eigenartig kraftlos; nie werden seine Ergebnisse thesenhaft zugespitzt, sie sind entsprechend häufig von ambivalenter Beliebigkeit. Aber wenn

21 Vgl. den Brief Fiorillos an Boisserée vom 21. Dezember 1812: Teilabdruck bei Eduard Firmenich-Richartz: Sulpiz und Melchior Boisserée als Kunstsammler. Ein Beitrag zur Geschichte der Romantik, Jena 1916, S. 112, Anm. 60.

auch etwa Boisserées zur gleichen Zeit entworfenes Panorama von Architektur und Bildkünsten des Mittelalters, insbesondere der Malerei, aufgrund klischeehafter Vorstellungen über die Ausbreitung und Vermittlung von Einflüssen zum Teil problematische Züge enthält, die nur schwer abgebaut werden konnten,[22] so treten doch die Schwachstellen in Fiorillos Geschichtsbild noch stärker hervor. Sie resultieren in erster Linie aus der Übertragung überholter Deutungsmuster auf mittelalterliche Kunst; die dadurch ausgelösten Schwierigkeiten sind kaum zu überwinden. Dafür ein Beispiel: Noch 1803 etwa hatte Fiorillo bemerkt, daß aus der Zeit um 1000 so gut wie keine Skulpturen vorhanden seien; die von ihm für ottonisch gehaltene Reiterstatue auf dem Magdeburger Markt galt als prominentes Exempel für mangelhafte Qualität von Arbeiten der fraglichen Epoche.[23] Gut zehn Jahre später hat sich dieses Bild vollkommen gewandelt: Die Zahl der Bildwerke sei nicht gering und auch ihr Wert ist deutlich gestiegen (vgl. Deutschland I, S. 72ff.). Der Grund des vor dem Hintergrund der früheren Aussage erstaunlichen Urteils: Fiorillo hat die Naumburger Stifterfiguren entdeckt, vielleicht zunächst wiederum nicht die Originale, sondern Zeichnungen von Gottfried Schadow und Louis Catel, die diese 1802 vor Ort anfertigten und die als Vorlagen für Abbildungen im Musenalmanach der Chroniken von 1804 dienten.[24] Er, der vorher nie an die ›klassische‹ Vollkommenheit mittelalterlicher Kunst geglaubt hatte, sieht sich angesichts dieser Plastiken eines Besseren belehrt. In ein patriotisches Weltbild zu integrieren war diese Kunst jedoch nach wie vor nur mit Mühe. Ihre Erklärung gerät denn auch bezeichnenderweise ›unnational‹. »Fast könnte man der ohnlängst geäußerten Hypothese beitreten,« schreibt Fiorillo, »daß Sizilianer, von Otto III. nach Deutschland gelockt, diese Werke schafften, die so schön sind, daß man selbst die spätere geschmacklose Bemalung mit Farben darüber gänzlich vergißt« (Deutschland I, S. 77). Der Umweg über das Fremde – natürlich Italien – als direkter Zugang zum Schönen: deutlicher hätte man als Kunsttheoretiker seine Sozialisation nicht darlegen können. Das in Begriffen wie »unaussprechlicher Liebreiz«, »himmlische Sanftmut«, »freundliches Lächeln« usw. zum Nacherleben präsentierte Schöne dieser Stücke ist mit den Werkzeugen einer Ästhetik des Ausdrucks und der Leidenschaft ans Licht gehoben, die den Arbeiten ein Ideal der Zeit um 1800 überstülpt.

Das Erlebnis Naumburgs, wie immer es auch stattgefunden haben mag, mußte aber, selbst wenn man es mit Erklärungen der angeführten Art ins Sche-

22 Sulpiz Boisserée: Tagebücher 1803-54, hrsg. von Hans-J. Weitz, Bd. 1, Darmstadt 1978, S. 137-39.

23 Fiorillo: Fragmente (wie Anm. 5), S. 14.

24 Ludwig Grote: Die Naumburger Stifterfiguren als Almanachschmuck, in: Zeitschrift für Kunstwissenschaft, Bd. 2, 1948, S. 63-66.

ma vertrauter Geschichte zu pressen suchte, dennoch Fiorillos Vorstellung von der Entwicklung der Kunst letztlich zerstören, da es schon seinem Konzept vom Werdegang ästhetischer Ideen und Formen komplett widersprach. Zwar fand der Autor bereits aus der Frühzeit des Mittelalters immer wieder Belege dafür, »daß sich die schönen Künste in Deutschland nie gänzlich verloren haben, daß sie selbst in finstere [!] Klostermauern aufkeimten und hier und dorthin ihre wuchernden Ranken verbreiteten«,[25] doch selbst die in diesem unsäglichen Bild mehr schlecht als recht transportierte Aussage änderte nichts an der gesetzmäßigen Systematik kunstgeschichtlicher Abläufe. Dabei handelt es sich um einen Prozeß des Zusammenfindens inhaltlicher Bedeutung und äußerer Schönheit, wobei letztere als eine die eigentliche Aussage wenig bestimmende Kategorie für die Frühzeit christlicher Kunst nur einen geringen Wert zugesprochen bekommt.[26] Anhand der Architektur Kölner Kirchen demonstriert Fiorillo diesen geschichtlichen Weg. Während in den älteren romanischen Bauten »das Sinnreiche dem Schönen und Erhabenen den Rang ablief«, repräsentiert erst der gotische Dom den vollkommenen Ausgleich der Bereiche (vgl. Deutschland I, S. 399ff. u. S. 402.). Schönheit bleibt nach wie vor das eigentliche Ziel der Kunst. Die Idee von den im Artefakt wirksamen polaren Konstituenten, die je nach Gewichtung nicht nur dessen absolute historische Stellung preisgeben, sondern viel grundsätzlicher noch auch sein Wesen als Früh- oder Spätwerk charakterisieren, war ein typisches Erklärungsmuster der ersten Apologeten alter Kunst. 1815 oder 1817 zeigt Fiorillo sich damit aber nicht mehr ganz auf der Höhe der Diskussion. Höchstwahrscheinlich vermeidet er es auch bewußt, Stellung zu beziehen. Denn es war ja bekanntlich Friedrich Schlegel, der gerade die religiöse Bedeutung oder den Inhalt einer Aussage zur *causa efficiens* des Schönen erklärt hatte und damit den Dualismus von Außen und Innen, Körper und Seele im mittelalterlichen Kunstwerk zu überwinden suchte, der für Fiorillo nach wie vor nötig ist, um ästhetische Debilität in ein insgesamt positives Bild dieser Kunst zu überführen. Doch der versuchte Spagat zwischen klassischer Theorie und moderner Mittelalterbegeisterung war ein aussichtsloses Unterfangen und mußte trotz der Einsicht in die Schwierigkeiten einer solchen Arbeit (vgl. Italien I, S. XVIIf. und Deutschland I, S. XI) ähnlich scheitern wie Boisserées historische Ordnung altdeutscher Malerei, in der gleichfalls Ästhetik und Geschichte nicht zur Deckung gebracht werden konnten. Wie sich dies konkret ausdrückte, zeigt eine Passage aus dem ersten Deutschlandband. Im Abschnitt über Bischof Bernward beschreibt Fiorillo das Retabel der Hildesheimer Michaeliskirche:

25 Fiorillo: Fragmente (wie Anm. 5), S. 24.

26 Ähnlich auch Boisserée: Tagebücher, Bd. 1 (wie Anm. 22), S. 142f. zur altchristlichen Kunst.

»Vielleicht stammt auch aus Bernwards Zeiten die Leidensgeschichte Christi am Altar [...] in vier mittelmäßigen und zwei kleineren Feldern, die so künstlich in Holz geschnitzt sind, daß man sie, besonders wegen der schön gearbeiteten Drapperien, für ein Werk Dürers halten könnte« (Deutschland I, S. 80).

In der kunsthistorischen Systematik Fiorillos entbehrt dieser Satz keineswegs der Logik. Nach wie vor nicht kompatible Welten werden hier zusammengefügt, um damit die Aufwertung des in Frage stehenden Gegenstandes zu betreiben. Für das Verständnis historisch-kritisch arbeitender Forscher ab circa 1830 aber mußte eine solche Aussage von nicht zu übertreffender Paradoxie sein, die ihren Autor schnell ins Abseits geraten ließ und zum wissenschaftlichen Laien stempelte.

Claudia Schrapel

Fiorillos Sicht der ›altdeutschen‹ Kunst und ihre Interdependenzen mit der Kunst und der Kunstbetrachtung des frühen 19. Jahrhunderts

Im folgenden soll versucht werden, einige Aspekte der Behandlung der altdeutschen Malerei durch Johann Dominicus Fiorillo vorzustellen. Grundlage dafür ist die vierbändige ›Geschichte der zeichnenden Künste in Deutschland und den vereinigten Niederlanden‹, die in der Zeit von 1815-20 erschienen ist (Abb. 1a/b).[1] Es soll zunächst das Kapitel über zeitgenössische Malerei[2] näher betrachtet werden, weil einerseits Fiorillos Meinung zur zeitgenössischen Kunst für seine Sichtweise der altdeutschen Kunst wichtig ist und er andererseits in diesem Zusammenhang auch konkrete Aussagen zur altdeutschen Kunst macht. Da Fiorillo an der zeitgenössischen Malerei besonders die Religionsschwärmerei der Nazarener kritisiert und er sich in diesem Zusammenhang sehr persönlich äußert, soll seine eigene Religiosität charakterisiert werden, die außerdem auch seine Meinung zur altdeutschen Kunst beeinflußt. Dann wird an Hand der Beispiele Köln, Nürnberg und der Göttinger Altäre die konkrete Behandlung der altdeutschen Kunst erläutert.

Fiorillos ›Geschichte der zeichnenden Künste in Deutschland und den vereinigten Niederlanden‹ zeichnet sich durch eine sachliche und faktenorientierte Darstellung aus. Seine eigene Meinung tritt hinter das wissenschaftliche Interesse an einer kompilierenden enzyklopädischen Darstellung zurück. Daher kann man seine Sicht der altdeutschen Kunst hauptsächlich über die Auswahl der beschriebenen Kunstgegenstände und Orte erschließen. Eine weitere Möglichkeit bietet seine Einschätzung der altdeutschen Kunst im Zusammenhang mit der Behandlung der zeitgenössischen Malerei. Diese findet sich in dem Kapitel: ›Blicke auf den gegenwärtigen Zustand der Mahlerey, besonders bey den Deutschen‹ im vierten Band seiner Kunstgeschichte. Unter zeitgenössischer Kunst versteht Fiorillo hauptsächlich den ›katholischen Weg der Romantik‹,[3] also die nazarenische Kunst, deren Vorbilder bekanntlich zum einen die frühen

1 Johann Dominicus Fiorillo: Geschichte der zeichnenden Künste in Deutschland und den vereinigten Niederlanden, Hannover 1815-20, 4 Bde. Im folgenden werden die einzelnen Bände mit Fiorillo, Bd. und Jahr abgekürzt zitiert.

2 Blicke auf den gegenwärtigen Zustand der Mahlerey, besonders bey den Deutschen, in: J. D. Fiorillo (wie Anm. 1), Bd. IV, 1820, S. 79-116.

3 Herbert von Einem: Deutsche Malerei des Klassizismus und der Romantik 1760-1840, München 1978, S. 102f.

italienischen Künstler und zum anderen die alten deutschen Meister waren. Die Vorgehensweise dieses Kapitels ist repräsentativ für alle Bände der Kunstgeschichte: Fiorillo legt eine oder mehrere Sekundärquellen zugrunde, die auszugsweise zitiert und durch eigene Anmerkungen ergänzt werden. Für das Kapitel über die zeitgenössische Malerei wurde der Aufsatz ›Von der neu-deutschen religiös-patriotischen Kunst‹ herangezogen, der in dem von Goethe herausgegebenen Band ›Über Kunst und Alterthum in den Rhein- und Mayngegenden‹[4] erschienen ist. Goethe bedient sich hier mit pädagogisch-historischem Impetus der Feder von Johann Heinrich Meyer, wie Werner Busch schreibt.[5] Unterzeichnet ist der Aufsatz mit dem Kürzel der Weimarer Kunstfreunde ›WKF‹. Es soll im folgenden mit Fiorillos Zuweisung an Goethe von dem ›Goetheaufsatz‹ gesprochen werden. Goethe äußert in diesem Aufsatz seine Kritik an der neuen Kunstbewegung mit ihren Vorbildern aus dem Bereich der frühen italienischen und deutschen Kunst. Die altdeutsche Kunst stellt daher immer nur eine Teilmenge dar, wenn Goethe und Fiorillo von den Vorbildern für die ›neu-deutsche religiös-patriotische Kunst‹ sprechen.

Durch die ausführliche Darlegung des ›Goetheaufsatzes‹ am Anfang seines Kapitels über die zeitgenössische Malerei stellt sich Fiorillo auf die Seite derer, die der romantischen Bewegung der Kunsterneuerung durch christliche Motive und mittelalterliche Vorbilder eher kritisch gegenüberstehen. Goethes Meinung über die Kunst des Mittelalters, die sich seit dem Hymnus an Erwin von Steinbach 1772 immer wieder verändert hat, läßt sich für den zu besprechenden Aufsatz kurz zusammenfassen. Die Kunst des 14./15. Jahrhunderts bezeichnet er als naiv und roh, wohingegen die klassizistische Kunst ein schöner Stil der Form und eine schöne klare Darstellung auszeichne. Die romantische Kunst jedoch, die sich an der Kunst des 14./15. Jahrhunderts orientiere, weise eine Magerkeit auf, stelle abstruse und trübsinnige Allegorien dar und hätte gegenüber der klassizistischen Kunst weniger Charakteristisches, Tüchtiges und Kräftiges. Goethe verurteilt die Entwicklung der Kunst unter Verwendung mittelalterlicher Vorbilder: »[…] schwärmerisch wurden die Gemüther entzündet, die bewährtesten Kunstregeln vernachlässigt, und so der Eifer, durch gründliche Studien zur Meisterschaft und klar bewußtem Wirken zu gelangen, immer mehr verkühlet«.[6] Die Distanziertheit Goethes gegenüber den alten Meistern läßt der Tonfall erkennen, mit dem er über die Anfänge der Auseinandersetzung mit den

4 Johann Wolfgang von Goethe: Über Kunst und Alterthum in den Rhein- und Mayngegenden, 1. Bd., 2. Heft, Stuttgart 1817. Im folgenden zitiert nach: Goethes Werke, Weimarer Ausgabe, Bd. 49, 1898 (= Nachdruck dtv, München 1987, S. 23-59)

5 Werner Busch: Kunsttheorie und Malerei, in: Kunsttheorie und Kunstgeschichte des 19. Jahrhunderts in Deutschland. Texte und Dokumente, hrsg. von Wolfgang Beyrodt u.a., Bd. 1, Stuttgart 1986, S. 127.

6 J. W. von Goethe (wie Anm. 4), S. 38.

›Altdeutschen‹ schreibt: »In Deutschland schien damals noch keine sehr merkliche Abweichung vom oben Erwähnten vorgegangen zu sein, nur hatte man seit mehreren Jahren schon angefangen sich mit dem Unannehmlichen der alten Meister, Schöns, Altdorfers und anderer, allmählich auszusöhnen. Dürern wurden seine Härten verziehen, Holbeins Ansehen stieg ungefähr in ähnlichem Verhältnis, auch Lucas Cranach erwarb Gönner und Freunde«.[7]

Fiorillo übernimmt in seiner Kompilation nicht die offene Kritik Goethes an der neuen Kunstrichtung, sondern versucht erst einmal, an Hand der von Goethe gebotenen Fakten einen Teil der Geschichte der neuen Kunstbewegung zusammenzustellen.

Im zweiten Teil verläßt Fiorillo Goethes Aufsatz und bringt für die weiteren Ausführungen einen anonymen Freund ein, dessen Identifizierung noch zu leisten ist. Als Vorschlag wäre an Johann Friedrich Böhmer zu denken, von dem ein Briefentwurf an Fiorillo vom 13. September 1820 erhalten ist, der einen vergleichbaren Tonfall aufweist.[8] Von ihm übernimmt Fiorillo in Zitaten die Vorstellung und Bewertung der zeitgenössischen Künstler. Der Freund hat selbst eine Weile in Rom gelebt und die meisten Nazarener persönlich gekannt und stellt deshalb eine zuverlässige Quelle dar. Bei den Künstlern, die Fiorillo ergänzend anfügt, fehlt eine wertende Darstellung, es werden lediglich die Werke aufgezählt.

Als weiteren Gewährsmann benutzt Fiorillo Friedrich Schlegel. Er gibt aus dessen ›Dritten Nachtrag alter Gemälde‹, der in der Zeitschrift ›Europa‹[9] erschienen ist, einige Passagen unkommentiert wieder. Schlegel ruft dort zur Nachahmung der alten deutschen Meister auf: »Sicherer bliebe es, ganz und gar den alten Mahlern zu folgen, besonders den ältesten, und das einzig Rechte und Naive so lange treulich nachzubilden, bis es dem Auge und Geiste zur andern Natur geworden wäre. Wählte man dabey besonders mehr den Styl der altdeutschen Schule zum Vorbilde, so würde beydes gewissermaßen vereinigt seyn, [...]«.[10] Auch Goethe führt diesen Aufsatz an, meint aber, daß selbst die patriotischsten Kunstrichter Schlegels überschwenglichen Lobsprüchen nicht zustimmen könnten.[11] Dadurch, daß Fiorillo seinerseits ganze Passagen des Schlegel-

7 Ebenda, S. 31.

8 Stadt- und Universitätsbibliothek Frankfurt/M.: Ms Ff. J. F. Böhmer 1 K 5 F Nr. 56; siehe Achim Hölter: Zwischen zwei Welten: Giovan Domenico Fiorillo, Mitbegründer der deutschen Kunstgeschichte, in: Renaissance in der Romantik, hrsg. von M. Boetzkes/G. Unverfehrt/S. Vietta, Hildesheim 1993, S. 28. Nach seinem Studienaufenthalt 1814 in Göttingen, wo er Jura studierte und durch Fiorillo in die Kunst eingewiesen wurde, hielt sich Böhmer 1817 für ein Jahr in Italien auf.

9 Friedrich Schlegel: Europa. Eine Zeitschrift, 2. Bd., 2. Heft, Nr. 6, 1805, S. 109 ff.

10 Fiorillo, Bd. IV, 1820, S. 87.

11 J. W. von Goethe (wie Anm. 4), S. 38.

aufsatzes kommentarlos zitiert, glaubt man ihn in diesem Absatz auf der Seite der Romantiker.

Erst zum Schluß der Ausführungen nimmt Fiorillo persönlich Stellung. Es handelt sich dabei um eine der wenigen Passagen in seiner Kunstgeschichte, die etwas von seiner eigenen Meinung und somit auch seiner Persönlichkeit verraten. Wie noch zu zeigen ist, konnte nur ein besonderes Anliegen Fiorillo dazu bewegen, von seiner kompilierenden Vorgehensweise abzuweichen.

An einer Bemerkung in dem von ihm zitierten Brief des anonymen Freundes, daß zur Zeit nur die Deutschen in der Lage seien, die christliche Kunst des Mittelalters anzuerkennen und die Italiener »zu einer tieferen Erkenntniß noch nicht herangereift sind«,[12] entzündet sich bei Fiorillo ein Vergleich zwischen den beiden Nationen in Bezug auf ihre Religiosität. Er schreibt: »Nun läßt sich aber in der That nicht einsehen, wie Protestanten [...], die, vermöge ihrer Glaubenslehre, eine Menge dieser Dinge verwerfen, ja, sie für Aberglauben und beynahe für Idolatrie ansehen müssen; – die von den sieben Sacramenten des katholischen Glaubens nur zwey anerkennen; – die die Beichte und letzte Oehlung wohl gar lächerlich finden; die die Gebote der katholischen Kirche nicht achten; aus dem Papst einen Antichrist gemacht haben und machen; – wie diese Protestanten tiefere Einsichten gehabt haben, und wie diese tieferen Einsichten nur der deutschen Nation eigentühmlich angehören sollen?«[13] – Fiorillo steht der Religiosität der deutschen und ursprünglich protestantischen Nazarener höchst kritisch gegenüber. Er bezweifelt die Ernsthaftigkeit der Beschäftigung mit den christlichen Inhalten und beargwöhnt besonders ihre Glaubensimitatio der Künstler des Mittelalters. Den Grund dafür sieht er in der Tatsache, daß es sich bei den Künstlern um Protestanten handelte, die erst später zum Katholizismus konvertiert waren. In dieser Sache bezweifelt Fiorillo vor allen Dingen die Möglichkeit, daß ein geborener Protestant in relativ kurzer Zeit solch tiefe Wurzeln im katholischen Glaubensdogma geschlagen haben sollte. Daher unterstellt er ihrer Konvertierung viel Schwärmerei und wenig ernsthafte Überzeugung. In einem anderen Abschnitt vertieft Fiorillo das Thema: »Sollte denn ein deutscher Protestant das Wunder der Messe zu Bolsena, die sieben Sacramente, die Geschichte und Mysterien der Mutter Gottes, die Gesetze der Kirche und die unzähligen Wunder des heiligen Franciscus, Antonius, Dominicus u.s.w. mit tieferer, religiöser Überzeugung wirklich empfinden und darstellen, als ein italiänischer Catholik?«[14] Auch wenn alle Künstler ›Proselyten‹ wären, so Fiorillo, könnten sie in ihrer Frömmigkeit und Einsicht nicht mit einem ›geborenen Catholiken‹ mithalten.[15]

12 Fiorillo, Bd. IV, 1820, S. 100.
13 Ebenda, S. 101f.
14 Ebenda, S. 102f.
15 Ebenda, S. 103.

Als Sohn italienischer Eltern in Hamburg geboren und dort römisch-katholisch in St. Ansgar[16] getauft, war Fiorillo während seiner langjährigen Ausbildung in Italien sicher auch katholisch erzogen worden und konnte sich daher mit Fug und Recht als geborener ›echter‹ Katholik bezeichnen. Einen größeren Gegensatz als zwischen dem römisch-katholischen Italien und Göttingen, das in den Augen der katholischen Kirche lange Zeit etwa der gleichen Missionsstufe entsprach wie Indonesien, kann man sich kaum denken. In Deutschland und besonders im protestantischen Göttingen gab es für einen gläubigen Katholiken kaum eine angemessene Form, den Katholizismus zu praktizieren. Es ist an dieser Stelle vielleicht von Nutzen, die Situation der Katholiken in Göttingen näher zu beleuchten und so ein besseres Licht auf die Umstände zu werfen, mit denen sich Fiorillo im Norden Deutschlands konfrontiert sah.

Erst durch die Gründung der Universität im Jahre 1734 war es in Göttingen möglich geworden, den katholischen Glauben auszuüben. Obwohl in den Gründungsunterlagen betont wird, daß es sich um eine evangelische Universität handelt, sollte gleichzeitig erreicht werden, daß Studenten aller Nationen und Religionen das Studium in Göttingen aufnehmen konnten, was neben dem Ruf der Universität gewiß auch wirtschaftliche Gründe hatte. Besonders wohlhabenden Studenten aus dem Ausland sollte ermöglicht werden, ihren Glauben zu praktizieren.[17] Das Toleranzreskript des Hannoverschen Kurfürsten vom 9. April 1746 zeigt jedoch, in welch zurückhaltendem Rahmen dies stattfinden sollte: »[...], wenn einer oder mehrere Catholische welche einen Geistlichen ihrer Religion halten können und wollen, sich Studirens halber aldort einfinden und aufhalten, ihnen vergönnet seyn solle, durch solchen Geistlichen, der ausser beym Gottes-Dienst in weltlichen Kleydern einher zu gehen haben wird, in einem privat-Hause und in der Stille Meße lesen, und dabey andere zur Universitaet gehörige Personen mit zuzulaßen; [...]«.[18] Zum gleichen Thema berichtet ein Augenzeuge über das ab 1751 zum Gottesdienst angemietete Haus in der Barfüßerstaße: »Ich habe selbst gesehen, daß sehr vornehme Catholische Studiosos, theils aus Mangel des Raumes, mehr aber aus Gefahr, in diesem baufälligen Hause, im fall es einbrechen mögte, erdrückt zu werden, auf dem Miste

16 Römisch-katholische Kapelle, Taufregister der Kaiserlichen Gesandtschaft, siehe Marianne Menze: J. D. Fiorillos Weg in die Kunstgeschichte, Hausarbeit MA, Göttingen 1987, Anm. 3, S. 89.

17 Sabine Wehking: »Ein jeder darf sich gleichen Rechts erfreu'n [...]«. Die Geschichte der Katholischen Kirche in Göttingen 1746-1990. Studien zur Geschichte der Stadt Göttingen, Bd. 17, Göttingen 1992, S. 4.

18 Ebenda, S. 6; Toleranzreskript vom 9. April 1746, Stadtarchiv Göttingen, AA Kirchensachen: Katholische Kirche Nr. 1 u. Uni A Gö Kuratorialakten, 10d Katholische Kirche, Nr. 1.

gestanden, und die Meße abgewartet haben«.[19] Erst 1786 konnte nach Kollektensammlungen in den Hansestädten und in Österreich der Bau eines eigenen Kirchengebäudes in Angriff genommen werden, das am 26. September 1789 feierlich eingeweiht wurde (Abb. 2).[20] Im Zuge der Errichtung des Königreichs Westphalen unter Jérôme Bonaparte erhielt auch die Göttinger Gemeinde mehr Privilegien, wie z.B. das Stolrecht, die sie mit dem Rückfall an Hannover 1813 jedoch wieder einbüßte.[21] Erst am 18. Juli 1825, vier Jahre nach dem Tod Fiorillos, wurde die Göttinger Missionsstation durch den Hildesheimer Bischof Franz Egon von Fürstenberg in den Stand einer Pfarrei erhoben und der Diözese Hildesheim zugeordnet.[22] Interessanterweise hat Fiorillo 1817 den zweiten Band seiner Kunstgeschichte dem Fürstbischof gewidmet (Abb. 1).

Soviel zu den äußeren Bedingungen der Katholiken in Göttingen, die vielleicht schon durch ihren Kontrast zu der allgemein bekannten Pracht und dem Ansehen des Katholizismus in Italien erklären, warum Fiorillo sich nicht mit der Gemeinde identifizieren konnte, obgleich seine engagierten Äußerungen dies hätten vermuten lassen. Die Nachforschungen in den Kirchenbüchern von St. Michael ergaben keinerlei Hinweise auf Aktivitäten Fiorillos für die katholische Gemeinde. Allerdings weisen sie auch nur Kirchenvorstandsmitglieder und Spenden nach, wobei mit Spenden in Anbetracht von Fiorillos chronischem Geldmangel, der sich in seinen Bittbriefen an die Verwaltung dokumentiert, ohnehin nicht zu rechnen gewesen wäre. Seine drei in Göttingen geborenen Söhne wurden in evangelischen Kirchen getauft, Friedrich Ignatius 1783 und Ferdinand 1785 in St. Jacobi, Otto Centurius 1792 in St. Johannis. Doch auch diese Fakten sind in Bezug auf Fiorillos Religiosität nicht überzubewerten, da vor 1808 nur die lutherischen Pfarrer das Stolrecht hatten. Erst danach kam in Göttingen die Regelung ›ubi sponsa ibi proclamatio et copulatio‹ zum Tragen, verbunden mit der Regelung, die männlichen Nachkommen im Glauben des Vaters zu erziehen und die weiblichen in dem der Mutter.[23] Alle Eintragungen nach 1808, die Fiorillo und seine Familie betreffen, finden sich in den Kirchenbüchern der katholischen Kirche St. Michael. So sind dort die Eintragung des Todes von seinem Sohn Raphael, ebenso wie der Tod seiner Ehefrau Sophie, die Heirat mit Elisabeth Struck und sein eigener Tod verzeichnet. Bei der Eintragung in der Göttinger Bürgeraufnahme steht ausdrücklich, daß er katholisch war. Obgleich man aufgrund dieser Eintragungen Fiorillos Religio-

19 Ebenda, S. 13, Schreiben vom 28. Januar 1765, Uni A Gö, Kuratorialakten, 10d Katholische Kirche Nr. 1.

20 Ebenda, S. 23ff.

21 Ebenda, S. 38f.

22 Ebenda, S. 47.

23 Ebenda, S. 55.

sität nicht greifen kann, scheint in Göttingen schon die Tatsache, nicht aus der Kirche ausgetreten zu sein, für eine nicht unbedeutende Affinität zum Katholizismus zu sprechen. Es liegt auch nicht fern zu vermuten, daß die Zugehörigkeit zur katholischen Kirche negative Auswirkungen auf eine Universitätskarriere hätte haben können. Denn wie einer Regierungsempfehlung aus Hannover an die Universität zu entnehmen ist, sollte bei der Anstellung von Bediensteten darauf geachtet werden, daß sie nicht katholisch seien.[24]

So kommt der durch die jahrelange Konfrontation mit dem norddeutschen Protestantismus belehrte Fiorillo schließlich zu der Erkenntnis: »Daß der einfachste Bürger und Handwerker in Oestreich, Bayern usw. selbst in seiner Werkstätte gern ein Marienbild, oder sonst einen Heiligen hängen hat, ist eine bekannte Sache: in Norddeutschland und Niedersachsen wird noch viel Zeit vergehen müssen, bis es dahin kommt!«[25]

Die Äußerung des Freundes, daß die Italiener die mittelalterliche Kunst und damit verbunden auch die religiösen Inhalte weniger gut verstünden als die Deutschen, die bei Fiorillo zu einer Aufteilung in katholische Italiener und protestantische Deutsche geführt hat, deutet auch auf die persönliche Zwiegespaltenheit Fiorillos hin. Obgleich er selbst immer wieder betont, daß er sich ganz als Deutscher fühle und die deutsche Kunst als vaterländische bezeichnet, ergreift er in diesem Zusammenhang für Italien Partei. Dieser unterdrückte Konflikt und die ständigen Frustrationen in Bezug auf Fiorillos Katholizität im protestantischen Göttingen sind als Gründe dafür anzusehen, derart Position zu beziehen und aus eigener Überzeugung die neue Kunstrichtung in Frage zu stellen. Fast war es ihm im nachhinein selbst unheimlich, so deutlich seine Meinung gesagt zu haben, denn er entschuldigt sich am Ende des Kapitels umständlich: »Sollte ich irgend Jemanden durch mein offenherziges Bekenntniß gekränkt haben, so thut es mir sehr leid; aber ich konnte mich dabey nicht benehmen, wie andere, die immer um die Sache herum gehen«.[26] Für seine Meinungsbildung über die Nazarener spielte es eine Rolle, daß er sich selbst aufgrund seiner eigenen Katholizität, weniger als aktiver, denn als ›geborener Katholik‹ legitimiert und befähigt sieht, über ihre Religiosität zu urteilen.

Fiorillos Einstellung zur Gläubigkeit in Deutschland besonders im Norden hat auch Auswirkungen auf seine Kunstbetrachtung. In Zusammenhang mit den Ausführungen über die Kunst in Hessen und Thüringen kommt Fiorillo auf die Heilige Elisabeth zu sprechen. Er bezeichnet sie als fromme Schwärmerin: »Religionsschwärmerei soll sie nach den Behauptungen der mehrsten von der Seite Ludwigs zum Gebete gezogen haben«[27] und schreckt auch nicht davor

24 Ebenda, S. 7.
25 Fiorillo, Bd. IV, 1820, S. 116.
26 Ebenda, S. 106.
27 Fiorillo, Bd. I, 1815, S. 432.

zurück, das Verlassen ihres Mannes mit einem möglichen Ehebruch in Verbindung zu bringen: »Ob sie an den sinnlichen Freuden der Ehe überhaupt keinen Geschmack gefunden hat, oder ob eine geheime, feurigere Liebe als die legitime, sie aus dem Bette zog, darüber finden sich in der Geschichte nur zweideutige Spuren«.[28] Wenn man auch davon ausgehen muß, daß es sich bei dieser Charakterisierung der heiligen Elisabeth nicht um Fiorillos eigene Idee handelt, sondern wieder einmal eine Sekundärquelle zugrunde liegt, so hätte auch die Möglichkeit bestanden, durch die Wahl einer anderen Quelle ein positiveres Licht auf die Heilige zu werfen. Aus dieser Darstellungen erkennt man jedoch unschwer, daß Fiorillo die nordische Heilige nicht anerkennt.

In diesen Zusammenhang gehört noch die Beschreibung eines Altars zu Thossen, der die heilige Elisabeth, den heiligen Martin und die Mutter Gottes mit dem Jesuskind im Typus der Mondsichelmadonna zeigt. Die nur fragmentarisch erhaltene Inschrift unter Maria und Jesus ergänzt Fiorillo folgendermaßen: »Maria Om vestra est, Yr nostra est vestra« und übersetzt: »Maria ist euere Om, und unsere und euere Yr«, wobei Om und Yr die wendischen Göttinnen der Sonne und des Mondes bedeuten sollen.[29] In demTypus der Mondsichelmadonna, die auf einem halben Mond steht und von Strahlen umgeben ist, sieht Fiorillo die Möglichkeit, Maria als Verbindung der heidnischen Sonnen- und Mondgöttin zur Bekehrung der Heiden darzustellen.

Auf der anderen Seite zweifelt Fiorillo aber nicht an dem tiefen Glauben und der religiösen Absicht der alten, vorreformatorischen Meister in Italien und in Süddeutschland, wie eine Äußerung zeigt, die im Zusammenhang mit den Vorbildern der nazarenischen Kunst steht: »Die erste Veranlassung der neuen Kunst gründet sich auf die genaue Betrachtung von Kunstwerken, die aus einer ächten und strengen katholischen Zeit herrühren, sowohl in Italien als am Rheine. Die meisten jener Gegenstände sind theils aus dem alten und neuen Testament, theils aus frommen Legenden von Heiligen, Märtyrern, Wundern u.s.w. hergenommen und mit treuer Nachahmung der Natur verbunden. Aus ihnen spricht ein so fester religiöser Glaube, daß man diesen Werken deutlich ansehen kann, daß die Künstler dasjenige wahrhaft und wirklich glaubten, was sie darstellten. Wir wissen aus der Geschichte, daß mehrere unter ihnen ihre Arbeiten so innig mit der Religion vereinten, daß sie, ehe sie begannen, Andacht und Gebete verrichteten, ja viele selbst kein Werk anfiengen, wenn sie nicht vorher gebeichtet und das h. Abendmahl genossen hatten. Sie machten sich dann in frommer Meditation an die Arbeit, und glaubten in ihrer Begeisterung die Mutter Gottes, das Kind Jesus und andere Heilige, die ihnen sogar

28 Ebenda, 1815, S. 432.

29 Ebenda, 1815, S. 433. Thossen bei Plauen, Sachsen; vgl. Hartenstein, R. J., Die Thossener Kirche, ihr Flügelaltar und die im Jahr 1954 freigelegten Wandmalereien, Plauen o. J. (1962; = Museumsreihe 24).

hülfreiche Hand leisteten, vor ihren Augen zu sehen, oder sahen sie vielmehr wirklich!«[30] Diese Sicht des »gebenedeiten Kunstheiligen« bezieht Fiorillo meines Erachtens direkt von den italienischen Vitenschreibern der Renaissance[31] und nicht etwa über den Umweg der Romantiker, denen Fiorillo in diesem Punkt keine kompetenten Äußerungen zutraut. Vielleicht könnte man hier sogar so weit gehen, eine Einflußnahme Fiorillos auf die Frühromantiker zu vermuten.

Doch zurück zur Abhandlung über die zeitgenössische Malerei. Neben dem Zweifel an der Religiosität der Nazarener kritisiert Fiorillo auch die Wahl der Vorbilder aus der frühitalienischen und altdeutschen Kunst, die eine Erneuerung der Kunst bewirken sollen. Grundsätzlich befürwortet er christliche Themen. Als Vorbilder empfiehlt er jedoch die Antike: »Sollte man, wenn das auflodernde Feuer der Jugend etwas gemildert oder verraucht ist, nicht einsehen, daß man das Vorzügliche dieses Strebens, nämlich das fromme, religiöse Gefühl sehr gut mit dem Studio der Antike verbinden, und dadurch der Religion selbst eine noch höhere Würde geben könne, die doch nicht bloß in Frömmeley besteht, sondern einen weit erhabeneren, mächtigeren und tiefer eindringenden Zweck hat!«[32] Diese Empfehlung gründet sich auf die Prinzipien, die Fiorillo in seiner eigene Ausbildung in Italien erlernt hat und die er mit seiner Accademia del Nudo auch in Göttingen umsetzen wollte.

Zu der Problematik, die »alten Mahlereyen« als Vorbilder für die neue zeitgenössische Kunst zu verwenden, schreibt Fiorillo, daß »eben jene alten Bilder, jene alten Mahlereyen, die den neuen Sinn erweckt haben, gegen die untrüglichen Gesetze der Natur fehlen. Sie sind flach; von einer Degradation, von einem geschlossenen Licht ist nicht die geringste Spur zu finden; die Draperien sind, ungeachtet der brillantesten Farben, nicht das Werk eines Malers, sondern eines Färbers; da erscheint kein Begriff von der Lehre der Farben, kein Unterschied zwischen Colorieren und Colorit!«[33] Die Kriterien erinnern an die Kritikpunkte des Goetheaufsatzes. Fiorillo beurteilt die altdeutsche Kunst, wenn es darum geht, sie als aktuelles Vorbild zu verwenden, so wie zuvor die Antike als direktes Vorbild gedient hat, mit den Maßstäben, die er in seiner Ausbildung an den verschiedenen Kunstakademien erlernt hat. Als Vorbild für

30 Fiorillo, Bd. IV, 1820, S. 101.

31 Bei Vasari, den Fiorillo wohl in- und auswendig kannte, heißt es über Fra Angelico (Bd. II/1): »Einige sagen, Fra Giovanni habe nie den Pinsel in die Hand genommen, ohne vorher gebetet zu haben, und nie ein Cruzifix gemalt, ohne daß ihm die Tränen über die Wangen strömten«; zitiert nach dem Nachdruck der ersten deutschen Gesamtausgabe Giorgio Vasari: Leben der ausgezeichnetsten Maler, Bildhauer und Baumeister von Cimabue bis zum Jahre 1567, Stuttgart/Tübingen 1832-48, Nachdruck Wernersche Verlagsgesellschaft, Darmstadt 1988, S. 327.

32 Fiorillo, Bd. IV, 1820, S. 103f.

33 Ebenda, S. 104f.

die zeitgenössische Kunst kann und will Fiorillo die altdeutsche Kunst nicht akzeptieren: »Man muß die altdeutschen Gemählde nicht gering schätzen, sondern in ihrer Art bewundern; aber man muß sie auch nicht, wie von Vielen geschehen ist, über alles Andere erheben!«[34] Die Unzulänglichkeiten, die Fiorillo der altdeutschen Kunst vorwirft, beschränken sich nicht nur auf ihre Vorbildfunktion, sondern sind auch Punkte, die ihm bei der direkten Beurteilung ins Auge fallen. Fiorillo kann die altdeutsche Kunst nur eingeschränkt »in ihrer Art« bewundern. Die daraus resultierende Kritik an der altdeutschen Kunst scheint sich nicht mit dem Inhalt der drei vorangehenden Bände über die deutsche Kunst zu decken. Denn dort werden die mittelalterlichen Werke zumeist sehr positiv gewürdigt. So heißt es zum Beispiel im Zusammenhang mit dem Lochneraltar in Köln: »[...] die Blühte der Anmuth ist diesem beglückten Meister erschienen, er hat das Auge der Schönheit gesehen, und von ihrem Hauch sind alle seine Bildungen übergossen. So *allein*, wie Raphael, der Maler der Lieblichkeit, unter den Italiänern steht, so *einzig* ist dieser unter den Deutschen«.[35] Wie im folgenden noch zu zeigen ist, handelt es sich bei dieser Formulierung um ein wörtliches Zitat von Friedrich Schlegel. Daß es nicht Fiorillo selbst war, der dies formulierte, erklärt die Diskrepanz zwischen der kritischen Sicht der altdeutschen Malerei auf der einen Seite und den literarischen Lobeshymnen auf der anderen Seite.

Warum sich Fiorillo aber trotz seiner eingeschränkten Akzeptanz so umfassend um die Erforschung der altdeutschen Kunst gekümmert hat, macht das folgende Zitat deutlich: »Ich habe nach meinen Kräften zum Vortheil der vaterländischen Kunst beygetragen, und bewiesen, daß Deutschland im Mittelalter in allen Gattungen Künstler besaß, welche den Künstlern anderer Nationen nicht nachstanden, und den Franzosen und Italiänern dadurch den thörigen Glauben benommen, als ob Deutschland damals nur ein Wohnplatz wilder Thiere gewesen sey«.[36] Aus diesen Zeilen spricht der aufklärerische Anspruch, den Fiorillo mit seiner enzyklopädischen Kunsthistorie verfolgt hat.

Es soll nun an einigen ausgewählten Beispielen Fiorillos Darstellung altdeutscher Kunst vorgestellt werden. Da Fiorillo immer wieder der Vorwurf einer mangelnden Aktualität gemacht wird, sollen Beispiele gewählt werden, die im Rahmen der romantischen Bewegung diskutiert wurden, um zu zeigen, daß seine Ausführungen durchaus den aktuellen wissenschaftlichen Diskurs berücksichtigten. Bei obiger Fragestellung bietet sich zuerst die Kunstgeschichte Kölns an, dessen altdeutsche Malerei durch die Brüder Boisserée bekannt wurde. Für die allgemeine Geschichte der Stadt und die Beschreibung der Bauten übernimmt Fiorillo viele Passagen von Carl Ritter: ›Die Ruinen am Rhein‹, ein

34 Ebenda, S. 116.

35 Fiorillo, Bd. I, 1815, S. 416.

36 Fiorillo, Bd. IV, 1820, S. 105f.

Aufsatz von 1808, der 1810 im 37. Heft des ›Rheinischen Archivs für Geschichte und Litteratur‹[37] erschienen war.

In bezug auf die altdeutschen Malereien Kölns benutzt Fiorillo den Aufsatz von Friedrich Schlegel im 2.Heft des 2. Bandes der Zeitschrift ›Europa‹: ›Dritter Nachtrag alter Gemählde‹.[38] Er übernimmt dabei wörtlich den Abschnitt, der die Kölner Malerei betrifft. Fiorillo erklärt seine Beweggründe in einer Anmerkung: »Man wird es uns nicht verargen, daß wir seine trefflichen Bemerkungen über die alten Mahlereien in Cölln fast wörtlich eingerückt haben, da sie einen feinen Beobachter verrathen und die Wärme, die darin herrscht, unverdächtig ist«.[39] Nach einigen allgemeinen Bemerkungen über die Kölner Malerei beginnt Schlegel eine ausführliche Beschreibung dreier Gemälde, von denen zwei in den zu besprechenden Zusammenhang gehören. Über das erste Bild heißt es: »Die Krone von allen ist ein großes Bild in drei Abtheilungen, sehr reich an Figuren in voller Lebensgröße, auf Goldgrund, welches ehedem in der Kapelle des Rathauses befindlich war. Das Mittelstück stellt die Anbetung der heiligen drei Könige dar, auf dem Seitenflügel rechts der heil. Geryon und seine Kriegsgesellen, auf dem linken die heil. Ursula nebst ihren Jungfrauen und dem heiligen Aetherius, ihren Geliebten, im Hintergrund die Bischöfe St. Kunibertus und St. Severinus; [...]«.[40] Es handelt sich bei dem beschriebenen Bild um das Dombild von Köln, das heute im allgemeinen Stefan Lochner zugeschrieben wird. Schlegel stellt dieses Bild über alle anderen und lobt den »wunderbaren Fleiß der Ausführung und die Farbenpracht«. Was das Bild aber unter allen anderen auszeichnet, ist, so Schlegel, daß es entworfen wurde »im Geist und unter der Begünstigung göttlicher Liebe«. Er stellt das Bild wegen seiner Anmut über die Werke Dürers, Holbeins und der van Eycks. Für die weitere Beschreibung wird der Vergleich zur ›Sixtinischen Madonna‹ und der ›Transfiguration‹ von Raphael gezogen.[41]

Für die Frage nach Fiorillos eigener Bewertung der altdeutschen Malerei bringen die eigentlich ausführlichen und wertenden Darlegungen über das Dombild also wenig. Man kann nur sagen, daß Fiorillo sich mit den Ausführungen Schlegels im großen und ganzen identifiziert oder zumindest dessen Meinung so hoch schätzt, daß er sie ungekürzt wiedergibt. Dem eigenen Stil Fiorillos entspricht eine derartige Formulierung aber nicht. Selbständig tätig wird er, als es um die Frage nach dem Meister des Bildes geht. Wo sich Schlegel 1805 noch damit zufrieden gibt, daß »der Name dieses glücklichen Meisters un-

37 S. 199-221, hrsg. von N. Vogt / J. Weitzel.

38 F. Schlegel (wie Anm. 9), S. 132-42.

39 Fiorillo, Bd. I, 1815, S. 414, Anm. a).

40 F. Schlegel (wie Anm. 9), S. 134; Fiorillo, ebenda, S. 415.

41 F. Schlegel, ebenda, S. 135f.; Fiorillo, ebenda, S. 416f.

bekannt ist, da dies die Art der altdeutschen Zeit war«, sucht Fiorillo nach einer Quelle, die eine Zuschreibung ermöglicht und schreibt: »Ich bin so glücklich gewesen, den Namen und die Zeit eines Cöllner Künstlers aufgefunden zu haben, der wahrscheinlich der Urheber jenes Gemähldes gewesen ist. In den Annalen der Dominicanermönche zu Frankfurt, die Senkenberg ans Licht gestellt, ist beim Jahr 1380 folgendes bemerkt: ›Eodem tempore 1380 Coloniae erat pictor optimus, cui non fuit similis in arte sua, dictus fuit WILHELMUS, depingit enim homines quasi viventes‹«. Und weiter: »Freilich ist aber auch diese Nachricht des guten Dominicanermönchs die einzige, die mir bei den fleißigsten Nachforschungen über die cöllnischen Mahler vorgekommen ist«.[42] Das Zitat zeigt, daß sich Fiorillo von dem Schlegeltext löst, sobald es um nachweisbare Fakten geht, die mittels der Diplomatik erarbeitet werden können. Er verwendet die ihm zur Verfügung stehenden Quellen, um einen möglichen Meisternamen nachzuweisen. Auch wenn heute allgemein angenommen wird, daß es sich bei dem Künstler des Altars um Stefan Lochner handelt, so beruht diese Zuschreibung im wesentlichen ebenfalls nur auf der Verbindung des Altarretabels und der Bemerkung Dürers in seinem ›Tagebuch der Reise in die Niederlande‹, er habe in Köln eine gewisse Geldsumme ausgegeben, um »die Tafel von Meister Steffan« sehen zu können. Der von Fiorillo erwähnte Meister Wilhelm wird auch in der Limburger Chronik hervorgehoben, mit einem deutschen Text, der mit dem von Fiorillo zitierten in engem Zusammenhang zu stehen scheint. Die neuere Forschung hat in den Kölner Urkunden einen Maler Wilhelm von Herle für die Zeit zwischen 1358-72 finden können.[43] Für einen Magister Wilhelmus ist überliefert, daß er eine Miniatur für das Eidbuch der Stadt Köln 1370 gemacht hat, die allerdings heute verloren ist. Obwohl sich Fiorillos Zuschreibung in der Forschung nicht durchsetzen konnte, ist ihm doch das Verdienst zuzurechnen, den Namen des Meister Wilhelmus in die Forschung über die Kölner Malerei eingebracht zu haben.

Eine weitere interessante Quelle für Fiorillos Darstellung ›altdeutscher‹ Kunst bieten seine Beschreibungen der Göttinger Altäre, die er 1803 unter dem Titel ›Bemerkungen über die alten Mahlereyen in den Kirchen zu Göttingen‹ in seinen ›Kleinen Schriften artistischen Inhalts‹ veröffentlicht hat. Diese Ausführungen sind deshalb so interessant, weil Fiorillo weder für die Beschreibung, noch für die Bewertung Vorbilder zur Verfügung gestanden haben. Er betont selbst seine eigene ausführliche Autopsie und schreibt, er habe »dieses Bild mehrere Stunden mit der größten Aufmerksamkeit betrachtet«.[44] Die Ausfüh-

42 Fiorillo, ebenda, S. 417f. und S. 418, Anm. a).

43 R. Budde: Köln und seine Maler 1300-1500, Köln 1986, S. 31.

44 J. D. Fiorillo: Kleine Schriften artistischen Inhalts, 2 Bde., Göttingen 1803 und 1806, Bd. I, S. 348.

rungen beginnen mit einer Beschreibung des Altars, seines gesamten Aufbaus und der einzelnen Szenen, wobei die darunter befindlichen Inschriften dokumentiert werden. Außerdem werden die Materialien und der Erhaltungszustand angegeben. Darauf folgt die Bewertung der Malereien. Über die äußeren Flügel heißt es: »Wiewohl die Zeichnung, vorzüglich in den Händen und Füßen sehr fehlerhaft ist, so entdeckt man dennoch eine gewisse Kühnheit in der Führung des Pinsels, und viel Ausdruck, besonders in den Gesichtszügen des Hermogenes im dritten Felde«[45] (Abb. 3). Für die Malereien der ersten Wandlung schreibt Fiorillo: »Das Ganze ist mit vielem Fleiß, ohne ängstliche Ausführung behandelt, da überall ein geübter Pinsel hervorleuchtet, und die Haare an den Bärten, wie auch andere Theile, mit gehörig dreisten Pinselstrichen und Zügen vollendet sind. Die Zeichnung ist zwar durchaus, vornehmlich aber in den Extremitäten, d. h. den Händen und Füßen vernachlässigt; mit dem Allen finden sich gewisse Physiognomien, die einen sprechenden Ausdruck besitzen«.[46] Abschließend heißt es: »Das ganze Werk besitzt trotz seinem vierhundertjährigen Alters eine unglaubliche Lebhaftigkeit, und es ist zu wünschen, daß man alle Vorsorge gebrauchen möge, um es unversehrt der Nachwelt aufzubewahren«.[47] Die Malereien des Barfüßeraltars bewertet Fiorillo geringer als die des Jacobialtars: »Was die beschriebenen Mahlereyen betrifft, so stehen sie denen in der St. Jacobus Kirche, an Vollkommenheit weit nach; die Zeichnung ist incorrekt, die Physiognomien haben keinen Ausdruck, die Stellung der Figuren ist ohne Leben, und die Umrisse sind mit schwarzen Farben angedeutet«.[48] Hinter dieser Beurteilung stehen die Wertmaßstäbe seiner akademischen Ausbildung in Italien und so das Streben nach korrekter Zeichnung, ausdrucksvollen Physiognomien, gestaffelten beziehungsweise arrangierten Figurengruppen und Umrissen, die keiner Rahmung bedürfen und Ähnliches.

Man könnte sich sicher vorstellen, daß eine etwas ›romantisch‹ gefärbte Beschreibung nicht die »incorrekte« Zeichnung getadelt hätte, sondern die einfache, bescheidene Darstellung gelobt und das Fehlen der gestaffelten Gruppen als Verzicht auf aufwendige und täuschende Gestaltung gewertet hätte. Fiorillo jedoch läßt in seinen Formulierungen keine Bewertung erkennen, die mit einer romantischen Sichtweise zu vergleichen wäre, sondern legt die ästhetischen Maßstäbe der Kunstakademien zugrunde.

Im zweiten Band der Geschichte der Malerei (1817) gibt Fiorillo eine Zusammenfassung der Kunstentwicklung im 15. und 16. Jahrhundert. Seine Ausführungen zur altdeutschen Malerei sollen hier vollständig zitiert werden. Gerade

45 Ebenda, S. 346f.
46 Ebenda, S. 347.
47 Ebenda, S. 349.
48 Ebenda, S. 354.

im Vergleich mit den Kriterien, die bei der Bewertung der Göttinger Altäre verwendet wurden, wird deutlich, daß hier gänzlich andere Maßstäbe angelegt wurden.

»Die altdeutsche Mahlerei ist noch so gut als völlig unbekannt; doch können wir mit Gewißheit annehmen, daß sie der Mahlerei anderer Völker nicht nachstand. Die ältesten deutschen Mahler waren ebenfalls Geistliche, welche der Mahlerei eine religiöse Bestimmung gaben, und sie weit ernsthafter, wichtiger und ehrwürdiger als die Künstler späterer Jahrhunderte handhabten. Mit tiefem religiösen Sinne und Nachdenken suchten sie die ihrer Seele vorschwebenden Vorstellungen sichtbar zu machen, treu und langsam auf die Wände und auf die Tafeln aufzutragen. Den Inhalt ihrer Mahlereien schöpften sie aus der Bibel, den Legenden und Martyrologien, und wenn sie ihre sprechenden und lehrreichen Figuren mit bunten Farben auf Goldgrund neben einander stellten, ohne sie künstlich zu verschränken, daß sie eine Gruppe bilden, so muß uns dennoch das redliche, fromme und die unbefangene Einfalt der Physiognomien mächtig anziehen. Denjenigen aber nur, die von wahren religiösen Gefühlen durchdrungen sind, ist es gegeben, die Seele, das Eigene und Besondere in den Werken altdeutscher Mahler zu verstehen. Ohne zierliche Umschweife schilderten sie wirkliche Menschen, aus der Mitte der Natur genommen, die uns mit Kraft ansprechen, daß wir den Sinn und die Seele des Ganzen recht fest im Gemüthe fassen können. Sie kleideten selbst die geistlichen Historien unserer Religion in die Tracht ihrer Zeiten, weil sie die Wesen vergangener Jahrhunderte mit dem Geist und Athem ihres Zeitalters belebten, weil die Schöpfungskraft des Menschen alles Fremde und Entfernte, und also auch selbst die himmlischen Wesen liebend sich nahe bringt und in die wohlbekannten und geliebten Formen seiner Welt und seines Gesichtskreises hüllt. In der Zeit, da Deutschland eine eigene, vaterländische Kunst zu haben sich rühmen konnte, da war der Deutsche auf dem Völkerschauplatze unseres Welttheils noch ein eigenthümlicher und ausgezeichneter Character von festem Bestand; und seinen Bildern ist nicht nur in Gesichtsbildung und im ganzen Aeußern, sondern auch im innern Geist, dieses ernsthafte, gerade und kräftige Wesen des deutschen Characters treu und redlich eingeprägt. In späteren Zeiten ist dieser festbestimmte deutsche Charakter und eben so die deutsche Kunst verloren gegangen«.[49]

Der Inhalt entspricht ausnahmslos der romantischen Sichtweise von der altdeutschen Kunst. Die Kritikpunkte, die Fiorillo an der altdeutschen Kunst im allgemeinen und bei den Göttinger Altären im besonderen aufgezählt hat, werden ins Gegenteil verkehrt. Die Erklärung für diese Diskrepanzen liegt wieder in dem Text, der für die Ausführungen zugrundegelegt wurde. Es handelte sich dabei um das ›Ehrengedächtnis unseres Ehrwürdigen Ahnherrn Albrecht

49 Fiorillo, Bd. II, 1817, S. 273-75.

Dürers‹ von Wilhelm Heinrich Wackenroder, das Fiorillo aus dem Vorabdruck in der Zeitschrift ›Deutschland‹[50] vorlag.

Fiorillo konnte den Text nicht wörtlich übernehmen, da er nicht die Form einer wissenschaftlichen, sondern einer literarischen Arbeit hatte. Trotzdem lassen sich die einzelnen Aspekte bei Wackenroder wiederfinden. Das sei beispielhaft mit folgendem Zitat verdeutlicht: »[...] und wie ihr [die alten Künstler, C. S.] dann, mit inniger Teilnahme und freundlichem Ernst, die eurer lebendigen Einbildung befreundeten Wesen auf die Tafel treu und langsam aufgetragen«.[51] Die vergleichbare Stelle bei Fiorillo lautet: »Mit tiefem religiösen Sinne und Nachdenken suchten sie die ihrer Seele vorschwebenden Vorstellungen sichtbar zu machen, treu und langsam auf die Wände und auf die Tafeln aufzutragen«.[52]

Abschließend soll noch ein kurzer Blick auf Fiorillos Behandlung der Kunst der Stadt Nürnberg geworfen werden. Die romantische Entdeckung Nürnbergs begann mit den Reisen Wackenroders während seiner Erlanger Studienzeit. Er hielt sich zwischen April und Oktober 1793 dreimal in Nürnberg auf. Die Reiseberichte an seine Eltern geben Nachricht über Wackenroders Eindrücke. Diese Briefe werden von einem sachlichen Ton bestimmt und zeigen noch wenig von dem romantischen Enthusiasmus der späteren Herzensergießungen. Dort findet sich dann in dem ›Ehrengedächtniß Albrecht Dürers‹ der bekannte Hymnus an Nürnberg: »Nürnberg! Du vormals weltberühmte Stadt! Wie gern durchwanderte ich deine krummen Gassen; mit welcher kindlichen Liebe betrachtete ich deine altväterischen Häuser und Kirchen, denen die feste Spur von unserer alten vaterländischen Kunst eingedrückt ist!«[53] In der darauffolgenden Zeit wurde Nürnberg zu einem beliebten Reiseziel, wodurch viele romantische Beschreibungen der Stadt entstanden. 1805 hielt sich Achim von Arnim in Nürnberg auf, 1807 Joseph von Eichendorff, 1813 Johann Gottlob von Quandt und 1816 Carl Friedrich von Rumohr, um nur einige zu nennen, die schriftlich ihre Eindrücke von Nürnberg festhielten.

Fiorillos Kapitel über Nürnberg läßt nichts von dieser romantischen Bewegung erkennen. Als Quelle benutzt er den umfangreichen Führer des Barockhistorikers Christian Gottlob von Murr, die ›Beschreibung der vornehmsten Merkwürdigkeiten in des Heyligen Reiches freyen Stadt Nürnberg‹[54] und den

50 St. VII. Nr. V, S. 59-73; ca. 1796 erschienen und dann in den ›Herzensergießungen eines kunstliebenden Klosterbruders‹ 1797 erneut abgedruckt.

51 Wilhelm Heinrich Wackenroder und Ludwig Tieck: Herzensergießungen eines kunstliebenden Klosterbruders, Berlin 1797. Hier zitierte Ausgabe: Stuttgart (Reclam) 1987, S. 53.

52 Fiorillo, Bd. II, 1817, S. 274.

53 W. H. Wackenroder, (wie Anm. 50), S. 50.

54 1. Aufl. 1776, Fiorillo benutzt die 2. Aufl. von 1801.

Abriß der Nürnberger Kunstgeschichte, ebenfalls von Murr, der in dessen kunstgeschichtlicher Zeitschrift veröffentlicht wurde.

Fiorillo beginnt seine Ausführungen mit der Kunstgeschichte der Nürnberger Skulptur, die er aus den Veröffentlichungen von Murrs zusammengestellt hat. Besonders hebt er das Sakristeihäuschen von Adam Krafft und den ›Englischen Gruß‹ von Veit Stoß (Abb. 4) hervor, beide in der St. Lorenzkirche. Anhand dieser Beispiele läßt sich auch ein Blick auf Fiorillos Arbeitsweise bezüglich des Bildmaterials werfen. Die beiden Kunstwerke waren ihm durch Abbildungen in Doppelmayrs ›Historischen Nachrichten von Nürnbergs Mathematici u. Künstlern‹[55] (Abb. 5) bekannt. Fiorillo beschreibt die Kunstwerke an Hand der Abbildungen selbständig, was man daran erkennt, daß er nur das aufzählt, was die Stiche wiedergeben. Über das Sakramentshaus des Adam Krafft schreibt er: »Oben ist die Darstellung Christi, unten das Abendmahl und der Oelberg. Die Arbeit daran scheint fast unglaublich zu sein«.[56] Über den Englischen Gruß des Veit Stoß schreibt er: »Sowohl der Engel als Maria sind halbe Riesen, beide sieben Schuhe hoch, und von acht Engeln umgeben, die in der Luft schweben. Über dem Kranz, mit dem alles eingefaßt ist, hängt ein Paternoster herunter. Oben unter der Krone ist Gott Vater mit der Weltkugel, und gibt den Seegen zwischen zwei Engeln. Zu den Füßen der Maria krümmt sich die Schlange mit dem Apfel im Maul. Das ganze hat etwas leichtes, schwebendes, wo überall Symetrie und Einheit zusammenfließen«.[57]

Über die nürnbergische Malerei schreibt Fiorillo fast nichts, da auch von Murr nur die Künstlernamen auflistet und keine ausführliche Kunstgeschichte der Malerei in Nürnberg bis zum fünfzehnten Jahrhundert bietet. Dürer wird von Fiorillo im zweiten Band im Zusammenhang mit der Kunstgeschichte des 15. und 16. Jahrhunderts behandelt. Dort wird Dürer zwar ein ausführliches Kapitel gewidmet, eine romantische Verherrlichung ist erwartungsgemäß nicht zu finden.

Ausgehend von Fiorillos Bewertung der zeitgenössischen Kunst sollte seine Sicht der altdeutschen Kunst untersucht werden. Für das Kapitel über die zeitgenössische Kunst zieht Fiorillo Goethe, Schlegel und einen anonymen Freund als Sekundärquellen heran und stellt somit sowohl die klassizistische als auch die romantische Position der Beurteilung der zeitgenössischen Kunst vor. Aus seiner eigenen Stellungnahme spricht die Kritik an der zeitgenössischen nazarenischen Kunst. Zum einen zweifelt er an der Ernsthaftigkeit ihrer Religiosität. Es wurde gezeigt, daß diese Ansicht zum Teil auch durch die Konfrontation des

55 J. G. Doppelmayr: Historische Nachrichten von Nürnbergs Mathematici u. Künstlern, Nürnberg 1730.

56 Fiorillo, Bd. I, 1815, S. 257.

57 Ebenda, S. 259.

Katholiken mit dem Protestantismus in Göttingen geprägt wurde. Zum anderen kritisiert Fiorillo die Vorbilder der Nazarener und schlägt anstatt der mittelalterlichen die antike Kunst zum Studium vor. Mit dieser Meinung steht Fiorillo den Klassizisten nahe, entfernt sich aber wieder von ihren Standpunkten, da er die christliche Themenwahl propagiert.

Fiorillo scheint den Norden Deutschlands für ziemlich barbarisch gehalten zu haben, ein Bild, das vielleicht durch seine aktuellen Erfahrungen hinsichtlich der Unterdrückung der Katholiken in Göttingen verstärkt wurde und woraus recht merkwürdige Interpretationen von mittelalterlicher Kunst entstanden, wie das Beispiel das Altars zu Thossen gezeigt hat. Die Religiosität der alten Meister stellt er aber nicht in Frage, was durch das Bild der Kunstheiligen zu erklären ist, das in den Vitenschriften der Renaissance aufgebaut wurde.

Die konkrete Beschreibung der altdeutschen Kunst stellt sich in Fiorillos Werken recht heterogen dar. Legt Fiorillo seinen Ausführungen zum Beispiel einen Text von Schlegel zu Grunde, wie das im Fall Köln geschehen ist, wird die Kunst aus der romantischen Perspektive gesehen. Ist Fiorillo auf sich gestellt, mißt er mit seinen eigenen ästhetischen Maßstäben, deren Normen durch seine Ausbildung an den italienischen Akademien geprägt wurden, wie das Beispiel der Göttinger Altäre gezeigt hat.

Fiorillo antizipiert durch sein eklektisches Vorgehen die moderne Kunstbetrachtung und verleiht so seinem Werk eine gewisse Aktualität. Er verläßt dabei nie den wissenschaftlichen Ton, weshalb er den Hymnus an Albrecht Dürer von Wackenroder für seine allgemeinen Ausführungen über die altdeutsche Kunst umformuliert. Dies zeigen auch seine zwar ausführlichen, aber dennoch sachlichen Beschreibungen von Nürnberg und Dürer, einem von den Romantikern äußerst emotional behandelten Gebiet.

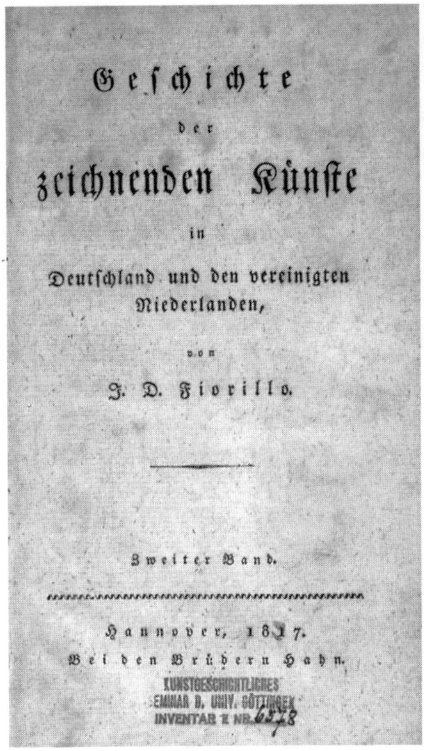

Geschichte

der

zeichnenden Künste

in

Deutschland und den vereinigten Niederlanden,

von

J. D. Fiorillo.

Zweiter Band.

Hannover, 1817.

Bei den Brüdern Hahn.

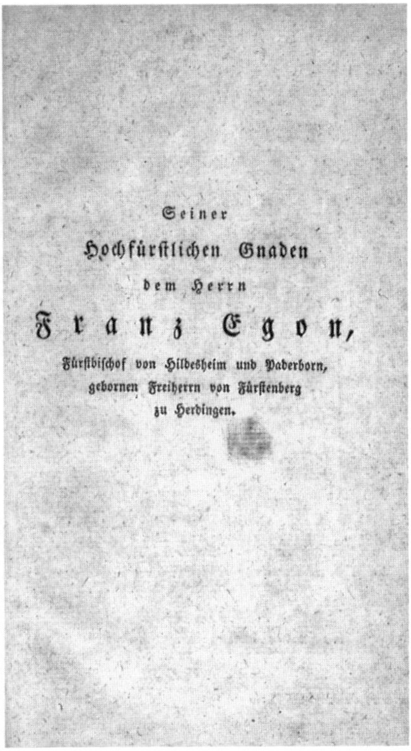

Seiner

Hochfürstlichen Gnaden

dem Herrn

Franz Egon,

Fürstbischof von Hildesheim und Paderborn,

gebornen Freiherrn von Fürstenberg

zu Herdingen.

Abb. 1 a/b: Titelblatt und Widmungsblatt
der ›Geschichte der zeichnenden Künste‹, Bd. 2, 1817.

Abb. 2: Göttingen, St. Michael, Aufzug einer neuen Glocke, aus: S.Wehking: Ein jeder darf sich gleichen Rechts erfreu'n […], Göttingen 1992, T. 8.

Abb. 3: Göttingen, St. Jacobi, Hochaltar, geschlossener Zustand. (Foto: Niedersächsisches Landesmuseum, Landesgalerie Hannover, Neg. Nr. 34958).

Abb. 4: Veit Stoß: Der Englische Gruß, Nürnberg, St. Lorenz
(nach: Der Englische Gruß des Veit Stoß zu St. Lorenz in Nürnberg.
Hrsg. v. Bayerischen Landesamt für Denkmalpflege, München 1983, Abb. 218).

Abb. 5: Veit Stoß: Der Englische Gruß, Stich von P. C. Monath, aus: J. G. Doppelmayr: Historische Nachrichten von Nürnbergs Mathematici u. Künstlern, Nürnberg 1730.

Enno Krüger

Frühe Sammlungen ›altdeutscher‹ Tafelmalerei und kunstgeschichtliche Forschung in der Interaktion

Die frühe Forschungsgeschichte der gotischen Tafelmalerei soll in diesem Beitrag einmal von der Sammlungsgeschichte her beleuchtet werden.

Zu den bekannten kunstgeschichtlichen Folgen der Säkularisation von 1802/03 gehört, daß Privatsammler sich in einem bis dahin nicht gekanntem Ausmaß der spätgotischen Tafelmalerei zuwandten, so daß sogar für einige Jahrzehnte von einer ›altdeutschen‹ Sammelmode gesprochen werden kann.[1] Ihr Verdienst ist es, neben der materiellen Rettung eine allgemeine ästhetische Neubewertung dieser so lange verpönten Kunst herbeigeführt zu haben.

Die Bedeutung dieser Sammlungen für die Schulung der ersten kennerschaftlich orientierten Forschergeneration ist unbestreitbar. Es wird jedoch selten bedacht, was es für die sich etablierende Erforschung der altdeutschen Tafelmalerei bedeutete, daß sie in diesen Sammlungen ein umfangreiches, bis dahin zerstreutes und nun nach dem Geschmack der Sammler vorsortiertes Material zugereicht bekam.

Das gilt auch für eine schwäbische und eine westfälische Privatsammlung, in denen Kunsthistoriker des frühen 19. Jahrhunderts sich ihr Urteil über die altschwäbische und altwestfälische Tafelmalerei bildeten. Wesentliche Voraussetzung für das Entstehen dieser beiden Sammlungen und ihrer Rezeption ist die Tätigkeit der Brüder Sulpiz und Melchior Boisserée und ihres Freundes Johann Baptist Bertram.

Die Sammlung Carl Gustav Abel

Zwischen 1820 und 1828 logierten die Boisserées und Bertram in Stuttgart in den großzügigen Raumverhältnissen des ›Offizierspavillons‹, den der württembergische König ihnen zur Verfügung gestellt hatte.[2] Zu den Besuchern der Sammlung zählte wohl auch der Stuttgarter Theologensohn Carl Gustav Abel (1798-1875). Sie dürfte ihn angeregt haben, sich ebenfalls auf das Sammeln alt-

1 Der Verfasser arbeitet an einer Dissertation über Sammlungen altdeutscher Tafelmalerei in der Romantik. – Zur Einführung G. Calov: Museen und Sammler des 19. Jahrhunderts in Deutschland, in: Museumskunde, Bd. 38, 1969, Heft 1-3 (= Diss. Köln 1968), S. 74-110.

2 W. Fleischhauer: Die Boisserée und Stuttgart, in: Zs. f. Württembergische Landesgeschichte, Bd. 45, 1986, S. 229-83.

deutscher Tafelmalerei zu werfen. Er soll damit 1824/25 bald nach seinem Studium der Rechtswissenschaft begonnen haben.[3] Obwohl Abel die Zeit unmittelbar nach der Säkularisation noch nicht für seine Zwecke nutzen konnte, gehörte er in Südwestdeutschland dennoch zu den ersten Privatleuten, die in großem Stil altdeutsche Tafelmalerei sammelten. Der spätere Obertribunalprokurator, weiterhin in Stuttgart wohnhaft, war zweifellos ein leidenschaftlicher, aber nicht gerade systematischer und wählerischer Sammler. In seinem Besitz sind an die vierhundert Tafelbilder nachweisbar.[4]

Der Gemäldebestand war recht breit angelegt, er umfaßte unter anderem Werke schwäbischer, fränkischer und niederdeutscher Maler. Davon erwarb 1859 die württembergische Regierung 76 altschwäbische Bilder für das Stuttgarter Museum der bildenden Künste, in dem die altdeutsche Malerei bis dahin kaum vertreten gewesen ist.[5] Das war kunstpolitisch ein um so bedeutsameres Signal, als bekanntlich drei Jahrzehnte zuvor der Ankauf der Sammlung Boisserée und Bertram am Veto der Ständevertretung gescheitert war.[6]

Eine repräsentative Auswahl seiner Gemälde hatte Abel seit 1843 Jahre in den Galerieräumen von Schloß Ludwigsburg ausstellen dürfen. Dazu erschien 1855 ein gedruckter Ausstellungskatalog, was sich für eine Privatsammlung dieser Zeit einigermaßen anspruchsvoll ausnimmt. Aufschlußreich ist nun das Handexemplar des Sammlers, das sich in der Staatsgalerie Stuttgart erhalten hat.[7] Hier notierte sich der Sammler handschriftlich, was reisende Kunsthistoriker zu seinen Bildern geäußert haben. Die Genese der Zuschreibungen und Datierungen im einzelnen zu verfolgen, wäre ein eigener Beitrag zur Forschungsgeschichte der altdeutschen Malerei. Jedenfalls belegen diese Eintragungen, wie intensiv sich Ernst Förster, Johann David Passavant, Carl Schnaase, Gustav Friedrich Waagen und Heinrich Gustav Hotho mit diesem Gemäldebestand auseinandergesetzt haben.

Franz Kugler hatte bereits 1837 die Sammlung Abel einer eigenen Besprechung in der von ihm herausgegebenen Zeitschrift ›Museum‹ gewürdigt. Das machte die Sammlung weit über ihre Region hinaus bekannt.[8]

3 Zur Sammlung Abel siehe G. Calov: Museen und Sammlungen (wie Anm. 1), S. 100f., und I. Antoni: Die Staatsgalerie Stuttgart im 19. Jahrhundert. Ein ›Museum der bildenden Künste‹ (= tuduv-Studien: Reihe Kunstgeschichte, Bd. 31), München 1988 (= Diss. Stuttgart 1986), S. 196f.

4 Ein getipptes Gesamtverzeichnis der Sammlung Abel, nach Aufzeichnungen des Sammlers zusammengestellt, liegt in der Staatsgalerie Stuttgart vor.

5 Auflistung der Bilder bei I. Antoni (wie Anm. 3), S. 347ff.

6 Wie Anm. 2.

7 Verzeichniss der in dem königlichen Schlosse zu Ludwigsburg aufgestellten altdeutschen Gemälde des Obertribunal-Prokurators Abel zu Stuttgart, Stuttgart 1855.

8 F. Kugler: Ueber eine Sammlung oberdeutscher Gemälde, in: Museum, Bd. 5, 1837, S. 222f.

Auch Waagen hat Abel als Sammler außerordentlich geschätzt. Er stellt in ›Kunstwerke und Künstler in Deutschland‹ die Stuttgarter Sammlung, die er »mit großer Befriedigung« gesehen habe, auf zehn Seiten so ausführlich wie kaum eine andere in diesem Werk vor.[9] Bei dieser Gelegenheit äußert sich der Gelehrte auch darüber erfreut, »daß der Besitzer bei der Mehrzahl der Bilder die Orte anzugeben weiß, für welche dieselben ursprünglich gemalt worden sind, denn bei schon bekannten Meistern lernt man daraus immer vollständiger den Kreis ihrer Wirksamkeit kennen, neuaufgefundene haben aber häufig in der genauen Kenntniss der Oertlichkeit, wo sie geblüht haben, ihre wesentliche Bedeutung«.[10] Das Interesse der frühen Forschung an der Sammlung Abel konzentrierte sich weitgehend auf die »Bilder aus der schwäbischen Schule, deren Sammlung von bekannten wie von bisher unbekannten Meistern sehr merkwürdige aufzuweisen hat«.[11] Anhand von Beispielen dem Abelschen Gemäldebestand konnten etwa Kugler, Hotho und Waagen in ihren Handbüchern die stilgeschichtliche Entwicklung der altschwäbischen Malerei in wesentlichen Zügen nachzeichnen.[12]

Die Kunsthistoriker richteten dabei ihr Augenmerk besonders auf die Ulmer Tafelmalerei des 15. Jahrhunderts, zumal Augsburger Meister kaum vertreten waren. Das trifft in erster Linie auf Carl Grüneisen und Eduard Mauch zu.[13] Auch Kugler und Waagen waren davon überzeugt, gerade bei Abel in Stuttgart den Stil desjenigen Künstlers studieren zu können, den sie gemeinsam für den bedeutendsten Ulmer Maler des Mittelalters hielten: »Besonders reich«, so Waagen, »ist die Sammlung an Bildern des so seltenen und trefflichen Bartholomäus Zeitblom«.[14] Mit dem ›Eschacher Altar‹ beispielsweise konnte der Sammler eines von Zeitbloms Hauptwerken präsentieren, das, um mit Kugler zu sprechen, »den Meister in seiner Vollendung« zeigt.[15] Die Innenseiten der

9 G. F. Waagen: Kunstwerke und Künstler in Deutschland, Teil 2: Kunstwerke und Künstler in Baiern, Schwaben, Basel, dem Elsaß und der Rheinpfalz, Leipzig 1845, S. 209-19, Zitat S. 209.

10 Ebenda, S. 219.

11 Ebenda, S. 209.

12 F. Kugler: Handbuch der Geschichte der Malerei seit Constantin dem Großen, Bd. 2, 2. Aufl. unter Mitwirkung des Verfassers umgearbeitet und vermehrt von Jacob Burckhardt, Berlin 1847, besonders S. 171 u. S. 173f.; H. G. Hotho: Geschichte der deutschen und niederländischen Malerei, Bd. 2, Berlin 1843, besonders S. 206; und G. F. Waagen: Handbuch der deutschen und niederländischen Malerschulen, Bd. I/1, Stuttgart 1862, S. 186.

13 C. Grüneisen/E. Mauch: Ulm's Kunstleben im Mittelalter. Ein Beitrag zur Culturgeschichte von Schwaben, Ulm 1840, S. 36, S. 44 u. S. 51 u.a.

14 Wie Anm. 9.

15 F. Kugler: Handbuch (wie Anm. 12), S. 171. – Bestandskat. Staatsgalerie Stuttgart, Alte Meister, bearbeitet von E. Rettich/R. Klapproth/G. Ewald, hrsg. von der Staatsgalerie Stuttgart, Stuttgart 1992, S. 491ff. mit Abb. u. Lit.

Flügel – ›Verkündigung an Maria‹ und ›Heimsuchung Mariens‹ – fand Kugler »abgesehen von einer grossen Befangenheit in der körperlichen Darstellung, von ungemeiner Innigkeit und Hoheit der Empfindung und in der Gewandung und Farbe edel und harmonisch«[16] (s. Abb. 1 und 2). Zeitbloms Ansehen im frühen 19. Jahrhundert war groß: »Da er einer der ersten Maler war, die von den Romantikern entdeckt wurden, hat man lange – vielleicht zu ausschließlich – schwäbische Eigenart in ihm verkörpert gesehen«.[17]

Die Sammlung Carl Wilhelm Krüger

Über eine zeitgenössische westfälische Sammlung äußert sich Förster. Bevor er sich über einzelne Werke ausläßt, kommt er bezeichnenderweise auf die Wiederentdeckung der altdeutschen Tafelmalerei allgemein zu sprechen.

»Die Verhältnisse gestalten sich von Jahr zu Jahr günstiger für eine deutsche Kunstgeschichte, an die wir bei einiger Strenge der Begriffsbestimmung vor zwanzig Jahren noch nicht wohl denken konnten. Zwar Namen tauchen nur spärlich auf aus dem Dunkel der vergangenen Jahrhunderte, dafür aber treten mehr und mehr Werke ans Licht und zwar solche, die für die Höhe und den Reichtum der Entwicklung ein erfreuliches und wenigstens befriedigendes Zeugnis ablegen, so daß wir allmählich vom Mitleid zum Stolze fortgeführt werden. Haben uns die erst seit kurzem nach ihren Werth und Umfang erkannten Werke der schwäbischen Malerschule, die sich noch immer fort durch neue Auffindungen zu erweitern scheint, eine solche Empfindung eingeflößt, so hat sich in noch jüngerer Zeit an einer andern Stelle Deutschlands eine andere Fundgrube für eine gleichgewichtige kunstgeschichtliche Erscheinung aufgethan, von der man früher kaum eine leise Vorstellung hatte, nämlich für die alte westphälische Malerschule.

Dem Herrn Geh. Oberregierungsrath Krüger in Minden ist es gelungen, eine Anzahl Tafeln älterer westphälischer Meister zu sammeln und damit der Kunstgeschichte ein reiches und kostbares Material zu retten«.[18]

Gemeint ist Carl Wilhelm Krüger (1797-1868), dessen Lebensspanne in etwa mit der von Abel übereinstimmt. Als preußischer Regierungsbeamter kam der in Stettin geborene Sammler 1826 nach Westfalen. Den größten Teil seines Lebens verbrachte er in der provinziellen Abgeschiedenheit der damaligen Garnisons- und Bezirkshauptstadt Minden.[19]

16 F. Kugler: Handbuch (wie Anm. 12), S. 171.

17 H. T. Musper: Gotische Malerei nördlich der Alpen, Köln 1961, S. 93.

18 E. Förster: Die Gemäldesammlung des Herrn Geh. Oberregierungsrats Krüger in Minden, in: Kunstblatt, Nr. 28, 1847, S. 21. Die Absätze vom Verf.

19 Zur Biographie K. W. Schmidt: Carl Wilhelm Krüger. Ein großer Kunstsammler in der Mitte des vorigen Jahrhunderts, in: Mindener Heimatblätter, Bd. 25, 1953, S. 62-65.

An den zugewanderten Beamten erinnert sich die westfälische Schriftstellerin Elise Polko (1822-99) in ihrer ›Kleinen Bildermappe‹: »Er wurde nicht müde, immer wieder von neuem zu suchen und zu sammeln. Wo er ein altes deutsches Bild bei Bauern und anderen witterte, scheute er weder Mühe noch Kosten, es zu erwerben. Damals war das Westfalenland noch reich an allerlei verborgenen Kunstwerken, die man meist ahnungslos in Betreff ihres Wertes in dunklen Kammern und Truhen verwahrte oder gar zu den profansten Zwecken verwendete«.[20] Die Sammlung ist 1854 durch den Verkauf nach England zerstreut worden und teilweise verschollen. Die Rekonstruktion des Gemäldebestandes beruht auf dem 1848 gedruckten Katalog, den sich Krüger als einziger westfälischer Privatsammler seiner Zeit leistete. Von insgesamt 85 Katalognummern entfallen 52 auf altwestfälische Tafelbilder, die quantitativ und qualitativ den Sammlungsschwerpunkt ausmachten. Auf ihrer altwestfälischen Malerei gründet sich denn auch der Ruf, den sich die Sammlung in der frühen deutschen Kunstgeschichte erwarb.[21]

In die Fachliteratur wurde die Sammlung von Passavant eingeführt, dessen Mitteilungen in der ›Kunstreise durch England und Belgien‹ von 1833 noch einmal im ›Kunstblatt‹ desselben Jahres abgedruckt wurden:

> »Sehr angenehm wurde ich durch die Ansicht mehrerer Gemälde, im Besitz des Herrn Regierungsraths Krieger (sic!) in Aachen, überrascht, welche der alt-westphälischen Schule angehören und zum Theil von der grössten Schönheit, alle aber um so mehr von hohem Interesse für die Kunstgeschichte Deutschlands sind, als Werke dieser ausgezeichneten Schule von großer Seltenheit zu seyn scheinen. Ich zum wenigsten war sehr erstaunt hier mit einer Kunstschule bekannt gemacht zu werden, von deren Vortrefflichkeit ich bis dahin nicht die geringste Ahnung hatte«.[22]

Es ist nicht nur ein folgenreicher Zufall, daß Passavant die altwestfälische Malerei 1831 (während seiner Heimreise von Belgien und England) in Aachen, wo sich der Sammler aus beruflichen Gründen vorübergehend aufhielt, kennen-

20 Zitiert nach K. W. Schmidt: Carl W. A. Krüger (wie Anm. 19), S. 64.

21 Verzeichnis der Gemäldesammlung des Geheimen Oberregierungsrats Krüger. Zum Gebrauch bei deren Besichtigung, Minden 1848. Ohne Vorwort abgedruckt, kommentiert und mit einem Anhang versehen bei R. Fritz: Der Katalog der Gemäldesammlung Krüger zu Minden, in: Westfalen, Bd. 29, 1951, S.87-97. Zum Schicksal der Sammlung siehe dort S. 94f.

22 J. D. Passavant: Kunstreise durch England und Belgien nebst einem Bericht über den Bau des Domthurms zu Frankfurt am Main, Frankfurt/M. 1833, S. 399-402; erneut als: Einige Nachrichten über die niederdeutsche Malerschule in Westfalen, in: Kunstblatt, Nr. 14, 1833, S. 48 u. S. 51f.; Zitat S. 48.

lernte. Die Reisewege der Kunsthistoriker führten noch nicht durch das kunstgeschichtlich so gut wie unerschlossene Westfalen. Bald nach Passavant behandelte Kugler einige Bilder der Sammlung in seinem Handbuch über die Entwicklung der Malerei.[23]

Mit Werken vom ›Meister des Berswordt-Altars‹, vom ›Meister von Liesborn‹ und seinem Umkreis, von Gert van Lon bis Jan Baegert wies der Sammlungsbestand einen repräsentativen Querschnitt durch die westfälische Malerei des 15. und frühen 16. Jahrhunderts auf.[24]

Fasziniert standen die Kunsthistoriker vor den Teilen und Fragmenten, die der Sammler vom ehemaligen Hochaltar des Benediktinerklosters Liesborn besaß.[25] »Seit den Tagen der Romantik gilt der Meister von Liesborn als Inbegriff westfälischer Gotik« (s. Abb. 3)[26].

Für die erste zusammenhängende Kunstgeschichte Westfalens hat Wilhelm Lübke den Krügerschen Gemäldebestand ausgewertet und in die Entwicklung der mittelalterlichen westfälischen Malerei eingeordnet.[27] In seiner Gesamtdarstellung rückten nun auch endlich Carl Wilhelm H. Bartels (1794 bis ca. 1869) und Alexander Haindorf (1782-1865) als weitere zeitgenössische Sammler altwestfälischer Tafelmalerei ins Blickfeld der Forschung.[28]

Gelehrte Sammler

Wie das Interesse der Forschung erst durch Privatsammlungen auf die Malerei einzelner Regionen und ihrer hervorragenden Vertreter gelenkt wurde und die Zusammensetzung einiger Gemäldebestände das Bild prägte, das sich Kunsthistoriker von der Stilentwicklung in diesen Regionen machten, sollte an zwei

23 F. Kugler: Handbuch (wie Anm. 12), S. 161f.

24 Neubearbeitung des Sammlungskataloges W. König: Studien zum Meister von Liesborn unter besonderer Berücksichtigung der Entstehungsgeschichte des Liesborner Hochaltars und der Sammlung Krüger (= Quellen und Forschungen zur Geschichte des Kreises Beckum, hrsg. vom Verein für die Geschichte des Kreises Beckum e.V., Bd. 6), Beckum 1974, S. 57-84.

25 Kat. Krüger 1848, Abt. I, Nr. 8-17, bei R. Fritz: Katalog (wie Anm. 20), S. 88. Zum gesamten Altarzusammenhang P. Pieper: Die deutschen, niederländischen und italienischen Tafelbilder bis um 1530 (= Bestandskat. Westfälisches Landesmuseum für Kunst und Kulturgeschichte/Landschaftsverband Westfalen-Lippe), 2. verb. Aufl., Münster 1990, S. 212-29 mit Abb. u. Lit.

26 P. Pieper: Tafelbilder (wie Anm. 25), S. 212.

27 W. Lübke: Die mittelalterliche Kunst in Westfalen. Nach den vorhandenen Denkmälern dargestellt, Leipzig 1853, besonders S. 346ff. u. S. 352.

28 G. Calov: Museen und Sammler (wie Anm. 1), S.101ff. Alexander Haindorf besaß ebenfalls einige Fragmente des Liesborner Hochaltars.

Beispielen verdeutlicht werden. – Wirkt nun die verstärkte Beschäftigung der Kunsthistoriker mit bestimmten Sammlungen, so können wir weiterfragen, auf die Sammler zurück?

Nun wäre über Sammler, die sich in zunehmendem Maße Kennerschaft und Gelehrsamkeit aneignen, vieles zusammenzutragen. Es liegt auf der Hand, daß die Etablierung der Kunstgeschichte dem Sammler einiges von seiner naiven Entdeckerfreude genommen hat. Leider fehlt es oft an Quellen, an denen sich der daraus ergebende Bewußtseinswandel der Sammler im konkreten Einzelfall ablesen läßt. Im Falle des Mindener Sammlers Krüger liegen immerhin Anhaltspunkte vor, die in dieser Richtung gedeutet werden können. Die Resonanz seiner Sammeltätigkeit in der Fachliteratur hat Krüger nachweislich aufmerksam verfolgt. Im Vorwort seines 1848 gedruckten Kataloges, – also an einer Stelle, wo wir nach der damals allgemein üblichen Praxis eher Biographisches und Mitteilungen über die Entstehung der Sammlung erwarten –, finden wir die früheste Fachliteratur zur Sammlung vollständig zusammengestellt.[29]

Das Verfahren, dabei die wörtlichen Zitate der einschlägigen Textpassagen kommentarlos aneinanderzureihen, mag auf den ersten Blick befremden. Auch enthält der Katalog der Sammlung, obwohl erklärtermaßen »Zum Gebrauch bei deren Besichtigung bestimmt«, in seinem Hauptteil keinerlei kunstgeschichtliche Belehrung; die Angaben zum einzelnen Werk bleiben auf Provenienz, Bildinhalt und die üblichen technischen Bilddaten beschränkt.[30] Ein Schritt über eine bloß äusserliche Inventarisierung hinaus ist jedoch die Zuweisung von 52 Tafelbildern an zwölf Meister, für die bis auf einen (vermeintlichen) ›Ludger tom Ring‹ – Notnamen nach dem Herkunftsort des Bildes oder seiner angenommenen Entstehungszeit gewählt wurden. So ist auch die noch heute verwendete Bezeichnung des ›Meisters von Liesborn‹ entstanden, dessen eigenhändiges Werk bereits im Sammlungskatalog von Arbeiten seiner Werkstatt und des Umkreises geschieden wird, wie überhaupt die vom Sammler getroffenen Unterscheidungen noch heute Bestand haben.[31]

Eben diese Zuschreibungen finden wir, – was noch nicht bemerkt worden ist –, an anderer Stelle ausführlich begründet, und zwar in Försters erwähntem, ein Jahr zuvor erschienenen ›Kunstblatt‹-Aufsatz, der offenbar in Zusammenarbeit mit dem Sammler entstand.[32] »Mit großem Fleiss und genauer Sachkenntnis hat dieser verdienstvolle Kunstfreund seine Sammlung geordnet und

29 Kat. Krüger 1848 (wie Anm. 21), S. 3-10. Ältere Lit. auch bei R. Fritz: Katalog (wie Anm. 21), S. 87, Anm. 1; G. Calov: Museen und Sammler (wie Anm. 1), S. 101f., Anm. 288.

30 R. Fritz: Katalog (wie Anm. 21), S. 87.

31 Vgl. W. König: Meister von Liesborn (wie Anm. 24), S. 57 u. S. 83.

32 E. Förster: Gemäldesammlung (wie Anm. 18), S. 21ff.; der Autor unterscheidet elf Meister, die im Katalog einem Liesborner Meister zugeschriebenen Nr. 47-52 fehlen hier.

beschrieben, und seinen gefälligen Mittheilungen sind großentheils die nachfolgenden Notizen über dieselbe entnommen«.[33] Wo Förster in einigen Punkten von der Auffassung des Sammlers abweicht, stellt er dies ausdrücklich fest, so daß Krügers Anteil sichtbar bleibt.

Warum der Sammler sich in diesem Fall eines Kunsthistorikers als Sprachrohr bedient, wird verständlich, wenn er selbst zur Feder greift. Als kunstgeschichtlicher Autor hat er sich immerhin selbst einmal versucht, indem er als Beitrag ›Zur Kunstgeschichte Westphalens‹ auf mittelalterliche Wandmalereien in der Soester Pfarrkirche St. Patrokli hinwies.[34] Seine stilistischen Schwierigkeiten, eine dem Objekt angemessene Bildbeschreibung und -bewertung zu entwickeln, werden bei der Lektüre nur zu deutlich. Jedoch zeigt er in diesem Text genügend Einsicht, sich mit eigenen Bestimmungen zurückzuhalten und an »Sachverständige« und »besonders die dazu Berufenen« zu appellieren, sich der fraglichen Wandmalereien anzunehmen.[35]

33 E. Förster: Gemäldesammlung (wie Anm. 18), S. 21.

34 C. W. A. Krüger: Zur Kunstgeschichte Westphalens, in: Westphälische Provinzial-Blätter, Bd. 4, 1847, S. 147f.

35 C. W. A. Krüger: Kunstgeschichte (wie Anm. 34), S. 148.

Abb. 1: Staatsgalerie Stuttgart: Inv.-Nr. 53, Bartholomäus Zeitblom, ehem. Altar der Pfarrkirche Eschach, 1496 bez., linker Flügel, Innenseite, Die Verkündigung der Maria, Holz, 213 × 107 cm (Foto: Staatsgalerie Stuttgart).

Abb. 2: Staatsgalerie Stuttgart: Inv.-Nr. 44, Bartholomäus Zeitblom, ehem. Altar der Pfarrkirche Eschach, 1496 bez., rechter Flügel, Innenseite, Heimsuchung Mariae, Holz, 213 × 107 cm (Foto: Staatsgalerie Stuttgart).

Abb. 3: Westfälisches Landesmuseum für Kunst und Kulturgeschichte Münster: Inv.-Nr. 614 LM, Meister von Liesborn, ehem. Hochaltar des Benediktinerklosters Liesborn, linker Teil, Anbetung der Hl. Drei Könige (Fragment), Holz, 23,8 × 19,9 cm (Foto: Westfälisches Landesmuseum für Kunst und Kulturgeschichte Münster / R. Wakonigg).

Thomas W. Gaehtgens

Das Musée Napoléon und sein Einfluß auf die Kunstgeschichte

Museumsgeschichte ist ein Teil der Kulturgeschichte. Die Entstehung einer Kunstgalerie ist nicht nur ein technischer oder organisatorischer Vorgang. Museen sind keine Depots, sondern Produkte der Kunstauffassung einer Epoche. Die Geschichte der Museen stellt sich allzu oft als eine Berichterstattung von praktischen Tätigkeiten dar. Die Entstehung der Sammlungen, die Aufstellung und Hängung der Werke bedeuteten jedoch nicht nur die Lösung von organisatorischen, sondern vor allem von konzeptionellen Problemen. Kunstgeschichte, Kunsttheorie und die Rezeption von Kunst bilden gleichsam den Hintergrund oder laufen parallel zu den musealen Anstrengungen.

Man kann es auch so formulieren: Ein Museum ist in gewisser Weise selbst ein Kunstwerk oder muß jedenfalls auf ähnliche Art wie ein Kunstwerk interpretiert werden. Diese allgemeine, grundsätzliche These soll an einem konkreten Beispiel belegt werden: dem Musée Napoléon.

Die Berufung Vivant Denons zum Generaldirektor des Musée Napoléon

Das Musée Napoléon ist ein Kapitel in der Geschichte des Musée du Louvre. Der Louvre bestand als Muséum National oder später Musée Central bereits seit einem Jahrzehnt, als er im Jahre 1803 in Musée Napoléon umbenannt wurde.[1] Die Gründe für die Umbenennung liegen auf der Hand. Der erste Konsul, bald Kaiser von Frankreich, sollte geehrt werden, waren ihm doch durch seine Siegeszüge in ganz Europa Umfang und einzigartige Qualität der Sammlungen zu verdanken.

Die Umbenennung des Musée Central in Musée Napoléon bedeutete an sich noch keine grundlegende Änderung der Konzeption des Museums. Sie fiel aber zeitlich mit der Ernennung eines Generaldirektors zusammen, der die Institution auf neue Weise prägen sollte: Vivant Denon. Den Einschnitt in der Geschichte des Musée du Louvre, vom Musée Central zum Musée Napoléon,

1 Der hier abgedruckte Vortrag wurde mit wenigen Abweichungen auch auf einem Colloquium im Musée du Louvre 1994 und im Rahmen der Ringvorlesung Frankreich-Forschungen 1995/96 an der Freien Universität Berlin gehalten. Vgl. hierzu jüngst Andrew McClellan: Inventing the Louvre, Art Politics, and the Origins of the Modern Museum in Eighteenth-century Paris, New York 1994 mit weiteren Literaturangaben.

bewirkte nicht die Umbenennung, sondern das Wirken dieses außerordentlich beweglichen und einflußreichen Direktors und seiner Mitarbeiter (Abb. 1).

Es ist hier nicht der Ort, diese herausragende Persönlichkeit vorzustellen. Es sei nur in Erinnerung gerufen, daß Denon als Diplomat in Neapel und St. Petersburg gedient, sich als Stecher einen Namen gemacht, vor allem aber Napoleon auf seiner Expedition nach Ägypten begleitet und den wissenschaftlichen Reisebericht in kostbaren, reich illustrierten Bänden im Jahre 1802 veröffentlicht hatte.[2]

Was bedeutete seine Berufung für das Museum?

Die Antwort auf diese Frage ist nicht einfach. Das Museum war im Jahre 1802 bereits eine festgefügte, international angesehene und attraktive Institution. Vieles in der Organisation und begonnenen Planung konnte Denon übernehmen und fortführen. Dennoch kann gesagt werden, seine Berufung stellte einen Einschnitt dar, und zwar auf zwei Ebenen: Einerseits bedeutete sein Dienstantritt eine Erneuerung im Sinne einer zentralistischen Verwaltungsstruktur des Museums. Andererseits vermochte er dem Museum eine genauere inhaltliche Bestimmung zu geben. Beide Ebenen bedeuteten eine Systematisierung der Institution und eine Professionalisierung der Konzeption. Aus einem Künstlermuseum wurde endgültig ein Kunstmuseum, oder: aus einer mehr oder weniger nebenberuflich geleiteten Einrichtung entstand die von Fachleuten geführte moderne Institution, die wir bis heute kennen. Bereits durch diesen Umstand wurde das Musée Napoléon ein Vorbild für die Museen anderer Länder in Europa und Amerika.

Bis zum Jahre 1802 war das Museum von einer Kommission geleitet worden, die – nicht ausschließlich – aber doch wesentlich aus Künstlern bestand. Sie hatten zwar ihre künstlerische Tätigkeit durch die Belastung, die die Verwaltungsarbeit bedeutete, weitgehend aufgegeben, aber ihre Museumsarbeit blieb durch ihr Künstlertum geprägt. Ob Künstler die geeigneten Museumsleiter sind, war bereits vor der Eröffnung des Musée Central im Jahre 1793 umstritten.[3] Der bekannte Kunsthändler Jean-Baptiste-Pierre Le Brun hatte in verschiedenen Schreiben an den Innenminister und in öffentlichen Artikeln darauf hingewiesen, daß Künstler zu wenig historische Kenntnisse aufwiesen und zu stark von ihren eigenen künstlerischen Vorstellungen geleitet seien, um die Kunstwerke fachgerecht ordnen zu können. Le Brun, der sich selbst als den qualifiziertesten Museumsdirektor ansah, konnte sich jedoch mit seiner Mei-

2 Jean Chatelain: Dominique Vivant Denon et le Louvre de Napoléon, Paris 1973; Pierre Lelièvre: Vivant Denon. Homme des lumières, ›Ministre des arts‹ de Napoléon, Paris 1993.

3 Edouard Pommier: Jean-Baptiste-Pierre Le Brun. Réflexions sur le Muséum national 14 janvier 1793, Paris 1992 sowie derselbe in seinem grundlegenden Werk: L'Art de la liberté. Doctrines et débats de la Révolution française, Paris 1991.

nung nicht durchsetzen, da das Ministerium bereits damals einen Konflikt der Interessen erkannte, der bis heute seine Gültigkeit besitzt. Der Minister antwortete, daß im Museum auch die Bewertung der Kunstwerke aus der Perspektive des Kunsthändlers, der sich von seinen händlerischen Interessen nicht loslösen könne, keinen Eingang finden dürfte. Vielmehr müssten historische, objektive Maßstäbe gültig sein.

Die Künstler konnten sich 1793 noch durchsetzen, zumal die Funktion des Museums noch keineswegs unseren heutigen Vorstellungen entsprach. Zwar war das Musée Central, allerdings nur an wenigen Tagen, dem allgemeinen Publikum zugänglich, es war aber zuallererst als ein Museum für Künstler gedacht. Die Sammlung der Könige sowie später die von den Revolutionstruppen eroberten Meisterwerke sollten dem Studium und dem Kopieren dienen, eine wesentliche Voraussetzung nach damaliger Kunsttheorie, um die zeitgenössische Kunst auf ein hohes Niveau zu bringen.

Die Bestimmung des Museums als eine Einrichtung für Künstler verlor zwar im Musée Napoléon nicht gänzlich ihre Bedeutung, aber sie wurde doch sichtlich zurückgedrängt. Zwar war auch Denon ein Künstler, aber als Stecher ein reproduktiver, nur eingeschränkt schöpferischer. Seine Qualifikationen, die Napoleons Wahl bestimmten, waren seine Kennerschaft, seine organisatorischen Fähigkeiten, seine Erfahrungen in der Diplomatie und seine Loyalität. Mit diesen vier Eigenschaften haben wir stichwortartig auch bezeichnet, in welche Richtung sich das Musée Napoléon entwickeln und vom Musée Central unterscheiden sollte. Werfen wir einen kurzen Blick auf diese Eigenschaften:

1. Kennerschaft: Voraussetzung für die Leitung eines Museums sollte die Kenntnis der Kunstgeschichte von den frühen Zeiten bis zur Gegenwart sein. Dieser Umstand sollte auch in der Präsentation der Objekte eine Rolle spielen. Nicht mehr allein die ästhetische Wertschätzung eines Kunstwerks, sondern auch seine kunsthistorische Bedeutung hatte das Museum zur Geltung zu bringen. Denon verfügte durch weite Reisen, lange Aufenthalte im Ausland, seine eigene Sammlertätigkeit und seine breite Bildung über ausgeprägte Kennerschaft.

2. Organisatorische Fähigkeiten: Zwar war Denon noch nicht mit größeren Verwaltungsaufgaben betraut worden, aber die Teilnahme am Ägyptenfeldzug und die Bearbeitung und aufwendige Publikation der dort gesammelten Eindrücke konnten von der Effektivität Denons überzeugen.

3. Diplomatie: Für den neugeschaffenen Posten waren diplomatische Erfahrungen für die Verhandlungen mit den Behörden notwendig geworden. Auch bestand ja eine der Hauptaufgaben in der Erweiterung der Sammlung, die ganz wesentlich nur in engem Kontakt mit so unterschiedlichen Bereichen wie der politischen und militärischen Führung, aber auch den Regierungen und Verwaltungen der Nachbarländer gelingen konnte. Verhandlungsgeschick war eine wesentliche Begabung, die von dem neuen Direktor erwartet wurde.

4. Loyalität: Das Musée Napoléon war eine Einrichtung, die auch der staatlichen Repräsentation dienen sollte. Sie trug nicht unwesentlich zum Ruhme der Nation und des bald begründeten Kaiserreichs bei. Napoleon wußte, daß er mit Denon einen Museumsdirektor gewinnen würde, dem er vertrauen konnte. In dieser Hinsicht ergaben sich allerdings Konflikte, da Denon den Schutz der Kunstwerke höher ansetzte als die staatliche Repräsentation – ein bis heute aktuelles Thema.

Aus der erhaltenen Korrespondenz der Kommission des Musée Central ist zu erfahren, daß das Museum keineswegs schlecht verwaltet wurde. Probleme bestanden vor allem deswegen, weil das Museum mangelhaft ausgerüstet war und zu wenig Zuwendungen erhielt, um die notwendigen Bau- oder Einrichtungsmaßnahmen veranlassen zu können. Napoleon und der Innenminister, dem die Institution unterstellt war, scheinen jedoch nicht zu Unrecht eine effektivere Verwaltung des Museums von dem Direktorialprinzip erwartet zu haben. Durch dieses bis heute gültige System konnten Verantwortung und Zuständigkeiten klarer zugewiesen werden. Die ungewöhnlich erfolgreiche Amtsführung Denons, unter dessen Leitung das Musée Napoléon zu in der Museumsgeschichte einzigartigem Ruhm aufblühte, hat Napoleons Wahl Recht gegeben.

Baumaßnahmen

Eine der wichtigsten Aufgaben, mit denen sich der neue Direktor auseinanderzusetzen hatte und die ihn bis zum Ende seiner Amtszeit begleiten sollten, waren die Baumaßnahmen. Das Museum war im Jahre 1803 noch sehr unzureichend untergebracht, ein erheblicher Sammlungsteil konnte nicht ausgestellt werden oder war in den Schloßräumen nur mangelhaft beleuchtet. Eine große Belastung für die Kunstwerke und die Verwaltung stellten ferner die regelmäßig stattfindenden Salons im ›Salon Carré‹ dar, da zu diesem Ereignis alle dort befindlichen Gemälde abgehängt werden mußten.

Es ist hier nicht der Ort, die Baumaßnahmen im einzelnen zu beschreiben. Es soll nur auf die wesentlichen Veränderungen hingewiesen werden, die Denon durchzusetzen verstand. Dabei handelte es sich in vielen Fällen um bereits vor seiner Amtszeit begonnene Planungen, die er allerdings mit Hartnäckigkeit vorwärts zu bringen verstand. Sein Partner bei dieser Tätigkeit, um nicht zu sagen Gegenspieler, war Fontaine. Mit ihm hat sich Denon überhaupt nicht vertragen, was eine Äußerung aus dem Tagebuch von Fontaine belegt: »M. Denon est l'une de ces mouches importunes qu'on ne peut parvenir à chasser et contre lesquelles il ne faut qu'avoir patience«.[4] Denon war viel zu sehr Diplomat, als daß er ähnliche Äußerungen über Fontaine der Nachwelt hinterlassen hätte.

4 P. F. L. Fontaine: Journal, 1799-1853, Paris 1987, Bd. 1, S. 232.

Da Napoleon sich weit mehr für die Förderung der Bautätigkeit in Paris interessierte als für die Erweiterung der Sammlung, war Fontaines Stellung die stärkere und Denons in den Auseinandersetzungen nicht die beste. Auf einem Gemälde von Couder, das den Kaiser bei einem Besuch im Treppenhaus des Museums zeigt, ist wohl nicht zufällig Fontaine als Führer des Kaisers dargestellt, während sich Denon als Hausherr im Hintergrund hält (Abb. 2).

In Denons Amtszeit konnte das Museum nicht wirklich fertiggestellt werden. Jedes Museum befindet sich – das gehört zum Wesen dieser Institution – in dauerndem Wandel. Aber zwischen 1803 und 1815 konnten wichtige Fortschritte gemacht werden. Weitgehend abgeschlossen wurde die Einrichtung und Ausstattung der Skulpturensäle im Erdgeschoß (Abb. 3). Die Abfolge der ›Salle des Empereurs‹, ›Salle des Saisons‹, ›Salle de la Paix‹, ›Salle des Romains‹, ›Salle du Laocoon‹ und ›Salle de Diane‹ war bereits im Musée Central angelegt und weitgehend fertiggestellt worden. Unter Denon wurde jedoch auch deren dekorativ-plastische und malerische Ausstattung vollendet. Durch den Auszug des Institut de France konnte im Parterre die Antikenabteilung durch die ›Salle des Cariatides‹ erweitert werden. In diesem großen Saal fanden unter anderen Figuren die Flußgötter Nil und Tiber ihre Aufstellung, weshalb ihm der Name ›Salle des Fleuves‹ gegeben wurde.[5]

In Denons Amtszeit fällt ferner die Verbesserung der Eingangssituation des Museums. An der Stelle der im späteren 19. Jahrhundert entstandenen repräsentativen Treppenanlage errichteten Percier und Fontaine einen Treppenaufgang und gestalteten auch die Säle vor dem ›Salon Carré‹. Endlich gelang die vielleicht wichtigste Maßnahme des Museums, die Umgestaltung der ›Grande Galerie‹. Nicht ganz nach den Wünschen Denons, der alle Fenster schließen wollte, konnte Fontaine durch die Oberlichtfenster und die in regelmäßigen Abständen die lange Galerie rhythmisierenden Säulenstellungen dem bedeutendsten Museumssaal eine würdige und moderne Wirkung geben (Abb.4). Fontaine und Percier folgten zwar nicht Hubert Roberts Vorschlag, die ganze Decke durch ein durchgehendes Glasdach zu öffnen, aber die Oberlichtöffnungen verbesserten die Beleuchtungssituation in der ›Grande Galerie‹ erheblich.[6]

Erweiterung der Sammlungen

Das Musée Napoléon konnte unter dem Direktor Vivant Denon seine Sammlungen entscheidend erweitern. Es ist ein weit verbreitetes Vorurteil, daß ausschließlich die Feldzüge des Kaisers und der damit verbundene Kunstraub die

5 Zu den Baumaßnahmen vgl. Christiane Aulanier: Histoire du Palais et du Musée du Louvre, 11 Bde., Paris 1947 à 1971.

6 Marie-Cathérine Sahut/Nicolas Garnier: Cat. Le Louvre d'Hubert Robert. Les dossiers du département des peintures, Paris 1979.

Möglichkeit boten, das Museum zu bereichern. Zwar ist richtig, daß nach bestimmten Feldzügen, wie denen in Italien, in den deutschen Ländern und weniger erfolgreich auch in Spanien, wertvolles Kunstgut als Teil der Kriegsbeute entführt wurde.[7] Nach den Akten der Museumsverwaltung läßt sich aber ebenso belegen, daß Denon systematisch die Bestände durch Ankauf oder Tausch zu vervollständigen suchte. Dieser Umstand ist insofern wichtig, als es unter seinem Direktorat nicht mehr auf eine mehr oder weniger planlose Erweiterung des Museums ankam, sondern ein zielgerichteter Kunstraub erfolgte.

Denon begleitete den Kaiser nicht selten selbst auf den Feldzügen oder folgte der Armee auf dem Fuße. Er war im allgemeinen relativ gut auf seine Reisen vorbereitet und wußte, was er für das Museum zu erwerben gedachte. Sein Verhandlungsgeschick und sein kollegiales Verhalten seinen mit der Aufsicht der meist höfischen Sammlungen beauftragten Kollegen gegenüber hat ihm seine Arbeit oft erleichtert.

Denon übernahm das Museum zu einem Zeitpunkt, in dem durch die Campagnen der Revolutionstruppen und die Feldzüge Napoleons bereits bedeutende Bestände der antiken, der italienischen und flämischen Kunst im Museum vorhanden waren. Selbstverständlich hat er sich dennoch nicht davon abhalten lassen, weitere Meisterwerke auch dieser Schulen in den deutschen Sammlungen zu requirieren. Gerne hätte er Raphaels ›Sixtinische Madonna‹ und andere italienische Meisterwerke aus Dresden entführt, wenn Napoleon den sächsischen König aus politischen Rücksichten nicht hätte schonen wollen. Im allgemeinen lag Denon jedoch daran, die Sammlung des Musée Napoléon zu vervollständigen. Seine Absicht war es, Lücken zu füllen und neue Kunstbereiche zu erschließen, die im Museum noch nicht vorhanden waren. Während des Feldzugs von 1806 nach Deutschland, der zum völligen Zusammenbruch Preußens und der Eroberung von Berlin führte, suchte er weniger nach italienischen und französischen Meisterwerken in der Sammlung Friedrichs des Großen, als vielmehr nach deutscher Kunst, die im Musée Napoléon noch unzureichend vertreten war.

7 Die umfangreiche und verstreut publizierte Literatur über den napoleonischen Kunstraub findet sich zusammengefasst in folgenden Werken: Charles Saunier: Les Conquêtes artistiques de la Révolution et de l'Empire, et les reprises des Alliés en 1815, in: Gazette des Beaux-Arts, Paris, 3e pér., t. 21, 1899, S. 74-80, S. 158-66 u. S. 340-46; t. 22, 1899, S. 82-88, S. 157-63 u. S. 433-40; t. 23, 1900, S. 156-62; t. 25, 1901, S. 244-59; ders.: Les Conquêtes artistiques de la Révolution et de l'Empire. Reprises et Abandons des Alliés en 1815. Leurs Conséquences sur les Musées d'Europe, Paris 1902; Francis Henry Taylor: The Taste of Angels. A History of Art Collecting from Ramses to Napoleon, Boston 1948; Cecil Gould: Trophy of Conquest. The Musée Napoléon and the Creation of the Louvre, London 1965; Paul Wescher: Kunstraub unter Napoleon, Berlin ²1978.

Aus diesem Umstand ergibt sich eine ganz wesentliche museumspolitische Konzeption, die Denon durchzusetzen bestrebt war, nämlich die Meisterwerke aus allen Ländern im Musée Napoléon zusammenzuführen. Das Museum sollte ein Idealbild der Kunstproduktion Europas werden. Aus diesem Grunde konnte er sich auch nicht mit den Requisitionen der Feldzüge des Kaisers zufrieden geben. Am liebsten hätte er wohl Napoleon vorgeschlagen, wohin er seine Truppen lenken sollte. Da das nicht ging, mußte er auch Kunstwerke erwerben, sei es durch Tausch oder durch Ankauf.

Im Jahre 1806, nach der Niederlage Preußens, war für ihn Gelegenheit, die Sammlungen des Musée Napoléon umfassend zu erweitern. In Berlin beschlagnahmte er zunächst die 12363 Stücke zählende wertvolle Münzsammlung. An Antiken fielen ihm der ›Betende Knabe‹, ›die Knöchelspielerin‹ aus der ehemaligen Sammlung Polignac und der berühmte Cameo mit der Darstellung des Triumph des Septimius Severus in die Hände. In einer Ausstellung wurden die geraubten Werke im Jahre 1807 im Louvre ausgestellt (Abb. 5). Erstaunlicherweise rührte Denon aber kaum die großartige Sammlung französischer Meisterwerke an, die Friedrich der Große erworben hatte. Das ›Ladenschild von Gersaint‹ und die ›Einschiffung auf Cythère‹ von Watteau blieben in den Schlössern.

Auch die Auswahl einiger italienischer und flämischer Gemälde, so wertvoll sie auch sein mochten, ist weniger bemerkenswert, als vielmehr sein Interesse an der frühen niederländischen und deutschen Kunst. Man kann die Entführung von Werken Cranachs, Hans Baldung Griens, Lucas van Leydens und Heemskercks nur verstehen, wenn man sich vergegenwärtigt, daß Denons Bestreben jetzt auf eine Vervollständigung einer im Museum anzustrebenden sichtbaren Geschichte der Kunst hin angelegt war. Eines der Hauptwerke, das nach seinem Aufenthalt in Preußen in den Louvre gelangte, war die Mitteltafel von Memlings Danziger Altar mit der Darstellung des ›Jüngsten Gerichts‹. Seit den Feldzügen der Revolutionstruppen in Flandern befanden sich bereits eine Anzahl von Werken der frühen Niederländer im Louvre. Diese Abteilung zu erweitern, war Denons Interesse.

An Gemälden der deutschen Schule war der Louvre jedoch noch arm. Keineswegs wurde die spätmittelalterliche deutsche Kunst bereits allgemein geschätzt. Manche mögen in Berlin den Verlust kaum bedauert haben. Denon erwies sich mit seinen Requisitionen auf der Höhe der aktuellen wissenschaftlichen Entdeckungen, wie sie von den Brüdern Boisserée, von den Brüdern Schlegel in Deutschland, in Frankreich und Italien vor allem von Séroux d'Agincourt vorgetragen worden waren.

Noch erfolgreicher als in Berlin war Denon im folgenden Jahr 1807 in Kassel und Braunschweig. Den Schwerpunkten der Sammlungen entsprechend gelang es ihm, bedeutende Meisterwerke der italienischen, flämischen und holländischen Malerei für das Musée Napoléon zu sichern. Aber er übersah auch nicht die Chance, wenn sie sich ihm bot, Kunstbereiche zu gewinnen, die noch nicht vertreten waren. In Braunschweig requirierte er 230 Zeichnungen, die zum großen Teil der deutschen Schule zugehörten. Aus Kassel und Braunschweig gelangten auch Gemälde von Cranach, Holbein und Lucas van Leyden in den Louvre. Von den 368 Gemälden, die in einer Ausstellung über die Beute aus dem Feldzug im Musée Napoléon gezeigt wurden, war zwar nur ein geringer Teil der deutschen Malerei zuzurechnen. Aber diese Werke ergänzten die gleichsam historisch-europäische Konzeption der Sammlung, die der Generaldirektor vertrat, auf entscheidende Weise.

Im Museum kaum vorhanden war die spanische Malerei. Durch Napoleons Einnahme von Madrid 1808 hoffte Denon diese Lücke der Sammlung schließen zu können. Dies gelang ihm jedoch nur in sehr bescheidenem Maße. Denn Josèphe Bonaparte hütete als König von Spanien die Kunstschätze in seinen Schlössern. Die von Denon ausgewählte, relativ bescheidene Anzahl von für Paris bestimmten Gemälden wurde von einer Kommission, der auch Goya angehörte, nochmals besichtigt. Wichtige Werke wurden zurückgehalten. Es folgte ein zähes Verhandeln. Der Aufbau einer bedeutenden Abteilung spanischer Malerei gelang Denon nicht. Glücklicher war der Marschall Soult, der die wohl bedeutendste Sammlung spanischer Malerei zusammenbrachte. Soult vermachte im Jahre 1813 einige Gemälde dem Musée Napoléon, der bedeutendere Teil gelangte jedoch erst über Louis-Philippes Galerie Espagnole in den Louvre.

Im Jahr 1809 gelang Vivant Denon endlich auch der Zugriff auf die vielleicht berühmteste Galerie, die des Belvedere in Wien. Aus den Katalogen von Rosa und von Mechel war er über die Sammlungen und ihre Ordnung gut informiert. Vor dem Einmarsch der Franzosen waren wertvolle Bestände noch entfernt worden. Aber Denon gelang es, das Musée Napoléon durch deutsche und niederländische Gemälde zu bereichern. Bilder von Bruegel, Bosch, Massys, Gossaert, Clouet, Hans Baldung Grien, Altdorfer fielen ihm in die Hände. Die Werke Dürers waren vor seiner Ankunft in Sicherheit gebracht worden, so daß er sich mit Zeichnungen dieses bedeutendsten deutschen Künstlers begnügen mußte.

Die wissenschafts- und museumsgeschichtlich folgenreichste Reise Denons unternahm er im Jahre 1811 nach Italien. Nachdem Napoleon die Auflösung der Klöster befohlen hatte, war deren Kunstgut verfügbar geworden. Denon hoffte auf Entdeckungen, die für sein Museum gewonnen werden konnten. Obwohl seine Erwartungen nur teilweise erfüllt wurden, gelang es ihm vor allem, die sogenannten Primitifs, das heißt die frühe italienische Malerei des Trecento und Quattrocento, zu requirieren oder zu erwerben. Seine Wertschätzung dieser Kunstepoche teilte er mit nur wenigen Zeitgenossen, etwa mit dem in Rom ansässigen Kunsthistoriker Séroux d'Agincourt, mit dem Padre Lanzi und wenigen Sammlern. Es zeugte von Weitsicht, wenn Denon das Museum um einen Bereich erweiterte, der nur von wenigen Künstlern und noch kaum von dem kunstinteressierten Publikum geschätzt wurde. Als im Jahre 1814, ausgerechnet während der 100 Tage, im Louvre die Ausstellung der mittlerweile eingetroffenen, wissenschaftlich bearbeiteten und restaurierten Werke von Denons Campagne im Jahre 1811 zu sehen waren, befanden sich auch bedeutende Werke von Giotto, Guido da Siena, Fra Angelico und Ghirlandaio unter den Neuerwerbungen. Da sie 1815 von Italien nicht zurückgefordert wurden, bilden sie noch heute eine glanzvolle Abteilung des Musée du Louvre.

Die Museumspolitik des Direktors bestand darin, im Museum eine sichtbare Geschichte der Kunst zur Anschauung zu bringen. Das Museum sollte nicht nur ausgewählte Meisterwerke bieten, sondern einen europäischen Anspruch erfüllen. Denon konnte diese Perspektive nicht auf andere Kulturen ausdehnen. Erst seinen Nachfolgern blieb es vorbehalten, die Kunst Ägyptens, des Vorderen Orients und anderer Kulturen in den Sammlungsbereich einzubeziehen. Denon wäre aber sicherlich dazu bereit gewesen, wenn ihm mehr Zeit geblieben wäre. Seine eigene Privatsammlung wies im übrigen diese Kulturvielfalt auf.

Wissenschaftliche Bearbeitung und Klassifizierung

Eine der wesentlichen Aufgaben der Verwaltung des Musée Napoléon bestand in der Sichtung, Ordnung, Klassifizierung, Restaurierung und kunsthistorischen Bearbeitung der nach Paris transportierten Kunstwerke. Sie waren nicht immer von Fachleuten ausgewählt, oft nicht sachgemäß verpackt und transportiert worden. Über die Restaurierungsmaßnahmen, die einen erheblichen Teil des Museumsbudgets beanspruchten, soll hier nicht weiter gehandelt werden. Allerdings gilt es zu erwähnen, daß in dieser Epoche eine nach dem damaligen Kenntnisstand wissenschaftliche Restaurierungstätigkeit begann. Die Übertragungen von Holz auf Leinwand, so fragwürdig sie nach unseren heutigen technologischen Möglichkeiten auch erscheinen mögen, wurden unter Denons Amtszeit von einer Kommission von Spezialisten verfolgt und fachgerecht durchgeführt.

Von ebensolcher Wichtigkeit war die kunsthistorische Bearbeitung der Schätze des Musée Napoléon, die Denon durch hervorragende Mitarbeiter, wie etwa Visconti, auch in den Katalogen veröffentlichen ließ. Sie waren meist nicht mehr nur Listen, die den Besuchern die Identifizierung der ausgestellten Gegenstände ermöglichten. Vielmehr enthielten sie längere Kommentare der Werke, deren Sujets, deren künstlerische und kunsthistorische Bedeutung hervorgehoben wurde. Oft finden sich in den Katalogen auch Verweise auf andere Bilder, die den Betrachter auf Vergleichsmöglichkeiten aufmerksam machen sollten.

Auch aus diesen eben erwähnten Umständen geht hervor, daß das Musée Napoléon in der Geschichte des Museums nach den Vorbildern des Museo Pio Clementino in Rom und des Belvedere in Wien den entscheidenden Entwicklungsschritt vom Künstlermuseum zum Kunstmuseum genommen hatte.[8] Damit ist gemeint, daß die Verwaltung und Einrichtung der Sammlungen nicht mehr nach primär von Künstlern bestimmten Gesichtspunkten verfolgt wurden, sondern von Kunstsachverständigen. Man scheut sich noch ein wenig, sie Kunsthistoriker zu nennen, da die Kunstgeschichte zu diesem Zeitpunkt noch nicht als ein Berufszweig etabliert war. Die Institution Museum trug jedoch in erheblichem Maße zur Entwicklung dieser Disziplin und der Ausbildung ihrer Forschungsmethoden bei.

Im Gegensatz zum Künstler, den seine künstlerischen Überzeugungen leiten, handelt der Kunsthistoriker oder der Archäologe (sie sind nur durch den Gegenstand, nicht aber durch die Methode getrennt) seit Winckelmann aus dem Interesse an der Geschichte der Kunst. Für Archäologie und Kunstgeschichte bieten die Kunstwerke nicht nur Modelle für gegenwärtiges Schaffen, sondern sie sind als Gegenstand der Bildung über vergangene Zeiten und Kulturen zu bewahren, zu pflegen und wissenschaftlich zu bearbeiten.

Dieser für die europäische Geistesgeschichte grundlegende Wandel den Denkmälern gegenüber ist ganz entscheidend von J. J. Winckelmann eingeleitet worden. Seine Geschichte der Kunst des Altertums enthält zwei Teile, in denen auf der einen Seite die ästhetischen, auf der anderen die historischen Bedingungen der Entfaltung der griechischen Kunst dargestellt wurden. In seiner Nachfolge war im letzten Drittel des 18. Jahrhunderts diese Einsicht wie ein Funke ins Heu in das Bewußtsein der Kunsttheoretiker gefallen. Der Gedanke sollte jedoch auch für die Geschichte des Museums von größter Wirkung sein.

Die kunstgeschichtliche Ordnung der Galerie

Mit Denon begann jedoch nicht nur eine Epoche der zentralistischen und sachgerechten Verwaltung. Mindestens ebenso wichtig war der Konzeptionswandel, der zwar schon vor ihm eingeleitet, aber durch den Direktor für die Zukunft des Museums als verbindlich bestimmt wurde. Denon suchte ein Programm zu verwirklichen, daß nicht auf zeitgenössischen, von Künstlern entwickelten ästhetischen Vorstellungen, sondern auf historischer und wissenschaftlicher Kenntnis aufbaute.

8 Denon war zweifellos mit der Einrichtung der Sammlungen in der Galerie des Oberen Belvedere in Wien vertraut; sowohl durch die Kenntnis des Kataloges und die allgemeine Diskussion über die Wiener Lösung. In den Briefen und Schriften von Denon ist jedoch kein Hinweis Denons auf Christian von Mechel zu finden. Vgl. Debora J. Meijers: Kunst als natuur. De Habsburgse schilderijengalerij in Wenen omsreeks 1780, Amsterdam 1991 und dieselbe: La classification comme principe: la transformation de la Galerie impériale de Vienne en ›histoire visible de l'art‹, in: Les Musées en Europe à la veille de l'ouverture du Louvre, hrsg. von Édouard Pommier, Paris 1995, S. 593-613.

Dieses Konzept wurde nicht als eine programmatische Schrift formuliert. Es ist aber sowohl in seinen Briefen und in seiner Tätigkeit durchgängig nachzuvollziehen. Es wandelte sich zweifellos im Laufe der 13 Jahre seiner Arbeit für die Museen. Aber es war doch bereits in den großen Umrissen zum Zeitpunkt seiner Ernennung vorhanden. Es ist sogar nicht ganz ausgeschlossen, daß er Napoleon seine Vorstellungen vor seiner Ernennung unterbreitet hat. Vielleicht verdankte er gar seine Berufung den Perspektiven, mit denen er die bald darauf Musée Napoléon genannte Institution zu leiten vorschlug.

Denn bereits am ›11 Nivose l'an XI‹ (1802) schrieb er an den ersten Konsul, daß er die Gemälde auf einem Wandabschnitt in der ›Grande Galerie‹ neu geordnet habe. Nach dem neuen System solle die ganze Galerie eingerichtet werden. Sie habe nun »un caractère d'ordre, d'instruction et de classification erhalten«. Und weiter: »Je continuerai dans le même esprit pour toutes les écoles, et dans quelques mois, en parcourant la galerie, on pourra faire sans s'en apercevoir, un cours historique de l'art de peinture«.[9]

Die Konsequenzen waren weitreichend. Denon gab dem Museum eine ganz neue Funktion. Es sollte nicht mehr allein Aufbewahrungs- oder Präsentationsort der mehr oder weniger zufällig gesammelten Kunstschätze werden. Vielmehr sollte es Bildungsstätte für den Reichtum und vor allem die Geschichte der abendländischen Kunst sein.

Denon machte in seinem Brief an Bonaparte genaue Angaben, welche Bilder er auf dem Wandabschnitt in der ›Grande Galerie‹ neu geordnet hatte. Es handelte sich um einen der Höhepunkte der Galerie, die Werke Raphaels und der Künstler seiner unmittelbaren Umgebung (Abb. 6). Im Zentrum dieses Abschnitts der Galerie stand die ›Transfiguration‹, die zu den bedeutendsten Erwerbungen der Revolutionstruppen gehörte.[10]

Doch worum ging es bei der Neuordnung und inwiefern war sie so bedeutend? Der Gedanke Denons war so einfach und überzeugend, daß er uns heute nicht mehr als besonders originell erscheinen mag. Er stellte jedoch gegenüber dem Musée Central im frühen 19. Jahrhundert eine neue Konzeption dar. Denons Hängung sah vor, die Reihe der Meisterwerke in der Galerie aufzulösen. Sie sollten zwar dort bleiben, aber nicht mehr nur als isolierte, bestimmte künstlerische Ideale repräsentierende, untereinander unverbundene Gemälde wirken. Denons Absicht war, einen sinnvollen Rundgang zu schaffen, bei dem der Besucher eine lehrreiche Abfolge der Werke vorfindet. Die Meisterwerke

9 Paris, Archives Nationales, AF IV, 1049. Auf diesen Brief ist bereits mehrfach in der Literatur verwiesen worden, kürzlich wieder von McClellan (wie Anm. 1), S. 140.

10 Die Hängung in der ›Grande Galerie‹ zu diesem Zeitpunkt ist durch Stiche überliefert: Julius Griffiths und Maria Cosway: Collection de gravures à l'eau-fortis des principaux tabeaux [...] dans le Musée Napoléon, Paris 1806.

sollten zwar weiterhin das Zentrum bilden, aber sie sollten in einem historischen Zusammenhang Platz finden.

Es kann keinen Zweifel geben, denn Denon sprach es genau aus, er wollte die Kunstwerke in ihren historischen und entwicklungsgeschichtlichen Zusammenhang einordnen. Die ›Transfiguration‹ ließ er nämlich in der ›Grande Galerie‹ von anderen Werken Raphaels und Peruginos umgeben. Das Meisterwerk stand in der Mitte, es wurde jedoch durch Gemälde des Lehrers und eigene frühere Arbeiten auf die Herkunft und die Entwicklung des Malers verwiesen. Der Betrachter konnte und sollte die einzigartige Leistung und den Weg erkennen, den der Maler durchschritten hatte, um zu diesem Höhepunkt der Malerei in seinem Spätwerk zu gelangen. Die Didaktik wandte sich in diesem Hängeprinzip nach wie vor sowohl an die Künstler, die ihren eigenen Weg kritisch zu beurteilen hatten, wie auch an die kunstinteressierten Besucher des Museums, die aus den Vergleichen Kennerschaft gewinnen und die Geschichte der Malerei erlernen konnten.

Über der ›Transfiguration‹ hatte Denon in der ›Grande Galerie‹ zwei Bilder Peruginos aufhängen lassen, um den Beginn der Entwicklung des Malers zu veranschaulichen: »C'est pour en faire en quelque façon l'histoire, qu'on a placé dans le haut du trumeau deux tableaux du Perugin, de la plus parfaite conservation et de la plus belle manière de ce peintre. Ces deux morceaux nous font connaitre l'école ou Raphaël a puisé les principes d'un art qu'il a porté depuis au plus haut degré de perfection«,[11] schrieb er an Napoleon. Das Gemälde der ›Transfiguration‹ in der Mitte der Wand wird an den Seiten gerahmt von der ›Auferstehung Mariae‹, einem Jugendwerk Raphaels, entstanden bevor er in Florenz die Kunst Leonardos und Michelangelos kennenlernte, die ihn in seinem weiteren Bestreben beflügeln sollten, wie die Notice Denons an den Kaiser ausführt. Raphaels künstlerischer Fortschritt wurde durch die ›Heilige Familie‹ und die ›Folignomadonna‹ sowie weitere kleinformatige Bilder und eine Predella veranschaulicht. Auch die Bildnisse des Malers, der ›Castiglione‹ und der ›Kardinal Giustiniani‹, wurden zu den Seiten hin aufgehängt, um auf die Rolle Raphaels in der Geschichte der Porträtkunst hinzuweisen.

Die Neuordnung folgte also einem didaktischen Konzept. Raphael, der als einer der größten Künstler angesehen wurde, sollte nicht nur durch ein vereinzeltes Meisterwerk im Museum präsentiert werden. Vielmehr legte Denon Wert darauf, den Besucher mit der ganzen Breite seiner Kunstproduktion vertraut zu machen. Darüber hinaus wurden auch Gemälde seines Lehrers in unmittelbarer Nähe untergebracht, um die Leistung des Malers in seinem künstlerischen Werdegang zu rekonstruieren.

11 Paris, Archives Nationales, AF IV, 1049.

Maßstab einer solchen Museumskonzeption ist somit nicht mehr allein die Qualität eines einzelnen Werkes. Vielmehr wandelte Denon die von Künstlern eingerichtete Institution in eine professionelle Anstalt, in der die Geschichte der Kunst in einer didaktischen Aufstellung zur Geltung kommen konnte. Dieser Umbruch ist so grundlegend, daß über seine Voraussetzungen und Konsequenzen noch intensiver nachgedacht werden muß.

Zunächst muß daran erinnert werden, daß die neue Konzeption nicht von heute auf morgen mit der Berufung Denons zum Generaldirektor durchgesetzt wurde. Denon unterstützte vielmehr eine Neuordnung des Museums, die bereits seit einigen Jahren vorbereitet, an manchen Stellen schon ausgeführt worden war. Der Katalog des Musée Central von 1801 gab im Vorwort an, daß der zweite Teil der Galerie nach Schulen, und zwar mit den französischen und flämischen, gehängt worden sei. Innerhalb der einzelnen Abteilungen seien die Bilder nach den Geburtsjahren der Künstler angeordnet. Im übrigen waren jeweils alle Bilder eines Malers zusammengehängt, um die künstlerische Entwicklung verfolgen zu können: »cette méthode ayant l'avantage de faciliter la comparaison d'Ecole à Ecole, de Maître à Maître, et du Maître avec lui-même«.[12]

Die mehr oder weniger wahllose Reihung ausgewählter Meisterwerke war also bereits vor Denons Antritt als Direktor aufgegeben worden. Wie die Gemälde in der ›Grande Galerie‹ im einzelnen gehangen haben, läßt sich nicht rekonstruieren. Zwischen dem Musée Central und dem Musée Napoléon gab es in diesem Punkt keinen Bruch. Allerdings hat Denon dieses Konzept systematisch erweitert. Die Geschichte der Kunst konnte durch die Überprüfung der Stilentwicklung eines Künstlers vom Betrachter unmittelbar nachvollzogen werden.[13]

Rezeption in der Kunstliteratur

Den Wechsel der Hängung im Museum haben die Besucher sofort bemerkt und kommentiert. Dieser Umstand ist von größtem Interesse, da auf Grund ihrer Aussagen die Wirkung der neuen Konzeption beurteilt werden kann. Am eindringlichsten läßt sich die Auseinandersetzung mit der neuen Ordnung in der Schrift des deutschen Dichters und Kunstphilosophen Friedrich Schlegel nachvollziehen. Schlegel lebte in Paris in den Jahren 1802/03, also gerade zum Zeitpunkt des Übergangs zu dem neuen Ausstellungssystem. In

12 Notice des tableaux des écoles française et flamande. Exposés dans la grande Galerie, dont l'ouverture a eu lieu le 18 Germinal an VII; et des tableaux des écoles de Lombardie et de Bologne, dont l'exposition a eu lieu le 25 Messidor an IX, 1801, S. II.

13 Über die Voraussetzungen einer solchen Museumskonzeption vgl. besonders Meijers und McClellan (wie Anm. 1 bzw. 8).

der Zeitschrift ›Europa‹ veröffentlichte Schlegel seine Eindrücke in den Ausstellungen und Museen, die er regelmäßig und intensiv besuchte. Die in Deutschland ungewöhnlich einflußreiche Schrift, in der Schlegel vor allem seine Vorliebe für die frühe italienische Kunst und die altdeutsche Malerei betonte, gilt zurecht als eine Quellenschrift für die deutsche romantische Kunstkritik und Kunsttheorie. Betrachtet man die in verschiedenen Folgen erschienenen Artikel im Ganzen, läßt sich sehr deutlich ein Wandel ablesen. Während im ersten Teil die ästhetische Kunstbetrachtung im Zentrum steht, gewann im zweiten Teil seiner Beiträge die kunsthistorische Perspektive an Bedeutung. Ein schon äußeres Zeichen, wie die neue Hängung auf Schlegel wirkte, ist die Tatsache, daß er im zweiten Teil nochmals auf Künstler und Bilder zu sprechen kommt, die er bereits im ersten behandelt hatte. Sie erschienen ihm offenbar nun in anderem Licht, und er fühlte sich verpflichtet, dem Leser seine durch den neuerlichen Rundgang entwickelten Ideen nachzutragen.

Schlegel bezog sich ganz unmittelbar auf die jüngste Umgestaltung der ›Grande Galerie‹ durch Denon und widmete den Beginn des zweiten Teils nochmals Raphael. Er begann mit dem Hinweis, daß nun die ›Transfiguration‹ einen besseren Platz in der Galerie gefunden habe, obwohl durch das ausschließlich von den Seiten einfallende Licht noch keine befriedigende Beleuchtung in dem langen Raum gegeben sei. Dann fuhr er fort und beurteilte das System der Hängung folgendermaßen: »Das große Bild ist rings umher von andern kleinern Bildern desselben Mahlers umgeben. Zur einen Seite eine sehr gepriesene heilige Familie aus seiner reifen Zeit; gegenüber eine Verklärung der Maria aus seiner ersten Jugend, da er noch ganz in Perugino's Manier arbeitete; oben zwei Kirchenbilder des Perugin; unten Porträte, Skizzen und kleinen Gemählde des Raphael, sowohl die, welche im vorigen Hefte unsern Lesern beschrieben worden sind, als auch einige andre. Die Madonna de Foligno hängt an der zunächststehenden Wand, nach der andern Seite zu aber die Jardiniere.

Es muß dies zu manchen Betrachtungen einladen, wenn man auf diese Weise die allmählige Entwicklung eines großen Kunstgeistes von dem ersten noch unsichern Jugendversuche bis zum letzten ausgearbeitetsten Werk seines Lebens, so gleichsam mit einemmale überschauen kann«.[14]

Die anschließenden Ausführungen Schlegels ergaben sich gleichsam als Erkenntnis aus der Betrachtung des von Denon und seinen Mitarbeitern neu gestalteten Wandabschnitts in der ›Grande Galerie‹. Schlegel versuchte, dem Leser die ungeheure Begabung Raphaels zu vermitteln, der sich aus einer engen Anlehnung an seinen Lehrer im Verlauf weniger Jahre gelöst habe. Die Ord-

14 Friedrich Schlegel: Vom Raphael, in: Europa. Eine Zeitschrift, Frankfurt/M. 1803-05, Band 2, 1. Heft, S. 3f.

nung der Bilder im Museum ermöglichte den direkten Stilvergleich und führte Schlegel zu kunsthistorischen Einsichten, in denen das Werk eines Künstlers in einem übergreifenden Zusammenhang erläutert wurde.

Aus der Anschauung im Museum zog Schlegel jedoch noch weitere Schlüsse. Der Gedanke, die Kunstbetrachtung fordere nicht nur Überlegungen zur Bedeutung bestimmter künstlerischer Leistungen heraus, sondern müsse auch die geschichtliche Enwicklung berücksichtigen, führte ihn zu einer allgemeinen Gegenüberstellung der älteren und neueren Schulen der italienischen Malerei: »Hier ist nun der Ort zwei allgemeine Reflexionen anzufügen, zu welcher die neue reichere Anschauung des Raphael Gelegenheit gab«.[15] Die Stilentwicklung eines einzelnen Künstlers wird nun erweitert durch einen Blick auf die Unterschiede zwischen der venezianischen und der späteren florentinischen Schule. Diese Ausführungen sind von sehr persönlichen Eindrücken bestimmt und halten heutigen wissenschaftlichen Maßstäben nicht stand. Sie bezeichnen aber den Beginn einer Reflektion über Kunst, die die chronologische Abfolge der Kunstgeschichte und die historischen Bedingungen miteinbezog.

Schlegels Kunstansichten waren von der Überzeugung geprägt, daß die zeitgenössische Kunst nur durch das Studium der Vorbilder der frühen italienischen und der altdeutschen Malerei zu erneuern sei. Diesen Leitgedanken gab er auch in seinen Berichten aus den französischen Museen nicht auf. Die Art seiner Begründung hat sich jedoch vor allem nach dem Eindruck der veränderten Konzeption in der Hängung der Gemälde im Musée Napoléon gewandelt. Schlegels Kunsturteil wurde nun nicht mehr ausschließlich aus dem Eindruck des Einzelwerks bestimmt. Nicht mehr nur das Kunstwerk selbst in seiner individuellen Ausstrahlung, sondern die historische Stilentwicklung gelangte als Methode der Kunstbetrachtung, wenn auch noch ganz unsystematisch, in den Blick. Die didaktische Museumskonzeption wirkte somit auf das zeitgenössische Denken über Kunst ein. Schlegel war kein Kunsthistoriker, sondern ein Künstler, ein Dichter und Schriftsteller mit ausgeprägten kunstphilosophischen Interessen. Er verfolgte daher nicht das Ziel, eine Kunstgeschichte zu schreiben. Aber seine Schriften, von seinem Eindruck im Museum geprägt, nahmen zusehends einen kunsthistorischen Charakter an.

Auf ähnliche, weniger philosophisch geprägte, dafür noch prägnantere Art erkannte der englische Besucher Francis William Blagdon die neue didaktische Museumsordnung: »diese Methode gewährt den Vortheil, daß man eine Schule leicht mit der andern vergleichen kann, so wie auch einen Meister mit dem andern oder mit sich selbst. Wenn sich die Chronologie der vergangenen Jahrhunderte als ein Buch, woraus Belehrung zu schöpfen ist, ansehen läßt, so bedarf eine solche Klassifikation gar keiner Anpreisung. Dadurch, daß die Gemählde chronologisch hin gehangen sind, wird die Gallerie des Louvre eine

15 Schlegel (wie Anm. 14), S. 13.

Art Lexicon, worin jeder Grad der Verbesserung oder Abnahme, den die Mahlerey nach und nach erfahren hat, eingetragen ist«.[16] Der Vergleich ist aufschlußreich. Das Museum wurde wie ein Buch erfahren, in dem man über die Geschichte der Kunst aufgeklärt wird. Es ist nach didaktischen Gesichtspunkten in verschiedene Kapitel eingeteilt, die den Schulen entsprechen, und verfolgt die Entwicklung der Kunst in chronologischer Reihenfolge.

In der Epoche, in der das Museum durch seine innere Ordnung mit einem Buch verglichen wurde, konnte auch ein Buch durch seine Systematik und die Methode der Betrachtung des Gegenstandes mit einem Museum verglichen werden. Séroux d'Agincourt schrieb im Vorwort zu seinem großangelegten Werk ›Histoire de l'art par les monumens, depuis sa décadence au IVe siècle jusqu'à son renouvellement au XVIe siècle‹, in dem er die Geschichte der Kunst von der Spätantike bis zur Renaissance an Hand genauer Beschreibungen der Denkmäler selbst entwickelte: »J'arrive enfin à ce que je puis appeler la partie ESTHETIQUE de mon ouvrage, à celle dans laquelle l'histoire des monumens doit se transformer en histoire de l'Art. Ce que j'en ai fait connaître jusqu'ici, pourrait être comparé à un immense Musée, où les principales productions des trois arts (hiermit meint er Architektur, Skulptur und Malerei), pendant une longue suite de siècles, s'offrent aux regards classées et décrites dans un ordre en même temps systématique et chronologique [...]«.[17] Während dem gebildeten Besucher des Louvre das Museum wie ein Buch der Kunstgeschichte erscheinen konnte, verglich der Wissenschaftler sein kunsthistorisches Werk mit einem Museum. Der Leser sollte sich bei der Lektüre des Textes und der Betrachtung der Abbildungen vorstellen, durch ein Museum auserwählter Meisterwerke zu gehen. Es kann keinen schöneren Beleg dafür geben, wie Institutions- und Disziplingeschichte sich in dieser Epoche durchdringen.

16 Francis William Blagdon, Paris wie es war und wie es ist. Ein Versuch über den vormaligen und heutigen Zustand dieser Hauptstadt in Rücksicht der durch die Revolution darin bewirkten Veränderungen, nebst einer umständlichen Nachricht von den bedeutendsten National-Anstalten für Wissenschaften und Künste wie auch von den öffentlichen Gebäuden. In einer Reihe von Briefen eines reisenden Engländers, Teil 1, Leipzig 1805, S. 185. Hans-Ulrich Seifert, Deutsche Benutzer der Pariser Nationalbibliothek in den Jahren 1789-1815, in: Francia. Forschungen zur westeuropäischen Geschichte, hrsg. vom Deutschen Historischen Institut Paris, Bd. 18/2 (1991), S. 204, Anm. 181. Freundlicher Hinweis von Hans-Ulrich Seifert.

17 Das Werk erschien in mehreren Lieferungen von 1810 bis 1823. D'Agincourts Forschungen waren jedoch bereits durch seine anderen Publikationen, seine Schüler und seinen großen Freundes- und Bekanntenkreis bekannt. Leider fehlt eine ausführliche Biographie über den Gelehrten. Vgl. Notice sur la vie et les travaux de J. L. G. Seroux d'Agincourt von de la Salle, als Vorwort im ersten Band des Werkes von Séroux d'Agincourt; siehe auch Henri Loyrette: Séroux d'Agincourt et les origines de l'histoire de l'art médiéval, in: Revue de l'art, Bd. 48, 1980, S. 40-56.

Die zitierten Kommentare entstanden in den Jahren 1802/03 und somit am Beginn der Umordnung der ›Grande Galerie‹. Es sollte noch mehrere Jahre dauern, bis sie unter Denons Leitung zum Abschluß gebracht werden konnte, wenn man in einer Galerie überhaupt von einer endgültigen Hängung sprechen kann, gehört doch die laufende Erweiterung und Veränderung zu ihrem Wesen. Es gab einen äußeren Anlaß, warum sich die Museumsverwaltung mit Nachdruck für eine Vollendung einsetzte. Für die Hochzeitsfeierlichkeiten Napoleons mit Marie-Louise war das Musée Napoléon als repräsentativer Rahmen für die Trauung und einen feierlichen Empfang der Botschafter und Würdenträger des Staates vorgesehen (Abb. 7). Besondere Anstrengungen waren vor allem von seiten der Architekten Percier und Fontaine nötig, um die sich über viele Jahre hinziehenden Arbeiten am Umbau der Galerie bis zu diesem Datum zu vollenden. Der bereits seit dem Ende des 18. Jahrhunderts immer wieder erwogene Umbau der ›Grande Galerie‹, der vor allem die Öffnung der Decke durch große Glasflächen vorsah, zog sich bereits über Jahre hin. Percier und Fontaine gliederten die überlange Galerie ferner durch eingestellte Bögen, die auf Säulenpaaren aufruhten. Die Fenster auf der Seineseite beließen sie jedoch. Der Zustand der Galerie in der napoleonischen Epoche wurde durch spätere Umbauten leider beseitigt.

Zwischen der Museumsverwaltung und den Architekten ergab sich ein gespanntes Verhältnis, da die ewige Baustelle einer kontinuierlichen Ordnung der Bestände entgegenstand. Die Briefe, die Denon an Fontaine schrieb, bezeugen eine für den Direktor ganz ungewöhnliche Ungeduld. Nicht selten schrieb er in dieser Angelegenheit direkt an den Kaiser, um auf diese Weise Druck auf die Architekten auszuüben. Fontaine wiederum bezeugte gegenüber Denon nur wenig Respekt. Er war der Ansicht, Denon tue sich wichtig, wenn er immer wieder auf seine Verantwortung den Kunstwerken gegenüber verwies. Als für die Feierlichkeiten der Hochzeit im Jahre 1810 die Gemälde im ›Salon Carré‹ abgehängt werden sollten, wehrte sich Denon leidenschaftlich. Er könne dies aus restauratorischen Gründen nicht vertreten. Fontaine setzte sich aber beim Kaiser durch, der scherzhaft gesagt haben soll, die Bilder, die nicht abgenommen werden könnten, solle man eben verbrennen. Es zeigt sich an diesem Beispiel, daß der Hofarchitekt bei Napoleon einen noch besseren Stand hatte als der Generaldirektor der Museen.

Für das feierliche Ereignis im Jahre 1810 wurde die Galerie in ihrer architektonischen Neugestaltung zwar nicht vollständig fertiggestellt, aber doch in einen festlichen Zustand versetzt. Die Hochzeit von Napoleon und Marie-Louise bedeutete den gesellschaftlichen Höhepunkt, den die Zeitgenossen in dem Museum erleben konnten. Der ›Salon Carré‹ war, sehr zum Unwillen Denons, in eine Kapelle umgewandelt worden, und der feierliche Zug des Paares gelangte von den Tuilerien aus an den in der ›Grande Galerie‹ wartenden Ehrengästen vorbei zum Ort der Trauung. Die an den Wänden mit den Gemälden geschmückte Galerie präsentierte sich als ein einzigartiger Durchgang durch die Meisterwerke der abendländischen Malerei. Es war geradezu ein symbolischer Moment, als sich die habsburgische Prinzessin und der französische Kaiser zur Ehe verbanden, nachdem sie an den Höhepunkten der Kunst vorbeigezogen waren. Die Gemälde bezeugten, daß sich dieser Herrscher ganz Europa durch seine siegreichen Feldzüge unterworfen hatte.

Zu diesem Zeitpunkt war die Sammlung durch Umfang und Qualität auf einem Höhepunkt angelangt. Nach den Siegen über Preußen, Bayern und Österreich war es Vivant Denon gelungen, das Museum nochmals durch bedeutende Kunstwerke zu erweitern und im Sinne seines Sammlungskonzeptes zu vervollständigen. Viele großformatige Gemälde waren erst jüngst restauriert worden und erstrahlten in der durch Oberlicht durchleuchteten Galerie. Die anwesenden Würdenträger des Staates und die ausländischen Botschafter repräsentierten die europäischen Staaten, die zum großen Teil ihre Meisterwerke dem siegreichen Herrscher als Trophäen hinterlassen mußten, eine kunstpolitische Machtdemonstration ersten Ranges.

Die ›Grande Galerie‹ stellte die bedeutendsten Schulen der europäischen Malerei dar. Sie war, in der Abfolge vom ›Salon Carré‹ aus gesehen, in drei Hauptabschnitte unterteilt, die der französischen, den zusammengeordneten flämischen, deutschen und holländischen und den italienischen Schulen gewidmet waren. Die großformatigen Altarbilder standen im Zentrum der einzelnen Wandabschnitte. Durch die Zeichnungen von Benjamin Zix und die nach ihnen angefertigten Stiche können wir uns ein Bild von der Hängung in der ›Grande Galerie‹ machen.

Denons Hängung zeichnete sich durch große Klarheit und ästhetische Ausgewogenheit aus. Das Grundprinzip der Aufteilung war offenbar, dem Wandabschnitt zwischen den Säulen Eigenständigkeit und Geschlossenheit zu geben. Durch herausragende Großformate waren die Hauptakzente gesetzt, mit denen die großen Meister vorgestellt wurden. Die italienische Malerei stand ganz im Zeichen Raphaels, in der flämischen Abteilung bildeten die Werke von Rubens und van Dyck die gewichtigen Beispiele, in der französischen Malerei standen Poussin, Vouet, La Hyre und Le Sueur als die bedeutendsten Künstler im Zentrum. Die kleineren Gemälde waren unter den Großformaten, dem Betrachter unmittelbar in Augenhöhe gegenübergestellt.

Denon und seine Mitarbeiter setzten systematisch die Hängung nach Schulen um. Die altdeutsche Malerei wurde dabei der frühen niederländischen zugeordnet. Dürer, Cranach, Holbein folgten unmittelbar auf demselben Wandabschnitt den Werken der van Eyck, van der Weyden und van der Goes.

Besonders eindrucksvoll stellte sich die Travee mit den Werken Raphaels, des in der napoleonischen Epoche wohl verehrtesten Malers überhaupt, dar. Schon die große Anzahl von mittlerweile 25 Gemälden dieses Meisters mußte die

Galerie zu einem Anziehungspunkt für Besucher aus ganz Europa machen. Zix wählte daher auch mit Bedacht für eine der Darstellungen des Zuges des Kaiserpaares die Raphaelsammlung. Die Aufteilung der Wand präsentierte sich als ein Muster an Ausbalancierung. Denon und seine Mitarbeiter folgten dem bereits 1802/03 begonnenen Prinzip.

Die Wand war keineswegs vollständig mit Bildern bedeckt, sondern in fünf Abschnitte gegliedert, zwischen denen Büsten und Vasen aufgestellt worden waren. Die Mitte nahm die ›Transfiguration‹, das Hauptwerk der Sammlung, ein. Sie wurde gerahmt von jeweils zwei übereinanderstehenden, mittelgroßen Altarbildern, wobei nur die beiden unteren, die ›Hl. Cäcilie‹ und die ›Marienkrönung‹ von Raphael stammten. Über ihnen hingen zwei etwa gleichgroße Madonnenbilder seines Lehrers Perugino. An den Seiten waren mit zwei größeren Altarbildern, rechts der ›Madonna di Foligno‹, links der ›Beweinung Christi‹ von Francia, und unter ihnen jeweils kleineren Gemälden, in sich wiederum ausgewogenen Bildarrangements, der Mitte entsprechende kräftige Akzente entgegengesetzt. Der Wandabschnitt war in sich so ausgewogen wie eine Komposition von Raphael selbst.

Die Gemälde waren in der Hängung der einzelnen Abschnitte genau auf Kante bezogen, so daß der horizontalen Abfolge der Abschnitte eine vertikale Gliederung entgegengesetzt wurde, die die Harmonie der Wandgliederung bestimmte. Da die Bilder auch alle die gleiche Rahmenform erhalten hatten, ergab sich ein zusätzliches Element, das Einheitlichkeit und Strenge bewirkte.

Die Konsequenz des Systems geht so weit, daß man sich fragen muß, ob nicht der Zeichner in seinem Werk den Eindruck durch leichte, aber bewußt vorgenommene Ungenauigkeiten im Sinne des Ausdrucks von Klarheit verstärkt hat. Besonders bei den beiden die ›Transfiguration‹ rahmenden Trumeaus kann man sich fragen, ob die Gemälde von Perugino wirklich in der Breite dasselbe Format aufgewiesen haben, wie die beiden Altäre von Raphael, die unter ihnen aufgehängt waren.

Dem Besucher des Musée Napoléon mußte sich der Gang durch die ›Grande Galerie‹ als ein Weg durch die Kunstgeschichte, vorbei an ihren erlesensten Schöpfungen, darstellen. Die Gemälde waren fraglos auch nach bestimmten ästhetischen Gesichtspunkten geordnet, aber sie wiesen vor allem eine innere, systematische Ordnung auf. Werke des Lehrers Perugino standen über denen seines Meisterschülers, frühe Werke Raphaels boten sich dem Betrachter vor den späteren. Denkt man an die Hängung der fürstlichen Sammlungen zurück, wie sie uns etwa durch die Gemälde von Pannini überliefert werden, kann man den Unterschied ermessen. Die dekorative Füllung der Wände dieser früheren Galerien hat sich zu einer nach wissenschaftlichen Gesichtspunkten bestimmten Ordnung gewandelt. Ausgestellt wurde auch nicht mehr alles, sondern nur die Meisterwerke, die den höchsten Stand künstlerischer Qualität veranschaulichen konnten.

Gustav Friedrich Waagen, der spätere Direktor des Königlichen Museums in Berlin, besuchte das Musée Napoléon im Jahre 1814, zu einem Zeitpunkt, in dem es zwar noch wichtige Erweiterungen erfahren hatte, die hier geschilderte und analysierte Ordnung aber nach wie vor bestand. Die Ausführungen und das Urteil dieses herausragenden Fachmannes sind umso aufschlußreicher, als sie belegen können, wie die Konzeption des Musée Napoléon gerade auch auf diejenigen vorbildlich wirkte, die wie Waagen mit der Ordnung und dem Aufbau eines neugegründeten Museums beschäftigt waren.

In seinen Erinnerungen schreibt er über seinen Eindruck: »Auf solche Weise vereinigte der Louvre im Jahre 1814, als ich das Glück hatte ihn zu besuchen, einen Schatz von Kunstwerken ersten Ranges, wie ihn die ganze neuere Zeit nicht aufzuweisen gehabt, und gewährte daher dem Kunstfreunde den höchsten Genuß, dem Forscher das größte Interesse. Besonders wohl that es, daß man das Vorzügliche nicht, wie in den meisten Sammlungen, aus einem Wust des Mittelmäßigen herauszusuchen brauchte, sondern das Auge von den Sternen erster Größe immer noch auf solche zweiter Größe abglitt, welche es wohlgefällig fesselten, ja in minder bedeutender Umgebung mit Recht in Anspruch genommen haben würden«. Waagen betont weiter, daß nur eine mäßige Anzahl der 1174 ausgestellten Werke aus dem viel höheren Gesamtbestand ausgewählt worden sei. »Diese Auswahl enthielt aber eine Reihe von Hauptwerken der größten Meister aus den wichtigsten Epochen aller Hauptschulen. Ja verschiedene solcher Maler, welche als Schöpfer an der Spitze ganzer Epochen stehen, waren so reich besetzt, daß man sie von Anfang bis zu Ende ihrer Laufbahn, und in den verschiedenartigsten Äußerungen ihres Genies verfolgen konnte«.[18] An den ausgestellten Werken von Raphael und Tizian zeigte er dann auf, wie die Galerie einen Überblick über die künstlerische Entwicklung dieser Meister bot. Denons oben zitierte Ankündigung an Napoleon im Jahre 1803, daß er der ganzen Sammlung »un caractère d'ordre, d'instruction et de classification« geben wolle, war im Jahre 1810 bereits so gut wie erfüllt.

Die sichtbare Kunstgeschichte im Musée Napoléon, wie sie im Jahre 1810 in der Hängung der Werke in ihrer bis dahin vollständigsten Weise vom Publikum zu sehen war, ließ jedoch auch die Lücken deutlich hervortreten. Vivant Denon kannte die Schwächen der Sammlung. Nach seiner Vorstellung einer umfassenden Kunstgeschichte aller Epochen und Länder, vergegenwärtigt durch die herausragenden Beispiele der Stilrichtungen, mußte er versuchen, nun gezielt die Werke zu erwerben, die das Gesamtbild der sichtbaren Kunstgeschichte abrundeten. In den Briefen des Generaldirektors ist daher immer von der Aufgabe die Rede, daß das Museum noch vervollständigt werden müsse. Im Jahre 1812 versuchte er aus der Brera in Mailand einige Werke durch Austausch für das

18 Gustav Friedrich Waagen: Kunstwerke und Künstler in Paris, 3. Theil, Berlin 1839, S. 76f.

Musée Napoléon zu gewinnen, und meinte, »l'empereur [...] cherche à compléter la collection la plus étonnante qui ait jamais été faite, et due presque en totalité à ses victoires«.

Es soll die Wortwahl ›compléter‹, die Denon verwendet, nicht überbewertet werden. Aber es scheint doch eine Überzeugung dahinter zu stehen, als sei das Museum schon weitgehend vollständig, es fehlten nur noch geringe Teile, um es wirklich zu vollenden. Daß ein Museum oder eine Sammlung überhaupt vollendet oder abgeschlossen werden könne, erscheint uns heute nach 200jähriger Museumsgeschichte merkwürdig. Die Einrichtung, die Denon leitete, war jedoch in seinen Augen eine Muster- oder Modellsammlung der herausragendsten künstlerischen Leistungen der abendländischen Kunstgeschichte. Vollständigkeit bedeutete nicht, nach kulturgeschichtlichen Gesichtspunkten die Repräsentation von Epochen durch ihre künstlerische Produktion im weitesten Sinne anzustreben. Vielmehr folgte Denon einem bestimmten, von uns heute zu rekonstruierenden Idealbild der Kunst, die für dies einzigartige Museum als würdig angesehen werden kann. Das Musée Napoléon war nach den Vorstellungen Denons mit anderen Museen letztlich unvergleichbar. Denn nicht zufälliges Angebot, sondern gezielte Erwerbungen bestimmten die Akquisitionspolitik des Direktors. Waren noch zu Zeiten der siegreichen Revolutionstruppen unter Bonaparte in Italien und anderswo Kunstschätze unterschiedlicher Qualität requiriert und nach Frankreich entführt worden, bestimmte nun die Sicherheit für Qualität die Erweiterung der Sammlung. Auch konnten die Werke, die diesem Anspruch nicht genügten, in die Provinzmuseen abgegeben werden oder zur Ausstattung der Kirchen und Paläste dienen. Das Musée Napoléon wurde immer erlesener. Hierin bestand eine entscheidende Leistung Denons. Unter Denons Leitung wurde die Auswahl auf professionelle Weise neu geordnet und nach höchsten qualitativen Maßstäben die Spreu vom Weizen getrennt.

Denons Bemühungen um die Erweiterung oder, wie er gesagt hätte, die Vervollständigung des Musée Napoléon gründeten auf seiner Konzeption, im Museum eine sichtbare Kunstgeschichte durch Meisterwerke aufzubauen. Sie sollte insofern vollständig sein, als keine Epoche, die als hochrangig einzustufen war, fehlen durfte. Der Betrachter konnte durch die Hängung einen Weg durch die abendländischen Kostbarkeiten unternehmen. Die hohe Qualität der Werke und die geschichtliche Entwicklung der Kunst sollten ihm gleichermaßen vermittelt werden.

Das Musée Napoléon und die Kunstgeschichte

Wenden wir uns am Schluß der Frage zu, inwiefern das Musée Napoléon Einfluß auf die Kunstgeschichte genommen hat. Um diese Frage zu beantworten, muß man sich zunächst in die Epoche zurückversetzen. Die Einrichtung bedeutete eine für die damalige Zeit ganz ungewöhnliche Attraktion. Das Musée Napoléon war ein Museum der europäischen Meisterwerke. Man hätte durch ganz Europa fahren müssen, um eine solche Sammlung qualitätvollster Kunstwerke zu sehen. Wir sind heute ganz selbstverständlich an unsere großen Museen gewöhnt. Man muß sich aber in die Epoche um 1800 zurückversetzen, um die allgemeine Begeisterung zu ermessen, die das Museum auslöste. Diese Begeisterung übertönte im übrigen die wenigen Stimmen, die den Kunstraub für frevelhaft hielten. Der Erfolg schien die Mittel zu rechtfertigen.

Die Wirkung des Musée Napoléon muß auf verschiedenen Ebenen beurteilt werden: auf der der Künstler, der der Fachleute und des kunstinteressierten Publikums. Alle diese Bereich wären Themen für eigene Vorträge. Wir müssen uns mit einigen Hinweisen begnügen.

1. Man kann sich gut vorstellen, welch einzigartige Möglichkeiten zum Studium und zum Kopieren das Musée Napoléon den Künstlern bot. Die Sammlung der Antiken, der Malerei Italiens und der Niederlande war einzigartig. Die besten Vorbilder konnten vor dem Original studiert werden. Daß dieser Gesichtspunkt bei der Förderung des Museums eine Rolle spielte, läßt sich aus verschiedenen Äußerungen entnehmen. Die Sammlung sollte dazu dienen, ein pädagogischer Maßstab für die zeitgenössische französische Malerei zu sein. Denon war ja, neben seinem Posten als Museumsdirektor, von Napoleon auch noch beauftragt worden, die Malerei- und Denkmäleraufträge des Empire zu fördern und zu verwalten.

Mindestens so wichtig ist jedoch, daß die Maler in dem Museum Entdekkungen machen konnten. Ingres Auseinandersetzung mit der frühen flämischen Malerei begann im Musée Napoléon. Zurecht ist darauf hingewiesen worden, daß das berühmte Porträt Napoleons *en majesté* im Musée de l'Armée in Paris von Jan van Eycks Gottvater auf dem Genter Altar angeregt worden ist. Das Mittelbild des Genter Altars befand sich im Musée Napoléon. Man könnte noch manche andere Beispiele nennen.

2. Das Musée Napoléon stellte jedoch auch für die Fachleute eine ungewöhnliche Herausforderung dar. Diese Gruppe zu bezeichnen ist für die damalige Zeit etwas schwierig, denn den Kunsthistoriker gab es in unserem heutigen Sinne noch nicht. Das Museum trug jedoch entscheidend zur Ausbildung dieses Berufszweiges bei. Denn die Museumsarbeit selbst erforderte Kenner und Spezialisten, die weder Künstler noch Kunsthändler sein sollten. Die Ordnung, Klassifizierung, Präsentation und Restaurierung der Werke konnte nur von Fachleuten vorgenommen werden, die mit der Geschichte der Kunst vertraut waren. Das Museum selbst bot sich als entscheidende Ausbildungsstätte für Fachleute an. Kunstsachverständige aus dem In- und Ausland zogen nach Paris, um ihre Kenntnisse zu erweitern. Die Gebrüder Boisserée, Schlegel, Passavant, Humboldt und Waagen, die wir schon erwähnt haben, waren solche Beispiele.

Die Fachleute bildeten jedoch nicht nur ihre Kennerschaft aus. Man kann sogar noch weitergehen und sagen, daß sie nach dem Besuch im Musée Napoléon auf andere Weise über Kunst schrieben. Die Institution vermittelte eine Vision, die das Denken und die Rezeption von Kunst veränderte. Worin bestand diese Veränderung?

Die Institution Museum und ihre Einrichtung durch Kunstwerke bewirkten ein Umdenken. Das Kunstwerk wurde aus seinem ihm ursprünglich zugedachten Zusammenhang herausgenommen und in eine fiktive, imaginäre Ordnung, so wie Malraux sie verstand, versetzt. Das Museum war nicht nur ein Bauwerk, sondern auch ein geistiges Gebäude, in das die künstlerischen Höchstleistungen des Abendlandes zusammengetragen wurden. Allerdings wurden sie nicht ungeordnet, wahllos dort untergebracht, sondern nach einer inneren Ordnung. Sie war vielleicht nicht jedem, aber doch wohl den Kennern und Fachleuten verständlich. Diese Ordnung beruhte auf der Vorstellung von zwei Grundelementen. Einerseits bestand Übereinkunft, daß jedes Land Europas eine eigene und qualitativ hochstehende Kunstproduktion aufzuweisen habe. Andererseits galt die Überzeugung, daß die Kunst in den verschiedenen Ländern eine Geschichte hat, die es in den jeweiligen Epochen auf ihre Besonderheit hin zu untersuchen galt. Diese beiden Gesichtspunkte bewirkten die neue Auseinandersetzung mit Kunst.

Das Musée Napoléon war nach diesen Grundsätzen eingerichtet. Es präsentierte sich als Museum, in dem die Meisterwerke Europas nach den Schulen und in ihrer chronologischen Folge zu sehen waren. Der Besucher konnte einen Abriß der Kunstgeschichte erfahren. Das Museum war sowohl ein Ort des Kunstgenusses, wie des Kunstgeschichtsstudiums und damit Bildungsanstalt geworden. In den früheren höfischen Sammlungen hatten repräsentative oder ästhetische Ordnungskriterien vorgeherrscht. Das Musée Napoléon hingegen bereitete den Boden für eine systematische Museumswissenschaft. Voraussetzung ihrer Entfaltung war die Erforschung der Geschichte der Kunst. Im Musée Napoléon vollzog sich ein Wendepunkt in der Geschichte dieser Institution. Instutionsgeschichte und Fachgeschichte bedingten sich gegeneinander.

Das Musée Napoléon und Europa

Aber noch einen letzten Gesichtspunkt gilt es wenigstens kurz anzuführen. Die Förderung des Musée Napoléon durch den Kaiser beruhte auf einer politischen Entscheidung. Die Meisterwerke Europas in Paris zu vereinigen, bestimmte die Ambition, Paris zu einem neuen Rom zu gestalten. Seit Ludwig XIV. hatte Europa unter der kulturellen Hegemonie Frankreichs gestanden. Mit Hilfe der Manufakturen Colberts konnte Versailles als eine Dauerausstellung gelten, die den künstlerischen Maßstab für die Fürstenhöfe Europas setzte. Im 18. Jahrhundert standen als Folge dieser ökonomischen und künstlerischen Expansion alle Länder unter dem Zeichen des Imports französischer Sprache und Kultur.

Nach der Französischen Revolution knüpfte Napoleon an diese Tradition des Ancien Régime an. Allerdings suchte er als Kind der Revolution nun nach einer neuen Legitimation und Identifikation. Diese beruhten auf seiner militärischen Stärke, mit der er sich ganz Europa zu unterwerfen wußte. Die europäischen Kunstsammlungen im Musée Napoléon repräsentierten die kunstpolitische Komponente seiner Politik.

Erstaunlicherweise haben nur wenige Zeitgenossen das Moment der Usurpation der Kulturgüter angeklagt. Das Musée Napoléon überzeugte und überwältigte die zeitgenössischen Besucher, auch diejenigen, die beraubt worden waren, durch den Reichtum und die Qualität der Sammlung. Auch scheint die innere Gestaltung und die oben besprochene Ordnung in der Epoche ein europäisches Gemeinschaftsgefühl ausgelöst zu haben. Der Verlust des eigenen Kunstgutes wurde bei den Siegern über Napoleon erst in dem Moment deutlich erkannt, als die Länder sich in der Gegenwehr gegen den Usurpator ihrer nationalen Identität bewußt wurden. Dem militärischen Kampf gegen Napoleon entsprach ein wachsendes kulturelles Selbstbewußtsein, das in verschiedenen Ländern zur Gründung von eigenen Museen führte. Im Jahre 1815, nach Waterloo, führten sie, zur Verzweiflung von Vivant Denon, ihre Kunstwerke wieder in ihre Heimatländer zurück, nicht selten mit der Absicht, nun eigene nationale Museen zu errichten. Das Musée Napoléon repräsentierte nur einen kurzen Moment eine europäische kulturelle Einheit. Die Entstehung des Nationalgefühls und der Nationalstaaten, vor allem der Nationalismus bedeutete das Ende dieser kultur- und wissenschaftsgeschichtlich so bedeutenden, allerdings auf Machtpolitik gebauten Museumsvision und führte zu neuerlicher kultureller Zersplitterung, die zu überwinden uns noch im Europa von heute schwer fällt.

Abb. 1: Robert Lefèvre: Portrait Vivant Denon. Musée de Versailles.

Abb. 2: Auguste Couder: Fontaine und Percier führen Napoleon, begleitet von Daru und Denon, Pläne für das Musée Napoléon vor, 1833. Paris, Musée du Louvre.

Abb. 3: Hubert Robert: Die ›Salle des Saisons‹ im Musée Central.
Paris, Musée du Louvre.

Abb. 4: Percier und Fontaine: Hochzeitszug von Napoleon und Marie-Louise in der ›Grande Galerie‹ im Jahre 1810. Paris, Bibliothèque Nationale.

Abb. 5: Benjamin Zix: Ausstellung der geraubten Kunstschätze in der ›Salle ronde‹ im Jahre 1807. Paris, Musée du Louvre, Cabinet des Dessins.

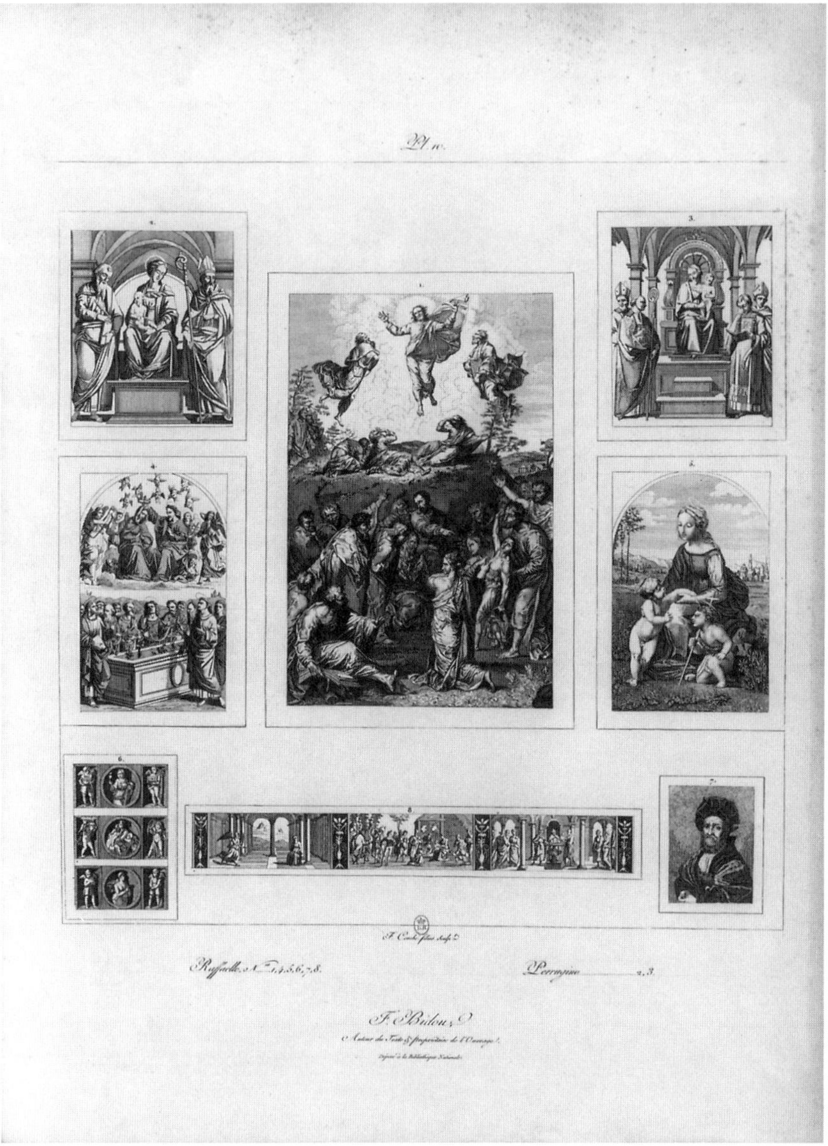

Abb. 6: Maria Cosway: Wandabschnitt mit Raphaels ›Transfiguration‹ in der ›Grande Galerie‹, 1803. Paris, Bibliothèque Nationale.

Abb. 7: Benjamin Zix: Hochzeitszug von Napoleon und Marie-Louise in der ›Grande Galerie‹ im Jahre 1810. Paris, Manufacture de Sèvres.

Abbildungsnachweis:
Abb. 1-7: Foto Kunsthistorisches Institut der Freien Universität Berlin.

Steffi Roettgen

Fiorillo und die spanische und englische Kunst – Beobachtungen zu seiner Methode

Die beiden Bände, die Johann Dominicus Fiorillo der Kunstgeschichte Spaniens (1806) und Englands (1808) gewidmet hat,[1] stehen im Schatten der 1798 und 1801 erschienenen Bände seiner ›Geschichte der zeichnenden Künste‹, die der Malerei Italiens galten. Allerdings fand Fiorillos Werk insgesamt keine besonders günstige Aufnahme in der Öffentlichkeit,[2] was auch damit zusammenhing, daß die Geschichte der italienischen Malerei mit einem gewissen Recht als Aufguß der ›Storia pittorica‹ von Luigi Lanzi (1809) angesehen wurde. Goethes Urteil »Wenn man darin liest, so erfährt man etwas, aber man schaut nichts an« lastet bis heute auf dem Werk.[3] Die Bände über die Malerei der italienischen Schulen waren dessen ungeachtet eine wichtige Informationsquelle für den deutschen Leser, wenigstens solange, bis die ›Storia Pittorica della Italia‹ von Luigi Lanzi 1830 ins Deutsche übersetzt wurde.[4]

Daß die beiden Bände über die spanische und die englische Kunst bis heute ein Aschenputteldasein führen, läßt sich daran ablesen, daß sie von der einschlägigen Kunstliteratur des 19. und des 20. Jahrhunderts kaum zur Kenntnis genommen wurden.[5] Die genauere Betrachtung offenbart jedoch gerade in der

1 J. D. Fiorillo, Geschichte der zeichnenden Künste von ihrer Wiederauflebung bis auf die neuesten Zeiten, Bd. IV, die Geschichte der Mahlerey in Spanien enthaltend, Göttingen (Röwer) 1806, Bd. V, die Geschichte der Mahlerey in Großbritannien enthaltend, Göttingen 1808. Die neunbändige ›Geschichte der zeichnenden Künste‹ war ihrerseits eingebunden in die ›Geschichte der Künste und Wissenschaften seit der Wiederherstellung derselben bis ans Ende des 18. Jahrhunderts‹, die unter der Federführung von Johann Gottfried Eichhorn (1752-1827) (laut Titelblatt »von einer Gesellschaft gelehrter Männer«) herausgegeben wurde.

2 Bd. III, die Geschichte der Mahlerey in Frankreich enthaltend, Göttingen 1805. Das Werk wurde in Frankreich kritisch aufgenommen. Fiorillo schreibt dazu selbst in der ›Vorrede‹ zum fünften Band unter Hinweis auf eine Rezension im ›Moniteur‹.

3 Wilhelm Waetzoldt: Deutsche Kunsthistoriker, Bd. 1 (Von Sandrart bis Rumohr), S. 292 (ohne Nachweis). Nach Waetzoldt datiert der Brief Goethes an Meyer, in dem er sich so äußert, von 1796. Das kann jedoch nicht stimmen, da das Werk zu diesem Zeitpunkt noch nicht erschienen war.

4 Geschichte der Malerei in Italien vom Wiederaufleben der Kunst bis Ende des 18. Jahrhunderts. Aus dem Italienischen übersetzt und mit Anmerkungen von Johann Gottlob von Quandt, hrsg. von Adolph Wagner, Leipzig 1830-33.

5 Johannes Dobai erwähnt Fiorillo in seinem Standardwerk, Kunstliteratur des Klassizismus und der Romantik in England (1975ff.), nur beiläufig. In der ›Historia de la critica de

Darstellung der Kunstentwicklung außerhalb Italiens bezeichnende Abweichungen gegenüber dem Geschichtsmodell Lanzis, auf das sich Fiorillo ausdrücklich berufen hat.[6]

In den Titeln der Bände über Frankreich, Spanien und England wird eine Geschichte der Malerei angekündigt. Dennoch geht Fiorillo auch auf die anderen Künste ein, besonders auf Architektur und Plastik, sowie auf die Glasmalerei und auf andere Gewerke. Er folgte damit dem gleichen Konzept, dem sein Werk den Titel ›Geschichte der zeichnenden Künste‹ verdankt.[7] Bemerkenswert ist weiterhin, daß er sich bei den Bänden über die Kunstgeschichte außerhalb Italiens nicht an die chronologische Eingrenzung hält, die der Haupttitel des Eichhorn'schen Werkes durch den Begriff der Wiederherstellung, den Fiorillo zur »Wiederauflebung« abwandelt, vorgegeben hatte. Dies ist umso

arte en España‹ von Juan Antonio Gaya Nuño von 1975 kommt der Name Fiorillo überhaupt nicht vor. Am neutralsten sind die Charakterisierungen Fiorillos durch Julius Schlosser: Die Kunstliteratur, Wien 1924, S. 429f., und von Wilhelm Waetzoldt (wie Anm. 3), S. 289-92.

6 Luigi Lanzi, Storia pittorica della Italia dal risorgimento delle belle arti fin presso al fine del XVIII secolo (1: 1795-6; 2: 1809). Ed. a cura di Martino Capucci, Florenz, III Bde., 1968-1974. Bd. I, S. XV, vgl. Gabriele Bickendorf: Luigi Lanzis ›Storia pittorica della Italia‹ und das Entstehen der historisch-kritischen Kunstgeschichtsschreibung, in: Jahrbuch des Zentralinstituts für Kunstgeschichte, Bd. 2, 1986, S. 231-72, besonders S. 248. – Fiorillo muß mit Lanzis Schriften bestens vertraut gewesen sein, wenn es richtig ist, daß er die vierte und posthum erschienene italienische Ausgabe von 1818 besorgt haben soll, wie Waetzoldt (wie Anm. 3, S. 289) ohne Nachweis angibt (siehe auch Udo Kultermann: Geschichte der Kunstgeschichte. Der Weg einer Wissenschaft, Frankfurt/M./Berlin/Wien 1981, S. 74). Einen konkreten Anhaltspunkt für diese Mitarbeit konnte ich bisher nicht feststellen. In der Lanzi-Edition von 1818 wird Fiorillos Name jedenfalls nicht genannt, wohl aber erfolgt hier ein Hinweis auf sein Werk mit dem Kommentar: »è anche questa una storia della pittura su l'andare della presente, nell'ordine delle scuole vi è qualche variazione« (Bd. I, S. IV). In der von M. Capucci kommentierten Lanzi-Edition (s. oben, Bd. I, S. 4f.) findet sich kein Hinweis auf die Mitarbeit Fiorillos. Aufschlüsse könnten sich eventuell aus dem Carteggio Lanzi in der Biblioteca Comunale in Macerata ergeben.

7 Der Begriff der »zeichnenden Künste« verweist auf Vasari. Im 18. Jahrhundert wurde dieser Begriff seit J. G. Sulzers ›Allgemeine(r) Theorie der Schönen Künste‹ (Bd. I, Leipzig und Berlin 1771) auch im Deutschen durch den der schönen Künste verdrängt. Vgl. G. Pochat: Geschichte der Ästhetik und Kunsttheorie. Von der Antike bis zum 19. Jahrhundert, Köln 1985, S. 390. Lessing, der den Begriff der ›bildenden Künste‹ eingeführt hatte, meinte damit vor allem Malerei und Skulptur. Es war kein Zufall, daß Fiorillo, vielleicht in Anlehnung an den italienischen Theoretiker Milizia bei dem veralteten Begriff blieb. Vgl. Francesco Milizia: Dell'arte di vedere nelle belle arti del disegno secondo i principj di Sulzer, e di Mengs, Venedig, Giambatista Pasquali, 1781. Möglicherweise spielte es dabei auch eine Rolle, daß Fiorillo mit diesem Begriff Sinn und Bezug seiner Tätigkeit als Zeichenlehrer gebührend herausstellen wollte.

auffälliger, als dieser Begriff bei den italienischen Vorbildern eine klar umrissene Bedeutung besaß.[8] Im Rückgriff auf Vasari verstand Lanzi unter der »Pittura risorta« die Malerei seit der Epoche Giottos. Dementsprechend ist hier das Wiederanknüpfen an die Antike gemeint. Während nun Fiorillo diesen zeitlichen Rahmen in seinen Bänden über Italien weitgehend eingehalten hat,[9] blieb der eigentlich programmatische Aspekt der Wiederauflebung der Antike für seine Geschichte der Kunst außerhalb Italiens ohne Belang. Er folgte hier dem historischen Modell, das auf Winckelmanns ›Geschichte der Kunst des Alterthums‹ zurückging, die ebenfalls mit den prähistorischen Anfängen der Kunst eingesetzt hatte.[10] Fiorillos Methode wurzelt aber auch in Herders Geschichtsauffassung, die das Kunstschaffen als organischen Ausdruck des jeweiligen Volkscharakters und als naturgegebenen Wachstumsprozeß verstand, der von den Wechselwirkungen zwischen Individuum, Umwelt und Klima abhängig ist.[11] Fiorillo wandelte dieses Grundmodell der organisch-biologischen Entwicklung der Künste jedoch in einem entscheidenden Punkte ab, und zwar bei der Einteilung der künstlerischen Epochen. Abweichend von der Darstellung der Entwicklung in Italien hält sich Fiorillo bei der Schilderung der Entwicklung in Frankreich, Spanien und England an das bewährte chronologische Schema der Regentenabfolge, das er von der allgemeinen Geschichtsschreibung übernimmt. Auch Winckelmann hatte sich in seiner ›Geschichte der Kunst des Alterthums‹ aufgrund der Materie dazu gezwungen gesehen, zwischen der historischen und der künstlerischen Betrachtungsweise zu unterscheiden. Er hatte einen pragmatischen Kompromiß geschlossen, indem er die Geschichte der Stilentwicklung und die Geschichte »nach den äußeren Umständen« parallel nebeneinander stellte.

8 Vgl. Achim Hölter: Johann Dominik Fiorillos ›Geschichte der zeichnenden Künste, in: Romantik und Renaissance. Die Rezeption der italienischen Renaissance in der deutschen Romantik, hrsg. von Silvio Vietta, Stuttgart/Weimar 1994, S. 97ff. u. S. 106.

9 Hölter (wie Anm. 8, S. 105f.) hat auch Indizien benannt, an denen sich bereits in der Darstellung der italienischen Kunstgeschichte die Abweichungen Fiorillos von Lanzis Modell ablesen lassen.

10 Fiorillo rechnete es sich zur Ehre an, den von ihm bewunderten Winckelmann während seines Romaufenthaltes persönlich kennengelernt zu haben, vgl. Geschichte der zeichnenden Künste in Deutschland, Bd. III, Hannover 1817, S. 385.

11 Vgl. G. Pochat (wie Anm. 7), S. 428. Der Rekurs auf Herders Geschichtsauffassung erklärt sich aus dem Gesamtkonzept der ›Geschichte der Künste und Wissenschaften‹. Wie Johann Gottfried Eichhorn 1796 darlegte, war hier eine Gesamtdarstellung der Geschichte und der Kulturgeschichte Europas beabsichtigt, in der das Zusammenwirken von Gesellschaft und Individuum als Ursache und Motor der kulturellen Entwicklung gezeigt werden sollte. Vgl. dazu Luigi Marino: I Maestri della Germania, Göttingen 1770-1820, Turin 1975, S. 284ff., und Hölter (wie Anm. 8), S. 109.

Die Spuren von Lanzis Systematik lassen sich in Fiorillos Werk an vielen Stellen deutlich erkennen, so zum Beispiel in der traditionellen Hierarchie der malerischen Gattungen[12] sowie in der daraus resultierenden Rangfolge der Meister und der Schulen mit Stilmerkmalen, die sich über die Zeit hinweg erhielten. Je näher Fiorillo der Kunst der Gegenwart kommt, die der Zielsetzung des Eichhorn'schen Werkes entsprechend einbezogen war, desto mehr versagten solche Kategorien. So kam Fiorillo nicht um die Feststellung herum, daß der Historienmaler Benjamin West in der Gunst des Publikums nicht so hoch stehe wie der Landschaftsmaler Turner, der Tiermaler George Stubbs oder wie die topographischen und naturgeschichtlichen Werke, auf die sich viele Künstler in England spezialisiert hatten.

Der entscheidende Grund für die Abweichungen von der durch das Vorbild bedingten Struktur künstlerischer Entwicklungen war wohl die Materie, der sich Fiorillo mit den Bänden über die nichtitalienische Kunst zuwandte. Lanzis Modell der Untergliederung nach regionalen Schulen, das sich aus der politischen und topographischen Physiognomie Italiens erklärt,[13] eignete sich nur bedingt oder gar nicht für zentralistisch strukturierte Länder, wie es Frankreich, Spanien, England oder Rußland waren. Eine historische Darstellung der Kunst von Völkern, deren künstlerisches Erbe sich nicht mit dem in der älteren italienischen Kunstliteratur verhafteten Modell einer stufigen oder zyklischen Entwicklung fassen ließ, konnte sich auch nicht auf die Normen berufen, die sich seit Vasari für die italienische Kunst und anhand ihrer Entwicklung herausgebildet hatten.[14]

Die Gliederung in regionale Schulen wandte Fiorillo zwar gelegentlich auch für Spanien an, nämlich überall da, wo dies aufgrund einer gewissen Kontinuität möglich war, wie in Toledo und Sevilla, aber sie bildete für ihn kein absolutes Ordnungskriterium. Übrigens war es Fiorillo, der ausgehend von Lanzi, in seinem ersten Band der Geschichte der deutschen Kunst bis zum Beginn des 15. Jahrhunderts die von nun an für die Literatur zur deutschen Kunst des Mittelalters maßgebliche regionale Gliederung eingeführt hat.[15] Gemessen an den gängigen Methoden der deutschsprachigen Kunsthistoriographie des 18. Jahrhunderts markiert Fiorillos Werk gerade hier eine in ihrer Tragweite bisher nicht gebührend gewürdigte Neuerung. In der deutschen Historiographie des

12 Historie, Porträt, Landschaft, Tiermaler, Blumenmaler, Stilleben, Bambocciate (= Genre).

13 Vgl. Bickendorf (wie Anm. 6), besonders S. 247 u. S. 270, Anm. 69, über die Vorläufer dieser Einteilung.

14 Lanzi beruft sich ausdrücklich auf Antonio Maria Zanettis ›Della Pittura Veneziana‹ (Venedig 1771) als Vorbild für sein Verfahren (wie Anm. 6, Bd. I, S. 7).

15 Er erklärt diese Einteilung mit der Provinzeneinteilung der alten Reichsverfassung, in: Geschichte der zeichnenden Künste in Deutschland und den vereinigten Niederlanden, Bd. I, Hannover 1815, S. VIII.

18. Jahrhunderts gab es nur ein brauchbares Vorbild für diese Betrachtungsweise, nämlich die ›Geschichte der Deutschen‹ von Michael Ignaz Schmidt, deren erster Band 1778 erschienen war.[16] Es ist denkbar, daß die Methode dieses Werkes einen gewissen Einfluß auf Fiorillos Konzept hatte, das vermutlich mit dem Herausgeber Eichhorn abgestimmt war. Fiorillos chronologische Darstellung der künstlerischen Entwicklung löste die bis dahin vor allem in Deutschland vorherrschende Form des ›Abecedarium‹ ab, das sich nicht der Mühe einer chronologischen Darstellung unterzog, sondern das die Künstlerbiographien in alphabetischer Folge aneinander reihte.[17] Fiorillo baute in seine ›Geschichte‹ zwar auch einzelne Viten ein, aber er ordnete sie konsequenter als Lanzi zu regionalen und schulischen Einheiten.

Es gibt keine Anzeichen dafür, daß sich Fiorillo der Tragweite seiner Methode und der methodischen Inkonsequenzen bewußt war, die durch sein Opus gehen. Anscheinend machte er sich darüber ebenso wenig Gedanken wie Winckelmann, der je nach Bedarf eine normative und eine historisch-chronologische Form der Darstellung gemischt hatte. Die Mischung verschiedener Betrachtungsweisen hat auch bei Fiorillo sachliche Gründe. Er paßte seine Betrachtungsweise dem jeweiligen Gegenstand an, wie sich besonders gut in den vier Bänden über Deutschland und die Niederlande beobachten läßt. Für jede Epoche wählte er eine andere Methode der Darstellung. Die uneinheitliche Art der Periodisierung, die Fiorillo in seinem Werk anwendete, hat übrigens nachhaltige Spuren in der späteren europäischen Kunstgeschichte hinterlassen, die noch heute in den methodischen Differenzen zwischen den einzelnen nationalen Kunstgeschichten nachwirken. Die Kunstgeschichte Englands und Frankreichs blieb dank der Periodisierung nach Regenten- und Dynastenfolgen enger mit den sozialen und politischen Prozessen verknüpft. Dagegen stehen die italienische und die deutsche Kunstgeschichte nach wie vor stärker unter dem Vorzeichen der stilistischen und topographischen Darstellung und Erklärung. Insbesondere für die deutsche Kunstgeschichte blieb das Modell Lanzis verbindlich, das, angereichert mit den Vorstellungen Herders und August Wilhelm Schlegels über die Kulturgeschichte als Organismus, die Herausbildung einer »autonomen« Kunstgeschichte begünstigte.[18]

16 Ersch. in Ulm und Stettin ab 1778. Bis 1794 lagen elf Bände vor, die bis zum Ende des Dreißigjährigen Krieges reichten. Der Nachweis darüber, daß Fiorillo das Werk von Schmidt kannte, ließ sich im Rahmen dieser Untersuchung nicht erbringen. Schmidts Werk war aber sehr populär in Deutschland.

17 Zum Beispiel J. R. Füßli: Allgemeines Künstlerlexikon, Zürich 1763; K. H. von Heinecken: Dictionnaire des artistes, Leipzig 1778-1790; J. G. Meusel: Teutsches Künstlerlexikon, Lemgo 1778-89.

18 Vgl. die Textsammlung: Kunsttheorie und Kunstgeschichte des 19. Jahrhunderts in Deutschland, Bd. I (Kunsttheorie und Malerei, Kunstwissenschaft. Texte und Dokumente), hrsg. von W. Busch/W. Beyrodt, Stuttgart 1982, S. 289f.

Fiorillo war wohl kaum der Erfinder der wegen ihrer gemischten Struktur neuartigen Darstellungweise, die flexibel auf unterschiedliche historische Gegebenheiten reagierte. Indem er sein neunbändiges Werk keinem einheitlichen Schema unterwarf, machte er deutlich, daß es unterschiedlicher Darstellungsmethoden bedurfte, um ein so großes Gebiet in den Griff zu bekommen. Man kann es ihm daher kaum absprechen, daß er die variierende Struktur seiner Bände selbst erfunden hat. Fiorillos Äußerungen über seine Methode sind insgesamt sehr sparsam[19] und beschränken sich meistens auf Mängel, die er zu beheben wünschte. Bei der spanischen Malerei war dies etwa die ungenügende Berücksichtigung der spanischen Literatur seitens der französischen und italienischen Autoren, die über spanische Kunst geschrieben hatten.

Die Vielzahl der benutzten Hilfsmittel und Handbücher gibt Fiorillos Werk den Charakter eines Kompendiums, das sich auf eine solide bibliographische Grundlage stützte. Das Kompendium ist als wesentliches Prinzip der Historiographie des 18. Jahrhunderts anzusehen. Lanzi macht dazu einige aufschlußreiche Bemerkungen, die auch Fiorillos Methode[20] treffend kommentieren. In der ›Vorrede‹ der dritten Edition seiner ›Storia pittorica‹ von 1808 schreibt Lanzi, daß die wachsende Anzahl von »storie particolari« beim Publikum den Wunsch nach einem Autor erweckt habe, der diese »storie particolari« vereinige und ordne und der ihnen die Gestalt und den Charakter einer »Storia generale« gebe. Dieser Autor dürfe nicht alles genau nacherzählen, was überliefert sei, sondern er müsse das auszuwählen verstehen, was am meisten interessiere und belehre. Der allgemeine Gang der Dinge sei der, daß auf Jahrhunderte voll von umfangreichen Geschichtschroniken Jahrhunderte der Kompendien folgten.[21] Lanzi war durchaus stolz darauf, in einem Jahrhundert der Kompendien zu leben. Sein Ideal war es, die Geschichte der einzelnen Künstler so zu selektieren und zu komprimieren, daß sich daraus die »Storia di tutta l'arte« ergebe. Bis hierhin hätte Fiorillo wohl Lanzis Konzept zugestimmt.[22] Die anschließenden Passagen bei Lanzi verdeutlichen dann jedoch, wo die methodischen Zäsuren liegen. Lanzi nimmt sich vor, ein klares Bild der jeweiligen künstlerischen Situ-

19 So zum Beispiel »Es sind zwanzig Jahre verflossen, daß ich die Gesch. d. z. Künste in Europa seit ihrer Wiedererstehung bis an das Ende des 18. Jahrhunderts auf dem Wege der *genauern Kritik und der kausalen Zusammenreihung* zu bearbeiten unternommen habe«: Geschichte (wie Anm. 15), Vorrede S. V.

20 G. Pochat (wie Anm. 7, S. 538) stuft Fiorillos kompilatorisches Prinzip mit der Betonung der historischen Dokumentation als altmodisch gegenüber der ›Theoriebildung‹ (zum Beispiel bei A. W. Schlegel) ein.

21 Lanzi-Capucci (wie Anm. 6), Bd. I, S. 3.

22 Der oben erwähnte Verweis auf Fiorillos Werk befindet sich am Ende dieses Passus, vgl. Lanzi (wie Anm. 6), Bd. I, S. IV.

ation zu geben, indem er die Schulen, deren Vertreter und die einzelnen malerischen Gattungen einer hierarchischen Struktur unterwirft und getreu der Methode Vasaris deutlich zwischen Dekadenz, Aufstieg und Blüte unterscheidet, um die Veränderungen der künstlerischen Entwicklung anschaulich zu machen. Seine erklärte Absicht ist es, durch diese Methode zum Fortschritt der Künste beizutragen und die bereits herrschende Ansicht zu bestärken, daß die »Ingegni italiani« an erster Stelle stehen und daß die Ausländer umso schätzenswerter seien, je mehr sie sich dem italienischen Geschmack annäherten.[23] Obwohl Fiorillo die Bedeutung der italienischen Maler, die nach Spanien und England kamen, an keiner Stelle seines Werkes unterbewertet hat, außer bei Luca Giordano, für den er gleich den meisten Zeitgenossen kein Verständnis hatte, konnte er Lanzis Ansicht kaum teilen. Der Gang der Kunst in England und Spanien bewies vielmehr, daß die Kunst auch in solchen Ländern eine wichtige Rolle spielte, die Schmelztiegel verschiedener kultureller Einflüsse waren und auf die das Modell der Entwicklung aufgrund des jahrhundertelangen Künstlerimports nicht paßte. Daher urteilt Fiorillo über die englische Kunst ausgesprochen positiv, wie sich zum Beispiel im folgenden Passus zeigt: »Am meisten aber habe ich mich gehütet, dem durch die Zeitumstände Mode werdenden Ton schnöder Herabwürdigung des wahrhaft großen brittischen Verdienstes zuzustimmen«.[24] Er hütete sich hier vielleicht auch aus einem anderen Grunde vor unvorsichtigen Bemerkungen. 1808 machte er sich nämlich Hoffnungen, daß sein Werk ins Englische übersetzt wurde. Das Unternehmen, für das er Füßli gewinnen wollte, kam jedoch nicht zustande.[25]

Im Unterschied zu Lanzi[26] hat Fiorillo die aktuelle künstlerische Situation in seine Darstellung einbezogen. Diese Perspektive erklärt sich aus dem Gesamtkonzept des Eichhorn'schen Unternehmens, das ähnlich wie die erwähnte Schmidts ›Geschichte der Deutschen‹ die Geschichte als »Entstehungsgeschich-

23 Lanzi, Ed. 1818, S. XVII. Dies entsprach dem gängigen italienischen Geschichtsmodell, das etwa auch von Francesco Milizia vertreten wurde, der 1781 die Künste als ein Phänomen der Migration begriff, als er erklärte: »So bene che dalla Grecia passarono a Roma, dove degeneraronno. Si sa che risorte in Italia si sono dall'Italia diffuse per le più colte contrade d'Europa. Non sono però giunte mai in verun luogo alla perfezione« (wie Anm. 6, S. 80).

24 Mahlerey in Großbritannien (wie Anm. 1), Vorrede, S. VI.

25 Ebenda, S. VII; G. Schiff: Johann Heinrich Füßli, 1741-1825, Zürich/München 1973, Bd. I, S. 307. Füßli griff diesen Gedanken von Fiorillo auf, der aber auf Christian August Gottlieb Göde: England, Wales, Irland und Schottland. Erinnerungen an Natur und Kunst in den Jahren 1802 und 1803, Dresden 1804-06, basiert, auf den sich Fiorillo mehrfach stützt.

26 Zu seiner Rechtfertigung erklärt Lanzi: »ometto però i pittori viventi né de' passati conto ogni quadro, cosa che distrae dal seguito della storia« (wie Anm. 6, Bd. I, Prefazione, S. 7).

te der Gegenwart« verstand.[27] Lanzi hatte den von ihm nur pauschal gewerteten Aufstieg der Malerei der Gegenwart auf Rom beschränkt. Als Ursachen der möglichen neuen Blüte sah er zwar auch das Interesse des Publikums an, führte sie aber im alten Stil auf die großzügigen Förderungen durch Papst Pius VI. zurück. Von Rom aus sollte sich diese Erneuerung überall ausbreiten, indem die Herrscher Europas sich ihre Hofmaler und Akademiedirektoren von dort holten.[28] Diese Vorstellung dürfte aus Fiorillos Sicht und angesichts der politischen Situation nach dem Ende des Kirchenstaates kaum mehr angemessen gewesen sein. Hier trennten sich Lanzis und Fiorillos Wege nicht nur methodisch, sondern auch ideologisch und historisch, was auch damit zusammenhing, daß sich Fiorillo als Deutscher verstand. Er leistete mit seiner europäischen Perspektive jedenfalls einen historischen Beitrag zur größten Umwälzung der Kunsthistoriographie des 19. Jahrhunderts, nämlich der in praktischer Hinsicht hauptsächlich durch Napeoleon bewirkten Demontage des von der italienischen Kunst beanspruchten Primates in Europa. Dessen ungeachtet hatte Fiorillo 1798 voller Sorge die aktuelle Bedrohung der römischen Kunstschätze durch die vorrückenden Franzosen registriert.[29]

Obwohl Fiorillo in seinen Urteilen über Kunstwerke und Künstler noch der akademischen Norm italienischer Prägung folgte, war er durchaus dazu in der Lage, die Rolle solcher Künstler und Kunstrichtungen zu würdigen, die nicht zu seinen Favoriten gehörten, die aber für die künstlerische Situation und Entwicklung bedeutsam waren[30] Seine Bemerkungen über Federigo Zuccari oder über Rubens in England und in Spanien zeigen, daß ihn vor allem der Einfluß interessierte, der von den zugereisten Künstlern ausging. Daher werden die Biographien dieser Künstler nicht unter der Geschichte des Gastlandes geführt, sondern verbleiben im Kontext der jeweiligen heimatlichen Schule, nämlich im Falle von Rubens und van Dyck bei den Niederländern, die Fiorillo im Rahmen der deutschen Malerei behandelt.[31]

27 Vgl. Bericht Süddeutsche Zeitung vom 3. November 1994, von Hanna Leitgeb über ein Symposium über Schmidt in Würzburg im November 1994. Ähnlicher Natur war das Konzept von Eichhorn, vgl. Hölter (wie Anm. 8), S. 109.

28 Lanzi-Capucci (wie Anm. 6), Bd. I, S. 431f.

29 (Wie Anm. 1), Bd. I, 1798, S. 248.

30 Charakteristisch dafür sind seine Bedenken gegenüber der »altdeutschen« Malerei, siehe Geschichte (wie Anm. 15), Bd. IV, S. 116: »Man muß die altdeutschen Gemälde nicht gering schätzen, sondern sie in ihrer Art bewundern, aber man muß sie auch nicht, wie von Vielen geschehen ist, über alles andere erheben«.

31 Genauso verfährt Heinrich Meyer in seiner ›Geschichte der Kunst‹, die zwischen 1809 und 1815 abgefaßt wurde, die aber erst 1974 publiziert wurde (bearb. und hrsg. von H. Holtzhauer / R. Schlichting, Weimar 1974). Meyer behandelt auf 310 Druckseiten die

Fiorillo differenziert hierbei sorgfältig zwischen der Situation in Spanien und in England, wie sich gerade am Urteil über Rubens zeigt. Während er bedauert, daß der Aufenthalt von Rubens in England zu kurz gewesen sei, um sich dort vorteilhaft auf den Fortschritt der Kunst auszuwirken,[32] gibt er einen negativen Kommentar über seinen Einfluß auf die spanischen Maler seiner Zeit.[33] Ursache und Wirkung künstlerischer Einflüsse legt er am Beispiel des Wirkens von Anthonis van Dyck in England dar, der hier anders als in Flandern und im übrigen Europa nur Porträts gemalt hatte. Fiorillo sieht darin die entscheidende Weichenstellung für die spätere britische Malerei:

> »Die Schüler und Anhänger, die er bildete, ahmten also auch nur seinen Stil in Bildnismahlereyen nach, und diesem Umstand muß man es vorzüglich zuschreiben, daß die Engländer seit dieser Zeit eine große Vorliebe für das Porträt bewiesen haben, die bis auf den heutigen Tag fortdauert«.[34]

In vielen Fällen mögen sich solche Differenzierungen aus den unterschiedlichen Wertungen in den heterogenen Quellen erklären, die Fiorillo benutzt hat. Fast immer hat er die von ihm benutzten Quellen in den Fußnoten zitiert, während er wörtlich übernommene Passagen nicht als Zitate gekennzeichnet hat, sondern sie mit Hilfe von verbindenden Sätze geschickt in den eigenen Text einbaute. Als Rechtfertigung für sein Vorgehen gibt Fiorillo an, er habe die belehrenden Nebenuntersuchungen in die Noten verwiesen, »weil sie den Zusammenhang im Text unterbrochen haben würden«.[35] Im Vorspann und im Literaturverzeichnis hat er aber diejenigen Autoren besonders hervorgehoben, denen er über die reine Materialsammlung hinaus wichtige Erkenntnisse und Einschätzungen verdankte. Besonders häufig sind die teils wörtlichen Zitate dort zu finden, wo es um dezidierte Urteile über Kunstwerke und Künstler geht. Der Bedarf an solchen, aus der direkten Anschauung erwachsenen Beurteilungen erklärt sich daraus, daß Fiorillo außer Italien keines der Länder bereist hatte, deren Kunst er darstellte. Diesen Mangel konnte er zu einem Teil dadurch ausgleichen, daß er auf Kupferstiche zurückgriff, die er auch als Quel-

Geschichte der Kunst von den Griechen bis zum Ende des 18. Jahrhunderts und geht wie Fiorillo dabei auf die wichtigsten europäischen Länder ein. Allerdings gibt er einen sehr summarischen Abriß, der Fiorillo einiges verdanken dürfte. Darauf weist der Umstand hin, daß sich die abfällige Äußerung Goethes über Fiorillo in einem Brief an Meyer findet (siehe Anm. 3).

32 Mahlerey in Großbritannien, (wie Anm. 1), S. 315.

33 Mahlerey in Spanien, (wie Anm. 1), S. 200.

34 Mahlerey in Großbritannien, (wie Anm. 1), S. 333f.

35 Ebenda, Vorrede, S. V.

len seines Urteils angibt. Korrekt vermerkt er es denn auch, wenn sich sein Urteil auf einen Kupferstich gründet.[36]

War Fiorillo also nur ein geschickter und fleißiger Kompilator mit ordentlichen Zettelkästen, dessen Ehrgeiz sich in der Aufbereitung von Quellen unterschiedlicher Qualität und Methode erschöpfte? Als geschickter Zettelkastenverwerter ist er schon im 19. Jahrhundert angesehen worden. Obwohl er keine eigene Quellenforschung betrieb, galt er als Repräsentant einer Kunstgeschichte, die sich der Dokumentation und den Realien verschrieb und die in Deutschland kein so großes Ansehen genoß wie die ›kritische‹ Betrachtung.[37] Die Zeitgenossen und die Nachwelt bedienten sich seiner Arbeiten daher meistens, ohne ihn zu zitieren. So hat es Johann David Passavant in seiner ›Kunstreise durch England und Belgien‹ von 1833 nicht für nötig befunden, Fiorillos Werk wenigstens unter den Schriften zu erwähnen, die über die englische Kunst Auskunft geben.[38] Wie Waetzoldt und Schlosser bemerkt haben, eignete sich Fiorillos Werk deswegen so gut zum Ausschlachten, weil er in der Kennzeichnung seiner Fundstellen korrekt war.[39] Damit kam der Leser direkt an die originalen Texte und Quellen heran, was zwar in Fiorillos Sinn war, dem Nachruhm seines Werkes jedoch eher zum Nachteil gereichte.

Für die Schilderung der Kunst in Spanien verfügte Fiorillo über dürftige Informationsquellen. Die Ursache dafür waren die Kommunikationsprobleme aufgrund der großen Entfernung, die zu Beginn des 19. Jahrhunderts durch die angespannte und unruhige politische Lage in Europa verstärkt wurden. Der spärliche Informationsfluß zeigt sich allein am Umfang der beiden Werke. Er erreicht bei der spanischen Malerei knapp 470, bei der englischen dagegen nahezu 900 Druckseiten. Die aktuellsten Nachrichten, auf die Fiorillo für Spanien zurückgreifen konnte, waren die Reiseberichte des 18. Jahrhunderts, die vor allem aus englischer Feder stammten. Die schwierigen Reisebedingungen in dem von Europa wesentlich stärker als die britischen Inseln abgetrennten Land erweckten den Ehrgeiz der Briten als erfahrene und jedem Abenteuer zugetane Reisende und ihre Neugier auf das unzugängliche und geheimnisvolle Land. Die Kenntnis spanischer Kultur war daher während des 18. Jahrhunderts in

36 So etwa im Falle des Malers John Opie, über dessen Kolorit er bemerkt, daß Georg Forster behauptet habe, es nähere sich dem Geschmack Rembrandts an: Mahlerey in Großbritannien, (wie Anm. 1), S. 672.

37 Georg Kaspar Nagler: Neues Allgemeines Künstler-Lexikon, München 1835-52, Bd. IV, S. 244, s. v. Fiorillo, Johann Dominicus, bezeichnet Fiorillos Schriften als »brauchbar«, »aber dürftig an eigenen Bemerkungen«.

38 J. D. Passavant: Kunstreise durch England und Belgien nebst einem Bericht über den Bau des Domthurmes zu Frankfurt am Main, Frankfurt/M. 1833.

39 Waetzoldt (wie Anm. 3), S. 289, und Schlosser (wie Anm. 5), S. 430.

England um ein Vielfaches gründlicher als in Frankreich, Italien oder Deutschland.

Die Reiseliteratur lieferte allerdings nur unzureichende und lückenhafte Nachrichten über die künstlerischen Zustände im Lande. Das neueste künstlerische Manual, auf das Fiorillo zurückgreifen konnte, war das ›Dicciónario Artistico‹ von Céan Bermudez, das allerdings, obwohl erst 1800 erschienen, den Nachteil hatte, daß es wie Lanzis ›Storia pittorica‹ die lebenden spanischen Künstler nicht einschloß.[40] Fiorillo war mithin auf andere Nachrichten angewiesen, deren spärlichen Fluß er beklagte.[41] Dennoch war er davon überzeugt, daß es seinem Werke »nicht an Neuheit und Interesse fehlen wird«. Immerhin hat sich Johann Heinrich Füßli in seinen Londoner akademischen Vorlesungen bei der Behandlung der spanischen Malerei auf Fiorillos Werk gestützt.[42] Den Höhepunkt der Schilderung der künstlerischen Situation Spaniens stellt das Wirken seines deutschen Landsmannes Anton Raphael Mengs dar, dessen Vita er bereits 1798 in der Geschichte der Malerei in Rom ausführlich behandelt hatte.[43] Fiorillo hebt im Band über die spanische Kunst dann besonders die Widrigkeiten hervor, mit denen Mengs in seinen Beziehungen zur Madrider Academia de San Fernando zu kämpfen hatte, und würdigt seine Verdienste um die Verbesserung der künstlerischen Situation in Spanien.[44] Mengs nimmt in Fiorillos Schilderung die Stellung ein, die Lanzi den ›Caposcuola‹ (Schulhäuptern) eingeräumt hatte. Er war für ihn derjenige Meister, der in Spanien »den Grund zu einer Wiederherstellung der Mahlerey gelegt hatte«.[45] Ganz im Sinne von Mengs begrüßte es Fiorillo, daß die spanische Malerei der Gegenwart einen »nationalen Charakter« entwickelt hatte, das heißt, daß sie nunmehr von Malern bestimmt wurde, die nicht einfach die fremden Vorbilder geistlos nachahmten.[46] Mengs hatte in seinem Brief an Antonio Ponz 1776 einen ähnlichen

40 Mahlerey in Spanien (wie Anm. 1), Vorrede, S. VII-IX.

41 »Von den noch lebenden Künstlern in Spanien können wir unsern Lesern nur einige Notizen mittheilen, weil alle meine Bemühungen, genaue Nachrichten von ihren Arbeiten zu erhalten, bis jetzt fruchtlos geblieben sind«, ebenda, S. 433.

42 Schiff (wie Anm. 25), Bd. I, S. 301.

43 Geschichte (wie Anm. 1), Bd. I, die Römische und Florentinische Schule enthaltend. Göttingen 1798, S. 224-40. In dem Band über Spanien gibt Fiorillo ein Werkverzeichnis der Arbeiten von Mengs in Spanien, das auf der verfügbaren gedruckten Literatur basiert (S. 458-64).

44 Mahlerey in Spanien (wie Anm. 1), S. 425f.

45 Ebenda, S. 44ff. Die Liste der Schüler und Nachfolger, die Fiorillo gibt, ist umfangreich. Francisco Bayeu, der ursprünglich in Zaragoza ausgebildet worden war, ist in Fiorillos Urteil derjenige, der »nächst Mengs den bedeutendsten Einfluß auf die Richtung gehabt, den die neue Spanische Schule seither genommen«, ebenda, S. 431.

46 Zum Beispiel S. 43 (Luca Giordano); ebenda, S. 44 (französische Maler des 18. Jahrhunderts).

Standpunkt eingenommen. Der Brief an Ponz befindet sich übrigens unter den Titeln, die Fiorillo als bibliographisches Hilfsmittel für seine Geschichte der spanischen Malerei nennt. Angesichts seiner geringen Informationsmöglichkeiten verwundert es nicht, daß Fiorillo über die jüngeren Künstler in Spanien nicht viel zu sagen hat. Er kannte zwar ihre Namen, aber von ihren Werken war ihm kaum etwas in Abbildungen zugänglich. Goya, den er der Schule von Zaragoza zurechnet, wird von ihm als einer derjenigen Maler erwähnt, die an der malerischen Ausstattung der Madrider Kirche S. Francisco el Grande beteiligt waren. Fiorillo nennt das Altarbild mit der Predigt des heiligen Bernardino von Siena vor Alfonso von Aragon, das 1782-83 entstanden war. Außerdem erwähnt er die Deckengemälde in der Kirche Madonna del Pilar in Zaragoza (1772 beziehungsweise 1781). Das übrige malerische Œuvre des berühmten Malers, das 1806 einen beträchtlichen Umfang erreicht hatte, war ihm ebenso unbekannt wie dessen graphisches Werk. Verglichen mit dem vernichtenden Urteil, das Johann David Passavant 1853 über Goyas Malerei fällte,[47] nehmen sich Fiorillos Bemerkungen über Goya ausgesprochen wohltuend aus.

Für die Geschichte der Kunst in England verfügte Fiorillo über reichhaltige Quellen. Er wertete hier neben den einschlägigen Standardwerken die ihm in Göttingen zugängliche aktuelle Presse aus, so etwa die kulturellen Periodica der gebildeten Gesellschaft, wie ›The Gentlemans Magazine‹. Ohne selbst die Möglichkeit zur Beurteilung zu besitzen, referierte er gelesene künstlerische Urteile, so als ob er sie nach eigener Betrachtung gefällt hätte. Das zeigt sich etwa an seinem Urteil über William Turners Gemälde ›Der Rheinfall bei Schaffhausen‹, das 1806 in der Royal Academy ausgestellt wurde.[48] Fiorillo äußert sich hier besorgt darüber, daß Turner vielleicht an Qualität verlieren könnte, und obwohl er selbst das Bild nicht aus eigener Anschauung kannte, kritisiert er daran, daß sich der Künstler hier nicht nach der Realität gerichtet habe. Dies traf im übrigen nicht zu, da Turner 1802 in der Schweiz gewesen war.[49] Auch wenn Fiorillo in enthusiastischer Weise von dem Bildhauer John Flaxman spricht, so dürfte dieses Urteil weniger auf der Kenntnis von Werken dieses Künstlers basieren als auf britischen Pressestimmen.[50]

47 Johann David Passavant: Die christliche Kunst in Spanien, Leipzig 1853, S. 118. Passavant hatte während seiner Spanienreise von 1852 einige von Goyas Werken gesehen.

48 144,7 × 233,7 cm, 1806 entstanden. Boston, Museum of Fine Arts.

49 Ausst.kat. J. W. Turner, Köln und der Rhein. Bearb. von Agnes von der Borch, Köln, Wallraf-Richartz Museum 1980, S. 19.

50 »In Flaxman ist ein glänzender Stern an dem artistischen Himmel Englands aufgestiegen. Möge sein Aufgang die Morgenröthe einer schönen Kunst verkünden«. Das Zitat ist dem Werk von Göde entnommen (wie Anm. 25). Allerdings waren Flaxmans Umrißzeichnungen nach Homer 1801 in Göttingen erschienen.

Die wichtigste Grundlage von Fiorillos Schilderung der aktuellen Situation der englischen Malerei war Georg Forsters Aufsatz über die ›Geschichte der Kunst in England‹, der erstmalig im Jahrbuch ›Neue Litteratur und Völkerkunde für das Jahr 1790‹ erschienen war.[51] Die oft seitenlangen Zitate, die Fiorillo in seinen Text eingeflochten hat, beziehen sich vor allem auf herausragende Werke der neueren Kunst.[52] Daß Fiorillo Forsters Aufsatz in einem solchen Maße ausschlachtete, bestätigt sein Gespür für Qualität, hing aber wohl auch damit zusammen, daß Forster in Göttingen eine bekannte Persönlichkeit war. Er war dort 1783 für vierzehn Tage Georg Christoph Lichtenbergs Gast gewesen. Lichtenberg kannte natürlich auch Fiorillo, nicht zuletzt, weil dieser ein versierter Kenner der Druckgraphik und Lichtenberg ein literarisch ambitionierter Liebhaber der gleichen Materie war. Es hat jedoch den Anschein, daß ihre Beziehung reichlich distanziert war – Lichtenberg hat 1785 Fiorillo verächtlich als Zeichenmeister bezeichnet.[53] Fiorillo rächte sich dafür, als er in seine ›Geschichte der Mahlerey in Großbritannien‹ eine Würdigung von Lichtenbergs Erklärungen zu Hogarths Kupferstichen einflocht, in der er sich einen Seitenhieb auf den inzwischen allerdings verstorbenen Gelehrten nicht versagte:

> »Tiefer ist noch kein Ausleger in Hogarths ganzen Künstlergeist eingedrungen, und hat noch keiner den wahren, selbst Hogarthischen Ton getroffen, der für diese Erläuterungen unstreitig der angemessenste ist. Hogarth hatte als witziger Künstler einen witzigen Commentator nöthig, ob aber vielleicht Lichtenberg seinen Reichthum an einen unwürdigen Gegenstand verschwendet hat, bleibt eine andere Frage«.[54]

Dieser Kommentar macht deutlich, daß weder Hogarths Illustrationen noch Lichtenbergs Erklärungen dem Geschmack Fiorillos entsprachen.[55] Dafür war Fiorillo voller Bewunderung für Forster, den er als »gefühlvollen Kenner« bezeichnete. Forster hatte ihm etwas Entscheidendes voraus, was Fiorillo wohl auch bewußt war. Er verfügte nämlich über die Gabe der sicheren und anschau-

51 Georg Forster: Geschichte der Kunst in England. Vom Jahre 1789, in: Annalen der brittischen Geschichte, Bd. III, 1790, S. 96-203. Alle hier aufgeführten Verweise stammen aus: Georg Forsters Werke. Sämtliche Schriften, Tagebücher, Briefe, Bd. VII.: Kleine Schriften zu Kunst und Literatur. Bearb. von Gerhard Steiner, Berlin 1963, S. 111f.; S. 561.

52 Folgende Passagen bei Fiorillo lassen sich auf Anhieb als wörtliche Zitate nach Forster identifizieren: Mahlerey in Großbritannien (wie Anm. 1), S. 750 u. S. 754f. (Benjamin West), S. 783 u. S. 785 (Füßli), S. 649ff. (Reynolds), S. 772 (Josiah Boydell), S. 769 (John Singleton Copley).

53 Brief an S. Th. Sömmering, 7. März 1785 (G. F. Lichtenberg: Schriften und Briefe, hrsg. von F. H. Mautner, Frankfurt/M. 1992, Bd. IV, S. 512).

54 Mahlerey in Großbritannien (wie Anm. 1), S. 596.

55 Fiorillo teilte die Ablehnung der Werke von Hogarth sowohl mit Forster wie mit August Wilhelm Schlegel, siehe Waetzoldt (wie Anm. 3), S. 209.

lichen Charakterisierung, in wenigen Worten treffend den Inhalt und die Form eines Gemäldes darzulegen. Die Gegenüberstellung zweier Beispiele soll dies verdeutlichen. Fiorillo hat dem 1806 in der Royal Academy ausgestellten Gemälde von Benjamin West, das den Tod des Admiral Nelson darstellt,[56] die folgende Beschreibung gewidmet:

»West läßt Nelson auf dem großen Verdeck und nicht in der großen Kajüte sterben, um die Ansicht der gewonnenen Schlacht selbst im Hintergrund, so wie den Tod von Adair und Scot als Nebengruppen mitdarzustellen. Es ist der Moment gewählt, wo Nelson vom Captain Hardy die Nachricht von dem entscheidenden Sieg vernimmt, und mit einem Ausdruck des Danks zu Gott stirbt. Die Stellung des Sterbenden ist, nur in entgegengesetzter Richtung, die des Generals Wolfe, und hier vermissen die Tadler allerdings die Neuheit und Originalität, die man bei der Begeisterung für einen solchen Gegenstand wohl zu erwarten berechtigt wäre«.[57]

Fiorillo gibt an, daß das Bild gestochen werden sollte. Er kannte also keine Abbildung des Gemäldes und er hat seine Beschreibung aus den von ihm erwähnten aktuellen Berichten in englischen Zeitschriften und in der ›Zeitung für die elegante Welt‹ geschöpft.[58] Stellt man nun seiner exakten und langweiligen Bestandsaufnahme die Beschreibung gegenüber, die Georg Forster dem ›Tod des General Wolfe‹ von Benjamin West gewidmet hatte,[59] so wird der grundlegende Unterschied der beiden Betrachtungsweisen deutlich:[60]

»Gegen dieses kalte Blatt[61] machte die herrliche Szene, wo der General Woulfe, ein junger Brittischer Held, als Sieger von Quebec den Tod fürs Vaterland stirbt, den auffallendsten Contrast. Dieses Meisterwerk in seiner Art, dessen schöne Composition und rührender Ausdruck allgemein bekannt ist, kann gewissermaßen die Höhe bestimmen, die der Brittischen Schule in historischen Gemälden erreichbar ist. Ganze bekleidete Figuren,

56 178: 244 cm, Liverpool, Walker Art Gallery, 1796 entstanden (Helmut von Erffa/Allen Staley: The Paintings of Benjamin West, Yale University Press, London 1986, Nr. 108, Abb. S. 131)

57 Mahlerey in Großbritannien (wie Anm. 1), S. 759.

58 (1806, Nr. 79), vgl. Erffa/Staley (wie Anm. 57), S. 221; im Verzeichnis der Literatur zu diesem Bild (Kat. 108) sind auch die zeitgenössischen Zeitschriften aufgelistet, die über das Bild berichteten.

59 151 × 213,5 cm, Ottawa, National Gallery of Canada, vgl. Erffa/Staley (wie Anm. 57), Nr. 93, Abb. S. 54.

60 Zu Forsters Stil der Beschreibung: Waetzoldt (wie Anm. 3), Bd. 1, S. 199ff.

61 Forster meint hier Benjamin Wests Gemälde ›William Penns Zusammenkunft mit den Indianern‹ von 1771/72, das er offenbar auch nur aus einem Stich kannte (Philadelphia, Pennsyl. Academy of the Fine Arts, vgl. Erffa/Staley, wie Anm. 57, Nr. 85, Abb. S. 68).

> Sitten und Gewänder unserer Zeit, und wahre sittliche Empfindung des wirklichen Lebens, die einer gewissen Zartheit und eines gewissen Schwunges bey ihrer Lauterkeit und naiven Unbefangenheit wohl fähig ist, setzen das Brittische Künstlergenie in das vorteilhafteste Licht«.[62]

Ein anderes Gemälde von Benjamin West, das 1805 in der Londoner Royal Academy ausgestellt worden war und das nach Fiorillos Diktion die »Sündfluth« darstellt[63], beschreibt dieser minutiös nach allen wesentlichen Motiven, kommt aber dabei über einen Steckbrief nicht hinaus und bleibt eine Charakterisierung der künstlerischen Mittel schuldig.[64]

Fiorillos Anliegen beschränkte sich hier auf die Vermittlung der Meinungen der britischen Kunstkritik an den deutschen Leser. Sein Eifer bei der Einbeziehung der Gegenwart gerät hier und an anderen Stellen zu einer nur vom Durst nach der Neuigkeit getragenen Berichterstattung. Was heute vielleicht als unredlich empfunden wird, nämlich daß hier Bilder beschrieben wurden, die der Beschreibende nicht gesehen hatte, wurde damals vermutlich als verdienstvoll angesehen. Verdeutlicht man sich andererseits, welche Mühe Goethe darauf verwandte, sachdienliche Informationen über Mantegnas ›Triumphzug Caesars‹ aus London zu erhalten, damit er das Verhältnis zwischen den Originalen und den Stichen besser einschätzen konnte,[65] so werden die gerade von Goethe kritisierten Mängel von Fiorillos Methode verständlich. Er begnügte sich damit, mit seinen Angaben die Neugier eines wißbegierigen Publikums zu wekken, was höchstens dazu führte, daß man den Kupferstich erwarb, sobald er auf den Markt kam.[66]

62 Forster (wie Anm. 52), S. 125.

63 Entstanden 1790-1803, Öl auf Leinwand, 49,5 × 73,5 cm, Besitzer: Dr. Robert Erwin Jones, (Erffa/Staley (wie Anm. 57), Nr. 235, Abb. S. 122).

64 Fiorillos Beschreibung hat folgenden Wortlaut: »Unter seinen letzten Arbeiten, die er zur Schaustellung der Akademie lieferte, war eine Vorstellung der Sündfluth ein wahres Meisterstück. Die ganze Natur ist hier durch eine graue Nebelwolke umkleidet. Im Hintergrunde erscheint die unförmliche Arche dunkel hervor. Alles ist Wasserfläche. eine ertrunkene Familie, die sich bei der allgemeinen Fluth auf einen starken Stamm zu retten versucht, treibt verschlungen in die Zweige desselben auf der Oberfläche, und drei furchtbar große Schlangen, welche auf diesem Baum gleichfalls Schutz suchten, hangen ineinander und in die Zweige verschlungen von den hervorragenden Ästen herab. Die Leichname der Menschen sind schon schwarzgrau gefärbt und das Wasser hat die Haut gänzlich ausgefüllet, wie dies bei Ertrunkenen der Fall ist. Zur Seite flattert die weiße Taube, und tiefer hinten sieht man Raben in schnellem Fluge« (Mahlerey in Großbritannien, wie Anm. 1, S. 756). Von der Fachliteratur über West wurde sie bisher nicht berücksichtigt.

65 Goethe unterhielt hierzu einen Briefwechsel mit einem in England lebenden Experten, vgl. J. W. von Goethe: Werke, Hamburger Ausgabe, München 1981, Bd. XII, S. 193.

66 Der Stich von James Heath erschien 1811, vgl. Erffa / Staley (wie Anm. 57), Abb. S. 221.

Der hohe Stand der Kupferstecherkunst in England hatte Fiorillo dazu veranlaßt, ihr 1805 eine eigene Abhandlung zu widmen, die in den ›Göttingischen Gelehrten Anzeigen‹ erscheinen sollte (?). Als Ursachen der englischen Kunstblüte bezeichnete er die »freigebige und ermunternde Unterstützung der brittischen Nation und den unter ihr so mächtig herrschenden Luxus«, sowie »den dadurch immer mehr angereizten und belebten Wetteifer der englischen Künstler. Die Reisen der Engländer ins Ausland [...] das Glück der fremden Künstler und die ihnen erwiesene Achtung, die Vervielfältigung guter Muster [...] dieß alles zusammen genommen mußte endlich eine brittische Künstlerschule ins Dasein rufen«.[67] Die Passage ist wiederum eine nahezu wörtliche Übernahme aus Georg Forsters Aufsatz. Forster hatte diese Beobachtungen allerdings auf die zweite Hälfte des 18. Jahrhunderts bezogen.[68] Wohlstand und politische Macht galten ihm als die Voraussetzung für eine Kunstblüte, die er ähnlich wie bei den Römern nicht als Ausdruck der vielgerühmten, meistens aber illusorischen Freiheit ansah, sondern als ein Ergebnis des Reichtums und der Verfügbarkeit guter Vorbilder. Mit einem Seitenblick auf Winckelmann machte Forster einen deutlichen Unterschied zwischen der Entwicklung der griechischen und der modernen Kunst. Erstere beruhe auf naturgegebenen Prozessen und könne sich daher niemals wiederholen, letztere sei eine »Pflegetochter des Luxus« und das »Conventionelle«, sprich der Zwang der Verhältnisse und die Launen der reichen Käufer seien ihr höchstes Gesetz.[69]

Indem sich Fiorillo diese Ansichten Forsters zu eigen machte, distanzierte er sich – vielleicht nicht im vollen Bewußtsein der Tragweite dieses Schrittes – endgültig von Lanzis Modell der künstlerischen Entwicklung. Hier wird auch spätestens deutlich, von welchen patriotischen Perspektiven Fiorillos Unternehmen getragen war. Die Anzeichen eines aufsteigenden Weges, die er in der künstlerischen Entwicklung der nichtitalienischen Länder nachzeichnete, waren eine wichtige Motivation für sein schriftstellerisches Unternehmen und entsprachen dem Konzept des Gesamtwerks von Eichhorn. Man glaubt oft, zwischen den Zeilen zu lesen, daß Fiorillo mit der positiven Entwicklung der Malerei in den nichtitalienischen Ländern überaus zufrieden war. Möglicherweise resultierte seine Zufriedenheit auch daraus, daß er sie auf die zunehmende Verbreitung akademisch fundierter Methoden des Unterrichts zurückführte, woran er immerhin einen direkten Anteil hatte. Den Abschluß der Bände über Spanien, England und Deutschland bildet denn auch eine Auflistung und kur-

67 Jene Abhandlung ist offenbar nicht erschienen. Das Zitat aus: Mahlerey in Großbritannien (wie Anm. 1), S. 643.

68 Forster (wie Anm. 52), S. 114.

69 Zu Forsters Ansichten über die englische Kunst vgl. die treffende Charakterisierung bei Waetzoldt (wie Anm. 3), S. 208ff.

ze Schilderung der in den einzelnen Ländern vorhandenen Akademien und künstlerischen Bildungsinstitute.

Beim Blick auf die Geschichte der Malerei in Großbritannien deutet sich noch eine andere Perspektive an. Fiorillo offenbart sich hier als interessierter und neugieriger Zeitgenosse, wenn er über die neuesten künstlerischen und technischen Entwicklungen berichtet. Zwar kannte er auch diese Dinge nur aus zweiter Hand, aber er war offensichtlich davon so fasziniert, daß er diesbezügliche Nachrichten in seine ›Geschichte der zeichnenden Künste‹ aufnahm. So erwähnt er lobend die ersten Eisenkonstruktionen von James Wyatt, den er zugleich wegen seiner Architektur im gotischen Stil tadelt.[70] Er beschreibt die von dem Landschaftsmaler Robert Barker errichtete Rotunde, in der gemalte Panoramen ausgestellt wurden, unter anderem eines, das von Portsmouth bis zur Insel Wight reichte.[71] Des weiteren nennt er die mißglückten Versuche des Malers und Unternehmers Joseph Booth zur mechanischen Reproduktion von Ölgemälden,[72] die dieser seit 1784 propagiert hatte.[73]

Es erscheint trotz dieser Vorstöße in Gebiete und Techniken der Zukunft vielleicht zu gewagt, Fiorillo als Vorläufer der kulturhistorischen Entwürfe des 19. Jahrhunderts zu sehen. Gemessen an Gustav Friedrich Waagen, der eine ›Allgemeine Enzyklopädie der Kunstgeschichte‹ plante, die bis in die Gegenwart reichen sollte[74] und an Gottfried Semper, dessen Ideal die synthetische Darstellung der Entwicklung der Künste und der Technik war,[75] wirkt Fiorillos Betrachtungsweise bei aller Weite seines Spektrums veraltet und umständlich

70 Mahlerey in Großbritannien (wie Anm. 1), S. 860-62.

71 Ebenda, S. 813, vgl. dazu Ralph Hyde: Panoramia. Ausst.kat. Barbican Art Gallery, London 1988/89, S. 57ff. u. 62ff. (über Barkers Panoramen).

72 Mahlerey in Großbritannien (wie Anm. 1), S. 859.

73 Booth hatte 1784 seine erste ›polygraphic copy‹ publiziert, das ein Gemälde von Benjamin West wiedergab. Die von Fiorillo erwähnte Schrift, An Address to the Public on the Polygraphic Art, or the copying or multiplying Pictures in oilcolours, by a chimical and mechanical process, the Invention of Mr. Joseph Booth, London o. D., scheint 1784 erschienen zu sein. Erffa/Staley (wie Anm. 57, S. 237) konnten kein Exemplar dieser Schrift nachweisen. Möglicherweise befand es sich in der von Fiorillo benutzten Göttinger Bibliothek.

74 Vgl. H. Dilly: Kunstgeschichte als Institution. Geschichte einer Institution Frankfurt/M. 1979, S. 207. Das Projekt wird in der Dissertation von Gabriele Bickendorf über Waagen nicht erwähnt. Vgl. G. Bickendorf: Der Beginn der Kunstgeschichtsschreibung unter dem Paradigma Geschichte, Worms 1985.

75 Semper arbeitete 1851 in London seine programmatische Schrift aus, die maßgeblich zur Gründung der Kunstgewerbemuseen beitrug: Wissenschaft, Industrie und Kunst. Vorschläge zur Anregung nationalen Kunstgefühls. Beim Schlusse der Londoner Industrie-Ausstellung, Braunschweig 1852.

und seine Berichterstattung schwerfällig und überfrachtet. Vermutlich bedurften weder Waagen noch Semper, die England aus eigener Anschauung kannten, der Anregungen Fiorillos, um ihre Perspektiven zu entwickeln. Fiorillos Werk über die ›Geschichte der Mahlerey in Großbritannien‹ war ihnen aber kaum unbekannt.[76] Semper schrieb sich 1823 zum Studium der Mathematik in Göttingen ein. Vielleicht hat er hier von den Schriften des gerade erst verstorbenen Fiorillo erste Eindrücke empfangen, die ihn dann kurze Zeit später zur Begeisterung für die Architektur des nordischen Mittelalters führten, die bei Fiorillo keine unwesentliche Rolle spielt.[77] Der traditionelle ›Disegno‹-Begriff war durch Fiorillos Auffassung der ›zeichnenden Künste‹ jedenfalls so weit aktualisiert worden, daß er zum Behälter für Vorstellungen werden konnte, die im weiteren Verlauf des 19. Jahrhunderts zu einer engeren Verknüpfung der bildenden und der gewerblichen Künste führten. Unter diesem Gesichtspunkt betrachtet, stand Fiorillos Vorstellung von den zeichnenden Künsten dem Begriff ›Design‹ bereits näher als dem ›Disegno‹ der klassischen italienischen Kunsttheorie. Diese Umdeutung erklärt sich einerseits aus seinem weitgefaßten Verständnis von der Zeichnung als Grundlage aller Künste und andererseits aus der europäischen Perspektive seiner Kunstgeschichte.

76 Zu Waagens Aufenthalt in England vgl. Dobai (wie Anm. 5), Bd. III, Bern 1975, S. 1583-88. Semper lebte von 1849 bis 1855 im Exil in England.

77 Der I. Band der ›Geschichte der zeichnenden Künste in Deutschland‹ von 1815 enthält eine ausführliche Beschreibung des Kölner Doms, die auf Carl Ritters Beschreibung von 1810 basiert, siehe nachfolgenden Beitrag von Jürgen Schönwälder.

Jürgen Schönwälder

Johann Dominik Fiorillo und Carl Friedrich von Rumohr

Zwei Texte Fiorillos bilden die Grundlage der Untersuchung: Fiorillos Kritik an der zeitgenössischen deutschen Kunstentwicklung und seine Beschreibung des Kölner Doms.

1817 veröffentlichten die ›Weimarer Kunstfreunde‹ die Polemik gegen die Nazarener »Neudeutsche, religios-patriotische Kunst«.[1] Als Autor gilt in erster Linie Goethes Berater in Kunstangelegenheiten, Heinrich Meyer.[2] Die Weimarer verfolgten im wesentlichen zwei Ziele. Man wollte nachweisen, daß die nazarenischen Bestrebungen auf die Anregungen Tiecks und Wackenroders zurückgingen, eine Auffassung, die schon damals umstritten war. Zum anderen wollten sie deutlich machen – und gerade dies wurde immer gerne übersehen –, daß es in der fraglichen Zeit zu einer problematischen Symbiose zwischen Kunstgelehrten und Künstlern gekommen war und daß sich die nazarenische Epoche gerade hierin von vorangegangenen Versuchen der bildenden Kunst, sich vaterländischen Themen zuzuwenden, ganz wesentlich unterschied.

Im vierten Band seiner ›Geschichte der zeichnenden Künste‹[3] wollte Fiorillo das Versprechen einlösen, der kunstgeschichtlichen Abhandlung einen Ausblick auf die aktuelle Entwicklung folgen zu lassen. Isoliert und ohne Zusammenhang mit der geschichtlichen Darstellung erscheint das Kapitel: ›Blicke auf den gegenwärtigen Zustand der Mahlerey, besonders bey den Deutschen‹.[4] Fiorillo beruft sich auf den Aufsatz der Weimarer und unterstützt die Kritik Meyers und Goethes. Er verteidigt sich selbst zugleich, indem er auf seinen Beitrag zur Verbreitung von Kenntnissen der mittelalterlichen Kunst hinweist. Fiorillo kannte die neuesten Entwicklungen nicht aus eigener Anschauung. Die Ausmalung der Casa Bartholdy, der ganze Stolz der Lukasbrüder, hatte er – wie übrigens

1 Neudeutsche religios-patriotische Kunst, in: Über Kunst und Alterthum in den Rhein- und Mayngegenden 1817, Bd. I, Heft 2, S. 5-62 u. S. 133-62, zitiert nach: Goethe, Berliner Ausgabe, Bd. 20, S. 58-83; vgl. dazu: Frank Büttner: Der Streit um die ›neudeutsche religios-patriotische Kunst‹, in: Aurora, Jahrbuch der Eichendorff-Gesellschaft, Bd. 43, 1983, S. 55-76.

2 Er hatte sie allerdings auf Aufforderung und mit Billigung Goethes verfaßt.

3 Johann Dominik Fiorillo: Geschichte der zeichnenden Künste in Deutschland und den vereinigten Niederlanden, 4 Bde., Hannover 1815-20.

4 Fiorillo: Geschichte (wie Anm. 3), Bd. IV, S. 79-116.

auch Goethe – nie gesehen. Um seiner Darstellung den Anschein von Authentizität zu verleihen, stützt sich Fiorillo auf die Briefe eines ungenannten, vermutlich fiktiven Freundes aus Rom, der den nazarenischen Bestrebungen im Gegensatz zu Fiorillo wohlgesonnen ist. Schon dieser Umstand läßt Fiorillos Einlassungen merkwürdig unschlüssig erscheinen, obwohl andererseits durchaus deutlich wird, welchen Standpunkt er selbst einnimmt. Fiorillo resümiert knapp die Entwicklung der Kunst im späten 18. Jahrhundert. Die Akademien waren in Verruf geraten, woraus folgte, daß sich die Künstler zunehmend auf die eigene Kraft verlassen mußten. Da Fiorillo selbst bildender Künstler war, erkannte er deutlicher als die Weimarer die existenzbedrohende Problematik der sogenannten ›Autonomie‹ der Kunst und damit jene Krisenphänomene, die tatsächlich die Situation prägten.

C. F. von Rumohr verfaßt für das ›Kunstblatt‹ eine Rezension, die ausschließlich auf dieses Kapitel eingeht.[5] Sie steht im Zusammenhang eines größeren Schlagabtausches von Streit- und Verteidigungsschriften, den die Weimarer ausgelöst hatten.[6] An dieser Auseinandersetzung, zu der auch die umstrittene Ausstellung der Nazarener im Palazzo Caffarelli des Jahres 1819 gehört, beteiligten sich der nazarenische Maler und spätere Kunsthistoriker J. D. Passavant,[7] der Diplomat und Künstlerdilettant A. Kestner, der Münchner Philologe B. J. Docen, F. Schlegel, der römische Konsul S. Bartholdy, C. F. von Rumohr und zuletzt auch noch Fiorillo. Ich werde den Konflikt zwischen dreien der genannten Protagonisten herausgreifen: Passavant, Rumohr und Fiorillo.

Rumohr bemerkt zu Fiorillos Vorgehensweise in für ihn typischer Weise: »Wer in dieser Schrift eine Darstellung des gegenwärtigen Zustandes der deutschen Malerey zu finden hofft, oder auch nur, [...] einige anschauliche Blicke auf einzelne ihrer Leistungen, wird sich in seiner Erwartung durchaus betrogen finden. [...] Ohne alle eigene Anschauung wäre seine Kunde von dem, was gegenwärtig von den Deutschen in verschiedenen Kunstzweigen versucht und geleistet, verfehlt und erreicht wird, wohl jederzeit höchst unzulänglich geblieben, selbst wenn er sich ernstlich um zuverlässige und vollständige Nachrichten

5 Carl Friedrich von Rumohr: Rezension zu Johann Dominik Fiorillo: Blicke auf den gegenwärtigen Zustand der Malerey, besonders bey den Deutschen, in: Kunstblatt, 2. Jg., 1821, hrsg. von Ludwig Schorn, Nr. 51, S. 201-03; Nr. 52, S. 205-07; Nr. 53, S. 210-12.

6 Eine ausführliche Darstellung der Diskussion in meiner Dissertation: Ideal und Charakter. Untersuchungen zu Kunsttheorie und Kunstwissenschaft um 1800, München 1995.

7 Elisabeth Schröter: Raffael-Kult und Raffael-Forschung. Johann David Passavant und seine Raffael-Monographie im Kontext der Kunst und Kunstgeschichte seiner Zeit, in: Römisches Jahrbuch für Kunstgeschichte, Bd. 26, 1990, S. 303-97; sowie Ausst.kat. Von Kunst und Kennerschaft. Die Graphische Sammlung im Städelschen Kunstinstitut unter Johann David Passavant 1840 bis 1861, Frankfurt/M. 1994/95.

bemüht hatte«.[8] Man erkennt hier eine deutliche Analogie zu Rumohrs historisch-kritischem Wissenschaftsideal,[9] das er auf das Problem der Kunstkritik ausdehnt. Mit dem ›Kunstblatt‹ war erstmals ein Organ ins Leben gerufen worden, das sich ausschließlich Themen der bildenden Kunst widmete.[10] Es erschienen Aufsätze zur Kunstgeschichte, aber auch Ausstellungsbesprechungen. Rumohr war ständig auf der Suche nach Korrespondenten, die von eigener Anschauung gespeiste Beiträge über die zeitgenössische Kunst verfassen sollten, was jedoch mit erheblichen Schwierigkeiten verbunden war. Fiorillo war nur einer von vielen, die sich in dieser Zeit lediglich auf schriftliche Grundlagen oder gar Gerüchte stützten.

Wie schon die Weimarer, läßt sich auch Fiorillo nicht auf die Erörterung einzelner künstlerischer Leistungen ein, sondern versucht, den ideologisch-literarischen Hintergrund darzustellen. Er verweist auf F. Schlegel, der den Nazarenern wesentlich fundierter als die schwärmerischen Tieck und Wackenroder in seinen ›Nachrichten von den Gemälden in Paris‹[11] ein Programm geschrieben hatte. Fiorillo läßt seinen römischen Freund bemerken: »Das jenige, was gewiß am meisten auf die einmal enthusiasmierten Geister wirkte, war die didaskalische Schrift, welche Friedrich von Schlegel in der ›Europa‹ 1803 herausgab«.[12] Schlegel empfahl hier rückhaltlos das Beispiel der altdeutschen und altitalienischen Malerei. Während durchgängig alle späteren Theoretiker, auch die pronazarenisch gesinnten, davor warnten, sich bloße ›Förmlichkeiten‹ oder gar ›Ungeschicklichkeiten‹ der älteren Malerei anzueignen, ist es dies geradezu, wozu Schlegel auffordert. Jedenfalls konnte man es so verstehen. Durch ›Gewöhnung‹ solle der Stil der alten Meister wieder zur ›Natur‹ werden: »Sichrer aber bliebe es, ganz und gar den alten Mahlern zu folgen, besonders den ältesten, und das einzig Rechte und Naive so lange treulich nachzubilden, bis es dem Auge und Geiste zur andern Natur geworden wäre«.[13] Rumohr kritisiert,

8 Rumohr: Fiorillo-Rezension (wie Anm. 5), S. 201.

9 Vgl. dazu Heinrich Dilly: Kunstgeschichte als Institution, Studien zur Geschichte einer Disziplin, Frankfurt/M. 1979; Gabriele Bickendorf: Der Beginn der Kunstgeschichtsschreibung unter dem Paradigma ›Geschichte‹; Gustav Friedrich Waagens Frühschrift ›Ueber Hubert und Jan van Eyck‹, Worms 1985; dies.: Luigi Lanzis ›Storia pittorica della Italia‹, in: Jb. des Zentralinstituts für Kunstgeschichte in München, II, 1986, S. 231-272; Pia Müller-Tamm: Rumohrs »Haushalt der Kunst«. Zu einem kunsttheoretischen Werk der Goethezeit, Hildesheim / Zürich / New York 1991. Die Schwierigkeiten in Hinblick auf die schwer faßbare Persönlichkeit Rumohrs zeigen sich in der unterschiedlichen Wertung in den genannten Schriften.

10 Inge Dahm: Das Schornsche ›Kunstblatt‹ 1816-1849, Diss. Masch. München 1953.

11 Abgedruckt in: Kritische Friedrich-Schlegel-Ausgabe, hrsg. von Ernst Behler, Bd. IV (Ansichten und Ideen von der christlichen Kunst), hrsg. von Hans Eichner, München / Paderborn / Wien / Zürich 1959.

12 Fiorillo: Geschichte, Bd. IV (wie Anm. 3), S. 86.

13 Ebenda, S. 87.

daß Fiorillo Schlegels Argument aus dem Zusammenhang gerissen einfach in seinen Text eingeflochten hätte. Man muß Fiorillo aber zugute halten, daß er mit sicherem Instinkt die entscheidende Textstelle Schlegels herausgegriffen hat. Fiorillo spielt geschickt, wiederum durch den fiktiven Brieffreund aus Rom, auf das Dilemma an, das in einem Nachahmen im Geiste ohne Rückbezug auf die Formensprache lag: »Das Wiedergebähren im Geiste jener einfachen, frommen, gläubigen Zeit; das Nichtnachahmen der Form, welche die Darstellung nur bedingt, ist wohl alles was sich außer dem Zusammenhange, mit wenigen Worten von der Tendenz dieses neueren Strebens sagen läßt«,[14] stellt der Freund in Rom fest.

Rumohr seinerseits besteht darauf, daß die neueren Bestrebungen sich keineswegs, wie die Weimarer und ihrem Gefolge Fiorillo, meinen, allein aus der Literatur ableiten ließen. Sie seien durchaus als kunstimmanente Entwicklung zu verstehen. Zur Verteidigung der Nazarener betonte Rumohr immer, daß der Einfluß Schlegels überbewertet worden sei. Er sieht Schlegels historische Begründungen als wenig fundiert und spekulativ[15] an – und sie seien von den Künstlern auch nicht durchgängig verstanden worden. Einen direkten Einfluß der Literatur auf die Kunst hat Rumohr zeit seines Lebens abgestritten und auch aktiv bekämpft.[16] Dies richtete sich zunächst vor allem gegen die idealistische Theorielastigkeit des Klassizismus, war aber auch in seinem eigenen kunstpädagogischen Konzept der ›Naturnachahmung‹[17] begründet. In der Rezension bemerkt er dazu: »Ueberhaupt kann die wahre Ursache der neuen Wendung des deutschen Kunstbestrebens [...] nicht so gänzlich außerhalb der Kunst selbst liegen. Freylich befinden sich alle Dinge in einer gewissen allgemeinen Verkettung, und man kann oft wahrnehmen und angeben, welche Veranlassungen mitgewirkt haben, um eine bestimmte Geistesrichtung hervorzubringen. Wer aber deßhalb annehmen wollte, diese bestimmte Richtung sey blos durch einen äußern Anstoß entstanden und habe durchaus keine innere Nothwendigkeit, der müßte entweder gar keine Begriffe oder doch nur sehr materielle besitzen«.[18]

Rumohr hätte Fiorillos Beitrag mit Stillschweigen übergehen können, als sein ehemaliger Schüler in Göttingen hätte er allen Anlaß dazu gehabt. Statt dessen verfaßt er einen wütenden Verriß, dessen schneidende Schärfe angesichts

14 Fiorillo: Geschichte, Bd. IV (wie Anm. 3), S. 100.

15 Vgl. die Bemerkungen zu Schlegel in: Carl Friedrich von Rumohr: Drey Reisen nach Italien. Erinnerungen von C. F. von Rumohr, Leipzig 1832, S. 65f.

16 Carl Friedrich von Rumohr: Über den Einfluß der Litteratur auf die Neueren Kunstbestrebungen der Deutschen, S. 371-82, in: Athanasius Graf Raczynski: Geschichte der Neueren Deutschen Kunst, Berlin 1841, Bd. III, Kap. XII, S. 371-82.

17 Dazu Müller-Tamm: Rumohrs ›Haushalt der Kunst‹ (wie Anm. 9).

18 Rumohr: Fiorillo-Rezension (wie Anm. 5), S. 201.

der harmlosen und eigentlich verspäteten Schrift Fiorillos nicht verständlich ist. Der Hintergrund ist folgender: Unmittelbar zuvor hatte Rumohr eine andere, im Ton ebenso scharfe Rezension[19] der 1820 erschienenen Schrift J. D. Passavants verfaßt, die den programmatischen Titel trug: ›Ansichten über die bildenden Künste und Darstellung des Ganges derselben in Toscana; zur Bestimmung des Gesichtspunctes, aus welchem die neudeutsche Malerschule zu betrachten ist‹.[20] Rumohr hatte Passavant in Italien in die Anfangsgründe der Kunstgeschichte eingewiesen, während er selbst noch für seine ›Italienischen Forschungen‹ in den Archiven recherchierte. Nun war ihm Passavant, so hatte es den Anschein, mit seiner Publikation zuvorgekommen. Passavant bemerkt in einem bisher noch kaum berücksichtigten Brief an Rumohr,[21] daß man in erster Linie aus seiner Feder eine Rechtfertigungsschrift erwartet hätte. Ob er ein solches Versprechen jemals gegeben hat, ist nicht erwiesen und im Grunde auch unerheblich. Tatsache ist, daß er diesen Part nicht übernommen hat und wohl auch nicht übernehmen wollte. Es ging jedoch um Grundsätzlicheres, nämlich um die Rolle, die der gerade im Entstehen begriffenen Kunstwissenschaft zukommen sollte. Rumohr merkte selbst bald, daß er sich im Ton vergriffen hatte, denn die Rezension zu Fiorillos Beitrag – so hatte er sich dies vorgestellt – sollte seinen Angriff gegen Passavant entschärfen und relativieren. Dem Leser des ›Kunstblattes‹ mußte diese Absicht aber verborgen bleiben, denn Kenntnis davon erhält man nur aus der Korrespondenz mit dem römischen Diplomaten Chr. C. J. Bunsen: »Ich lege Ihnen die Kritik der Abschweifung Fiorillo's bey; sie ist etwas flüchtig abgefaßt, weil ich nicht länger zögern wollte, da man sonst eine frühere der Passavant'schen Schrift leicht mißverstehen könnte, die bestimmt war, dieser zur Folie zu dienen«.[22] Rumohr ist die Angelegenheit aus den Händen geglitten und er fürchtet, daß noch mehr böses Blut entstehen könnte, daher bittet er Bunsen eindringlich, ihm sein Manuskript der Fiorillo-Rezension zurückzuschicken: »Halten Sie nur meiner Ungeduld zu gut, wenn ich Sie [...] daran erinnere. Ich hoffe, daß Sie meinem früheren bestimmten

19 Carl Friedrich von Rumohr: Rezension zu Passavant: Ansichten, in: Kunstblatt 1821, Nr. 32, S. 125-28.

20 Johann David Passavant: Ansichten über die bildenden Künste und Darstellung des Ganges derselben in Toscana; zur Bestimmung des Gesichtspunktes, aus welchem die neudeutsche Malerschule zu betrachten ist. Von einem deutschen Künstler in Rom, Heidelberg/Speier 1820. Vgl. dazu: Hans Belting: Vasari und die Folgen. Die Geschichte der Kunst als Prozeß?, in: ders.: Das Ende der Kunstgeschichte?, München 1983, S. 63-91.

21 Preußisches Geheimes Staatsarchiv, Dienststelle Merseburg, (GStA Merseburg Rep. 92. Bunsen. B. II, 114.).

22 Briefe Rumohrs. Eine Auswahl. Mitgeteilt von Friedrich Stock zum 25. Juli 1943, dem 100. Todestage Rumohrs, in: Jahrbuch der Preußischen Kunstsammlungen, Beiheft zum 64. Bd., 1943, S. 23.

Auftrage gemäß diesen Wisch nicht aus den Händen gegeben und überhaupt nur wenigen mitgetheilt haben. Denn er ist, wie Sie bemerkt haben werden, im eigentlichen Sinne eine Skizze und ich hoffe, daß die Redaction des Kunstblattes das gesunde Urtheil haben wird, ihn nicht abzudrucken«.[23] Die Reue kam zu spät, denn die Rezension wurde in der von ihm entworfenen Form abgedruckt. Der Angriff gegen Passavant hatte die römische Künstlerschaft, der er selbst nahestand, verärgert, zugleich aber hatte er seinem einstigen Lehrer Vorhaltungen gemacht, dessen künstlerische Talent- und Erfolglosigkeit betreffend, die nicht das beste Licht auf Rumohrs Charakter warfen. Rücksichtnahme gegenüber Fiorillo hatte Rumohr im übrigen auch in seiner Besprechung des Passavantschen Werkes nicht walten lassen. Beiden gemeinsam wirft er vor, daß sie entgegen seinem eigenen wissenschaftlichen Ideal der Werk-Autopsie lediglich Kompilationen aus älteren Schriften zusammengetragen hätten: »Der Vf. [= Passavant, J. S.] glaubt dem größeren Publikum zu dienen, indem er, auf diese Veranlassung, seiner Darstellung der Ansichten und Bestrebungen, die er den deutschen Künstlern wohl in zu großer Allgemeinheit beymißt, eine Uebersicht der neuern Kunstgeschichte voran sendete. Sie füllt die ersten beyden Abschnitte seiner Schrift, und wird noch durch einen Anhang ergänzt. Diesem historischen Versuche ist durchaus nicht abzusprechen, daß er für Viele lehrreich seyn könne, die von der ältern italienischen Kunst keine andere Kunde haben, als etwa die, welche der erste Band der Kunstgeschichte Fiorillo's gewährt. Demungeachtet ist sie das Unerheblichste der ganzen Schrift, denn der Vf. hat seine Nachrichten ohne Sichtung aus Vasari, Dellavalle, Lanzi u.a. zusammengetragen, und manches Versehen mit einschleichen lassen«.[24] Auch im Falle Fiorillos ist es in erster Linie das Verfahren des Exzerpierens, Kompilierens und Kolportierens, das immer wieder Rumohrs berechtigten Zorn hervorruft: »[...] wie man seine Schrift auch drehen und wenden möge, so erscheint doch nirgend wo die Absicht, das Eigenthümliche und Abweichende in der eigentlichen Kunstübung der Neueren historisch zu beleuchten und mit kritischer Schärfe zu unterscheiden [...]«.[25] Rumohr wollte mit seinen beiden Rezensionen zweierlei erreichen, und nur so ist es zu verstehen, daß die eine zur Folie der anderen dienen sollte: er wollte seine eigene Disziplin vor der Vereinnahmung durch zeitgenössische Künstlerinteressen bewahren und zugleich die deutsch-römische Künstlerschaft gegenüber seiner Meinung nach unberechtigter und unbedarfter Kritik in Schutz nehmen. Man kann es wohl nicht nur seiner Launenhaftigkeit anlasten, wie er selbst meinte, daß der Versuch gründlich mißlang, sondern den grundsätzlichen Widersprüchen seiner Zeit wie auch sei-

23 Briefe Rumohrs. Eine Auswahl (wie Anm. 22), S. 24.

24 Rumohr: Passavant-Rezension (wie Anm. 19), S. 125.

25 Rumohr: Fiorillo-Rezension (wie Anm. 5), S. 201.

ner eigenen Ansprüche und Ziele. Rumohr sieht sowohl in der pauschalisierenden Kritik Fiorillos wie auch in der apologetischen Schrift Passavants eine Einseitigkeit vorwalten, die dem wesentlich komplexeren Bild der römischen Künstlerschaft nicht gerecht werden kann. Man kann es zu Rumohrs Verdiensten rechnen, immer wieder betont zu haben, daß die nazarenische Historienmalerei eben nur einen Zweig innerhalb der neueren künstlerischen Entwicklungen darstellt. Weder sollte sich Passavant anmaßen, mit seiner künstlerisch-gesellschaftlichen Utopie einer wiederzubelebenden öffentlichen Wandmalerei einen Alleinvertretungsanspuch zu erheben, noch ginge es an, auch in der Kritik die abweichenden Strömungen einfach zu übersehen. Rumohr hatte früh erkannt, daß sich im frühen 19. Jahrhundert eine neue Form der Landschaftsmalerei herausbildete, die mit spätbarocken Traditionen gebrochen hatte und – etwa wie im Falle J. A. Kochs – geradezu naturwissenschaftlich-geologische Interessen erkennen ließ: »Denn die Liebe zur Erde, die eindringende Kenntnis derselben, ist einmal nur den neuesten Zeiten eigenthümlich, und eben deßhalb hat die Landschaftmalerey ihren eigenen Boden, aber auch ihre eigenen Ansprüche, von ihren Zeitgenossen anerkannt zu werden«,[26] bemerkt er in der Passavant-Rezension. Diese Tendenz ließ sich mit der nazarenischen Programmatik am allerwenigsten vereinbaren[27] und diese Tendenz hatte Rumohr im Sinn, als er einforderte, das »Abweichende«, das heißt das spezifisch Moderne müßte herausgestellt und mit kritischer Schärfe unterschieden werden. Passavant konnte das nicht leisten, da sich sein Denken im wesentlichen auf Schlegelschen Bahnen bewegte, ebensowenig aber Fiorillo, der diesen Wandel gar nicht bemerkt hatte.

Die Nazarener beriefen sich auf Schlegels Werkbegriff, wie er ihn in der ›Europa‹ definiert hatte. Ein »bedeutendes« Gemälde mußte ein »vollständiges« Historienbild sein, wobei die Landschaft nur als Hintergrund einer religiösen Darstellung geduldet werden konnte.[28]

Passavant hatte eine umfassende ›Renovatio‹ eingefordert, die auf die Wiederbelebung der monumentalen Malerei in Deutschland abzielte.[29] Dies konnte jedoch kaum Rumohrs Zorn hervorgerufen haben, denn er hatte selbst einige Jahre zuvor in einem Appell an die Bürger Lübecks genau das angeregt: monu-

26 Rumohr: Passavant-Rezension (wie Anm. 19), S. 127.

27 Vgl. Frank Büttner: Der Streit (wie Anm. 1) und ders.: Peter Cornelius. Fresken und Freskenprojekte, Bd. 1, Wiesbaden 1980: »Eine nazarenische Landschaftsmalerei kann es grundsätzlich nicht geben« (S. 123).

28 Kritische Friedrich-Schlegel-Ausgabe (wie Anm. 11), S. 71f.

29 Vgl. dazu Johannes Erichsen: ›Aus dem Gedächtnis ins Herz‹. Zum Verhältnis von Kunst, Geschichte und Politik unter König Ludwig I., in: Ausst.kat. Vorwärts, vorwärts sollst Du schauen [...]. Geschichte, Politik und Kunst unter Ludwig I., hrsg. von Johannes Erichsen / Uwe Puschner, München 1986, S. 385-417.

mentale Freskenmalerei auf der Grundlage der nationalen, wenn nicht sogar regionalen Geschichtsstoffe.[30] Passavant sah das Vorbild einer solchen Wiederbelebung in der öffentlichen Wandmalerei des 14. und 15. Jahrhunderts der italienischen Stadtrepubliken. In diese Argumentation fügte sich bruchlos der Rückbezug auf die Kunst dieser Zeiten selbst: »Es steht geschrieben: Wahrlich ich sage euch, es sei denn ihr werdet wie die Kindlein, sonst könnt ihr nicht in das Reich Gottes kommen. Diese Worte lassen sich auch auf die Jünger der Kunst anwenden: so lange die Künstler nicht auf den einfachen Weg zurückkommen, hauptsächlich das in der Darstellung erreichen zu wollen, was eigentlich als die Seele des Kunstwerks zu betrachten ist und aus ihm sprechen soll; die Mittel der Ausführung aber, wenn auch als sehr wichtig doch nur als etwas Untergeordnetes betrachten, ohne allerlei Nebenabsichten oder vorgefaßte Ideen von Regeln zu bezwecken: ist nicht zu denken, daß etwas wahrhaft Großes in der Kunst könne geleistet werden, daß ein besserer Sinn für dieselbe in unsern Zeiten befördert werde«.[31] Ein vom Sinngehalt her identisches Argument legt Fiorillo übrigens seinem ›römischen Freund‹ in den Mund. J. F. Böhmer hatte Fiorillo ein Rezensionsexemplar von Passavants Buch geschickt und es ist nicht auszuschließen, daß Fiorillo es bereits kannte, auch wenn beide Schriften im selben Jahr erschienen.

Rumohr erkennt, daß hier mit den Mitteln kunsthistorischer Argumentation, die dem Gelehrten vorbehalten bleiben müsse, die Zeitgenossen auf Abwege geleitet werden sollten. Passavant hatte insbesondere ein Giotto-Bild entworfen, auf das sich die eigenen ästhetischen Präferenzen mühelos übertragen ließen: »Weniger bekümmert waren freilich er und seine Zeitgenossen, um die Weise und Mittel, wie ein Werk auszuführen sei; dasjenige, wodurch sie ihren Zweck am schnellsten erreichen konnten, war ihnen auch das Willkommendste. Die spätere Tendenz, welche in den modernen Zeiten fast allein herrschend geblieben ist, dem dargestellten Gegenstande das Ansehen des Wirklichen zu geben und durch eine oft nur scheinbare Meisterschaft zu glänzen, war ihnen fremd; ihr ganzes Streben ging dahin andern kräftig und wahr zu zeigen was sie, nicht wie sie es vorstellten«.[32] Stünde dieser Satz nicht in einer Schrift, die der Rechtfertigung der neudeutschen Malerschule dienen sollte, so wäre daran nichts auszusetzen. In einem Brief an Bunsen äußert Rumohr, was er davon hielt: »Die historische Frevelhaftigkeit Passavants war mir nun freylich bis in das Innerste der Seele eckelhaft, und der Fastus von Schulbegriffen und halbverstandenen Gemeinplätzen der neueren Ästhetik gemundete mir nicht gerade; endlich konnte mir auch der Zwang nicht gefallen mit dem soviel verschiedenartiges unter sich und mit dem alten Kunstwesen gekuppelt werden

30 Briefe Rumohrs. Eine Auswahl (wie Anm. 22), ›An die Bürger Lübecks‹, S. 9.

31 Passavant: Ansichten (wie Anm. 20), S. 32.

32 Ebenda, S. 38.

sollte, wobey es durchaus nicht redlich hergegangen ist«.[33] Keineswegs persönliche Zwistigkeiten hätten Rumohr veranlaßt, Passavants Schrift zu rezensieren, sondern eben jener Punkt: »[...] hierzu bewogen mich vielmehr einige Stellen seiner Schrift, welche, wie ich noch heute überzeugt bin, der gefährlichsten Mißdeutungen fähig sind. Was ich, als Gönner der romantisch künstlerischen Secte, dagegen aussprach, konnte gewiß dienen, diesen Mißdeutungen vorzubeugen«.[34] Nicht zu unrecht unterstellt Rumohr Passavant, daß dieser mit seiner Giotto-Interpretation eine Absicht verfolgte, die keineswegs allein historischer Kenntnis dienen sollte: »Ueberhaupt aber möchte Giotto, den seine Zeitgenossen den Maler der Natur nannten, dessen Bilder ihnen zu athmen schienen, nicht gerade, wie der Vf. annimmt, der Stifter eines großartigen religiös-strengen Styles seyn. Er hat vielmehr nach jenen sichern Beyspielen zu urtheilen, die strenge Aneignung des Ueberlieferten, die herbe Großartigkeit seines Vorgängers Cimabue, zuerst verlassen, dafür aber mehr Handlung und freyere Bewegung der Figuren eingeführt; und dieser Neuerung verdankt er wohl vorzüglich seinen ausgebreiteten Ruf unter den Zeitgenossen. Giotto, sagt Ghiberti, führte Natur und Anmut in die Kunst ein, ohne deßhalb Maaße und Gränzen zu überschreiten. Wenn daher der Vf. anzunehmen scheint, daß Giotto *absichtlich* einem höhern Grade der Verwirklichung entsagt habe, der damals überhaupt noch nicht an der Zeit war, so ist dieß auf keine Weise zuzugeben«.[35]

In seinem Brief an Rumohr gesteht Passavant seine Absicht ein: »Ich habe Ihre Stelle über Giotto oft gelesen und anderen mitgetheilt um aufrichtig ihre Meinung zu erfahren ob sie mit Ihnen über diesen Punct einverstanden sind; allein Giottos Kunst scheint von allen sehr verschieden und mehr nach meiner Art aufgefaßt worden zu seyn; mir ist daher willkommen, daß Sie die Kunstrichtung jener Zeit zu sehr als einer jener Zeitgenossen betrachtet wissen wollen; während ich sie mehr zum Verhältniß der jetzigen Zeit beurtheilt habe«.[36] Es mag Rumohr doch schmerzlich zu Bewußtsein gekommen sein, daß er letzten Endes mit seinem eigenen Wirken jenen »Mißverständnissen« möglicherweise auch Vorschub geleistet hatte. Seine zwiespältige Haltung offenbart sich in der Fiorillo-Rezension. Er scheut nicht davor zurück, gegen Fiorillo wieder jenes sattsam bekannte Argument ins Feld zu führen, das die Verteidiger der Nazarener nicht müde wurden, auszusprechen: »Es wäre daher eine bösartige Deutung, anzunehmen, daß jede Härte und Ungefälligkeit, die aus dem noch ungewandten Bestreben nach dem Vortrefflichen herfließt, eine absichtliche Nachahmung wahrer Mängel sey. Freylich möchte Vieles von dem, was der Ver-

33 Briefe Rumohrs. Eine Auswahl (wie Anm. 22), S. 26.

34 Ebenda.

35 Rumohr: Passavant-Rezension (wie Anm. 19), S. 125f.

36 Brief Passavants (wie Anm. 21).

fasser unter Färbung, geschlossenem Lichte, Degradation, Grazie und Illusion versteht, wirklich schon in das Gebiet der Manier gehören, und dürfte mithin ohne Schaden für die Kunst absichtlich gemieden werden. Seine Bilder erregten allerdings keine vortheilhafte Meinung von der Richtigkeit seiner Begriffe von jenen abhängigen Theilen der Kunst, und ich erinnere mich, daß er sogar noch die Werke des Raphael in der Darstellung für äußerst mangelhaft hielt. Den Historienmalern der neueren Art fällt es nun freylich nicht im Traume ein, besser, als Raphael, darstellen zu wollen; sie würden sich gern damit begnügen, ihm nahe gekommen zu seyn«.[37] Rumohr kritisiert Fiorillos Illusionsbegriff, den dieser als den eigentlichen Zweck der Malerei bezeichnet hatte und den er bei den Nazarenern vermißte: »Der Hauptendzweck, daß der Zuschauer, der wirklich Sinn und Auge für Mahlerey hat, vom Anblicke eines Gemäldes hingerissen, sich ganz vergißt, und die Sache selbst, nicht eine colorirte Fläche zu sehen glaubt, ist ganz verfehlt«.[38] Rumohr wußte, daß die ästhetischen Systeme von Klassizismus und Romantik beide zu eng waren, um eine Kunstgeschichte mit universalhistorischem Anspruch zu begründen.[39] Er war aber ebenso wenig in der Lage, in dieser Hinsicht über seinen Schatten zu springen. Daher überzieht er Fiorillo mit Argumenten, die aus Versatzstücken beider Systeme gespeist waren. Rumohr sieht in Fiorillo einen Vertreter jener Epoche, die sowohl ästhetisch als auch politisch-moralisch als diskreditiert galt: das Rokoko als eine spätabsolutistische Verfallserscheinung. Sein Rigorismus hatte ihm den Blick auf die Kunst nach Raffael nachhaltig verstellt. Letztlich unterschied sich sein Geschichtsbild von dem Passavants nur in Nuancen. Die unerfreuliche Auseinandersetzung hatte Rumohr aber dazu gezwungen, seinen eigenen Standpunkt zu überprüfen. Immer deutlicher schält sich heraus, daß Kunstkritik, historische Kunstforschung und Kunstförderung nicht mehr auf einen Nenner zu bringen waren. Nur allzu lange hatte er selbst diesem Glauben angehangen.

Im 1815 erschienenen ersten Band von Fiorillos ›Geschichte der zeichnenden Künste‹ findet sich eine Beschreibung des Kölner Doms, die bis heute lesenswert bleibt, obwohl sie im wesentlichen auf fremden Texten beruht. Fiorillo stützt sich hier auf die Dom-Beschreibung F. Schlegels, aber auch auf einen weniger bekannten Essay des Geographen C. Ritter.[40] Mit wissenschaftlichen Kriterien darf sein Verfahren freilich nicht gemessen werden, da die wesentlichen Aussagen tatsächlich nicht von ihm selbst stammen. Es gelang ihm

37 Rumohr: Fiorillo-Rezension (wie Anm. 5), S. 205.

38 Fiorillo: Geschichte, Bd. IV (wie Anm. 3), S. 105.

39 Rumohr: Drey Reisen (wie Anm. 15), S. 81.

40 Fiorillo, Geschichte (wie Anm. 3), Bd. I, S. 403-13; Friedrich Schlegel, Briefe auf einer Reise durch die Rheinlande, Rheingegenden, die Schweiz und einen Teil Frankreichs (1802-1804), in: Kritische Friedrich-Schlegel-Ausgabe (wie Anm. 11), S. 174-186; Carl Ritter: Die Ruinen am Rhein. Ueber die Alterthümer von Cölln, in: Rheinisches Archiv für Geschichte und Litteratur, Bd. I, Heft 3, Mainz 1810, S. 199-213.

jedoch, aus verschiedenen Quellen, die jeweils nur Teilaspekte von Architektur und Ausstattung behandeln, eine, gemessen an den damaligen Möglichkeiten, stimmige und anschauliche Beschreibung des Domfragments zusammenzustellen. Dem Publikum war damit sicher mehr gedient als mit Rumohrs zwei Jahre zuvor erschienener Schrift ›Vom Ursprunge der gothischen Baukunst‹.[41] Rumohr setzte den ganzen Apparat seiner wissenschaftlichen Methodik ein, um die bis dahin gängigen Theorien zur Gotik zu entkräften. Vor allem die These von der arabischen Herkunft, unter anderem von Fiorillo vertreten, widerlegt er mit umständlichem argumentativem Aufwand. Eigentlich bleibt er aber auf halbem Wege stecken, denn zu einer charakterisierenden Analyse der Stilmerkmale dieser Architektur dringt er nicht vor, genausowenig zu einer tatsächlich positiven Würdigung. In seinem Resümee wird deutlich, daß seine nahezu ausschließliche Orientierung an italienischer Kunst und auch Kunstliteratur gewisse Spuren hinterlassen hatte: »Unter diesem [...] Namen: gothische Architektur, verstehen wir unwandelbar in der Baukunst schlanke und pyramidale Formen, Schlußbogen der Fenster, und Thoröffnungen, die aus zwei Zirkelschnitten zusammengesetzt, also in einen spitzen Winkel auslaufen; Verzierungen von willkührlichen Tier- und Pflanzenarten. In der runden Bildnerey und Malerkunst eine gesuchte Grazie, die nicht mehr feste und ruhige Stellung zuläßt [...] und oft einen überflüßigen und übelverstandenen Faltenreichthum zeigt. Nur ist hier das herrliche Italien auszunehmen, dessen im muntern Leben genährtem Scharfsinn die Herrlichkeit der individuellen Natur nicht entging, für welche, [...] der nördliche Stubensitzer frühe blödsüchtig ward. Gerade zur Zeit des aufblühenden gothischen Styls erwacht mit den Pisani's und Giotto der Wetteifer der italienischen Kunst mit der Fülle und Mannigfaltigkeit der Natur selbst«.[42]

Im umfangreichsten Werk zur Gotikrezeption, Paul Frankls ›The Gothic‹,[43] findet man weder Fiorillo noch – was eigentlich schwerer wiegt – Carl Ritter. Von Rumohr kennt Frankl nur die ›Italienischen Forschungen‹ und findet ihn nicht sehr ergiebig.[44] Aber selbst wenn Frankl Rumohrs Gotik-Essay gekannt hätte, wäre vermutlich sein Urteil im wesentlichen nicht anders ausgefallen.

Begeisterung für gotische Architektur und die damit einhergehenden Versuche einer Charakterisierung und ästhetischen Würdigung ihrer spezifischen Bauformen entzündeten sich zunächst immer an einzelnen herausragenden

41 Carl Friedrich von Rumohr: Vom Ursprunge der gothischen Baukunst, in: Deutsches Museum, hrsg. von Friedrich Schlegel, Bd. III, (Wien 1813), S. 361-502.

42 Ebenda, S. 489f.

43 Paul Frankl: The Gothic. Literary Sources and Interpretations through Eight Centuries, Princeton, New Jersey 1960.

44 Ebenda, S. 540, Anm. 3.

Monumenten. Dies beginnt mit Goethe, der angesichts des Straßburger Münsters seine aus Laugier[45] gespeisten Vorurteile vergißt und einen Hymnus anstimmt, der dem Genie Erwin von Steinbachs mindestens genauso gilt wie dem Bauwerk selbst.[46] Goethes Aufsatz, der in seiner Zeit einsam dasteht, wäre vermutlich ohne die individuell greifbare Persönlichkeit Erwins nie geschrieben worden. Die Wertschätzung auch anonymer Bauwerke setzte sich nur mühsam durch. Es ist typisch für Goethes Haltung, daß er die Fassade des Straßburger Münsters von ihrer plastischen Gestalt her auffaßt, erst Georg Forster vermittelt dann in seinen ›Ansichten vom Niederrhein‹[47] ein Raumerlebnis, das er mit dem Bild des Waldes einfängt.

Die Reiseliteratur spielte bekanntlich eine wichtige Rolle bei der Entstehung der Kunstgeschichte. Georg Forster flicht in seine ›Ansichten‹ eine Beschreibung des Kölner Doms ein, die Folgen zeitigen sollte. Die Brüder Boisserée hatten die ›Ansichten‹ im Gepäck, als sie in noch ganz jungen Jahren nach Frankreich aufbrachen, um sich auf Forsters Spuren zu begeben. In Paris ergab sich die Begegnung der Brüder Boisserée mit F. Schlegel, der seinerseits eine wichtige Beschreibung des Kölner Doms verfassen sollte, während Sulpiz Boisserée späterhin die Vollendung eben jenes Domes in Angriff nahm. Diese Überlegungen sind für das eigentliche Thema – Fiorillo – insofern von Bedeutung, als dieser einerseits auf die Schlegelsche Beschreibung des Kölner Domes in einem ausführlichen Zitat zurückgreift, was er auch ausweist, andererseits verwendet er Topoi, die vermutlich von Forster herrühren. Zum anderen stützt sich Fiorillo auf ein Stück Reiseliteratur in der Nachfolge Forsters aus der Feder C. Ritters, 1810 im ›Rheinischen Archiv für Geschichte und Litteratur‹ erschienen.

Forster kennt die englische Literatur und deswegen verläuft sein Zugang zur gotischen Architektur über die Ästhetik des Sublimen, des Phantastischen und nicht zuletzt des Fragmentarischen und Ruinösen. Er berauscht sich am Unermeßlichen, am Unaufhaltsamen des Emporstrebens der Pfeiler, die die »Einbildungskraft so leicht in das Grenzenlose verlängert«.[48] Hat Forster mit der Unermeßlichkeit sicher einen wesentlichen Zug gotischer Architektur positiv

45 Bekanntlich hatte Goethe seinen Laugier nicht zu Ende gelesen, sonst wäre ihm die positive Würdigung der Gotik aufgefallen, vgl. Eckart Bergmann: Architektur und Natur. Laugiers architektonische Prinzipien und ihre Wirkung, in: Empfindung und Reflexion. Ein Problem des 18. Jahrhunderts, hrsg. von Hans Körner/Constanze Peres/Reinhard Steiner/Ludwig Tavernier, Hildesheim/Zürich/New York 1986, S. 187-215.

46 William D. Robson-Scott: The Literary Background of the Gothic Revival in Germany. A Chapter in the History of Taste, Oxford 1965, S. 85.

47 Georg Forster: Ansichten vom Niederrhein, zitiert nach: Forsters Werke in zwei Bänden, Zweiter Band (Ansichten vom Niederrhein), Berlin/Weimar 1979.

48 Ebenda, S. 45.

bewertet, so kommen gleich darauf auch wieder Vorbehalte auf – für die Konsequenz und Rationalität gotischer Architektur hat Forster keinen Sinn, denn plötzlich spricht er von Feenpalästen oder auch von einem »isolierten« Gedanken, der sich auf »exzentrischen« Wegen Bahn gebrochen habe. Weitergewirkt hat vor allem Forsters Vergleich gotischer Pfeiler mit den Bäumen eines alten Forstes. In einer Zeit, in der jegliche Terminologie zur Beschreibung gotischer Architektur fehlt, wird der Versuch erkennbar, die Erscheinungsweise eines Rippengewölbes im Vergleich mit Baumkronen, die nur in der höchsten Spitze zusammenwachsen, sprachlich zu fassen. Das Bild vom Wald selbst ist keineswegs neu, man findet es schon in Raffaels Kritik der gotischen beziehungsweise »deutschen« Architektur.[49] Dort ist jedoch das Bild im Sinne einer genetischen Ableitung gemeint, die im Vegetabilischen das Irrationale kritisiert, während Forster dieses Bild positiv als Metapher des anschaulich Gegebenen gebraucht.[50] Fiorillo wird gerade dies aufgreifen, zumal er mit den italienischen Invektiven gegen die Gotik bestens vertraut ist. Zunächst aber ist es vor allem F. Schlegel, der den Gedanken übernimmt und ins eindeutig Positive wendet. Für Schlegel wird das Vegetabilische – weil scheinbar zweckfrei – zur Metapher von Kunst und Künstlichkeit schlechthin. Daneben gewinnt er aus dem Vergleich mit der Pflanzenwelt treffende Beschreibungskategorien: »Die Türme, ein Gebäude unzähliger schlanker Säulen, aus immer höher und höher steigenden bogenförmigen Fenstern und Knospentürmchen wie zusammengewachsen, sollten fünf Geschosse haben; das oberste ein durchbrochener Obelisk von durchsichtigen Ranken und großen Knospen, die endlich in einer einzigen großen Blume sich enden; aber nur zwei Geschosse des einen Turms sind fertig. Sind solche Türme gleichsam unermeßliche Gewächse von lauter Schnitzwerk zusammengewunden und stolz in die Höhe schießend, so sind die Menge der weitläufigen Träger mit allen ihren Schwibbogen, ihren Verzierungen, ihren Knospen, Spitzen und Türmen einem Walde zu vergleichen«.

Georg Forster hatte alles aus der Betrachtung ausgeschlossen, was aus seiner Sicht zum bloßen ›Aberglauben‹[51] zu rechnen ist, etwa die goldenen Schreine, aber auch die Glasfenster, die wir heute als geradezu konstitutiv für das Verständnis der Gotik ansehen, werden bewußt nicht beschrieben. Der kulturgeschichtliche Hintergrund wird somit abgeschnitten und das Domfragment geradezu ›enthistorisiert‹.

49 Vgl. Bergmann: Laugier (wie Anm. 45), S. 204f.

50 Frankl: The Gothic (wie Anm. 43), S. 444.

51 »Ich erzähle Dir nichts von den berüchtigten Heiligen Drei Königen und dem sogenannten Schatz in ihrer Kapelle; nichts von den Hautelissetapeten und der Glasmalerei auf den Fenstern im Chor; [...]«; Forster: Ansichten (wie Anm. 47), S. 46.

Auch Carl Ritter verfaßte von der Literaturgattung her einen Reisebericht und viele Motive lassen vermuten, daß er Forsters Schrift kannte. Schließlich haben sie beide auch die naturwissenschaftlich-geologischen Interessen gemeinsam. Ritter stimmt sich ebenfalls über das Erhabene ein, allerdings über das Erhabene der Landschaft, die er nicht – wie Forster – als primär geologische Formation wahrnimmt, sondern als geschichtsträchtige Rheinlandschaft. Er kommt, von den Rheinruinen beflügelt, in den Kölner Dom und beschreibt nun vor allem jene Aspekte, die Forster aus den genannten Gründen außen vor gelassen hatte: die Chorfenster – und hier kommt es nun zu jenen Charakterisierungen, die wohl bis heute Bestand haben, wenn er die Glasfenster des Chores im Kölner Dom als Versuch interpretiert, Materialität aufzuheben und damit auch die Baubestrebungen der Gotik erhellen will: »Die Zwischenräume der Säulenreihen im Dom füllen hier, rund um den vollendeten Bau, hochaufsteigende Glasfenster, die mit den schönsten Farben und Bildern prangen. Der Raum, den sie einnehmen, ist weit bedeutender, als der der ausgefüllten Wände und Säulen der Kirchen selbst. Ja, es ist, als erheben sich diese nur, um die strahlenden Glasgemählde in Rahmen zu fassen, so dünn und zierlich erscheinen die Schafte dem täuschenden Auge. [...] Das Glas verschwindet hier dem Auge ganz als Materie; es wurde von dem alten Kunstsinne nur als ein Object behandelt, in dem sich die Lichtwelt mit ihrer Schönheit, wie der Sonnenglanz im Regenbogen, offenbaren sollte. [...] Der ganze Styl ist ein Triumph der Form über die Materie, der Konstruction über die Last«.[52] Ritter unternahm auch tastende Versuche, den gotischen Baustil im allgemeinen von früheren Stilen zu unterscheiden. Als wesentliches Kennzeichen nennt er Einheit und Systematik und setzt diese Einsicht in die Beschreibung des Doms um, die Fiorillo ohne Paraphrasierung wörtlich übernimmt: »Die vier mittlern Hauptstützen haben jede 30 Fuß im Umkreise, und jede besteht aus 16 Säulen und Säulchen; jede der 24 Säulen des innern Schiffes hat 20 Fuß im Umfang, und besteht aus 12 Gesellschafts-Säulen; jede der 36 Säulen im äußern Schiffe besteht aus 8 dergleichen. Hierzu nun noch die Säulen an den Pilastern und alle diese Seiten und Linien, die in mehrere Tausende laufen, im vollendetsten Parallelismus, durch Schlag und Rundschatten und Licht erleuchtet, gehoben!«[53]

Fiorillo stützt sich bei seiner ›Beschreibung‹ des Kölner Doms vornehmlich auf die Texte Schlegels und Ritters. Er macht sich nicht einmal die Mühe, die Texte zu paraphrasieren, sondern zitiert sie wörtlich. Alle Motive, die zur Gattung Reiseliteratur gehören, werden eliminiert und es gelingt ihm schließlich, aus verschiedenen Quellen ein anschauliches Ganzes zu kompilieren, das letztlich mehr ist als die Summe seiner Teile.

52 Fiorillo: Geschichte, Bd. I (wie Anm. 3), S. 411-13.

53 Ebenda, S. 409.

Henrik Karge

Das Frühwerk Karl Schnaases

Zum Verhältnis von Ästhetik und Kunstgeschichte im 19. Jahrhundert[1]

Aktuelle Forschungen sind bekanntlich niemals nur der Gegenwart verpflichtet. Es fragt sich jedoch, wie weit die historischen Positionen zurückreichen, die noch heute selbstverständlich in die wissenschaftliche Diskussion einbezogen werden – hier gibt es erhebliche Unterschiede zwischen den einzelnen Geisteswissenschaften. Daß der historische Bezugsrahmen aktueller Diskurse sich keineswegs immer mit den Epochen der Fachgeschichte deckt, die die heutige Sicht maßgeblich geprägt haben, zeigt sich nirgendwo deutlicher als im Fach Kunstgeschichte. Während man etwa in der heutigen Geschichtswissenschaft immer wieder auf die Schriften Rankes, Burckhardts, Droysens oder Tocquevilles kritisch Bezug nimmt, während die Auseinandersetzungen mit Kant, Schelling oder Hegel einen selbstverständlichen Platz in der heutigen Ästhetik einnehmen, reichen die entsprechenden Bezüge in der Kunstgeschichte nur bis in die Zeit um oder kurz nach 1900 zurück: Es sind vor allem die Positionen von Riegl, Wölfflin, Panofsky und Warburg, in denen man die moderne Kunstgeschichte gemeinhin begründet sieht. Die wesentlichen Begriffe und Methoden, mit denen Kunsthistoriker(innen) noch heute arbeiten, wurden freilich schon früher, in den mittleren Jahrzehnten des 19. Jahrhunderts, entwickelt. Daß die großen kunsthistorischen Werke dieser Zeit – Burckhardt stellt hier eine Ausnahme dar – trotz ihrer unbestritten bahnbrechenden Bedeutung einem heutigen Kunsthistoriker kaum noch präsent sind, ist vor allem dem Eigengewicht der deutschen Kunstgeschichtsschreibung des frühen 20. Jahrhunderts zuzuschreiben: Die Epoche der Entstehung und Entfaltung des Faches im 19. Jahrhundert, die aufs engste mit der Entwicklung der Geschichtswissenschaft und der Philosophie verknüpft war, wurde nun zur bloßen Vorgeschichte der autonomen kunsthistorischen Wissenschaft erklärt. Die Autonomie der Kunstgeschichte hat sich ihre eigene Tradition geschaffen.

1 In diesem Aufsatz sind einige wesentliche Ergebnisse meiner 1994 von der Philosophischen Fakultät der Universität Kiel angenommenen Habilitationsschrift zum Thema ›Karl Schnaase. Zum Verhältnis von Ästhetik und Kunstgeschichte im 19. Jahrhundert‹ zusammengefaßt. Mit dem Aufsatz, der weitgehend der mündlichen Form des Vortrags folgt, versuche ich nicht, das umfangreiche Frühwerk Schnaases erschöpfend zu behandeln. Hinsichtlich weitergehender Analysen sei auf die geplante Publikation der Habilitationsschrift verwiesen.

Aus dieser Perspektive wird es verständlich, warum Karl Schnaase (1798-1875) zwar allgemein zu den überragenden Kunsthistorikern des 19. Jahrhunderts, ja zu den Gründungsvätern der wissenschaftlichen Kunstgeschichte überhaupt gezählt wird, sein Werk heute jedoch weitgehend unbekannt ist: Schnaase war ein Grenzgänger zwischen den Disziplinen – aus heutiger Sicht. Versucht man dagegen Schnaases Werk aus der Situation der Jahre um 1830 heraus zu begreifen, in denen er zu schreiben begann, so gewinnt man einen anderen Eindruck: Sein Werk erscheint dann als Versuch, auf der Grundlage einer eigenen Kunstphilosophie eine umfassendere Form der Kunstgeschichtsschreibung zu entwikkeln als die positivistische, die sich gerade durchzusetzen begann. Während Schnaase in den ›Niederländischen Briefen‹ von 1834[2] Reiseimpressionen, Beschreibungen von Kunstwerken und ausgreifende Betrachtungen historischer und philosophischer Art recht unorthodox miteinander kombinierte, unternahm er mit der ›Geschichte der bildenden Künste‹ ab 1843[3] den Versuch, auf der Grundlage eines vorweg explizierten kunstphilosophischen Systems eine systematische Geschichte der Kunst aller Epochen und Kulturen zu schreiben und diese jeweils historisch zu fundieren. Mit den sieben Bänden dieser Weltkunstgeschichte erreichte Schnaase bis 1864 zwar nur das Ende des Mittelalters, dennoch aber dürfte es sich mit über 4000 Seiten um eines der größten Werke der Kunstgeschichtsschreibung handeln, das ein einzelner je verfaßt hat.

Eine unvoreingenommene Auseinandersetzung mit diesen Werken scheint heute kaum möglich, da unser Bild von Schnaase entscheidend durch die Schriften Ernst Heidrichs und Wilhelm Waetzoldts geprägt worden ist, die die kunsthistorische Fachgeschichte in Deutschland am Anfang unseres Jahrhunderts begründet haben. Heidrich charakterisierte Schnaase 1912 als über den Dingen schwebenden Feingeist, der die Kunstwerke aller Zeiten verknüpfe und relativiere – im größten Gegensatz zu Jacob Burckhardt, der sich mit einem klaren Gefühl für objektive Werte an den Kunstwerken selbst orientiere.[4] Als

2 K. Schnaase: Niederländische Briefe, Stuttgart / Tübingen 1834.– Zu diesem Werk liegt nun eine Einzeluntersuchung des Verf. vor: Arbeitsteilung der Nationen. Karl Schnaases Entwurf eines historisch gewachsenen Systems der Künste, in: Zeitschrift für Schweizerische Archäologie und Kunstgeschichte, Bd. 53, 1996, S. 295-306.

3 K. Schnaase: Geschichte der bildenden Künste, 1. Aufl., 7 Bde., Düsseldorf 1843-64 (2. Aufl. 1866-79). – Vgl. jüngst: D. Karlholm: Handböckernas konsthistoria. Om skapandet av »allmän konsthistoria« i Tyskland under 1800-talet, Stockholm 1996 (Schnaases Werk im Vergleich mit den kunsthistorischen Handbüchern Kuglers, Lübkes und Springers).

4 E. Heidrich: Karl Schnaase und Jacob Burckhardt, in: ders.: Beiträge zur Geschichte und Methode der Kunstgeschichte, hrsg. von H. Wölfflin, Basel 1917, S. 50-81. – In Wirklichkeit hat Schnaase vor allem den jungen Burckhardt stark beeinflußt; vgl. dazu die Studie des Verf.: »Die Kunst ist nicht das Maaß der Geschichte«. Karl Schnaases Einfluß auf Jacob Burckhardt, in: Archiv für Kulturgeschichte, Bd. 78, 1996, S. 393-431.

noch prägender erwies sich Waetzoldts Werk über ›Deutsche Kunsthistoriker‹ von 1921-24, in dem Schnaase als Vertreter einer spekulativen Kunstgeschichte in eine Reihe mit Hegel und Alois Riegl gestellt wird.[5] Hier wird auch das Motiv der einseitigen Ausrichtung des Schnaase-Bildes deutlich: Waetzoldt wie Heidrich versuchen, aus Schnaase einen Vorläufer Riegls zu machen und dessen methodische Ansätze damit sozusagen an der Wurzel zu bekämpfen. Die auf Waetzoldt aufbauende Forschung – genannt seien die Untersuchungen McMillans, Zeitlers und Gombrichs – hat Schnaases Schriften vor allem in Abhängigkeit von Hegels Ästhetik gesehen, was meist einer Verurteilung gleich kam.[6] Die schlichte Tatsache, daß Schnaases ›Niederländische Briefe‹ von 1834 ein Jahr vor Hegels posthum von Heinrich Gustav Hotho publizierter Ästhetik[7] erschienen sind, blieb dabei unbeachtet.

Im folgenden soll gezeigt werden, daß die gängige Einschätzung Schnaases als Hegelianer in die Irre führt. Es gab zwar einige Berührungspunkte mit Hegel – vor allem biographischer Art –, doch weit entscheidender war Schnaases Orientierung an Ludwig Tieck und seinem spätromantischen Kreis, der der Hegelschule geradezu entgegengesetzt war. Der philosophische Leitstern dieses Kreises war der früh verstorbene Karl Wilhelm Ferdinand Solger, dessen Ästhetik Schnaase stark beeinflußt hat. Weitere Quellen der Kunstauffassung Schnaases sind in der Philosophie des späten 18. Jahrhunderts, vor allem bei Herder, Kant und Schiller, auszumachen. Schnaases besondere Bedeutung liegt darin, daß er die in dieser Zeit vollzogene Überwindung der traditionellen normativen Kunstauffassung für die Kunstgeschichtsschreibung fruchtbar gemacht hat. An Schnaases frühen Schriften läßt sich die Genese seiner Position deutlich verfolgen.

Vorangeschickt sei eine knappe Zusammenfassung der wenig bekannten Biographie Karl Schnaases, die gegenüber den bisherigen Darstellungen mit einigen neuen Akzenten versehen werden kann.[8] Der im Jahre 1798 geborene

5 W. Waetzoldt: Deutsche Kunsthistoriker, 2 Bde., Leipzig 1921-24, zu Schnaase: Bd. 2, S. 70-92, 290f.

6 L. K. MacMillan: Carl Schnaase als Hegelianer. Kunst- und Geschichtsphilosophie, Diss. phil. Bonn 1933; R. Zeitler: Hegel e Schnaase: La storia dell'arte, in: Critica d'arte 1958, S. 203-22; E. H. Gombrich: In Search of Cultural History, Oxford 1969; ders.: Hegel und die Kunstgeschichte, in: Neue Rundschau, Bd. 88, 1977, S. 202-19. Die Position Gombrichs wurde jüngst kritisch analysiert von: D. Karlholm: Gombrich and Cultural History, in: Nordisk estetisk tidskrift, Bd. 12, 1994, S. 23-37.

7 G. W. F. Hegel: Werke, Bd. X/1-3 (Vorlesungen über die Ästhetik), hrsg. von H. G. Hotho, Berlin 1835-37.

8 Die besten Darstellungen der Biographie Schnaases wurden kurz nach seinem Tod verfaßt: Neben von Donops Artikel in der Allgemeinen Deutschen Biographie (Bd. 32, 1891, S. 66-73) ist vor allem die ›Biographische Skizze‹ Wilhelm Lübkes in dem posthum er-

Karl Julius Ferdinand Schnaase entstammte einer wohlhabenden Danziger Kaufmannsfamilie, erhielt seine Schulausbildung jedoch in Berlin, wo er auf Anraten des Vaters im Jahre 1816 das Studium der Rechte bei Friedrich Carl von Savigny aufnahm. Ab dem Frühjahr 1817 studierte Schnaase für anderthalb Jahre bei Anton Friedrich Thibaut, dem Kollegen und Gegner Savignys, in Heidelberg, und hier geriet der junge Jurastudent auch in den wissenschaftlichen Bannkreis Hegels, dem er im Herbst 1818 nach Berlin folgte. Schnaase hörte bei Hegel ›Encyklopädie der philosophischen Wissenschaften‹, entgegen häufigen Annahmen hatte er jedoch Hegels erste Heidelberger Ästhetik-Vorlesung vom Sommersemester 1818 nicht besucht. Bei Solger hatte Schnaase bereits im Sommersemester 1816 an der Berliner Universität Rechtsphilosophie gehört.[9] Im Jahre 1819 schloß Schnaase in Berlin sein Studium mit dem ersten juristischen Examen ab und trat kurz darauf seine Ausbildung zum Gerichtsjuristen an, die ihn nach Danzig, Königsberg und Marienwerder führte. Während er relativ mühelos die ersten Stufen seiner Laufbahn emporstieg, meldeten sich wiederholt Zweifel an seiner juristischen Berufung. Kurz nach dem Abgang von der Universität hatte sich Schnaase für die in der Dresdener Gemäldegalerie ausgestellten Werke begeistert und litt fortan unter der Kunstferne seiner westpreußischen Heimat, der er 1825/26 durch eine einjährige Italienreise immerhin zeitweilig entweichen konnte. Während der Reise entstand die Idee, eine »Beschreibung Italiens in kunstgeschichtlicher Hinsicht« zu verfassen, die sich bald danach in den Plan verwandelte, »die Kunstgeschichte von Italien selbst chronologisch durchzunehmen«.[10] Schnaase hatte sich schon halb dafür entschieden, seine Juristenlaufbahn zugunsten der Kunstgeschichte aufzugeben, als ihn die katastrophale Geschäftsentwicklung des Schnaaseschen Handlungshauses in Danzig zur Wiederaufnahme seiner Ausbildung zwang.

Als eine Art Befreiung hat Schnaase seine Versetzung nach Düsseldorf empfunden, wo er im Oktober 1829 eine Stelle als Prokurator – einem heutigen

schienenen 8. Band von Schnaases ›Geschichte der bildenden Künste‹ (Stuttgart 1879, S. XVII-LXXXIV) zu nennen, die, wie sich jetzt herausstellte, zu einem großen Teil auf ein Manuskript von Marianne Wolff, der Witwe des mit Schnaase eng befreundeten Dichters Immermann, zurückgeht. Die Darstellung bei Waetzoldt: Deutsche Kunsthistoriker (wie Anm. 5), basiert vor allem auf dem von Schnaase selbst verfaßten ›Lebensumriß‹ vom 10. September 1853 (Berlin, Preuß. Akademie der Künste, Personalnachrichten). Weitere Informationen bieten die Personalakte Schnaases im Geheimen Staatsarchiv Preuß. Kulturbesitz in Berlin, Rep. 97 A (2.5.10), Nr. 326, und der verstreut erhaltene Briefnachlaß Schnaases.

9 Quellen sind die in der Personalakte Schnaases erhaltenen Abgangszeugnisse; vgl. Anm. 8.

10 Zitat aus einem Brief Schnaases nach: Lübke: Biographische Skizze (wie Anm. 8), S. XXXVIII.

Staatsanwalt vergleichbar – am Landgericht antrat. In Düsseldorf erschloß sich Schnaase ein reicher gesellschaftlicher und kultureller Wirkungskreis, und durch seine Heirat mit Charlotte von Schoenowska im Jahre 1833 fand er hier einen neuen Lebensmittelpunkt. Seine Kollegen am Landgericht waren die dem Kreis um Ludwig Tieck zuzurechnenden Dichter Karl Immermann und Friedrich von Uechtritz, mit denen er sich rasch anfreundete. Vor allem der intensive geistige Austausch mit Immermann hat Schnaases Kunstauffassung nachhaltig geprägt, und zwar über den frühen Tod des Dichters im Jahre 1840 hinaus.[11]

»Durch Schnaase erhielt die Praxis der Kunst hier ihr Komplement, die Theorie«.[12] Dieser häufig zitierte Satz aus Immermanns posthum erschienenen ›Maskengesprächen‹ weist auf die intensive Beschäftigung des Juristen mit der um 1830 aufblühenden Düsseldorfer Malerschule hin.[13] In den Jahren 1831-36 war Schnaase Sekretär und zwischen 1840 und 1848 Vorsitzender des mit der Kunstakademie eng verbundenen ›Kunstvereins für die Rheinlande und Westphalen‹, in einer Serie von Aufsätzen hat er die jeweils neuesten Leistungen der Düsseldorfer Malerschule im Schornschen ›Kunstblatt‹ und in Kuglers ›Museum‹ vorgestellt.[14] Bahnbrechend für die Theorie der Malerschule war Schnaases Vortrag ›Ueber die Richtung der Malerei unserer Zeit‹, den er 1831 vor dem Kunstverein hielt,[15] und auch sein erstes großes Werk, die ›Niederländischen Briefe‹ von 1834, ist ohne die Auseinandersetzungen mit den Düsseldorfer Malern und Dichtern nicht zu denken. Schnaases Verhältnis zu Wilhelm Schadow, dem Leiter der Kunstakademie, blieb allerdings unterkühlt – hierin

11 Interessante Einblicke in die durchaus wechselvolle Beziehung beider Männer geben die Tagebücher und Briefe Immermanns, die von Peter Hasubek vorzüglich ediert worden sind: K. L. Immermann: Zwischen Poesie und Wirklichkeit. Tagebücher 1831-1840, München 1984; ders.: Briefe. Textkritische und kommentierte Ausgabe in drei Bänden, Wien 1978-87. Vgl. den Aufsatz des Verf.: »Denn die Kunst ist selbst nichts Absolutes …« Karl Immermann, Karl Schnaase und die Theorie der Düsseldorfer Malerschule, in: P. Hasubek (Hg.): Epigonentum und Originalität. Immermann und seine Zeit – Immermann und die Folgen, Frankfurt/M./Bern etc. 1997 (im Druck).

12 K. Immermann: Düsseldorfer Anfänge. Maskengespräche (urspr. publ. 1840), in: ders.: Werke in fünf Bänden, hrsg. von B. von Wiese, Frankfurt/M. 1971-77, Bd. 4, S. 551-651, hier S. 598.

13 Vgl. W. von Kalnein (Hg.): Die Düsseldorfer Malerschule, Ausst.kat. Düsseldorf/Darmstadt/Mainz 1979; W. Hütt: Die Düsseldorfer Malerschule 1819-1869, Leipzig ²1995 (zur Rolle Schnaases S. 17 u.ö.).

14 K. K. Eberlein: Geschichte des Kunstvereins für die Rheinlande und Westfalen, Düsseldorf 1929; J. Großmann: Verloste Kunst. Deutsche Kunstvereine im 19. Jahrhundert, in: Archiv für Kulturgeschichte, Bd. 76, 1994, S. 351-64.

15 Publiziert in: Kunstblatt, Bd. 12, 1831, Nr. 82-85, S. 325-36 u. S. 340.

drückt sich offenbar ähnlich wie bei Immermann das Befremden über Schadows Konversion zum Katholizismus und seinen Hang zur religiösen Orthodoxie aus –, während er zu einigen der älteren Schüler Schadows, vor allem zum Landschaftsmaler Johann Wilhelm Schirmer, engere Beziehungen pflegte.[16] Den Schwenk, den die jüngeren Maler der Akademie im Zeichen der Vormärzbewegung zur politisch akzentuierten Historienmalerei unternahmen, konnte Schnaase allerdings nicht nachvollziehen.[17]

Die interessante politische Rolle, die Schnaase in der Revolution von 1848 in Düsseldorf gespielt hat, ist in der Geschichte der Kunstgeschichte bislang vollkommen unbekannt geblieben. Hier sei nur angedeutet, daß er als führendes Mitglied des liberalen ›Bürgervereins‹ in die politischen Diskussionen des Revolutionsjahrs eingriff und aus der Position eines konservativ ausgerichteten Liberalismus heraus einen ›Politischen Katechismus für das Volk‹ verfaßte, in dem er ausführlich die Grundsätze der konstitutionellen Monarchie entwickelte.[18] Schnaases Position blieb allerdings zwiespältig: Als Oberstaatsanwalt war er maßgeblich an der Verhaftung des Dichters Ferdinand Freiligrath wegen eines angeblich umstürzlerischen Gedichts beteiligt; zugleich wurde er im September 1848 als preußischer Justizminister – nicht Kultusminister! – in einem liberalen Kabinett Beckerath gehandelt, das aufgrund der einsetzenden Reaktion nicht zustande kam. Im gleichen Monat wurde Schnaase nach Berlin versetzt, wo er bis zu seiner Pensionierung im Jahre 1857 eine Stellung als Richter am Obertribunal, dem obersten preußischen Gericht, innehatte. Aus der öffentlichen Politik zog er sich nun ganz zurück und gab in privaten Äußerungen wiederholt seine tiefe Besorgnis über die politischen Entwicklungen in Deutschland kund.

Schnaase hat sich in seinen Berliner Jahren, soweit es ihm sein Beruf und sein schlechter Gesundheitszustand erlaubten, ganz auf die Kunstgeschichte konzentriert und Band für Band seiner monumentalen ›Geschichte der bildenden Künste‹ herausgebracht. Zusammen mit Franz Kugler und jüngeren Kunsthistorikerkollegen, wie Wilhelm Lübke, bildete er einen neuen Kreis,

16 Erhellend ist der Briefwechsel zwischen Schnaase und Schirmer, publiziert in: Johann Wilhelm Schirmer 1807-1863, Ausst.kat. Jülich 1982, S. 112-24 u. S. 128-35. Zu Schirmer vgl. jüngst: Angesichts der Natur. Positionen der Landschaft in Malerei und Zeichnung zwischen 1780 und 1850, Ausst.kat. Düsseldorf 1995, bearb. von M. Sitt/B. Baumgärtel, Köln/Weimar/Wien 1995, passim.

17 Kritisch zur Rolle Schnaases: E. von Radziewsky: Kunstkritik im Vormärz. Dargestellt am Beispiel der Düsseldorfer Malerschule, Bochum 1983, S. 34-39.

18 K. Schnaase: Politischer Katechismus für das Volk, Düsseldorf 1848. Schnaases politische Tätigkeit ist bislang nur von Historikern registriert worden, so neuerdings in: D. Niemann: Düsseldorf während der Revolution 1848/49. Politische Vereine und Bürgerwehr zwischen Märzbewegung und Reichsverfassungskampagne, masch. Diss. Köln 1991.

der schon zu seiner Zeit als ›Berliner Schule der Kunstgeschichte‹ bezeichnet wurde. Im Ausland galt Schnaase nun als der wichtigste Repräsentant der deutschen Kunstwissenschaft. Wenn man von seiner Verbindung mit Fontane absieht, fand er jedoch kaum noch Zugang zu aktuellen Kunstentwicklungen, auch an die geistige Intensität des Düsseldorfer Kreises konnte er in seinen Berliner Beziehungen nicht mehr anknüpfen. Aus Gesundheitsgründen zog Schnaase mit seiner Frau 1867 nach Wiesbaden um, wo er bis zu seinem Tod im Jahre 1875 an der zweiten Auflage seiner großen Kunstgeschichte arbeitete.

Kehren wir zu den Anfängen der Biographie Schnaases zurück, um die Quellen zu ergründen, aus denen er in seinen frühen Schriften schöpfte. Leider haben sich nur wenige Briefe aus den Königsberger oder frühen Düsseldorfer Jahren erhalten, doch gibt es eine Reihe von Zeugnissen befreundeter Personen, die Schlaglichter auf die Genese der Kunstauffassung Schnaases werfen. Zunächst weist Schnaase selbst in seinem 1853 verfaßten kurzen ›Lebensumriß‹ auf den mächtigen Eindruck hin, den Hegel in seinen Studienjahren auf ihn ausgeübt hatte. Zugleich jedoch betont er, daß er in Hegels Lehre ein religiöses Bedürfnis zu befriedigen gesucht hätte, damit jedoch ins Leere gelaufen sei. Weiter führt er aus:

> »Das Hegelsche System imponirte mir durch seinen weiten Gesichtskreis, durch die Verbindung des Konkreten, nicht bloß der Natur, sondern auch der Geschichte mit den Kategorien des logischen Gedankens. Aber es kam mir doch so vor, als ob ich nur eine tautologische Auseinanderlegung dessen erhielt, was ich schon im Bewußtsein hatte, und dabei Gefahr lief, diese Abstraction mit der Realität der Dinge zu verwechseln, mich in ihnen zu verlieren«.[19]

Festzuhalten ist zum einen, daß Schnaase sich nach einer Phase intensiver Beschäftigung mit Hegels System von diesem bewußt wieder abwandte, zum anderen, daß das Zitat – wie auch alle Zeugnisse der frühen Zeit – keinerlei Hinweis darauf enthält, daß Schnaase auch von der Kunstphilosophie Hegels beeindruckt war. Bezeugt ist Schnaases Kenntnis der ›Phänomenologie des Geistes‹ und der ›Encyclopädie der philosophischen Wissenschaften‹, doch enthalten beide Werke Hegels nur sehr knappe Bemerkungen zur Kunst, die wenige Berührungspunkte mit Schnaases Schriften aufweisen.[20] In diesen spricht sich

19 Eigenhändiger ›Lebensumriß‹ Schnaases, vgl. Anm. 8.

20 G. W. F. Hegel: System der Wissenschaft, 1. Theil: die Phänomenologie des Geistes, Bamberg / Würzburg 1807; ders.: Encyclopädie der philosophischen Wissenschaften im Grundrisse, Heidelberg 1817 (erweitert 1827, 1831). Hinsichtlich der Anwendung des Volksgeistbegriffs auf die Kunst dürfte die wenig bekannte Heidelberger Enyclopädie Hegels (S. 281, § 461) allerdings anregend auf Schnaase gewirkt haben.

Schnaase sogar ausdrücklich *gegen* Hegels Grundthesen der Unterordnung der Kunst unter die Philosophie und des Ideals der klassischen Kunstreligion aus. Zwar hat Hegel sein System der Ästhetik in den Berliner Vorlesungen der 1820er Jahre bekanntlich stark modifiziert und erweitert, doch ist es so gut wie auszuschließen, daß der junge Jurist in Königsberg und Marienwerder in den Besitz entsprechender Vorlesungsmitschriften gelangte.

Die einseitige Fixierung der Ästhetikgeschichte auf Hegels posthum erschienene Vorlesungen hat das Bewußtsein dafür verschüttet, daß die Kunstphilosophie des früheren 19. Jahrhunderts vorrangig von anderen Gelehrten geprägt wurde. Eine herausragende Stellung muß man hier Karl W. F. Solger[21] zumessen, der von 1809 bis zu seinem frühen Tod im Jahre 1819 an den Universitäten Frankfurt an der Oder und Berlin lehrte. Solger war zwar Jurist, hatte sich jedoch frühzeitig auch den schönen Künsten zugewandt und stand seit 1810 in intensivem Gedankenaustausch mit dem Dichter Ludwig Tieck. Dieser stieß 1826 mit der Veröffentlichung seines Briefwechsels mit Solger auf große Resonanz.[22] Schon zu Lebzeiten hatte Solger mit der in Dialogform verfaßten Lehrschrift ›Erwin‹ im Jahre 1815 das erste voll entwickelte kunstphilosophische System der deutschen Philosophiegeschichte publiziert.[23] Die bedeutende Wirkung, die dieses Werk ausgeübt hat, ist bislang nicht zusammenhängend untersucht worden.

Schnaases Freund Immermann begeisterte sich seit seinen frühen Dichterjahren für Solgers Ästhetik, wie aus seinen Briefen und Tagebüchern deutlich hervorgeht.[24] Für Schnaase selbst fehlen solche privaten Zeugnisse der Beschäftigung mit Solger, den er als Student in Berlin persönlich kennengelernt hatte. Schnaases frühe Schriften zeigen jedoch an vielen Stellen den Einfluß der Solgerschen Philosophie. Anknüpfungspunkte für Schnaase stellten die an Kant orientierte Erkenntnistheorie Solgers sowie die sakral überhöhte Kunstauffassung dar, die in manchem an Schelling erinnert.[25] Charakteristisch für Solger

21 Grundlegend zur Person Solgers: H. Fricke: Karl W. F. Solger. Ein brandenburgisch-berlinisches Gelehrtenleben in der Wende vom 18. zum 19. Jahrhundert, Berlin 1972. Die Philosophie Solgers hat trotz einer Vielzahl von Einzeluntersuchungen noch keine umfassende Bearbeitung erfahren.

22 K. W. F. Solger: Nachgelassene Schriften und Briefwechsel, hrsg. von L. Tieck / F. von Raumer, 2 Bde., Leipzig 1826.

23 K. W. F. Solger: Erwin. Vier Gespräche über das Schöne und die Kunst, 2 Bde., Berlin 1815. Schellings kunstphilosophische Vorlesungen sind erst weit später veröffentlicht worden.

24 Immermann: Briefe (wie Anm. 11), Bd. 1, Nr. 160 u. Nr. 184; ders.: Tagebücher (wie Anm. 11), S. 17-20 (zur Lektüre des ›Erwin‹).

25 Auf die schwierige Frage des Verhältnisses der Philosophie Solgers zu Schelling kann hier nicht eingegangen werden.

ist jedoch, daß er die Verpflichtung der Kunst auf ein Ideal ablehnte und stattdessen die subjektive Gestaltungskraft der künstlerischen Phantasie betonte, die noch die kleinsten Dinge in ihrer Verwandlung zur Kunst zu adeln vermöge. Gerade dieser Gedanke Solgers hat Schnaases Kunstauffassung entscheidend beeinflußt, was sich etwa in der Behandlung des Stillebens in den ›Niederländischen Briefen‹ zeigt (siehe unten).

1835 griff der zur engsten Hegelschule gehörige Kunstgelehrte Heinrich Gustav Hotho in seinen autobiographischen ›Vorstudien für Leben und Kunst‹ die romantische Literatur im allgemeinen und Ludwig Tieck im besonderen heftig an und stellte in diesem Zusammenhang auch Solgers Philosophie in ungünstigem Lichte dar, wobei ihm Solgers Begriff der Ironie als Leitfaden diente. Schnaase fühlte sich durch dieses Buch herausgefordert und stellte seine Position ausdrücklich klar: 1836 rezensierte er Hothos Werk in den hegelianischen ›Jahrbüchern für wissenschaftliche Kritik‹ und wies alle Vorwürfe des Autors gegen Tieck und Solger mit Entschiedenheit zurück.[26] Diese bislang nahezu unbeachtete Quelle ist von besonderem Wert, weil sie zum einen Schnaases Parteinahme für die Tiecksche Kunstrichtung und gegen die Romantikkritik der Hegelschule belegt, zum anderen, weil sich hier Schnaases intime Kenntnis von Solgers Werk unmittelbar ausspricht. Dies wird vor allem in seiner Interpretation der umstrittenen Ironielehre Solgers deutlich, die Schnaase von der subjektivistischen Auffassung Friedrich Schlegels abhebt. Bemerkenswert ist schließlich, daß Schnaase an mehreren Stellen die »Lebensansicht und Gesinnung« Solgers rühmt – offenbar hat er in dem Juristen und Kunstphilosophen ein persönliches Vorbild gesehen.

Man begegnet Solgers Einfluß an mehreren Stellen der Werke Schnaases, aber dies war selbstverständlich nicht die einzige Quelle, auf die Schnaase zurückgriff. So setzt sich seine früheste Schrift, die bislang vollkommen unbekannt geblieben ist, ausführlich mit dem aktuellen Stand der Architekturgeschichtsschreibung auseinander. Aufgrund einer Fußnote im ersten Band der ›Geschichte der bildenden Künste‹ ist eine umfangreiche Rezension, die 1828 im Berliner ›Conversations-Blatt für Poesie, Literatur und Kritik‹ anonym erschienen ist, für Schnaase gesichert. In dieser einzigen Schrift aus den frühen Königsberger Jahren bespricht Schnaase Christian Ludwig Stieglitz' ›Geschichte der Baukunst‹ aus dem Jahre 1827.[27] Dieses Werk ist in der historiographie-

26 H. G. Hotho: Vorstudien für Leben und Kunst, Stuttgart/Tübingen 1835; Rezension Schnaases in: Jahrbücher für wiss. Kritik, 1836, Teil 2, Sp. 13-40.

27 C. L. Stieglitz: Geschichte der Baukunst vom frühesten Alterhume bis in die neuern Zeiten, Nürnberg 1827; Rezension Schnaases in: Berliner Conversations-Blatt für Poesie, Literatur und Kritik, 1828, S. 238f., S. 243f., S. 248, S. 251f. u. S. 257-60. Hinweis darauf in: Schnaase: Geschichte (wie Anm. 3), Bd. 1, S. 51.

geschichtlichen Forschung kaum bemerkt worden, obwohl es sich wohl um die früheste Weltgeschichte der Architektur handelt, die in ihrer universalen Ausrichtung als Vorläuferin der Handbücher Kuglers und Schnaases gelten kann. Der wissenschaftliche Wert und die Wirkung des Buches wurden jedoch schon zu seiner Zeit durch Stieglitz' ausgesprochen dilettantische Architekturanalysen, vor allem durch seinen Hang zur Zahlenmystik beeinträchtigt. Hier sollen nur einige Kernpunkte aus Schnaases scharfer Kritik hervorgehoben werden, die wesentliche Züge seiner später entwickelten Theorien vorwegnahmen und einige neue Aspekte in die wissenschaftliche Diskussion der Jahre vor 1830 einbrachten.

Schnaase sah ein gravierendes Hindernis für eine umfassende Erforschung der Architekturgeschichte in den »einseitigen Liebhabereien der Kunstgelehrten für eine bestimmte Periode, außer der sie kein Schönes glaubten«. »In unserer Zeit dagegen, wenigstens in Deutschland, wird man allgemein einverstanden seyn, daß für die Geschichte der Menschheit auch die geringern Grade einer ihr so wesentlichen Thätigkeit nicht unbeachtet bleiben dürfen«.[28] Damit wendet sich Schnaase gegen die normative Ausrichtung der Kunstgeschichte an der Antike, wie sie etwa durch Winckelmann vorgegeben war, und zugleich gegen die einseitige Bevorzugung der deutschen Gotik und die Abwertung der neuzeitlichen Architektur, wie sie sich in Stieglitz' Werk besonders kraß ausspricht. Er fordert dagegen eine gleichmäßige Behandlung aller Epochen und lehnt sich damit an ein Axiom der allgemeinen Geschichtsschreibung an, das bruchlos von der Aufklärungshistorie bis zur Geschichtswissenschaft der historischen Schule verfolgt werden kann – genannt seien hier nur Montesquieu, Herder und Ranke – und das sich von der Geschichtsphilosophie Hegels grundlegend unterscheidet.[29] Innerhalb der Kunstgeschichtsschreibung dürfte Gustav Friedrich Waagen anregend gewirkt haben, der in seiner die Kontinuität der Kunstgeschichte betonenden Berliner Museumskonzeption durch die frühe Erfahrung des Musée Napoléon in Paris geprägt war.[30]

Gleich mit mehreren gängigen Vorurteilen bricht Schnaase, als er Stieglitz' Behandlung der Architekturgeschichte des Mittelalters kritisiert:

28 Schnaase: Rezension Stieglitz (wie Anm. 27), S. 239.

29 Insofern ist auf Schnaases Geschichtsauffassung der Begriff des Historismus anzuwenden, wie er sich in den letzten Jahren als Epochenbegriff der Historiographiegeschichte verfestigt hat. Vgl. U. Muhlack: Geschichtswissenschaft im Humanismus und in der Aufklärung. Die Vorgeschichte des Historismus, München 1991; F. Jaeger/J. Rüsen: Geschichte des Historismus, München 1992.

30 Hier sei auf den Beitrag von Thomas W. Gaehtgens in diesem Band verwiesen.

»Die dritte Abtheilung beschäftigt sich mit der Baukunst des Mittelalters, welcher hier, wie auch von andern neuern Schriftstellern unsres Vaterlandes, statt des früher üblichen Namens der gothischen, den der deutschen Baukunst erhält. Ein Tausch, welcher gefährlich und ungerecht scheint. Denn der, freilich an sich nicht passende, des Gothischen kann jetzt keine Irrthümer mehr veranlassen. Der neugewählte Name aber entstellt die unläugbare Wahrheit, daß Franzosen und Britten dieselbe Bauart gehabt haben, ohne sie von den Deutschen zu entnehmen, vielleicht früher als diese«.[31]

Mit diesen Feststellungen stand Schnaase 1828 gegen die gesamte Corona der deutschen Mittelalter-Architekturhistoriker, die bewußt den Begriff der »altdeutschen Baukunst« an die Stelle des Gotikbegriffs gesetzt hatten, um damit den Vorrang der deutschen Architektur auszudrücken. Der ursprünglich abwertend gemeinte Begriff »Gotik« hatte bekanntlich im 18. Jahrhundert in England und Deutschland eine positive Umwertung erfahren, aber diese Umwertung galt vor allem dem Gegenstand der gotischen Architektur, während der Begriff seinen pejorativen Sinn zumindest unterschwellig weiterschleppte. Nun gab es zwar Versuche, über die Waldmetaphorik einen historischen Zusammenhang zwischen den Goten und der gotischen Architektur herzustellen, aber mit zunehmender Denkmälerkenntnis wurde dieser Gedanke obsolet. In den 1820er Jahren war allgemein bekannt, daß die bewunderten Bauwerke des Mittelalters von der Völkerwanderungszeit durch mehrere Jahrhunderte getrennt waren. Anstatt nun aber den in ganz Europa üblichen Begriff »Gotik« losgelöst von seiner Etymologie zu verwenden oder durch einen übergreifenden Begriff zu ersetzen, ging die deutsche Forschung nach ersten Ansätzen um 1800 ab etwa 1820 nahezu vollständig dazu über, statt von »gotischer« nur noch von »altdeutscher Baukunst« zu reden.[32] Die Absicht ist eindeutig: Man war sich zwar bewußt, daß der Begriff »Gotik« wissenschaftlichen Ansprüchen nicht mehr genügte, wollte aber die Grundbedeutung dieses Begriffs, daß die Goten als Vorläufer für die Deutschen standen, nicht aufgeben. Dies wirkte sich als Axiom auch auf die Forschungspraxis aus: Die deutschen Architekturhistoriker waren nicht daran interessiert, die gotische Baukunst als europäisches Phänomen zu studieren – es lag ihnen vielmehr daran, die Kenntnisse von gotischen Bauten in Deutschland zu erweitern, um damit eine eigenständige deutsche

31 Schnaase: Rezension Stieglitz (wie Anm. 27), S. 258.

32 Genannt seien die Untersuchungen J. C. Costenobles, Georg Mollers und J. G. G. Büschings und ein früheres Buch von Stieglitz, die den Begriff »altdeutsche Baukunst« bereits im Titel führen. Allgemein hierzu: P. Frankl: The Gothic. Literary Sources and Interpretations through Eight Centuries, Princeton 1960, bes. S. 417-27, S. 447-79 u. S. 508ff.; W. D. Robson-Scott: The Literary Background of the Gothic Revival in Germany. A Chapter in the History of Taste, Oxford 1965.

Tradition der Gotik nachzuweisen. So verband sich eine eindrucksvolle empirische Erweiterung der architekturhistorischen Kenntnisse mit einer nationalistischen Verengung des Blickwinkels.

Soweit ich sehe, ist Schnaase 1828 als erster gegen diese Verengung vorgegangen, indem er den Ausdruck »Gotik« als übernationalen Verabredungsbegriff verteidigte und vorsichtig auf den zeitlichen Vorrang der französischen Gotik hinwies. Indem er diese Argumente in den ›Niederländischen Briefen‹ von 1834 weiter ausbaute, hat Schnaase entscheidend zur Abkehr vom nationalistischen Modell der Gotik beigetragen, dem selbst Franz Kugler noch relativ lange anhing. In die gleiche Richtung zielt Schnaases Widerlegung von Stieglitz' Theorie, die Konzeption der gotischen Kirchen basiere stets auf der Verwendung bestimmter Grundzahlen, denn auch in dieser Auffassung manifestiert sich die Idealisierung der gotischen Architektur als zeitloses Vorbild.

Schnaase entwickelt in der Rezension auch einen eigenen Ansatz zur Analyse mittelalterlicher Bauten: »Die Schönheit des Innern besteht in der Perspektive, welche sich durch die Breite des Mittelganges, die Länge des Schiffs, die Höhe des Gewölbes und die Entfernung der Pfeiler von einander bestimmt«.[33] Diese relativ unscheinbare These ist deshalb von Bedeutung, weil sie die architektonische Erscheinung grundsätzlich nicht auf zugrundeliegende objektive Regeln oder Symbole zurückführt, sondern auf die subjektive Wahrnehmung des Betrachters.

Diesen in der Stieglitz-Rezension von 1828 nur kurz aufscheinenden Aspekt hat Schnaase sechs Jahre später in den ›Niederländischen Briefen‹ zu einer komplexen Theorie der Perspektive und Raumwahrnehmung ausgebaut. In der weitgespannten Darlegung des achten Briefes, die von der Betrachtung des Antwerpener Doms ausgeht, hat Schnaase unter konsequenter Einbeziehung der Betrachterperspektive die Entwicklung des Kirchenbaus von der Spätantike bis zur Spätgotik verfolgt.[34] Aus dieser Darlegung, deren Subtilität schon mehrfach gerühmt worden ist,[35] sei hier nur die Konzeption des architektonischen Raums herausgegriffen, die in ihrer vollen Bedeutung bei Schnaase offenbar zum ersten Mal erscheint.

Schnaase erkennt, daß der romanische Kirchenbau zwar die gleichen Grundelemente wie die antike Architektur verwendet, daß sich die Auffassung des Innenraums gegenüber der Antike jedoch grundlegend verändert hat. Während in der frühchristlichen Basilika, so Schnaase, die ungegliederten Säulenreihen einander hart und unvermittelt gegenüberstehen, so daß sich kein gegliederter

33 Schnaase: Rezension Stieglitz (wie Anm. 27), S. 259.

34 Schnaase: Niederländische Briefe (wie Anm. 2), S. 188-218.

35 Genannt seien die Analysen von: Frankl: Gothic (wie Anm. 32), S. 544-46; M. Podro: The Critical Historians of Art, New Haven/London 1982, S. 31-43.

Raum bildet, ist der romanische Kirchenbau ganz vom einzelnen Joch her – Schnaase sagt dafür »Fläche« – additiv entwickelt:

> »[...] hier aber, wo Raum und Pfeiler unter sich durch kein festes Gesetz verbunden scheinen, wirkt die Gleichheit der Verhältnisse auf beiden Seiten freier, das Auge verbindet die entsprechenden Pfeiler, sieht in ihnen die Linie bezeichnet, welche die Seitenlinien durchschneidet, und hat also mit der Grundlinie eine abgeschlossene Fläche [eben das Joch, H. K.] [...] Eine Fläche wahrnehmen setzt voraus, daß man die Seiten in Verhältniß zur Mitte setzt, sie in dieser zusammenführt, und die Mitte wieder zu den Seiten zurückführt; schon darin ist eine geistige Bewegung enthalten. Die Anschauung mehrerer auf einander folgenden gleichen Räume bringt dazu noch unwillkürlich die Vergleichung und Verbindung der mehreren Mittelpuncte, deren wir uns bewußt werden. Die Betrachtung einer solchen Perspective ist daher ungleich reicher, als die jener einfachen Mittellinie [der frühchristlichen Basilika, H. K.]; sie gibt schon das Gefühl mannichfaltiger, sich bedingender Verhältnisse und aufgelöster Widersprüche, etwas Lebendiges, Seelenhaftes, und daher des Innern Würdiges [...]. So entsteht ein beständiges Uebergehen aus dem Innern, Ideellen zu dem wirklich Begränzenden, und eine Rückkehr von diesem zu jenem, ein pulsirendes organisches Leben«.[36]

Indem Schnaase das Wechselspiel zwischen der wirklichen Raumbegrenzung und dem ideellen »Inneren« beschreibt, macht er zum einen klar, daß die Räumlichkeit als positiver Gestaltfaktor allein in der Vorstellung des Betrachters existiert, zum anderen aber auch, daß sie die Konzeption des Innenraums entscheidend mitbestimmt und insofern keine subjektive Angelegenheit des einzelnen Betrachters ist. Auch die von Schnaase skizzierte Analogie der Architektur zum organischen Leben betrifft nicht die faktische Existenz der Architektur selbst, sondern ›nur‹ die Vorstellung des Betrachters. Schnaase bezieht also die Subjektivität des Betrachtungsvorgangs in die Architekturanalyse ein und versucht zugleich, diese von der Beschränkung auf die Einzelperson oder gar das Genie zu befreien.

Auch wenn die Wirkung von Bauwerken und deren Innenräumen auf den Betrachter vor allem im späteren 18. Jahrhundert in den Schriften führender Architekturtheoretiker berücksichtigt wurde und Schnaase von dieser Seite her beeinflußt worden sein dürfte,[37] findet sich die wohl wichtigste Quelle für

36 Schnaase: Niederländische Briefe (wie Anm. 2), S. 198-200.

37 Eine wichtige Rolle spielt der Aspekt der Wirkung auf den Betrachter etwa in Francesco Milizias Hauptwerk ›Principi di architettura civile‹ (Bd. 2, Bassano 1785), das Schnaase bei seiner ersten Italienreise 1825/26 benutzte.

Schnaases Raumkonzeption in der Philosophie K. W. F. Solgers. In dessen Hauptwerk ›Erwin‹ von 1815 wird der Raum als das Gemeinsame definiert, das einen äußeren Gegenstand mit dem allgemeinen Gesetz der Erkenntnis verbindet.[38] Der Raum sei dem Gegenstand Medium der Erscheinung und dem Individuum Medium der Erkenntnis. Solger hatte den Raumbegriff bereits eindeutig auf ein betrachtendes Subjekt bezogen und in allgemeiner Weise der Architektur zugeordnet; in Schnaases ›Niederländischen Briefen‹ wurde er dann erstmals für die Analyse historischer Bauten fruchtbar gemacht. Die konsequente Einbeziehung der Raumvorstellung in die Architekturanalyse stellt eine der wichtigsten Innovationen Schnaases dar, deren weitreichende Wirkung vor allem im späten 19. und frühen 20. Jahrhundert zutage trat: In der wahrnehmungspsychologisch geprägten Architekturhistoriographie dieser Zeit, etwa beim jungen Wölfflin und bei August Schmarsow, avancierte der ›Raum‹ im Sinne des Erlebnisraums zum Leitbegriff und spielte bekanntlich auch in der Entwicklung der modernen Architektur eine wesentliche Rolle.[39]

Eine ähnlich aktive Rolle wie in der Architekturauffassung weist Schnaase dem Betrachter in seiner Konzeption der Landschaftsmalerei zu, die er im dritten der ›Niederländischen Briefe‹ entwickelt.[40] Der antiklassizistische Impuls dieses Frühwerks zeigt sich schon darin, daß vor allem diejenigen Kunstgattungen in den Vordergrund gerückt werden, die in der Rangleiter der klassischen Kunsttheorie die unteren Plätze einnahmen, nämlich Landschafts- und Genremalerei sowie Stilleben. Dabei darf man nicht übersehen, daß sich gerade in den Jahren um 1830 eine allgemeine Entdeckung der niederländischen Landschafts- und Genremalerei des 17. Jahrhunderts vollzog, deren besondere Wirkung mit der realistischen Tendenz in der aktuellen Kunstentwicklung zusammenhing – und die von Schnaase propagierte Düsseldorfer Malerei spielte in dieser Entwicklung eine herausragende Rolle.[41]

Schnaase ging in der Analyse der holländischen Landschaftsgemälde einen besonderen Weg, indem er sich der üblichen Ansicht, in diesen Werken eine getreue Wiedergabe der Natur zu sehen, entgegenstellte. In einem in den drit-

38 Solger: Erwin (wie Anm. 23), Bd. 2, S. 111ff.

39 Vgl. U. Vogt-Göknil: Architekturbeschreibung und Raumbegriff bei neueren Kunsthistorikern, Leiden 1951; C. van de Ven: Space in Architecture. The Evolution of a New Idea in the Theory and History of the Modern Movements, Amsterdam 1978, besonders S. 71ff.; G. Germann: L'invention de l'espace architectural, in: Les cahiers de la recherche architecturale, Bd. 26, 1990, S. 52-58.

40 Schnaase: Niederländische Briefe (wie Anm. 2), S. 25-54.

41 I. Markowitz: Der frühe Realismus in Düsseldorf, in: Der frühe Realismus in Deutschland 1800-1850, Ausst.kat. Schweinfurt/Nürnberg 1967, S. 84-92; dies.: Beiträge in: Ausst.kat. Düsseldorfer Malerschule (wie Anm. 13). Hier ist auf kunstphilosophischer Seite auch die große Bedeutung Hegels nicht zu verkennen.

ten Brief eingeschlossenen fiktiven Dialog mit einem Freund Bernhard widerlegt Schnaase zunächst diese Auffassung, die zu seiner Zeit etwa vom Freiherrn von Rumohr vertreten wurde, unter Hinweis auf die ständigen Bewegungen in der Natur, die vom bildenden Künstler nicht wiedergegeben werden könnten – ein Gedanke Herders[42] –, so daß eine bildliche Wiedergabe bereits einen interpretativen Eingriff darstelle:

> »Die bildende Kunst gibt aber nur die Form, die ruhende Form, die sich in der landschaftlichen Natur viel weniger als in der wirklichen Erscheinung des Menschen von der Bewegung sondert. Der Künstler stellt sich also hier etwas dar, was in der Wirklichkeit sich wenigstens nie rein zeigt; er kann gerade das, was darin das Nächste, Bedeutendste ist, das bewegte Leben der Zeit, nicht aufnehmen; diese wirkliche Natur und ihre Schönheit ist ihm daher nicht der eigentliche Gegenstand«.[43]

Seine Ablehnung des objektiven Charakters der Naturdarstellung bezieht Schnaase auch auf die von Carl Gustav Carus vertretene These, im Landschaftsgemälde spiegele sich der geologische Bildungsprozeß der Erde.[44] Die gegenteilige Auffassung, Landschaftsbilder dienten nur zur »Darstellung menschlicher Gemüthsstimmungen«, weist Schnaase jedoch ebenfalls zurück, da die gleichgültige Mannigfaltigkeit der Natur den Schwankungen des individuellen Gefühlslebens fremd sei.

Schnaases eigene Auffassung ist in der Mitte zwischen beiden Extremen angesiedelt, sie geht von der geschichtlich geformten Allgemeinheit des Subjektiven aus: »Die Auffassung der Landschaft für bildende Kunst setzt also voraus, daß wir sie als den *Wohnsitz des Menschen* im höchsten Sinne des Wortes betrachten, in dem Sinne, in welchem wir den Körper den Wohnsitz der Seele nennen«.[45] Schnaase sieht im Landschaftsgemälde eine Projektion der Vorstellung, die sich in einer bestimmten Kultur – einer Epoche, einem Volk – in bezug auf die äußere Natur herausgebildet hat. Subjektiv ist eine solche Vorstellung insofern, als die objektive Wirklichkeit der Natur unerkennbar ist – hier steht Schnaase in der Denktradition Kants. Dennoch wird nach Schnaase die Naturvorstellung in jeder Kultur als objektiv *empfunden*, weil sie sich aufgrund

42 Im ›Ersten kritischen Wäldchen‹ von 1769, Herders Entgegnung auf Lessings ›Laokoon‹, findet sich eine ähnliche Formulierung: J. G. Herder: Sämmtliche Werke, hrsg. von B. Suphan, Bd. 3, Berlin 1878, S. 76. Vgl. F. Solms: Disciplina aesthetica. Zur Frühgeschichte der ästhetischen Theorie bei Baumgarten und Herder, Stuttgart 1990, S. 173-76.

43 Schnaase: Niederländische Briefe (wie Anm. 2), S. 34.

44 Die Konzeption des ›Erdlebenbildes‹ entwickelt Carus im achten der ›Neun Briefe über Landschaftsmalerei, geschrieben in den Jahren 1815-1824‹, Leipzig 1831. Schnaase erwähnt Carus zwar nicht, doch ist die Zuordnung der skizzierten Position eindeutig.

45 Schnaase: Niederländische Briefe (wie Anm. 2), S. 39.

geschichtlicher Vorgänge zum unbewußten Gemeingut der Kultur entwickelt hat.

Diese historische Dimension kommt im folgenden Abschnitt zum Tragen, in dem Schnaase auf die Unterschiede in der Einstellung des Menschen zur Natur eingeht, die er zwischen dem Altertum und den neueren Zeiten erkennt. Der antike Mensch lebte seiner Ansicht nach in einem distanzlosen Einverständnis mit der natürlichen Umwelt, das ein Gefühl für die »Natur im Ganzen und Großen« nicht aufkommen ließ. Das moderne Naturgefühl sieht Schnaase dagegen in einer Bewußtheit des Menschen begründet, die den Bruch mit der Natur voraussetze. Dem »natürlichen Gefühl« der Antike stellt er das »Gefühl für die Natur« der Moderne gegenüber.[46] Ausdrücklich bezieht sich Schnaase hier auf Schillers berühmten Aufsatz ›Ueber naive und sentimentalische Dichtung‹ von 1795/96, in dem der Dichter den Gegensatz zwischen der ›naiven‹ Antike und der ›sentimentalischen‹ Moderne folgendermaßen umriß: »So wie nach und nach die Natur anfieng, aus dem menschlichen Leben als *Erfahrung* und als das (handelnde und empfindende) *Subjekt* zu verschwinden, so sehen wir sie in der Dichterwelt als *Idee* und als *Gegenstand* aufgehen«.[47] Schiller wie Schnaase sehen hierin jedoch nicht insgesamt einen Verlust, sondern eine notwendige Konsequenz der menschlichen Freiheit und autonomen Subjektivität.

Schnaase geht jedoch über Schiller noch deutlich hinaus, indem er die starre Entgegensetzung von Antike und Moderne, in der noch die Tradition der *Querelle* nachschwingt,[48] durch ein komplexeres Entwicklungsmodell ersetzt. Er sieht die Geburt der modernen Subjektivität im Mittelalter:[49] Nachdem die Ausrichtung der antiken Kunst auf die menschliche Einzelgestalt durch die Formnegierung des frühen Christentums beseitigt worden sei, habe sich der mittelalterliche Mensch die umgebende Natur aus einer subjektiven Position heraus neu erschlossen – hier führt Schnaase die Landschaftsdarstellungen bei den Brüdern Van Eyck und ihren Nachfolgern als Beleg an. Auf dem Höhepunkt der Naturzuwendung der mittelalterlichen Kultur sei auch das antike Erbe wiedergewonnen worden und damit eine neuerliche Hinwendung zur monumentalen Einzelgestalt erfolgt. Die Renaissance erscheint damit nicht als Gegensatz zum Mittelalter, sondern – anders etwa als bei Jacob Burckhardt – als Ergebnis einer kontinuierlichen mittelalterlichen Entwicklung. Die Entfaltung

46 Ebenda, S. 43.

47 F. Schiller: Werke. National-Ausgabe, Weimar 1943ff., Bd. 20/1, S. 431.

48 H. R. Jauss: Fr. Schlegels und Fr. Schillers Replik auf die ›Querelle des anciens et des modernes‹, in: Europäische Aufklärung. Herbert Dieckmann zum 60. Geburtstag, hrsg. von H. Friedrich/F. Schalk, München 1967, S. 117-40.

49 Dieser Gedanke hat sich als weitsichtig erwiesen; vgl.: G. Mensching: Das Allgemeine und das Besondere. Der Ursprung des modernen Denkens im Mittelalter, Stuttgart 1992.

der Landschaftsmalerei in den Niederlanden des 16. und 17. Jahrhunderts sieht Schnaase dann wiederum als Reaktion auf die Kanonisierung der Einzelgestalt in der italienischen Kunst.

Für Schnaase ist Kunst wesentlich subjektive Konstruktion, nicht Nachahmung einer objektiv erfaßten Natur. So weist er in den ›Niederländischen Briefen‹ selbst hinsichtlich der Gattung des Stillebens[50] die Naturnachahmung als leitendes Prinzip zurück. Für das Verständnis der holländischen Stilleben, Frucht- und Blumenstücke des 17. Jahrhunderts sei »das Auseinanderfallen der beiden Elemente, des Gegenstandes und der Auffassung«, von wesentlicher Bedeutung. Gerade dadurch, daß die Gegenstände hier von so geringem Eigenwert seien – die Vanitas-Problematik war zu dieser Zeit allgemein noch nicht erkannt worden –, könne sich die Kunst an ihnen am reinsten entfalten, was zur »Sonderung der Harmonie der Farben von dem Gegenstand« führe: »Die eigenthümliche Stellung dieser Gattung im Gebiete der Kunst ist daher gerade der Nachahmung der Natur entgegen, es kommt ihr auf Wahrheit gar nicht an, vielmehr auf Wirkungen, welche nur für die Kunst Bedeutung haben«.[51]

Dieses radikale Konzept einer Autonomie der Form, das Schnaase am Spezialfall des Stillebens entwickelt hat, das jedoch durch seine Kunstauffassung im allgemeinen hindurchscheint, unterscheidet sich grundlegend von der Kunstautonomie der Weimarer Klassik, die auf bedeutsame Gegenstände fixiert war. Schnaase dagegen blendete den Gegenstandsbereich fast vollständig aus der Kunstbetrachtung aus, was auf der einen Seite gravierende Defizite in der Erfassung inhaltlicher und funktionaler Aspekte von Kunstwerken nach sich zog. Auf der anderen Seite antizipiert Schnaase in seiner Konzentration auf die formalen Aspekte der Kunst – in bezug auf Stilleben spricht er von der »Sonderung der Harmonie der Farben von dem Gegenstande«, vom »reine[n, H. K.] Styl des Bildes« – die Abstraktion der klassischen Moderne.[52]

Betrachtet man die Quellen der Kunstauffassung Schnaases im Überblick, so stellt sich die subjektivistische Ästhetik des späteren 18. Jahrhunderts, vornehmlich in den Spielarten Herders, Kants und Schillers, als wichtigste Grundlage dar, in Verbindung damit auch die Ästhetik Solgers. Der entscheidende Schritt Schnaases bestand darin, daß er diese Ansätze durch seine These von der Gebundenheit des Menschen in historisch wechselnden Kulturen auch für die

50 Schnaase: Niederländische Briefe (wie Anm. 2), S. 149-56.

51 Ebenda, S. 155.

52 So überrascht es nicht, daß die Kunstauffassung Konrad Fiedlers in vielerlei Hinsicht derjenigen Schnaases ähnelt. Vgl. den Aufsatz des Verf.: Kunst als Konstruktion von Wirklichkeit. Zur Antizipation der Fiedlerschen Kunsttheorie im Werk Karl Schnaases, in: S. Majetschak (Hg.): Auge und Hand. Konrad Fiedlers Kunsttheorie im Kontext, München 1997 (im Druck).

Kunstgeschichte fruchtbar machte. Der Ausgang von der im 18. Jahrhundert vollzogenen kritischen Wende der Philosophie, die sich vor allem in der subjektbezogenen Erkenntnistheorie ausdrückt, war für die Kunsthistoriker des 19. Jahrhunderts jedoch alles andere als selbstverständlich. »Was wir für die Schönheit der Dinge halten, ist nur unser Gefühl für sie.« Gegenüber diesem Satz aus der kunstphilosophischen Einleitung von Schnaases ›Geschichte der bildenden Künste‹ von 1843 hielt Gustav Friedrich Waagen in einer Rezension an der traditionellen Auffassung fest, daß die Schönheit sowohl den wirklichen Dingen als auch den Kunstwerken innewohne.[53] Genannt sei auch Jacob Burckhardt, der in seinen frühen Baseler Vorlesungen der Jahre 1844-46 weitgehend der Kunsttheorie Schnaases folgte,[54] doch dabei stets eine Übernahme des subjektivistischen Ansatzes vermied. Nach 1850, im Vorfeld des ›Cicerone‹, wandte sich Burckhardt bekanntlich ganz dem klassischen Kunstideal zu, in dem er nun die Objektivität des Schönen verankert sah.

Schnaase war offenbar der einzige Kunsthistoriker des 19. Jahrhunderts, der der mit Kant und Herder erfolgten subjektivistischen Ausrichtung der philosophischen Ästhetik gefolgt ist. Nach ihm hat man generell nicht mehr versucht, die eigene kunsthistorische Arbeit kunstphilosophisch zu begründen. Stattdessen erfolgt im Verlauf des 19. Jahrhunderts der Aufstieg der Kunstgeschichte als positiver Wissenschaft. Hier muß die Frage erlaubt sein, ob die erneute Hinwendung zur objekt- und faktenreichen Kunst*geschichte* in der Mitte des 19. Jahrhunderts nicht auch eine Flucht vor den grundsätzlichen Fragen der *Kunst*, und zwar der aktuellen, der im Entstehen begriffenen modernen Kunst war.

53 Schnaase: Geschichte (wie Anm. 3), Bd. 1, S. 13. Rezension Waagens in: Jahrbücher für wiss. Kritik, 1844, Teil 1, Sp. 921-26, hier Sp. 922.

54 Auffallend ist dies besonders im einleitenden theoretischen Abschnitt der im Sommersemester 1844 gehaltenen Vorlesung zur ›Geschichte der Baukunst‹ (Staatsarchiv Basel-Stadt, Jacob-Burckhardt-Archiv, PA 207, 158, fol. 1a-1b), der eine Paraphrase des architekturtheoretischen Kapitels in Schnaases ›Geschichte der bildenden Künste‹ (Bd. 1, S. 48-59) darstellt. Edition und Textvergleich in: Verf.: »Die Kunst ist nicht das Maaß der Geschichte« (wie Anm. 4).

Jürgen Heidrich

»Zwischen Pergolese und Correggio, welche Familien Aehnlichkeit! – «
Zur Verbindung von Musik und Malerei im kunsttheoretischen Schrifttum des 18. Jahrhunderts[1]

I

> »Kein einziger Zweig der Kultur unseres Geistes geht ganz für sich allein vorwärts. Der Zusammenhang und die Verbindung aller Kräfte des menschlichen Geistes und Herzens ist zu innig, als daß eine solche gleichsam isolierte Kultur möglich wäre. Eben aus diesem Zusammenhang der Geistes- und Empfindungskräfte läßt sich das gemeinschaftliche Band erklären, womit alle Arten von Kenntnissen und Künsten unter einander verbunden sind«.

Mit diesen Worten hat der Begründer der Musikwissenschaft als akademischer Disziplin an der Georgia Augusta zu Göttingen Johann Nikolaus Forkel seine bekenntnishaften musikhistoriographischen Prinzipien in seiner ›Geschichte der Musik‹ von 1788 formuliert,[2] Leitsätze, die ebenso als Maxime der sich etwa gleichzeitig entfaltenden sogenannten ›Göttinger universalhistorischen Schule‹ gelten können. Deren Versuche, zwischen den philologischen Disziplinen, den Künsten, der Jurisprudenz, der Religion und anderen geistigen Strömungen Verbindungen aufzuzeigen, liegen konzentriert vor in dem seit 1796 herauskommenden Sammelwerk ›Geschichte der Künste und Wissenschaften seit der Wiederherstellung derselben bis an das Ende des 18. Jahrhunderts‹. In rascher Folge erscheinen hier als hervorragende Früchte »Göttinger Fleißes und Göttinger Gelehrsamkeit« (Gurlitt) etwa Heerens Geschichte der klassischen Philologie (1797), Buhles Philosophiegeschichte (1800), Bouterweks Literaturgeschichte (1801) und im Jahre 1798 auch ein erster Teil zur ›Geschichte der zeichnenden Künste‹ jenes Johann Dominicus Fiorillo, mit dessen Namen die Anfänge der Kunstgeschichte in Göttingen aufs engste verknüpft sind und dem die Bemühungen dieses Colloquiums gelten.

1 Der vorliegende Beitrag geht auf ein Referat zurück, das im Rahmen des kunstgeschichtlichen Colloquiums ›Johann Dominicus Fiorillo und die Anfänge der Kunstgeschichte in Göttingen‹ in Göttingen am 13. November 1994 gehalten wurde. Der Vortragscharakter des Textes ist offensichtlich und wurde bewußt beibehalten; hinzugefügt wurde lediglich der Abschnitt über Johann Jacob Engel sowie der Fußnotenapparat.

2 J. N. Forkel: Allgemeine Geschichte der Musik, Leipzig 1788-1801, S. 28.

Drei Gründe legen nahe, gerade die Gegenüberstellung der durch Forkel und Fiorillo etwa gleichzeitig begründeten Disziplinen, also der Musikwissenschaft und der Kunstgeschichte, zum Ausgangspunkt weiterführender Überlegungen zu machen: So wäre (1.) die beziehungsreiche Herkunft der beiden, jetzt universitären Fächer aus dem Bereich der Künste anzuführen, damit ein Vorgang, der je die Polarisierung von emotionalem und rationalem Zugang enthält.[3] (2.) ist eine solche Gegenüberstellung gerechtfertigt durch die Tradition, in der solche Vergleiche seit der Antike stehen. Einen merklichen Aufschwung nimmt diese Entwicklung während des 18. Jahrhunderts, dies übrigens unabhängig und entschieden vor den Bemühungen der Göttinger Geschichtsschule. Und schließlich ist noch (3. und mehr äußerlich) auf die Herkunft Fiorillos aus einer damals recht bekannten Musikerfamilie zu verweisen, damit auf eine gewissermaßen von Geburt angelegte Affinität zu den beiden ›Schwesterkünsten‹. Der Vater Ignatio war Kapellmeister unter anderem in Braunschweig und Kassel, während der Bruder Federigo als Mandolinen-, Viola- und Violinvirtuose ein gewisses Ansehen genoß. Ob Johann Dominicus selbst auch musikalische Neigungen gehabt hat, ist nicht belegt; die Anfertigung eines Ölportraits von Wilhelm Friedemann Bach stellt eine bloß äußerliche Beziehung zur Musik her.

Die nachfolgenden Bemerkungen werden sich wesentlich dem zweiten der genannten Gründe zuwenden, damit den Versuch unternehmen, die im zeitgenössischen Schrifttum wahrnehmbaren, erstaunlich breit angelegten philosophischen, physikalischen und musikalischen Phänomene des kunsttheoretischen Vergleichs nachzuzeichnen. Daß die um ideengeschichtlichen Zusammenhang bemühten Ausführungen vielleicht ungleich mehr aus musikalischem, denn aus kunsthistorischem Blickwinkel vorgetragen werden, somit möglicherweise mehr das musikhistorische Moment akzentuiert wird, sei einem Musikologen verziehen; die gleiche Nachsicht möge ihm in den wenigen Fällen zuteil werden, in denen er sich als Nichtkenner auf das Terrain der Kunstgeschichte vorwagt.

II

Johann Gottfried Herder entwickelt in seiner 1785 erschienenen Abhandlung ›Ob Mahlerey oder Tonkunst eine größere Wirkung gewähre?‹[4] die folgende vergnügliche Szene: Die Musen der Malerei und der Tonkunst seien einst in

3 Übrigens sind die beiden Göttinger Vertreter durch je beide dieser Pole geprägt gewesen: Fiorillo war nicht nur Kunstschriftsteller, sondern vor allem als Historienmaler auch ausübender Künstler, und auch Forkel hat zu seiner publizistischen Begabung ausgesprochen praktische Fähigkeiten als Musiker, Musikdirektor und Komponist vorweisen können.

4 Erschienen in: Zerstreute Blätter, 1. Slg., Gotha 1785, S. 133-64 (= Johann Gottfried Herder: Sämmtliche Werke, hrsg. von Bernhard Suphan, 33 Bde., Berlin 1877-1913, Bd. 15,

»Confabulationen« darüber geraten, welcher der Künste der größere Wert beizumessen sei, insbesondere im Hinblick darauf, welche »die meiste Wirkung auf menschliche Seelen« hervorbringen könne. Apoll selbst habe in diesem Streitgespräch das Präsidium geführt, wobei er »die jüngste und liebste seiner Töchter, die Poesie, im Schooße« hielt. Die Malerei, so berichtet Herder, habe den universalen Charakter der durch sie darstellbaren Themen ins Feld geführt: »Alle Gegenstände der Welt sind mein. Ich kann die Seele mit dem Blitz des Himmels schrecken, und mit den schönsten Aussichten der Erde aufheitern. Ich erschüttre sie mit drohenden Felsklippen, und erweitre sie durch den Blick des unendlichen Meeres. Alle Leidenschaften stelle ich dar«. Die Tonkunst indes habe sich von der Argumentation ihrer Widersacherin unbeeindruckt gezeigt: die Kraft der Malerei sei begrenzt, denn sie erschöpfe sich auf die oberflächliche Reproduktion nach Art eines Spiegels; tatsächlich könne allein sie selbst, die Tonkunst, mit den bescheidenen Mitteln der nur sieben Töne jedes »fühlbare Herz« tiefer und inniger bewegen: »Ich gebe also mit wenigem viel; durch einige unsichtbare Wellen umringe ich das Herz unmittelbar, dringe zu ihm und reisse es fort: denn alle Saiten der Empfindungen sind meine Saiten«. Auf diesen grundsätzlichen Positionen aufbauend, wird in der Folge der Streit immer hitziger, ohne daß die Argumente der einen oder anderen Seite zu einem klaren Ergebnis führten, und so sieht sich Apoll genötigt, die Poesie als Schlichterin einzusetzen. Diese erklärt schließlich die von der Tonkunst an die Malerei gerichteten Vorwürfe kurzerhand für deren eigentliche Tugenden, konstatierend, daß die Malerei weniger auf das Herz wirke, als vielmehr mittels »Richtigkeit und Wahrheit« die Phantasie beflügele; gleichwohl komme die Wirkung nicht immer aus ihr selbst, sondern aus den Gegenständen, die sie nachahme. Die Tonkunst hingegen wirke unmittelbar auf das Herz, sie habe keine Vorbilder und entstehe immer wieder »neu, ursprünglich und herrlich«; allerdings bedürfe sie der Mitwirkung des erklärenden Worts. Notwendig sei zudem die Rückbesinnung auf melodische Simplizität als dem eigentlich rührenden Bestandteil. Auf diese salomonischen Worte, noch bekräftigt durch Apolls väterliche Autorität, kehrt wieder Ruhe ein im Götterhimmel: »Sie umarmten sich alle: Apollo krönte sie mit seinen unsterblichen Lorbeerkränzen, und Hebe bot ihnen auf ihr langes Gespräch die erquickende Nectarschale«.[5]

S. 222-40); Abdruck auch in: Magazin der Musik II/2 (1786), S. 1190-209, hier freilich anonym veröffentlicht.

5 An diese Szene anschließen könnte der Schellenbergsche Titelkupfer in: [C. L. Junker:] Musikalischer und Künstler-Almanach auf das Jahr 1783, Kosmopolis 1783. Die als Putten dargestellten Künste der Malerei und Musik präsentieren sich hier in friedfertiger Umarmung; der – wohl von Junker stammende – bissige Kommentar dazu lautet: »Wir haben beyden Zephyretten Flügel angeheftet, theils um sie von den lieben Engelein zu unterscheiden, theils unsere Leser auf die Idee des Wonnemonds hinzuleiten./Die Eiche und

Des sprachgewaltigen Superintendenten Herders kleine kunstästhetische Glosse, die nicht zufällig die Poesie zur Richterin über die Musik und Malerei erhebt, ist, wie man aus anderen, ergänzenden Äußerungen weiß, nicht ohne ironisches Augenzwinkern und mit Blick auf die andauernde zeitgenössische Diskussion verfaßt.[6] Bevor aber der vergleichende Blick auf diese Schriften gerichtet werden soll, erscheint es angebracht, einige grundsätzliche, um ideengeschichtliche Orientierung sich bemühende Bemerkungen voranzustellen.[7]

Es ist bereits angeklungen, daß die in olympischem Einvernehmen endende Disputation der drei Musen einen für die abendländische Kunstanschauung wichtigen Gegenstand behandelt, nämlich die grundsätzliche Frage nach der Rangordnung der Künste. Sie reiht sich damit ein in eine traditionelle Diskussion, die in ihrer prinzipiellen Anlage schon im Mittelalter wahrnehmbar ist, die in Einzelfragen sogar bis zu den Anfängen der Kunstbetrachtung zurückreicht und die in ungebrochener, ja gesteigerter Intensität bis in die Gegenwart Herders ihre Bedeutung behält. Auch nur die Hauptströmungen aufzuzeigen, verbietet sich an dieser Stelle; es seien – in aller Kürze – einige besonders markante Stationen dieser Entwicklung akzentuiert. So ist zunächst an das System der *septem artes liberales* zu erinnern, mit seiner trivialen und quadrivialen Kategorisierung, das, abgesehen von den mathematischen Fächern, bloß die ›redenden‹ Künste sowie die Musik erfaßt, und zwar zunächst als wissenschaftliche Disziplinen. Die bildenden Künste sind aus diesem klassischen universitären Bildungskanon ausgeschlossen und finden sich in der Ordnung der auch sozial tiefergestellten *artes mechanicae* wieder. Eine Loslösung aus dieser Unterordnung sowie die Emanzipierung mit den anderen Künsten vollzieht sich erst in einem vielgliedrigen Prozeß während der Renaissance, vielleicht besonders prägnant charakterisiert durch die Gründung der Florentiner Accademia del Disegno von 1563 oder auch durch Leonardo da Vincis Postulat von der Vorherrschaft der Malerei über alle anderen Künste.[8] Gleichzeitig werden Bestre-

der Rosenstock sind da, um das gleichzeitige Gefühl erhabner und reizvoller Natur zu erwecken./Wenn sich die Jungens genug geherzt haben, so mag sich der eine unter den Rosenstock, der andere unter den Schatten der Eiche lagern«.

6 Vgl. dazu J. G. Herder: Kalligone (= Suphan, Bd. 22, S. 187f.); siehe auch W. Serauky: Die musikalische Nachahmungsästhetik im Zeitraum von 1700 bis 1850 (= Universitas-Archiv, Bd. 17), Münster 1929, S. 172; schließlich: B. Jung Sing: Geistliche Vokalkomposition zwischen Barock und Klassik (= Sammlung Musikwissenschaftlicher Abhandlungen, Bd. 83), Baden-Baden 1992, S. 147ff.

7 Zum Folgenden vgl. die ausführlichen und grundsätzlichen Anmerkungen in: R. Hammerstein: Musik und bildende Kunst. Zur Theorie und Geschichte ihrer Beziehungen, in: Imago Musicae, Bd. I (1984), S. 1-28; die vorliegende Arbeit verdankt dieser schönen Studie wesentliche Anregungen.

8 Für die von der Malerei jetzt öfter thematisierte Rivalität des Sehens und Hörens wäre als prominentes Beispiel etwa Tizians Gemälde ›Venus und der Orgelspieler‹ von 1545 zu

bungen der interdisziplinären Durchdringung und des Austausches verstärkt erkennbar, wenn etwa Andrea Palladio in seinen architektonischen Projektionen auf harmonische Klassifikationen rekurriert, die unzweideutig aus Gioseffe Zarlinos ›Istitutioni harmoniche‹, einem wichtigen musiktheoretischen Traktat von 1558, herstammen.[9] Zudem gewinnt im 16. Jahrhundert – am augenscheinlichsten in der Madrigaldichtung und -komposition – mit dem Schlagwort von der *imitazione della natura* ein Kunstbegriff klare Konturen, der für die ästhetischen Anschauungen des 17. und besonders des 18. Jahrhunderts eine zentrale und dabei sich auf alle Künste erstreckende Bedeutung erlangt, der aber gleichwohl bereits in der Antike als ideelle Klammer sämtlicher Künste verstanden wurde: gemeint ist das platonische und aristotelische Prinzip der Mimesis, der Nachahmung also vor allem des in der Natur Vorgefundenen. Das so bezeichnete Kunstverständnis erscheint nun im Hinblick auf die bildenden Künste selbstverständlich und, was die allgemeine Orientierung am abbildenden Charakter der Malerei betrifft, schon bald vorbildhaft: Horazens *ut pictura poesis*-Gedanke wird zum geflügelten Wort in der Dichtkunst, und, wie das Folgende zeigen will, wird auch für die Musik die Nachahmungsqualität der Malerei zum richtungsweisen Maßstab. Im übrigen bringt das 17. und frühe 18. Jahrhundert nicht nur die endgültige Trennung der Künste von den Wissenschaften, sondern zunächst auch eine entschiedene Verlagerung der ästhetischen Diskussion nach Frankreich. Die kritische Bewertung, in welcher Weise die einzelnen Künste die »Nachahmung der schönen Natur« bewältigen, avanciert zum hauptsächlichen Gegenstand der Untersuchungen, und so steigt die Zahl der Schriften, die sich mit den ›schönen Künsten‹ im Allgemeinen beschäftigen, stark an; wichtig sind die Abhandlungen von Charles Perrault (1690) oder Jean-Pierre de Crousaz (1724), besonders aber Charles Batteux' Hauptschrift ›Les beaux-arts réduits à un même principe‹ aus dem Jahre 1746.

Vor dieser, nur in groben Zügen skizzierten ideengeschichtlichen Ausgangslage reiht sich Herders Beitrag unter solche Abhandlungen ein, die den Vergleich zweier ausgewählter Künste zum Thema haben, dies nicht selten unter besonderer Profilierung des Rivalitätsgedankens. Daß diese Entwicklung eine

nennen, wo der Konflikt der Sinne im Moment des visuellen Erkennens der Schönheit zum Ausbruch kommt. Der Orgelspieler verkörpert dabei – durch Abwendung von der Musik im Moment der Liebeserkenntnis – den Triumph des Sehens über das Hören, freilich durch »begehrliche Torsion« des Oberkörpers beide Sinnenbereiche zusammenführend.

9 Gleichwohl lassen sich schon im 15. Jahrhundert solche Phänomene fassen: Zur Idee, daß sich Guillaume Dufays Domweihmotette ›Nuper rosarum flores‹ von 1436 in der Anlage an den architektonischen Abmessungen des Florentiner Doms ausrichte, vgl. Ch. W. Warren: Brunelleschis's Dome and Dufay's Motet, in: The Musical Quarterly, 49/1 (1973), S. 92-105.

direkte Reaktion auf bestehende musikpraktische Verhältnisse bedeutet, wird sogleich deutlich. Denn weit vor der um die Jahrhundertmitte sich entwickelnden theoretischen Reflektion weisen zahlreiche musikpraktische Beispiele auf das Bewußtsein hin, in den beiden Schwesterkünsten verwandte kunstsprachliche Mittel in Gestalt der Tonmalerei zu besitzen.[10] So wären beispielsweise zu nennen: die Bataillen Clement Janequins schon aus der ersten Hälfte des 16. Jahrhunderts, zumeist vierstimmige Chansonsätze, die in lautmalerischer Absicht die Dramatik des Schlachtgetümmels darzustellen suchen,[11] oder auch Johann Kuhnaus ›Biblische Historien‹ von 1700, zum Teil ausgedehnte fantasieartige Sätze für ein Tasteninstrument, denen Programme zugrundeliegen, die der Komponist zuvor – oder auch gleichzeitig nach Art des Melodrams[12] – dem Hörer mitteilt. Schließlich gehört auch das besonders der barocken Figurenlehre verpflichtete Prinzip hierher, allein kleingliedrige akustisch wahrnehmbare Elemente eines größeren Zusammenhangs musikalisch zu imitieren; die Beispiele, in denen das Murmeln des Bachs, der Gesang der Nachtigall, der Donner, das Quaken der Frösche in deutlich wahrnehmbarer direkter musikalischer Ausdeutung dargestellt wird, sind zahlreich. Nicht zuletzt aus der Kritik an diesen, die Grenzen des guten Geschmacks bisweilen überschreitenden Formen der Tonmalerei – so wurde Christus in Passionsszenen gelegentlich mit Violinpizzicati an das Kreuz »genagelt«[13] – hat sich dann jene umfängliche Diskussion entwickelt, der Herders Text im engeren Sinne beizuordnen ist.[14]

10 Zur Problematik, die so beschriebenenen Phänomene gegen den Begriff der Programmmusik abzugrenzen vgl. jetzt den einschlägigen Artikel in: Handwörterbuch der musikalischen Terminologie (A. von Massow).

11 Am bekanntesten: ›La Guerre‹, wo die Schlacht bei Marignano von 1515 zwischen Franz I. von Frankreich und dem Herzog von Mailand dargestellt ist; zur Tradition der musikalischen Schlachtengemälde im 18. und 19. Jahrhundert vgl. K. Schulin: Musikalische Schlachtengemälde in der Zeit von 1756 bis 1815 (= Eichstätter Abhandlungen zur Musikwissenschaft, Bd. 3), Tutzing 1986.

12 Vgl. U. Küster: Das Melodrama. Zum ästhetikgeschichtlichen Zusammenhang von Dichtung und Musik im 18. Jahrhundert (= Europäische Aufklärung in Literatur und Sprache, Bd. 7), Frankfurt/M. 1994, S. 54.

13 Vgl. dazu J. F. Reichardt: Ueber die deutsche comische Oper, Hamburg 1774.

14 Die so bezeichnete Kritik ist übrigens in der hauptsächlichen Ausprägung ein wesentlich deutsches Phänomen, die französischen Ästhetiker hielten wesentlich länger als im Nachbarland an den beschriebenen tonmalerischen Formen fest. Symptomatisch dafür ist die Aussage Friedrichs des Großen in einem Brief an D'Alembert: »Mein großer Geometer [D'Alembert] giebt zu, daß die Tonkunst blos Empfindungen der Seele hören lassen kann, daß folglich Alles, was den übrigen Sinnen zukommen kann, dem Gehöre fremd ist, und dennoch fodert er vom Komponisten, daß er das Aufgehen der Sonne darstellte. Sollte er gemeint haben, der Tonkünstler solle jene sanfte, ruhige Wonne ausdrücken, die das Hervorwallen der Morgenröthe einflößt? Dies läßt sich thun; aber von der tiefsten

Deutlich lassen sich zwei Hauptphasen des kunstheoretischen Vergleichs von Musik und Malerei ausmachen; davon wird die frühere, um und nach der Jahrhundertmitte anzusetzende Phase wesentlich durch außerdeutsche Beiträge bestimmt, insbesondere die englische und französische Nachahmungsästhetik liefert hier wesentliche Anregungen. Die Schrift des Charles Batteux von 1746, die in der Hauptrichtung eine Vereinigung aller Künste zur Nachahmung der »schönen Natur« postuliert, dürfte in etlichen Fällen Bezugspunkt und Anregung, auch Anlaß zur befruchtenden Auseinandersetzung bedeutet haben.[15] Eine spätere Welle, die in Anlehnung an die frühe Nachahmungsdebatte die eigentlich vertiefenden Beiträge liefert, setzt zum Ende der siebziger Jahre des 18. Jahrhunderts ein; sie kann als ein wesentlich deutsches Phänomen angesehen werden.

An deren Anfang stehen die in Basel erschienenen ›Betrachtungen über Mahlerey, Ton- und Bildhauerkunst‹ von Carl Ludwig Junker aus dem Jahre 1778. Junker, übrigens zur gleichen Zeit wie Johann Nikolaus Forkel an der

Saite des Instruments hinauf bis zu den höchsten und dann wieder herab zu steigen, wie der Geometer es will, das wird nie die geringste Aehnlichkeit zwischen dem Schauspiel eines schönen Morgens und den angegebenen Tönen hervorbringen. In der Musik wollen wir also bei dem Ausdruck der Empfindungen der Seele bleiben, und uns hüten, Froschgequake, Krähengekrächze und hundert andere Dinge nachzubilden, deren Nachahmung so fehlerhaft in der Musik als in der Dichtkunst ist«. Zitiert nach: Ch. F. Michaelis: Ueber den Geist der Tonkunst, Leipzig 1795, S. 128f.

15 Die zahlreichen Neuauflagen belegen die maßgebliche Verbreitung der Schrift; neben etlichen deutschen Übersetzungen (vgl. Répertoire International des Sources Musicales (RISM), Bd. B/VI/2) erscheint der die Musik und Malerei betreffende Abschnitt auch als Separatdruck ins Niederländische übersetzt unter dem Titel: Vergelyking tusschen de Muzyk, de Schilderkunst en de Poëzy, s'Gravenhage 1778. Wenigstens erwähnt seien die beiden zum Umfeld gehörenden englischen Beiträge: Ch. Avison: An essay on musical expression, London 1752; deutsch als: Karl Avison's Versuch über den musikalischen Ausdruck, Leipzig 1775 (vgl. dazu die Rezension Forkels in: Musikalisch-kritische Bibliothek, Bd. II, Gotha 1778/79, S. 148ff.); J. Harris: Three treatises. The first concerning art. The second concerning music, painting and poetry. The third concerning happiness, London 1744. In Deutschland gewinnt die Diskussion an Nahrung vor allem durch die Schrift von W. L. Gräfenhahn: Wettstreit der Malerey, Musik, Poesie und Schauspielkunst [...], Bayreuth/Hof 1746 (vgl. dazu L. Chr. Mizler: Neu-eröffnete Musikalische Bibliothek, Bd. IV, 1754, S. 1-22), sowie durch einen anonymen Beitrag im ›Neuen gemeinnützigen Magazin‹ von 1760. Außerdem wäre die deutsche Übersetzung eines ebenfalls anonymen Textes zu erwähnen, der zunächst im Pariser ›Mercure de France‹ erschienen war: Beantwortung der Frage: Was finden sich zwischen der Musik und der Mahlerey für Aehnlichkeiten? Vgl. dazu: Wöchentliche Nachrichten und Anmerkungen (1768), 12. Stück, S. 89ff. Mit in diese Reihe gehört schließlich ein Text von G. A. Will: Der Ton und die Farbe, Altdorf 1759.

Georgia Augusta zu Göttingen immatrikuliert, war Pfarrer, Pädagoge, Musiker und vor allem ein überaus produktiver, in nahezu allen geisteswissenschaftlichen Disziplinen bewanderter Publizist. Seine ›Betrachtungen‹ sind in drei unabhängige, den jeweiligen Künsten gewidmete Abschnitte gegliedert; nur knapp sei zunächst derjenige zur Malerei referiert: Vor dem Hintergrund der Nachahmungsidee entwickelt Junker verschiedene Stufen: den »sklavischen Nachahmer«, den »Nachahmer überhaupt«, den »freien Nachahmer« sowie den »Idealisten«. Den einzelnen Graden werden, wenn auch nicht explizit, verschiedene Gattungen der Malerei zugeordnet. Danach ist die Historienmalerei, zumal wenn sie die biblische Geschichte zum Gegenstand wählt, sublimes Ideal, die »sinnliche Vorstellung einer bekannten, höchst interessanten Handlung« in »Würde und Wahrheit«: Der Historienmaler ist der eigentliche Schöpfer. An nachgeordneten Gattungen nennt Junker die »Familienszenen« und »Gesellschaftsstücke«, deren durchweg unhistorischer Charakter die getreue Nachahmung ebenso wie die »verschönernde« gestatte, sodann die »Idealische [das heißt ideenbehaftete] Vorstellung des einzelnen Menschen« und schließlich die »Charakteristische Vorstellung des einzelnen Menschen Porträt«. Dazu bedient sich Junker eines kunsttheoretischen Terminus, der nicht nur in den Folgeschriften eine gewisse Bedeutung erlangt, sondern auch Aufschluß über eine mögliche Quelle seiner Kunstanschauung liefert: Gemeint ist der Begriff von der »Begehrungskraft«,[16] womit das individuell bestimmte positive Interesse an einem Objekt gemeint ist. Geprägt wurde der Begriff, so weit zu sehen, von Lessing in seiner ›Hamburgischen Dramaturgie‹;[17] hier wie auch in Junkers Übernahme wird die Fähigkeit, die Begehrungskraft darzustellen, unter diejenigen Kategorien eingereiht, die »das Genie von den kleinen Künstlern unterscheidet«.

Den musikalischen Abschnitt eröffnet Junker mit dem zentralen, in zahlreichen zeitgenössischen Abhandlungen immer wiederkehrenden Postulat: »Erregung des leidenschaftlichen Mitfühlens, ist lezter Zwek des Tonkünstlers«,[18] eine Forderung, die freilich eine Einschränkung erfährt: Die Leidenschaften, mit Ausnahme der von ihm so konstruierten Gegenpole »Vergnügen« und »Traurigkeit«, lassen sich ohne Verbindung mit der Poesie durch bloße musikalische Mittel nicht darstellen, ja die Poesie wird der Musik übergeordnet. Musik ist nicht Gefühl des Tons, sondern des Worts: »Poesie erregt, Tonkunst ver-

16 Vgl. dazu J. J. Engel: Musicalische Mahlerey (wie Anm. 27), S. 1167ff.

17 Vgl. das 34. Stück vom 25. August 1767: Erklärung des Begriffs ›Absicht‹. Der Terminus findet sich überdies auch in Schillers Erzählung ›Verbrecher aus Infamie, eine wahre Geschichte‹, in: Thalia, Heft 2, Leipzig 1786, S. 20ff.

18 Vgl. dazu die systematischen Ausführungen bei Engel: Musicalische Mahlerey (wie Anm. 27), passim.

stärkt«. Der unbedingte Primat der Vokalmusik, der später in Herders Abhandlung bestärkend formuliert ist,[19] wird dadurch begründet, daß Leidenschaften, die aus »widrigen Empfindungen« zusammengesetzt seien (zum Beispiel Haß, Neid), musikalisch deshalb nicht ausgedrückt werden können, weil ihnen zuviele der »körperlichen Bestandteile« anhaften;[20] ähnliches gelte für die aus den Leidenschaften erzeugten »Gesinnungen« (zum Beispiel Freundschaft, Dankbarkeit). Von besonderem Interesse ist Junkers Versuch, innere Bezüge zwischen Malerei und Tonkunst aufzudecken. Angefangen von elementaren Parallelen hinsichtlich der Werkstoffe – hier Farben, dort Töne (wobei Schatten mit tiefen beziehungsweise Licht mit hohen Tönen gleichgesetzt wird) – erkennt Junker grundsätzliche Übereinstimmungen in der äußeren Anlage des Kunstwerks: Zeichnung, Kolorit, Ausdruck oder Bestimmung der Charaktere eines Gemäldes kehrten wieder in der Melodik, der Harmonik, dem sich hiervon ableitenden Ausdruck und dem Charakteristischen der Erfindung eines Musikstücks.[21] Der Versuch der Gleichsetzung erstreckt sich bis in die Disposition der Gegenstände: der Solist eines Konzerts sei hinsichtlich der Profilierung mit dem Helden eines historischen Gemäldes vergleichbar. Während jener die Konturen seiner Themenfindung aus der Empfindung bezieht, schöpft dieser aus den Tatsachen. Wesentlich sei die grundsätzliche Differenzierung des Zeitbegriffs: Malerei ist momentane, stillstehende Kunst, gleichwohl bearbeitet sie eine Handlung und liefert die sinnliche Vorstellung eines Objekts. Musik dagegen ist fortschreitend-dynamisch, sie erzeugt eine sinnliche Vorstellung der Gefühle und gründet sich nicht auf objektive Erkenntnis.

Die wohl folgenreichste Äußerung Junkers bezieht sich auf einen eher äußerlichen Umstand, nämlich die Gleichsetzung von vorwiegend zeitgenössischen Musikern mit Malern zumeist des 16. und 17. Jahrhunderts: »Zwischen Pergolese und Correggio, welche Familien Aehnlichkeit! – «. Junker ist damit ein wichtiger früher Vorläufer jener Tradition des interdisziplinären personalstilistischen Vergleichs, der insbesondere im frühen 19. Jahrhundert eine enorme rezeptionsgeschichtliche Bedeutung besitzen wird. Die bei Junker gegebene Auswahl ist noch begrenzt, zu der genannten Pergolesi/Correggio-Beziehung erkennt er in Johann Adolf Hasse den »Rubens für die Tonkunst« und schließlich bedeutet ihm Nicolò Jommelli den »Raphael für die Zusammensetzung

19 Siehe auch Engel: Musicalische Mahlerey (wie Anm. 27), S. 1144f.

20 In ähnlichem Sinne hat sich mit mehr musikpraktischer Akzentuierung Mozart ausgesprochen; vgl. W. A. Bauer/O. E. Deutsch (Bearb.): Mozart. Briefe und Aufzeichnungen, Bd. III (1780-86), Kassel u.a. 1963, Nr. 629: »leidenschaften, heftig oder nicht [müssen] niemals bis zum Eckel ausgedrücket seyn«.

21 Die genau gleiche Entsprechung hatte bereits Avison formuliert; vgl. nach der deutschen Übersetzung von 1775 (wie Anm. 15), S. 21.

und fürs Pathos«.[22] Freilich hat sich die hier vorgenommene Parallelisierung, ohne daß in irgendeiner Weise vorab über die Motive geurteilt wäre, in wesentlichen Teilen nicht behaupten können: Zwar zieht auch Ludwig Tieck im ›Phantasus‹ den Vergleich Pergolesi/Correggio heran, doch noch im 18. Jahrhundert avanciert die Gleichsetzung Pergolesis mit Raffael zum *locus classicus* der musikalischen Publizistik,[23] ehe schließlich der Vorzug, mit Raffael gleichgesetzt zu werden, im 19. Jahrhundert nachhaltig und nahezu uneingeschränkt auf Wolfgang Amadeus Mozart übergeht.[24] Geradezu inflationsartig erweitert präsentieren sich dann die Musiker/Maler-Vergleiche in Giuseppe Carpanis Schrift ›Le Haydine‹[25] von 1812; die Auflistung der insgesamt dreiunddreißig Parallelen ist kurios: Beispielsweise wird Georg Friedrich Händel mit Michelangelo verglichen, Christoph Willibald Gluck mit Caravaggio, Francesco Durante mit Leonardo da Vinci, Joseph Haydn wird der »Tintoretto von Rohrau« genannt. Die Motive für diese Analogien sind vielgestaltig und reichen von der grundsätzlichen topischen Ausrichtung an der künstlerischen Größe Raffaels, über biographische Begründungen bis hin zu vermeintlich parallelen stilistischen Entwicklungen; eine gewisse Rolle spielen dürfte auch – gerade im Vergleich Pergolesis und Mozarts mit Raffael – die je romantisch verklärende Beurteilung des ›Spätwerks‹ der frühverstorbenen, unvollendet gebliebenen Künstler.[26]

Auf Carl Ludwig Junkers Abhandlung folgt im Anstand von zwei Jahren der vielleicht profilierteste kunstheoretisch-philosophische Beitrag zum vorliegenden Thema, der wichtige Aufsatz des Berliner Popularphilosophen und Profes-

22 Außerdem wird Christoph Willibald Gluck als »Klopstock der Tonkunst« bezeichnet.

23 Vgl. etwa A.-E.-M. Grétry: Mémoires ou Essai sur la musique, Paris 1789, passim; W. Heinse: Hildegard von Hohenthal, Bd. II, Berlin 1795/96, S. 50ff.; auch noch J. H. Eichholz: Neue Briefe aus Italien, Bd. IV, Zürich 1806-11, S. 145ff.

24 Vgl. dazu Hammerstein: Musik und bildende Kunst (wie Anm. 7), S. 8f., besonders aber M. Staehelin: Mozart und Raffael. Zum Mozartbild des 19. Jahrhunderts, in: Schweizerische Musikzeitung, Bd. 117 (1977), S. 322-30.

25 G. Carpani: Le Haydine ovvero lettere su la vita e le opere del celebre maestro Giuseppe Haydn, Milano 1812, Lettera Duodezima, S. 214ff.

26 Wenn auch wesentlich der Eindruck besteht, daß diese Analogien vor allem von musikalischer Seite gesucht worden sind, ist doch zumindest für einen Fall auch das Gegenteilige bezeugt. Die deutsche Übersetzung von Charles Avisons Traktat (1775) schließt mit dem ergänzenden Hinweis: »Man findet eine kurze Erzählung in dem Schwätzer, welcher diese Analogie sehr schön erläutert. [St. CLIII]. Es werden daselbst verschiedene berühmte Mahler auf einem Gemählde als Tonkünstler vorgestellet, mit denen Instrumenten in der Hand, welche die Manier eines Jeden in der Mahlerey am geschicktesten ausdrücken«. Gemeint ist J. D. Titius: Der Schwätzer, Leipzig 1756, nach der englischen Originalausgabe von R. Steele: The Tatler, London 1709-11.

sors am Joachimsthalschen Gymnasium Johann Jacob Engel von 1780: ›Ueber die musicalische Mahlerey‹.[27] Engel, ein führender Vertreter der Berliner Spätaufklärung, war Prinzenerzieher, auch Lehrer der beiden von Humboldt und wurde 1787 zum Leiter des neuen Berliner Nationaltheaters berufen; der musikalischen Welt ist Engel vor allem als Textdichter zu Christian Gottlob Neefes komischer Oper ›Die Apotheke‹ in Erinnerung geblieben.

Schon aus dem Titel ›musicalische Mahlerey‹ wird deutlich, daß sich Engels Schrift bemüht, eine innere begriffsspezifische Klärung herbeizuführen. Nach klassischem Vorbild stellt Engel vier Fragen an den Gegenstand: »Was heißt Mahlen? Was für Mittel hat die Musik zum Mahlen? Was ist sie durch diese Mittel im Stande zu mahlen? Was soll sie mahlen und was soll sie nicht mahlen?«

Engels Antworten und Schlußfolgerungen auf diese Fragen lassen sich wie folgt zusammenfassen: Die Malerei in Tönen ist entweder »vollständig« oder »unvollständig«; während die »vollständige« Malerei sich allein auf einen hörbaren Gegenstand beziehen kann, stellt sich die »unvollständige« in dreifacher Weise differenziert dar, nämlich: 1. Der Tonkünstler ahmt im Hinblick auf einen zusammengesetzten Gegenstand das Hörbare nach. 2. Der Gegenstand hat nichts Hörbares, hier erfaßt der Komponist eine, wie Engel es nennt, »transzendentelle« Ähnlichkeit (zum Beispiel Langsamkeit, Geschwindigkeit). 3. Der Tonsetzer ahmt weder Teil noch Eigenschaft des Gegenstandes selbst nach, sondern den Eindruck, den dieser auf die Seele hervorbringt; diese Form der musikalischen Malerei wird als die ideale dargestellt, und ihr gelten mehrheitlich die nachfolgenden vertiefenden Ausführungen. Allen drei Kategorien gemeinsam ist freilich die grundsätzliche Abhängigkeit von der Poesie: Ähnlich den Ideen Junkers und Herders erhebt auch Engel die Vokalmusik zum bestimmenden Genre der musikalischen Malerei und billigt der absoluten Musik lediglich bestimmte »Klassen« und »Arten« von Empfindungen zu; das Spezielle, Individuelle bleibe jedoch zumeist unausgedeutet.

Der Musiker soll also bevorzugt Empfindungen malen, weniger dingliche Gegenstände. Vor dieser Prämisse entwickelt Engel eine logische Kette von Ableitungen, die ihren Ausgangspunkt in dem konstruierten Gegensatzpaar »Malerei – Ausdruck« haben. Engel übernimmt den von Junker verwendeten Begriff der »Begehrungskraft« und erweitert diesen durch jenen – freilich sy-

27 J. J. Engel: Ueber die musicalische Mahlerey. An den königlichen Capellmeister Herrn Reichardt, Berlin 1780. Abdruck auch in: C. F. Cramer: Magazin der Musik, Bd. I/2 (1783), S. 1139ff. (mit ausführlichen Kommentaren Cramers) und in: J. J. Engel's Schriften, Bd. IV, Berlin 1802, S. 297-342; kommentierte Auszüge in: Ottenberg: Der Critische Musicus (wie Anm. 68), S. 294ff; den vorliegenden Ausführungen liegt der Abdruck Cramers zugrunde.

nonym verwendeten – Terminus des »Begehrungsvermögens«, der dann in Kants späteren ›Kritiken‹ (1788/90) seine eigentliche Ausprägung erfährt.[28] Liebe, Haß, Eifersucht, Zorn, Erschrecken, Freude seien Vorbedingung jeglicher musikalisch-poetischen Beschäftigung, wobei alle diese Affekte zugleich eine subjektive und eine objektive Bedeutung enthalten. Folglich heißt die Darstellung des Objektiven »malen«, dagegen die Darstellung des Subjektiven »ausdrükken«; subjektive und objektive Empfindung können gleichgerichtet (»homogen«) oder gegensätzlich (»heterogen«) sein. In der ersten Art der Empfindung sucht sich das Subjekt dem Objekt nachzubilden, zum Beispiel Bewunderung oder Glorifizierung eines erhabenen Gegenstandes; Beispiel einer heterogenen Empfindung wäre etwa die selbstempfundene Niedrigkeit, Demut oder Furcht vor einem erhabenen Gegenstand. Im Hinblick auf die Auswahl der darzustellenden Gegenstände ist der Tonsetzer an eine »Ideenreihe« gebunden, eine Forderung Engels, die in der Konsequenz den Rekurs auf die barocke Theorie der Einheit des Affekts bedeutet. Folgerichtig wird als ein grober Verstoß gegen den Ausdruck und die Einheit der »Ideenreihe« die tonmalerische Ausdeutung des einzelnen Worts bewertet.

Engels philosophische, nicht immer leicht zu fassende Abhandlung hat in der Folgezeit ein nachhaltiges Interesse gefunden;[29] der vielleicht bekannteste Rezeptionsbeleg stammt von Ludwig van Beethoven, der, wohl in deutlicher Bezugnahme auf Engels Schrift, die Violinstimme seiner 6. Sinfonie, der programmatisch in besonderer Weise geprägten ›Pastorale‹, mit dem Titel versieht: »Mehr Ausdruck der Empfindung als Malerei«.[30]

Einen weiteren wichtigen, wenngleich ganz andere Intentionen verfolgenden Beitrag bringt das Jahr 1786: den in Halle herausgekommenen ›Versuch einer Geschichte der mahlerischen Harmonie überhaupt und der Farbenharmonie insbesondere, mit Erläuterungen aus der Tonkunst und vielen praktischen Anmerkungen‹ des Leipziger Physikers und Privatgelehrten Johann Leonhard Hoffmann (1740-1812). Hatten die bisher genannten Schriften vor

28 Kritik der praktischen Vernunft (1788); Kritik der Urteilskraft (1790); Metaphysik der Sitten (1797); eine erste frühe Formulierung findet sich in: Neue Erhellung der ersten Grundsätze metaphysischer Erhellung, Königsberg 1755, Sectio II: Begehrungskraft als *vis naturalis appetitiva.*

29 Zusätzlich zu seinen umfassenden Kommentaren fügt Cramer noch die Artikel ›Mahlen‹ und ›Gemählde‹ aus Sulzers ›Theorie der schönen Künste‹ an, schließlich auch einen beziehungsreichen Abschnitt aus Lessings ›Dramaturgie‹.

30 Vgl. dazu A. Sandberger: »Mehr Ausdruck der Empfindung als Malerei«, in: Ausgewählte Aufsätze zur Musikgeschichte, Bd. II, München 1924, S. 201ff. Freilich hat jüngst Ulrike Küster gezeigt, daß die charakteristische Wendung bereits als Verteidigungsformel in der Vorrede zu Ernst Wilhelm Wolfs Operette ›Das Rosenfest‹ (1771) begegnet; vgl. Küster: Melodrama (wie Anm. 12), S. 211f.

allem von philosophisch-kunstästhetischer Seite den Gegenstand beschrieben, so zielen die Überlegungen Hoffmanns auf den Vergleich aus naturwissenschaftlich-physikalischer Sicht. Mit dem im Titel aufgegriffenen Terminus der ›Farbenharmonie‹ – er stammt ursprünglich von Isaac Newton – ist auf das erklärte Ziel Hoffmanns hingewiesen, eine Übereinstimmung der beiden Künste auf begrifflicher Ebene zu betreiben. Die Schrift gewinnt an Profil wegen ihrer synästhetischen Auffassung optischer und akustischer Komponenten und markiert damit einen bemerkenswerten Kontrapunkt zu den sonstigen zeitgenössischen Beiträgen. Kern der Hoffmannschen Arbeit ist der Versuch, einzelne Töne mit bestimmten Farben zu identifizieren. Dies ist nun allerdings keine originelle Idee, sondern eine alte, für den abendländischen Kulturbereich auf aristotelische Positionen zurückweisende Auffassung,[31] wonach sich für das menschliche Auge angenehme Farbkombinationen an den einfachen Zahlenproportionen musikalischer Konsonanzen orientieren. Die verschiedenen Rezeptionsstufen der antiken Vorstellung differenziert zu beleuchten, sei hier übergangen; hervorzuheben sind jedoch drei wichtige Beispiele dieser Anschauung: Zum einen die Bemühungen des Jesuitenpaters und Universalgelehrten Athanasius Kircher, der im 17. Jahrhundert, freilich eher auf der Grundlage allgemeiner Behauptung denn als Resultat wissenschaftlicher Untersuchung, die Identität von Licht und Schall postuliert hatte, ein Postulat, das sich in direkter Übernahme auch bei Hoffmann findet, wo die »Apprallung der Schallstrahlen« mit der »Apprallung der Lichtstrahlen« gleichgesetzt ist. Zum anderen wäre die populäre Interpretation des bereits genannten Isaac Newton in seiner ›Optik‹ von 1704 zu nennen, der das Farbenspektrum in Form eines Kreisdiagramms darstellt und auf diese Weise eine Analogie mit dem elementaren Tonvorrat einer Oktave anstrebt; allerdings gelingt dieser Kunstgriff nur durch die ziemlich gezwungene Unterteilung des Spektrums in sieben Grundfarben (entsprechend den sieben Grundtönen).[32] Schließlich verdient in diesem Zusammenhang ein Phänomen Erwähnung, das in der ersten Hälfte des 18. Jahrhunderts für beträchtliches Aufsehen gesorgt hatte, das in gleicher Weise Kirchersche und Newtonsche Ideen in sich aufnimmt und das in gewissem Sinne eine technisch-musikalische Umsetzung der hier formulierten Ideen bedeutet: Gemeint ist Louis-Bertrand Castels (1688-1757) ab 1725 bekannt gewordene Erfindung des *clavecin oculaire*, des ›Farbenklaviers‹, auch ›Augen-Orgel‹ oder ›Augen-

31 Bereits früher lassen sich im fernöstlichen Kulturkreis, namentlich bei den Veden, weitentwickelte, wenngleich rezeptionsgeschichtlich für das Abendland kaum relevante Theorien zu diesem Gegenstand nachweisen, vgl. etwa A. Weber: Über die Metrik der Inder (= Indische Studien, Bd. 8), Berlin 1863, besonders S. 259ff.

32 Kritische, zum Teil auch um Weiterentwicklung und Verbesserung des bei Kircher und Newton Vorgefundenen bemühte Stellungnahmen werden aufgezählt in: Die Musik in Geschichte und Gegenwart (MGG), Bd. 3, Sp. 1812ff.

Clavicimbel‹ genannt, also eines Musikinstruments, das zusätzlich zum Erklingen des Tons einen gleichzeitigen optischen Eindruck vermitteln soll. Nach Deutschland gelangt ist die Erfindung vor allem durch die Beschreibung Georg Philipp Telemanns aus dem Jahre 1739:[33] »Um einen Klang hören zu lassen leget man die Finger auf die Claviertaste, man drücket sie nieder, und indem sie sich vorn hinein senket, oder hinten aufhebet, öffnet sie ein Ventil, das den begehrten Klang mitteilet. [...] Zu gleicher Zeit, wenn die Taste, um einen Klang zu haben, das Ventil aufmachet, hat der P. Castel seidene Schnüre, oder eiserne Dräter, oder hölzerne Abstracten angebracht, die durch Ziehen oder Stoßen ein färbigtes Kästgen, oder einen dergleichen Fächer, oder eine Schilderey, oder eine helle bemalte Laterne, entdecken, also daß, indem man einen Klang höret, zugleich eine Farbe gesehen wird«. Den Sinn der ganzen Übung sieht Telemann weniger in der weitgespannten kunstästhetischen Perspektive, auch nicht in bahnbrechender physikalisch-wissenschaftlicher Erkenntnis, als vielmehr im erbaulichen Vergnügen: »Diß erwecket die Sele, erhält sie beständig munter, und verhindert, daß sie nicht auf einen albernen Gleichlaut verfällt. Kurz: Es ist unstreitig, daß diß Farbenspiel ergetzen wird«. Castel selbst hatte übrigens den Vorzug betont, »Tänze, Sonaten, Kantaten und Opernszenen« als »musique muette« darstellen zu können, also als stumme Musik, die »weniger Geräusch und Krach [!]« verursache; nur am Rande sei vermerkt, daß die Entwicklung des Farbenklaviers sich über einen langen Zeitraum des Experimentierens und Veränderns erstreckte und daß die Bemühungen Louis-Bertrand Castels – übrigens wie Kircher Jesuit – einerseits von mancherlei Kritik, ja bisweilen hämischem Spott begleitet waren,[34] andererseits aber auch durch wohlwollende Mitstreiter und Verbesserer gestärkt und gefördert wurden.[35]

33 ›Beschreibung der Augen-Orgel oder des Augen-Clavicimbels, so der berühmte Mathematicus und Jesuit zu Paris, Herr Pater Castel, erfunden und ins Werk gerichtet hat [...]‹, Hamburg 1739; faksimiliert und kommentiert in: Studien zur Aufführungspraxis und Interpretation von Instrumentalmusik des 18. Jahrhunderts, Bd. 18, Michaelstein/Blankenburg 1982.

34 In diese Richtung dürfte auch die – heute verschollene – Abhandlung ›Die Thorheit der Augenorgel, welche sich anjetzt von neuem reget‹ von Johann Mattheson gezielt haben; wie man weiß, hat sich Mattheson gern mit scharfer Polemik, dabei jedoch durchaus geistreich und verständig zu den musikalischen Zeitfragen geäußert; vgl. J. N. Forkel: Allgemeine Litteratur der Musik, Leipzig 1792, S. 496.

35 Eine direkte Verbindung der im 19. Jahrhundert neu einsetzenden Entwicklung, erwähnt seien etwa Alexander Skrjabins Versuch einer »Farblichtstimme«, Thomas Wilfereds »Clavilux« oder auch Alexander Lászlós »Farblichtklavier«, zu den Unternehmungen Castels im 18. Jahrhundert existiert nicht. Vgl. dazu A. Wellek: Farbenharmonie und Farbenklavier. Ihre Entstehungsgeschichte im 18. Jahrhundert, in: Archiv für die gesamte Psychologie, Bd. 94 (1935), S. 347-75.

Kernproblem der Versuche Kirchers, Newtons, Castels und aller davon sich herleitenden Folgeschriften ist das kaum lösbare Vorhaben, eine wissenschaftlich abgesicherte Übereinstimmung von Ton- und Farbskala zu belegen. Johann Leonhard Hoffmann entledigt sich dieses Dilemmas durch eine bemerkenswert pragmatische, wenngleich bereits auf den ersten Blick sich als widersprüchlich erweisende Methode: Die Haupttöne in der Musik wie in der Farbenlehre werden auf fünf Linien beziehungsweise den jeweiligen Zwischenräumen dargestellt. Zum Grundton wird c genommen, diesem wird die Hauptfarbe Dunkelblau zugeordnet;[36] d entspricht Violett, e = Rot, f = Hochrot, g = Zitrongelb, a = Grasgrün, h = Meergrün, c = Himmelblau und so weiter.[37] Innerhalb einer Oktave mag die Adaption noch vollziehbar sein, unmöglich ist jedoch, das zusätzlich wirksame Ordnungsprinzip der verwandschaftlichen Oktavbindung zweier Töne auf das Farbenspektrum zu übertragen. Zwar greift die Idee, verwandte »Oktavfarben« durch je hellere oder dunklere Abstufungen derselben »Hauptfarbe« aufeinander zu beziehen, noch leidlich, die gleichzeitige Anpassung an das entsprechende natürliche Ordnungssystem der Spektralfarben gelingt jedoch nicht.[38]

36 Eine abweichende Meinung vertritt Lorenz Mizler: »Die so die Schönheiten der Natur lieben, haben Ursach unserm berühmten Herrn Telemann zu dancken, daß er ihnen eine so artige Erfindung bekannt gemacht. Es ist gewiß, das die Farben eine Gleichheit mit den Tonen haben, und die Vermischung der Farben mit den Vermischungen der Tone überein kommen. Es fragt sich nur: welche Farben kommen mit diesen oder ienen Tonen überein. Dieses ist noch nicht gewiß ausgemachet. Der berühmte Herr Castel giebt blau zum Grund aller Farben an, und vergleichet solche also mit der Octave, als dem vollkommenden Inhalt, aus welchem alle andere entspringen. Weil aber noch kein richtiger Beweis vorhanden, daß blau der Grund von allen andern Farben wäre, so ist es allerdings noch ungewiß. Ich halte die rothe Farbe zur Zeit vor die vollkommenste, und zwar um folgender Ursache willen. Es ist bekannt, daß alle Farben von verschiedener brechung der Lichtstrahlen entstehen und alle Tone aus den verschiedenen Vibrationen der Lufttheilgen herkommen. Je mehr nun eine Farbe in Ansehung der gebrochenen Strahlen mit der Vibration eines Tons übereinkömmt, ie ähnlicher scheinet solche Farbe mit ienem Ton zu seyn. Nun ist aus aus [sic] der Optic bekannt, daß bey blau die Strahlen weit mehr gebrochen sind, als bey roth, und aus der Musik weiß man auch, daß bey der Octave die Lufttheilungen sich viel weniger als bey der Quinte brechen. Drum ist roth eher mit der Octave als blau zu vergleichen«. Neu-eröffnete Musikalische Bibliothek, Bd. II/2 (1740/43), S. 269ff.

37 Die Verteilung der Grundfarben Blau, Rot und Gelb auf die Töne c, e und g stimmt übrigens mit der Anordnung im Castelschen Augen-Clavier überein; sonst bezieht Hoffmann allerdings eine strikte ablehnende Haltung zum ›Farbenklavessin‹, wo Verwirrung und das »scheckigte Gemenge der Farbentöne« walte; vgl. S. 40f.

38 Kritisch äußert sich zum vorliegenden Gegenstand auch C. F. Hellwag in seiner kurzen Abhandlung ›Ueber den Vergleich der Farben des Regenbogens mit den Tönen der musi-

Neuartig erscheint bei Hoffmann der Versuch, eine Ausweitung des Blickwinkels von der begrenzten Parallelisierung rein optischer und akustischer Phänomene in Richtung einer Einbeziehung der dahinterstehenden Künste zu unternehmen; freilich wird hierbei nicht die Spannbreite der Ausführungen Junkers oder Herders erreicht. Dies veranschaulicht etwa der Versuch, den Begriff des »Farbenkörpers« (womit »der Inhalt einer Menge von Graden des hellen und Dunklen in einer bestimmten Farbe« bezeichnet ist) auch auf das Musikinstrument zu beziehen, welches ebenfalls eine Menge Grade »von einer bestimmten Art des Lauts« in sich birgt; der moderne Begriff der Klangfarbe ist hier, wenn auch nicht explicit ausgesprochen, in deutlicher Weise vorgeprägt. So wird Indigo dem Violoncello zugewiesen, Gelb der Klarinette, Violett dem Fagott, Grün der menschlichen Stimme; daß hier eine Überlagerung und begrifflich unklare Gleichsetzung mit der oben skizzierten Ton-Farb-Analogie erzeugt wird, ist jedermann offensichtlich und bedeutet einen weiteren Widerspruch des Hoffmannschen Systems. Die Parallelisierungen reichen freilich noch weiter, zum Teil bis in die Gattungen der beiden Künste hinein, wenn – auch hier offen widersprüchlich – der »herrschende Laut« eines Gemäldes mit der Solostimme eines grossen Konzerts verglichen wird, wenn eine »buntausgeführte lavierte Zeichnung« der Sonate oder dem Klavierkonzert beziehungsweise das »impastirte Gemälde« der Symphonie entsprechen soll.[39] Daß eine solche Auffassung Kritik hervorrufen mußte, liegt auf der Hand; am nachdrücklichsten hat sich Goethe in seinen ›Materialien zur Geschichte der Farbenlehre‹ – wenn auch nicht ohne Sympathie – gegen Hoffmann erklärt:

> »Das Büchelchen selbst verdienet eine Stelle in der Sammlung eines jeden Natur- und Kunstfreundes, sowohl damit das Andenken eines braven, beinahe völlig vergessenen Mannes erhalten, als damit die Schwierigkeit, ja Unmöglichkeit einer solchen Unternehmung einem Jeden deutlicher gemacht werde. Geistreiche Personen werden an den künstlichen, aber redlich gemeinten und, so weit es nur gehen wollte, ernstlich durchgeführten Bemühungen des Verfassers Unterhaltung und Vergnügen finden«.[40]

kalischen Oktave‹, in: Deutsches Museum, Oktober 1786, S. 293ff. Hellwag will die Parallele wesentlich auf die Begriffe Farbe – (instrumentale) Klangfarbe reduziert wissen und kommt mit seiner Forderung dem modernen Klangfarbenbegriff ebenfalls sehr nahe; vgl. dazu nachfolgend.

39 Vgl. a.a.O., S. 57.

40 Eine umfängliche Zusammenfassung der hier nur knapp akzentuierten Ideen Hoffmanns liefert jetzt R. Cadenbach: Tonmalerei als Farbenkunst. Johann Leonhard Hoffmanns Versuch einer wechselseitigen Erläuterung von malerischer Harmonie und Tonkunst, in: E. Schmierer/S. Fontaine/W. Grünzweig/M. Brzoska (Hgg.): Töne – Farben – Formen. Über Musik und die Bildenden Künste (= Festschrift Elmar Budde), Laaber 1995, S. 93-112.

Schließlich soll der Blick auf Friedrich Anton Franz Bertrands Aufsatz ›Malerei und Tonkunst‹ von 1798 gerichtet werden.[41] Bertrand entwickelt seine kunsttheoretischen Ideen in einem Streitgespräch zwischen einem Fürsprecher der Musik und einem solchen der Malerei. Ausgangspunkt ist die Betrachtung der ›Büßenden Magdalena‹ des Pompeo Batoni,[42] womit schon angedeutet ist, daß die Überlegungen hier wesentlich stärker auf konkrete Kunstwerke der Musik wie auch der Malerei ausgerichtet sind; im Ganzen liefert Bertrand vor allem eine Weiterentwicklung und reflektierende Verfeinerung bekannter Gedanken. Dies etwa, wenn der wiederholt vorgetragenen kritischen Einschränkung, die Tonkunst funktioniere mit den eigenen Mitteln nur unvollständig, eine Entsprechung in der Malerei gegenübergestellt wird: So wie in der Musik ein gewissermaßen von außen wirkendes Erklärungsprinzip in Form des Textes herangezogen werde, so bediene sich auch die Malerei eines zusätzlichen, vorher verabredeten Zeichensystems, nämlich der Allegorien, Personifizierungen und Symbolismen.

Erweitert wird auch der von der Malerei in Anspruch genommene Vorzug der generellen Darstellbarkeit alles Dinglichen: »Alle Gegenstände der Welt sind mein!« hatte Herder seine Muse ausrufen lassen. Die Überlegungen Bertrands beziehen sich auf die Zweckbestimmung, damit allgemein auf die moralische Zielsetzung der Kunst, freilich, ohne eine solche Kategorie der »Nützlichkeit« zur bestimmenden Instanz zu erheben: Weder muß sich das Werk des Malers einem allgemeinen Interesse am darzustellenden Gegenstand unterordnen, noch kompromittiert der Künstler seine Kunst, wenn er Unbedeutendes abbildet.[43] Autonomie der Kunst, Freiheit des Künstlers und die Ausrichtung an der höchsten Vollkommenheit der Natur werden als eigentliche Ideale der traditionellen, auch kunsttheoretisch begründeten Forderung vorgezogen, stets nach dem Erhabenen zu streben: »O ihr auf euren Kathedern! – Sollen wir nichts als Messiaden lesen? nichts als die hohen Phantasien eines Vogler hören? nichts unseres Blicks würdigen als etwa ein jüngstes Gericht von Rubens – und was es aufwiegen kann? – Mag nicht vielleicht das Auge, welches eine ununterbrochne Gallerie großer Thaten der Geschichte ermüdete, auf einer Landschaft, einer Blumenpartie ausruhn, und, aufwärts gehoben, das Bekenntnis thun: Du bist größer denn sie?«

41 Berlinisches Archiv der Zeit und ihres Geschmacks, Januar 1798, S. 8-28.

42 Vormals in der Dresdner Galerie (Kriegsverlust); das Bild besaß für die Nazarener eine symbolhafte Bedeutung und war vor 1800 eines der am meisten kopierten Bilder; siehe H. Börsch-Supan: Die Deutsche Malerei von Anton Graff bis Hans von Mareés 1760-1870, München 1988, S. 274.

43 Im gleichen Sinne hatte sich Diderot erklärt: »Die strenge Nachahmung der Natur kann die Kunst wohl dürftig, klein, kleinlich machen, niemals aber unwahr oder maniriert«. Vgl. Ästhetische Schriften, Bd. II, Berlin 1967, S. 210.

Zuletzt entwickelt Bertrand bemerkenswert aktuelle rezeptionsästhetische Gedanken. Anders als beim Betrachten eines Gemäldes, wo ein entsprechender Abnutzungseffekt nicht spürbar sei, berge die Fähigkeit der Musik, dynamische Prozesse darzustellen, in sich die Gefahr der sukzessiven Schwächung durch häufige Wiederholung; zudem sei die Musik in besonderer Weise dem Wechsel der Moden unterworfen. Ausgenommen davon seien die nationale, vor allem aber die religiöse Musik: »Wahr ist es, je mehr sich Komposizionen dieser Gattung nähern, desto dauernder ist ihr Effekt. Wie viel jüngere Geburten überlebte Grauns Tod Jesu! wie viel wird er noch überleben!«[44] Bertrands zielgerichtete Argumentation auf die Kirchenmusik hin erstaunt nicht, wenn man sich vergegenwärtigt, daß das ausgehende 18. Jahrhundert ganz entschiedene Bestrebungen im Hinblick auf die Restauration kirchenmusikalischer Werte hervorbringt, man denke etwa an das aufkommende Interesse an altitalienischer Vokalpolyphonie und an die sich jetzt häufenden programmatischen Schriften zur Erneuerung der Kirchenmusik; das aufkommende Schlagwort von der »wahren Kirchenmusik« belegt markant eine Entwicklung, die in dem musikgeschichtlich bedeutenden Vorgang der »kirchenmusikalischen Restauration« in den ersten Jahrzehnten des 19. Jahrhunderts ihren Höhepunkt erreichen sollte. Die besondere Exponierung der Musik Palestrinas, die in einer umfassenden Palestrina-Renaissance ihren Ausdruck findet, sowie die ideengeschichtlich dahinterstehende »Attraktion des Katholischen« sind vielleicht die augenscheinlichsten Phänomene dieses Vorgangs. Ein gleiche Tendenz zeitigt auch die Malerei, erinnert sei nur an die Gründung des Lukasbundes in Wien im Jahre 1809, für den die Namen etwa Friedrich Overbecks, Julius Schnorr von Carolsfelds, Franz Pforrs oder auch Peter von Cornelius' stehen und der sich in der nazarenischen Malerei einer stark durch religiöse Motive geprägten Kunstsprache zuwandte; die Übersiedlung eines Teils der Lukasbrüderschaft nach Rom, an die Wiege des Katholizismus, und das unbedingte Bekenntnis zu Raffael dürfen ebenfalls als Parallelerscheinung zur »kirchenmusikalischen Restauration« verstanden werden.

III

Die vergleichende Lektüre der vorgestellten kunsttheoretischen Literatur drängt die Frage geradezu in den Vordergrund, ob die auffällige Häufung dieser Beiträge ausgerechnet in Deutschland und besonders in der Zeit nach 1780 eine Entsprechung in der zeitgenössischen Kompositionspraxis gefunden habe, ob also im weitesten Sinne eine Reflexion aktueller Erscheinungen des Musik-

44 Freilich ist nicht zu leugnen, daß sowohl in der nationalen wie in der religiösen Musik außermusikalische Kategorien (Staatssymbolik, Bibeltext) in erheblichem Maße den Rezeptionsprozeß beeinflussen.

lebens festzustellen sei.[45] Wer auf der Suche nach solchen Ereignissen, Personen oder kompositorischen Zeugnissen die musikalische Publizistik des entsprechenden Zeitraums durchsieht, stößt bald auf eine Musikerpersönlichkeit, die in der Frage der musikalischen Malerei ganz exponiert im Brennpunkt der Auseinandersetzungen gestanden hat: Gemeint ist der kurpfälzische Kapellmeister, Pädagoge, Theoretiker und Komponist Georg Joseph Vogler, der Abbé Vogler, wie er von den Zeitgenossen genannt wurde.

Die umfassenden Diskussionen um dessen Person entzündeten sich indes nicht so sehr an den zahlreichen ausgearbeiteten musikalischen Kompositionen, als an seiner Tätigkeit als reisender Orgelvirtuose, die ihn zu mehr als 2000 Konzerten[46] durch ganz Europa führte. Im Zentrum der Kritik stand dabei weniger die virtuos-organistische Befähigung als vielmehr die Art der Programmgestaltung, mit der Vogler dem Publikum gegenübertrat. Unbedingter Bestandteil seiner Orgelkonzerte war nämlich die tonmalerisch-programmatische, gleichwohl improvisierte Darstellung einer großen historischen oder biblischen Szene. Durch Rezensionen und Programmzettel sind wir heute über die Zusammensetzung dieser Programme relativ gut unterrichtet. So steht, um ein Beispiel vorzutragen, ein Konzert ›Zum Besten der Armen‹ in der Berliner Garnisonkirche unter dem Titel ›Malerische Nachahmung der Hauptscenen aus der Geschichte Saul und Davids‹. Das in etliche Teile zerfallende, die große dramatische Anlage verratende Konzertprogramm enthält genaue dramaturgische Anweisungen, etwa:[47] ›Zetergeschrey der Philister, um Israel zu höhnen‹,

45 Engels Abhandlung etwa ist an einen Praktiker, den königlichen Kapellmeister Johann Friedrich Reichardt gerichtet, vielleicht wurde sie sogar von diesem angeregt. Reichardt hat sich dem Thema zusätzlich an anderer Stelle genähert, wenn auch nicht mit der nötigen Breite (wie Anm. 13). Zu erwähnen wären auch die in den theoretischen Schriften erkennbaren gelegentlichen Bezugnahmen auf konkrete musikalische Stücke, in aller Regel übrigens Vokalmusik; Beispiele aus folgenden Werken werden etwa behandelt:
Junker: Händel (Messias, Judas Maccabäus); Graun (Tod Jesu); Jommelli (Miserere, Armida, Demofonte, Ifigenia); Gluck (Klopstockoden, Hermannsschlacht, Iphigenie); Bach (Israeliten in der Wüste); Hiller (Liebe auf dem Lande);
Engel/Cramer: Gluck (Alceste, Orpheus, Paris); Graun (Tod Jesu); Reichardt (Ariadne); Händel (Alexanderfest); Hasse (S. Helena); Scalabrini (Armida); Hiller (Gewittersinfonie/Jagd); Philidor (Gewittersinfonie); Monsigny (Deserteur); Bach (Sanguineus/Melancholicus, Musikalisches Allerley und Mancherley);
Bertrand: Schweitzer (Alceste); Benda (Ariadne und Medea); Zumsteeg (Kolma); Graun (Tod Jesu).

46 Etwa sechzig Programme sind heute noch erhalten; vgl. S. Sadie (Hg.): The New Grove Dictionary of Music and Musicians, Bd. 20; Art.: Vogler, Georg Joseph, von M. H. Grave.

47 Programmblatt in Berlin, Deutsche Staatsbibliothek, Stiftung Preußischer Kulturbesitz, Abteilung historische Drucke, Konvolut 4° Diez. 2900: 36.

oder ›Samuels Schatten von der Wahrsagerin erweckt, erscheint dem König Saul‹ oder ›Die Schlacht – Flucht und Unglück der Israeliten – Sauls Tod‹.

Nicht deutlicher kann jene zeitgenössische Tendenz deskriptiver Instrumentalmusik beschrieben werden, die durch vordergründig-anschauliche Nachahmung landschaftliche Panoramen oder biblische beziehungsweise historische Ereignisse akustisch nachzuempfinden sucht. Die schlichte Form der programmatischen Beschreibung, die keinerlei literarische Ambitionen an den Tag legt und weitgehend auf sprachliche und syntaktische Gestaltung verzichtet, läßt keinen Zweifel daran bestehen, daß hier eine visuell vorgestellte Szene zugrundeliegt, nicht aber die textlos-instrumentale Umsetzung einer poetischen Vorlage. Interessant ist, zu verfolgen, welche außergewöhnlichen spiel- und satztechnischen Mittel Vogler zur Realisierung herangezogen hat. So weiß man, daß er den Donner nachahmte, indem er »mehrere Pedaltasten zu gleicher Zeit niedertrat und den Wind der Trompeten und anderer brausenden Baßregister ohne Harmonie und ohne Spiel lange auf der Klaviatur fortsausen ließ«;[48] der Fall der Mauern von Jericho wurde durch das geradezu moderne Kompositionsprinzip des Clusters dargestellt, denn es ist bezeugt, daß Vogler »mit beiden Armen so viele Tasten niederdrückte, als er erreichen konnte, und zwar auf dem vollregistrierten Manual«.[49] Von allen diesen, nicht nur im Verständnis des ausgehenden 18. Jahrhunderts phantastisch anmutenden Klanggebilden fehlt uns heute freilich jede akustische Vorstellung: Weder existiert eine nachträgliche schriftliche Fixierung Voglers, noch ist überhaupt eine eigentliche Orgelkomposition überliefert.[50] Es erscheint zwangsläufig, daß die hier vertretene Form der Nachahmung im Zuge der aktuellen Ästhetikdebatte eine zwiespältige Aufnahme finden mußte. Wohl kaum eine Gestalt des zeitgenössischen Musiklebens hat demzufolge so gegensätzliche Meinungen auf sich vereinigt: Die Palette reicht von bedingungslos-kritischer, bisweilen polemischer Verurteilung bis zur einhelligen begeisterten Zustimmung, ja euphorischen Vergötterung.

Daß Vogler mit seiner Musikauffassung nicht allein gestanden hat, ist durch etliche parallele Erscheinungen belegt. So weiß man, daß ein Organist namens Johann Michael Bach[51] in einem Orgelkonzert zu Basel das 14. Kapitel des

48 Allgemeine Musikalische Zeitung VIII (1805), S. 316.

49 Mitgeteilt von P. Vretblad: Konzertlivet i Stockholm under 1700-talet, Stockholm 1918, S. 9.

50 Das völlige Fehlen von Orgelliteratur des berühmten Spielers und Improvisators Georg Joseph Vogler hat eine eigentümliche Parallele in der Gestalt Anton Bruckners, der, als einer der am meisten gefeierten Orgelvirtuosen des 19. Jahrhunderts und als Komponist von herausragendem Rang, ebenfalls nur eine Handvoll Orgelsätze hinterließ.

51 Der Genannte ist nicht Mitglied der bekannten weitverzweigten thüringisch-sächsischen

2. Buch Mose extemporierte, sich also in der Darstellung der ›Flucht aus Ägypten‹ versuchte; man braucht nicht viel Phantasie, um sich, wie es heißt, das ›Ersaufen der Egyptier‹ im Roten Meer als den musikalisch-dramatischen Höhepunkt vorzustellen. Das Bedürfnis nach solchen »charakteristischen« Vorträgen war so groß, daß offenbar eine ganze Reihe auch weniger profilierter Musiker der gegenwärtigen Mode erlegen ist. Der Organist Philipp Hermann Diederich beispielsweise hat einem etwaigen Mangel an Reputation dadurch abzuhelfen gesucht, daß er sein Orgelprogramm ›nach dem geschmak des Herrn Abt Vogler‹ betitelte. Worauf Parteigänger Voglers – vielleicht auch der Abbé selbst- in der ›Musikalischen Korrespondenz‹ eine ›Warnung für Organisten und Orgelliebhaber‹ veröffentlichten, in der sowohl Diederich als auch der ebenfalls in Ungnade gefallene Organist Müngersdorf aus Düsseldorf als »Charletane« verurteilt werden.[52]

Auch auskomponierte Werke, die sich vielleicht in Gattung oder Instrumentation, auch in Genese und schriftlicher Fixierung, nicht aber in der grundsätzlichen Anlage und Wahl der Mittel von den Voglerschen Improvisationen unterscheiden, lassen sich nachweisen; so wären hier etwa beispielhaft zu nennen: Franz Jacob Freystädtlers Komposition ›Die Belagerung Belgrads, eine historisch-türkische Fantasie oder Sonata für das Klavier, mit Begleitung einer Violine‹,[53] oder auch die, durch gelegentlich eingeschobene »szenische« Textmarken an das Melodram erinnernde anonyme Klavierkomposition ›Musicalische Empfindungen bey dem Rheinfall unweit Schaffhausen‹.[54] Vor allem aber ist der Biberacher Organist und Komponist Justin Heinrich Knecht zu erwähnen, der sich wie kaum ein Zweiter den musikalischen Ideen Voglers verpflichtet fühlte. Sein Orgelsatz ›Die durch ein Donnerwetter unterbrochne Hirtenwonne‹[55] bezieht sich unmittelbar auf eine von Vogler gegebene Vorstellung,[56]

Musikerfamilie. Vgl. M. Staehelin: Besungene Schweizer Natur. Zu den Klavierliedern von J. M. Bach, in: Neue Zürcher Zeitung vom 19. Juni 1992, S. 48.

52 Die mitabgedruckten Programme lassen keinen Zweifel daran, daß hier durch Vogler inspirierte Musiker am Werk sind; zu Diederich siehe auch unten, Anm. 80.

53 Wenn man der vernichtenden Rezension von ›Zx‹ in Musikalische Real-Zeitung, 1790, Nr. 16 vom 21. April, glauben will, »wirft Herr Musikmeister Freistädtler auf gut türkisch Himmel und Hölle unter einander, indem er lyrum larum leiert, daß es den Apoll erbarmen möchte!« Dem gleichen Stoff hat sich übrigens auch der Kasseler Organist Johann Christoph Kellner zugewandt, freilich in vokaler Umsetzung.

54 M. Staehelin: ›Musicalische Empfindungen bey dem Rheinfall‹, in: Neue Zürcher Zeitung vom 16./17. Dezember 1989, S. 70.

55 Erschienen 1794 in Darmstadt mit dem Untertitel ›Eine musikalische Schilderung auf der Orgel‹; vgl. RISM (wie Anm. 15), Bd. A/I/5.

56 Vgl. The New Grove, Bd. 10 (wie Anm. 46), Art.: Knecht, Justin Heinrich, von A. Loewenberg/K. Rönnau.

und auch seine Pastoralsinfonie[57] dient nicht nur als zusätzlicher Beleg für die offenbar gern gewählte Vertonung des Gewittersujets, sondern sie muß auch als unbedingtes Bekenntnis zu den tonmalerischen Ideen des Abbé verstanden werden.[58]

Wenig freundlich, ja in der Mehrzahl eindeutig kritisch-ablehnend hat die musikalische Publizistik das Phänomen Vogler aufgenommen. Zu den wenigen wohlmeinenden Stimmen[59] zählen dabei die Ausführungen Adolph Freiherrn von Knigges,[60] der seine Meinung auf eine persönliche Begegnung mit dem

57 Le portrait musical de la nature, Speyer ca. 1783/84. Eine ›Aufforderung zur Praenumeration‹ war erschienen in: Der Teutsche Merkur 1783, 4. Vierteljahr, S. CXCIVff.; die Gliederung orientiert sich in der dramatischen Anlage, wie auch in der plastischen Vorstellung einzelner Szenen der Landschaftsidylle unmittelbar an Vogler: »Das Tongemählde der Natur, eine große Sinfonie, von 2 Violinen, Viole samt Baß, 2 Flöten, 2 Hoboen, 2 Fagotten, 2 Waldhörnern, 2 Trompeten und Pauken, welche schildert und darstellt: 1) eine heitere und angenehme Gegend, wo die Sonnenstrahlen schimmern, säuselnde Westwinde herangaukeln, Bäche durchs Thal sich schlängeln, die Vögel im nahen Hain pfeiffen, ein Waldstrom murmelnd sich herabgießt, der Hirt bläßt, dessen Heerde von Freude hüpfet, und die Schäferin singt; 2) wie hierauf die Luft allmählig schwül und trübe wird, alles bang athmet, erschrickt, wie schwarze Gewitterwolcken langsam daherziehen, Winde sich erheben, wie es in der Ferne donnert, das Donnerwetter immer näher kömmt und dann 3) mit aller Macht ausbricht, vom Rasen der Winde und vom Prasseln des Regens begleitet, wie die Wipfel der Bäume sausen, der Waldstrom heulend herabrauscht; 4) wie nach und nach das Gewitter aufhört und die Luft sich wieder aufheitert; wie endlich 5) die Natur sich theils in sanften und empfindsamen Gesängen, theils in Jubelchören voll Dank und Entzückung zum Schöpfer erhebt«. Zur Einordnung des Stücks in die Tradition der Pastoralsinfonie vgl. A. Sandberger: Zu den geschichtlichen Voraussetzungen der Pastoralsinfonie, in: Ausgewählte Aufsätze zur Musikgeschichte, Bd. II, München 1924, S. 154ff.

58 Vgl. auch das Orgelpräludium ›De opstanding Jesus‹, Groningen o. J., das sich der Darstellung eines biblischen, zudem in allen Künsten zum Ende des 18. Jahrhunderts bevorzugten Themas widmet; das Stück ist ebenso enthalten in: J. H. Knecht: Vollständige Orgelschule, Leipzig 1795-98, Bd. II, S. 130ff.: ›Ein Tongemälde für die Orgel, worin geschildert wird: a) die schauervolle Stille des Grabes, b) das allmähliche Verschwinden der Morgendämmerung, c) das Beben der Erde, d) das Herabfahren eines Cherubs vom Himmel, der den Stein von der Gruft hinwegwälzt, e) das Emporsteigen Jesu aus dem Grabe, f) das Zurückstürzen der römischen Schaar und g) der Triumphgesang der Engel‹. In der Vorrede wird ein stufenloses Registercrescendo, ganz im Sinne des Mannheimer Orchesterklangs, beschrieben. Außerdem hatte Knecht offenbar Pläne, weitere »musikalische Schilderungen oder charakteristische Orgelstücke, die nicht zu schwer gesezt, und aus der heiligen Geschichte genommene Gegenstände enthalten«, zu publizieren; vgl. Musikalische Korrespondenz 1791, Sp. 175.

59 Weiteres bei K. E. von Schafhäutl: Abt Georg Joseph Vogler, Augsburg 1888, S. 21f.

60 »Hätte nun der Herr Abt auf sein Zettel gesetzt: ›Ich werde zuerst den Ausdruk der An-

Abbé in Hannover gründet. Knigge zeigt sich von den virtuosen Fähigkeiten wie auch von der charakterlichen Erscheinung Voglers sehr beeindruckt und beruft sich in seiner ›Apologie der Tonmalereien‹ vor allem auf Vorgängerautoritäten: »Sind nicht Wielands Meisterstücke voll von solchen Bildern? Finden wir nicht Spuren davon in Corneille, Racine, Voltaire, Metastasio? Läßt nicht der große Benda, in Ariadne auf Naxos, den Löwen im Orchester brüllen, und in Romeo und Julia die Lerche pfeifen?«[61] Auch der Berliner Musikgelehrte Friedrich Wilhelm Marpurg liefert mit seinem 1794 veröffentlichten lateinischen Hexameter noch einen Beweis der Wertschätzung, wobei vermutlich auch hier persönliche Bindungen eine Rolle spielen: »Pingit Voglerus. Loquitur pictura. Stupendi/Non locutus est; Phoebo suppediante tonos«.[62]

dacht und das Sehnen nach einem gluklichen Erfolge schildern. Durch Trompeten-Stimmen werde ich hierauf das muthvolle Unternehmen eines großen Werks; dann die Verwirrung, die durch tapfres Würken und Streben entsteht, und endlich den Triumph des siegreichen Erfolgs ausdrüken‹ so würde niemand an dieser Schilderung leidenschaftlicher Gefühle etwas auszusezen gefunden haben. Allein nun dachte er sich das anwendbar auf eine bekannte Begebenheit, versinnlichte das Bild, und sagte kürzer: ›Ich stelle die Belagerung von Jericho dar 1) Israels Gebeth zu Gott 2) Trompetenschall 3) Umstürzen der Mauern 4) Siegreicher Einzug‹ – – Und was ist nun anstößig bei dieser Art von Darstellung, die noch dazu äusserst täuschend ausfiel?« in: Musikalische Real-Zeitung, 1789, Nr. 44, vom 28. Oktober.

61 Musikalische Realzeitung, 1789, ebenda.

62 Berlinische Monathsschrift, Oktober 1794, S. 368. Der Vers ist überschrieben ›Über ein malerisches Tonstück des Herrn Abts Vogler, von einem Diener und Freunde‹; die beigegebene deutsche Übersetzung lautet: »Staunt nicht, daß Voglers Kunst ein sprechend Bild erzeugt. Es hat ihm ja Apoll die Farben selbst gereicht«. An anderer Stelle hat sich Marpurg über die programmatische Verwendung der Orgel durchaus kritisch geäußert; vgl.: Des critischen Musicus an der Spree erster Band, Berlin 1749/50, S. 337: »So sehr handelt man heutiges Tages dem Character der Instrumente entgegen. Auf der Orgel höret man nichts als Ungewitter, Kriege, Jagdten, Sonaten und Opersymphonien. Ehemals war es ein ernsthaftes und majestätisch Instrument [...]«. Marpurgs sonstige Beiträge zur »musikalischen Malerei« beschränken sich auf die Wiedergabe der von Noël-Antoine Pluche in ›Le spectacle de la nature‹ bereits 1746 formulierten Gedanken, wonach Musik eine Rede und die Malerei eine Art von Schrift sei, mit dem hauptsächlichen Ziel, zu unterrichten; vgl. Historisch-kritische Beyträge, Bd. I (1754/55), S. 550. An anderer Stelle bezieht Marpurg Position zur Vorstellung dynamischer Handlungsverläufe in der Musik, freilich ohne wesentlich neue Anregungen: »Die Mahlerey belebet die Leinwand; die Tonkunst aber drückt die Empfindungen selbst vermittelst einer Sprache aus, die allen Menschen gemein und verständlich, und also weit natürlicher ist, als keine Sprache der Welt. Der Mahler schafet einen Zornigen, kann ihn aber auf einem Gemählde in nicht mehr als einer Bewegung vorstellen: Der Tonkünstler hingegen giebt dem Zärtlichen, dem Traurigen, dem Lustigen den er schaft, allerley Gedanken, Empfin-

Schon sehr zwiespältig äußert sich der oben genannte Carl Ludwig Junker,[63] dessen Beitrag in großen Teilen ein Rechtfertigungsversuch der in der Öffentlichkeit häufig diskutierten charakterlichen Schwächen Voglers ist. Die Beurteilung ist auch hier aus der direkten, offenbar engen Bekanntschaft gewonnen; um so gewichtiger ist die ziemlich unverhüllte Ablehnung zu bewerten. Dem freundschaftlichen Bemühen um Nachsicht gegen den bisweilen über die Maßen eitlen und habsüchtigen Abbé[64] steht eine deutlich ausgesprochene Kritik der musikalischen, auch musiktheoretischen Leistungen gegenüber: »Große erhabene Sentiments, heroische Gefühle, prächtige, oft fürchterliche Szenen, mit der ganzen Energie der Tonkunst, mit hinrauschenden erhebenden Paßagen, mit großer volltönigter Begleitung, zu unterstützen, und fürzutragen; – dazu ist Vogler der Mann. Die Farben zum Gemälde leiser Frühlingsscenen; ruhiger sanfte Empfindungen, kennt er weniger. Er ist ein Rubens, der jedesmal seinen Pinsel in Saftfarbe taucht, – aber – er ist kein Correggio. Eine Madonna mit dem Kinde an der Brust, süß herablächelnd auf dasselbe – – Nein; diese herzrührende Scene mahlt er nicht!«[65] Die vergleichende Beschreibung dürfte sich kaum zufällig der aus der Malerei abgeleiteten Kunstbegriffe bedienen. Gänzlich abwertend und damit in der Tendenz seine zehn Jahre zuvor erschienenen ›Betrachtungen‹ bestätigend, fällt die Beurteilung der Orgelvorstellungen aus: »Wahrscheinlich hat er es der Verwirrung seines Kopfs durch Hoflust am meisten zuzuschreiben, daß er nun die Bahn des guten Geschmacks verließ, und alles durch den unglücklichen Einfall seiner musikalischen Malereien überspringen wollte«.[66]

dungen, allerley Ausdrücke und Bewegungen. Der Mahler stellt die Begebenheit nur vor; der Musikus kann mancherley Begebenheiten fast in ihrem ganzen Umfange noch einmal geschehen lassen. Und wenn bey solchen durch Töne vorstellbaren Begebenheiten und Folgen der Empfindungen die Tonkunst unvollkommen ist, so liegt es nicht an ihr, sondern an den Fehlern derjenigen, die nicht so lange suchen, bis sie die dazu geschickteste Folge der Töne finden, und derjenigen, die, wenn der Componist die rechten Töne gefunden hat, nicht Mühe genug anwenden, sie dem vorgesetzten Zwecke gemäß auszudrücken«. Historisch-kritische Beyträge, Bd. II (1756), S. 214.

63 Musikalische Real-Zeitung, 1788, Nr. 8-10, August-September: ›Brief an einen musikalischen Freund‹; daß sich hinter dem mit ›Jk‹ gezeichneten und in drei Teilen erschienenen Beitrag Carl Ludwig Junker verbirgt, legen biographische Umstände nahe; vgl. auch Schafhäutl: Abt Vogler (wie Anm. 59), S. 12 u. S. 17 u.ö.

64 So ließ sich Vogler etwa als »Päbstlichen Erzzeugen, Ritter vom goldnen Sporn, Kämmerer des apostolischen Pallastes, seiner Kurfürstlichen Durchleucht zu Pfalz geistlichen Rath, Hofkapelan, und Hofkapellmeister, auch öffentlichen Tonlehrer, und der Arkadischen Gesellschaft in Rom, Mitglied« ankündigen; Musikalische Real-Zeitung, ebenda.

65 Musikalische Real-Zeitung, 1788, Nr. 8, vom 20. August.

66 Junker glaubt den »Hang nach diesen Bizarrerien« auf Einflüsse zurückführen zu können, die Vogler ab 1784 auf seinen zahlreichen Reisen durch Europa erfahren habe. Es hat ins-

Geradezu ätzend nimmt sich die Kritik aus, die – und wir kehren damit gewissermaßen an den Ausgangspunkt unserer Überlegungen zurück – Johann Nikolaus Forkel aus Göttingen an Voglers Auftritten übt. Forkel ist damit die vernehmlichste Stimme einer weitgehend gegen Vogler eingestellten norddeutsch-protestantischen Partei, ebenso, wie der Abbé als Exponent einer süddeutsch-katholischen Auffassung gelten muß. Der gesamte ›Nord-Süd-Konflikt‹ ist in seiner Komplexität, seinem Ineinanderwirken verschiedenster Traditionen längst noch nicht genügend erforscht. Eine Rolle spielt sicher, neben konfessionellen Gründen, die erkennbare konservative Starre namentlich der Berliner Theoretiker,[67] die sich nur mühsam beispielsweise den Mann-

gesamt doch den Anschein, als ob Vogler allgemein als einer der führenden Klavier- und Orgelspieler der Zeit anerkannt gewesen sei. Vielfach werden seine Improvisationskünste gerühmt, so etwa im Wettstreit mit Ludwig van Beethoven, wo nach Johann Gänsbachers Urteil Vogler als die eindrucksvollere Persönlichkeit geschildert wird; vgl. dazu die Zusammenstellung der Bemerkungen Junkers, Knigges, Rincks und M. Haydns in Schafhäutl: Abt Vogler (wie Anm. 59), S. 22f. Vor allem aber Christian Friedrich Daniel Schubart hat sich ganz emphatisch für Vogler eingesetzt und dessen Position verteidigt: »O ihr Organisten von Liliput samt und sonders, ihr kritischen Männlein, die ihr Voglers Riesenbild mit burleskem Neide anschnarcht, oder bösartig bepißt: verschlupft euch doch einmal in eure Zellen, in eure Hornissennester; denn Vogler ist unantastbar«, in: Musikalische Korrespondenz, 1790, Sp. 123. Die erste Strophe eines Gedichts von Schubart, anläßlich der Abreise Voglers nach Schweden verfaßt, lautet: »Halt' inn in deinem Cherubsfluge,/Halt inne, du gekoßtester Sohn der Harmonie,/Orgelgeist, des ersten Tongebäuds Beseeler,/Halt' inn in deinem Cherubsfluge,/Daß ich am Halse dir hang und weine«. Johann Christian Heinrich Rinck hat übrigens noch im Jahre 1820 einen Band seiner Orgelschule diesen malerisch-programmatischen Vorträgen gewidmet. Gegen alle diese wohlmeinenden Urteile steht freilich Mozarts bekanntes abschätziges Urteil, wonach Vogler ein »öder Musickalischer spaß-macher« sei, der sich »recht viell einbildet und nicht viell kann«, in: Briefe vom 4. und 13. November 1777 aus Mannheim; vgl. Mozart. Briefe und Aufzeichnungen, Bd. II (wie Anm. 20), Nr. 363 u. Nr. 370. Von Interesse ist zudem, daß Vogler sein Orgelspiel gerade eben nicht auf der Grundlage der programmatisch-malerischen Improvisationen beurteilt wissen wollte: »Wer mich als Organist beurtheilen will, der bringe nichts als Präludi und Fuge in Anschlag [...]. Was ich ausser der Fuge und Präludi spiele, ist keine Orgelspielart, sondern ich erscheine hier als Kapellmeister [!], der aus seinen gesetzten Opern, Balletten, Kirchen- und Kammerstücken Hauptzüge improvisiret, ausführet, und durch ungewohnte Verbindungen von Registern verschiedene Instrumente nachäfft« in: Lübeckische Anzeigen, 24. Stück vom 10. Juni 1786.

67 Knigge und Marpurg brechen gewissermaßen mit ihrer Hinwendung zu Vogler aus dieser ›norddeutschen Phalanx‹ aus. Eine ebenfalls zum Thema gehörende Berliner Schrift, die Forkel in seiner ›Allgemeinen Litteratur‹ (wie Anm. 34), S. 485, anzeigt und die ihre satirische Ausrichtung bereits im Titel verrät, war nicht erreichbar: [Anonym]: Kunst-

heimer sinfonischen Neuerungen zugänglich zeigten; daß die im Gegenzug insbesondere von Vogler, aber auch von Christian Friedrich Daniel Schubart vorgetragenen Angriffe gegen die Berliner »Zopfigkeit«[68] häufig genug über das Ziel hinausschießen, spürt der aufmerksame Betrachter indes ebenso deutlich.[69] Auf der Grundlage dieser Polarisierung berufen sich die Invektiven Forkels nicht allein auf musikalisch-fachliche Argumente: Zu einem großen Teil spielen persönlich gefärbte, ja feindliche Polemiken eine noch wesentlichere Rolle. So findet man in Forkels ›Musikalischem Almanach‹ von 1789[70] nicht nur die verunglimpfende Mitteilung, Vogler habe in Lübeck die Einnahme eines ›Konzerts für die Armen‹ einbehalten,[71] da er nur für katholische Arme spiele, sondern auch die Einordnung seiner Improvisationen als »Charlatanerien« und »unverschämte Prahlereien, die nur aus einem verbrannten Kopfe, fast möchte [man] sagen, aus einem verwahrlosten Herzen kommen«.[72] Und an anderer Stelle desselben Almanachs heißt es: »Sein Spiel auf der Orgel ist völlig unbedeutend und kraftlos: ohne einen Funken der Majestät und Würde, welche diesem Instrumente so eigen, und wozu es einzig bestimmt ist, und ohne einen Schatten der herzerhebenden Einfalt, wodurch die geistliche Musik und vorzüglich die Choräle in Deutschland so vortrefflich sind. [...] Ich habe bey seinem Spiel recht gefühlt, wie sehr die geistliche Musik im katholischen Deutschlande, die uns an Pracht und Glanz so sehr überlegen seyn mag, dagegen in der edlen hohen Einfalt und in allen Eigenschaften einer wahren kirch-

gerichtliche Taxe des Orgel- und Fugenspiels des Herrn Abt Vogler vom Bälgentreter der Garnisonkirche, Berlin 1788.

68 H. G. Ottenberg (Hg.): Der Critische Musicus an der Spree. Berliner Musikschrifttum von 1748 bis 1799, Leipzig 1984, S. 25f.

69 Erinnert sei nur an den Versuch Voglers, vierstimmige Choräle J. S. Bachs zu verbessern.

70 A.a.O., S. 138.

71 Adolph Frhr. von Knigge widerlegt in ›Musikalische Korrespondenz‹, 1791, Sp. 250f., mit überzeugenden Argumenten die Forkel'sche Beschuldigung.

72 Vogler hat den Fehdehandschuh, seiner Natur entsprechend, unverzüglich aufgenommen und eine 1791 herausgekommene Klavierkomposition Forkels, die ›Vier und zwanzig Veränderungen fürs Clavichord oder Fortepiano auf das englische Volkslied: God save the King‹ in einer selbständigen Publikation vernichtend rezensiert, dies zudem, wie er betont, ohne Stolz und Rachsucht; vgl. dazu: [G. J. Vogler]: Verbesserungen der Forkel'schen Veränderungen über das Englische Volkslied God save the King, Frankfurt/M. 1793. In seiner »Zergliederung« weist Vogler nahezu in jedem einzelnen Takt Fehler und »unedle« Stellen nach und legt am Ende mit seinen Verbesserungen eine weitgehend vom Original abweichende Komposition vor; vgl. auch M. Staehelin: Musikalische Wissenschaft und musikalische Praxis bei Johann Nikolaus Forkel, in: Musikwissenschaft und Musikpflege an der Georg-August-Universität Göttingen (= Göttinger Universitätsschriften, Serie A (Schriften), Bd. 3), Göttingen 1987, S. 9-26.

lichen und heiligen Musik, dem, was man im protestantischen Deutschlande in diesem Fach kennt, nachstehen muß«.[73] Gerade der Umstand, daß der Beitrag seine Beschwerden von dezidiert protestantischer Warte vorträgt und grundsätzliche Kritik an den Erscheinungsformen der katholischen Kirchenmusik formuliert, paßt gut zu der Vorstellung, Forkel selbst stehe auch hier als Autor hinter dem Beitrag.[74] Aufschlußreich ist zudem die ebenfalls von Forkel lancierte Mitteilung eines Lübecker Korrespondenten über ein dort gegebenes Orgelkonzert. Denn hier hatte der Abbé mit dem Philosophen, Theologen und Rektor des Lübecker Gymnasiums Johann Daniel Overbeck – übrigens einem Großonkel des Malers Johann Friedrich Overbeck – einen öffentlichen Disput in den ›Lübeckischen Anzeigen‹ vom 10. Juni 1786 ausgetragen, der besonders darum Interesse verdient, weil Vogler selbst zum Thema der ›Musicalischen Gemählde‹ Stellung bezieht. Die Ausführungen Voglers gestalten sich wie erwartet polemisch, dabei in der Hauptrichtung wiederum gegen die norddeutschen Musiker und Theoretiker gerichtet, gegen die »elenden Stellen« des Artikels ›Musikalische Gemählde‹ aus Sulzers[75] ›Theorie der Schönen Künste‹,[76]

73 Nach dem Programmblatt habe sich der Inhalt wie folgt gestaltet: »1) der ruhige Lauf des Stroms; die Winde, welche ihn schneller jagen; das allmähliche Anschwellen des Wassers; die völlige Überschwemmung. 2) Das allgemeine Schrecken und Geschrey der Unglücklichen, welche ihr Elend vorher sehen; ihr Schaudern, ihr Klagen, Weinen und Schluchzen. 3) Die Ankunft des edlen Prinzen, der den Entschluß faßt, ihnen zu helfen; die Vorstellungen und Bitten seiner Officiere, die ihn zurückhalten wollen; seine Stimme dagegen, die am Ende alle Klagen erstickt. 4) Der Nachen geht ab; sein Schwanken durch die Wellen; das Heulen der Winde; der Nachen schlägt um; der Prinz sinkt unter. 5) Ein affektvolles Stück, mit der Empfindung, die zu dieser Begebenheit paßt«.

74 Bekanntlicherweise stellt ja Forkel dem zweiten Band seiner ›Allgemeinen Geschichte der Musik‹ von 1801 ein in mannigfaltiger Weise zur Erneuerung aufrufendes ›kirchenmusikalisches Manifest‹ voran.

75 Obwohl Sulzer in Winterthur geboren ist, rechtfertigt die lange Zeit des Wirkens in Berlin, damit auch der Aufenthalt im geistigen Umfeld der Berliner Spätaufklärung, eine solche ›norddeutsche‹ Zuordnung.

76 Hier findet sich übrigens im Artikel ›Gemähld. (Musik)‹ eine ausgesprochen bittere Kritik an Georg Friedrich Händel wegen der Verwendung tonmalerischer Elemente im Oratorium ›Israel in Egypt‹ (1738): »Es ist mir unbegreiflich, wie ein Mann von Händels Talenten sich und seine Kunst so weit hat erniedrigen können, daß er in einem Oratorio von den Plagen Aegyptens das Springen der Heuschreken, das Gewimmer der Läuse und andre so abgeschmakte Dinge durch Noten zu mahlen gesucht hat. Ein ungereimterer Mißbrauch der Kunst kann wol nicht erdacht werden«, vgl. Bd. II, Leipzig 1792, S. 357. Daß Händel in der Vertonung von John Miltons Poemen ›L'Allegro‹ und ›Il Penseroso‹ von 1740 eine andere Qualität der Umsetzung von Landschaftspanoramen, aber auch von geistigen Momenten »religiöser Ergriffenheit« ins Pittoreske erreicht hat, konnte jüngst Theodor Wolpers zeigen, in: Händel und die englische Kultur seiner Zeit. Aspekte einer

der fast ausschließlich als Zitat der Overbeck'schen Rezension zugrunde gelegen hatte, gegen die »sanften Graunschen Kehlübungen«, auch gegen den »großen Contrapunktisten Kirnberger«, dem jeglicher »Funken Genie« abgesprochen wird.[77] Seine ›geistlichen mahlerischen Orgelkonzerte‹ versteht Vogler als »pantomimische« Musik, dem Ballett(!)[78] vergleichbar, »weil hier blos durch Instrumente ohne Singstimme, wie im Ballet ohne Sprache durch Geberden Dinge gesagt werden«. Aus dieser Vorstellung leitet Vogler die Berechtigung seiner programmatischen Konzerte ab: Weil nämlich jedes Ballett per se auch Poesie sei, könne die Musik sehr wohl auch ohne die »Begleiterin der Poesie« malen. Daß sich Vogler hiermit in einer ausgesprochenen Gegenposition zu beinahe allen Theoretikern befindet, daß ferner ein gründliches Mißverständnis des Begriffs der *poesis* vorliegt, bedarf keiner weiteren Erläuterung; in eine fruchtbringende Auseinandersetzung mit den diskutierten vielschichtigen kunsttheoretischen Fragen der Zeit ist der Abbé Vogler jedenfalls nicht eingetreten.

IV

Aus dem Gesagten dürfte hinreichend anschaulich geworden sein, daß die Sujets für Voglers Orgelimprovisationen eine gewisse Nähe zu den in der zeitgenössischen Malerei bevorzugten Gattungen aufweisen: Historische Gemälde zählen ebenso dazu, wie Landschaftsschilderungen und biblische Themen. Die Historienmalerei hatte in der Graphik und im Tafelbild nach 1770 einen allgemeinen Aufschwung genommen, und auch die mehr bürgerlich ausgerichtete Landschaftsmalerei gelangt in demselben Zeitraum zu entschiedenem Ansehen; von besonderem Interesse dürfte ein Blick auf die Verhältnisse der engeren Mannheimer Umgebung Voglers sein. Hier wirkten am Hof des Kurfürsten Karl Theodor die beiden Brüder Kobell, zwischenzeitlich auch der gleichaltrige Friedrich Müller, der ›Maler Müller‹ (1749-1825). Während Ferdinand Kobell (1740-99) vor allem in seinen zahlreichen »energischen Zeichnungen« seinen Naturvorstellungen Ausdruck verlieh, ist dessen jüngerer Bruder Franz (1749-1822) vor allem »durch massenhaft in genialischem Tempo produzierte Pinselzeichnungen von dramatisch aufgefaßten Landschaftsausschnitten«[79] in Er-

Begegnung, vornehmlich aus literarischer Sicht, in: Göttinger Händel-Beiträge, Bd. 5, 1996, S. 1-35; vgl. zum Thema auch G. G. Gervinus: Händel und Shakespeare, Leipzig 1868, besonders S. 191ff.

77 Kirnberger hat als Ratgeber Sulzers für die musikalischen Artikel wesentlichen Anteil an der ›Theorie der Schönen Künste‹.

78 Vogler bezieht seine Anschauung von den in Mannheim und Stuttgart gegebenen ›malerischen Balletmusiken‹.

79 Vgl. Börsch-Supan: Deutsche Malerei (wie Anm. 42), S. 131f.

scheinung getreten; in ähnlich dramatisch-inspirierter Weise suchte der ›Maler Müller‹ in Zeichnungen und Radierungen die Natur darzustellen. Einem ›Nicht-Kunsthistoriker‹ sei die Überlegung gestattet, ob der Abt Vogler etwa durch das bei seinen höfischen Künstlerkollegen erkennbare äußere formale Gestaltungsprinzip zur besonderen Ausdrucksform seiner programmatischen Naturimprovisationen angeregt wurde, ob nicht in der »genialischen« Skizzenhaftigkeit, in der gleichsam extemporierten Anlage eine interdisziplinäre Analogie bestehe. Besonders für den Fall einer nachweisbaren direkten Rezeption der Malerei durch den Musiker drängt sich die Frage nach der vielleicht unmittelbarsten Verschmelzung der beiden Künste in den Vordergrund: ob nämlich das 18. Jahrhundert in der ›Vertonung‹ von regelrechten ›Gemäldevorlagen‹ den Beweis der unvermittelten kunstsprachlichen Übereinstimmung bereits habe erbringen können? Damit ist die Frage gestellt, ob die jedermann bekannten Beispiele aus jüngerer Zeit, erinnert sei etwa an Modest Mussorgskijs ›Bilder einer Ausstellung‹ nach Gemälden Viktor Hartmanns, an Franz Liszts sinfonische Dichtung zu Wilhelm Kaulbachs ›Hunnenschlacht‹, oder auch an Paul Hindemiths Sinfonie ›Mathis der Maler‹, in der auf den ›Isenheimer Altar‹ Mathias Grünewalds Bezug genommen worden ist, ob also diese Beispiele gewissermaßen Vorläufer im 18. Jahrhundert aufwiesen, welche direkt aus der zeitgenössischen Kunstanschauung hervorgegangen wären. In der Tat lassen sich solche Ideen belegen. Was in Johann Leonhard Hoffmanns Versuch noch als »Grille« abgetan wird und eher als hypothetische Überlegung formuliert ist, daß sich nämlich ein Musiker aus einem Gemälde die Ordnung der Farbentöne notierte, diese zu einer *harmoniam simultaneam* und *successivam* ausrichtete und die so gewonnene Ordnung mit einer Melodie »beseelte«, diese Vorstellung hat etwa zur gleichen Zeit bereits eine praktische Umsetzung erfahren; niemand anderes als der Abbé Vogler war der Ausführende.[80] Ein Berichterstatter äußert sich wie folgt:[81] »Sie haben die Seltsamkeit erwähnt, daß der Komponist und geistliche Rath Vogler aus Manheim ein historisches Musikstük von der überschwemmten Oder und dem untersinkenden Herzog Leopold unserm Publikum gegeben hat. Hier haben Sie die Nachricht von einer andern ähnlichen Komposition dieses Meisters. Er kündigt, wie Sie sehen, in seinem gedrukten (französischen) Blatte an: ›Musikalische Nachahmung des berühmten Gemäl-

80 Im Jahre 1790 hat sich etwa auch Philipp Hermann Diederich (vgl. oben) an ein solches Unternehmen gewagt: Er ließ für den 15. Oktober in der Franziskanerkirche Neuss unter anderem ankündigen: »Der Bußprediger Johannes in der Wüste nach Raphael, mit der wiederholten Emphasi« sodann auch »Der Triumpf Mariä Himmelfahrt nach Guido Reni«. Siehe den vollständigen Programmabdruck, in: Musikalische Korrespondenz, 1790, Sp. 197ff.

81 Berlinische Monathsschrift, 1786, 4. Stück (April), S. 381f., unter ›Anekdoten‹.

des von Rubens in der Düsseldorfer Gallerie, das jüngste Gericht [...]‹. Meine Geschäfte hinderten mich, nach Amsterdam, wie ich willens war, zu reisen, um diese Seltsamkeit zu hören. Da der Mann grillenhaft genug ist, um, anstatt ausdrucksvolle Worte eines Dichters, ein Gemälde in Musik zu setzen; so vermuthe ich, werden beim Eingange auch, statt der sonst gewöhnlichen Textbücher, kleine Miniaturkopien des großen Gemäldes ausgetheilt worden sein. Wohin kann doch die übertriebene Sucht, originell zu sein, verleiten!«

Philipp Fehl

Kunstgeschichte und die Sehnsucht nach der hohen Kunst: Winckelmann, Fiorillo und Leopoldo Cicognara

Die hohe Kunst is so alt wie die Epen Homers. Da sie der blinde Dichter aus dem Munde der Muse vernahm, ist sie ein Geschenk der Götter. Die Sprache Homers ist bilderreich und bildkräftig; im Lesen, oder besser, im Zuhören sehen wir vor uns, was der Dichter in gebundener Sprache vorträgt. Er läßt uns miterleben, was er selbst im Hören fühlend erlebte. Wenn er den Schild des Achill beschreibt, so ersteht das Werk bildhaft vor uns und spricht wie Bilder sprechen, die eine Geschichte erzählen. Wie sich der Schild vor unseren Augen bewegt, erblicken wir das ganze Schicksal des Menschen vor uns in seinen Freuden und Leiden. Mitleid, Furcht und das Erkennen unserer selbst berühren uns und das Empfinden der Dankbarkeit, daß es den Schild gibt, daß wir uns an ihn erinnern können.[1]

Man kann den Schild auch anders erleben, im Versuch einer archäologischen Rekonstruktion, doch verlieren wir dabei die Kenntnis, daß ein Gott ihn schuf, als Gabe für Achill, den er wohl schmücken konnte, aber nicht vom Tode retten. Der Schild bringt Trost, weil seine Bildkunst die Trauer kennt, inmitten der Lichtkraft der Freude.

Die ganze Kunde vom klassischen Altertum, im Altertum selbst so wie in seinem Weiterleben oder Wiederaufleben unter neuen Voraussetzungen der Religion, ist bewegt von diesem Wissen um die Kunst Homers und seiner großen Nachfolger, die sich – ob nun in direkter oder indirekter Kenntnis seines Beispiels – an ihm bildeten. Dante ist ohne Vergil nicht vorstellbar und Vergil nicht ohne Homer. Dio Chrysostomos verglich in seiner berühmten Olympischen Rede im Anblick von Phidias' Statue des Olympischen Jupiter die Kunst des Phidias mit der Homers und pries beide Künstler mit gleicher Dankbarkeit. Den Preis aber, im Wettstreit der Meister, gab er dem Phidias, der, durch Homer vom Wesen und der Erscheinung des Gottes belehrt, es verstanden hatte, trotz der Beschränkung seiner Kunst, der Beweglichkeit und Sprache der dargestell-

1 Ilias XVIII, S. 438-616. Siehe die bedeutenden Anmerkungen zur Stelle bei Christian Gottlob Heyne: Homeri Ilias, Bd. II, Leipzig 1804, S. 300-13. Die traditionelle Deutung ist neu erweckt bei Thomas K. Hubbard: Nature and Art in the Shield of Achilles, in: Arion. A Journal of Humanities and the Classics, 3. Ser. 2, 1992, S. 16-41, besonders S. 26f.

ten Figur versagt ist, seinen, den Gott Homers, zu seinem vollen Leben zu erwecken. Am Ende seiner Rede läßt Dio die Statue sprechen. Er bestätigt damit, eben weil wir ihn (wenn auch durch den Mund des Rhetors) sprechen hören, den Sieg des Phidias. Der Gott lobt die Frömmigkeit der versammelten Griechen und die Opfer und die Wettspiele, die sie ihm darbringen, aber er beklagt die Armut Dios, indem er mit seinem (und Dios) letzten Worten Homer zitiert:

> Du wirst selber nicht gut gepflegt! Wie kümmerlich gehst du / schwach vor Alter, und schmuzig dabei, und häßlich bekleidet![2]

Man sieht, ein Schuß Ironie der rednerischen Selbstbetrachtung, ein Wissen um die Grenzen der Möglichkeiten jeder Kunst gehört dazu, um die Illusion, mit der die Künste über sich selbst hinauszeigen in die Ewigkeit, nicht als Übertreibung sondern als Wahrheit zu erleben. Dieses Lächeln im Anblick der Erfahrung des Höchsten im Rahmen der Kunst vermittelt vielleicht erst das volle Empfinden ihrer Menschlichkeit. Nicht umsonst betonte Philostratus am Eingang seiner Rede zum Lobe der Malerei mit Hilfe seiner gesprochenen Darstellungen von Bildern, die er in einem vorgeblichen Spaziergang durch eine Villa bei Neapel vor uns auferstehen läßt:

> »Wer die Malerei nicht schätzt, verschmäht die Wahrheit und versündigt sich auch am Kunstverständnis, das die Dichtung angeht; denn beide Künste wenden sich den Taten und Gestalten der Helden zu; er hat keinen Gefallen am Ebenmaß, durch das die Kunst auch am Logos teilhat«.[3]

Das schönste Lob der Malerkunst als Zeugnis edler Menschlichkeit tritt uns im ersten Buch der ›Aeneis‹ vor Augen, als Aeneas bangend um sein und seiner noch überlebenden Mitflüchtlinge Schicksal die noch im Aufbau begriffene Stadt Karthago betritt und dort die an die Wand gemalten Bilder im Tempel der Juno, einer ihm feindlich gesinnten Göttin, betrachtet. Sie stellen den Kampf um Troja dar, den Tod seiner Helden und das schreckliche Ende der Stadt, so wie er die Ereignisse in der Erinnerung mit sich trägt. Erschüttert und doch erleichtert in der Not, die ihn bedrängt, spricht er in Tränen zu seinem Begleiter Achates. Er möge Mut schöpfen, denn hier lebe Wertschätzung, auch für den Unglücklichen, und Mitgefühl:

2 Dio Chrysostomos: Oratio XII, vgl. W. Ruegg (Hg.), Dio Chrysostomos, Sämtliche Reden, Zürich/Stuttgart 1967, S. 250. Dio Chr. zitiert Odyssee XXIV, v. 248f.; hier zitiert nach Johann Heinrich Voss: Homers Odüßee, Hamburg 1781, S. 458. Die Worte werden von Odysseus gesprochen, der nach seiner Rückkehr nach Ithaka seinen Vater anspricht, ohne sich ihm vorerst erkennen zu geben.

3 Philostratos: Die Bilder, I/1, hrsg. und übersetzt von Otto Schönberger, München (Tuskulum) 1968, S. 85.

»En Priamus sunt hic etiam sua praemia laudi, sunt lacrimae rerum et mentem mortalia tangunt«.[4]

Auf Vergils Bildern von Troja sind die Bildwerke aufgebaut, die Dante im Purgatorium zur Läuterung der Sünder, aber auch seiner selbst und seiner Leser, in knappen aber rührenden Worten beschreibt und anspricht.[5] Selten finden wir solche Bilder in den modernen Quellensammlungen zur Kunstgeschichte oder Archäologie angeführt, denn wir halten sie nicht für echt, weil sie in Worten gemalt sind. Zur menschlichen Erziehung der Künstler und den Erwartungen ihres Publikums von der Kunst haben sie aber nicht wenig beigetragen. Aeneas Silvius Piccolomini, der spätere Papst Pius II., erläuterte am Beispiel Vergils die Nützlichkeit der Dichtkunst. Indem sie die Tugenden erhebt, bringt sie die Menschheit dazu sie zu lieben, und da die Dichtkunst die Laster verabscheut, bewahrt sie die Menschen vor deren Einfluß:

»est iterum poetica quae laudando virtutes in earum amorem allicit homines, [...]. Est in iterum utilis quia vitia detestatur, arcetque ab his homines«.[6]

Wir lächeln darüber, denn Aeneas Silvius Piccolomini, der nicht umsonst ›Aeneas‹ hieß, scheint eine Binsenwahrheit zu predigen und dabei der Kunst ihre Autonomie absprechen zu wollen. Die Lehre ist aber alt und ertönt, poetisch geformt, auch in Horazens Lehrgedicht für uns. Sie wurde in der Geschichte der Dichtkunst immer wieder von neuem formuliert und vorgetragen bis an die Schwelle unserer Zeit, hoffnungsfroh und dankbar und gelegentlich auch pompös und geschäftig. Wir dürfen aber nicht vom Mißbrauch von Weisheitsregeln auf eine mangelnde Weisheit der Lehren schließen. Die Tränen, die *Pius Aeneas* vor den Gemälden in Karthago vergoß, beglückten Aeneas Silvius Piccolomini. Er erstattete ihnen seinen Dank in einer Sentenz, die die Dichtkunst und mit ihr die Würde der Menschlichkeit selbst, in einer Welt der Nützlichkeiten vor Beflegelung schützen sollte.

Die antiquarischen Wissenschaften der Renaissance, die Beschäftigung mit dem Erbe der Antike erwuchsen im Rahmen der Philologie, der Bewahrerin,

4 Vergil: Aeneis I, v. 450-94. Zur Würdigung des oft zitierten Passus vgl. Craig Kallendorf: In Praise of Aeneas. Virgil and Epideictic Rhetoric in the Early Italian Renaissance, Hannover/London 1989, S. 1. Vgl. die Anmerkungen zur Stelle bei Chr. G. Heyne: P. Virgilii Maronis Opera, Bd. II, S. 74-87 u. S. 153f. Das berühmte Vorbild ist Odysseus, der haltlos weint, als er am Hofe König Alkinoos' den Gesang des Sängers vernimmt, der in den Worten Odysseus' das Schicksal der Griechen besingt: »Alles was sie gethan und erduldet im mühsamen Kriegszug/Gleich als hättest du selbst es gesehen oder gehöret«. Das Lob des Sängers ist das Lob der Kunst, die Mitleid empfindet und vermittelt. Vgl. Homer: Odyssee VIII, v. 488-530; Übersetzung Voss (wie Anm. 2), S. 158f.

5 Dante: Purgatorio X, v. 29-100; XII, v. 16-69.

6 Zitiert nach Kallendorf (wie Anm. 4), S. 1.

Prüferin und Wiederherstellerin alter Texte. Die Kleinarbeit der Antiquare, ein geduldiger Dienst am Werke, der nie endet, ist nicht oder nicht nur Pedanterie; sie ist ein freudig dargebrachtes Opfer am Altare der Wahrheit und der hohen Kunst. Jede Ameisenarbeit bringt Neues zu Tage, das das Wissen um das Alte, das sich so groß bewährt hat, fördert. Die Aufarbeitung von Texten und Bildwerken ergänzen einander.

Doch gibt es auch große Zusammenfassungen. Besonders die Leidener Schule des 17. Jahrhunderts hat hier Großes vollbracht. Immer noch unerreicht und unnachahmbar ist das Lebenswerk von Franciscus Junius und seine Bücher ›De pictura veterum‹ und der ›Catalogus‹ der Künstler der Antike, die er als Bibliothekar des Grafen Arundel verfaßte.[7] In dem letzteren ist fast alles gesammelt, was die Texte der alten Schriftsteller über Künstler und Kunstwerke aussagen und erscheint vor uns in alphabetischer Ordnung in Zitaten aus den Quellen. Junius rekonstruiert, was die Alten wußten, und bietet es uns dar in ihrer eigenen Sprache, zusammengefügt aus vielen Teilchen, die in dieser neuen Ordnung zu einem Nachschlagewerk werden. ›De pictura veterum‹ hingegen ist ein Mosaikwerk anderer Art. Es wird zum Bild der *pictura* der Alten und bringt uns in einer großzügigen Zusammenfassung der Quellen, in der die Bildkraft der Dichter und Rhetoren mit eingeschlossen ist und die dem ganzen Werk ein strahlendes Leben gibt, einen wiederherstellenden Überblick über die Geschichte und Theorie der alten Kunst.

Dieses Buch diente der Verteidigung der hohen Kunst im Sinne der ›Defence of Poetry‹ von Sir Philip Sidney und richtete sich sowohl an Fachgelehrte – also Philologen und Antiquare – wie an Künstler und Sammler. Um eben den letzteren besser zu dienen, übersetzte Junius sein Buch in einer leicht veränderten und faßlichen Form ins Englische.[8] Junius widmete diese Übersetzung der Gräfin Arundel. Später verfaßte er mit neuen Veränderungen eine Übersetzung ins Holländische, um auch die Kunst und die Kunstliebe in seinem Vaterlande zu heben.[9]

7 Siehe Franciscus Junius: The Literature of Classical Art, ed. Keith Aldrich/Philipp Fehl/Raina Fehl, 2 Bde., Berkeley/California 1991. Eine an Junius' Voraussetzungen ansetzende Betrachtung der antiken Denkmalskunst bei Philipp Fehl: The Classical Monument: Reflections on the Connection between Morality and Art in Greek and Roman Sculpture, New York 1972.

8 De pictura veterum, libri tres, Amsterdam 1637; The Painting of the Ancients in three Bookes. Declaring by Historicall Observations and Examples, The Beginning, Progresse and Consummation of that most Noble Art. And how those ancient *Artificers* attained their still so much admired Excellence, London 1638.

9 De Schilder-konst der Oude, begrepen in drie Boecken, Middelburgh 1641. Posthum ist die von Junius bedeutend erweiterte Ausgabe von ›De pictura veterum‹, ed. Joannes Georgius Graevius, Rotterdam 1694. Diese Ausgabe beinhaltet auch Junius' ›Catalogus‹

Wohl wußte er, daß die hohe Kunst nur einen Bruchteil allen Kunstschaffens darstellte – sowohl in der Antike wie auch um so mehr in der modernen Welt. Er betonte, daß er daran nicht rütteln wolle, doch sei sein Buch dem Verständnis und der Aufdeckung und Verbreitung jener Kunst gewidmet, die die Alten ehrte, die den Menschen erhebt und im Leiden tröstet, die ihn besser macht und klarer denkend. Die anderen Kunstübungen erhalten ihr wahres Leben erst, wenn wir sie im Rahmen der sie überragenden hohen Kunst sehen. Doch theorisiert Junius nie mehr, als es seine Quellen erlauben. Er ist bescheiden, versagt sich viel, nicht aber den Fleiß, und in seiner Zurückhaltung erinnert er uns vielleicht ein wenig auch an Fiorillo, der ja selbst ein großer Sammler von Zitaten war.

Im Jahre 1770 erschien in Breslau eine deutsche Übersetzung von ›De pictura veterum‹, die noch bis in die Mitte des 19. Jahrhunderts als nützliches und aufklärendes Werk geschätzt wurde.[10] Aber schon Christian Gottlob Heyne warnte seine Hörer in seinen Vorlesungen vor Junius, »denn dieser Holländer schrieb alles ohne das mindeste Nachdenken zusammen, stellte auch nur die Künstler-Namen alphabetisch auf, und alles dieses mit der ermüdensten Weitschweifigkeit«.[11] Vielleicht war er dazu von Winckelmanns scharfer Kritik an Junius wie auch an den rhetorisch-literarischen Quellen, die Junius mit Vorliebe heranzog, angeregt worden.[12] Doch bedurfte es dessen nicht. Was Heyne über

der antiken Künstler und ihrer Werke (Englische Übersetzung in Junius: Literature of Classical Art (wie Anm. 7), Bd. 2. Zu Rubens als Interpreten von Philostratus siehe Philipp Fehl: Decorum and Wit. The Poetry of Venetian Painting, Wien 1992, S. 284-300. Siehe auch die Beiträge von Judith Dundas/Philipp Fehl/Colette Nativel, in: Lord Arundel and His Circle, ed. Rolf Bremmer, Leiden (im Druck); Philipp Fehl: Touchstones of Art and Art Criticism: Rubens and the Work of Franciscus Junius, in: Journal of Aesthetic Education, 1996 (im Druck).

10 Franciscus Junius: Von der Mahlerey der Alten, übersetzt von Christian Gottlieb Steinberg, Breslau 1770.

11 Christian Gottlob Heyne: Akademische Vorlesungen über die Archaeologie der Kunst des Alterthums, Braunschweig 1822, S. 537.

12 Zu Winckelmanns Verurteilung der Kunstschriftsteller der Antike in Bausch und Bogen siehe Johann Joachim Winckelmann: Abhandlung von der Fähigkeit der Empfindung des Schönen in der Kunst und dem Unterrichte in derselben, Dresden 1763, § 6 (zitiert nach: Johan Winckelmanns sämtliche Werke, hrsg. von J. Eiselein, Donaueschingen 1825-29 [repr. Otto Zeller, Osnabrück 1965], Bd. I, S. 240f.); ders.: Geschichte der Kunst des Alterthums, Dresden 1764, Buch XII, Kap. 2, § 15 u. Kap. 3, § 18 (zitiert nach Eiselein, wie oben, Bd. VI, S. 315 u. S. 365). Zu Winckelmanns Verurteilung des Kallistratos im besonderen s. die Abhandlung (wie oben), § 52. Nichtsdestoweniger trug er sich nach seiner Ankunft in Rom mit der Absicht, den Libanios aus einer Handschrift in der Vatikanischen Bibliothek herauszugeben: vgl. C. Justi, Winckelmann und seine Zeitgenossen, Leipzig ^{3}1923 , Bd. I, S. 155. Nach Junius' Buch verlangte er dringend in Briefen,

Philostratus sagt, ist so ablehnend wie Winckelmanns Kritik. Für ihn sind seine Bildbeschreibungen Phantastereien; sie sind zu nichts nutze, er glaubt ihnen nicht.[13]

Winckelmanns Begeisterung für die Kunst der Alten nährte sich an seiner Begeisterung für Homer. Sein Sinn für hohe Kunst war auf das Höchste gerichtet. Nicht umsonst stellte ihn Lessing zur Rede, als er seinen ›Laokoon‹ schrieb, denn Winckelmann, um seine griechischen Künstler wirklich groß zu erfassen, setzte Vergil herab. Dem Römer, so dachte er, mangele das Verständnis für die Würde im Sterben, die den Laokoon der griechischen Bildhauer vor dem des Vergil auszeichnet. Lessing hielt mehr von Vergil, auch als Nachfahren Homers, um mit Winckelmanns Vergleich zwischen dem Griechen und dem Römer einverstanden zu sein. Sein Verständnis der Kunst war übernational.[14] Winckelmanns Wirkung aber war, auch für Lessing, von überragender Bedeutung; verband er doch sein poetisches Begreifen und sprachliches Darstellungsvermögen von Werken der Kunst mit wissenschaftlicher Sachforschung im Rahmen einer historischen Methodik, die unabänderliche Entwicklungsgesetze der hohen Kunst nach Perioden ordnete, die, seiner Anschauung nach, der Entfaltung der bürgerlichen Freiheit in Griechenland entsprachen. Seine Sehnsucht nach der hohen Kunst ging Hand in Hand mit seiner moralisch begründeten Verurteilung der Kunst seiner Zeit, die, wie er und viele seiner Zeitgenossen glaubten, eine verderbte Gesellschaft, der sie diente, durch Luxus und gefällige Lüge noch verderbter machte.[15]

schmähte das Werk aber doch: vgl. Johann Joachim Winckelmann, Briefe, hrsg. von L. Diepolder und W. Rehm, Berlin 1953-57, Bd. I, S. 209, S. 275.

13 »Philostratus hat *imagines* oder *ikones*, etwa um das Jahr Christi 220 geschrieben, welche aber für die Kunst fast gar keine Bedeutung haben. Er ist ein Schwätzer, und opfert den schönsten und wohlklingendsten Worten die Wahrheit auf. Er beschreibt selbst viele Sachen, von denen man glauben muß, daß sie gar nicht vorhanden gewesen sind«. Chr. G. Heyne: Akademische Vorlesungen (wie Anm. 11), S. 84. Im Gegensatz dazu vgl. die Auffassung Goethes: Johann Wolfgang von Goethe: Philostrats Gemälde, in: Goethes Werke, hrsg. im Auftrage der Großherzogin Sophie von Sachsen, Bd. 49/1, Weimar 1898, S. 63-160; Bd. 49/2, Weimar 1900, S. 206-11 (zitiert nach: Fotomechanischer Nachdruck der im Verlag Hermann Böhlaus Nachfolger Weimar 1887-1919 erschienenen Weimarer Ausgabe oder Sophienausgabe, DTV München 1987, Bd. 56, 57).

14 Zur Laokoonkontroverse und ihren Implikationen siehe die grundlegende Ausführung von Carl Justi: Winckelmann (wie Anm. 12), Bd. I, S. 474-98; Bd. II, S. 249-63; Bd. III, S. 65-76 u. S. 479-83. Siehe auch E. H. Gombrich: Lessing, in: Proceedings of the British Academy, 43, 1957, S. 133-56.

15 Zum Spektrum der Interpretationen von Winckelmanns Absicht, Leistung, und Wirkung vgl. das klassische Werk von C. Justi: Winckelmann (wie Anm. 12) und beispielsweise Henry Caraway Hatfield: Winckelmann and His German Critics, 1755-81. A

Sein Ruf nach einer Erneuerung der Kunst am Muster der Griechen des Altertums war auch ein Ruf nach einer Erneuerung der Menschheit durch die Kunst, die imstande ist, unsere Vorstellungskraft zu erheben und zu prägen.

Man hörte ihn gerne, in seiner Eigenschaft als Fachmann wie als Volksredner im Namen der Kunstbegeisterung. Sein tragischer Tod ließ jede Kritik an seinem Werk mitleidlos und kleinlich erscheinen. Aber gerade sein Erfolg mußte auch Kritik hervorrufen von Künstlern und Kunstliebhabern, Philologen und Historikern, welche die hohe Kunst vielleicht nicht weniger liebten als er, aber sie nicht an eine Nation und an bestimmte Zeitabläufe gebunden sehen wollten, wie er sie sah, und welche vielleicht auch Longinus' schönes Argument in ›De sublimitate‹ für die innere Freiheit des Redners oder, im Sinne Junius', der bildenden Künstler, in Zeiten der Bedrückung ernster verstanden als Winckelmann, der, soweit ich weiß, in dieser Hinsicht zu Longinus nie Stellung nahm.[16] In Frankreich begrüßte die bedeutende Stimme Diderots sein Werk (im Salon von 1765), wenn auch mit verwundertem und amüsiertem Kopfschütteln. Er lobte mit Zuneigung und Verständnis Winckelmanns Begeisterung für die hohe Kunst der Griechen (»J'aime les fanatiques [...]«); aber daß nur die Griechen die Begabung zur Kunst hätten haben sollten, daß die hohe Kunst nach ehernen Gesetzen an eine allein seligmachende Vergangenheit gebunden sein sollte, wollte ihm nicht eingehen. »... demandez lui«, rief er aus, »s'il vaut mieux étudier l'antique que la nature, sans la connoissance, l'étude et le goût de laquelle les anciens artistes, avec tous les avantages particuliers dont ils ont été favorisés, ne nous auroient pourtant laissé que des ouvrages médiocres? L'antique, vous dira-t-il sans balancer, l'antique; et voilà tout d'un coup l'homme qui a le plus désprit, de chaleur et de goût, la nuit, tout au beau milieu de Toboso«.[17]

Prelude to the Classical Age, New York 1943; Hanna Koch: Johann Joachim Winckelmann. Sprache und Kunstwert, Berlin 1957; Edouard Pommier (Hg.): La naissance de l'histoire de l'art à l'époque des Lumières. Actes du cycle des conferences (Louvre 1980-90), Paris 1991; Alex Potts: Flesh and the Ideal. Winckelmann and the Origins of Art History, New Haven/London 1994. Zu dem Lebensgleichnis, nach dem Winckelmann seine Geschichte der Kunst aufbaut, siehe Alexander Demandt: Metaphern für Geschichte: Sprachbilder und Gleichnisse im historisch-politischen Denken, München 1978, S. 19-68; zu den Folgen S. 69-123.

16 Longinus: On the Sublime, hrsg. von W. Rhys Roberts, Cambridge 1899, S. 155-61. Zum Argument des ›Dialogue on the Decline of Literature and Lack of Great Writers‹ und seiner Geschichte siehe die Longinus-Ausgabe von D. A. Russell: On the Sublime,Oxford 1964, S. 185-87; T. R. Henn: Longinus and English Criticism, Cambridge 1934, S. 146-52.

17 Denis Diderot: Salons, ed. Jean Adhémar and Jean Seznec, Bd. II, Oxford 1960, S. 206f. Diderot wendet sich gleichzeitig gegen Rousseaus Primitivismus: »Tel est Jean Jacques Rousseau, lorsqu'il se déchaîne contre les lettres qu'il a cultivées toute sa vie, la philosophie qu'il professa, la société des nos villes corrumpues au milieu desquelles il brûle

In Italien war die Aufnahme geteilt. Piranesi bekämpfte die Verherrlichung Griechenlands in der Kunst mit wütender Empörung, aber auch mit guten Gründen. Wie kann man der römischen Kunst im Anblick der Ruinen Roms ihre Größe versagen? Hätten die Griechen auch die Kunst erfunden, so haben doch die Römer, die die notwendigen Mittel hatten und den Willen, die Kunst zu ihrer höchsten Form erhoben. Und was er sprachlich nicht leisten konnte oder wollte, drückte er in seinen Prachtwerken ›Della magnificenza e architettura dei Romani‹ in herrlichen Bildern aus.[18]

Der große Archäologe Visconti darf in mancher Hinsicht mehr als ein geistiger Erbe Piranesis betrachtet werden denn als ein Schüler Winckelmanns. Er verband literarisches Wissen und Quellenforschung mit ernstem, bedächtigem, einfühlendem Schauen auf Kunstwerke, die er lieber nach Aufgaben als nach Zeiten um ihren Inhalt befragte. So ist er auch Junius näher, dessen Werk er nutzte und ehrte. Das Lob der hohen Kunst ist bei ihm nicht verwirrt von einem ständigem Hinweis auf das Höchste. Er war geduldig aus Liebe zur Kunst und in ihrem Dienste.[19]

Nun wenden wir uns dem Franzosen Seroux d'Agincourt zu, der fast ein Lebensalter in Italien verbrachte, Winckelmanns Werk verehrte, aber doch auch umschuf. Seine ›Histoire de l'Art par les Monumens depuis sa décadence au IVe siècle, jusqu'à son renouvellement au XVIe pour servir de suite à l'Hi-

d'habiter, et où il seroit désespéré d'être ignoré, méconnu, oublié. Il a beau fermer la fenêtre de son hermitage qui regarde la capitale, c'est le seul endroit du monde qu'il voie. Au fond de sa forêt, il est ailleurs. Il est à Paris. Tel est Winckelman (sic!), lorsqu'il compare les productions des artistes anciens et celles des artistes modernes […]«. – Bemerkenswert und der Kritik Diderots sinnverwandt ist die Kritik, die Johann Heinrich Fuessli in einer Vorlesung an der Royal Academy an Winckelmann übte. Er warnt seine Hörer vor der falschen Kunst der Nachahmung des abstrakt Schönen, der leeren Form: »[Winckelmann's] history of art delivers a specious system and a prodiguous number of useful observations. He has not, however, in his regulation of epochs, discriminated styles, and masters, with the precision, attention, and acumen, which from the advantages of his situation and habits might have been expected; and disappoints us as often by meagreness, neglect and confusion, as he offends by laboured and inflated rhapsodies on the most celebrated monuments of art. To him Germany owes the shackles of her artists, and the narrow limits of their aims; from him they have learnt to substitute the means for the end, and by a hopeless chace after what they call beauty, to lose what alone can make beauty interesting, expression and mind«. Siehe John Knowles: The Life and Writing of Henry Fusely, London 1831, Bd. II, S. 13-15.

18 Giovanni Battista Piranesi: The Polemical Works, hrsg. von John Wilton Ely, London 1972; Piranesi e la cultura antiquaria: gli antecidenti e il contesto, Commune di Roma, Atti del Convegno 1979, Rom 1983.

19 Vgl. Daniela Gallo: Originali greci e copie romane secondo Giovanni Battista ed Ennio Quirino Visconti, in: Labyrinthos, Bd. XXI-XXIV, 1993, S. 215-51.

stoire de l'Art chez les Anciens‹[20] setzt, wie schon der Titel des Buches ankündigt, Winckelmanns ›Geschichte der Kunst des Alterthums‹ fort – aber auf Grundlage einer bedeutenden Einsicht, die nicht nur Winckelmanns Geschichtsbild korrigiert, sondern das Vorurteil gegen die Kunst der Zeit, die wir nur all zu bequem ›wertfrei‹ das ›Mittelalter‹ nennen, welches Winckelmann mit fast allen seinen Vorgängern teilt, als Vorurteil erkennt und, in einer wahren Kolumbus-Tat, einen neuen Kontinent der kunstgeschichtlichen Forschung entdeckt und sozusagen als ein Geograph bereist und, staunend im Glück vor dem, was er findet, wertend und lobend beschreibt. Sein Verständnis für die hohe Kunst des Altertums läßt ihn als denkenden Menschen ihren Niedergang und Ende zutiefst bedauern, doch sieht er auch, wo andere vor ihm im Anblick der späteren Kunst nur Dunkelheit bestätigt fanden und sich entrüstet von der Barbarei der Zerstörung der alten Kunst abwandten, die Funken des Lichts des Menschengeists die Dunkelheit erhellen und schließlich in immer neuen Manifestationen der Schönheit, Größe und Würde des Menschen zu einer Erneuerung und eigentlichen Fortsetzung der hohen Kunst der Alten fortanzuschreiten.

Er setzte ein bedeutendes Vermögen daran, Zeichnungen, Bücher und Stichwerke zu sammeln und Bilder von vorher nicht gekannten oder nie als künstlerische Leistungen betrachteten Werken der Architektur und der Kunst anfertigen zu lassen, um sie endlich mit seinen auf Text und Dokumentstudien beruhenden Erklärungen der gelehrten Welt zu vermitteln. Selten sprach er vom ›Mittelalter‹; er unterschied stattdessen zwischen Barbarei und Zivilisation und Dunkelheit und Licht. Nur sah er unendlich viele Lichter, wo seine Vorgänger nur Dunkelheit sahen. Das schönste Licht aber, auf das sein Werk hinführte, war für ihn die Sonne der Kunst Poussins. Mit dem Lobe des Aufgehens dieser Sonne, der Wiederauferstehung der hohen Kunst der Antike in einem neuen leuchtenden Ansatz für die Zukunft, beschloß er sein Werk.[21]

20 Jean Baptiste Louis George Seroux d'Agincourt: Histoire de l'Art par les Monumens depuis sa décadence au IVe siècle jusqu'à son renouvellement au XVIe, Paris 1811/^{2}1820-23. Siehe auch die italienischen Ausgaben: Storia dell'arte col mezzo dei monumenti dalla sua decadenza nel IV secolo fino al suo risorgimento nel XVI, Mailand 1824; und: Storia dell'arte dimostrata coi monumenti [...] , übersetzt von S. Ticozzi, Prato 1826-29.

21 Seroux d'Agincourt: Storia dell'arte, Prato 1826-29 (wie Anm. 20), Bd. IV (1827), S. 718f. D'Agincourt setzte Poussin ein Denkmal im Pantheon in Rom. Siehe Storia, ebenda, S. 719 und die letzte Abbildung des Tafelbandes. Die Büste befindet sich jetzt in der Protomoteca Capitolina, vgl. Valentino Martinelli/Carlo Pietrangeli: La Protomoteca Capitolina, Rom 1955, T. XII/2 und S. 36f. u. S. 79f., Nr. 67. Das Werk ist von Andrea Segla.

Bezeichnend für die Entwicklung einer neuen Kunstgeschichte, deren Grundlagen sich schon erkennen lassen in der selbstgerechten Kritik, mit der Rumohr das Lebenswerk Fiorillos als geistig belanglos zurückwies, ist die Einleitung zu einer Neuauflage der Kupferplatten Seroux d'Agincourts, die Ferdinand von Quast in der Mitte des 19. Jahrhunderts in Deutschland herausgab.[22] Nur die Kupferplatten des Werkes Seroux d'Agincourts wären von Bedeutung für die Kunstgeschichte, meint der Verfasser, denn d'Agincourt hätte kein Verständnis für die geistigen Grundlagen des Mittelalters, welches in seiner Kunst einen so erhabenen Ausdruck fände. Die wahren Grundlagen der Kunstgeschichte wären d'Agincourt noch verschlossen gewesen; er lebte und schrieb eben noch vor der Entdeckung der Kunstgeschichte als Einsicht in das Wesen der Geschichte überhaupt. Die Kupferplatten hingegen wurden gelobt. Sie stellten die bildliche Dokumentation der Kunst des Mittelalters dar, einen Fundus, dessen Erforschung die noch zu leistende Aufgabe der neuen, an Hegel orientierten Kunstgeschichte wäre. Und in der Tat, noch bis heute ist das Werk d'Agincourts schwer zugänglich. Man findet es nicht. Aber die Denkmäler der Kunst, die er als erster abbildete, werden weiterhin in immer neuen Photographien und Filmen der Welt gezeigt und bilden einen Grundbestand unserer Forschung, obwohl er sie von ganz anderen Voraussetzungen und mit einer ganz anderen Hoffnung aufsuchte und auswählte, als jene, die jetzt die Kunstgeschichte in ihrem Streben nach Wissen bewegt.

Ähnlich ging es Leopoldo Cicognara, dessen ›Storia della Scultura dal risorgimento delle belle arti in Italia fino al secolo di Napoleone‹, wie er 1813 den ersten Band seines Buches betitelte, sehr ernsthaft auf Winckelmann und Se-

22 Sammlung der vorzüglichsten Denkmäler der Architektur, Sculptur und Malerei, vorzugsweise in Italien vom IV. bis zum XVI. Jahrhundert. Gesammelt und zusammengestellt durch J. B. L. G. Seroux d'Agincourt nebst Einteilung und erläuterndem Text, revidirt [sic!] von A. Ferd. von Quast, Berlin 1840. Schon der veränderte Titel des Werkes von Seroux d'Agincourt ist bezeichnend für die Einstellung des neuen Herausgebers zum Inhalt des Buches. Siehe auch die englische, sehr veränderte Ausgabe: History of Art by its monuments, from its decline in the fourth century to its restoration in the sixteenth, London 1840. Noch Joseph Wilpert hielt es für angebracht, die Verwirrungen einiger Wiedergaben der Katakombengemälde in Seroux d'Agincourts Werk als »Fälschungen« scharf anzugreifen; siehe seine ›Kritik einiger ›unedirter‹ Katakombengemälde Seroux d'Agincourts‹, in: Römische Quartalschrift, Bd. IV, 1890, S. 331-39. Siehe auch J. Wilpert: Die Malereien der Katakomben Roms, Freiburg i. B. 1903, S. 178, wo er von »unwürdigen Plagiaten« Seroux d'Agincourts spricht. Erst De Rossi habe »das Studium der christlichen Archäologie in neue Bahnen gelenkt und aus ihr das gemacht was sie heute ist, eine Wissenschaft«. Carl F. von Rumohrs Kritik an Fiorillo ist am schärfsten ausgesprochen in: Kunst-Blatt, redigiert von Dr. Ludwig Schorn, Bd. II, Stuttgart/Tübingen 1821, Nr. 51, S. 201-03; Nr. 52, S. 205-07; Nr. 53, S. 210-12.

roux d'Agincourt aufbaut und bis in die jüngste Gegenwart fortsetzt.[23] Als der zweite Band seines Buches erschien, war Napoleon schon längst auf St. Helena; der Titel des Buches von Cicognara verwies nun nüchtern auf das 19. Jahrhundert als Endpunkt seiner ›Storia‹. In der zweiten Auflage des Buches von 1821 aber beschloß Cicognara seinen Titel mit dem Hinweis auf den wahren Helden seines Werks, › [...] fino al secolo di Canova‹.[24] Canova nimmt in der ›Storia della Scultura‹ den Platz des großen Befreiers der Kunst ein, den Seroux d'Agincourt Poussin zuweist. Wie Canovas Ruhm, vor allem in Deutschland, vor dem Thorvaldsens verblasste, so fand man auch bald Cicognaras Buch rückständig und unbefriedigend.[25] Die Illustrationen zu seinem Buch aber, die uns erstma-

23 Erschienen in Venedig, 1813.

24 Leopoldo Cicognara: Storia della Scultura dal risorgimento delle belle arti in Italia fino al secolo di Canova, Prato 1823. Der Titel der Bände der Erstausgabe, die dem ersten Band (1813) nachfolgen, ersetzen den Namen Napoleons mit den Worten ›sino al secolo XIX‹, Venedig 1818. – Eine neue kritische Ausgabe von Cicognaras Werk von Barbara Steindl ist in Vorbereitung. Siehe auch Vittorio Malamani: Un amicizia di Antonio Canova. Lettere di lui al Conte Leopoldo Cicognara, Città di Castello 1890.

25 Beispielgebend für die Herabsetzung Canovas zu Gunsten Thorvaldsens war Carl Ludwig Fernow: Über den Bildhauer Canova und dessen Werke, Zürich 1806. Cicognara nennt in seinem Catalogo ragionato dei libri d'arte e d'antichità posseduti dal Conte Cicognara, Pisa 1821, das Buch entrüstet »Questo rancido libercolo« (Bd. II, S. 157, Kat. 3509). Eine verschärfte, nationalbetonte Mißachtung der Kunst Canovas nährt auch den Hohn, mit dem Rumohr Fiorillos Kunstverständnis übergoß. Vgl. Rumohrs einflußreiche Rezension im: Kunst-Blatt (wie Anm. 22), zu Fiorillos Blick auf den gegenwärtigen Zustand der Mahlerey besonders bey den Deutschen in seiner ›Geschichte der zeichnenden Künste in Deutschland und den vereinigten Niederlanden‹, Bd. IV, 1820, S. 79-116. Siehe auch Friedrich Schlegel: Ausstellung deutscher Künstler in Rom [...] zur Feier des kaiserlichen Besuches der Säle des Palazzo Cafarelli, 1819 (Nachdruck in Friedrich Schlegel: Ansichten und Ideen von der christlichen Kunst, hrsg. von Hans Eichner, Paderborn/München/Wien 1959, S. 255-84). Schlegel spricht von Thorvaldsens ›Grazien‹, die, »wenn sie wirklich [in der Ausstellung] da gewesen wären, man sie ohne Zweifel steif und hart, wo nicht gar altdeutsch gefunden haben würde, denn allerdings hat der große Künstler die Ideen derselben sehr streng nach griechischem Styl genommen, und von der beliebten buttrigen Weichheit ist da nichts zu spüren«. Schlegel meint Canova, ohne den Künstler beim Namen zu nennen, wofür ihn Fiorillo in seinem ›Anhang‹ zu dem obengenannten ›Blick auf den gegenwärtigen Zustand [...] ‹, S. 116, ironisch zurecht weist: »Der bey dieser Gelegenheit gebrauchte Ausdruck ›buttrige Weichheit‹ hat mich sehr befremdet; er bezieht sich gewiß auf einen Künstler der kein Deutscher, aber viel ›buttriger‹ ist als Thorwaldsen.« Darauf wieder die Antwort Rumohrs, der Fiorillo vorwirft, seinen Landsmann herausstreichen zu wollen. Worauf es den Jüngern der neuen Schule ankam, war stark und echt zu werden in der Ablehnung des ›Buttrigen‹, also der *morbidezza* der Werke Canovas, in der Freunde seiner Kunst Canovas *grazia* erkennen. Für Fiorillo und die Kunst, die er vertritt, waren *morbidezza* und Stärke nicht unvereinbar. Zur Bedeutung

lig und in einer wirklichen *beau geste* seines Forschungsgeistes eine Geschichte der Skulptur im Bilde vor Augen stellen, blieben mustergültig und bilden die bis zum heutigen Tage photographisch immer wieder neu erfaßten Repertoire-Stücke der Geschichte der Skulptur Italiens. Cicognara fand das Geschichtsbild seines Vorgängers Winckelmann, ja auch seine feurige Rede, überzeugend und erhebend, doch da er über neuere Erzeugnisse schreibt, die namentlich und mit Daten versehen leicht erfaßbar sind, und er stets auf empirischem Wege die Wahrheit suchte, fiel es ihm nicht leicht, die Stilphasen, die Winckelmann für die Kunst der Alten postulierte, in seiner Betrachtung der neuen Kunst zu einer leicht faßlichen Anwendung zu bringen.[26]

Er sammelte Stiche und Bücher, welche uns die ganze Geschichte der Kunst von den verschiedenen Blickpunkten aller Zeiten vor Augen bringen, und stellte, nach Aufgaben geordnet, die reichhaltigste Kunstbibliothek zusammen, die man sich nur wünschen kann und die, im Unterschied zu allen anderen Privatsammlungen, in ihrem Bücherbestand bis zum heutigen Tag erhalten ist.[27] Sie wurde 1824 in ihrer Gesamtheit von der Biblioteca Vaticana angekauft und ist jetzt mit Hilfe eines Microficheprojekts, das Raina Fehl, Barbara Steindl und ich betreuen, bereits zu zwei Dritteln ihres Bestandes der Forschung allgemein zugänglich geworden.[28] Cicognara schrieb sein großes Buch, das reich in seiner Vermittlung von Realien ist, in dieser Bibliothek.

Sein Suchen und sein Wissen aber, wie es eigentlich gewesen ist und geschah, und seine Einteilung der Entwicklung der Kunst nach innergesetzlichen Stilperioden wird immer wieder erschwert, wenn nicht gar aufgehoben, von dem was er weiß und redlich an uns weitergibt. Er verfolgt die Bedingungen des Kunstschaffens im Rahmen der politischen wie auch der kulturellen Geschichte

von Friedrich Schlegel in der Entstehung der neuen Sicht von Kunst, Moral, Nation und Geschichte in ihrem gegenseitigen Verhältnis siehe den ernsten, aber selten beachteten Beitrag von Emil Staiger: Friedrich Schlegels Sieg über Schiller, in: Sitzungsberichte der Heidelberger Akademie der Wissenschaften. Philosophisch-historische Klasse, Jg. 1981, Bericht 3.

26 Vgl. Philipp Fehl: Begegnung mit dem Ursprung: Leopoldo Cicognara und die Erfindung der modernen Kunstgeschichte, in: Der Kunsthistoriker, Bd. VIII, Wien 1991, Sondernr. 6, S. 22-29. – Zu den Schwierigkeiten Cicognaras siehe Francis Haskell: History and its Images: Art and the Interpretation of the Past, New Haven 1993, S. 194 u. S. 197f.

27 Vgl. Cicognara: Catalogo (wie Anm. 25).

28 The Cicognara Project. A Joint Program of the Vatican Library and the University of Illinois at Urbana-Champaign. Zur Bedeutung der Sammlung zur Zeit ihres Ankaufs vgl. Christine Marie Grafinger: Die Erwerbung der Büchersammlung des Grafen Leopoldo Cicognara durch die Biblioteca Apostolica Vaticana, in: Miscellanea Bibliothecae Apostolicae Vaticanae, Bd. IV (Studi e testi, Bd. 338), Città del Vaticano 1990, S. 41-78.

der Jahrhunderte, gewöhnlich in Abschnitten, die er der Betrachtung der Künstler und Kunstwerke der verschiedenen Epochen der Kunst, die er aufstellt, voranstellt. Diese Abschnitte lassen uns verstehen, warum ein Genie wie Bernini, dessen Werke er für verderblich hält, auf Abwege kam. Was er über die Zeit Berninis sagen kann, dient ihm als Erklärung und Entschuldigung für dessen Abwegigkeit und leitet ihn zugleich zu einem geläutertem Verständnis für dessen Kunst. Er sieht Berninis Werk umschattet von dem Zug der Zeit, den man von seinem Werk und Willen abstrahieren müsse, um es in seinen positiven Voraussetzungen kennenlernen zu können. Während Cicognara mit seiner Rechten nach den von Winckelmann so gepriesenen moralisch-schönen Beispielen der Antike urteilend Kunstwerke ordnet und beschreibt, träufelt er mit der Linken linderndes Öl auf Verurteilungen, die er fällt. Sein historisches Studium qualifiziert sein Urteil als Liebhaber der hohen Kunst und läßt uns auch seines Erachtens verirrte oder verführte Künstler als Menschen besonderer Art erkennen, die in verwirrten Zeiten nach Hohem strebten. Nie macht er es sich leicht in der Art seiner Nachfolger, indem er wertfrei Kunstwerke einer Epoche als ›Ausdruck‹ dieser Zeit bezeichnet, die autonom und daher in sich selbst richtig ihre Kunst erzeugt. Daher teilt er das Schicksal Fiorillos (für den er allerdings nicht viel übrig hatte) und wird von den zünftigen Betrachtern der Geschichte der Kunstgeschichte aus der Kunstgeschichte in die herablassend sogenannte Vorgeschichte der Kunstgeschichte deportiert.[29]

Dennoch fand er einen großen Nachfolger in seiner nach klassischen Grundregeln ethisch wertenden Betrachtung der Kunst, dem niemand wagen würde, seine Bedeutung als Historiker abzusprechen. Ich denke an den mit Recht viel bewunderten Jacob Burckhardt des ›Cicerone‹.[30]

29 Zu Cicognaras Einstellung zu Fiorillo siehe unten (Anm. 42). Zur ›Vorgeschichte der Kunstgeschichte‹ siehe Wilhelm Waetzoldt: Deutsche Kunsthistoriker, Leipzig 1921, S. 50-53; Pia Müller-Tamm: Rumohrs ›Haushalt der Kunst‹. Zu einem kunsttheoretischen Werk der Goethezeit, in: Studien zur Kunstgeschichte, Hildesheim/Zürich/New York 1991, besonders S. XVIII-XXIV; Siehe auch die sehr nachdenkliche Einleitung von Julius von Schlosser. Die Kunstliteratur, Wien 1924, S. VIII-IX; F. Haskell: History and its Images (wie Anm. 26). Wesentliches bezeugt der Brief Wilhelm von Humboldts an C. F. von Rumohr: Gastein, 6. September 1829, in: Werke, Bd. V, hrsg. von A. Flitner, Darmstadt 1981, S. 273-77: »Ew. Hochwohlgeboren [haben] sehr guth gethan, der Ideal- und Schönheitslehre auf immer eine Ende zu machen [...]«. »Die bisherigen Kunstscribenten können, nach Erscheinung ihrer Forschungen nicht weiter aufkommen. Geeignete Köpfe aber werden, durch ihr Werk angeregt und geleitet, in Ihre Fußstapfen treten«.

30 Cicognara bleibt unerwähnt in Werner Kaegis ausführlichem Werk: Jakob Burckhardt. Eine Biographie, Bd. I-VI, Basel/Stuttgart 1947-82. Burckhardt hat sich wohl nicht nachweisbar zu Cicognara geäußert. Seine Kenntnis von Cicognaras ›Storia della Scultura‹ dürfen wir dennoch voraussetzen, da das Buch in Burckhardts Studienzeit schon seiner

Wir wenden uns nun der bedeutungsvollen Rezeption zu, die Winckelmanns Kunstgeschichte in Deutschland fand. Er sprach in seinen deutschen Werken für seine deutsche Heimat und wurde dort – seinem Anspruch und seinen Opfern entsprechend, die er der Liebe zur hohen Kunst darbrachte (einschließlich der Tragik seines jähen Todes), – als Held und Lehrer des Schönen und Großen von einer hochherzigen, freiheitsliebenden, akademischen Jugend vergöttert und verehrt. Goethes wohlerwogener Aufsatz über Winckelmann stellte dieser Bewunderung das schönste Zeugnis der Liebe aus.[31] Er setzt den Genius Winckelmanns noch über sein von ihm hochgeschätztes Werk, an dem wohl noch Verschiedenes zu verbessern wäre, das aber grundlegend und beispielgebend für das Verständnis der alten Kunst und somit aller hohen Kunst wirkte und wirke. Lavaters ›Physiognomische Fragmente‹ wiederum bezogen ihr vorgeblich wissenschaftlich errungenes diagnostisches Material für das Verständnis nicht nur der Kunst, sondern der Seele des Menschen überhaupt aus Winckelmanns Beschreibungen der Kunstwerke des klassischen Altertums.[32] Lessing, wie wir schon erwähnten, fand Winckelmann bei aller Größe einen doch verfänglichen Autor. Doch war das die Höhe des Widerspruchs in Deutschland, mit Ausnahme des Empfangs der Winckelmann'schen Lehren bei zumindest drei Professoren der Universität Göttingen, die die Würde und den Witz des englischen *understatements* kannten und zu schätzen wußten und in der Wissenschaft zu bewahren suchten. War die Jugend – und schon gar die literarisch orientierte Jugend der neuen Universität Göttingen – bereit zu schwärmen, so war es doch die Pflicht der besonnenen Menschen, denen die Bewahrung und Prüfung des Wissens anvertraut war, den Unterschied zwischen Begeisterung und Schwärmerei zu sondieren und die eine am richtigen Objekt zu fördern, die andere aber bloßzustellen.

Skeptisch überhaupt der neuen Lehre gegenüber verhielt sich die mächtige ›vis comica‹ Lichtenbergs:

Abbildungen wegen unentbehrlich war. Ein Versuch der Darstellung einer wesentlichen Anschauungsverwandschaft Burckhardts im ›Cicerone‹ und Cicognaras ›Storia‹ bei Philipp Fehl: Begegnung (wie Anm. 26). Die dort angeführten Vergleiche ließen sich häufen. Zu Burckhardts Wertschätzung Fiorillos vgl. Kaegi: Burckhardt (wie oben), Bd. VI, S. 683-85 u. S. 783f. Kaegi setzt sich lebhaft für Fiorillo ein, den er auch gegen das eigentlich herablassende Urteil von Goethe und Heinrich Meyer verteidigt.

31 Winckelmann und sein Jahrhundert. In Briefen und Aufsätzen herausgegeben von Goethe, Tübingen 1805 (Nachdruck mit Erläuterungen von Helmut Holtzhauer, Leipzig 1969), S. 43-74 u S. 208-31. Ebenda, Johann Heinrich Meyers Beiträge: Entwurf einer Kunstgeschichte des achtzehnten Jahrhunderts, und: Winckelmann als Kunsthistoriker, S. 114-207 u. S. 232-37.

32 Johann Caspar Lavater: Physiognomische Fragmente zur Beförderung der Menschenkenntnis und der Menschenliebe, Leipzig/Winterthur 1775-78.

»Vielleicht wird bald eine Zeit kommen, da wir sehen werden, daß wir in manchen Stücken über den Alten sind, in denen wir uns jetzt unter denselben glauben. In der Bildhauerkunst und Mahlerey ist dieses nur allzuklar. Winckelman war ein Enthusiast, ein Mann der für die Alten eingenommen war, der sich seelig prieß, als er sich auf Classischem Grund und Boden befand, der seinen Geschmack nach den Mustern bildete, die er richten sollte. [...] Da zittert, schaudert und ahndet der Geist und betet an, wo er urtheilen sollte. In des Vaticanischen Apolls langen Beinen sieht er Göttlichkeit, und in der gut gezeichneten allgemeinen Mine, deren Stillstehen die Vermuthungen hemmt, die wir bey der Bewegung machen würden, wird göttliche Ruhe gesehen [...]«.[33]

Ähnliches schreibt Lichtenberg über Lavaters ›Physiognomische Fragmente zur Beförderung der Menschenkenntnis und Menschenliebe.[34] Aber sein antwortendes Essay ›Über Physiognomik wider die Physiognomen. Zu Beförderung der Menschenliebe und Menschenkenntnis‹ ist zu bekannt, um hier besprochen zu werden.[35] Schon der mokante, aber doch auch ernst gemeinte Titel des Werkes zeigt uns, daß wir es nicht mit einer banausenhaften Ablehnung der künstlerischen Phantasie in der Interpretation der menschlichen Gestalt, ob in der Natur oder Kunst, zu tun haben. Es geht um Höheres. Lichtenberg verachtete die Physiognomen, weil sie das Wollen und Können des Menschen von seiner körperlichen Beschaffenheit bedingt sahen. Dies wäre, meinte er, menschenunwürdig.[36]

Christian Gottlob Heyne trat Winckelmann mit Liebe und Dankbarkeit entgegen, erweckte er doch Homer selbst zu neuem Leben mit seiner Kunst, die Bildwerke der Alten zu sehen. Heynes ›Lobschrift auf Winckelmann‹ von 1788

33 Lichtenberg in England. Dokumente einer Begegnung, hrsg. von Hans Ludwig Gumbert, Wiesbaden 1977, Bd. I, S. 186 und S. 248.

34 Siehe Anm. 32.

35 Georg Christoph Lichtenberg: Über Physiognomik wider die Physiognomen. Zu Beförderung der Menschliebe und Menschenkenntnis, 2. vermehrte Aufl., Göttingen 1778, in: Georg Christian Lichtenberg: Schriften und Briefe, hrsg. von Wolfgang Promies, Bd. III, München 1972, S. 256-95; siehe auch ders.: Fragment von den Schwänzen. Ein Beytrag zu den Physiognomischen Fragmenten, in: ebenda, S. 533-38 und die darauf eingehende Betrachtung des ›Fragments‹ von E. H. Gombrich: On Physiognomic Perception, in: Meditations on a Hobby Horse, London 1963, S. 45-55. – Lichtenbergs eigene Kunst der Bildbeschreibung, breiter ausgeführt als bei Philostratus, aber doch geprägt in seiner Tradition (die auch Fiorillo sich bewahrt), zeigt ihre Lebensnähe in seiner Sammlung: Ausführliche Erklärung der Hogarthischen Kupferstiche mit verkleinerten aber vollständigen Copien derselben von E. Riepenhausen, Göttingen 1794-1816.

36 Vgl. Gombrich: Physiognomic Perception (wie Anm. 35), S. 49-52.

ist reich an Zeugnissen seiner Hochachtung für diesen.[37] Doch meldet er auch Bedenken an. Wohl war dies im Sinne der Preisaufgabe, aber die Bedenken, so scheint es mir, sind so ernst gemeint wie sein Lob. Die moderne Welt zieht die Lobschrift, die Herder für dieselbe Preisaufgabe verfaßte, der ›Lobschrift‹ Heynes vor. Herders Werk ist wie aus einem Guß und streut nur hier und da Bedenken ein, die eigentlich nur Vorschläge für mögliche Verbesserungen sind. Die Akademie in Kassel, aus Unverstand, wie fast jeder moderne Kommentator der zwei Reden meint, gab aber Heyne ihren Preis.[38] Schon Carl Justi verachtete Heyne wegen seiner Kritik an Winckelmann und meinte, er hätte nur aus Eifersucht geschrieben.[39] Hören wir aber Heynes abschließende Überlegung in Bezug auf Winckelmanns Wirkung und die Hoffnung, die er damit verbindet. Sie führt uns, wie ich glaube, direkt zu einem besseren Verständnis Fiorillos in seinem Verhältnis zu Schülern, die er liebte und deren Begabungen er schätzte und die er schließlich nicht belehren konnte.

Ich zitiere Heyne:

> »Die Begeisterung, mit der Winckelmann sich in Bewunderung der großen Idealschönheiten eines Torso, eines Apollo, und anderer Werke erster Größe ergossen hatte, faßte und ergriff einen Theil unserer jungen Gemüther, und feuerte sie zum Gefühl des Schönen an. Daß sich viel ausschweifendes einmischen würde, wer konnte das voraus erwarten? Aber mitten unter den Überspannungen schwingt sich hie und da ein Genie auf, und erhält sich auch wohl in einem gemäßigten Flug, das sonst so gut wie andere an der Erde gekrochen wäre«.[40]

Heyne lobt die »aurea mediocritas« als die beste Flughöhe. Es ist der besorgte Rat, den Daedalus dem Ikarus gab, als er ihm seine Flügel anlegte. Ikarus, der zum Feuer der Sonne strebte, mußte sterben. Der moderne Geniekultus hält den Ikarusflug für schön und groß, den Tod des Helden für einen angemessenen Preis für solches Streben. Bei Heyne, bei Fiorillo und bei Erasmus, der

37 Die Kasseler Lobschriften auf Winckelmann, Einführung und Erläuterungen von Arthur Schulz (Winckelmann-Gesellschaft Stendal), Berlin 1963, S. 17-27.

38 Kasseler Lobschriften (wie Anm. 37), ›Einführung‹, S. 13-16. Zur besseren Würdigung von Chr. G. Heyne und seiner Leistung siehe Friedrich Leo: Heyne, in: Festschrift zur Feier des 150-jährigen Bestehens der Kgl. Gesellschaft der Wissenschaften zu Göttingen: Beiträge zur Gelehrtengeschichte Göttingens, Berlin 1901, S. 153-234; Bettina Preiss: Die wissenschaftliche Beschäftigung mit der Laokoongruppe. Die Bedeutung Christian Gottlob Heynes für die Archäologie des 18. Jahrhunderts, Diss. Friedrich-Wilhelm-Universität Bonn 1992.

39 Justi: Winckelmann (wie Anm. 12), Bd. II, S. 246: »Der Blick des Neides sticht um so giftiger je sorgsamer er sich verbergen zu müssen glaubt«.

40 Kasseler Lobschriften (wie Anm. 37), S. 25.

das *exemplum* bespricht, wie auch in den antiken Quellen selbst, ist Ikarus nicht nur unvorsichtig, sondern sein Unternehmen selbst ein Sinnbild der Vermessenheit.[41]

Fiorillos Konflikt mit seinen Schülern und die bittere, ja gehässige Kritik, mit der Rumohr Fiorillo schließlich attackierte, ist in unserem so reichen, schönen und – auch im Rahmen des gegenseitigen Vertrauens – widerspruchsvollen Colloquium öfter über die Bretter gelaufen. Ich darf daher das Wesentliche als bekannt annehmen und will nur Ihre Aufmerksamkeit auf einige Voraussetzungen zu diesem Konflikt lenken, die die Idee von der hohen Kunst, von der wir ausgegangen sind, betreffen, und den Konflikt, der, wie er ausgetragen wurde, nur ein Streit zwischen zwei Streitschriften aus längst vergangenen Zeiten ist, aktualisieren, bis in die Knochen hinein, möchte ich sagen, von unserer eigenen, wie immer auch geratenen, Auffassung von der Würde der Kunst.

Die Hauptpunkte von Rumohrs Angriff auf Fiorillo finden wir bereits bei Cicognara, der sich mit seiner Kunstgeschichte von seinen Vorgängern absetzen wollte, deutlich ausgeführt. Rumohr wirft Fiorillo vor, den gedruckten Quellen, ohne sie kritisch zu beleuchten, Glauben zu schenken, ferner daß er seine eigene Meinung hinter diesen verberge, auch daß die Kunstwerke in seiner Geschichte, die ohne Abbildungen erscheint, in seinem Text, der eben vom gedruckten Wort anderer abhänge, nicht lebendig oder anschaulich würden. Er hegt den Verdacht, Fiorillo hätte viele der Kunstwerke, die er beschreibt oder von denen er spricht, im Original nie gesehen. Er schiebt ihn eigentlich in die erst später als solche bezeichnete Vorgeschichte der Kunstgeschichte ab, die

41 Vgl. den wesentlichen Punkt von Fiorillos ›Blick auf den gegenwärtigen Zustand‹ (wie Anm. 25), S. 116: »Man muß die altdeutschen Gemählde nicht gering schätzen, sondern in ihrer Art bewundern; aber man muß sie auch nicht, wie von Vielen geschehen ist, über alle Anderen erheben! [...] Ich habe an mehreren Stellen meiner Geschichte der Kunst bewiesen, daß viele der berühmtesten italiänischen Künstler Dürern und Andere wirklich benutzt haben. Ist denn die Mittelstraße so schwer zu halten?« Zur Empfehlung der »Mittelstraße« in der Kunst der Nachahmung, vgl. besonders Quintilian, Institutiones oratoriae libri XII, lib. X/2, 14, 16; s. H. Rahn (Hg.): Marcus Fabius Quintilianus, Ausbildung des Redners, Darmstadt 1975 (= Texte zur Forschung, 3), S. 490f.; in den Worten von Junius: Painting of the Ancients in Literature of Classical Art (wie Anm. 7), Bd. I, S. 35f.: »The practise of them that goe about to imitate the most ancient pieces by a dry and hard manner of painting, may serve us here for an instance; seing they doe only expresse the outward shew of simplicity, never regarding what treasures of Art there lie hidden under this sober and temperat way, used by the ancient Masters. [...] For a good imitator must by all means be a concealor of his Art, and it is somewhat too childish to follow the same strokes and lineaments in all things«. Über den Flug des Ikarus als ein warnendes Beispiel siehe Margarete Bessau: Dädalus und Ikarus, in: Reallexikon zur deutschen Kunstgeschichte, Bd. III, Stuttgart 1954, Sp. 975-81, besonders Sp. 977.

angeblich ihre Quellen nicht prüfte, zwischen Legenden und Tatsachen keine ernsten Unterschiede machte und die vergleichende Stilkritik nicht kannte: »Il suo principale studio è fatto sugli antichi scrittori dai quali ha fedelmente tratte le sue notizie, riportandosi a quelli della maggior rinomanza, sino al punto di fraudarci delle sue stesse opinioni, e di omettere quei paralleli dai quali soltanto poteva emergere le storiche verità sui progressi e sulle vicende delle arti«.[42]

Fiorillo zieht am Ende jedes seiner Bücher, die die ›Geschichte der zeichnenden Künste‹ bilden, ein Fazit über den Stand der Kunst der Gegenwart in dem Lande, dessen Kunst er in der Folge von Höhen, Niederungen und möglichem Wiedererstehen von Höhen teilnehmend beschreibt. Am Ende des Buches über die Kunst Englands, zum Beispiel, findet er Worte höflich verhaltenen Lobes für Reynolds, hält Fuessli für verdienstvoll, aber zu stürmisch, und endet mit einer launigen Zensur des jüngsten *building-craze* des Landes.

> »Wyatt ist einer der ersten Architecten, die den Geschmack an der gothischen Baukunst wieder auf die Bahn gebracht haben. Es wird ohne unser Erinnern jeder leicht einsehen, daß es überhaupt nicht gut zu heißen ist, wenn man, es sey unter welchem Vorwand es wolle, Werke gothischer Architectur zur Nachahmung aufstellt, denn der Geschmack derselben ist verwerflich. Allein die Engländer folgen ihren Grillen, und verschwenden an gothische Gebäude ungeheure Summen. Der Landsitz des Lord Weymouth zu Longleat ist in diesem ausschweifenden Geschmack errichtet; die Zimmer darin

42 Cicognara: Storia, ed. Prato (wie Anm. 24), Bd. I, S. 28-30. Siehe auch Cicognaras bündige Kritik an Fiorillo in seinem ›Catalogo‹ (wie Anm. 25), Bd. I, S. 5, Nr. 31. Ernster noch als in der ›Storia della Scultura‹ wirft er ihm vor, in seinem Werk das Studium der Kunst Italiens zu Gunsten dessen der Kunst in andern Ländern vernachlässigt zu haben. Der Vorwurf ist ungerecht, denn so wie Cicognara sieht Fiorillo in der Kunst Italiens die Voraussetzung für die Blüte der Kunst in Europa überhaupt und betont dies immer von neuem. Cicognaras Urteil war wohl in gewisser Hinsicht beeinflußt von seiner mangelhaften Kenntnis der deutschen Sprache. War für ihn Fiorillo in seiner wissenschaftlichen Orientierung zu sehr ein Deutscher, so war er wiederum für Rumohr zu sehr ein Italiener (vgl. Anm. 25). Cicognara lobte mit Recht Luigi Lanzis ›Storia pittorica dell'Italia dal risorgimento delle belle arti fin presso al fine del XVIII secolo, Bassano 1795/[2]1809, doch auch ihm wirft er vor, die Methodik der neuen (eigentlich auf Winckelmann beruhenden) Stilkritik nicht zu üben. Siehe Cicognaras ›Storia della Scultura‹ (wie Anm. 24), Bd. I, S. 27. Siehe auch Cicognaras ›Catalogo‹ (wie Anm. 25), Bd. I, S. 6, Nr. 40. In deutlicher Kürze wiederholt und erläutert Cicognara sein eigenes Verständnis der Stilgeschichte in der selten beachteten ›Vorrede‹ zu den ›Memorie spettanti alla storia della calcografia‹, Prato 1831, S. 4-6. Da er, aus Achtung vor dem Kunstwerk, in seiner Praxis der Kunstgeschichtsschreibung seine Stilgeschichte nur mit immer neuen Qualifikationen und Ausnahmen entwickelte, ging es ihm schließlich in der Anerkennung seines Werkes nicht viel anders als Fiorillo. Siehe Anm. 26.

sind sogar gothisch verziert; die Fenster haben bunte Glasscheiben, und die Tapeten scheinen aus dem funfzehnten Jahrhundert zu seyn«.[43]

Das Ende seines Buches über italienische Kunst ist tief traurig. Er findet Worte hoher Bewunderung für Mengs, wenn er sie auch nachdenklich qualifiziert. Wie auch andere nennt er Mengs den »philosophischen Mahler«, aber tut es nicht ohne Kopfschütteln.[44] Es wäre doch, deutet er an, des Guten zuviel. Batoni liebt er, nicht nur weil er sein Lehrer war, sondern auch, wie ich behaupten möchte, weil er von Batoni eingeführt worden war in eine Kultur der Malkunst, die mit Raphael beginnt, der er so verpflichtet war und ihr angehörte, wie Batoni selbst.[45] Bezeichnend für Fiorillos Fähigkeit, tolerant seine Erwartungen auch an ihm Fremdes anzupassen, sind die Worte des hohen Lobes, die er Giovanni Battista Tiepolo spendet, in einer Zeit da Mengs' Ruhm längst das Andenken an Tiepolo verdrängt hatte.[46]

43 J. D. Fiorillo: Geschichte der zeichnenden Künste von ihrer Wiederauflebung bis auf die neuesten Zeiten, Bd. V: Geschichte der Mahlerey in Großbritannien, Göttingen 1808, S. 860f.

44 Mengs' Büste von Christopher Hewetson, die ihm sein Verehrer Nicola da Azara im Pantheon setzen ließ, trug die Widmung ›Pictori philosopho‹ (zitiert bei Fiorillo: Geschichte, [wie Anm. 43], Bd. I, Göttingen 1798, S. 234). Die Büste, ohne Inschrift, befindet sich jetzt in der Protomoteca Capitolina. Siehe Martinelli / Pietrangeli: Protomoteca (wie Anm. 21), T. VIII/1 u. S. 35f. u. S. 73, Nr. 46.

45 Fiorillo: Geschichte (wie Anm. 43), Bd. I, S. 220-23. Zum Werk Batonis und seinem Verständnis der Antiken siehe Anthony M. Clark: Pompeo Batoni, Oxford 1985. Siehe auch Philipp Fehl: A Literary Keynote for Pompeo Batoni's ›The Triumph of Venice‹, in: North Carolina Museum of Art Bulletin, Bd. X/3, 1971, S. 2-15; ebenda, Bd. XI/4, 1973, S. 20-31. Batonis Ruhm verflüchtigte sich um die Zeit von 1800, wohl aus denselben Gründen, die den Jüngern der neuen Kunstgeschichte Fiorillos Lehren verleideten. Zur *fortuna* von Batonis Wertschätzung vgl. Clark: Batoni (wie oben), S. 43ff.

46 Fiorillo: Geschichte (wie Anm. 43), Bd. II, Göttingen 1801, S. 186-88. Zu den Fresken im Erzbischöflichen Palast zu Würzburg sagt Fiorillo bezeichnend: »In diesem Werke glänzte Tiepolo durch ein kräftiges Kolorit, durch Grazie in den Bewegungen, und durch so kühne Effekte des Contrapostos, daß diese Mahlereyen Bewunderung einflößen, und nur der tiefe Kunstkenner und gründliche Kritiker eine reinere und studirtere Zeichnung daran vermissen wird«. Ebenda, S. 187. Vergleiche dazu Heinrich Meyers generelle Charakterisierung von Piazzetta und Tiepolo in einem Atemzug, ›Entwurf einer Kunstgeschichte‹, in: Goethe: Winckelmann (wie Anm. 31), S. 146: »Schwache Gedanken, fehlerhafte Zeichnung, Mangel an Ausdruck, Charakter und edlen Gestalten, der Zweck durch heftige Gegensätze Wirkung hervorzubringen, unzulängliches Wissen unter kecke Pinselstriche zu verbergen, sind ihnen allen gemeine Eigenschaften. Piazetta unterscheidet sich nur durch hellere Schatten, welche ins Rotbraune fallen, Tiepolo wendet hingegen hellere Farben an [...]. In beider Werken findet sich zuweilen noch Spuren von dem guten Kolorit der älteren Venezianischen Schule«. Meyer, ohne Fiorillo beim Namen zu nennen, be-

Fiorillo war ein guter und gerechter Mitdenker und dankbarer Betrachter fremder Größe. Doch war die Größe falsch und hohl, so glaubte er es auch zu merken und sich darüber aussprechen zu müssen, im Namen der Wahrheit. Und hier fängt seine Trauer an. Die Nachfolge Batonis, ja auch Tiepolos, wurde verdunkelt, ja sie verschwand in dem Wandel der Kunst Italiens unter dem Einfluß zuerst der neuen Mode der revolutionären französischen Kunst und schließlich der politischen und kriegerischen Umwälzungen, welche Italien erleiden mußte. Seine letzten Worte sind fast wie ein Gebet.

> »Jetzt, da wir dieses schreiben, nähert sich der Schauplatz der öffentlichen Begebenheiten immer mehr dem Mittelpunkte der Kunst; und die Augen Aller, denen diese am Herzen liegt, müssen mit der gespanntesten Aufmerksamkeit auf jene gerichtet seyn. Die Zernichtung großer Kunstwerke ist vielleicht nicht zu befürchten; aber schon ihre Wegversetzung von Rom wäre ein großes Uebel, welches der schützende Genius dieser unvergänglichen Stadt, und die bessere Einsicht der Sieger selbst, abwenden möge!«[47]

Die wesentliche Auseinandersetzung über die Kunst der Gegenwart führt Fiorillo am Ende des Buches über die Kunst Frankreichs, und das zu einer Zeit, wo es nicht ungefährlich war, gegen Frankreich und gegen irgendeinen seiner Ansprüche das Wort zu ergreifen.

Fiorillo wendet sich zuerst gegen die Kunst Bouchers und ihren, wie er glaubt, verfänglichen Einfluß. Sein Urteil, wie das vieler anderer, ist geprägt von Diderots unter ganz anderen Umständen gefällten Verurteilung des Künstlers.[48] Diderots moralisch pointierter, aber auch capriziös-ironischer Text wird bei Fiorillo zum Indizbeweis für die Verderbnis und, da sie ja beispielgebend wirkt, für die öffentliche Gefahr der Kunst Bouchers.

schreibt und verurteilt sein Ziel und sein Werk in dem Vorwort zu dem ›Entwurf einer Kunstgeschichte‹ (wie Anm. 31), S. 114f. Er hält den »kritischen Teil der alten Kunstgeschichtsschreiber, namentlich Vasari« und selbst Bellori »für veraltet, ja beinahe völlig unbrauchbar. Zur Bildung der Urteile der Künstler und Kunstliebhaber dürfte es daher von bedeutendem Nutzen sein, wenn die ganze Geschichte der neueren Kunst neuerer Ansichten gemäß kritisch behandelt würde«.

47 Fiorillo: Geschichte (wie Anm. 43), Bd. I, Göttingen 1798, S. 248.

48 Fiorillos Darstellung der Kunst Bouchers in: ebenda, Bd. III, Göttingen 1805, S. 364-71. Fiorillo benützte Diderots ›Observations sur le Salon de peinture de 1765‹ in der Ausgabe: Essais sur la peinture, An. IV, Paris 1795, S. 166-74; zitiert in seiner eigenen Übersetzung auf S. 366-68. Siehe auch: Diderot et l'Art de Boucher à David. Les Salons, 1759-1781, Ausst.kat. (Paris, Hôtel de la Monnaie, 1984/85), Paris 1984; Else Marie Bukdahl: Diderot, critique d'Art, 2 Bde., Kopenhagen 1980-82; Jean Seznec: Essais sur Diderot et l'Antiquité, Oxford 1957. – Zur spielreichen Ironie Diderots siehe Ruth Groh: Ironie und Moral im Werk Diderots, in: Theorie und Geschichte der Literatur und der schönen Künste, Bd. 49, München 1984.

Fiorillo spricht:

»Ich habe bereits in der Vorrede zu dieser Geschichte erklärt, daß ich bei der Beurtheilung der Kunstproducte eines Mannes nach Kunstgesetzen, den moralischen Charakter des Hervorbringers nicht in Anschlag bringen werde; wenn aber das Individuum in seinen Werken sich völlig abspiegelt, und die Gemählde eines Künstlers zugleich seinen artistischen Lebenslauf darstellen, so wird man mir verzeihen, daß ich eine Ausnahme mache. In diesem Fall befand ich mich bei der Biographie von Raphael, Michel Angelo, Salvator Rosa u.s.w und befinde mich jetzt bei Boucher, wiewohl die Wege sehr verschieden sind, welche diese Männer zu ihrem Ruhm betreten haben. Wenn man den Ursachen des allmähligen Verfalls der Französischen Schule nachforscht, so muß ihr vornehmster Grund in der Manier von Watteau liegen, der, ohne gründliche Kenntnisse zu besitzen, in einem leichten Styl arbeitete, und der leichtsinnigen Mode fröhnte. Allein man hatte noch immer eine gewisse Grazie, worin sich die Französische Nationaleitelkeit gefiel, und eine gewisse Keuschheit und Sittsamkeit beobachtet. Jetzt aber war die Periode gekommen, wo man nur durch die Darstellung der niedrigsten sinnlichen Wollüste sein Glück als Mahler machen konnte, und diese Periode führte Boucher herbei [...]. Auch stand er bei dem König und vorzüglich der Pompadour in großem Ansehen [...]. Demunerachtet gab es noch einige edle Männer, die ihn und seine Werte bitter verachteten und verspotteten«.[49]

Fiorillo zitiert nun in einem langen Auszug Diderot und sagt dann, noch immer versöhnlich, wenn auch mit Bedenken:

»So hart dieses Urtheil von Diderot lauten mag, so wahr ist es im buchstäblichen Sinn, und gilt von allen Producten Bouchers. Aber dieses geringe Geistesvermögen hätte man ihm gern verziehen, wäre er nicht zugleich wegen aller Arten Laster infam gewesen, und hätte er sich nicht zu den niederträchtigsten Streichen brauchen lassen«.[50]

Fiorillo folgt hier den Spuren Vasaris in seiner Verurteilung Andrea da Castagnos, dessen Kunst, so meinte er, man ansehen könne, daß dieser seinen Mord aus Berufsneid begangen habe.[51] Es ist von der Dokumentenforschung längst bewiesen worden, daß Castagno diesen Mord nie hätte begehen können, aber

49 Fiorillo: Geschichte (wie Anm. 43), Bd. III, S. 364f.

50 Ebenda, S. 368f.

51 Giorgio Vasari: Le vite de' più eccellenti pittori, scultori, e architettori, Florenz 1568, S. 394-99. Schon Vasaris Portrait Castagnos (S. 394) drückt sowohl sein ungestümes Genie wie seinen Judas-ähnlichen Charakter aus. Daß der Legende keine historische Wahrheit entspricht, wurde von G. Milanesi bewiesen: Esame del racconto del Vasari circa la morte di Domenico Veneziano, in: Giornale storico degli Archivi Toscani, Bd. VI, 1862, S. 3ff.

das heißt noch nicht, daß die Verurteilungen, die hier gefällt werden, im Rahmen didaktischer Künstlerlegenden ungerecht sind. Sie sind nur am falschen Objekt gefällt. Gäbe es keinen Boucher, wie Fiorillo ihn beschreibt, so müßte man ihn erfinden. Ja, vielleicht hat ihn Diderot für seinen Gebrauch in der Fabel, in die er seine Lehre von der tugendhaften Wurzel der hohen Kunst kleidete, bewußt erfunden – nur mußte leider der echte Boucher dafür die Zeche bezahlen – auch für die Nachwelt, denn die Rehabilitation, die ihm Generationen später widerfuhr, war nicht die Wiederherstellung seiner Unschuld als Künstler, sondern basierte im Gegenteil darauf, daß man ihn weiter für einen liederlichen Gesellen ansah. Man fand und findet Gefallen daran, daß er, wie man glaubt, so begabt korrupt sein konnte, in Kunst und Sitten zugleich.[52]

Doch Fiorillos Verurteilung der jüngsten Kunst Frankreichs geht weiter, es kam noch viel schlimmer, meinte er, so daß schließlich im Rückblick die Lüsternheit Bouchers noch idyllisch wirke. War Fiorillo gar nichts recht? Er blickt auf David, und wie er früher Unmoral verurteilte, so sieht er jetzt die erneute und größere Gefahr für die Zukunft der Kunst in der tugendbrünstigen, heldisch-moralischen Kunst, die die Herzen neuer Kunstliebhaber sozusagen im Gleichschritt eroberte. So eine Kunst, meinte Fiorillo in Angst und Grauen, mache die Welt schlechter.[53]

Hören wir ihn an. Sie werden sehen, daß er hier in eigenen Worten vieles vorausnimmt, was er später, sich an Goethes und Meyers Kritik der Nazarener nur zu sehr anschließend, als schon bekannt voraussetzen durfte.[54] Für mein Empfinden gelingt es ihm an dieser Stelle, in der Not seiner Gewissensfrage an die Kunst, mit größerer Freiheit und Umsicht zu sprechen als in seiner durch Rumohr erst berühmt oder berüchtigt gemachten Ablehnung der Nazarener:

> »Wiewohl alle diese Werke beim ersten Anblick frappiren, so sind sie doch mehr oder weniger ähnlich, da ihre Urheber David zum Vorbild nahmen, und oft, ohne dessen Talent zu besitzen, seine Fehler übertrieben. Man kann

52 Die Brücke spannt sich von der ›Wiederentdeckung‹ Bouchers (wie bei Edmond und Jules de Goncourt: L'Art du dix-huitième siècle, Paris 1852-68/²1875, Kap. 1) bis in unsere Gegenwart. Vgl. den Ausst.kat.: La Seduzione da Boucher à Warhol, Accademia Valentino, Rom 1992.

53 Fiorillos Darstellung der Kunst Davids und ihrer ernsten Folgen siehe: Geschichte (wie Anm. 43), Bd. III, S. 440-64. Ganz anders über Davids ›Horatier‹, seine Kunst begrüßend, Heinrich Meyer in: Goethe: Winckelmann (wie Anm. 31), S. 176f.

54 Fiorillo in dem von Rumohr beanstandeten ›Blick auf den gegenwärtigen Zustand‹ (wie Anm. 25). Goethes und Meyers weit bekannte Verurteilung der Nazarener in J. H. Meyer: Neu-deutsche religiös-patriotische Kunst, in: Johann Wolfgang von Goethe: Über Kunst und Alterthum in den Rhein- und Mayngegenden, Bd. I, 2. Heft, Stuttgart 1817: siehe Johann Wolfgang Goethe (wie Anm. 13), Bd. 49/1, Weimar 1898 (= Nachdr. Bd. 56), S. 20-59.

den Franzosen zwar Glück wünschen, daß sie endlich die Maximen der alten Schule verlassen haben, und den antiken und edlen Kunstwerken mehr Aufmerksamkeit widmen; allein sie verfallen in ein anderes Extrem, indem sie die Gränzen und Bestimmung der Mahlerey verkennen, Sculptur und Mahlerey für eins halten, und eine Simplicität affectieren, die ihnen durchaus fremd ist. Der größte Theil der Gemählde aus der neuen Schule gleicht colorierten Statuen und Basreliefs; die Umrisse der Figuren sind schneidend; der Ausdruck gewaltsam sprechend; die Composition leer, frostig und trokken; das Colorit endlich hart, weil sie nur die Localfarben aus der Natur wählen, und den Effect durch dunkle, ins Schwarze fallende, Schatten zu heben suchen. Die neuen Französischen Künstler glauben ferner die Einfachheit der Griechen in ihre Werke übertragen zu können, verwechseln aber das Einfache mit dem Leeren, und arbeiten mit Mühe, um platt und langweilig zu werden. Da sie nicht von echter classischer Bildung durchdrungen sind, so bleiben sie nur bei Aeußerlichkeiten stehen, ohne je die Grundgesetze des Geschmacks zu finden; und es scheint wirklich, daß sie der Genius der Zeit immer mehr und mehr von der Kunst des Ideals entfernen wird. Die Erscheinung der Griechischen Kunst war ein Maximum, das auf dieser Stufe weder verharren, noch höher steigen konnte; was in Griechenland geschah, konnte nur einmahl geschehen; daher wird auch alles kopieren und vereinfachen vergebens seyn, wenn man sich einbildet, dadurch zur Höhe der Griechischen Kunst wieder zu gelangen. Eine vertraute Kenntniß der Antike ist zwar zur Bildung eines Künstlers unentbehrlich, sie wird seinen Geist nähren, seinen Geschmack reinigen, und ihn über die moderne Cultur wegsetzen; allein das sclavische Übertragen Griechischer Muster muß seine Phantasie verhindern, frei in der Welt der Ideale emporzuschweben, und sich selbst zu einem freien und selbstständigen Künstler zu machen. Raphael und Michel Angelo studierten ebenfalls die Antike, allein sie suchten, umgeben von edlen, großen und geistreichen Formen, die bedingten Formen der Natur, welche sie stets vor Augen hatten, zu idealisieren. Der Schaden der aus den Grundsätzen der neuen Französischen Schule entspringt, ist unübersehbar, und es ist meines Erachtens nichts nothwendiger, als eben jetzt daran zu erinnern, weil sie sich auch durch Deutschland verbreiten. Man spricht jetzt überall von einer kunstlosen Simplicität, man glaubt, daß nur in Werken von Lucas Cranach, Mabusius, Albert Dürer und anderer Männer ihres Jahrhunderts die echte Kunst zu finden sey, daß dagegen die Arbeiten von Raphael und Michelangelo bereits aus der zweiten Hand, und die Carracci mit ihren Schülern manieriert sind«.[55]

55 Fiorillo: Geschichte (wie Anm. 43), Bd. III, S. 441-43.

Wie üblich in seinen Schriften, zeigt uns Fiorillo am Beispiel eines Bildes, was er meint, ja er erwirbt sich und uns den Sinn seiner Worte aus der am Beispiel der hohen Kunst und seiner Menschenliebe geklärten Betrachtung eines Kunstwerkes: ›Die Horatier‹ von David.

»Ohne auf die zum Theil vorlauten Urtheile neuer Reisenden zu achten, die Davids Gemählde flüchtig gesehen und flüchtig beurtheilt haben, müssen wir dennoch bekennen, daß vieles von jenem Tadel sichtbarlich gegründet ist. So richtig die Zeichnung seyn mag, so mangelhaft ist die Composition. Der älteste Sohn hat eine gezwungene Stellung und bedeckt fast gänzlich die zwei anderen Brüder mit seinem Körper: alle drei stehen in einer Linie, machen einen Schritt vorwärts und strecken den Arm aus; der Älteste den rechten, die anderen den linken. Der Vater, in der Mitte des Bildes, gleicht einem alten Unteroffizier, der drei jungen Rekruten nach militärischen Formeln, von eins, zwei, drei zu bilden sucht. Beim ersten Commando haben sie einen Schritt vorwärts gemacht; beim zweiten die Arme ausgestreckt, und beim dritten werden sie ihre Schwerdte wieder erhalten. Die Gruppe der Weiber nimmt an der Handlung keinen Theil; sie sind ganz verlohren und versunken im tiefsten Schmerz. Und endlich der Vater? kein Zug auf seinem Gesicht bezeichnet uns einen Mann, der seine Kinder der größten Gefahr aussetzt, und sie vielleicht zum letzten Mahl sieht. Mag er noch so sehr Römer seyn, so verträgt sich seine Härte unmöglich mit den Gefühlen eines väterlichen Herzens. Das ganze Bild nöthigt mir eine kalte Bewunderung ab; ich erkenne David für einen trefflichen Zeichner und braven Artisten; allein gewisse Gefühle konnte der Freund von Robespierre nicht haben«.[56]

Fiorillos Leistung war die eines Lehrers der Geschichte der Kunst, wie sie nur ein Maler geben kann, der sowohl den Bildern, über die er schreibt, wie der Kunstliteratur, die in erster Linie von Künstlern für Künstler geschrieben wurde, anteilnehmend nahesteht.

Seine Liebe zur Kunst war gewissenhaft. Er forschte und schrieb mit aufklärerischer Bedachtsamkeit. Wo er vielleicht irrt, irrt er aus Menschlichkeit. Wo er recht hat, ragt er, ein treuer Diener der Kunst, die er erläutert, mit ihr weit über den Rahmen seiner Zeit hinaus. Er wandte sich mit seiner Lehre an eine Generation junger Hörer, welche die Reife der Tradition, die er vertrat, für bereits veraltet hielt. Sein gutmütiger, im bürgerlichen Kleid der Sitte auftretender Eifer, die Würde, den Reichtum und das Spiel dieser Tradition seinen Hörern zugänglich zu machen, brachte ihm gelegentlich bitteren Spott ein. Sollten wir den nun auch schon längst verjährten Spöttern weiter Glauben schenken

56 Ebenda, S. 456f. Die Gesamtbesprechung siehe S. 454-57.

oder in einem neuen Bemühen um Fiorillos Zeugenschaft und die ihm eigene Selbstverständlichkeit seines Wissens nicht endlich anfangen, ihn auch ernsthaft zu lesen?

Der Versuch entspräche den Erfordernissen nach klinischer Objektivität der Forschung der neueren und im Gegensatz zu derjenigen Fiorillos längst zünftig gewordenen Kunstgeschichte. Lernen wir dabei auch die menschlichen Grundlagen von Fiorillos Liebe zur Kunst besser kennen, so erhebt sich vielleicht in der Begegnung auch unsere Zuneigung zur Kunst, selbst über unsere Übung der Kunstgeschichte hinweg, zum Erlebnis einer glückbringenden und geklärten Sehnsucht nach der hohen Kunst und einer ihr entsprechenden Würdigung des hohen Zieles einer längst verblichenen Kunstgeschichte, die versuchte, sich in ihrem Zugang zu Kunstwerken selbst in dem Spiegel und der Sprache der Vernunft und Sittlichkeit zu prüfen.

Doch, meine Damen und Herren, wir haben genug geredet und vorgelesen. Betrachten wir noch einmal Fiorillos Selbstporträt in dem Bilde, das uns auf unserem Colloquium drei herrliche Tage lang mit seinem leicht ironischen Lächeln schweigend begleitet hat (Abb. 1). Fiorillo hebt den Zeichenstift und blickt uns halb prüfend, halb verlegen an. Mit der linken Hand über die rechte gestützt hält er die ›Vite‹ Vasaris in der Folio-Ausgabe von Giovanni Bottari.[57] Im Buche steckt ein Lesezeichen. Will er, daß wir es dort aufschlagen? Versuchen wir es und wir werden sehen, daß es die Vita Raphaels ist.[58] Und in der Tat, Fiorillos Beschreibung der Kunst Raphaels baut auf Vasari auf und bietet uns die schöne Grundlage für Fiorillos Gedanken über den Nexus von Kunst, Moral, Grazie und Lebenskunst, die seine Schriften, ohne aufdringlich zu sein, zu einem so glücklichen Eingangstor für uns machen, wenn wir nur den Mut aufbringen, durch diese Pforte in eine verschwundene Welt der Kunst und

57 Vasaris Ausgabe der ›Vite‹ von 1568 hat eine Seitengröße von ca. 17 × 25 cm. Giovanni Bottaris Prachtausgabe in drei Bänden (Rom 1759-60), mit ihrer Seitengröße von ca. 29 × 21 cm entspricht dem im Bilde dargestellten Buch viel eher. Bottaris Ausgabe wurde ihrer Anmerkungen wegen hochgeschätzt. Vgl. Cicognara: Catalogo (wie Anm. 25), Bd. I, S. 403, Kat. 2392. »Questa è la più bella anzi magnifica edizione del Vasari. [...] Le copiose note del Bottari illustrano questo Biografo utilmente più d'ogni altro commento anche posteriormente eseguito«. Die Ausgabe wäre vielleicht in der Göttinger Universitätsbibliothek noch auffindbar. Fiorillos buchstäbliche Hochhaltung Vasaris im Bilde ist eine programmatische Erklärung. Vgl. hierzu die Ablehnung Vasaris bei Heinrich Meyer (wie Anm. 46).

58 Der zweite Band dieser Bottari-Ausgabe der ›Vite‹ besteht aus 800 Seiten. Er enthält das Leben Raphaels auf den Seiten 88-153. Das Lesezeichen erlaubt durch seine Position, in der uns Fiorillo sein Buch zeigt, den Schluß auf eine absichtliche Bezugnahme auf Raphael, wenn sie sich auch nicht beweisen läßt. Seine Lehre aber verweist auf ihn auch ohne Lesezeichen.

Kunstbetrachtung einzutreten, die nicht nur ernst ist, sondern auch lächeln kann, und lachen und uns Erholung bietet von der Welt, in der wir zuhause sind, und geistige Freiheit. Seine Umstände waren beschränkt, aber sein Blick, sein Sammeleifer, seine Forschung waren auf Hohes gerichtet und doch war er bescheiden.

> »Allein das, worin bis jetzt niemand den Raphael übertroffen hat, ihm gleich oder auch nur nahe gekommen, ist der Ausdruck. Der seinige ist ganz Natur, ohne Verdrehungen, ohne Zwang, ohne Ziererey und ohne anatomischen Prunk. Man sollte denken, er habe eine Regel, welche Cicero[59] dem Redner giebt, vor Augen gehabt; ›Alle diese Gemühtsbewegungen‹, sagt der Römische Lehrer der Beredsamkeit, ›müssen von Gebährden begleitet werden, nicht von theatralischen, welche die Worte gleichsam mahlen, sondern von solchen, wodurch der Sinn und Nachdruck der Rede nur im Ganzen angedeutet wird, mit männlichen Stellungen, dergleichen sich der Körper bey kriegerischen oder gymnastischen Uebungen angewöhnt, nicht wie man sie auf der Schaubühne zu sehen pflegt‹. In der That zwischen den Gemählden Raphaels und andrer Meister, auch der berühmtesten, bemerkt man in Ansehung des Ausdrucks eben denselben Unterschied wie zwischen einem Helden und einem Schauspieler, der ihn auf der Bühne vorstellt; was dieser durch Nachahmung zu erreichen strebt, ist jener vermöge des Antriebes seiner innern Natur«.[60]

Und nun bewegt Fiorillo noch einmal den Zeichenstift und winkt mir zu. »Vergiß nicht, alter Freund, der Du außer mir bei weitem der Älteste in dieser Versammlung bist und noch dazu der letzte Sprecher, in meinem und Deinem Namen unserem lieben Kollegen Karl Arndt zur Feier seiner Emeritierung zu beglückwünschen und unserer lieben Kollegin Antje Middeldorf und ihren lieben Helfern zu danken für die Tage der Freiheit, die wir und alle anderen Teilnehmer an dieser Konferenz in meinem alten Göttingen genießen durften«. Er sprach's und nickte mit dem Kopfe in Anlehnung an Dio Chrysostomos' Rede zum Lobe Homers und der Kunst des Phidias. Und sprach's und verschwand. Ich wiederhole es gerne.

59 Cicero: De oratore, Lib. III, 59; (Anmerkung Fiorillos).
60 Fiorillo: Geschichte (wie Anm. 43), Bd. I, S. 118f.

Abb. 1: Johann Dominicus Fiorillo (1748-1821).
Stich von Heinrich Schwenterley nach einem Selbstbildnis von Fiorillo, 1789.
Niedersächs. Staats- und Universitätsbibliothek Göttingen (Foto: NStUB).

Thomas Appel

Ein neuentdecktes Porträt Fiorillos

Das Porträt Fiorillos, 1781 gezeichnet von Joh. Felix Thomann (geb. 1745 in Salez/Schweiz, gest. 1821 in Göttingen) konnte ich 1994 im Göttinger Kunsthandel erwerben. Es stammt aus der Sammlung Professor Dr. Christian Adolf Isermeyer, Hamburg, und zeigt Fiorillo »privat«, d. h. ohne Perücke (vgl. dagegen das Frontispiz, die Abb. S. 476 und den Text S. 15 in diesem Band). Für alle weiteren Angaben s. Thomas Appel, Ein Porträt des Johann Dominicus Fiorillo und sein Zeichner, in: Göttinger Jahrbuch 44, 1996, S. 121-131.

CLAUDIA SCHRAPEL

Verzeichnis der Schriften von Johann Dominicus Fiorillo

Die angeführten Schriften sind, soweit vorhanden, mit den betreffenden Rezensionen versehen. Vornehmlich berücksichtigt werden dabei die ›Göttingischen Gelehrten Anzeigen‹, im folgenden mit ›GGA‹ abgekürzt. Diese Rezensionen wurden zum größten Teil von Fiorillos Freund und Förderer Christian Gottlob Heyne verfaßt, der seit Oktober 1770 die Redaktion der ›Göttingischen Gelehrten Anzeigen‹ als Nachfolger von Johann David Michaelis innehatte. Nach Heynes Tod übernahm Johann Gottfried Eichhorn am 16. Januar 1813 diese Aufgabe. Er zeichnet für die nach diesem Zeitpunkt entstandenen Rezensionen zu Fiorillos Schriften verantwortlich. Eine eigene Gattung stellen die vom Autor verfaßten Rezensionen in den ›GGA‹ dar, die einen beträchtlichen Umfang aufweisen. Für den Einzelnachweis wird auf Oscar Fambach: ›Die Mitarbeiter der Göttingischen Gelehrten Anzeigen 1769-1836. Nach dem mit den Beischriften des Jeremias David Reuß versehenen Exemplar der Universitätsbibliothek Tübingen‹, (Universitätsbibliothek) Tübingen 1976, S. 437, verwiesen. Beim Olms Verlag (Hildesheim) ist der fotomechanische Neudruck ›Johann Dominik Fiorillo. Sämtliche Schriften‹ in 15 Bänden, hrsg. von Achim Hölter, zur Subskription gestellt. Das vorliegende Verzeichnis enthält nur die sicher dem Autor zugewiesenen Schriften. Für die vom Autor veröffentlichten Zeitschriftenbeiträge wird kein Anspruch auf Vollständigkeit erhoben, da die Forschung im Rahmen des von der Verfasserin begonnenen Dissertationsprojektes in diesem Bereich noch nicht abgeschlossen ist.

Einige Betrachtungen über Raphaels Gemälde und Manier. Aus der am 31. Jan. 1781 eingelaufenen Italienischen Handschrift eines Ungenannten, in: J. G. Meusel: Miscellaneen artistischen Inhalts, Heft VIII, Erfurt 1781, S. 67-75.

Auszug eines Briefes an Herrn A. B. in Mayland vom J. 1778 (von eben dem Ungenannten, der den vorhergehenden Aufsatz eingeschickt, Italisch geschrieben), in: J. G. Meusel: Miscellaneen artistischen Inhalts, Heft VIII, Erfurt 1781, S. 76-79.

La pittura satira di Salvator Rosa, con le note di Giovanni Domenico Fiorillo Pittore ed Acc. Clem., Göttingen 1785.
dazu: Rez. in: GGA, 1785, S. 281f., von C. G. Heyne.

Über eine Stelle des Plinius Hist. Nat. XXXV. 10., in: Bibliothek der Alten Literatur und Kunst, 2. Stück, Göttingen 1787, S. 114-26.
dazu : Rez. in: GGA, 1787, S. 777-79, von C. G. Heyne.

Über die Groteske. Einladungsblätter zur Vorlesung über die Geschichte und Theorie der bildenden Künste, Göttingen 1791.
dazu: Rez. in: GGA, 1791, S. 753-55, von C. G. Heyne.

Geschichte der zeichnenden Künste von ihrer Wiederauflebung bis auf die neuesten Zeiten. Erschienen in der ›Geschichte der Künste und Wissenschaften seit der Wiederherstellung derselben bis an das Ende des achtzehnten Jahrhunderts‹, hrsg. von einer Gesellschaft gelehrter Männer, zweyte Abtheilung, Göttingen 1798-1808.
dazu: Rez. in: GGA, 1809, S. 1687f., von C. G. Heyne.
Band 1 (1798): Geschichte der Mahlerey in Rom und Toscana.
dazu: Rez. in: GGA, 1798, S. 969-79, von C. G. Heyne.
Rez. in: Neue Bibliothek der schönen Wissenschaften und freyen Künste, Bd. 61, II. Stück, 1798, S. 268-91.
Rez. in: Allgemeine Litteratur-Zeitung, Nr. 2, 2. Januar 1799, Sp. 11-14; Nr. 3, 2. Januar 1799, Sp.17-20, von J. H. Meyer.
Band 2 (1801): Geschichte der Mahlerey in Venedig, der Lombardey (Ferrara, Modena, Reggio, Parma, Mantua, Mailand, Cremona, Bologna), Sizilien, Ligurien und Piemont.
dazu: Rez. in: GGA, 1802, S. 9-11, von A. H. L. Heeren.
Rez. in: Allgemeine Litteratur-Zeitung, Nr. 38, 4. Februar 1804, Sp. 297-300.
Band 3 (1. Hälfte, 1803; 2. Hälfte, 1805): Geschichte der Mahlerey in Frankreich.
Band 4 (1806): Geschichte der Mahlerey in Spanien.
Band 5 (1808): Geschichte der Mahlerey in Großbritannien.

Katalog der Handzeichnungen (2 Bde.), Kupferstiche und Radierungen (10 Bde.) und Sonderband der Sammlung von Asch des Kupferstichkabinetts der Universitätsbibliothek Göttingen, Göttingen 1800 ff. (Die Bände werden im Kunstgeschichtlichen Seminar der Georg-August-Universität Göttingen aufbewahrt).

Kleine Schriften artistischen Inhalts, Bd. 1, Göttingen 1803.
dazu: Rez. in: GGA, 1803, S. 649-55, von C. G. Heyne.
Mit folgenden Aufsätzen:
I. Fragmente zur Geschichte der Mahlerey und Bildhauerey in Deutschland, von den Zeiten Carls des Großen, bis zum Anfang des fünfzehnten Jahrhunderts, S. 1-82.
II. Ueber die Quellen, welche Vasari zu seinen Lebensbeschreibungen der Mahler, Bildhauer und Architekten benutzt hat, S. 83-98.
III. Literarisch-kritische Untersuchungen über die verschiedenen Ausgaben des Vasari, S. 99-132.
IV. Ueber die Nothwendigkeit des Studiums der Naturkunde, für den Mahler, Bildhauer und Architekten, S. 133-52.

V. Ueber den Dominicaner Francesco Colonna, und sein berühmtes Buch Hypnerotomachia, S. 153-88.
VI. Ueber das Alter der Oelmahlerey, S. 189-228.
VII. Ueber eine Stelle des Plinius Hist. Natur. Lib. XXXV. 10, S. 229-42.
VIII. Bemerkung über die so genannte Agrippina in Dresden, S. 243-51.
IX. Ueber die Statue des Arotino zu Florenz, S. 252-87.
X. Ueber die Kenntniß der alten Künstler von der Perspective und ihrer Wiederauflebung in neueren Zeiten, S. 288-329.
XI. Ueber eine Stelle des Plinius Hist. Natur. Lib. XXXV. 10, S. 330-43.
XII. Ueber die alten Mahlereyen in den Kirchen zu Göttingen, S. 344-58.

Beschreibung der Gemähldesammlung der Universität zu Göttingen, Göttingen 1805.

Kleine Schriften artistischen Inhalts, Bd. 2, Göttingen 1806.
dazu: Rez. in: GGA, 1806, S. 553-59, von C. G. Heyne.
Mit folgenden Aufsätzen:
I. Versuch einer Geschichte der bildenden Künste in Rußland, S. 1-104.
II. Ueber einige Kunstwerke von rothem, grünem und schwarzem Porphyr, S. 105-52.
III. Historische Uebersicht der Versuche die enkaustische Mahlerey der Alten wieder herzustellen, S. 153-84.
IV. Ueber den Griechischen und Italiänischen Pyrgoteles, S. 185-97.
V. Ueber die Kunst verschiedene Steine und Cameen nachzuahmen, den Marmor zu färben und ihn zur Mahlerey anzuwenden; verbunden mit einer Beschreibung des Fußbodens im Dom zu Siena, S. 198-241.
VI. Ueber verschiedene Römische Monumente welche in Frankreich ausgegraben sind, S. 242-68.
VII. Einige Nachrichten von dem Kardinal Bembo und von Raphael, S. 269-93.
VIII. Ueber die Slavischen Alterthümer, S. 294-307.
IX. Ueber H. Hemmlinck, S. 308-21.
X. Beyträge zur Geschichte der Mahlerey in Deutschland, S. 322-51.
XI. Ueber das Wort Camee, S. 351-62.

Über einige Italiänische Gelehrte und Künstler welche Matthias Corvinius König von Ungarn beschäftigte. Ein Versuch, Göttingen 1812.
dazu: Rez. in: GGA, 1812, S. 1015f., von C. G. Heyne.

Geschichte der zeichnenden Künste in Deutschland und den vereinigten Niederlanden, 4 Bde., Hannover 1815-1820.
dazu: Rez. in: GGA, 1815, S. 1721-26, von J. G. Eichhorn.
Rez. in: GGA, 1817, S. 1649-56, von J. G. Eichhorn.
Rez. von C. F. von Rumohr: Blicke auf den gegenwärtigen Zustand der Malerey, besonders bey den Deutschen, in: Fiorillo's, F. D., Geschichte

der zeichnenden Künste in Deutschland, Band IV. 1820. 8. Von Seite 79 bis 116, in: Joh. Friedrich von Cotta, Ludwig Schorn (Hg): Kunstblatt, 1821, Nr. 51, S. 201-03; Nr. 52, S. 205-07; Nr. 53, S. 210-12.

dazu: Rez. eines anderen Verfassers mit dem Kürzel: ›-ber‹ (Aloys Schreiber): Kunstliteratur. Geschichte der zeichnenden Künste in Deutschland und den vereinigten Niederlanden, von J. D. Fiorillo, 4.ter B. Hannover 1820. 8 (3 fl. 30 kr.), in: Kunstblatt (wie oben), 1821, Nr. 57, S. 228.
Rez. in: GGA, 1822, S. 2039f., von J. G. Eichhorn.

Nach Fiorillos Tod wurden die folgenden Schriften durch seinen Sohn veröffentlicht. Der erste Aufsatz trägt den von der Redaktion beigefügten Zusatz: »Aus Prof. J. D. Fiorillo's hinterlassenen Papieren. Die Familie des Verstorbenen hat gewünscht, daß einige noch ungedruckte artistische Aufsätze, die sich unter seinem Nachlaß befinden, im Kunstblatt abgedruckt werden möchten«. Alle folgenden Aufsätze tragen dann den Zusatz »Aus Fiorillos Nachlaß« oder »Aus Fiorillo's Papieren«.

Über einige geschnittene Steine, die mit dem Namen Lorenzo von Medicis des Prächtigen bezeichnet sind, in: Kunstblatt (wie oben), 1824, Nr. 22, S. 85-88.

Kritische Beyträge zur Biographie des berühmten Gelehrten und Baumeisters Fra Giovanni Giocondo, in: Kunstblatt (wie oben), 1824, Nr. 41, S. 161-63; Nr. 42, S. 165-67.

Pasquino oder die Gruppe des Menelaus mit dem todten Patroclus, in: Kunstblatt (wie oben), 1824, Nr. 47, S. 185-88.

Einige Bemerkungen ueber die Majolica, in: Kunstblatt (wie oben), 1824, Nr. 51, S. 201-03.

Vermischte Gedanken über das Sehen in artistischer Bedeutung, in: Kunstblatt (wie oben), 1824, Nr. 65, S. 257 (Abb.), S. 258-60.

Ueber Niello-Arbeiten, in: Kunstblatt (wie oben), 1825, Nr. 85, S. 337-40; Nr. 86, S. 342-44; Nr. 87, S. 348.

Über die Proportion, in: Kunstblatt (wie oben), 1828, Nr. 89, S. 354-56; Nr. 90, S. 359f.; Nr. 92, S. 365-67; Nr. 93, S. 370-72; Nr. 94, S. 374f.; Nr. 95, S. 377-80.

Versuch über die Patina oder über den natürlichen und künstlichen Überzug der Bronzen, geschnittenen Steine, Glaspasten, Statuen und Malereien, in: Kunstblatt (wie oben), 1832, Nr. 97, S. 385-388; Nr. 98, S. 389-392, Nr. 99, S. 394-396.

Danksagung

Allen denjenigen, welche das Kollloquium zu Ehren Johann Dominicus Fiorillos im November 1994 gefördert und durch tätige Mithilfe unterstützt haben, möchte ich an dieser Stelle herzlich danken. Es waren vorab die Gerda Henkel Stiftung, ferner die Hermann Bahlsen Keksfabrik KG in Hannover, die Gothaer Versicherungen, der Präsident der Georg-August-Universität Göttingen und der Göttinger Universitätsbund e.V., welche seine Durchführung ermöglichten. Viele Mitglieder unseres Institutes, vor allem Studentinnen und Studenten, die ich hier gar nicht alle aufzählen kann, haben mit Rat und Tat geholfen; doch gilt Anja Marrack mein besonderer Dank für ihre Unterstützung bei der Organisation.

Die Drucklegung des vorliegenden Bandes wurde durch großzügige Beiträge der Gerda Henkel Stiftung, der Stiftung der Georg-August-Universität zu Göttingen, des Universitätsbundes Göttingen e.V. und der Gothaer Versicherungsbank VVaG ermöglicht. Claudia Schrapel, die eine Dissertation über Fiorillo vorbereitet, hat den Band durch die Zusammenstellung eines Verzeichnisses seiner Schriften und der ihnen geltenden Rezensionen bereichert. Ihr Rat und ihre Ermunterung während seiner Drucklegung waren unschätzbar. Die kompetente und unermüdliche Vorbereitung der Manuskripte zum Druck durch Dorith Wallbaum hat diesen in hohem Maße erleichtert und beschleunigt. Dem Verleger Herrn Thedel von Wallmoden und seinen Mitarbeiterinnen und Mitarbeitern vom Wallstein Verlag danke ich besonders für ihr Interesse an der Publikation dieses Buches und dessen sorgfältige Gestaltung; *last but not least* für gute Zusammenarbeit.

Fiorillos großes Werk als Kunstschriftsteller findet zunehmende Beachtung, nicht nur von seiten der Kunstgeschichte. Parallel zu diesem Band wird es in einem von Achim Hölter veranlaßten fotomechanischen Nachdruck im Olms Verlag/Hildesheim erscheinen. Möge beiden Veröffentlichungen der Johann Dominicus Fiorillo gebührende Dank ihrer Leser beschieden sein.

Antje Middeldorf Kosegarten, Sommer 1997

Personenregister

Johann Dominicus Fiorillo, Herausgeber und Personen in Buch- und Aufsatztiteln, aus Bibel und Mythologie sowie in Bezeichnungen von Institutionen (Universitäten, Museen, Galerien, Sammlungen, Bibliotheken, Archiven, Kirchen und Kapellen) wurden nicht aufgenommen.

Erstellt von Elisabeth Blumrich

Gedruckt mit freundlicher Unterstützung der Gerda Henkel Stiftung, Düsseldorf, der Stiftung der Georg-August-Universität zu Göttingen, des Universitätsbundes Göttingen e. V. und der Gothaer Versicherungsbank VVaG.

Die Deutsche Bibliothek – CIP-Einheitsaufnahme

Johann Dominicus Fiorillo : Kunstgeschichte und die romantische Bewegung um 1800 ; Akten des Kolloquiums »Johann Dominicus Fiorillo und die Anfänge der Kunstgeschichte in Göttingen« am Kunstgeschichtlichen Seminar und der Kunstsammlung der Universität Göttingen vom 11. – 13. November 1994 / hrsg. von Antje Middeldorf Kosegarten. – Göttingen : Wallstein-Verl., 1997

ISBN 3-89244-267-3

Vom Verlag gesetzt aus der Adobe Garamond
Umschlaggestaltung: Basta Werbeagentur, Tuna Çiner
Druck: Hubert & Co, Göttingen

ISBN 3-89244-267-3